제7판

LAW AND LIVING

법과 생활

케이스식 법학통론

최종고 지음

박영사

제7판 머리말

    본서가 1993년에 초판을 낸 이후 27년이란 세월이 지나 제7판 개정판을 내게 되었다. 법이 이론적 추상적 규범만이 아니라 인간생활 속에 살아있는 규범이라는 사실을 함께 체험하고 배우는 본서의 연륜이 이렇게 쌓인 사실에 깊은 감회를 느낀다.

    돌이켜보면 우리의 법도 많이 바뀌고 삶도 크게 변화하여 이번에 상당한 개정작업을 하였다. 법의 생명과 운명이 이런 것인가 느끼는 심정의 진폭도 크다. 한편으로 우리 사회에서 법치주의와 민주주의가 제대로 작동하고 있는가 걱정되는 마음도 지울 수 없다. 이 사회에서 법과 정의를 말하는 자들이 더욱 바른 자세로 생활을 해야 한다는 다짐도 하게 된다. 우리의 법학교육도 많이 바뀌었지만 '법과 생활'의 중요성은 더욱 높아가고 있다.

    본 제7판 개정판은 그동안 수년간에 걸친 법률개정에 맞도록 새롭게 검토하여 대폭 다듬었다. 현직 교수직에서 정년퇴임한 노학자로서 이런 작업은 쉬운 일이 아니었다. 다행히 제자 김은아 박사가 꼼꼼히 매만져 주어 가능하였고 이 자리를 빌려 깊이 감사한다. 또한 박영사 편집부의 세심한 배려에도 크게 감사드린다.

2020년 2월 5일
최종고

머리말

저자는 1986년에 「법학통론」을 내어 '법의 학문적 접근'에 다소나마 기여하여, 오늘에 이르기까지 판을 거듭하면서 전국적으로 표준 교과서로 사용되고 있다. 수많은 법학통론 내지 법학개론서들이 있지만 저자의 「법학통론」이 다소 학문적 깊이와 참신미가 있는 책으로 평가받는 데에 감사함을 느끼고 있다. 그러나 저자의 입장에서 생각해 보면 솔직히 「법학통론」 교과서는 이론적인 면에서는 그렇게 평가받을 수 있을지 모르겠으나 '법과 생활'의 면에서는 부족하다는 것이 사실이다. 뜻있는 독자들로부터 그런 지적을 받기도 하여 나름대로 어떤 보완책을 강구하지 않으면 안 되겠다고 생각하여 왔다.

그런데 한 책에다 이론과 케이스를 담기에는 분량에서나 체제에서나 불가능하다고 판단되어 아예 제목도 「법과 생활」이라 붙여서 자매편 내지 보충편으로 만들기로 작정하였다. 물론 「법학통론」의 순서를 그대로 지키며 단지 「법학통론」의 이론을 실제생활과 사례(케이스)에 적용하여 법적 추론(legal reasoning)을 훈련시키는 데에 더욱 가까이 가보려고 한다. 법의 일반이론뿐만 아니라 각 실정법 분야에 수많은 사례와 해설들이 있기 때문에 그것을 한 권의 책으로 엮는다는 것이 쉬운 일은 아니지만, 기본적인 사례와 설문을 뽑아 생생하게 법학적 논의를 해 보려고 시도하였다. 그러고 보니 이 책이 한국에서는 최초의 「케이스식 법학통론」서가 되는 셈이다. 그런 의미에서 저자는 나름대로 법학교육의 방법을 한 걸음 진전시키는 토대를 마련하였다고 자부하는 바이다.

시중 서점에 보면, 법에 관한 출판은, 법학자들이 쓰는 책은 대부분 교과서 중심이고 생활법률에 관한 책들은 실무가들이 다소 지리멸렬하게 내는 것들로 바람직스럽지 못한 '양극'현상을 보여주고 있다. 이것을 좀 더 심각히 얘기하면, 우리나라에는 법학이론과 법률실무가 괴리되어 이원화(二元化)현상을 보여주고 있다. 대학에서 가르치는 법학교육도 추상적 이론의 암기위주이고, 이렇게 공부한 학생들이 주입식 사법시험에 합격하여 법률가가 되어도 창조적 판결문 작성과 법조활동을 하지 못하고 고식적으로 남는 것이라 해도 반박하기 어렵다. 다행히 이러한 병폐를 반성하여 최근 사법시험의 출제도 사례식으로 바뀐 것은 고무적인 일이라 하겠다.

본서는 이러한 문제의식에서 출발하여 사례식(事例式)방법(case method)으로 법학 전반을 재구성하는 새로운 법학 교과서를 지향하고 있다. 물론 이 한 권으로 이러한 뜻이 다 이루어질 수는 없는 것이겠지만, 여기에 수록된 사례들을 잘 소화하고 응용해 나가면 분명히 법적 추론의 능력을 개발시킬 수 있으리라 믿는다. 각 장마다 졸작(拙作) '법과 시'를 한 편씩 넣은 것은 법이 단순히 사건해결의 사후논리만이 아니라 법생활 속에서 시를 생각하는 예방법학적 사고를 소개하려는 뜻에서이다. 문민시대를 맞아 이 나라가 문제와 분쟁으로 출렁이는 사회가 아니라 정의와 평화가 정착되는 사회로 나아가기를 기원하는 마음이다.

각 대학에서 「법과 생활」, 「법과 현대사회」, 「법과 민주주의」 등의 이름으로 강의들이 행해지고 있는데, 본서가 다소 도움을 줄 수 있으리라 생각한다.

이 책을 만드는 데 수고한 이현숙 법학석사와 서울대 법대 대학원생 몇 사람에게 감사한다. 그리고 「법학통론」을 내어 준 박영사가 다시 자매편까지 내어 주는 데 감사하며, 특히 편집부의 호 영 씨의 수고에 고맙게 생각한다.

1993년 10월 1일
저 자

차례

제13장 국가와 법치주의

제14장 기초법학

제15장 헌법과 생활

제18장 상법과 생활

제19장 형법과 생활

제20장 소송법과 생활

제21장 사회법과 생활

제22장 국제법과 생활

제23장 국제사법과 생활

제24장 지적 소유권법과 생활

제25장 한국법학의 과제

부록 생활 속의 법률서식

제 1 장
학문으로서의 법학

법에 관한 학문을 법학(legal sciences, Rechtswissenschaft)이라 할 때, 왜 어째서 '학문'(science, Wissenschaft) 내지 과학이 될 수 있는가 되물어 보아야 할 것이다. 그리고 학문으로서의 법학을 어떻게 바르게 공부할 수 있는가라는 법학방법론(Methoden lehre)에 관한 물음도 물어보아야 할 것이다.

여기 또한 법 없는 땅은 아니다

그대 나라에 법이 있는가?
삼천리 금수강산 자랑해도
법치주의는 거기 있는가?

라고 뻔뻔스레 묻는
외국놈의 입을 막아
감옥에 쳐넣을 법은 있는가?

삼천리 금수강산
해는 東에서 西로 지고
물은 높은 데서 낮은 데로 흐르고,

집 사면 차 사고
집 없어도 차 사고

아비는 아들 낳고
아들은 손자 낳고

山은 山이요
물은 물이요

여기 또한 법 없는 땅도 아닌데
無法天地 열반은 아닌데-.

1. 법학에의 결심

저는 고등학교 졸업반 학생입니다. 인문계에 속하고 있지만 별로 특별한 취미와 관심도 없이 학교공부에만 매달리고 있습니다. 성적은 중상위권에 속합니다. 부모님은 무조건 법대에 가라고 하는데 어떻게 해야 할까요?

당신처럼 특별한 취미와 관심도 없으면서 성적은 좋은 학생들이 부모의 권유에 따라 법대에 입학하는 경향이 높은 것이 사실이다. 한국뿐만 아니라 외국에서도 대체로 그런 현상이라 할 수 있다. 법학은 특별한 취미와 자질 없이도 어느 정도의 지적(知的) 수준이 있는 학생이 성실히 공부하면 성공할 수 있는 학문이다. 물론 당신은 법대에 들어와도 잘못이 아니며, 특별한 사정이 없는 한 법대를 졸업할 수 있고 변호사시험에 합격하면 법률가도 될 수 있다. 그러나 독일의 법학자 라드브루흐(G. Radbruch)가 분류한 첫 번째 유형의 법학도에 속한다면 자신의 입신출세를 위해서는 어쩔지 모르나 국가나 사회를 위하여 필요한 법률가가 될 수 있을지는 의문이다. 이제 로스쿨이 생겼으니 학부에서는 자유롭게 공부하고 시간을 두고 법공부를 생각해 볼 수 있다. 좀 더 깊이 자신의 적성이 무엇인지 국가와 사회를 위한 길이 무엇인지 다방면으로 생각해서 결정하기 바란다(최종고, 「법학통론」, 박영사, 2019년판, 2~14면).

2. 법학의 공부

법대에 들어온 지도 3년이 지났다. 이제 졸업반으로 올라가야 되는데 사법시험 공부도 한다고 시늉은 냈지만 자신이 없다. 대학원에 진학하려 해도 법학을 학문으로 하여 학자가 되는 길은 더욱 어려운 것같이 보인다. 나는 답답하기만 하다.

법대생은 남들이 보기보다 고민과 스트레스가 많은 생활을 하고 있는 것이 사실이다. 당장 사법시험에 응시하느냐 않느냐는 결단을 강요당하고, 합격 이전에는 사랑도 교양도 병역(兵役)도 모두 '보류상태'이다. 따라서 법대생처럼 정신적으로 여유 없는 군상(群像)도 드물다.

학문으로서의 법학을 계속 연구하여 법학자가 되는 길도 있는데, 교수의 기회가 많지 않아 학생들은 그리 선호하지 않고 있다. 또 머리 좋은(약삭빠른)

학생들은 점점 현실적인(실리적인) 직업에로 기울어지고 있다.

　　문제는 이러다 보니 한국의 법치주의가 판·검사와 변호사만으로 이루어지는 것이 아니고 법학계와 함께 건설되어야 하는데, 법학의 빈곤화와 법조이원화(二元化) 현상이 생긴다는 사실이다. 이런 현상을 타개해 나가기 위하여는 법학도 자신들의 깊은 성찰과 결단이 필요하다.

3. 법대생의 심리

　　이번 서울법대 2학년 학생의 자살사건은 충격적이고 무언가 석연치 않은 바 있다. Y군은 고등학교 수석졸업에 법대 재학시절에도 적극적인 활동을 했는데, 다만 성적이 좋지 못했다. 과연 성적비관으로 자살을 할 정도로 법학은 '살벌'한 것인가?

　　법학도는 극도로 주지주의적(主知主義的)인 인간형이기 때문에 정서와 윤리면에서는 부족한 점이 많다. 그래서 모든 것을 알고 모르는 것으로 판단하고 그것이 전부인 양 생각하는 버릇이 있다. 평소에 윤리적·정서적 훈련이 뒤따르지 않을 때, 어떤 충격이 있으면 돌발적인 반응으로 나타날 수 있다. Y군의 경우, 고교시절의 우수한 성적을 믿고 법대입학 후 1학년은 맘껏 놀다가 부모로부터 심한 꾸중을 듣도록 성적이 좋지 못한 것으로 알려져 있다. 성적 때문에 자살을 한다는 것은 용납될 수 없다. 그러나 이러한 위험한 결단을 할 수 있는 가능성(위험성)을 가진 것이 법대생이라는 사실도 명심할 필요가 있다. 대체로 외국의 대학생들은 경쟁의 현실에 잘 적응해 나가고 있는데, 요즘 한국 대학생들이 정신적으로 허약한 면을 갖고 있다. 삶의 의미를 적극적으로 개발해 나가는 것은 각자의 교양과 철학의 문제이기 때문에, 아무리 법학공부도 중요하지만 이런 면에서 낙오와 파탄이 없어야 할 것이다.

4. 법학공부의 방법

　　나는 나름대로 법학을 열심히 공부하고 있는데, 도무지 성적도 좋지 않고 생각해 볼수록 뭔가 공부하는 방법이 잘못된 것이 아닌가 의심스러워진다. 친구들에게 물어보아도 저마다 꿍꿍이속들이고 잘 가르쳐 주지도 않는다. 어떻게 공부를 해야 할까?

　　법학은 대체로 교과서나 수험서를 갖고 저마다 돌아 앉아 공부하여 시험에 합격함으로써 평가받는 공부같이 인식되고 있다. 그래서 자기대로의 공부방법을 정해 놓고 공부하거나, 수험지 같은 데에서 권하는 공부방법으로 하고 있다. 그러나 이러한 현상은 한국적 고시법학(考試法學) 내지 수험법학(受驗法學)의 분위기에 해당되는 방법이고, 진정으로 법학을 연구하려면 법학방법론을 되새기면서 학습해 나가야 한다. 읽고 생각하는 문제점을 남들과 토론하기도 하고, 자신의 생각을 글로 정리해 보기도 해야 한다. 이런 훈련이 장래 법률가가 되든 다른 직업인이 되든 모두 기초적인 지식과 교양이 되기 때문이다.

5. 법률가에의 길

　　판사, 검사, 변호사 등 법률가가 점점 국민의 따가운 눈초리로 비판의 대상이 되고 있다. 판·검사는 어쩐지 권력의 시녀같아 보이고 변호사는 말로만 인권이니 정의를 부르짖고 실제로는 돈만 챙기는 장사꾼(허가낸 도둑놈)같이 보인다. 법학을 배워 이러한 인간상이 되는 길밖에 없는가? 새삼 장래에 대한 고민이 생긴다.

　　우리나라 법률가가 사회적으로 좋은 지위를 확보하다 보니 권력과 금력에 결탁되어 일반국민으로부터 지탄을 받게 된 것은 어쩌면 당연한 결과라고 보겠다. 법률가가 국민을 위한 봉사자라기보다 관료화되면서 생긴 부작용이라 하겠다. 이에 대한 제도적·윤리적 반성이 모색되고 있다. 예컨대 「공직자윤리법」에 의해 재산등록 내지 공개가 되고, 엄격한 법조윤리가 실천되면 상당한 수정과 제한이 가해질 것이다. 제도적으로 아무리 대책을 강구해 놓아도 그 법과 제도를 운영하는 법률가 자신이 이를 탈법적으로 악용하면 속수무책이 될 수밖에 없다. 법조윤리와 법률가의 인생관·가치관이 이런 뜻에서 매우 중요하다.

6. 법률가 직업

　　길거리에 얼마 전까지만 해도 「司法書士 아무개」란 간판이 많이 붙어 있더니 지금은 「法務士 아무개」라는 간판으로 바뀌었다. 또 「변호사 아무개」, 「변리사 아무개」 등 여러 법률직종의 간판들이 보인다. 우리나라에 '법률가'란 무엇이며, 이들 직업은 어떻게 가질 수 있는가? 또 유사법조인이란 말도 듣는데, 이들의 직업을 소개해 주십시오.

1990년부터 사법서사를 법무사로 부르도록 법제화되어, 마치 법률가의 범주가 확대된 것같이 보인다. 사법서사는 한국에만 있는 유사법조(類似法曹, para-lawyer)인데, 자신들의 권익신장을 위해 단체활동을 잘 해 오고 있다.

따라서 오늘날 한국에는 '법률가'로서 판사·검사·변호사·법학교수 외에 법무사·변리사·공증인 등 아래와 같이 법률적 사무를 보는 다양한 직종이 있다.

(1) 판 사

헌법 제101조 3항은 "법관의 자격은 법률로 정한다"고 규정하고 있다. 이에 따라 「법원조직법」은 사법시험에 합격하여 사법연수원의 소정과정을 마친 자와 검사 또는 변호사의 자격이 있는 자에 대하여 법관의 자격을 인정하고 있다.

지금까지 우리나라에서 판사, 검사, 변호사 자격을 얻을 수 있는 방법은 일제시대의 조선변호사시험, 일본고등문관시험과 해방 이후의 사법요원시험, 변호사시험, 간이법원판사시험, 검사보시험, 고등고시사법과, 판·검사 특별임용시험의 합격 등 매우 다양하였다. 그러나 현재로서는 사법시험에 합격하고 사법연수원의 소정과정을 마치는 것으로 일원화되어 있다. 법학전문대학원, 소위 로스쿨이 도입되어 이를 졸업하고 변호사 시험에 합격하여 법조인이 될 수 있는 길이 열리게 되었다.

대법원장은 대통령이 국회의 동의를 얻어 임명하고, 대법관은 대법원장의 제청에 의하여 국회의 동의를 얻어 대통령이 임명한다. 주목할 것은 2000. 2. 국회법이 개정되어 인사청문회제도가 도입됨에 따라 대법원장과 대법관의 경우 국회의 동의에 앞서 국회에서 인사청문절차를 거치게 되었다. 대법원장과 대법관은 10년 이상 판사, 검사, 변호사 또는 법률이 정하는 이에 준하는 직에 있던 45세 이상의 자라야 한다(법원조직법 제42조). 그 밖의 법관은 인사위원회의 심의를 거치고 대법관회의의 동의를 받아 대법원장이 임명한다(동법 제41조 제3항). 판사의 보직은 대법원장이 행한다(동법 제44조 제1항).

대법원장과 대법관의 임기는 6년이고 그 밖의 법관의 임기는 10년이다. 대법원장은 중임할 수 없으나 대법관과 그 밖의 법관은 법률이 정하는 바에 따라 연임할 수 있다(동법 제45조 제1항 내지 제3항).

법관은 임기 내라도 정년에 이르면 퇴직한다. 대법원장과 대법관의 정년은 각각 70세, 판사의 정년은 65세이다(동조 제4항).

법관은 탄핵·형벌에 의하지 아니하고는 파면되지 아니하며, 징계처분에 의하지 아니하고는 정직·감봉되거나 불리한 처분을 받지 아니함으로써 그 신분을 보장받고 있다(동법 제46조 제1항). 법관의 징계에 관한 사항을 규정하기 위하여 「법관징계법」이 제정되어 있고, 대법원에 법관징계위원회가 구성되어 있다.

법관에 대하여도 공무원의 정치적 중립보장의 일환으로 정치활동이 제한되어 정당에 가입할 수 없음은 물론, 단체행동권도 제한된다(국가공무원법 제65조, 제66조). 법관이 중대한 심신상의 장애로 직무를 수행할 수 없는 때에는 법률이 정하는 바에 따라 퇴직하게 할 수 있다. 법관에게는 직무와 품위에 상응한 보수가 주어지며 이를 위하여 '법관의 보수에 관한 법률'이 따로 제정되어 있다(법원조직접 제46조).

2000. 7. 1 당시 대법원장과 대법관을 포함한 법관의 정원은 1,738명이

법관 증가현황

구분 / 연도별	특정직		정무직	별정직	일반직	기능직	비법관직원계	합 계
	법관	법관이외특정직						
	인원	인원	인원	인원	인원	인원	인원	인원
2004	1,988	70	1	2,384 (300)	7,209	2,755	12,419	14,407
2005	2,088	70	2	2,384 (300)	7,515	2,793	12,764	14,852
2006	2,137	69	3	2,371 (300)	7,728	2,801	12,972	15,109
2007	2,517	69	3	2,070	8,144	2,833	13,119	15,636
2008	2,618	70	2	2,160	8,563	2,860	13,655	16,273
2009	2,738	70	2	2,160	8,563	2,860	13,655	16,273

고, 사법연수원 교수 등 정원 외 법관까지 포함한 현원은 1,467명이다. 그리고 법관의 업무과중 현상은 당분간 지속될 것으로 예상되어 2002년부터 2005년 사이에 법관정원을 350명 증원하여 2,088명까지 증원할 예정이다. 한편 예비판사의 정원은 210명으로 2001년과 2002년에 걸쳐 90명 증원하였다.

(2) 검 사

검사는 공익의 대표자로서 범죄수사·공소제기와 그 유지에 필요한 사항, 범죄수사에 관한 사법경찰관리의 지휘·감독, 법원에 대한 법령의 정당한 적용청구, 형사재판의 집행지휘·감독, 기타 다른 법령에 의하여 정해진 직무를 행한다.

검사의 자격은 법관의 자격과 같다. 검사의 사무를 통할하는 각급 검찰청은 각급 법원에 대응하여 설치되어 있고, 검사는 검찰총장을 정점으로 하여 검사동일체의 원칙에 따라 직무를 행한다.

검사의 현황 (2000. 8. 15 기준)

인원 직급	검찰청		법무부		법무연수원		사법연수원		계	
	정원	현원	정원	현원	정원	현원	정원	현원	합계	현원
검사장 이상	32	32	4	4	2	2	1	1	39	39
고검부장검사	3	3							3	3
지검차장	19	18(1)							19	18(1)
지청장	20	20							20	20
지청차장	8	8							8	8
부장검사	131	131					13	13	144	144
고검검사	93	85(8)	14	14	4	4	1	1	112	104(8)
지청장	20	20							20	20
소계	326	317(9)	18	18	6	6	15	15	365	356(9)
담당관, 검찰연구관	25	25							25	25
지점, 지청 검사	936	772(164)	37	37					973	809(164)
소계	961	797(164)	37	37					998	834(164)
합계	1,287	1,114(173)	55	55	6	6	15	15	1,363	1,190(173)

* ( )는 결원

(3) 변 호 사

변호사는 사건 당사자나 관계인의 위임에 의하여 소송에 관한 행위 및 행정처분의 청구에 관한 대리행위와 일반법률사무를 취급하는 사람이다. 우리나라에는 예로부터 타인의 소송을 대리하여 수행해 주는 대언인(代言人) 제도가 있었고 이것이 오늘날 변호사제도의 전신이라고 할 수 있다. 근대적 의미의 변호사제도는 구한말인 1905년 11월 8일 법률 제5호로 공포·시행된 「변호사법」에 의해 확립되었다.

변호사는 형사사건에서는 피고인 또는 피의자의 변호인으로서, 민사사건에서는 소송대리인으로서 재판에 적극 참여한다. 변호사는 당사자로부터 보수를 받고 당사자를 위하여 활동하는 사람이지만, 재판에서는 재판을 올바르게 이끌어 가도록 협조할 공익적 책임을 진다.

변호사는 사법시험에 합격하여 사법연수원의 소정 과정을 마친 자와 군법무관 임용시험 및 실무고시에 합격하여 군법무관으로 10년 이상 복무한 자

전국 변호사 현황 (2006년 11월 23일 기준)			
	개인 회원	준회원	소계
서울	5,232	600	5,832
의정부	154	6	160
인천	259	10	269
수원	395	29	424
강원	71	7	78
청주	76	12	88
대전	225	25	250
대구	331	19	350
부산	328	37	365
울산	72	2	74
경남	137	17	154
광주	212	26	238
전주	100	14	114
제주	29	6	35
계	7,621	810	8,431

법무법인·공증인가 현황 (2006년 11월 23일 기준)					
회원별 지방회	법무법인			공증합동	
	사무소	구성원	소속변	사무소	구성원
서울	200	1,526	934	37	197
의정부	10	52	5	0	0
인천	26	135	5	2	6
수원	34	193	12	1	3
강원	2	9	0	1	4
청주	5	26	1	1	4
대전	7	32	1	1	3
대구	17	91	7	7	23
부산	15	90	13	7	21
울산	5	27	1	0	0
경남	9	45	4	0	0
광주	8	42	1	8	27
전주	4	20	1	3	12
제주	2	10	0	1	2
계	344	2,298	985	69	302

에게 그 자격이 인정되며, 변호사는 경력이 많고 적음에 관계없이 모든 법원에서 변론할 수 있다.

2003년 11월 기준 전국의 등록 변호사 수는 모두 6,147명에 이르고 있다. 사법시험 합격자 수의 증대로 개업 변호사 수는 지속적으로 증가하고 있는 편이지만, 아직 인구의 규모나 소송사건 수에 비하여 적은 편이며, 이에 대법원은 1995년 4월 25일 행정부와 합의하여 사법시험 합격자 수를 현행 매년 300명 수준에서 1996년 500명으로 증원하고, 2000년 이후 매년 100명씩 증원하고 있다. 사법개혁과 법학교육개선안과 맞물려 변호사의 적정수의 문제가 큰 쟁점으로 되고 있으며 이는 특히 2009년부터 설립된 법학전문대학원의 정원 및 변호사시험 합격률 설정과정에서 논란의 중심에 서있다. 요즘은 법무법인(法務法人)이라 불리는 로펌(Law Firm)들도 많이 생기고 있다.

(4) 법학교수

법학교수는 법학자로서 법을 학문적으로 연구하고 가르치는 사람이다. 법학교수가 대학에서 법학을 가르치고 연구하는 전문인으로서 활동하기 시작한 것은 서양에서는 14~15세기부터이지만, 우리나라는 전통시대의 율학교수(律學敎授)를 빼면 20세기에 들어와서부터이다.

법학교수가 되기 위해서는 남다른 준비기간과 훈련이 필요하다. 학부를 마치고 대학원에 진학해서 석사학위과정(최소 2년)과 박사학위과정(최소 3년)을 거쳐야 한다. 더욱이 우리나라의 법학은 기본적으로 서양법을 수용한 것이기 때문에, 법의 근본원리를 이해하기 위해서뿐만 아니라 자신의 학문세계를 넓히기 위해서 외국의 법이론에 대하여도 공부를 게을리해서는 안 된다. 대륙법계에서는 법학교수의 역할이 크고, 영미법계에서는 판사의 역할이 크다고 지적되고 있다.

현재 우리나라에 법학교수는 약 600명 정도 있고, 한국법학교수회, 전국법과대학협의회 등의 기구를 갖고 있다.

(5) 군법무관

군법무관이란 군법무관임용시험 또는 사법시험에 합격하고, 사법연수원을 수료하여 법조인 자격을 취득한 후 군법무관으로 임용된 자를 말한다.

군법무관의 직무내용은 군사법원의 관할관보좌(법무참모), 군사법원운영(검찰·심판업무처리), 군사법행정·행형·집행업무수행, 국가배상업무·국가 소송업무수행, 법령연구·범죄예방업무(군법교육·법률상담 및 법률구제)·인권옹호업무수행, 군내 각종 법률유관분야(징계·관재·계약·법제·인사·군정) 지원 및 수행, 계엄시 계엄군사법원운영 등의 직무를 수행한다. 또한 군법무관은 법무관으로 임용된 때로부터 「변호사법」 제4조에 의하여 변호사자격을 취득한다. 다만 이러한 변호사자격을 취득하여 변호사로 개업할 수 있기 위해서는 군법무관시보로 임용된 날로부터 10년을 복무하여야 한다(군법무관임용등에관한법률 제7조).

(6) 법원공무원

법관 이외의 법원공무원은 국가공무원으로서 「국가공무원법」의 적용을 받지만, 다른 국가공무원에 비하여 직무의 특수성이 있으므로 법원공무원규칙 등 대법원규칙의 적용을 받는다.

법원공무원은 일반직공무원, 기능직공무원, 별정직공무원으로 구분되고, 그 중 법원일반직공무원은 담당직무의 종류에 따라 사법행정사무·기술심리·사서·통역·시설·공업·보건 직군으로, 기능직공무원은 사법행정사무·시설·공업·통신·원예 직군으로 분류되어 있다.

법원일반직공무원 중 법원사무직렬공무원은 공개경쟁 채용시험으로 채용하며, 일정한 근무연한이 지나면 승진 임용될 수 있는데, 5급 및 7급 일반직으로 승진 임용은 일반승진시험을 거쳐야 한다.

법원공무원 현황(2000. 7. 1 기준)

구분		정원	현원	과부족	비고
경력직	특정직	1,791	1,482	-309	법관, 검사(연수원교수 등 15인)
	일반직	6,438	6,068	-370	
	기능직	2,795	2,765	-30	
특수 경력직	정무직	1		-1	비서실장-법관 겸직
	별정직	1,695	1,499	-196	예비판사 정원 210(175) 사법연수생 정원 1,400(1,399)포함 * ( )은 현원임
청원경찰		134	130	-4	
합계		12,854	11,944	-910	

* 법관 및 사법연수생을 제외한 법원공무원 총원: 9,319명

법원공무원은 대법원장이 임명하도록 되어 있지만, 그 임용권의 일부가 소속 기관장에게 위임되어 있다.

1979년 9월 12일 법원공무원교육원이 설치되어 일반직원의 자질향상을 위한 각종 교육을 실시하고 있으며, 아울러 일본 등의 외국교육기관 파견연수 및 외국사법행정제도 시찰도 시행하고 있다.

법원사무관, 법원주사(보)는 각급 법원의 재판에 참여하여 조서작성, 기록보관, 소송사항에 대한 증명서 발급, 송달, 집행문부여 등 재판상의 부수적인 사무를 독립하여 담당하기도 하고, 지방법원과 그 지원 산하의 등기소에서 등기에 관한 사무를 독자적인 권한을 갖고 처리하며, 법원서기(보)는 법원사무관 등의 업무를 보조한다.

그 밖의 법원일반직원의 직무로서는 호적, 공탁, 법원행정사무 등이 있다.

(7) 공 증 인

공증인(公證人)은 당사자 기타 관계인의 촉탁에 의한 공정증서의 작성, 사서증서의 인증, 회사정관의 인증 등을 그 직무로 한다. 공증인은 판사, 검사, 변호사의 자격을 가진 자가 법무부 장관의 인가를 얻어 사무소를 설치한다.

공증인이 그 권한 내에서 일정한 방식에 따라 작성한 증서 중, 일정한 금액의 지급이나 대체물 또는 유가증권의 일정한 수량의 급여를 목적으로 하는 청구에 관한 증서로서 즉시 강제집행할 것을 기재한 것은 채무명의가 되고, 권리자는 이에 기하여 판결을 받은 경우와 같이 강제집행할 수 있다. 이러한 공증인 업무는 일정수 이상의 개업 변호사로 구성된 합동법률사무소와 「변호사법」에 따라 5인 이상의 변호사로 구성된 법무법인에서도 행할 수 있다.

(8) 법 무 사

법무사(法務士)는 다른 사람의 위촉에 의하여 법원 또는 검찰청에 제출할 서류, 등기 또는 등록신청에 관한 서류 등을 작성하고, 등기, 공탁 사건의 신청을 대리하는 것을 업무로 하며, 소속 지방법원장의 감독을 받는다. 법무사는 종전까지는 사법서사(司法書士)로 불려왔는데 1990년 1월 13일 법률개정으로 명칭이 바뀌었다.

법무사는 행정기관에 제출할 서류의 작성을 업무로 하는 행정서사와 구별되는데, 조선시대까지는 사법서사와 행정서사제도가 분리되지 않았으나 1925년 5월 1일 「조선사법대서인령」에 의해 사법서사제도와 행정서사제도가 완전히 분리, 시행되었다.

　　법무사의 자격은 7년 이상 법원, 헌법재판소, 검찰청에서 법원주사보나 검찰청주사보 이상의 직에 있던 자 또는 5년 이상 법원, 헌법재판소, 검찰청에서 법원사무관이나 검찰사무관 이상의 직에 있던 자로서, 법무사업무의 수행에 필요한 법률지식과 능력이 있다고 대법원장이 인정한 자 또는 법무사시험에 합격한 자에 대하여 인정된다. 법무사는 위촉인으로부터 일정한 보수를 받는다.

(9) 집 행 관

　　집행관(執行官)은 지방법원에 소속되어 법률이 정하는 바에 의하여 재판의 집행과 서류의 송달, 기타 법령에 의한 사무에 종사하는 독립된 사법기관이다. 그런 이유로 집행관은 엄격한 의미에서의 공무원은 아니나, 실질적 의미에서는 국가공무원으로서 그 직무에 관하여 소속 지방법원장의 감독을 받는다. 그러나 그 보수는 법원으로부터 받는 것이 아니고 당사자로부터 받는다. 집행관은 10년 이상 법원주사보·검찰주사보 또는 마약수사주사보 이상의 직에 있던 자 중에서 지방법원장이 임명하고, 임기는 4년으로 연임할 수 없다. 집행관의 정년은 61세이다.

(10) 세 무 사

　　세무사(稅務士)는 세금에 관한 변호사라고 부른다. 모든 세금에 관한 상담·고문을 해 주고 장부를 대신 정리해 주며 잘못된 세금고지서에 대한 이의신청 및 심사청구·심판청구 등을 대행한다. 세제(稅制)의 민주화와 더불어 자진신고 납세제도가 확립됨에 따라 세무사의 역할이 중시되고 있다.

(11) 변 리 사

　　변리사(辨理士)란 과학자·발명가 또는 기업체 등이 연구 개발한 특허·실용신안·의장 또는 상표에 관하여 특허청 또는 법원에 대하여 하여야 할 사항의 대리 및 그 사항에 관한 감정, 기타의 업무를 행하는 자를 말한다. 변리사는 위와 같이 전문직업인일 뿐만 아니라, 그 업무 자체가 국가산업발전에 직접 관련을 갖고 있기 때문에 오늘날과 같이 기술경쟁시대에는 특히 그 중요성과 사명감이 요구되는 전문직업인이라고 하겠다. 따라서 변리사는 공학적 지식과 법학적 지식이 동시에 요구되며 특히 외국어 실력이 절실히 요구된다.

(12) 감정평가사

감정평가사(鑑定評價士)란 타인의 의뢰에 의하여 토지 등의 경제적 가치를 판정하여 그 결과를 가치로 표시하는 직무(감정평가)를 행하는 자를 말한다.

(13) 공인중개사

공인중개사(公認仲介士)는 일정한 수수료를 받고 부동산 등에 대하여 거래당사자 사이에 매매·교환·임대차 기타 권리의 득실·변경에 관한 행위를 알선하거나 중개하는 업무를 행하는 자이다. 과거에는 복덕방이라고 하여 자격에 별다른 제한이 없었으나 오늘날은 일정한 시험을 통과한 후 국가가 자격을 부여하는 공인제도로 바뀌었다.

(14) 사법보좌관

법원사무관 이상의 직급으로 5년 이상의 경력자 또는 법원사무관으로서 법원주사보 이상의 직급으로 10년 이상의 경력자 등 풍부한 실무경험과 법률지식을 겸비한 자 중에서 선발되어 판사의 사무 중 판결사무, 형벌권 행사에 관한 사무를 제외한 사무로서 쟁송적 성격이 없는 일정한 사무를 포괄적으로 위임받아 처리하는 자를 말한다(법원조직법 제54조). 법원업무의 적정한 분업화를 기함으로써 효율적 사건처리와 법관업무의 과중현상에 대한 효과적 대응방안을 강구하기 위한 차원에서 마련된 직역이며, 그 주된 사무는 협의이혼의사확인, 제소전 화해 등 공증적 성격의 사무 일체와 독촉절차, 공시최고절차, 간단한 과태료 사건 등에 관한 이의절차 등의 일부 업무 및 기타 사건 처리에 필요한 조사업무이다.

7. 법학교수의 지망

저는 법학교수가 되고 싶은데, 어떤 과정을 밟아야 하는지요? 자리가 한정되어 하늘에 별 따기라 하는데 사실인지요?

다행인지 불행인지 다른 분야와는 달리 아직까지는 법학을 공부하여 법학교수가 되겠다고 하는 사람이 그리 많지 않다. 그것은 마음먹기에 달려 있지 그리 큰 경쟁이 있는 것은 아니라는 말이다. 예컨대 경제학이나 물리학에는 미국에서 박사학위를 하고 한국에 취직자리가 있는지를 알아보러 오는 사람이 하루에 백여 명에 이른다고 한다. 그러나 법학은 그렇게 경쟁이 심하지 않다.

국내에도 우수한 대학에서 법학사(B.A.) → 법학석사(LL.M.) → 법학박사(LL.D) 학위를 주고 있어 학문을 향한 마음만 굳게 먹으면 학자가 될 수 있다. 그리고 독일, 미국, 영국, 프랑스, 일본 등 외국에 나가서 박사과정을 마칠 수도 있다. 젊을 때 외국어를 연마하면서 외국유학을 하는 것도 뜻깊은 일이다. 지금은 대부분의 대학이 공개채용하기 때문에 실력이 있고 인품을 갖춘 젊은 학자는 대학에 법학교수로 자리잡을 수 있다. 한국의 법문화를 발전시키기 위하여는 법조실무계에 젊은 인재가 편중되는 것보다 법학계가 발전하여야 함은 말할 필요도 없다.

8. 케이스 메소드란?

미국에서 법학을 배우면 케이스 메소드(Case Method) 혹은 소크라테스식 방법(Socratic Method)을 배운다고 하는데 과연 어떤 것인지요? 그리고 우리나라 법과대학에서는 왜 실시하지 않고 있는지요?

영화 「하버드대학의 공부벌레들」(The Paper Chase)에서 나오는 킹스필드 교수의 강의처럼 미국에서는 학생들이 구체적 사건(Case)을 미리 예습해 와서 강의시간에 교수가 어떤 방식으로 물어봐도 대답을 할 수 있도록 하는 공부 방법이 이른바 케이스 메소드 혹은 소크라테스식 방법이다. 이 방법은 하버드로 스쿨의 랭델(C. Langdell) 교수가 창안했기 때문에 랭델식 방법(Langdell Method)이라고 불리기도 한다.

이 방법이 갖는 장점은 구체적 사건에 대하여 전개과정과 행위자들의 행동내용을 정확히 파악하고, 그와 비슷한 사건에 내려진 선판례(precedent)에 비추어 해결책을 찾는 훈련을 잘 할 수 있다는 점이다. 이런 점에서 이것은 철저히 '과학적'인 법학방법이라고 말해진다. 물론 이런 방법이 사건에만 국한되어 사회적 맥락과 논리적·정신적 배경을 무시하기 쉬운 단점이 없는 바도 아니다.

어쨌든 미국에서는 이런 방법으로 훈련되기 때문에 법학도들은 졸업 후 곧바로 법률가가 되어도 무리가 없다. 학생 때 벌써 '법률가답게 생각하기'(Think as Lawyer)를 훈련받는 것이다. 우리나라에서는 교수가 일방적으로 행하는 강의를 수동적으로 받기만 하고, 공부방법도 예습식이 아니라 복습식이기 때문에 케이스 메소드를 적용하기가 매우 어렵다. 시도해 보아도 성공적으로 되지 아니한다. 그러나 강의식 훈련과 연습(Übung이나 Seminar)을 병행하여, 케이스에 대한 훈련도 행하는 것이 바람직하다고 의견이 모아지고 있다. 시험 출제에서도 이러한 방향으로 나아가려고 애쓰고 있다. 한국법학이 어느 정도 성공하느냐의 문제와도 결부된 중요한 문제인데, 지금은 솔직히 이 두 방법의 중간에서 시행착오를 거듭하고 있는 단계라고 하겠다. 그러나 점점 판례의 중요성이 높이 인식되고, 케이스 메소드의 장점을 도입하려는 방향으로 나아가고 있는 추세이며 법학전문대학원 또한 이러한 고려에서 도입된 것이다.

9. 케이스 메소드의 훈련

> 케이스식 혹은 사례식 문제해결에 대하여 평소 훈련이 되어 있지 않은 저로서는 시험에서나 공부에서 상당히 당혹감을 느낍니다. 어떻게 해야 이 방법에 익숙할 수 있을지 조언을 해 주십시오.

케이스식 문제해결은 주어진 구체적 사안에 대해 법이론의 정확한 이해를 전제로 하여 구체적 응용능력을 필요로 한다. 케이스의 형태도 매우 다양하고 예상할 수 없기 때문에 주어진 정답이 있는 것이 아니다. 법이론과 사실

판단을 연결시키는 총체적인 법적 사고(legel mind)와 법적 추론(legal reasoning)이 총동원되어야 하는 것이다. 한꺼번에 번뜩이는 섬광과 같은 인스피레이션으로 얻는 것이 아니라 차근차근 분석적으로 사고하다 보면 문제해결에 가까워지는 것임을 명심하여야 한다.

우선 주어진 사실관계의 분석에서 쟁점(爭點)을 빠뜨리지 않아야 한다. 주어진 사실관계가 다소 명확하지 않을 때는 경험칙(經驗則)과 사물논리적인 관점에서 해설하여야 한다. 예컨대 A가 B를 살해했다고 할 경우 구태여 A가 책임무능력자인 경우를 예상할 필요는 없다. 해석에 의해서도 사실관계가 확정되지 않을 때는 택일적 해석이 허용될 수 있다. 예컨대 "자기의 병아리를 물어 죽인 고양이를 사살한 A의 책임을 논하라"고 할 때 고양이가 타인의 소유인 경우와 무주물(無主物)인 경우를 구별하여 검토해야 할 것이다.

사실관계를 분석하고 쟁점을 정리한 후에는 논리적으로 정리하여 설명하여야 한다. 같은 문제에 대하여도 해결방법에 여러 학설과 이론이 있는데, 그것을 적절히 소개하고 타당하다고 판단되는 견해를 제시하고, 그 방향으로 결론을 모아 가야 한다. 이때 자기가 취한 이론과 견해가 어떤 근거에서 타당한가를 분명하게 밝혀 주어야 한다. 단순히 통설(通說)과 판례의 태도에 따르면 어떻게 된다는 식의 언급으로는 진지하게 문제를 추구하는 자세로서 부족하다. 문제를 설명함에는 배척하는 견해를 먼저 밝히면서 문제점을 지적한 후에 스스로 옳다고 생각하는 견해를 결론과 연결시키면서 도출해 내는 방법도 있을 수 있다. 이에 반하여 어떤 견해에 따르더라도 같은 결론에 도달할 경우에는 견해들의 설명을 자세히 할 필요가 없다.

케이스 문제의 해석은 적당한 결론을 요구하기보다 그 결론을 이끌어 가는 과정과 이유 내지 논거에 중점을 두고 평가하는 경우가 많다. 케이스식 문제해결은 평소에 훈련을 하지 않고서는 자꾸만 암기식 결론을 주장 내지 강변하는 수준에서 한걸음 발전하기가 어렵다. 따라서 법학을 공부하는 데서나 평소의 대학생활에서 논리적으로 간단하면서도 요령 있게 자기의 의사를 표명하는 훈련이 필요하다. 무엇보다도 어떤 문제든지 이미 주어진 결론을 맹목적으로 받아들이지 않고 비판적으로 재성찰하는 사고방식을 가질 필요가 있다.

10. 법학공부와 컴퓨터

법학공부에도 요즈음에는 컴퓨터를 이용해야 한다는 얘기를 많이 듣고 있습니다. 법학과 컴퓨터와의 관계를 말씀해 주시고, 어떻게 이용할 수 있는지 안내해 주십시오.

종래의 법학공부는 인간의 머리로만 이루어졌기 때문에, 일반적으로 법학공부를 위해서는 공부를 잘 하는 사람이어야 한다고 생각하였다. 그러나 오늘날과 같이 정보화시대에 살고 있는 우리는 이제 인간의 두뇌용량에 컴퓨터(셈틀)를 보조역할자로 갖게 되었다. 따라서 법학공부의 일대 혁신을 일으키고 있다. 현대사회의 복잡화·전문화는 법률 문헌이나 자료도 컴퓨터 없이는 신속하게 소화할 수 없다. 또한 국제시대에 외국법과 국제법에 관한 문제가 끊임없이 일어나고 있는 오늘날 컴퓨터의 활용 없이는 법학을 제대로 연구할 수 없다. 뿐만 아니라 법률실무에서도 많은 법률정보자료를 신속하게 처리해서 빠른 시간에 사건을 처리하는 것도 중요하다.

그럼에도 불구하고 우리나라는 아직도 법학교육이나 법률실무에 법률정보가 아직 컴퓨터의 활용으로까지 완전히 이루어지고 있지는 못하다. 부분적으로 판례의 내용과 법령의 내용을 컴퓨터에 입력해서 정보로 활용하고 있다.

현재 우리나라에서는 한국법률정보시스템(KOLIS)이 법률정보서비스를 시작하였다. 이것은 판례정보·법령정보·법률문헌정보·법률상담·해외법령 및 판례 등에 관한 정보를 제공할 예정으로 1992년 설립되었는데, 지금은 판례정보를 우선적으로 제공하고 있다.

대법원에서도 종합법률정보(LX)를 개발하여 도서관이용자들에게 제공하고 있다.

법제처에서도 법령의 전산화작업을 시작하여 지금은 법률·대통령령·부령까지 입력이 완료되어 정부부처간 전산망으로 자료를 제공하고 있다. 아직까지 일반인에게는 정보를 제공하고 있지 못하지만, 앞으로 법제연구원을 통해서 일반인에게도 정보를 제공할 계획이라고 한다.

미국의 컴퓨터 법률정보서비스제도 중 가장 중요한 것은 Mead Data Central 회사의 렉시스(LEXIS)제도와 West Publishing Co.의 웨스트로(WEST-LAW) 제도가 있으며, 그 밖에 정부기관 등에서 운영하는 여러 가지 법률정보서비스제도가 있다.

렉시스(LEXIS)는 미국에서 제일 먼저 상업적으로 보편화된 법률정보서비스제도로서 매우 광범위한 법률정보를 수록하고 있다. 예컨대 연방 및 주(州)의 모든 현행 상소법원판결을 수록하고 있으며, 과거의 판결도 점차 수록하고 있다. 또한 판례집으로 발간되지 않는 연방하급법원의 판결들도 상당수 수록하고 있을 뿐만 아니라 미국법령집(U.S. Code) 전체와 4개 주(Kansas, Missouri, New York, Ohio)의 법령집, 행정부명령집을 비롯한 많은 수의 비법률정보도 수록하고 있다. 렉시스는 영국·프랑스·유럽공동체법을 비롯한 외국법령도 수록하고 있다. 웨스트로(WESTLAW)는 1970년 초에 시작된 법률정보서비스제도로서 처음에는 판례를 간추린 것(headnotes)만을 수록하여 제공하였으나, 그 후 판례전체를 포함해서 수록자료의 범위를 확대해 오고 있다. 미국 법무부는 1970년부터 쥬리스(JURIS)라는 법률정보서비스제도를 개발하여 15만여 건의 연방법원판결전문과 40만여 건의 주법원판결의 요약문 및 미국법령집을 수록하고 있다. 이러한 법률정보서비스제도는 법무부·검찰청·대법원·국회도서관·국방부 기타 정부부서 내에 150여 개의 터미널(terminal)을 설치하여 활용하고 있다. 미국 공군이 주관하여 1960년 초에 설치된 법률정보 서비스로는 플리트(FLITE: Federal Legal Information Through Electronics)라는 제도가 있다. 여기에는 연방법원의 판결, 미국법령집, 기타 법률관계자료 등이 수록되어 있으며, 주로 미국공군·국회 등에서 활용하고 있다. 비엔에이(BNA: Bureau of National Affairs)라고 불리는 법률정보서비스제도는 노사관계판례 및 자료를 수록한 레이버로(LABORLAW), 화학물질에 관한 판례를 수록한 켐로(CHEMLAW), 특허·상표·저작권·불공정거래에 관한 판례를 수록한 패이트로(PATLAW), 조세 및 증권에 관한 정보를 수록한 어드벤스라인(ADVANCELINE) 등 4개 분야의 법률정보서비스를 제공하고 있다.

독일에도 이 분야가 최근 법정보학(Rechtsinformatik)의 분야로서 많이 발전되고 있고, 오늘날 어디에 가도 이 분야를 모르면 필요한 법률정보를 획득할 수 없도록 중요성을 띠고 있다.

제2장
법의 개념

법이란 무엇인가, 즉 법의 개념에 관하여는 법학자마다 다른 정의를 갖고 있다고
할 정도로 다양하다. 미국에서는 "법원에서 판사가 말하는 것, 그것이 곧 법이다"
라고 말하는가 하면, 독일의 라드브루흐(G. Radbruch)는 "법이념에 봉사하는 의
미를 가진 현실"이라 하였고, 소련의 어느 학자는 "법은 종교보다 더 강한 아편"
이라고 하였다. 그러나 학자들이 어떤 정의를 내리느냐가 중요한 것이 아니라, 우
리가 생활 속에서 무엇을 법이라 생각하느냐, 또는 무엇을 법이 아니라 생각하느
냐가 중요한 것이다.

법과 시

法 字 考

우리가 쓰는 法字는 略字이고
그 正字는 灋字라고
매학기 첫 시간에 가르치면서,

법은 물[水]이 가는[去]게 아니라
중국 고대의 神意裁判에 쓴
해태[鹿]가 가는[去] 것이라 설명한다.

그러니 法字에는
재판이 있고, 公平이 있고,
神的 권위가 들어 있어,
法字란 말을 사랑해주어도
괜찮을 좋은 말이라고.

그러나 이것은 내 알량한
법학교수로서의 지식일 뿐
한국인의 법관념은 어디 그런가?

법이라면 '이크! 뛰자'
차라리 관계 안 할수록 좋다.
법 따져 이익 본 일 있는가?

법은 정당한 것이라
law, Recht, droit
그리고 한국인도 본래는
법은 '본'이라 했다는데,

모본과 '본떼'로서의 본은 어디가
法字의 원래 의미는 퇴색되고
법의 껍질만 무성해져 가는가?

1. 법과 예의

교회에서 모자를 벗지 않은 사람에게 목사가 모자를 벗으라고 했다. 그러나 그는 이에 따르지 않았다. 목사는 그와 언쟁하게 되었고, 그를 파출소에 고발하였다. 목사는 어떤 법관념을 가졌을까?

교회에서 예배를 보기 위하여 필요한 질서를 따라주는 것이 일반적 의무이다. 그러나 혹시 모자를 쓰고 있지 않으면 아니될 사정(예컨대 병환중)이 있으면 미리 양해를 구하거나 남에게 피해를 주지 않도록 주의를 기울여야 할 것이다. 모자를 벗지 않는 것으로서 예배행위가 방해를 받을지는 상황판단을 해야겠지만, 만일 그 자체만으로 목사가 파출소에 고발을 했다면, 목사는 법적 사항이 아닌 에티켓, 혹은 관습 내지 도덕의 문제를 법으로 확대한 것으로 용납되기 어려운 것이다.

다만 목사가 모자를 벗으라 했다 하여 그것을 반격하여 소란을 피워 예배행위를 방해하는 정도에 이르렀다면 형법 제158조에 의해 종교행위 방해죄로 처벌받게 된다.

2. 법의 한계

저는 A와 결혼을 약속하고, 벌써 3년 동안 서로 깊은 사이가 되었습니다. 최근 A에게 처도 있고 자식도 있다는 사실을 알게 되었습니다. A는 처와 꼭 헤어진다고 말하면서 걱정하지 말라고 말하고 있습니다. 저는 A와 결혼하고 싶은데 그의 처가 이혼을 거부하는 경우 저는 어떻게 됩니까?

A가 그의 처와 이혼한다고 말하더라도 그 처가 이혼하지 않겠다고 고집부리면 그도 어떻게 할 수 없다. 그러나 법률상의 이혼사유가 그의 처에게 있으면, A는 재판으로 이혼을 청구할 수 있을 것이다. 만약 특별히 그러한 이혼사유도 없다면, A는 처에게 이혼을 강제할 수 없다.

A가 당신에게 "틀림없이 처와 헤어진다"고 약속하였다 하더라도, 그와 같은 약속은 선량한 풍속에 반하는 것이라, 본래 법률상 효력이 없다. 그래서 당신은 A에 대하여, 약속을 지키지 아니한 데 대한 책임을 법률상 추궁할 수 없다.

당신은 A의 정식 처가 될 수 없다는 것을 알고 난 뒤에도 A와 계속 사귀려는 생각이 있을지도 모르겠다. 그러나 그 경우 A에게서 버림을 받더라도, 역시 A에게 법률상의 어떤 책임을 추궁할 수 없다.

요컨대, 그와 같은 남녀관계는 법률로 보호받을 수 없다는 뜻이다. 다만, 현재까지의 상황으로 보아, 당신은 속아서 A와 결혼약속을 한 것 같다. 그러므로 이제는 단호히 A와 인연을 끊을 각오라면, 가정법원에 조정신청을 하여 당신이 받은 정신적 고통에 대한 위자료를 청구할 수 있다. 당신이 참으로 순수하게 A에게 속아서 정조를 바친 경우라면, 혼인빙자간음죄로 고소할 수 있다(형법 제304조, 친고죄이므로 고소인의 고소가 없으면 처벌하지 않는다). 결혼이라는 법적 제도를 존중하는 이상 애정으로 다른 법의 근거를 주장할 수 없는 것이다. 불륜의 사랑은 법률로 보호받지 못한다.

3. 법과 강제

> 법의 본질적 속성은 '강제'라고 하는데, 강제가 없는 국제법은 법이 될 수 없는가요?

국제법이 주권국가의 병렬적 공존체제를 거쳐서 발전되어 왔기 때문에 국제법의 존재와 성격에 관하여 역사적으로 여러 가지 의문과 이론(異論)이 제기되어 왔다. 그 중에서도 특히 극단적인 견해가 국제법을 법으로 인정하지 않으려는 견해이다. 국제법의 법적 성격을 부인하는 근거는 국제사회에는 국가를 강제할 상위기관이 없다는 것이다. 법이란 강제규칙이고 따라서 강제적으로 적용하려면 상위권력을 가진 조직을 갖추어야 한다고 한다. 그리고 이 조직은 법을 제정하는 입법기관, 그 위반을 판가름하는 법관, 위반에 대하여 제재를 가하는 경찰을 포함한다. 국내사회는 제도적으로 잘 조직되어 있어서 이러한 모든 기관을 갖추고 있으나 주권국가들로 구성되어 있는 국제사회는 국가를 초월하는 상위조직이 없다는 것이다. 그러면 국제사회에 국제법이 없다면 무질서하다는 것인가에 관하여 부인론(否認論)자들간에 의견이 갈린다.

홉스(Hobbes)와 스피노자(Spinoza)를 따르는 극단론자들은 국제사회를 자연적 사회로 본다. 그리고 이 자연적 사회는 주권국가로 구성되어 있는데 그 관계는 곧 힘의 관계라고 한다. 국가는 주권이 있기 때문에 마음대로 전쟁을 일으킬 수도 있고 다른 국가들과 조약을 체결할 수도 있는데, 이 조약이란 것도 그 순간의 힘관계를 반영한 것이어서 이 힘관계가 유지되는 한에서 효력을 갖는다고 한다.

한편 이보다는 좀 더 온화한 입장을 취하는 학자들도 여럿 있었는데 그 내용이 다양하다. 폴란드의 굼플로비츠(Gumplowicz)는 국제법이란 국가들이 평화적 관계에서 지키는 격식이라고 하였고, 영국의 오스틴(John Austin)은 국제도덕 내지 국제예양이라고 하였다. 근대에 와서 프랑스의 뚜르네(Denis Tournet)는 국제법을 자율적이고 강제적인 사회도덕이라 하였다. 독일의 빈더(Julius Binder)도 비슷한 입장을 표명하면서 끊임없는 실행에서 국제관행이 생긴 것이라 한다.

국제관계가 법규칙에 의하여 규율되는 것은 확실하지만 이 법규칙은 국제법이 아니라 국내법의 일부로서 국가의 대외관계에 적용되는 공법이라고 하는 견해도 있다. 다시 말하면 국가의 공법은 대내공법과 대외공법으로 구분해야 한다고 한다.

국제법에는 실질적 강제 내지 구속이 없다는 주장에 관하여는 제재의 실현은 법효율성의 조건이지 그 존재의 조건이 아니라고 설명된다. 국내법의 경우에도 진정한 법이면서 제재의 실현이 불가능한 법이 있다며 헌법을 예로 든다. 그리고 국제법에도 외교관계의 단절·복구·전쟁 등의 제재가 있으나 단지 조직화된 제재가 없을 뿐이라고 주장한다.

실증주의자들은 국내법과 국제법이 성격이 다른 두 개의 별도의 법률제도라고 한다. 예컨대 국내법이 지배·종속(subordination)의 법인데 반하여 국제법은 동등관계(coordination)의 법이라고 한다. 그러나 객관주의 입장에서는 이와 같은 이원론을 반대하고 법은 근본적으로 하나이며 법률제도도 단일제도라고 한다. 법은 모두 지배·종속관계(subordination)이며 동등관계(coordination)의 법이란 결국 법적 성격을 부정하는 것이라고 한다. 그 이유는 법개념 속에 사회기관 및 제재의 존재가 포함되어 있기 때문이다. 따라서 국내법이든 국제법이든 그 근본에서는 모두 같은 것이며 현재 국제사회의 조직화가 불충분하여 국제법이 국내법에 비하여 불완전한 것은 사실이나 이러한 불완전성은 임시적인 것이며 결국 두 가지 법제도 사이에 정도 차이가 인정될 뿐이라고 한다.

이러한 이론적 설명을 펴나 국제법은 오랜 역사를 가질 뿐 아니라 현대 사회에서 더욱 중요성을 띠고 있고, 국제기구와 운동들이 많이 있어 오늘날 국제법의 법으로서의 성격을 부인하는 사람은 드물게 되었다.

4. 악법도 법인가?

"악법도 법인가?" 악법은 무엇이며, 악법에 대하여는 어떻게 행동해야 하는가?

한국의 법학도를 포함한 대학생들이 가장 많이 던지는 질문은 "악법도 법인가?"라는 질문인 것 같다. 왜 그런지는 굳이 설명할 필요가 없을 것이다. 이에 대해 저자는 이런 시(詩)를 한 편 써 본 일이 있다.

"악법도 법입니까?"
학생이 질문하면,
"惡人도 인간인가?"
교수는 반문한다.
이렇게 말문을 막는
修辭 후에 돌아서서
'악법도 법인가?'
법학교수는 우울하다.*
　　　　(1991. 5. 11)

이처럼 악인도 인간이라고 아니할 수 없듯이 악법도 법이라고 아니할 수 없는 측면이 있다. 그러나 그 이전에 무엇이 악법인지를 정확히 알 필요가 있다. 여기에는 라드브루흐의 '악법공식'도 참고가 될 것이다. 그리고 저항권의 문제, 양심의 문제도 관련될 것이다. 이에 대한 이론적 설명은 「법학통론」에서 했기에 되풀이 하지 않는다. 문제는 실천과 관련하여 악법이 분명한 때에는 철저한 개선의지와 저항의식을 가져야 한다는 사실이다.

---

* 최종고, 악법도 법인가? 「法 속에서 詩 속에서」, 교육과학사, 1992, 50면.

오늘날 한국 사회에서 더욱 필요한 것은 저항의식보다도 법을 개선하여
악법적 요소를 제거해 나가는 개선의지라고 하겠다.

5. 자구행위

돈을 빌려간 B가 몰래 김포공항으로 나간다는 소식을 듣고 채권자 A는 뒤쫓아 갔
다. 탑승객의 대열에 서 있는 B의 멱살을 잡고 경찰서에 가자고 하니 B가 반항하여
격투가 벌어졌다. B는 전치 3주의 타박상을 입었는데, A는 이에 책임을 져야 하는가?

법질서가 완비된 오늘날에는 개인간의 복수나 권리의 실력적 해결은 허
용되지 않는다. 권리의 실현은 법률이 정한 절차에 따라 해결해야만 한다. 그
러나 법절차에 따라 자기의 권리를 해결하려면 시간이 촉박하고 또 실효를 거
둘 수 없는 경우에는 예외적으로 실력으로 그 권리를 실현할 수도 있다. 이것
을 법에서는 자구행위(自救行爲, Selbsthilfe) 또는 자력구제(自力救濟)라고 한다.
자구행위란 '법률의 절차에 의하여 권리를 보전하기가 불가능하거나 현저하게
곤란한 경우, 그 권리의 실행불능이나 실행의 곤란을 피하기 위한 실력적 행
위로서 상당성이 인정되어 위법성이 배제되는 행위'를 말한다(형법 제23조).
예를 들면, 여관집 주인 또는 식당의 주인이 숙박비 또는 식대를 지불하
지 않고 슬쩍 떠나려는 손님을 붙잡고 실력으로 그 대금을 받아내는 행위는
설사 그 붙잡은 행위가 폭행죄에 해당하는 경우라고 하더라도 자구행위가 되
어 위법성이 없게 된다.
자구행위가 성립하려면 첫째, 객관적으로 권리(청구권)를 갖는 자가 법률
의 절차에 의하여 그 권리를 보전하는 것이 불가능하거나 현저하게 곤란하다
는 급박한 사정이 있어야 하고, 둘째는 그 실행불가능이나 실행곤란을 피하기
위한 상당한 이유가 있어야만 한다.
자구행위가 상당한 이유가 있는가의 여부는 행위 당시의 모든 사정과 상
황을 참작하여 결정되겠지만, 다른 수단이 없었다거나 자구행위라도 상대방
에게 경미한 피해를 주는 방법을 선택해야만 한다.
위의 사례와 같이 막대한 부채를 진 채무자가 외국으로 도피하려 하는
경우, 채권자가 이를 발견하고 실력으로 경찰서로 데려가려고 한 행위는 자구

행위이다. 이 자구행위로 인해 채무자가 전치 3주의 타박상을 입었다고 하더라도 상해죄의 위법성이 있다고 할 수 없다.

6. 법 앞에서의 평등

형법 제297조 이하에 규정된 강간죄의 처벌대상을 남자에 한정하고 여자만의 정조를 보호하는 것은 성별에 의한 차별로서 위헌이 아닌가요?

남녀의 사실적(생리적) 차이 내지 합리적 이유(공공복리 등)에 의한 차별은 허용된다. 따라서 강간죄에서 남자만을 처벌의 대상으로 하고 있음은 생리상 남자에 의한 강간이 보통이므로 사회적·도덕적 견지에서 피해자인 부녀를 보호하려는 것이고, 이로 인하여 일반사회관념상 합리적 근거 없는 특권을 부녀에게만 부여하고 남성에게 불이익을 주었다고 할 수 없기 때문에 위헌이 아니다(대판 1967. 2. 28, 67 도 1).

참고로 법적으로 합리적 차별을 인정하는 예를 열거해 보면 다음과 같은 것이 있다.

① 남자에게만 병역의 의무를 지우는 것은 합리적인 것으로 헌법상 허용된다.

② 여성에게만 생리휴가를 주거나 특별한 근로보호를 하는 것은 합리적인 것으로 헌법상 허용된다.

③ 1989년 민법개정에서 출가한 여자의 상속분을 1/4에서 1로 한 것과 친족의 범위를 남자와 동일하게 한 것은 신분법상 남녀차별대우를 개선한 예로서 이야기할 수 있다.

④ 노인에게 시내버스를 무료승차하게 하는 것은 평등의 원칙에 어긋나지 않는다.

⑤ 극장에서 상연되고 있는 특정 영화를 미성년자에게 보지 못하도록 하는 등의 영화심의등급제도는 연령대에 맞추어 상영을 제한하고 관람객에게 일종의 지침을 마련해 준다는 취지에서 인정된다.

⑥ 누범가중(累犯加重) 처벌은 위헌이 아니다(헌법재판소 1995. 2. 23. 93 헌바 43 ; 헌법재판소 2002. 10. 31. 2001 헌바 68 결정).

⑦ 상습도박자·전과자·업무상 횡령자 등은 사회적 신분이 아니므로 중벌이 가능하다(일본 판례).

⑧ 행정관과 사법관의 정년이 다른 것은 합리적 차별이다(일본 판례).

제3장
법과 사회규범

법과 관습, 종교, 도덕 등 사회규범과의 관계에서 일어나는 일상사례는 무수히 많이 있다. 이들 규범과의 관계를 파악하는 것이 법의 본질과 역할, 그리고 그 한계를 아는 것이 된다.

착한 사마리아人法

'착한 사마리아人'이라 하면
요즘 기독교신자가 아니라도
상식으로 아는 얘기.

예루살렘에서 예리고로 내려가는 길에
강도 만나 쓰러진 사람을 두고
성직자도 레위인(법률인)도 그냥
지나갔는데
비천한 사마리아人이 구조의
손길을 주었다지.

이때 누가 진정한 이웃일까?
우리는 모두 착한 사마리아인이
되고 싶다.
성직자도 레위인도 비난받아
마땅하다 소리친다.

그렇지만 실제로
우리는 반드시 착한 사마리아인이
될 수 있을까?
그냥 지나간 성직자와 레위인을
그냥 두는 한.

세계 각국이 '착한 사마리아인법'을
채택해
윤리적으로 비난해야 할 그런
얌체족들을
법적으로 처벌하고 있는데.

우리나라 형법은 사변중에 제정돼
이 '救助不履行罪'의 조항을
빠뜨리고 말았다.

인신매매가 판치는
냉혹하고 비인간화된 이 사회에
무너진 연대성을 되살릴 길은?

종교인가 교육인가?
윤리는 윤리에 맡기고 법은
방관해도 되나?

착한 사마리아인법은
우리를 부끄럽게 한다.

I. 법과 관습

1. 가정의례와 법

「가정의례에 관한 법률」이 제정된 지도 10년이 넘었다. 한때는 이 법에 따라 결혼식에서 축의금을 받으면 처벌되었고, 상가(喪家)에서 조화(弔花)도 받지 못하였다. 오늘날 이 법은 어떻게 되어 있으며, 앞으로 어떻게 해야 할까?

「가정의례에 관한 법률」만큼 한국에서 법과 관습이 대결(?)하는 듯이 서로 잘 맞지 않는 법도 드문 것 같다. 허례허식의 폐단을 근절하기 위하여 간소화를 목표로 1981년에 만든 입법의 취지를 이해할 만하다. 그러나 이 법이 발효되어도 실제로 관혼상제(冠婚喪祭)의 가정의례에 관습은 대부분 그대로 유지되어 온 것이 현실이다. 제6공화국 초기에는 정치적인 선심책으로 이 법을 폐지하겠다고 대통령선거전에서 공약하기까지 하였다. 그러나 문민정부가 들어서고 부정척결과 '고통분담', 신경제 운동을 부르짖으면서 오히려 이 법을 강화하여 1993년에 전면개정하였다. 축화(祝花), 조화(弔花)를 금지하는 것은 생계위협이라고 전국 화훼(花卉)연합회에서 데모를 했다는 뉴스까지 나오고 있다. 어떤 법이 있으면 반사이익(反射利益)과 반사손해가 있기 마련이며, 이것이 본질적인 문제는 아니다. 1998년 10월 15일 헌법재판소는 "「가정의례에 관한 법률」 제4조 1항 7호 중 경사(慶事)기간중에 주류 및 음식물의 접대를 금지한 부분 및 제15조 1항 1호는 헌법에 위배된다"고 결정하였다. 재판소는 "결혼식 등의 당사자가 자신을 축하하러 온 하객들에게 주류와 음식물을 접대하는 행위는 인류의 오래된 보편적인 사회생활의 한 모습으로서 개인의 일반적인 행동의 자유영역에 속하는 행위라 할 것"이라 하였다. 이에 따라 이 법률은 1999년 8월 9일자로 폐지되고, 가정의례에 있어서 그 의식절차를 합리화하고 건전한 가정의례의 보급·정착을 위한 사업 및 활동을 지원·조장함으로써 허례허식을 일소하고 건전한 사회기풍을 진작함을 목적으로 하는 「건전가정의례의 정착 및 지원에 관한 법률」이 제정·시행되고 있다. 우리나라가 어느 선에서 가정의례에 관하여 법으로 규제할 수 있는가를 적정하게 정하고, 그에 위배하면 철저히 처벌하며, 그 밖의 범위는 관습과 도덕에 맡겨 두는 법문화와 관습의 정착이 절실히 요청된다.

2. 음주운전의 습관

> 저는 음주습관이 있는 사람입니다. 술을 어느 정도 마셨을 때 음주운전이 되며, 음주운전자는 어떠한 처벌을 받게 됩니까?

혈중알코올농도 0.03% 이상의 상태로 운전하면 음주운전이 된다. 그 처벌은 주취의 정도에 따라 다르다. 자동차운전면허가 있는 사람이라도 음주한 채 자동차를 운전하여서는 안 된다(도로교통법 제44조). 술에 취한 상태에서 운전을 하면 자동차사고 발생의 위험이 높기 때문이다.

법률에서 음주운전을 금지하는 주취(酒醉)의 한계는 혈중알코올농도 0.03%로 되어 있다. 술을 마시고 취하는 정도는 사람에 따라 개인차가 있겠지만 법은 이를 일률적으로 금지하고 있다. 술에 취한 것으로 의심이 되면 경찰의 음주측정에 응하여야 한다. 경찰의 음주측정에 불응한 사람에 벌금 300만 원을 물린 예도 있으며(서울지법 남부지원 1992. 5. 27 판결, 91 고단 3329), 현재는 음주측정에 불응한 경우 도로교통법 제44조 제2항 및 제148조의2 제2항에 의해 1년 이상 5년 이하의 징역 또는 500만 원 이상 2천만 원 이하의 벌금에 처하게 된다.

도로교통법 제148조의2 제1항에는 2회 이상 음주운전을 한 경우 사고를 내지 않았더라도 2년 이상 5년 이하의 징역이나 500만 원 이상 2,000만 원 이하의 벌금형으로 처벌하도록 규정하고 있다. 단순 음주운전의 경우는 대개 벌금형으로 처벌받는다. 나아가 교통사고까지 내면 징역형이 선고되기도 한다. 형벌이 무서워서라기보다, 음주운전을 하다가 남을 죽게 하고 자신도 사망하는 사례가 매우 많다는 것을 주의하여야 할 것이다.

음주운전시의 처벌기준과 관련하여 종래 도로교통법 및 동법 시행규칙에는 혈중알콜농도를 구간별로 분류하여 그에 상응하는 면허취소·정지처분을 일의적으로 규정하고 있었다. 그렇지만 최근 법 및 시행규칙을 개정하여 면허취소·정지의 기준으로서 벌점제를 운용하고 있는바, 일정한 행위에 대해 그에 상응하는 벌점을 규정하여 두고 벌점의 합산·감경의 절차를 거쳐 벌점에 상응하는 처분을 하도록 규정하고 있다(도로교통법 제93조, 동법 시행규칙 제91조 및 별표 28). 참고로 혈중알코올농도 0.03~0.08% 상태에서 음주운전을 한 경우 벌점 100점이 부과되고, 벌점·처분벌점 초과로 인한 면허 정지 운전면허

정지처분은 1회의 위반·사고로 인한 벌점 또는 처분벌점이 40점 이상이 된 때부터 결정하여 집행하되, 원칙적으로 1점을 1일로 계산하여 집행하며, 1회의 위반·사고로 인한 벌점 또는 연간 누산점수가 1년간 121점 이상, 2년간 201점 이상, 3년간 271점 이상 등인 경우에는 면허가 취소된다. 한편 혈중알코올농도 0.03% 이상을 넘은 상태에서 운전을 하다가 교통사고로 사람을 죽게 하거나 다치게 한 때, 혈중알코올농도 0.08% 이상의 상태에서 운전한 때 또는 술에 취한 상태에서 운전하였다고 인정할 만한 상당한 이유가 있음에도 불구하고 경찰공무원의 측정요구에 불응한 때에는 면허가 취소된다.

　　주의할 것은 0.03% 이하의 주취상태에서 운전을 하였더라도, 교통사고를 낸 경우는 구속되고 나아가 징역형을 선고받기도 한다는 점이다. 보험가입여부나 피해자와의 합의여부에 관계없이 형사책임을 지게 된다. 「교통사고처리특례법」상의 12개 항목에 해당되기 때문이다. 음주운전으로 자기가 신체에 부상을 입거나 사망하여도 보험금을 받을 수 없다. 음주운전으로 제3자에게 입힌 손해는 보험으로 보상된다. 심한 음주습관자는 운전을 하지 말아야 한다.

음주운전의 처벌

일반적으로 음주운전을 하면 처벌을 받게 되는데 혈중알코올농도에 따라 형사 입건과 행정 처벌로 나눌 수 있다. 음주운전을 하고 교통사고까지 냈다면 가중 처벌을 받게 된다.

형사 입건

혈중알콜농도 0.03% 이상인 자

행정 처벌(운전 면허 처분)

① 혈중알코올농도 0.05~0.09%까지는 운전면허 100일간 정지
② 혈중알코올농도 0.10% 이상인 자는 운전면허 취소 및 1년간 운전면허 시험 응시 자격 제한

음주운전으로 인한 운전 면허 취소

도로교통법 제93조, 시행령 제91조, 별표 28에는 음주 운전으로 적발된 경우에 운전면허가 정지되거나 취소, 혈중알코올농도 수치 기준이 제시되어 있다. 다음과 같다.

운전 면허 정지	혈중알콜농도 0.03% 이상 0.08% 미만의 상태에서 운전한 경우
운전 면허 취소	혈중알콜농도 0.08% 이상인 상태에서 운전한 경우
	혈중알콜농도 0.03% 이상인 상태에서 운전하다가 교통 사고로 사람을 치어 사망하게 하거나 다치게 한 때
	술에 취한 상태의 기준을 넘어 운전하거나 술에 취한 상태에 대한 측정을 불응한 사람이 다시 혈중알콜농도 0.03% 이상에서 운전한 때
	술에 취한 상태에 있다고 인정할 만한 상당한 이유가 있음에도 음주 측정에 불응한 경우

3. 권리금의 청구

건물주 A씨는 B씨에게 음식점으로 1억을 받고 3년간 임대하였다. 장사가 잘 되었지만 다른 사정으로 B씨는 C씨에게 권리금 2억을 받고 넘겨주었다. A씨는 이 사실을 알고 있었지만 개입하지 않았다. 그 후 3년의 임대차 기간도 끝나고, 건물도 달리 사용될 수밖에 없게 되었다. C씨는 A씨에게 권리금을 되돌려달라고 청구하였고, A씨는 모르는 일이라고 한다.
C의 주장은 받아들여질 수 있는가?

위치가 좋은 곳에 점포를 차리면 대부분의 경우에 '권리금'이라는 것이 붙게 된다. 건물이나 점포의 임차권의 양도에 부수하여 임차인과 전차인 간에 주고받는 돈이 권리금이라는 것인데, 그 본질은 '임차목적물이 갖는 특수한 장소적 이익의 대가'라고 설명된다. 실제로 건물의 임대차에서 영업과 관련하여 널리 성행되고 있는 새로운 관행이다. 그러나 임대차관계가 끝나면 임차인 자신은 물론 이 임차인으로부터 임차권을 양도받은 사람은 임대인에게 자신의 영업을 시작하기 전에 지출된 권리금을 법적으로 청구할 수 없다. 이것이 임대인에게 반환을 청구할 수 있는 보증금과 다른 점이다. 그래서 권리금을 회수하기 위하여 다시 점포를 제3자에게 임차(전차)하는 경우가 많은데, 이때

전차인은 무단전차 또는 무단양도될 가능성이 많으므로 조심해야 한다. 부동산의 2중매매, 임대차에 관계된 법률문제는 간단치 않으므로 손해보지 않고 법률생활을 위해 법을 잘 알아야 한다.

4. 권리금의 반환

임차한 건물을 반환할 때 임대인으로부터 그 권리금을 반환받을 수 있을까요?

종전에는 특별한 사정이 없는 한 임대인은 임차인이 점포를 양수할 때에 권리금을 지급한 사실 및 그 점포의 권리를 주고받을 때에 관행적으로 권리금이 지급된다는 사실을 알고 있다고 해도, 그 사실만으로 바로 임대차 계약의 종료시에 임차인이 임대인에게 그 지급을 요구할 수는 없었다. 그러나 최근 상가건물 임대차보호법이 개정되어 동 법이 적용되는 상가건물의 경우에 권리금을 인정하고 그것의 회수를 돕는 규정을 신설하였다(동법 제10조의3 이하). 권리금에는 여러 가지 형태가 있지만, 일반적으로는 점포의 임차인이 다른 사람에게 점포의 임차권을 양도하는 경우에 그때까지 그 점포를 터전으로 하여 쌓아 온 고객 관계, 신용 등 무형의 재산 가치와 장소적 이익 등의 대가를 임차권의 양수인으로부터 지급받는 것이다. 이러한 임차인의 무형적 재산 가치를 법이 인정하게 된 것이다.

II. 법과 종교

1. 가족법과 유교

가족법을 개정하려 할 때면 유림(儒林)측에서 '순풍미속'(淳風美俗)을 내세워 반대를 한다. 모자보건법의 제정, 형법에서의 낙태죄와 뇌사 및 장기이식에 관하여 천주교계에서 강한 주장을 하고 나온다.
법의 영역에 종교적 주장을 얼마나 담아야 하는가?

우리나라의 법제정에 종교계에서 강한 관심을 보이는 것은 한편으로 이해가 되면서도, 종교적 신념이 경화(硬化)되어 대화가 단절되면서 고집하는 것은 바람직한 현상이 못 된다. 가족법 개정에 대하여 유림 — 이름이 상당히 그윽하여 그 실체가 얼마나 강력한지 알 수 없으나 — 에서 반대운동을 해 온 것은 이런 양면을 갖고 있다. '순풍미속'에 해당되는 것이 무엇인지, 현행 제도가 과연 그것에 합당한 것인지 냉철히 검토해 보아야 할 것이다.

모자보건법과 낙태, 뇌사, 장기이식 등에 종교계에서 보이는 반응도 마찬가지이다. 어쨌든 종교계도 이 세상적 삶을 살아가는 제도로서의 법에 대하여는 합리성을 함께 찾아가는 자세를 가져야 할 것이다. 어쨌든 우리나라의 가족법은 유교윤리를 상당히 강하게 담고 있어, 동성동본불혼(同姓同本不婚) 등 세계에 유례를 찾기 힘든 특징을 보여주고 있었는데 근년에는 종교다원주의, 세속화, 대중화의 추세와 함께 상당히 흔들리고 있다. 이런 면에서 법의 측면에서도 한국문화의 특징을 나타내고 있다고 하겠다(자세히는 최종고, 한국에서의 유교와 법, 「법제연구」 12호, 1997).

2. 예배의 방해

목사 A는 자기 반대파가 자기를 이단이라고 공박하는 문서를 만들어 배포하는 바람에 교인들이 예배에 나오지 않자 반대파 신도들을 예배방해죄로 고소하였다. 이들은 처벌될까?

우리나라는 국교(國敎)의 존재를 부정하고 정치와 종교의 분리를 전제하여 종교의 자유, 신앙의 자유를 헌법으로 보장하고 있다.

종교와 신앙의 자유는 자기가 믿는 종교의 가르침에 따라 고유의 종교의식을 거행하는 자유를 포함한다. 내면적 자유인 종교의 자유는 종교의식을 통하여 비로소 외면화된다. 헌법의 보장에 따라 형법은 종교적 행사의 자유에 대한 방해행위를 범죄로 처벌하고 있다. 바로 장례식, 제전, 예배, 설교를 방해하는 죄가 그것이다. 보호법익은 종교적 평온이다. 여기서 '장례식'은 비종교적인 것도 포함되며, '제전'(祭典)은 제사를 지내는 의식을 말한다. '예배'는 실내외를 불문한다.

행위는 이러한 의식을 '방해'하는 것이다. 언어, 거동, 폭행, 협박 등 수단과 방법은 묻지 않는다. 방해는 이러한 의식이 진행되고 있을 때는 물론이고, 진행 직전의 방해행위도 포함된다. 그리고 방해행위가 있으면 범죄는 성립되는 것이고, 실제로 종교적 의식이 방해받았다는 결과의 발생을 필요로 하지 않는다.

기독교의 한 교회에서 목사를 배척하는 일부 신도들의 행위 자체는 구체적으로 예배나 설교의 방해, 그 밖에 목사의 업무를 방해하는 행위로 나아가지 않는 이상 예배방해죄, 설교방해죄가 되는 것은 아니다.

이것은 반대하는 문서를 배포하였더라도 결론은 마찬가지이고, 그 반대로 인해 예배자나 신도의 이탈을 가져왔다 하더라도 결론은 역시 같다고 할 것이다.

3. 종교의 사회참여

종교의 사회참여에 관하여 여러 가지 논의가 있다. 우리나라는 정교분리를 지향하고 있는데, 종교의 사회참여 내지 정치참여를 어떻게 이해해야 하나?

헌법에서 "정치와 종교는 분리된다"고 규정하여, 우리나라는 정교분리국가를 지향하고 있다. 그러나 이러한 헌법적 원칙에도 불구하고 적지 않은 종교단체들이 정치와 사회문제에 대하여 발언하고 참여하고 저항하는 행동을 보여주고 있다. 그리스도교 신학에서도 해방신학, 정치신학, 혁명신학 등의 이론으로 이것을 지원하여 설명하기도 한다. 법적으로는 종교단체가 집단적으로 정치적, 사회적 행동을 하는 것을 금지하고 있고, 종교인 각자가 신앙양심으로 행동하는 것은 금할 수 없다. 그러나 문제는 종교단체가 자기에게 유리할 때는 정치에 적극 개입하여 이익을 얻으려 하고, 불리할 때는 도피하거나 항거하는 이런 순환이 계속되는 한 정치와 종교는 각자가 올바른 발전을 하기가 어렵다는 사실이다. 현실적으로 종교와 정치는 완전히 분리될 수 없는 것이다. 법적 원리로서 정교분리를 지향하는 뜻을 살려나가는 것이 서로의 임무일 것이다.

4. 종교행위와 범죄

> 기도원장인 A는 정신병의 치료를 부탁해온 B가 마귀가 들렸기 때문이라면서 안수
> 기도를 하면 고칠 수 있다고 하고 B를 눕힌 후 가슴을 여러 차례 누르고 "사탄아 물
> 러가라!"면서 얼굴을 때리기도 하였다. 1시간쯤 지난 후 B는 사망하였다. B의 보호자
> 는 A를 고소하였는데, A는 살인죄로 처벌되는가?

A는 기도원장으로서 물론 B의 승낙을 얻어 안수기도행위를 하였다. 피해자의 승낙으로 인한 범죄행위는 원칙적으로 위법성이 조각된다. 그렇지만 그 승낙은 윤리적으로 사회상규에 위반하는 것이 아니어야 한다.

기도원장이라 하더라도 정신병을 안수기도로 고칠 수 있다고 말하고, 가슴을 누르며 구타한다는 것은 현대인으로서 납득할 수 없는 치료행위를 한 것으로 볼 수밖에 없다. 따라서 A는 폭행치사죄의 책임을 면하기 어려울 것이다.

대법원도 피고인이 84세 여자 노인과 11세의 여자 아이를 상대로 안수기도를 함에 있어서 그들을 바닥에 반드시 눕혀 놓고 기도를 한 후 "마귀야 물러가라", "왜 안 나가느냐"는 등 큰 소리를 치면서 한 손 또는 두 손으로 그들의 배와 가슴 부분을 세게 때리고 누르는 등의 행위를 여자 노인에게는 약 20분간, 여자아이에게는 약 30분간 반복하여 그들을 사망케 한 사안에서, 고령의 여자 노인이나 나이 어린 연약한 여자아이들은 약간의 물리력을 가하더라도 골절이나 타박상을 당하기 쉽고, 더욱이 배나 가슴 등에 그와 같은 상처가 생기면 치명적 결과가 올 수 있다는 것은 피고인 정도의 연령이나 경험 지식을 가진 사람으로서는 약간의 주의만 하더라도 쉽게 예견할 수 있음에도 그러한 결과에 대하여 주의를 다하지 않아 사람을 죽음으로까지 이르게 한 행위는 중대한 과실이라고 보아, 피고인에 대하여 중과실치사죄로 처단한 바 있다(대법원 1997. 4. 22. 선고 97 도 538 판결).

5. 종교적 신념과 법

> 교통사고를 당한 A양이 수혈을 필요로 하였다. A양의 부모는 인간이 남의 피를 바

꾼다는 것은 있을 수 없다는 종교적 신념을 갖고 있어 딸의 수혈을 반대하였다. 그러나 상황판단을 한 의사 B는 A에게 수혈을 행하여 목숨을 건졌다. 의사의 행위는 상해죄에 해당하는가?

성공적으로 시술된 의료행위는 생리적 기능의 장애를 해친 것이 없으므로 상해죄의 구성요건에 해당되지 않는다고 볼 수 있다. 그렇지만 상해죄의 보호법익을 신체의 완전성이라고 본다면 치료를 위한 의사의 행위도 환자의 신체의 완전성을 침해한 조치로서 상해죄의 구성요건에 해당하지만 다만 환자의 승낙 혹은 추정적 승낙에 의해 위법성이 조각된다는 이론을 구성하게 된다. 이것은 형법이론의 문제로 돌리고, 일반적으로 종교적 신념에 의하여 정당한 도덕적, 법적 행위까지도 배제하는 경우에는 그대로 용납할 수 없다. 아무리 자기의 종교적 신념이 고귀하다고 하더라도 그것이 인간의 생명을 해치고 사회에 해악을 주는 것이라면 그대로 받아들여질 수 없는 것이다. 종교의 자유가 절대적이라는 의미는 신앙을 자유롭게 할 수 있다는 의미이지, 그것을 행위로 나타내는 종교행위의 절대적 자유를 의미하지는 않는다.

대법원도 생모가 사망의 위험이 예견되는 그 딸에 대하여는 수혈이 최선의 치료방법이라는 의사의 권유를 자신의 종교적 신념이나 후유증 발생의 염려만을 이유로 완강하게 거부하고 방해하였다면 이는 결과적으로 요부조자를 위험한 장소에 두고 떠난 경우나 다름이 없다고 할 것이고 그때 사리를 변식할 지능이 없다고 보아야 마땅한 11세 남짓의 환자본인 역시 수혈을 거부하였다고 하더라도 생모의 수혈거부 행위가 위법한 점에 영향을 미치는 것이 아니라고 하여 생모를 처벌한 바 있다(대법원 1980. 9. 24. 선고 79 도 1387 판결).

6. 분묘의 발굴

A 산업은 골프장을 만들려고 수십만 평 안에 있는 분묘들에 대해 '1개월 안에 이장하지 않으면 무연고 분묘로 간주하고 당사 임의로 이전하겠음'이라고 신문에 공고하였다. 이렇게 할 수 있는가?

우리나라에 유교가 전래되어 우리는 독특한 조상숭배 사상을 갖고 있다. 매장하는 풍속이 강화되고, 이 풍속이 풍수지리설과 결합하여 돌아가신 조상을 명당에 모시고자 하는 한국인들의 노력은 눈물겨울 정도였다. 그래서 조선시대에는 묘지와 관련된 소송, 이른바 산송(山訟)이 가장 많았다.

완고한 매장의 풍속은 오늘날에도 그대로 전승되어 해마다 여의도 광장의 두 배에 이르는 국토가 묘지화되고, 전국에 산재한 묘지는 국토의 효율적 개발을 어렵게 하고 있다. 설과 추석에는 성묘를 하기 위해 고향을 찾는 민족 대이동이 일어난다. 이 모두가 조상숭배, 풍수지리설, 매장의 풍습과 서로 연결되어 일어나는 비극이라면 비극인 것이다.

어쨌거나 형법은 분묘를 함부로 파헤치는 행위를 범죄로 다스리고 있다. 즉 분묘를 발굴하여 사체, 유골 또는 관(棺) 내에 보존된 물건을 손괴, 유기, 은닉, 영득하는 행위를 처벌한다. 이것이 '분묘발굴죄', '사체 등 손괴죄'이다.

그런데 「장사 등에 관한 법률」에서는 연고자가 없는 분묘(無緣墳墓)에 대해서는 토지의 소유자나 그 관리인이 시장 등의 허가를 얻어 일정기간 공고 후 개장(改葬)할 수 있도록 허용하고 있는데, 이러한 적법절차에 따른 분묘의 발굴은 위법성이 없다.

「장사 등에 관한 법률」에서 말하는 '무연분묘'란 묘지로서 허가받지 않은 토지에 또는 승낙 없이 타인의 토지에 매장된 분묘로서 매장자나 연고자가 없는 경우를 말하고, 이 경우에 개장하기 위해서는 시장 등의 허가를 받아야 한다(동법 제27조). 그런데 이 사건에서는 그러한 요건, 절차를 결여하였으므로 분묘발굴죄가 된다.

Ⅲ. 법과 도덕

1. 의무의 충돌

아버지가 딸과 아들을 데리고 호수에 놀러 갔다가 아들·딸이 미끄러져 빠져 허우적거리고 있었다. 아버지는 둘 다 건질 수가 없어 그 중 '대를 이을 아들'만을 건지고 딸은 익사했다. 아버지는 딸의 익사에 대해 어떤 책임을 져야 하는가?

부작위범(不作爲犯)이란 작위의무가 있는 사람이 이를 이행하지 않음으로써 범죄로 되는 경우를 말한다. 이처럼 부작위범은 항상 그보다 앞서서 일정한 행위를 해야만 하는 작위의무가 있어야만 성립한다.

그런데 의무자에게 동시에 이행해야 할 의무가 둘 이상이어서 의무자가 그 중의 어느 하나의 의무를 이행하고 다른 의무를 이행하지 못하는 경우가 있다. 이것을 '의무의 충돌'이라고 한다. 의무의 충돌은 인간을 곤혹스럽게 만든다. 슈퍼맨도 아닌 인간이 동시에 둘 이상의 의무를 이행할 수도 없는 노릇이지만, 그런데도 이행하지 못한 의무에 대해서는 형법적 평가가 뒤따르니 말이다.

예를 들면 두 법원으로부터 동일한 일시에 증인으로 소환된 경우 증인에게는 의무의 충돌이 일어난다. 이 문제를 법은 어떻게 해결하고 있는가?

첫째, 충돌하는 의무의 가치를 비교하여 높은 가치의 의무를 이행하는 경우에는 다른 의무를 이행하지 못하였다고 하더라도 위법성이 있다고 할 수 없다고 한다.

둘째, 충돌하는 의무가 생명 대 생명의 관계처럼 비교가 불가능한 경우에도 결론은 같다.

셋째, 행위자가 낮은 가치의 의무를 선택하여 이행한 경우에도 행위 당시의 상황에 비추어 높은 가치의 의무를 이행하는 것을 기대할 수 없는 경우에는 '기대가능성'의 이론에 따라 책임을 부정하게 된다.

자기 자녀가 동시에 물에 빠져 그 중 한 사람밖에는 구조할 수 없는 의무의 충돌 상황에서 아들을 선택하여 구조한 아버지에게는, 딸을 구조하지 않았다는 의무의 불이행을 비난할 수 없게 될 것이다. 기대가능성이 없기 때문이다.

2. 존속살(尊屬殺) 중벌규정과 평등의 원칙

A는 자기의 부친을 살해한 죄로, 형법 제250조 2항에 의하여 무기징역의 형을 선고받았다. 이 선고에 대하여 A는 형법 제250조 2항이 자기 또는 배우자의 직계존속을 살해한 자를 보통살인의 경우보다 가중처벌을 하고 있다는 점을 지적하고, 그것은 평등의 원칙을 규정하고 있는 헌법 제11조에 위반되기 때문에 무효라고 주장하고 있다. A의 주장은 받아들여질 수 있는가?

형법은 제250조 1항에서 보통살인의 경우 "사형·무기 또는 5년 이상의 징역에 처한다"라고 규정하고 있어 존속살(尊屬殺)과 보통살(普通殺)을 구별하여 별개의 범죄유형으로 규정하고, 또한 존속살인의 경우를 보통살인의 경우보다 그 법정형을 무겁게 하고 있다. 바로 우리 형법은 살인죄와 관련하여 '존속'을 그 밖의 '타인'보다 우대하는 셈이며 그 반사적인 결과로서 존속을 살해한 자는 일반 사람을 살해한 자보다 불이익을 받게 하고 있다.

그러므로 만약 헌법상의 평등의 원칙은 모든 사람을 기계적으로 동일하게 취급하는 것을 의미한다고 한다면, A의 주장은 성립할 수 있는 것이다. 그러나 형법상의 존속살 중벌규정이 위헌이냐 아니냐의 문제는 헌법상의 평등조항을 어떻게 이해하느냐에 따라 그 해답이 달라진다. 형법상의 존속살 중벌규정의 합헌성 여부에 대한 판단권을 전적으로 입법권자에게 부여하려는 생각을 가진다면, '법 앞에 평등'을 '법률적용의 평등'으로 이해하게 되는 셈이며, 입법권자를 신뢰하지 않는 입장을 취하는 경우에는 '법내용 평등설'을 취하게 된다. 오늘날 어느 나라에서나 법내용 평등설이 통설이다. 그러나 법내용 평등설에 따르는 경우에도 '법내용의 평등' 여부는 무엇을 기준으로 하여 판단하는가가 문제된다. 합리성·정의의 원칙·자의의 금지 등이 그것을 판단하는 기준으로서 제시되고 있으나, 그 기준도 역시 추상적인 것이기 때문에 객관적인 기준이 될 수가 없다. 결국 그 기준은 그때그때의 사회적 통념·가치관·시대적 정신 등에 의하여 지배될 수밖에 없는 형편인데, 존속살 중벌규정을 폐지하는 각국의 입법례, 일본판례의 추이 등이 하나의 시대적 조류·가치관 등을 반영한다고 하겠다. 유럽국가들과 미국은 전통적으로 개인주의와 핵가족제도를 기초로 하고 있기 때문에 형법에 존속살 중벌규정을 두고 있지 않거나 점차로 삭제하고 있다. 그러나 아시아 국가들은 오랜 전통인 유교사상과 대가족제도의 뿌리가 여전히 남아 있기 때문에 아직도 형법에 그 조항을 두고 있다.

아직도 우리가 한층 더 연구할 문제는 어떠한 차별이 합리적이며 정의의 원칙에도 합치되는 것인가를 판단하는 기준을 탐구하는 것이라고 하겠다. 외국의 학설 중에는 그 판단의 기준으로서 ① 개인주의적 인간의 존엄 등을 제시하는 견해가 있으며, ② 문제의 규정이 그 입법목적과 충분한 관련성이 있느냐에 의하여 합리성 여부를 결정해야 한다는 견해가 있다.

어떻든 우리 헌법은 '법 앞에 평등'을 명문으로 규정하고 있으므로 합리적 근거가 없는 차별은 헌법위반이라고 말하지 않을 수 없다. 물론 합리성 여부의 판단기준을 명확하게 제시할 수 없지만, 현시점에서도 존속살의 경우에 그 법정형을 보통살의 경우 비하여 지나치게 중벌을 규정하고 있는 형법규정을 합리적 차별이라고 말할 수 있는가는 의심스럽다. 그러한 의미에서 존속살 중벌을 규정한 형법 제250조 2항을 헌법 제11조 1항에 위반된다고 주장하는 A의 논거는 상당한 이유가 있다고 하겠다.

한편 우리와 법제가 유사한 일본에서는 형법상 존속관련범죄로서 존속상해치사 외에 존속살(尊屬殺), 존속유기, 존속체포·감금 등의 죄가 있었고, 최고재판소 역시 위 각 규정은 일본 헌법 제14조 제1항의 평등원칙에 위반되지 않는 합헌의 규정이라고 판단하여 왔으나, 1973. 4. 4. 위 존속살 규정이 위헌이라는 최고재판소의 판결 이후 존속상해치사의 규정에 대하여도 합헌론과 위헌론이 계속 대립되어 오다가 1995. 5. 12. 다른 존속관련 가중처벌 규정들과 함께 모두 삭제되었으나 우리 헌법재판소는 "비속의 직계존속에 대한 존경과 사랑은 봉건적 가족제도의 유산이라기보다는 우리 사회윤리의 본질적 구성부분을 이루고 있는 가치질서로서, 특히 유교적 사상을 기반으로 전통적 문화를 계승·발전시켜 온 우리나라의 경우는 더욱 그러한 것이 현실인 이상, '비속'이라는 지위에 의한 가중처벌의 이유와 그 정도의 타당성 등에 비추어 그 차별적 취급에는 합리적 근거가 있으므로, 이 사건 법률조항은 헌법 제11조 제1항의 평등원칙에 반한다고 할 수 없다"고 하여 존속상해치상죄를 규정한 형법 제259조 제2항을 합헌이라고 판시한 바 있다(헌법재판소 2002. 3. 28. 선고 2000 헌바 53 결정).

3. 착한 사마리아인법

> 말 수레에 싣고 행상을 하는 A는 단골인 B집에 들러 저녁을 얻어먹었다. 갑자기 아프기 시작하여 바깥은 추워 하룻밤을 자고 가게 해 달라고 간청하였다. 그러나 B 씨는 A를 수레에 싣고 고삐를 간신히 쥐게 하고는 말을 채찍질하여 돌려보냈다. A는 다음날 아침 도랑에 빠져 얼어 죽게 될 지경에 발견되었다. A는 B를 걸어 법원에 고소하였다. 당신이 판사라면 어떻게 판결할 것인가?

이 사건은 미국에서 실제로 일어난 사건인데, 미국 법원은 다음과 같이 판결하였다.

"Whenever a person is placed in such a position with regard to another that it is obvious that, if he does not use due care in his own conduct, he will cause injury to that person, the duty at once arises to exercise care commensurate with the situation in which he thus finds himself to avoid such danger."

즉 누구든지 적절한 주의를 행하지 않으면 다른 사람에게 손해를 입힐 것이 확실한 상황에 놓이게 될 때에는 이러한 위험을 제거하도록 주의를 기울여야 할 의무를 진다는 것이다. 미국에는 주마다 법이 달라 구조불이행죄 (Failure to Rescue)를 처벌하는 이른바 착한 사마리아인법(the Good Samaritan Law) 조항을 가진 주도 있고, 없는 주도 있다. 그러나 점점 인간성(humanity)을 위배한 행위를 처벌하는 이 법이 미국과 세계 각국에서 채택되고 있다.* 우리나라는 이 조항을 갖고 있지 않다.

4. 구조의무

> A와 B는 부부 사이이다. A가 외출한 때에 B는 가정불화를 비관한 나머지 목을 매어 자살을 기도하고 있었다. 때마침 A가 귀가하여 의식을 잃고 있는 B를 발견하였으나 A는 자기에게 아내 B를 구호해야 할 의무는 없다고 생각하고 그대로 외출하여 버렸다. 이로 인하여 B는 구조를 받지 못하고 사망하였다. A의 책임은?

A가 B의 자살을 방치하고 외출하여 B를 사망케 한 것은 B 스스로 실행하고 있는 자살에 A가 관여한 것이므로 자살방조죄(自殺幇助罪)의 구성요건을 충족한 것으로 보이며 동죄의 성부가 문제된다. 다만 A가 적극적 행위로 B의 자살을 방조한 것이 아니므로 부작위에 의한 자살방조죄의 성립요건을 살펴볼 필요가 있다. A의 행위가 자살방조죄의 구성요건에 해당하는 경우에는 구호할 의무가 없다고 오인한 A의 착오가 범죄의 성립에 어떤 영향을 미치는가가 문제된다. 이는 부진정부작위범(不眞正不作爲犯)에 있어서 보증인지위 또는 보증인의무의 체계적 지위를 어떻게 파악하는가에 따라 결론을 달리한다.

A와 B는 부부 사이이다. 부부 사이의 보증인지위는 부부간의 부양의무

---

* 자세히는 C. 그레고리 外/최종고 역, 「착한 사마리아人法」, 교육과학사, 1992.

를 규정하고 있는 민법 제826조에 의하여 발생한다. 그 의무의 기능은 보호의무이며, 상대방을 생명·신체에 대한 위험으로부터 보호하는 것을 내용으로 한다. 가족관계에서 발생하는 보호의무는 부부 사이의 신뢰관계가 계속되는 동안 유지된다고 해야 한다. A가 B와 동거하고 있는 동안 이러한 신뢰관계는 유지된다고 할 수 있다. 따라서 A는 동거하고 있는 처 B의 생명이 위험에 처해 있을 때에는 이를 보호해야 할 보증인이 된다는 점에 의문이 없다고 해야 한다.

　　A가 B를 구조할 의무가 없다고 오인하고 B를 방치한 것은 보증인의무의 존재에 관하여 착오가 있는 경우에 해당한다.

　　보증인지위와 보증인의무는 구별해야 하는 것이다. 보증인지위는 부작위범의 구성요건요소가 되지만 보증인지위의 근거가 되는 보증인의무는 부진정부작위범에서의 위법성의 요소이므로 이에 대한 착오는 법률의 착오가 되는 것이 명백하다. 즉 A는 구조의무가 없다고 오인하여 부작위가 허용되는 것으로 착오한 경우에 해당한다. 법률의 착오는 정당한 이유가 있는 때에 한하여 벌하지 아니한다(형법 제16조). A가 B를 구조해야 할 의무는 법의 요구임과 동시에 도덕의 의무이므로 A가 B를 구조할 의무가 없다고 오인하였다고 하여도 이에 대한 착오는 정당한 이유가 없는 경우에 해당하므로 책임이 조각되지 않는다고 해석해야 한다.

　　결론적으로 A는 B의 생명을 보호해야 할 보증인일 뿐만 아니라 부작위에 의하여 자살방조죄가 규정하고 있는 동 가치의 행위를 하였다고 볼 수 있으므로 부작위에 의하여 자살방조죄의 구성요건을 실현한 것이 명백하다. 부진정부작위범에·있어서 보증인지위는 구성요건요소이지만 보증인의무는 위법성의 요소이므로 A가 B를 구조할 의무가 없다고 오인한 것은 법률의 착오에 해당한다. 법률의 착오의 경우에는 정당한 이유가 있는 때에 한하여 책임이 조각된다. 그러나 A의 착오에는 정당한 이유가 없다고 할 것이므로 자살방조죄의 죄책을 면할 수 없다고 보아야 한다.

5. 낙 태 죄

산부인과 의사 A는 이른바 '바캉스 베이비'를 갖게 된 B양이 고민하며 찾아와서

"강간당해 임신했다"고 사정하며 임신중절수술을 요청하므로 사실이라고 믿고 수술을 해 주었다. 두 사람은 어떤 책임을 지나?

전세계는 '낙태를 인정할 것이냐'의 문제를 놓고 찬반 양론으로 격렬히 논쟁하고 있다. 우리나라도 예외는 아니다. 법무부가 마련한 형법 개정안에서 낙태를 일정한 조건 아래서 허용할 것이라는 보도가 나온 이후, 종교계가 거세게 반발하고 나섰으며, 낙태반대운동이 벌어지고 있기도 하다. 낙태는 간통, 사형, 안락사의 문제와 함께 형법학에서도 뜨거운 이슈가 되고 있는 것이다.

낙태(Abortion)란 태아를 자연적 분만 이전에 인위적으로 모체 밖으로 배출하거나 모체 안에서 살해하는 것을 말한다. 낙태가 범죄로 금지된 것은 서양에서 그리스도교의 영향이었다. 19세기에 이르러 거의 모든 나라가 예외 없이 낙태를 죄로 처벌하였다.

그러나 21세기인 현재 세계적 추세는 낙태의 전면적 금지에서 제한된 자유화, 제한된 자유화에서 전면 자유화라는 방향으로 나아가고 있다. 이 와중에서 낙태를 불법화하여 과거로 돌리려는 반대의 물결도 어느 곳에서나 만만치는 않다.

지금 미국은 낙태에 관한 한 완전히 찬반 양론으로 분열되어 있다. 미국 연방대법원은 1973년 대법원 판사들이 7 대 2로 낙태죄를 위헌으로 판시하여 자유화의 경향을 지지하였다. 판결 이유는, 낙태의 여부는 임신한 여자의 사생활권에 속하는 것이라고 하였다. 이러한 미국 연방대법원의 진보적(?) 판결은 낙태 허용자들의 일대 승리였으나 그것도 최근 반전되었다. 1992년 6월 29일 미국 연방대법원은 다시 5 대 4의 판결로 낙태를 부인하였기 때문이다. 낙태 반대론자들의 반격이 성공한 것이다. 이만큼 낙태는 어느 나라에서나 중요한 사회적 이슈이고 그만큼 예민한 문제이다.

낙태는 단순히 형법의 분야에서 금지할 것인가 아니면 허용할 것인가의 논쟁의 차원을 떠나는 문제일 수도 있다. 즉 태아도 존엄한 생명으로 보호받아야 한다는 이유로 종교, 윤리, 철학도 낙태문제에 관하여 발언할 여지가 얼마든지 있는 것이다. 반면 원치 않는 임신으로부터 또는 사정에 의해 낙태를 할 권리를 주장하는 여성들도 당사자로서 발언할 자유가 있기 때문에 낙태는 국가적·사회적 논쟁이 되고 있는 것이다.

어쨌거나 우리 형법은 1953년 제정 이래 임신한 부녀가 스스로 낙태하거나〔自落胎〕, 또는 타인이 그녀의 동의를 얻어 낙태하거나(동의 낙태죄), 동의를 얻지 않은 낙태(부동의 낙태죄)를 모두 처벌하고 있다.

그러나 좁은 국토에 인구과잉의 문제를 안고 있던 우리나라는 형법상의 낙태죄 규정에도 불구하고 인구조절을 위한 국가정책적 차원에서 산아제한이라는 명분으로 낙태를 묵인하여 형법상의 낙태죄를 사문화시켜 왔다.

즉 1973년 2월 8일에 「모자보건법」이 제정되었는데 이 법 제14조에서는 다음과 같은 경우에 낙태(=인공임신중절수술)를 허용하였던 것이다.

임산부나 그 배우자가 우생학적 또는 유전학적 정신장애나 신체질환이 있는 경우, 본인 또는 배우자가 대통령령이 정하는 전염성 질환이 있는 경우, 강간 또는 준강간에 의하여 임신된 경우, 법률상 혼인할 수 없는 혈족 또는 인척간에 임신된 경우, 임신의 지속이 보건의학적 이유로 모체의 건강을 심히 해치고 있거나 해칠 우려가 있는 경우이다.

이 법에서는 낙태의 조건으로 본인과 배우자의 동의를 얻어야 하고, 배우자가 사망, 실종, 행방불명 기타 부득이한 사유로 동의를 얻을 수 없는 경우에는 본인, 즉 임산부의 동의만으로도 낙태할 수 있게 하였으며, 본인 또는 배우자가 심신장애로 의사표시를 할 수 없는 때에는 그 친권자 또는 후견인의 동의로, 친권자 또는 후견인이 없는 때에는 부양의무자의 동의로 각각 그 동의에 갈음할 수 있게 하였다. 이러한 요건을 갖춘 낙태에 대해서 이 법 제28조에서 임산부의 낙태죄와 의사의 낙태죄에 관한 규정을 적용하지 않는다고 명시하였다. 그러나 이 법은 제정 취지에도 불구하고 산아제한이라는 미명 아래 낙태의 전면허용으로 악용되어 우리나라는 그 이후 '낙태천국'이 되고 말았다. 그리하여 연간 약 150만건의 낙태가 행해지고 있다는 놀라운 통계가 나오고 있다.

「모자보건법」상의 인공임신중절수술 사유는 대단히 제한적이지만, 남아선호(男兒選好)사상에 사로잡힌 우리의 풍토 아래에서 「의료법」상의 금지에도 불구하고 양수검사, 초음파검사를 통하여 여아를 임신한 것이 밝혀진 경우에는 낙태를 서슴지 않는, 세계에서 유례 없는 파탄의 모습까지 성행하여 「모자보건법」마저 사문화되고 있는 실정이다. 그 결과 인구조절에는 성공(?)하였으나, 성도덕의 타락과 의료윤리의 타락, 성비(性比)의 붕괴라는 가공할 결과를 낳고 있는 것이다.

우리 사회도 이제 낙태에 관하여 서구 사회와 같은 공개적이고 진지한 논의를 통해 낙태에 관한 입법정책을 분명하게 확정지어야 할 때라고 본다. 소위 '사회적 합의'를 이룰 때인 것이다.

형법적으로 말한다면, B는 낙태죄, 의사는 동의에 의한 낙태죄가 성립한다. 그리고 이 낙태는 「모자보건법」에 비추어 보더라도 합법적인 임신중절사유에도 해당한다고 할 수 없다.

6. 간통이 죄냐?

저는 간통죄로 공소가 제기되어 1심에서 징역 1년, 항소심에서 징역 8월을 선고받고 대법원에 상고하여 재판을 받는 중에 있습니다. 그런데 간통죄를 규정한 형법 제241조가 헌법에 위반되는 것은 아닌지 다음과 같은 의문이 있어 질문을 드립니다.

(1) 인간은 누구나 자기 운명을 스스로 결정할 수 있는 자기결정권을 가지고 있고 자기결정권에는 성적 행동에 대한 것도 포함되어 있는데, 간통죄라는 협박적 법률을 두어 애정이 없는 경우에도 혼인관계의 지속을 강제하는 것은 성적 자기결정권에 대하여 국가가 부당하게 간섭하는 것이어서 인간으로서의 인간의 존엄과 가치 및 행복을 추구할 권리를 보장한 헌법 제10조와 신체의 자유를 보장한 헌법 제12조에 위반되는 것은 아닌지요?

(2) 간통죄의 규정은 배우자의 부정행위에 대하여 참고 용서하는 선량한 피해자는 보호하지 못하고 복수심 많은 자만이 혜택을 보게 될 뿐만 아니라, 간통죄는 보다 많은 위자료를 받아내려는 수단으로 악용되고 있어서 같은 간통행위를 한 자라도 재력이 있는 자는 처벌을 받지 아니하고 재력이 없는 자만이 처벌을 받게 되며 또 간통죄는 이혼을 하여야만 고소가 가능하기 때문에 간통한 여자배우자를 남자배우자가 고소하기는 쉬워도 경제적 능력 없는 여자배우자가 남자배우자를 고소하는 것은 어려운 일이므로 남녀차별을 가져오는 제도로서 헌법이 보장한 평등의 원칙에 위배되는 것은 아닌지요?

형법 제정 당시부터 논란이 많았던 간통죄는 지금까지 폐지해야 한다는 주장과 그대로 존속하여야 한다는 주장이 팽팽히 맞서고 있었다. 법무부가 마련한 형법 개정안에서 최초에는 폐지하기로 하였다가 폐지를 반대하는 움직임이 거세어지자 다시 존치하기로 방향을 바꾸어 새 형법에도 그대로 존치하고 있었다.

간통죄도 일종의 성범죄라고 볼 수 있는데, 형법의 성(性)에 대한 입장은 강간죄, 강제추행죄를 정조에 관한 '개인적 법익'을 침해하는 범죄로 보고, 간통죄, 음란물죄, 공연음란죄 등은 사회의 건전한 성도덕이라는 '사회적 법익'에 대한 범죄로 보고 있다고 할 수 있다.

그런데 간통을 법률이 어떻게 처리할 것인가에 대해서 세계 각국이 취하고 있는 입법례는 네 가지로 나눌 수 있다.

(i) 처의 간통만을 처벌하는 불평등 처벌주의

(ii) 처의 간통을 처벌하되 남편은 축첩의 경우에 벌하는 방식

(iii) 부부쌍방을 처벌하는 평등 처벌주의

(iv) 불벌주의

세계의 추세는 불벌주의로 나아가고 있다. 우리나라는 불평등 처벌주의에서 평등 처벌주의로 진화해 왔고, 최근에는 불벌주의로 나아갈 것인가에 대해 논쟁중에 있다. 어쨌거나 현행 형법(그리고 개정될 경우에도)의 입장은 간통을 범죄로 보면서 부부 중 누가 간통을 하더라도 처벌하며, 그 상대방도 처벌하는 방식이다(그래서 간통죄는 간통한 남녀를 모두 처벌한다고 해서 '쌍벌죄'라고 한다).

간통죄의 폐지를 주장하는 견해를 보면 합의에 의한 성행위는 국가가 형벌로 간섭할 수 있는 것이 아니고 개인의 양심이나 도덕에 맡겨야 하며, 간통이 사회적으로 성행하고 있어서 형벌로서 억제기능이 없으며, 위자료를 받아내는 수단이나 개인적 감정에 의한 복수수단으로 악용되고 있다고 주장한다.

이에 비하여 간통죄의 존속을 옹호하는 입장에서는 간통죄를 폐지하면 일부일처제를 기반으로 한 가정제도가 붕괴되고, 사회적으로는 성도덕이 더욱 문란해지며, 여성(아내)이 법의 보호 밖으로 방치되므로 허용할 수 없다고 한다.

간통죄의 폐지 여부는 최근의 형법개정에서 존치로 결정이 났지만, 그 대신 징역형 외에 벌금형도 추가되었는데, 이것은 폐지와 존속의 기로에서 일종의 절충·타협이 시도된 것으로 볼 수 있다.

간통죄는 배우자 있는 자가 간통하는 것을 말한다. 여기서 배우자는 법률상의 배우자를 말하고 사실혼 배우자는 포함되지 않는다. '간통'의 개념은

혼인하여 배우자가 있는 자, 즉 유부남 또는 유부녀가 자기 배우자 이외의 사람과 성행위(성교)를 하는 것을 말한다. 그리고 기혼자와 간통을 하는 상대방은 제한이 없다. 그러므로 기혼자 심지어 매춘부와의 성행위도 대가의 지급 유무와 관계없이 무조건 간통이 된다. 이때 간통의 상대방이 기혼자라는 사실, 즉 배우자가 있는 자라는 사실에 대한 인식이 있어야 한다. 재미(?)있는 사실은 간통죄의 죄수와 관련하여 법원의 판례는 1회의 성행위마다 1개의 간통죄가 성립한다고 보고 있다는 점이다(대법원 1982. 12. 14. 선고 82 도 2448 판결 등).

그리고 간통죄는 이른바 친고죄이다. 즉 피해자의 고소가 있어야 처벌할 수 있다. 간통한 남녀가 각자 기혼자였다면 피해자, 즉 고소권자는 두 사람이 되는 셈이다. 또한 피해자의 고소는 혼인의 해소, 즉 이혼소송을 전제로 한다. 즉 피해자는 간통한 자기 배우자에 대한 형사고소를 하기 전에 미리 이혼소송을 제기하여야 한다. 그래서 실무상 간통죄의 고소장에는 이혼소송을 법원에 제기하고 그 이혼소송의 제기를 증명하는 '소제기 증명원'을 첨부하고 있다. 이렇게 하여 이혼소송을 제기하고 형사고소한 뒤에도 형사고소를 취소하거나, 취소는 하지 않았더라도 고소한 자기 배우자와 재결합(혼인)하거나 또는 이혼소송을 취하한 때에는 형사고소는 취소한 것으로 간주하여 모두 처벌할 수 없게 된다(형사소송법 제229조).

간통의 고소와 취소는 1 인에 대해서만은 할 수 없다. 설사 1인에 대해서만 처벌해 달라고 고소하더라도 그 고소의 효력은 간통한 남녀 모두에게 미치고, 취소의 효력도 마찬가지이다. 실무적인 입장을 보면 간통고소가 있고 증거가 있으면 간통한 남녀 모두를 구속하는 것이 대부분이고, 법원의 형의 선고도 대부분 1년 내외의 실형을 선고하는 것이 관례 아닌 관례가 되고 있다.

간통죄는 벌률혼 관계가 있는 '배우자'가 자기 배우자 이외의 사람과 성행위를 함으로써 혼인의 순결의무를 위배하는 것이고 동시에 건전한 성도덕, 성풍속을 침해하는 범죄이다. 그리고 여기서 배우자는 '혼인신고 후 이혼신고 전까지의 배우자'를 의미한다. 그러나 법률혼의 부부가 '이혼에 합의'하였다면, 아직 이혼신고는 하지 않았더라도 이혼합의 이후의 서로 다른 이성과 이루어진 성행위는 묵인한다(또는 간섭하지 않는다)는 의사표시가 포함되어 있으므로 이혼합의 이후의 제3자와 성행위에 대한 간통고소는 효력이 없다는 것이 판례의 일관된 입장이다.

　이혼합의서에 도장을 찍은 뒤에는 그 이후의 간통행위를 형사고소할 수 없다.

　간통죄의 존폐에 관하여는 이론이 분분하다가 최근 2015년 2월 26일 헌법재판소에서 위헌이라는 결정을 내렸다. 그 결정물을 그대로 싣는다.

간통죄의 위헌결정(2015. 2. 26)

〈결정요지〉

재판관 박한철, 재판관 이진성, 재판관 김창종, 재판관 서기석, 재판관 조용호의 위헌의견

　사회 구조 및 결혼과 성에 관한 국민의 의식이 변화되고, 성적 자기결정권을 보다 중요시하는 인식이 확산됨에 따라 간통행위를 국가가 형벌로 다스리는 것이 적정한지에 대해서는 이제 더 이상 국민의 인식이 일치한다고 보기 어렵고, 비록 비도덕적인 행위라 할지라도 본질적으로 개인의 사생활에 속하고 사회에 끼치는 해악이 그다지 크지 않거나 구체적 법익에 대한 명백한 침해가 없는 경우에는 국가권력이 개입해서는 안 된다는 것이 현대 형법의 추세여서 전세계적으로 간통죄는 폐지되고 있다. 또한 간통죄의 보호법익인 혼인과 가정의 유지는 당사자의 자유로운 의지와 애정에 맡겨야지, 형벌을 통하여 타율적으로 강제될 수 없는 것이며, 현재 간통으로 처벌되는 비율이 매우 낮고, 간통행위에 대한 사회적 비난 역시 상당한 수준으로 낮아져 간통죄는 행위규제규범으로서 기능을 잃어가고, 형사정책상 일반예방 및 특별예방의 효과를 거두기도 어렵게 되었다. 부부 간 정조의무 및 여성 배우자의 보호는 간통한 배우자를 상대로 한 재판상 이혼 청구, 손해배상청구 등 민사상의 제도에 의해 보다 효과적으로 달성될 수 있고, 오히려 간통죄가 유책의 정도가 훨씬 큰 배우자의 이혼수단으로 이용되거나 일시 탈선한 가정주부 등을 공갈하는 수단으로 악용되고 있기도 하다.

　결국 심판대상조항은 과잉금지원칙에 위배하여 국민의 성적 자기결정권 및 사생활의 비밀과 자유를 침해하는 것으로서 헌법에 위반된다.

재판관 김이수의 위헌의견

　간통죄의 본질은 자유로운 의사에 기하여 혼인이라는 사회제도를 선택한 자가 의도적으로 배우자에 대한 성적 성실의무를 위배하는 성적 배임행위를 저지른 데 있다.

　혼인생활을 영위하고 있는 간통행위자 및 배우자 있는 상간자에 대한 형사처벌은

부부 간의 성적 성실의무에 기초한 혼인제도에 내포되어 있는 사회윤리적 기본질서를 최소한도로 보호하려는 정당한 목적 하에 이루어지는 것으로서 개인의 성적 자기결정권에 대한 과도한 제한이라고 하기 어렵다. 그러나 사실상 혼인관계의 회복이 불가능한 파탄상태로 인해 배우자에 대한 성적 성실의무를 더 이상 부담하지 아니하는 간통행위자나 미혼인 상간자의 상간행위 같이 비난가능성 내지 반사회성이 없는 경우도 있다.

그럼에도 불구하고, 심판대상조항이 일률적으로 모든 간통행위자 및 상간자를 형사처벌하도록 규정한 것은 개인의 성적 자기결정권을 과도하게 제한하는 국가형벌권의 과잉행사로서 헌법에 위반된다.

재판관 강일원의 위헌의견

간통 및 상간행위가 내밀한 사생활의 영역에 속하는 것이라고 해도 이에 대한 법적 규제를 할 필요성은 인정되고, 그에 대한 규제의 정도는 원칙적으로 입법자가 결정할 사항이므로, 입법자가 간통행위를 예방하기 위하여 형벌이라는 제재수단을 도입한 것이 그 자체로 헌법에 위반된다고 볼 수는 없다.

그러나 형법은 간통죄를 친고죄로 규정하면서, 배우자의 종용이나 유서가 있는 경우 간통죄로 고소할 수 없도록 규정하고 있는데, 소극적 소추조건인 종용이나 유서의 개념이 명확하지 않아 수범자인 국민이 국가 공권력 행사의 범위와 한계를 확실하게 예측할 수 없으므로 심판대상조항은 명확성원칙에 위배되며, 간통 및 상간행위에는 행위의 태양에 따라 죄질이 현저하게 다른 수많은 경우가 존재함에도 반드시 징역형으로만 응징하도록 한 것은 구체적 사안의 개별성과 특수성을 고려할 수 있는 가능성을 배제 또는 제한하여 책임과 형벌간 비례의 원칙에 위배되어 헌법에 위반된다.

재판관 이정미, 재판관 안창호의 반대의견

간통은 일부일처제에 기초한 혼인이라는 사회적 제도를 훼손하고 가족공동체의 유지·보호에 파괴적인 영향을 미치는 행위라는 점에서 개인의 성적 자기결정권의 보호영역에 포함되어 있다고 보기 어렵다.

배우자 있는 자의 간통 및 그에 동조한 상간자의 행위는 단순한 윤리적·도덕적 차원의 문제를 넘어서 사회질서를 해치고 타인의 권리를 침해하는 것이라고 보는 우리 사회의 법의식은 여전히 유효하다. 특히 간통죄의 폐지는 우리 사회 전반에서 성도덕 의식의 하향화를 가져오고 성도덕의 문란을 초래할 수 있으며, 그 결과 혼인과 가족 공동체의 해체를 촉진시킬 수 있다는 점에서, 간통죄를 형사처벌하도록 한 입법자의 판단이 자의적인 것이라고 보기는 어렵다. 부부공동생활이 파탄되어 회복될 수 없을 정도의 상태에 이르러 더 이상 배우자에 대한 성적 성실의무를 부담한다고 볼 수 없는 경우에는 간통행위가 사회윤리 내지 사회상규에 위배되지 아니하는 행위로서 위법성이 조각될 여지가 있으므로 과잉처벌의 문제는 발생하지 않을 수 있다.

심판대상조항은 징역형만을 규정하고 있으나 법정형의 상한 자체가 높지 않아 지나치게 과중한 형벌을 규정하고 있다고 볼 수 없고, 벌금형에 의할 경우 간통행위자에 대하여 위하력을 가지기 어려우므로 형벌체계상 균형에 반하는 것이라고 할 수도 없다.

또한 현행 민법상의 제도나 재판실무에 비추어보면, 간통죄를 폐지할 경우 수많은 가족공동체가 파괴되고 가정 내 약자와 어린 자녀들의 인권과 복리가 침해되는 사태가 발생하게 될 것을 우려하지 않을 수 없다.

따라서 심판대상조항은 과잉금지원칙에 위반된다고 할 수도 없다.

재판관 이진성의 다수의견에 대한 보충의견

간통행위는 행위 유형이 다양하여 법정형으로 징역형만 규정한 것이 책임과 형벌 사이에 균형을 잃을 가능성은 있지만, 재산형인 벌금형이나 명예형인 자격형이 배우자에 대한 정조의무를 저버리고 혼인제도의 문란을 가져오는 비윤리적 범죄인 간통죄에 유효하고 적절한 수단이라고 보기 어렵다. 부부 일방의 부정행위로 인한 민사, 가사 문제들의 해결수단을 간통죄를 유지시켜 형사사건에서 찾을 것도 아니다. 간통행위로 인한 가족의 해체 사태에서 손해배상, 재산분할청구, 자녀양육 등에 관한 재판실무관행을 개선하고 배우자와 자녀를 위해 필요한 제도를 새로 강구해야 한다.

〈심판대상조문〉

형법(1953. 9. 18. 법률 제293호로 제정된 것) 제241조

〈참조조문〉

헌법 제10조, 제17조, 제36조 제1항

민법(1958. 2. 22. 법률 제471호로 제정된 것) 제806조

민법(2002. 1. 14. 법률 제6591호로 개정된 것) 제840조 제1호

민법(2012. 2. 10. 법률 제11300호로 개정된 것) 제843조

〈참조판례〉

헌재 1992. 4. 28. 90헌바24, 판례집 4, 225, 229

헌재 2001. 10. 25. 2000헌바60, 판례집 13-2, 480, 486

헌재 2002. 3. 28. 2000헌바53, 판례집 14-1, 159, 165

헌재 2003. 11. 27. 2002헌바24, 판례집 15-2하, 242, 252

헌재 2004. 2. 26. 2001헌바75, 판례집 16-1, 184, 194

헌재 2008. 10. 30. 2007헌가17등, 판례집 20-2상, 696, 708

〈당사자〉

청 구 인   박○순 외 18인

제정법원   의정부지방법원(2011헌가31), 수원지방법원(2014헌가4)

제청신청인   박○미(2014헌가4)

당해사건   [별지] 목록과 같음

〈주 문〉

형법(1953. 9. 18. 법률 제293호로 제정된 것) 제241조는 헌법에 위반된다.

〈이 유〉

1. 사건개요

청구인들은 간통 내지 상간하였다는 범죄사실로 기소되어 당해사건 계속 중 형법 제241조가 위헌이라며 위헌법률심판제청 신청을 하였으나 그 신청이 기각되자 헌법소원심판을 청구하였다. 2011헌가31 사건의 당해사건 피고인은 간통죄로 기소되어 1심에서 유죄판결을 선고받고 항소하였는데, 의정부지방법원은 형법 제241조가 헌법에 위반된다고 의심할 상당한 이유가 있다는 이유로 2011. 8. 26. 직권으로 위헌법률심판을 제청하였다. 또한, 2014헌가4 사건의 제청신청인도 간통죄로 기소되어 1심에서 유죄판결을 선고받고 항소한 뒤 형법 제241조 제1항에 대한 위헌법률심판제청 신청을 하였고, 제청법원이 그 제청신청을 받아들여 2014. 3. 13. 위헌법률심판을 제청하였다.

2. 심판대상

2012헌바255 사건, 2013헌바161 사건의 청구인들 및 2014헌가4 사건의 제청법원은 형법 제241조 제1항에 대하여만 헌법소원심판청구 또는 위헌법률심판제청

을 하였다. 그러나 형법 제241조 제2항은 간통죄가 친고죄라는 사실 및 배우자가 간통을 종용하거나 유서한 때에는 고소할 수 없다는 규정이므로 형법 제241조 제1항과 불가분의 일체를 이루고 있다. 따라서 이 사건 심판대상은 형법(1953. 9. 18. 법률 제293호로 제정된 것) 제241조 전체가 헌법에 위반되는지 여부이고, 심판대상조항의 내용은 다음과 같다.

〈심판대상조항〉

형법(1953. 9. 18. 법률 제293호로 제정된 것) 제241조(간통) ① 배우자 있는 자가 간통한 때에는 2년 이하의 징역에 처한다. 그와 상간한 자도 같다.

② 전항의 죄는 배우자의 고소가 있어야 논한다. 단 배우자가 간통을 종용 또는 유서한 때에는 고소할 수 없다.

3. 청구인들의 주장 및 제청법원의 위헌제청이유

가. 청구인들의 주장

심판대상조항은 과잉금지원칙에 위배되어 개인의 성적 자기결정권 및 사생활의 비밀과 자유를 침해한다. 법정형으로 징역형만 규정하고 있는 것도 책임과 형벌 간 비례원칙에 위배되어 헌법에 위반된다. 또한, 간통죄의 고소는 절차상 이혼을 전제로 하여 간통행위의 처벌이 가정의 파탄을 초래하므로 헌법 제36조 제1항에 위배된다. 아울러 친고죄로 규정되어 행위자의 경제적 능력에 의한 차별이 발생하고, 정교관계의 묵인 내지 사전 동의를 받은 배우자들은 처벌하지 아니하며, 이혼소송을 제기한 배우자에게 간통고소권을 부여하여 상대방 배우자를 차별하는 등 평등원칙에도 어긋난다.

나. 제청법원의 위헌제청이유

선량한 성풍속 보호, 혼인 및 부부 사이 성적 성실의무의 보호라는 입법목적의 정당성은 인정된다. 그러나 개인주의적·성개방적 사고의 확산에 따른 우리 사회의 변화로 국민 일반의 법감정이 변화되고 있는 현실, 성생활은 형벌의 대상이 아니라 성도덕에 맡겨 사회 스스로 자율적으로 질서를 잡아야 할 영역이라는 점, 간통죄를 처벌한다고 하여 간통을 억지하는 효과를 기대하기 어려운 점 등에 비추어 수단의 적절성 및 피해의 최소성 원칙에 반한다. 또한, 심판대상조항으로 혼인제도 및 부부간 성적 성실의무 보호라는 공익을 달성하기 어렵게 된 반면, 내밀한 성생활의 영역을 처벌하여 국민의 성적 자기결정권과 사생활의 비밀과 자유를 지나치게 제한하므로 법익 균형성 원칙에도 반하여 헌법에 위반된다.

4. 입법례와 선례

가. 입법례

간통에 대한 세계적인 입법 추세는 형벌을 부과하지 않는 것이다. 덴마크는 1930년, 스웨덴은 1937년, 일본은 1947년, 독일은 1969년, 프랑스는 1975년, 스페인은 1978년, 스위스는 1990년, 아르헨티나는 1995년, 오스트리아는 1996년에 간통죄를 폐지하였다.

나. 개정 논의

법무부는 1992. 4. 8. 입법예고한 형법개정법률안에서, 간통죄가 세계적으로 폐지추세에 있는 점, 개인의 사생활 영역에 속하는 내밀한 성적 문제에 법이 개입함은 부적절하다는 점, 간통죄 고소가 협박이나 위자료를 받기 위한 수단으로 악용되는 경우가 많다는 점, 수사나 재판과정에서 대부분 고소 취소되어 국가 형벌로서의 처단기능이 약화되었다는 점, 형벌의 억지효나 재사회화의 효과는 거의 없고, 가정이나 여성보호를 위한 실효성도 의문이라는 점 등을 이유로 간통죄를 삭제하였다. 그러나 법무부는 1992. 5. 27. 전문 405조로 구성된 형법개정안을 확정하면서 간통죄 폐지가 시기상조라는 의견을 수용하여 간통죄를 존치시키되 법정형을 1년 이하의 징역형으로 낮추고 500만 원 이하의 벌금형을 선택적으로 추가하였다. 하지만 이 개정안도 입법화되지는 못하였다.

다. 선례

헌법재판소는 1990. 9. 10. 89헌마82 결정에서 심판대상조항이 헌법에 위반되지 않는다고 결정하였는데, 반대의견으로 재판관 한병채, 이시윤의 헌법불합치 의견과 재판관 김양균의 위헌의견이 있었고, 1993. 3. 11. 90헌가70 결정에서는 위 89헌마82 결정이 그대로 유지되었다. 그 뒤 2001. 10. 25. 2000헌바60 결정에서는 재판관 권성의 위헌의견이 있었으나, 법정의견은 위 89헌마82 결정의 판시를 그대로 유지하면서 간통죄 폐지 여부에 대하여 입법자가 진지하게 접근할 필요가 있다는 점을 지적하였다. 이어 2008. 10. 30. 2007헌가17등 결정에서는 재판관 김종대, 이동흡, 목영준, 송두환이 위헌의견, 재판관 김희옥이 헌법불합치의견으로 헌법에 위반된다는 의견이 다수였으나, 위헌정족수 6인에는 이르지 못하였다.

5. 심판대상조항의 위헌 여부

가. 재판관 박한철, 재판관 이진성, 재판관 김창종, 재판관 서기석, 재판관 조용호의 위헌의견

(1) 헌법 제10조는 개인의 인격권과 행복추구권을 보장하고 있고, 인격권과 행복추구권은 개인의 자기운명결정권을 전제로 한다. 이 자기운명결정권에는 성행위 여부 및 그 상대방을 결정할 수 있는 성적 자기결정권이 포함되어 있으므로, 심판대상조항은 개인의 성적 자기결정권을 제한한다. 또한, 심판대상조항은 개인의 성생활이라는 내밀한 사적 생활영역에서의 행위를 제한하므로 헌법 제17조가 보장하는 사생활의 비밀과 자유 역시 제한한다.

(2) 입법목적의 정당성

심판대상조항은 선량한 성풍속 및 일부일처제에 기초한 혼인제도를 보호하고 부부간 정조의무를 지키게 하기 위한 것으로 그 입법목적의 정당성은 인정된다.

(3) 수단의 적절성 및 침해최소성

① 간통행위에 대한 국민의 인식 변화

우리 사회에서 혼인한 남녀의 정조유지가 전통윤리로 확립되어 있었고, 일부일처제의 유지와 부부간의 정조의무 역시 도덕기준의 하나로 정립되어 왔다. 그러나 최근 전통적인 가족 구조 및 가족 구성원의 역할이나 지위에 대한 인식이 변화하고 있고, 급속한 개인주의 및 성개방적 사고가 확산됨에 따라 결혼과 성에 대한 인식도 바뀌어 가고 있다. 성과 사랑은 형벌로 통제할 사항이 아닌 개인에게 맡겨야 하는 문제로서 부부간의 정조의무를 위반한 행위가 비도덕적이기는 하나, 법으로 처벌할 사항은 아니라는 것이다. 또한, 오늘날 우리 사회는 가치판단에 있어서 전통적인 성도덕의 유지 내지 부부간 정조의무 보호라는 법익 못지않게 성적 자기결정권을 자유롭게 행사하는 것이 개인의 존엄과 행복추구의 측면에서 더한층 중요하게 고려되는 사회로 변해가고 있다는 점도 무시할 수 없다.

이러한 사회 구조의 변화, 결혼과 성에 관한 국민의 의식 변화, 그리고 성적 자기결정권을 보다 중요시하는 인식의 확산에 따라, 배우자 있는 사람이 배우자 아닌 사람과 성관계를 하였다고 하여 이를 국가가 형벌로 다스리는 것이 적정한지에 대해서는 이제 더 이상 국민의 인식이 일치한다고 보기 어렵게 되었다.

② 형사 처벌의 적정성 여부

특정한 행위를 범죄로 규정하여 국가가 형벌권을 행사할 것인지, 아니면 단순히 도덕의 영역에 맡길 것인지 하는 문제는 그 사회의 시대적인 상황·사회구성원들의 의식 등에 따라 결정될 수밖에 없다. 우리의 생활영역에는 법률이 직접 규율할 영역도 있지만 도덕에 맡겨두어야 할 영역도 있다. 도덕적으로 비난받을 만한 행위 모두를 형벌의 대상으로 삼는 것은 사실상 불가능하다.

개인의 성행위와 같은 사생활의 내밀영역에 속하는 부분에 대하여는 그 권리와 자유의 성질상 국가는 최대한 간섭과 규제를 자제하여 개인의 자기결정권에 맡겨야 한다. 국가형벌권의 행사는 중대한 법익에 대한 위험이 명백한 경우에 한하여 최후의 수단으로 필요 최소한의 범위에 그쳐야 한다. 성인이 서로 자발적으로 만나 성행위를 하는 것은 개인의 자유 영역에 속하고, 다만 그것이 외부에 표출되어 사회의 건전한 성풍속을 해칠 때 비로소 법률의 규제를 필요로 한다. 그런데 성도덕에 맡겨 사회 스스로 질서를 잡아야 할 내밀한 성생활의 영역에 국가가 개입하여 형벌의 대상으로 삼는 것은, 성적 자기결정권과 사생활의 비밀과 자유를 침해하는 것이다.

비록 비도덕적인 행위라 할지라도 본질적으로 개인의 사생활에 속하고 사회에 끼치는 해악이 크지 않거나 구체적 법익에 대한 명백한 침해가 없는 경우에는 국가권력이 개입해서는 안 된다는 것이 현대 형법의 추세이다. 이에 따라 전세계적으로 간통죄는 폐지되고 있다.

③ 형벌의 실효성 여부

심판대상조항의 보호법익은 일부일처제에 기초한 혼인제도이다. 그러나 일단 간통행위가 발생한 이후에는 심판대상조항이 혼인생활 유지에 전혀 도움을 주지 못한다. 간통죄는 친고죄이고, 고소권의 행사는 혼인이 해소되거나 이혼소송을 제기한 후에라야 가능하므로, 고소권의 발동으로 기존의 가정은 파탄을 맞게 된다. 설사 나중에 고소가 취소된다고 하더라도 부부감정이 원상태로 회복되기를 기대하기 어려우므로, 간통죄는 혼인제도 내지 가정질서의 보호에 기여할 수 없다. 더구나 간통죄로 처벌받은 사람이 고소를 한 배우자와 재결합할 가능성은 거의 없으며, 간통에 대한 형사 처벌 과정에서 부부갈등이 심화되어 원만한 가정질서를 보호할 수도 없다.

결국, 간통행위를 처벌함으로써 혼인제도를 보호한다는 의미는, 일방 배우자로 하여금, 만일 간통을 하면 형사적으로 처벌된다는 두려움 때문에 간통행위에 이르지 못하게 하여 혼인관계가 유지되게 하는 효과가 있다는 것이다. 그러나 이러한 심리적 사전억제수단에 실효성이 있는지는 의문이다. 간통을 하게 되는 동기는 애정에서 비롯되는 경우와 그렇지 않은 경우가 있을 수 있다. 애정에서 비롯된 경우라면, 부부간에 애정과 신뢰에 기초한 혼인관계는 이미 파괴된 상태이므로 형벌에 대한 두려움을 통하여 파괴된 혼인관계를 유지시킬 필요가 있는지 의문이고, 형벌을 감수하고서라도 간통행위를 하는 경우가 대부분일 것이므로 간통행위 억제에 대한 실효성이 인정되기 어렵다. 애정에서 비롯된 경우가 아니더라도, 다양한 형태로 일어나고 있는 성매매 행태 및 이에 대한 인식 수준에서 보듯이 간통행위를 처벌하는 심판대상조항으로 인하여 애정에서 비롯되지 않은 간통을 억지하는 효과를 기대하기도 어렵다. 그동안의 법집행 실태를 실증적으로 분석하여 간통에 대한 형사 처벌이 일반예방적 효과를 거두었음을 보여주는 자료도 존재하지 아니한다.

또한, 간통행위가 처벌되는 비율은 매우 낮아지고 있다. 통계에 따르면 간통죄로 접수되는 사건 및 기소되는 사건의 수가 매년 줄어들고 있어 간통죄로 구속 기소되는 경우는 고소 사건의 10%에도 못 미치고, 수사나 재판과정에서 고소가 취소되어 공소권 없음 또는 공소기각으로 종결되는 사건이 상당수에 이름으로써 형벌로서의 처단기능이 현저히 약화되었다.

간통죄를 폐지할 경우 성도덕이 문란해지거나 간통으로 인한 이혼이 증가할 것이라고 우려하는 견해가 있다. 그러나 이미 간통죄를 폐지한 여러 나라에서 간통죄의 폐지 이전보다 성도덕이 문란하게 되었다거나 이혼이 증가하였다는 통계는 나타나고 있지 않다. 오히려 간통죄 처벌에도 불구하고 성에 대한 인식 변화 및 성적 자기결정권을 중시하는 사회적 분위기로 인하여 간통행위에 대한 사회적 비난의 정도는 상당한 수준으로 낮아져 있다. 결국, 간통죄는 행위규제규범으로서의 기능을 잃어가고 있어 형사정책상 일반예방 및 특별예방의 효과를 모두 거두기 어렵게 되었다.

한편, 배우자의 간통행위는 재판상 이혼사유가 되고(민법 제840조 제1호), 간통행위를 한 사람은 배우자에게 이에 따른 재산상 및 정신적 손해를 배상할 의무를 진다(민법 제843조, 제806조). 또한, 법원이 자(子)의 양육에 관한 사항과 자에 대한 면접교섭권의 제한·배제 등을 결정할 때 부정한 행위를 한 배우자에게 일정한 불이익을 줄 수 있다.

그런데 부부간 정조의무위반행위에 대하여 위와 같은 민사법상 책임 이외에 형사적으로 처벌함으로써 부부간 정조의무가 보호될 수 있는지는 의문이다. 왜냐하면 이러한 정조의무는 개인과 사회의 자율적인 윤리의식, 그리고 배우자의 애정과 신의에 의하여 준수되어야 하지, 형벌로 그 생성과 유지를 강요해 봐야 실효성이 없다.

다만, 과거 우리 사회에서 간통죄의 존재가 여성을 보호하는 역할을 수행하였던 것은 부인할 수 없다. 우리 사회에서 여성은 사회적·경제적 약자였고 간통행위는 주로 남성에 의하여 이루어졌으므로, 간통죄의 존재가 남성들로 하여금 간통행위에 이르지 않도록 심리적 억제작용을 하였고, 나아가 여성 배우자가 간통고소를 취소하는 조건으로 남성 배우자로부터 위자료나 재산분할을 받아내는 경제적 기능을 수행하였다.

그러나 오늘날 우리 사회의 변화는 간통죄의 위와 같은 존재이유를 상당부분 상실하도록 하였다. 우선 여성의 사회적·경제적 활동이 활발하여 짐에 따라 여성의 생활능력과 경제적 능력이 향상됨으로써, 여성이 언제나 경제적 약자라는 전제가 적용되지 않게 되었다. 또한, 1990. 1. 13. 민법이 개정됨에 따라, 부부가 이혼을 하는 경우 재산분할청구권이 부여되는 한편, 자녀에 대한 친권도 남녀 차별 없이 평등하게 보장되었다. 즉, 민법상 처의 재산분할청구권이 인정되고 주부의 가사노동도 재산형성에 대한 기여로 인정되어 이혼 후의 생활토대를 마련할 수 있는 제도가 마련되었고, 부부의 이혼 시 위자료를 통한 손해배상청구권이 현실화되었으며, 양육비의 청구 등으로 자녀의 양육이 가능하게 된 것이다.

비록 여성 배우자의 경제적 지위가 아직 남성 배우자에 비하여 열악하다는 전제에 서더라도, 간통죄의 존재가 여성 배우자를 반드시 보호한다고 보기도 어렵다. 간통죄 고소를 위하여는 이혼이 전제되어야 하므로 경제적 능력 및 생활능력이 없는 여성 배우자는 오히려 고소를 꺼릴 수도 있다. 이와 같이 오늘날 간통죄의 존재가 여성 배우자를 보호하는 기능은 상당 부분 상실되었다고 할 것이다.

결국, 오늘날 간통죄는 간통행위자 중 극히 일부만 처벌될 뿐만 아니라 잠재적 범죄자를 양산하여 그들의 기본권을 제한할 뿐, 혼인제도 및 정조의무를 보호하기 위한 실효성은 잃게 되었다. 혼인과 가정의 유지는 당사자의 자유로운 의지와 애정에 맡겨야지, 형벌을 통하여 타율적으로 강제될 수 없는 것이므로, 심판대상조항이 일부일처제의 혼인제도와 가정질서를 보호한다는 목적을 달성하는 데 적절하고 실효성 있는 수단이라고 할 수 없다.

④ 형벌로 인한 부작용

간통죄가 건전한 혼인제도 및 부부간 정조의무의 보호와는 다른 목적을 위하여 악용되는 사례도 있다. 간통행위자 및 상간자에 대한 고소와 그 취소는 간통행위자의 배우자만이 할 수 있고, 간통죄는 친고죄로서 고소취소 여부에 따라 검사의 소추 여부 및 법원의 공소기각 여부가 결정되므로, 간통행위자 및 상간자의 법적 운명은 간통행위자의 배우자의 손에 전적으로 달려 있다. 이러한 상황은 유책의 정도가 훨씬 큰 배우자의 이혼수단으로 활용되기도 하고, 사회적으로 명망 있는 사람이나 일시적으로 탈선한 가정주부를 협박하여 금품을 뜯어내거나, 상간자로부터 재산을 편취하는 수단으로 악용되기도 한다.

⑤ 결론

이와 같은 사정을 종합해 보면, 선량한 성풍속 및 일부일처제에 기초한 혼인제도를 보호하고 부부간 정조의무를 지키게 하고자 간통행위를 처벌하는 심판대상조항은 그 수단의 적절성과 침해최소성을 갖추지 못하였다고 할 것이다.

(4) 법익의 균형성

앞서 본 것처럼 심판대상조항으로 달성하려는 일부일처제에 기초한 혼인제도 및 부부간 정조의무 보호라는 공익이 더 이상 심판대상조항을 통하여 달성될 것으로 보기 어려운 반면, 심판대상조항은 개인의 내밀한 성생활의 영역을 형벌의 대상으로 삼음으로써 국민의 성적 자기결정권과 사생활의 비밀과 자유라는 기본권을 지나치게 제한하는 것이므로, 결국 심판대상조항은 법익의 균형성도 상실하였다.

(5) 결론

결국, 심판대상조항은 수단의 적절성 및 침해최소성을 갖추지 못하였고 법익의 균형성도 상실하였으므로, 과잉금지원칙을 위반하여 국민의 성적 자기결정권 및 사생활의 비밀과 자유를 침해하는 것으로 헌법에 위반된다.

나. 재판관 김이수의 위헌의견

나는 심판대상조항이 헌법에 위반된다는 다수의견의 결론에는 찬성하나 결론에 이르게 된 이유의 구성을 달리 하므로 아래와 같이 의견을 밝힌다.

(1) 간통행위자의 경우

㈎ 혼인으로 맺어진 부부는 정신적·육체적·경제적으로 결합된 공동체를 이루어 그 안에서 서로 배려하고 협조하면서 공동의 삶의 목적과 가치를 실현하기 위해 노력한다. 혼인은 부부공동체의 성립·유지·발전을 위한 법제도요, 사회제도이다.

우리나라는 일부일처제의 혼인제도를 채택하고 있다. 일부일처제 하에서의 혼인은 성적(性的) 공동생활을 배타적으로 그리고 지속적으로 유지하려는 부부의 의지를 본질적인 요소로 한다. 부부는 자유롭고 진지한 의사에 따라 혼인을 선택한 이후에는 상대방을 위한 성적 성실의무를 부담하면서 자기실현의 일환으로 성 공동체적 자유를 누리게 된다. 간통죄의 본질은 무엇보다 자신의 자유로운 의사에 기하여 혼인이라는 사회제도를 선택한 자가 의도적으로 배우자에 대한 성적 성실의무를 위배하는 성적 배임행위를 저지른 것에 있다고 할 것이다. 배우자 있는 자의 간통은 성적 공동생활의 배타성과 지속성에 반하여 이루어지는 행위로서 혼인의 해체를 초래하거나 초래할 위험이 있다.

심판대상조항은 부부 간의 성적 성실의무를 지키게 하기 위한 것이고 나아가 일부일처제의 혼인제도를 보호하기 위한 것이다.

㈏ 심판대상조항으로 인하여 제한되는 기본권은 개인의 성적자기결정권이다.

그런데 심판대상조항으로 제한되는 배우자 있는 자의 성적 자기결정의 자유는 혼인을 선택한 자기결단에 따라 형성한 성적 공동체의 배타성과 지속성의 유지라는 내재적 한계 내에서 이를 행사하여야 한다는 본질적 제한을 받는다. 이와 같은 본질적 제한을 벗어나 이루어지는 비윤리적인 행위인 간통은 간통행위자의 성적 자기결정권의 행사라는 명분으로 쉽게 정당화될 수 없음은 분명하다.

법은 사회질서를 유지하는 데 필요한 최소한도의 도덕을 실효성 있게

만들기 위한 것이다. 부도덕한 성적 일탈행위에는 간통뿐만 아니라 수
간, 혼음, 근친상간 등 다양한 형태가 존재함에도 불구하고 형법은 그
중 간통만을 처벌하고 있다. 이는 간통을 일부일처의 혼인 제도를 무너
뜨리고 나아가 법공동체의 평화로운 공존질서를 해할 우려가 있는 비윤
리적인 일탈행동으로 보고 최소한도의 도덕을 지키도록 하기 위하여 그
행위의 금지를 법률로써 강제하고자 하는 것이다.

(다) 형법이 보호하는 법익은 인간실존의 가장 근본적인 가치임과 동시에 인
간의 구체적이고 현실적인 사회생활에 필요한 가치이다. 따라서 인간의
어떤 행위를 법익침해행위라고 보아 국가가 형벌권을 행사하여 이를 규
제할 것인지, 아니면 단순히 도덕률에 맡겨 도덕적 비난, 질책, 분노와 도
덕적 회오(悔悟)의 대상으로 삼을 것인지의 여부는 전체 법질서의 흐름과
사회구성원들의 경험적 인식의 변화에 따라 달라질 수 있는 것이다.
간통죄의 범죄화에 관해서는 형법 제정 당시부터 많은 찬반 논의가 있
었다. 그 이후 현재까지 이를 폐지 내지 개정하자는 논의가 계속 되어
왔다. 헌법재판소에서도 그동안 간통죄에 대하여 네 번의 합헌결정을
하여 왔지만 그때마다 위헌이라는 견해가 있었고 특히 네 번째 결정에
서는 헌법불합치의견을 포함하여 5인 재판관의 위헌의견이 있었다. 형
법학자들은 대부분 간통죄 폐지의견을 표명하고 있다.
간통의 유형을 크게 세 가지로 나누어 보면, 배우자가 있음에도 단순한
성적 쾌락을 위해 혼외성관계를 맺는 유책배우자(제1유형), 현재의 배우
자보다 매력적인 상대를 만나 기존 혼인관계에 대해 회의를 느끼고 그
와 사랑에 빠진 경우(제2유형), 기존의 혼인이 해소되거나 이혼소송이
제기되지 않았지만 장기간 별거 등 혼인이 사실상 파탄에 이른 상태에
서 새로운 사랑의 상대를 만나 성적 결합으로 나아간 경우(제3유형)가
있다.
제1, 2유형의 간통행위의 경우에는 제3유형과는 달리 비난가능성이 크
고, 기존의 혼인관계를 보호할 필요성도 크므로 이에 대한 형벌적 규제
가 아직도 필요하다는 것이 상당수 일반 국민들의 법의식으로 보인다.
또한, 제1, 2유형에서는 오랜 기간 간통죄 처벌규정의 존재로 인한 학습
효과, 특히 단일 법정형인 징역형 부과에 따른 수사·재판 등 형사절차

상의 부담, 직업 상실 등의 우려 등에 기초한 형벌의 위하력을 통해 간통행위를 억지하는 일반예방적 효과가 여전히 존재한다.

나아가 간통죄는 간통행위 후 간통행위자의 진지한 후회·반성을 끌어내는 유효한 수단이 되고, 후회·반성이 있을 때 고소를 하지 않거나 고소 후 이를 취소함으로써 균열이 간 혼인관계를 다시 회복시킬 수도 있다. 배우자의 간통행위가 혼인의 해소로 귀결된다고 하더라도 간통죄는 피해자인 경제적 약자의 보호에 유용한 수단이 된다. 배우자의 간통행위가 있는 경우 경제적 약자의 지위에 있는 여성이나 남성이 재판상 이혼 청구와 함께 민법상 재산분할청구나 위자료청구를 하여 혼인이 해소된 이후의 살아갈 방도를 마련할 수 있다. 그러나 현행 민법상의 제도나 재판실무만으로는 이들의 보호에 미흡하다. 경제적 약자의 보호에 아직도 간통죄의 존재 의의는 있다고 보인다.

반면, 제3유형의 간통행위는 비난가능성이나 반사회성이 없거나 지극히 미약하다. 이 경우 간통죄의 처벌로 인해 혼인제도의 회복이나 유지가 이루어질 여지가 없다. 형사 처벌의 적정성과 실효성이 없는데도 사실상 파탄상태인 부부에게까지 이미 형해화된 성적 성실의무를 형벌의 위하력으로 강제하는 것은 성적 자기결정권의 지나친 제한이 된다.

또한, 이제는 이러한 제3유형의 간통행위에 대하여는 허울뿐인 법률혼이 있다는 이유만으로 다른 유형과 동일하게 형사 처벌하는 것은 적정하지 않다는 관념이 우리 사회구성원들의 보편적인 법의식으로 보인다. 이와 관련해 최근 대법원은 비록 부부가 아직 이혼하지 아니하였지만 실질적으로 부부공동생활이 파탄되어 회복할 수 없을 정도의 상태에 이르렀다면 혼인의 본질에 해당하는 부부공동생활이 유지되고 있다고 볼 수 없으므로, 제3자가 부부의 일방과 성적인 행위를 하더라도 이를 두고 부부공동생활을 침해하거나 그 유지를 방해하는 행위라고 할 수 없고 또한 그로 인하여 배우자의 부부공동생활에 관한 권리가 침해되는 손해가 생긴다고 할 수도 없다는 이유로 불법행위의 성립을 부정하였다(대법원 2014. 11. 20. 선고 2011므2997 전원합의체 판결). 이는 우리 사회구성원들의 보편적 법의식을 반영한 것으로서, 혼인의 본질인 부부의 공동생활이 유지되지 아니하여 배우자에 대한 성적 성실의무를 인정하

기 어려운 제3유형의 경우는 비난가능성이 없거나 반사회성이 없어 국
가가 이에 개입해서는 아니 됨을 보여준다.

(라) 그러므로 제1, 2유형의 간통행위에 대한 형사처벌은, 그 처벌의 적정성
과 실효성이 인정되고 부부 간의 성적 성실의무에 기초한 혼인제도에
내포되어있는 사회윤리적 기본질서를 최소한도로 보호하려는 정당한 목
적 하에 이루어지는 것으로서, 개인의 성적자기결정권에 대한 과도한
제한이라고 하기 어렵다.

그러나 제3유형과 같이 이미 사실상 파탄상태에 있는 부부의 경우에는
혼외성관계로 인하여 상대방 배우자에 대한 성적 성실의무를 위배하거
나 혼인제도를 저해할 우려가 전혀 없다 할 것이므로, 이와 같이 비난가
능성 내지 반사회성이 없는 경우까지 처벌하는 것은 국가형벌권의 과잉
행사로서 허용되지 아니한다.

(2) 상간자의 경우

간통죄는 반드시 배우자 있는 자와 상대방인 상간자 2인의 공동행위를 필
요로 하는 필요적 공범 중 대향범에 속하는 범죄이다. 대향범의 처벌에 관
하여 우리 형법은 대향자 쌍방을 동일한 형으로 처벌하는 경우(간통죄), 대
향자 사이의 법정형이 다른 경우(수뢰죄 및 증뢰죄 등) 및 대향자의 일방만
을 처벌하는 경우(음화등 반포·판매·임대죄 등)로 그 처벌유형을 달리하
고 있다. 한편, 외국의 입법례를 보더라도, 비록 사문화되다시피 하였으나
여전히 간통죄 처벌규정이 남아있는 미국의 여러 주들 가운데 간통행위의
쌍방 당사자 중 배우자 있는 자만을 처벌하는 규정이 있는 주들도 일부 존
재한다. 위와 같은 우리 형법의 태도 및 외국의 입법례에 비추어 보면, 간
통행위자를 처벌한다 하여 대향범인 상간자도 반드시 함께, 동일한 법정형
으로 처벌하는 것이 논리필연적인 것은 아니라 할 것이다.

그런데 배우자 있는 상간자는 범죄의 소추조건인 고소의 유무에 따라 간통
행위자와 법적 지위가 달라지는 것에 불과할 뿐, 그 행위의 본질은 자신의
배우자에 대한 성적 성실의무 위반이라는 점에서 간통과 전혀 다를 바 없
다 할 것이므로 심판대상조항이 배우자 있는 상간자 중 이미 사실상 파탄
상태에 있는 상간자의 상간행위까지 처벌하는 것은 국가형벌권의 과잉행사
로서 허용되지 아니함은 앞서 본 간통행위자의 경우와 같다.

한편, 우리 형사법의 전체 체계를 살펴보면 국가가 일정 연령 이상의 미혼 남녀 사이의 하자 없는 자유로운 의사에 기한 성행위에는 개입하지 않는 반면 간통행위는 이를 범죄로 규정하여 처벌하고 있다. 또한, 형법은 간통 죄를 사회적 법익인 '성풍속에 관한 죄'의 장에 규정하면서도 이를 친고죄로 정하고 있고 나아가 간통의 종용·유서를 통한 실질적인 법익의 처분을 허용하고 있다.

간통죄의 본질은 앞에서 본 바와 같이 자신의 자유로운 의사에 기하여 혼인이라는 사회제도를 선택한 자가 의도적으로 배우자에 대한 성적 성실의무를 위배하는 성적 배임행위를 저지른 것에 있다고 할 것이다.

이러한 간통죄의 본질을 감안할 때, 미혼인 상간자(미혼자 및 이혼 또는 사별한 자를 포함한다)의 경우 애당초 그와 같은 배우자에 대한 성적 성실의무의 존재 및 그 위배라는 개념을 상정할 여지가 없을 뿐만 아니라, 상대방 간통행위자 및 그 배우자에 대한 관계에서도 그는 제3자로서 이들에 대하여 성적 성실의무를 부담하지 아니한다. 따라서 누구와 어떤 종류의 성행위와 사랑을 할 것인지에 관한 미혼인 상간자의 성적 자기결정권의 행사에 대하여는 그 권리와 자유의 성질상 국가의 간섭과 규제가 최대한 자제되어야 마땅하고 그의 성적 자기결정권은 간통행위자에 비하여 보다 폭넓게 인정된다고 봄이 상당하다.

그렇다면 미혼인 상간자의 상간행위에 대하여는 국가형벌권의 행사가 자제되어야 하고, 윤리적·도덕적 비난, 민사상 불법행위책임의 추궁 등을 통하여 그 행위에 상응하는 적절한 책임을 묻는 것이 충분히 효과적이고 또한 바람직하다. 그럼에도 불구하고 이를 범죄로 규정하여 형사 처벌하는 것은 국가가 간통행위 배우자의 복수감정을 대신 해소해 주는 것 외에는 별다른 의미를 갖지 못하고, 따라서 이는 미혼인 상간자의 성적 자기결정권을 지나치게 제한하는 국가형벌권의 과잉행사로서 허용되지 아니한다.

다만, 미혼인 상간자가 단순히 간통행위자의 간통을 인식하면서 상간하는 정도를 넘어 적극적 도발 내지 유혹을 함으로써 간통에 이르게 한 경우의 상간행위는 타인의 혼인관계에 악의적·의도적으로 위해를 가하여 혼인제도를 위태롭게 하는 것으로서 반사회적이고 비난가능성이 현저히 큰 행위이므로 이에 대한 형사처벌로 인해 그의 성적 자기결정권이 침해된다고 보는 것은 타당하지 않다. 이러한 경우에는 예외적으로 미혼인 상간자의 성적 자기결정권 제한으로 인한 불이익보다 그의 상간행위를 형사 처벌함으로써 달성하고자 하는 공적 이익이 보다 더 중요하다고 할 것이므로, 이에 대한 국가의 형벌권 행사가 헌법상 정당화된다 할 것이다.

(3) 결론

이상에서 본 바와 같이 사실상 혼인관계의 회복이 불가능한 파탄상태로 인해 배우자에 대한 성적 성실의무를 더 이상 부담하지 아니하는 간통행위자와 배우자있는 상간자의 간통 및 상간행위, 그리고 적극적 도발이나 유혹을 한 상간자를 제외한 미혼인 상간자의 상간 행위는 비난가능성 내지 반사회성이 없거나 단순히 윤리적·도덕적 비난에 그쳐야 할 유형의 행위에 불과하다.

그럼에도 불구하고 심판대상조항이 행위자의 유형 및 구체적 행위태양 등에 따른 개별성과 특수성을 고려할 수 있는 가능성을 아예 배제한 채 일률적으로 모든 간통행위자 및 상간자를 형사처벌하도록 규정한 것은 형벌 본래의 목적과 기능을 달성함에 있어 필요한 정도를 일탈한 국가형벌권의 과잉행사로서 헌법에 위반된다.

다. 재판관 강일원의 위헌의견

심판대상조항이 위헌이라는 다수의견 및 재판관 김이수의 의견과 결론은 같지만, 다음과 같이 그 이유를 달리 한다.

(1) 간통행위의 금지 및 형벌 부과의 위헌 여부

배우자 있는 사람의 간통은 혼인제도의 근간을 이루는 일부일처주의에 대한 중대한 위협이고, 배우자와 가족구성원의 유기 등 심각한 사회문제를 야기한다. 그러므로 간통 및 상간행위가 개인의 성적 자기결정에 따른 것으로 내밀한 사생활의 영역에 속하는 것이라 하더라도, 그러한 행위가 혼인관계에 파괴적 영향을 미치게 된 때에는 단순히 윤리와 도덕적 차원의 문제라고 볼 수 없고 법적 규제의 필요성이 인정된다.

심판대상조항이 입법된 후 60여 년이 지났고 그동안 급격한 사회의 변화와 함께 일반적인 성적 도덕관념도 크게 변화하였으며, 이에 따라 혼인제도의 사회적 의미도 바뀌었다. 또한, 간통죄의 처벌이 단순히 금전적 이익을 얻기 위한 수단으로 악용되는 사례가 적지 않고, 간통죄가 친고죄로서 혼인의 해소를 전제로 하기 때문에 가정을 보호한다는 입법목적은 살리지 못하고 있으며, 상당수 간통사건이 수사나 재판과정에서 고소 취소 등으로 종결되어 형벌로서의 처단기능이나 억지 효과가 크게 감소하고 있는 것도 사실이다. 세계적으로 간통죄가 폐지되는 추세에 있는 것도 이러한 현실을 반영한 것이다.

그러나 간통행위를 처벌하는 심판대상조항이 사회일반의 법의식과 현저하게 괴리되었다고 단정할 수는 없다. 또 간통죄의 현실적 악용 사례는 심판대상조항이 징역형만을 선택형으로 규정함에 따른 결과적인 부작용이고, 가정 보호라는 입법목적을 충분히 살리지 못하고 간통 억지 효과도 감소하고 있는 등 심판대상조항이 안고 있는 문제는 입법의 개선을 통해 해결할 수 있다. 물론 이러한 문제점을 해소하기 위해서 외국의 입법례와 같이 아예 간통죄를 폐지하는 것도 하나의 방법이지만, 어떤 방법으로 문제를 해결할 것인지는 입법정책적으로 입법자가 결정할 사항이다.

어떠한 형태의 간통 및 상간행위든 혼인과 가족생활의 해체를 초래하거나 초래할 위험성이 높다는 점은 부인할 수 없다. 그렇기 때문에 간통행위를 사전에 예방하기 위한 법률적 수단이 필요하다는 점에 대해서는 이견이 있을 수 없다. 입법자가 이러한 수단으로 간통 및 상간행위에 대하여 비형벌적 제재나 민사법에 따른 규율 이외에 형벌이라는 제재수단을 도입한 것이 그 자체로 헌법에 위반된다고 볼 수는 없다.

(2) 명확성원칙 위반

범죄의 구성요건은 형식적 의미의 법률로 명확하게 규정되어야 하며, 범죄의 구성요건에 관한 규정이 지나치게 추상적이거나 모호하여 그 내용과 적용범위가 지나치게 넓거나 불명확한 경우에는 국가형벌권의 자의적 행사가 가능하여 개인의 자유와 권리를 보장할 수 없으므로 죄형법정주의에 위배된다(헌재 2004. 2. 26. 2001헌바75 참조). 범죄의 구성요건뿐만 아니라 위법성 조각사유나 소추조건 등도 죄형법정주의의 원칙에 따라 그 의미와 요건을 분명하게 규정하여 수범자인 국민이 국가 공권력 행사의 범위와 한계를 확실하게 예측할 수 있도록 하여야 한다.

형법 제241조 제2항은 간통죄를 친고죄로 규정하면서, 그 단서에서 "배우자가 간통을 종용 또는 유서한 때에는 고소할 수 없다"고 규정하고 있다.

'종용'은 달래어 권함 또는 꾀어서 하게 함이라는 뜻이므로, 간통에 대한 사전 동의를 의미한다. 또 '유서'는 너그럽게 용서함이라는 뜻이므로, 간통에 대한 사후 동의라 할 수 있다. 배우자의 종용이나 유서가 있는 경우 간통죄로 처벌할 수 없는데, 어떤 경우에 간통을 종용 또는 유서한 것으로 볼 것인지가 분명하지 않다. 배우자를 간통죄로 고소한 사람이 간통행위가 있기 전에 종용하였거나 간통행위가 있은 뒤 유서하였는지 여부는 고소를 제기한 상태와 배치되는 고소인의 내심의 의사이므로 이를 증명하거나 인정하는 것이 쉽지 않은 것이다.

대법원은 재판상 이혼이나 협의이혼 절차에서 부부 사이에 이혼 의사의 합치가 분명히 드러난 경우에는 혼인관계를 지속할 의사가 없고 간통을 종용한 경우에 해당한다고 보고 있다(대법원 1991. 3. 22. 선고 90도1188 판결; 대법원 2008. 7. 10. 선고 2008도3599 판결 등). 반면 배우자 일방이나 쌍방이 이혼소송을 제기하였더라도 혼인관계 파탄의 책임이 상대방에게 있음을 조건으로 이혼의 의사를 표명한 경우와 같이 임시적·잠정적으로 이혼의 의사가 나타난 때에는 간통을 종용한 것이 아니라고 한다(대법원 1989. 9. 12. 선고 89도501 판결; 대법원 2009. 7. 9. 선고 2008도984 판결 등). 그런데 배우자와 상간한 사람을 상대로 민사상 손해배상을 청구한 사안에서는, 실질적으로 부부 공동생활이 파탄되어 회복할 수 없을 정도의 상태에 이르렀다면 제3자가 부부 일방과 성적인 행위를 하더라도 불법행위가 성립하지 않고, 이러한 법률관계는 재판상 이혼이 청구되지 않은 상태라고 하여 달리 볼 수 없다고 하고 있다(대법원 2014. 11. 20. 선고 2011므2997 전원합의체 판결).

이러한 판례를 종합하면, 이혼의 명백한 의사 합치가 있을 때는 간통을 종용한 것이고 잠정적이거나 조건부로 이혼의 의사가 표출된 경우는 간통을 종용한 것이 아니게 된다. 그런데 어떤 경우에 이혼의 명백한 의사 합치가 있는 것인지 또 어느 경우가 잠정적이거나 조건부로 이혼 의사가 표출된 것인지 여부는 여전히 불분명하다. 또 부부 공동생활이 회복할 수 없는 정도의 상태에 이르렀다면 그 일방 배우자와 상간한 행위가 불법행위가 아니라고 하는데, 그렇다면 이 경우 불법행위는 성립하지 않지만 간통죄는 성립하는 것인지 의문이다. 만약 간통죄가 성립하지 않는다면 이혼의 명백한 의사 합치가 있는 때에만 간통의 종용에 해당한다는 판례와 어떻게 조화롭게 해석할 수 있을지 알 수 없다. 만약 부부 공동생활이 회복할 수 없을 정도의 상태인 경우 간통죄가 성립하지 않는다고 한다면, 어느 수준에 이르러야 부부 공동생활이 회복할 수 없는 정도인지는 법률 전문가가 아닌 일반 국민으로서는 알기 어렵다.

한편, 대법원은 단순한 외면적 용서의 표현이나 용서를 하겠다는 약속만으로는 간통을 유서하였다고 인정할 수 없다고 하면서 그 이유를 다음과 같이 설명한다. 간통의 유서는 민법 제841조에 규정된 사후용서와 같은 것으로 상대방의 간통사실을 알면서도 혼인관계를 지속시킬 의사로 악감정을 포기하고 책임을 묻지 않겠다는 뜻을 표시하는 일방행위이다. 유서는 묵시적으로도 할 수 있고 그 방식에 제한이 없지만, 배우자의 간통사실을 확실하게 알면서 자발적으로 한 것이어야 하고 또 간통사실에도 불구하고 혼인관계를 지속시키려는 진실한 의사가 명백하고 믿을 수 있는 방법으로 표현되어야 한다(대법원 1991. 11. 26. 선고 91도2049 판결; 대법원 2008. 11. 27. 선고 2007도4977 판결 등 참조).

그런데 상대방의 간통사실을 확실하게 안다는 것이 어느 정도 알아야 한다는 것인지 분명하지 않다. 또 혼인관계를 지속시키려는 의사가 명백하고 믿을 수 있는 방법으로 표현된다는 것이 어떤 방식으로 어떻게 표현되어야 한다는 것인지도 알기 어렵다. 결국, 개별 사안마다 판례에 따라 확인되기 전에는 간통의 유서가 있었는지 여부를 일반인으로서는 정확하게 알 수 없다. 간통죄의 구성요건 자체는 명확하지만 소극적 소추조건이라 할 수 있는 종용이나 유서의 개념이 위에서 본 것처럼 명확하지 않아 수범자인 국민이 국가 공권력 행사의 범위와 한계를 확실하게 예측할 수 없다. 따라서 심판대상조항은 명확성원칙에 위배된다.

(3) 책임과 형벌 간 비례원칙 위반

법정형의 종류와 범위의 선택 문제는 그 범죄의 죄질과 보호법익에 대한 고려뿐만 아니라 우리의 역사와 문화, 입법 당시의 시대적 상황, 국민 일반의 가치관 내지 법감정 그리고 범죄예방을 위한 형사정책적 측면 등 여러 가지 요소를 종합적으로 고려하여 입법자가 결정할 사항으로서 입법형성의 자유가 인정된다(헌재 1992. 4. 28. 90헌바24). 하지만 법정형을 정할 때 죄질과 그에 따른 행위자의 책임 사이에 적절한 비례관계가 지켜져야 한다는 것은 법치주의의 원리상 당연한 이치이므로, 입법형성의 자유에도 일정한 한계가 따른다. 법률로 법정형을 정할 때에도 인간의 존엄과 가치를 존중하고 보호하여야 함은 물론, 헌법 제37조 제2항이 규정하고 있는 과잉입법금지의 정신에 따라 형벌개별화의 원칙이 적용될 수 있는 범위의 법정형을 설정하여야 하며, 형벌이 죄질과 책임에 상응하도록 적절한 비례성을 유지하여야 한다(헌재 2003. 11. 27. 2002헌바24).

심판대상조항은 간통행위에 대하여 자유형인 징역형만 선택할 수 있도록 규정하고 있다. 어떤 범죄행위에 대하여 자유형만 부과하도록 하는 것이 정당화되려면, 그 범죄행위의 죄질과 불법성이 매우 무거워 징역형보다 가벼운 재산형 등 다른 형벌을 부과하는 것이 적절하지 않고, 자유형만 부과하더라도 구체적인 사례에서 행위자가 책임을 초과하는 형벌을 선고받지 않으리라는 점이 합리적으로 예측될 수 있어야 한다. 형법상 성풍속에 관한 죄 중 오직 간통죄만 다른 선택형 없이 징역형만 법정형으로 규정되어 있다. 성풍속에 관한 죄 중 가장 무거운 징역형을 부과할 수 있는 음행매개죄도 벌금형을 선택할 수 있도록 되어 있는 점에 비추어 보면, 입법자는 간통행위를 징역형보다 가벼운 선택형을 부과하여서는 안 될 정도로 위법성이 크고 범죄유형의 폭도 다양하지 않은 범죄행위라고 판단한 것으로 보인다. 그러나 간통 및 상간행위에는 행위의 태양에 따라 죄질이 현저하게 다른 수많은 경우가 존재한다. 배우자에 대한 정조의무를 저버린 의도적 범행이 있을 수 있는 반면, 혼인관계가 사실상 해소된 상태에서 새로운 가정을 이룬 것이 범행에 이르는 결과가 되는 경우도 있을 수 있다. 의도적이고 반복적인 범행이 있는 반면, 우발적이고 일회적인 일탈도 흔히 있다. 특히 간통을 저지른 사람과 그 배우자의 혼인관계가 사실상 파탄에 이른 것으로 믿고 상간한 미혼인 행위자의 경우는 그 법적 책임성이 일반적 간통의 경우와 질적으로 다르다고 평가하여야 한다. 이렇듯 구체적 사례에 따라 책임의 편차가 매우 넓을 것이라는 것은 일반적으로 충분히 예측 가능하다.

그럼에도 불구하고 심판대상조항이 간통 및 상간행위에 대하여 선택의 여지없이 반드시 징역형으로만 응징하도록 규정하고 있는 것은, 형벌의 본질상 인정되는 응보적 성격을 감안하더라도 행위자의 책임과 이에 따르는 형벌 사이에 균형을 잃은 것이다. 이로 인하여 실무상 수사 및 재판의 과정에서 구체적 사례에 따른 적절한 법운용이 어렵고, 법관의 양형재량권도 크게 제한된다. 현실적으로도 건전한 성도덕이나 가정을 지키기 위한 것이 아니라 처벌에 대한 공포감을 이용하여 금품을 받아 내거나 과도한 위자료를 지급받는 수단으로 간통 고소가 악용되는 사례가 적지 않게 나타나고 있다. 이와 같이 제도의 본뜻에 어긋난 남용 사례가 발생하는 것도 법정형을 오로지 징역형만으로 한정하고 있는 것에서 기인하는 바 크다.

범죄에 따라서는 행위 유형에 관계없이 징역형만으로 무겁게 처벌하여야 할 필요성이 있을 수 있다. 그러나 다양한 유형의 간통행위에 대하여 일률적으로 징역형만 부과하도록 하는 것은 범죄와 이에 따른 형벌 사이에 균형을 잃은 것이다. 간통행위는 재판상 이혼사유가 될 뿐만 아니라 민사상 불법행위로서 손해배상 책임을 면할 수 없는데, 이러한 민사상의 제재수단 이외에 반드시 징역형으로만 응징하여야 한다는 것은 현재의 법감정에 맞지 않는다. 간통죄의 존폐문제를 둘러싼 형사정책적·입법적 논쟁이 계속되고 있고 이미 여러 나라에서 간통죄를 폐지한 것은 간통죄에 대한 법감정이 입법 당시와는 질적으로 바뀌었음을 증명하고 있다.

또한, 심판대상조항은 법정형의 상한을 징역 2년으로 규정하고 있다. 따라서 간통죄로 유죄가 인정되면 집행유예나 선고유예를 선고받지 않는 한 대부분 단기자유형을 선고받게 된다. 그런데 단기자유형은 낙인 효과와 집행과정에서의 악성 감염 등 많은 문제점을 안고 있는 반면 교정효과는 기대하기 어려워 이를 폐지하거나 개선하여야 한다는 지적이 끊이지 않고 있다. 이에 따라 오스트리아에서는 단기자유형 대신 일수벌금제를 선택하도록 하고 있고, 영국에서도 사회봉사나 보호관찰제도 등을 단기자유형에 대한 대체수단으로 도입하였다. 우리 재판실무에서도 단기자유형의 폐해를 피하기 위해 간통죄의 경우 실형이 선고되는 경우는 적고 집행유예의 선고비율이 높아 형벌의 실효성이 약화되고 있다.

결국, 다양한 유형으로 각각의 죄질이 서로 다른 간통행위에 대하여 일률적으로 단기의 징역형만 부과하도록 규정하고 있는 심판대상조항은 범죄와 형벌 사이의 균형을 잃어 실질적인 법치국가의 원리에 어긋나며, 우리 국민의 법감정은 물론 국제적인 입법 추세에도 맞지 않는다. 따라서 심판대상조항은 모든 간통 및 상간행위에 대하여 2년 이하의 징역에 처하도록 규정하여 구체적 사안의 개별성과 특수성을 고려할 수 있는 가능성을 배제 또는 제한하고 있으므로, 책임과 형벌 사이의 비례원칙에도 위배된다.

6. 결론

그 이유 구성은 다르지만 재판관 7인이 심판대상조항이 위헌이라는 데 의견을 같이 하였으므로 주문과 같이 결정한다. 이 결정에는 아래 7.과 같은 재판관 이정미, 재판관 안창호의 반대의견과 8.과 같은 재판관 이진성의 다수의견에 대한 보충의견이 있다.

7. 재판관 이정미, 재판관 안창호의 반대의견

우리는 다수의견과 달리 심판대상조항이 헌법에 위배되지 않는다고 생각하므로 다음과 같이 의견을 밝힌다.

가. 간통의 헌법상 보호되는 성적자기결정권 포함 여부

(1) 헌법 제10조는 "모든 국민은 인간으로서의 존엄과 가치를 가지며, 행복을 추구할 권리를 가진다. 국가는 개인이 가지는 불가침의 기본적 인권을 확인하고 이를 보장할 의무를 진다"라고 규정하여 개인의 인격권과 행복추구권을 보장하고 있다. 개인의 인격권·행복추구권에는 개인의 자기운명결정권이 전제되는 것이고, 자기운명결정권에는 성행위의 여부 및 그 상대방을 선택할 수 있는 성적자기결정권이 포함됨은 분명하다.

헌법상 기본권으로 보장되는 자기운명결정권은 인격의 주체가 자기의 인격을 형성하고 발현하기 위하여 자기 자신에 관한 사항을 자율적으로 결정할 수 있는 인격적 자율권을 말하는 것이고, 이는 이성적이고 책임감 있는 사람을 전제로 하는 것이다. 두 개인이 스스로의 자유로운 의사에 따라 형성하여 공동으로 영위하는 가족생활에 있어서 부부는 혼인에 따르는 의무와 책임을 부담하여야 한다. 혼인을 기초로 성립된 가족관계는 부부간의 성에 대한 성실의무와 신뢰를 전제로 상대방을 포함한 가족 구성원의 기본적 생활의 유지·보호, 새로운 가족 구성원의 생산과 양육 등을 함께 부담하는 공동체를 이루게 되고, 가족공동체는 본인뿐만 아니라 배우자와 가족에게 있어서도 인격권·행복추구권을 실현하기 위한 기본적 토대가 되기 때문이다. 그런데 배우자 있는 자의 간통은 혼인이라는 사회적 제도를 선택하는 자기결단을 한 자가 혼인에서 비롯된 성에 대한 성실의무를 위배하는 행위라는 점에서, 그리고 그러한 점을 알면서 상간하는 것은 사회적·법적 제도로서의 혼인을 보호하는 공동체를 부정하는 것이라는 점에서, 이러한 행위까지 성적자기결정권의 보호영역으로 포섭하는 다수의견에는 선뜻 동의하기 어렵다. 이성이 서로 사랑하고 정교관계를 맺는 것은 자기결정권의 보호영역이라고 할 수 있지만, 간통 및 상간 행위는 자신만의 영역을 벗어나 다른 인격체나 공동체의 법익을 침해하는 행위이기 때문에 성적자기결정권의 내재적 한계를 벗어나는 것이 아닌가 하는 의문이 든다.

(2) 인간이 살아가는 가장 근본적인 공동체의 틀은 가정이다. 따라서 국가와 사회의 기초를 이루기 위해서는 무엇보다 먼저 그 근간인 가정이 바로 정립되고 유지되어야 한다. 혼인을 통한 부부관계가 가족공동체의 기본적 요소임을 감안한다면 국가와 사회의 건전한 존립과 유지를 위해 혼인을 통한 부부관계는 법적으로 보호받고 유지되어야 함이 마땅하다.

우리 헌법 제36조 제1항은 "혼인과 가족생활은 개인의 존엄과 양성의 평등을 기초로 성립되고 유지되어야 하며, 국가는 이를 보장한다"고 규정하여 인간의 존엄과 양성의 평등이 가족생활에 있어서도 보장되어야 함을 규정함과 동시에 혼인과 가족생활에 관한 제도적 보장 역시 규정한다(헌재 2002. 3. 28. 2000헌바53 참조). 따라서 혼인과 가족생활에 관한 입법에 있어 개인의 존엄과 양성의 평등은 그 헌법적 지침이 된다 할 것이다. 개인의 존엄성에 기초한 혼인제도는 중혼을 금지하고 일부일처제를 요청한다. 그런데 간통 및 상간행위는 혼인제도의 근간을 이루는 일부일처제에 대한 중대한 위협이 되며, 배우자와 가족 구성원에 대한 유기 등 사회문제를 야기한다.

따라서 심판대상조항은 일부일처제에 기초한 혼인제도 및 가족생활을 보장하고 부부간 성에 대한 성실의무를 지키게 하기 위한 것으로 헌법 제36조 제1항의 규정에 의하여 국가에 부과된, 개인의 존엄과 양성의 평등을 기초로 한 혼인과 가족생활의 유지·보호의무의 이행을 위한 것이다. 이러한 점에서 볼 때, 일부일처제에 기초한 혼인이라는 사회적 제도를 훼손하고 '본인·배우자 및 가족의 인격권·행복추구권'의 실현을 위한 기본적 토대가 되는 가족공동체의 유지·보호에 파괴적인 영향을 미치는 행위를 인격권·행복추구권에서 연유하는 개인의 성적자기결정권이라는 범주아래 용인하는 것이 과연 타당한가에 대해서는 강한 의문을 표하지 않을 수 없다.

나. 간통에 대한 형사처벌 유무 및 그 정도의 입법재량 여부

간통(및 상간)행위에 대해 비형벌적 제재나 가족법적 규율이 아닌 형벌의
제재를 규정한 것이 지나친 것은 아닌지에 대한 문제는 제기될 수 있다. 어
떠한 행위를 불법이며 범죄라 하여 국가가 형벌권을 행사하여 이를 규제할
것인지 아니면 단순한 도덕률에 맡길 것인지의 문제는 인간과 인간, 인간
과 사회와의 상호관계를 함수로 하여 시간과 공간에 따라 그 결과를 달리
할 수밖에 없는 것이고, 결국은 그 사회의 시대적인 상황이나 사회구성원
들의 의식 등에 의하여 결정될 수밖에 없다. 따라서 간통행위에 대하여 민
사상의 책임 외에 형사적 제재도 가할 것인지 여부는 기본적으로 입법정책
의 문제로서 입법권자의 입법형성의 자유에 속한다(헌재 2001. 10. 25.
2000헌바60 참조).

심판대상조항에 대하여 개인의 윤리나 도덕의 문제에 법이 직접 개입하여
강제한다는 비판이 있으나, 배우자 있는 자의 간통 및 그에 동조한 상간자
의 행위는 사회적 윤리의 상당성을 일탈한 것을 넘어 혼인과 가족생활의
해체를 초래하거나 초래할 위험성이 높다는 점에서 이를 단순히 윤리와 도
덕적 차원의 문제라고만은 볼 수 없다.

물론 간통죄에 대한 오늘날 세계 각국의 입법례는 이를 폐지해 가는 것이
그 추세이고, 우리 사회 역시 급속한 개인주의적·성개방적 사고방식에 따
라 성에 관한 국민의 법의식에도 많은 변화가 있었으며, 심판대상조항의
규범력도 어느 정도 약화되었음은 부인할 수 없다. 그러나 우리 사회의 구
조와 국민의식의 커다란 변화에도 불구하고 우리 사회에서 고유의 정절 관
념 특히 혼인한 남녀의 정절 관념은 전래적 전통윤리로서 여전히 뿌리 깊
게 자리 잡고 있으며, 일부일처제의 유지와 부부간의 성에 대한 성실의무
는 우리 사회의 도덕기준으로 정립되어 있어, 간통은 사회의 질서를 해치
고 타인의 권리를 침해하는 경우에 해당한다고 보는 우리의 법의식은 여전
히 유효하다(헌재 2008. 10. 30. 2007헌가17등 참조). 우리 재판소는 창설
이래 2008년에 이르기까지 선례들을 통해서 수차례 이 점을 확인하고 간통
죄가 헌법에 위반되지 아니한다고 판시하여 왔는바, 이렇게 거듭 확인된
선례를 변경하여야 할 사정변경의 유무를 판단함에 있어서는 신중을 기하

여야 할 것이다.

다수의견은 간통에 대한 우리 사회 대다수의 법의식이 변화하였다고 하나 현재 국민 법의식에 대한 실태조사결과 등 이를 입증할 어떠한 증거도 없다. 오히려 2005년 한국가정법률상담소가 실시한 간통죄 존폐 설문조사 결과에서는 응답자 1만 2,516명 중 60%에 달하는 7,621명이 존치의견이었고, 2009년 여론조사기관이 전국 19세 이상 성인 1,000명을 대상으로 실시한 간통죄 형사처벌 찬반여부 설문조사에서는 응답자의 64.1%가 찬성 입장이었으며, 2014년 한국여성정책연구원이 전국 19세 이상 남녀 2,000명을 대상으로 실시한 간통죄 존폐 설문조사 결과에서도 응답자의 60.4%가 존치의견을 나타냈다. 이렇듯 가정 내 경제적·사회적 약자의 입장에 있는 여성들을 비롯한 일반 국민들 중에서는 간통을 형법으로 규제함으로써 국가가 가정을 보호해 주어야 한다는 의견이 존재하는 것은 명백한 사실이다. 이는 대다수 외국과는 달리 우리 형법에서 존속에 대한 상해나 살인죄를 가중처벌하는 것을 효(孝)의 강요 내지 법에 의한 도덕의 강제로 보지 않고 우리 사회에서 지켜야 할 최소한의 윤리도덕을 유지하기 위한 것으로서 그 정당성이 인정되고 있는 것과 마찬가지이다.

또한, 사회의 건전한 성도덕을 유지하는 데 있어서 형법의 역할을 전적으로 부정할 수는 없다. 우리나라는 고조선의 8조법금에서부터 지금까지 일관되게 간통을 금지하고 간통행위를 한 자를 형사처벌하여 왔고 그로 인해 우리 사회에서 간통은 법으로 금지된 행위이고 간통행위를 할 경우에는 형사처벌을 받게 된다는 인식이 오랫동안 뿌리 깊게 이어져 왔다. 즉 간통죄의 존재 자체만으로도 일반인들로 하여금 간통행위에 나아가지 않게 하는 일반예방적 효과가 있었고, 그로 인하여 사회의 건전한 성도덕이 유지되고 혼인관계와 소중한 가정이 보호되어 온 측면을 무시할 수 없다. 특히 간통죄의 폐지는 '성도덕의 최소한'의 한 축을 허물어뜨림으로써 우리 사회 전반에서 성도덕 의식의 하향화를 가져오고, 간통에 대한 범죄의식을 없앰으로써 우리 사회에서 성도덕의 문란을 초래할 수 있으며, 그 결과 혼인과 가족 공동체의 해체를 촉진시킬 수 있다. 이는 독일 철학자 헤겔이 말하는 '가정·사회·국가'라는 인간이 살아가는 근본적인 공동체의 틀을 훼손할 수 있다는 의미이다. 이러한 점을 고려할 때 간통행위에 대해 개인과 사회의 자율적 윤리의식의 제고를 촉구하는 데 그치지 아니하고 형벌의 제재를 동원한 행위금지를 선택한 입법자의 판단이 자의적인 것이라고 보기 어렵다. 다만, 법적으로 혼인이 해소되지 않았으나 장기간 별거 등 실질적으로 부부공동생활이 파탄되어 회복될 수 없을 정도의 상태에 이르러 더 이상 배우자에 대한 성적 성실의무를 부담한다고 볼 수 없는 경우까지도 형사처벌의 대상으로 삼는 것은 입법목적 달성을 위한 필요한 범위를 넘어서는 것이 아닌가 하는 의문이 있을 수 있다. 그러나 사회적으로 비난가능성이 없는 간통행위는 사회상규에 위배되지 아니하는 행위로 볼 여지가 있고, 나아가 간통의 종용 또는 유서의 개념을 적절히 보완함으로써 간통죄의 성립을 부정할 수도 있다. 이와 관련하여 대법원은 비록 부부가 아직 이혼하지 아니하였지만 실질적으로 부부공동생활이 파탄되어 회복할 수 없을 정도의 상태에 이르렀다면, 제3자가 부부의 일방과 성적인 행위를 하더라도 이를 두고 부부공동생활을 침해하거나 유지를 방해하는 행위라고 할 수 없고, 또한 그로 인하여 배우자의 부부공동생활에 관한 권리가 침해되는 손해가 생긴다고 할 수도 없으므로 불법행위가 성립한다고 보기 어렵다고 하였다(대법원 2014. 11. 20. 선고 2011므2997 전원합의체 판결). 이는 민사적인 불법행위책임에 관한 판결이기는 하나, 부부공동생활의 실체가 더 이상 존재하지 아니한다고 볼 정도에 이른 경우 간통행위는 사회윤리 내지 사회통념에 비추어 용인되는 사회상규에 위배되지 아니하는 행위로서 위법성이 조각될 여지가 있음을 보여준다.

한편, 어떠한 범죄를 어떻게 처벌할 것인가 하는 문제, 즉 법정형의 종류와 범위의 선택은 그 범죄의 죄질과 보호법익에 대한 고려뿐만 아니라 우리의 역사와 문화, 입법 당시의 시대적 상황, 국민일반의 가치관 내지 법감정 그리고 범죄예방을 위한 형사정책적 측면 등 여러 가지 요소를 종합적으로 고려하여 입법자가 결정할 사항으로서 광범위한 입법재량 내지 형성의 자유가 인정되어야 할 분야이다.

심판대상조항은 징역형만을 규정하고 있으나 2년 이하의 징역에 처하도록 하여 법정형의 상한 자체가 높지 않을 뿐만 아니라 비교적 죄질이 가벼운 간통행위에 대하여는 선고유예까지 선고할 수 있으므로 행위의 개별성에 맞추어 책임에 알맞은 형벌을 선고할 수 없도록 하는 지나치게 과중한 형

벌을 규정하고 있다고 볼 수 없다. 또한, 간통 및 상간행위는 일단 소추가
된 때에는 행위태양에 관계없이 필연적으로 가족의 해체로 인한 사회적 문
제를 야기한다는 점에서 다른 성풍속에 관한 죄와는 다른 법익침해가 문제
되고, 경미한 벌금형은 기존의 혼인관계의 해소에 따른 부양이나 손해배상
의 책임을 피하고자 하는 간통행위자에 대하여는 위하력을 가지기 어렵다
는 점 등을 고려할 때 입법자가 심판대상조항에 대하여 형법상 다른 성풍
속에 관한 죄와 달리 벌금형을 규정하지 아니한 것이 형벌체계상의 균형에
반하는 것이라 할 수도 없다(헌재 2008. 10. 30. 2007헌가17등 참조).

다. 간통죄의 존속의 의의

우리나라의 이혼율은 1980년대 들어와 급격히 증가하기 시작하여 2000년대 이
후로는 혼인 대비 이혼율이 40%에 이르게 되었고 현재 우리나라는 아시아에서
이혼율이 가장 높은 국가가 되었다. 특히 2000년에서 2006년까지 재판상 이혼의
원인 중에서 배우자의 부정행위는 47.1%로 가장 많은 비중을 차지하고 있다. 다
수의견은 이혼을 하게 되더라도 재산상 및 정신적 손해배상 등을 통해서 부정한
행위를 한 배우자의 상대방을 보호할 수 있다고 하지만, 특히 사회활동의 경험이
없고 가정 내 경제적·사회적 약자의 처지에 놓여 있는 전업주부 여성의 경우 상
대방의 재산 은닉 등으로 인하여 재산분할제도가 실효성이 없는 경우가 많고, 위
자료로 받을 수 있는 액수도 미미한 수준이다. 아직까지 우리 사회에서 혼인중의
재산분할 인정, 주거용 건물 등에 대한 부부 일방의 임의 처분 제한, 재산분할청
구권 보전을 위한 사해행위취소권, 이혼에 따른 상속분 보장 등 가정 내 경제적·
사회적 약자를 보호하기 위한 다양한 제도가 마련되어 있지 아니하여 현행 민법
상의 제도나 재판실무만으로는 이들의 보호에 미흡할 수밖에 없다.

최근 우리 사회에서 심각한 사회문제로 대두되고 있는 청소년 비행에 있어서도
마찬가지이다. 가정은 자녀의 출산과 양육, 사회화, 사회통제 등을 담당하는 사회
적 기관으로서 자녀에게 사회적으로 안정적인 삶의 자원 및 기회를 제공할 뿐만
아니라 사회적으로 승인된 사회규범을 내면화시키고 일탈을 억제함으로써 자녀가
사회의 구성원으로 성장하는 데 있어서 중요한 역할을 담당하고 있다. 따라서 간
통으로 인한 가족공동체의 파괴가 자녀에게 심각한 악영향을 미칠 수 있다는 점
은 쉽게 짐작할 수 있다. 실제로 청소년 비행의 원인에 대한 수많은 연구결과가
부모의 이혼이나 별거 등으로 인한 결손가정의 경우 청소년 자녀의 비행의 정도

가 양친가정에 비해 월등히 높게 나타나고 있음을 보여주고 있다.

그런데 이와 같이 부부가 이혼할 경우 가정 내 경제적·사회적 약자에 대한 보호장치가 제대로 마련되어 있지 않고, 부모의 이혼으로 인한 자녀양육에 대한 책임과 파괴된 가정에 대한 사회적 안전망이 구축되지 않은 상태에서 간통죄를 폐지할 경우에는 혼인관계에서 오는 책임과 가정의 소중함은 뒤로 한 채 오로지 자신의 성적자기결정권과 사생활의 자유만을 앞세워 수많은 가족공동체가 파괴되고 가정 내 약자와 어린 자녀들의 인권과 복리가 침해되는 사태가 발생하게 될 것을 우려하지 않을 수 없다.

이렇듯 간통죄는 아직까지 우리 사회에서 그 존재의의를 찾을 수 있고, 그로 인해 보호되는 공익은 선량한 성도덕의 수호, 나아가 혼인과 가족제도의 보장이라는 헌법적 가치이다. 그에 반해 심판대상조항으로 인한 행위규제는 법률혼 관계가 유지되고 있는 동안 간통할 수 없고, 법률상 배우자 있는 자라는 사실을 알면서 상간할 수 없다는 특정한 관계에서의 성행위 제한이다. 이는 간통행위자에 대하여는 스스로의 자유로운 의사에 따라 형성한 혼인관계에 따르는 당연한 의무이자 책임의 내용일 뿐이며, 미혼인 상간자에 대하여도 타인의 법적·도덕적 의무위반을 알면서 적극적으로 동참하여서는 아니 된다는 것일 따름이다. 따라서 심판대상조항으로 인해 얻는 공익적 성과와 그로부터 초래되는 부정적 효과는 합리적인 비례관계를 일탈하였다고 할 수 없다.

라. 소결

결국, 심판대상조항은 성적자기결정권을 제한한다고 보기 어려울 뿐 아니라, 과잉금지원칙에 위배되어 청구인들의 기본권을 침해한다고 할 수도 없으므로 헌법에 위배되지 않는다.

8. 재판관 이진성의 다수의견에 대한 보충의견

나는 다수의견에 더해서 심판대상조항이 간통행위에 대하여 징역형만 규정한 것이 책임과 형벌의 비례원칙에 위배되는 까닭에 법정형의 종류를 다양하게 규정한다면 위헌 선언을 피할 수 있는지 등에 관하여 보충의견을 밝힌다.

범죄행위를 어떻게 처벌할 것인가 하는 문제, 즉 법정형의 종류와 형량을 어떻게 정할 것인가는 기본적으로 범죄의 죄질과 보호법익과 형벌의 성격에 대한 고려를 하여야 하고, 나아가 역사와 문화, 시대적 상황과 국민의 가치관 내지 법감정 및 범죄예방을 위한 형사정책 등을 종합적으로 판단하여야 하는 문제이다.

앞에서 본 것과 같이 간통행위는 행위 유형이 워낙 다양하므로 단일 법정형인 징역형만 규정한 것이 책임과 형벌 사이에 균형을 잃을 가능성은 충분히 있지만, 징역형보다 가벼운 벌금형은 원래 개인적 배상제도의 성질을 가진 배상금 또는 속죄금으로 인정되어 오던 것인바, 연혁적으로 이익취득 범죄에 대한 적절한 형벌의 기능을 담당하였고 현실적으로도 범죄인이 범죄로 취득한 재산상의 이익을 환수한다는 의미가 강한 형벌이다. 간통죄는 배우자에 대한 정조의무를 저버리고 혼인제도의 문란을 가져오는 비윤리적 범죄이지 이익취득 범죄가 아니므로 이를 처벌한다고 해도 그 성질상 벌금형으로 처벌하는 것이 적절한 수단이라고 할 수 없다.

간통죄를 처벌하여도 간통을 억지하는 실질적이고도 근본적인 일반예방 및 특별예방의 효과를 기대할 수 없는 것은 부부 사이의 정조의무가 형벌로 강제된다고 해서 달성될 수 있는 성질의 것이 아니기 때문이지, 벌금형이 법정형으로 규정되어 있지 않기 때문인 것은 아니다. 만약 경미한 벌금형을 부과한다면 기존의 혼인관계 해소에 따른 부양이나 손해배상의 책임을 피하고자 하는 간통행위자에 대하여 위하력을 가지기 어려우며(헌재 2008. 10. 30. 2007헌가17등 참조), 경제적 여유가 있는 사람에게는 벌금형이 오히려 면죄부를 발급해 주는 결과를 가져올 수 있다. 간통행위자에게 과중한 벌금형을 부과한다 하더라도 부부 일방의 특유재산이 아닌 한 부부의 재산은 공유로 추정되는 현행 제도 아래에서는 배우자 일방에게 부과되는 재산형은 다른 배우자에게도 사실상 재산 손실을 함께 초래하므로, 벌금형의 효과 중 재산의 감소 효과가 부부 쌍방에게 모두 발생하는, 의도하지 않은 결과가 발생할 수 있다.

명예형 중 우리 형법이 채용하고 있는 자격형은 공법관계의 각종 자격이나 공무원의 선거권, 피선거권, 법인의 임원 등이 되는 자격을 상실 또는 제한하는 것으로 선거법이나 공무원의 직무상 범죄 등에 가능한 형벌인데, 최근 이러한 자격형을 주형의 일종으로 앞으로도 유지할 것인지에 관하여 논란까지 있는 형벌이다. 따라서 자격형의 성질상 부부 사이의 정조의무를 위반한 간통죄에 대한 형벌로 적합한 수단이 아닌 것은 벌금형과 다르지 아니하다.

이처럼 간통죄에 대한 형벌로 벌금형이나 명예형이 유효하고 적절한 수단이 되지 못하는 이상, 선량한 배우자와 자녀를 보호하기 위하여는 굳이 간통죄를 존치시키면서 벌금형이나 명예형을 추가로 규정하는 방법으로 책임과 형벌 사이의 비레원칙을 추구할 것이 아니다.

간통은 일단 소추가 되면 고소가 취소되지 않는 한 행위 유형에 관계없이 필연적으로 가족의 해체로 인한 사회적 문제를 야기한다. 소수의견은 간통행위로 인한 가족의 해체라는 상황에서 경제적 약자인 여성과 자녀들에 대한 보호장치가 제대로 마련되어 있지 않다는 이유로도 간통죄의 존치를 주장하지만, 부부 일방의 부정행위로 인하여 비롯되는 민사, 가사 문제들의 해결 수단을 간통죄를 유지시켜 형사사건에서 찾을 것도 아니다.

결국, 실질적 위하력을 발휘하지 못하고 있는 간통죄를 폐지하는 한편, 간통행위로 인한 가족의 해체라는 사태를 맞아 기존의 민법상 불법행위에 기한 손해배상청구 내지 재산분할청구, 자녀의 양육, 면접, 교섭에 관한 재판실무관행을 개선하고, 이에 더해 배우자와 자녀의 복리를 위하여 필요한 제도를 새로 강구하는 것이 바른 길이다.

7. 음란성과 법

A는 요구르트 제품의 홍보를 위하여 전라의 여성 누드모델들이 일반 관람객과 기자 등 수십 명이 있는 자리에서, 알몸에 밀가루를 바르고 무대에 나와 분무기로 요구르트를 몸에 뿌려 밀가루를 벗겨내는 방법으로 알몸을 완전히 드러낸 채 여성의 은밀한 곳 등이 노출된 상태에서 무대를 돌며 관람객들을 향하여 요구르트를 던지게 하였다. A는 형사처벌 되어야 하는가?

현대 산업사회에서는 영화, 사진, 소설과 같은 대중을 상대로 한 예술 작품이 홍수처럼 쏟아져 나오고 있고, 비디오물, 컴퓨터 그래픽과 같은 새로운 표현매체도 발생하고 있다. 이러한 매체들의 주제나 내용이 성(性)과 관련되었을 때 건전한 성도덕, 성풍속을 보호하려는 사회의 도덕과 법률로부터 반격은 불가피한 현상일 것이다.

성을 주제로 한 작품과 매체물이 표현의 자유와 예술의 자유를 빙자하여 음란, 외설을 조장하여 그 사회의 건전한 성적 가치관이나 도덕을 붕괴시키는 것을 도덕과 법률이 모른 척할 수도 없지만, 그렇다고 시대착오적인 보수의 잣대와 형벌이라는 칼로 표현의 자유, 예술의 자유를 질식시키는 것도 있어서는 안될 일이다. 여기에서 양자의 조화와 절충의 필요성이 요청된다.

음란(외설, obscenity)은 우선 그 사회의 도덕, 윤리라는 사회적 비난이 일차적인 저지선이라고 할 수 있다. 그러나 이것만으로는 이윤추구에 사로잡힌 파렴치한의 성도덕 파괴를 효과적으로 저지하지 못한다. 그래서 형법은 음란물죄로서 대처하고 있다. 음란물죄는 문자 그대로 '음란한 문서, 도화(圖畵), 기타의 물건'을 '배포, 판매, 임대 또는 공연히 전시'하는 것을 처벌하는 범죄이다.

그렇다면 과연 음란이란 무엇이고, 음란성은 어떤 기준으로 판단하여야 하는가? 판례는 음란이라는 개념을 "그 내용이 성욕을 자극 또는 흥분시키고 일반 사람의 정상적인 성적 수치심을 해치고 성적 도덕관념에 반하는 것"이라고 정의하고 있다. 그리고 문서, 도화, 기타의 물건에 음란성이 있느냐 여부에 대한 판단은 행위자의 주관적인 의도나 목적과 관계없이 객관적으로 판단하되, 건전한 사회통념이나 사회상규에 의하여야 한다(대법원 2005. 7. 22. 선고 2003 도 2911 판결; 대법원 2006. 1. 13. 선고 2005 도 1264 판결 등).

그러면 이러한 기준에 따라 음란성의 유무를 판단할 때 그 대상을 음란물 전체인가? 일부인가? 즉 일부라도 음란성이 있으면 음란물이라고 할 수 있는 것일까?

세계 각국의 판례는 '전체로서(as a whole)' 판단해야 한다고 한다. 즉 대상의 어느 부분이나 일부(장면, 문장 등의 일부분)만을 판단대상으로 할 것이 아니라 전체적으로 판단해야 한다는 것이다. 우리나라 대법원 판례도 소설 「반노(叛奴)」 사건에서 표현의 일부를 문제삼을 것이 아니라 소설에 나타난 전체적 사상의 흐름이 음란한가의 여부를 판단해야 한다고 이 점을 명백히 하였다(대법원 1975. 12. 9. 선고 74 도 976 판결). 나아가 판단의 기준은 제작자, 저자의 의도가 아니라 일반인이다. 구체적으로는 성적으로 타락하여 수치관념이 둔감한 사람이나 지나치게 결벽하거나 예민한 자를 기준으로 한 판단은 배제된다.

순수예술작품이나 학술적 논문 등에도 성에 대한 표현이 있을 경우 음란성을 인정할 수가 있는가?

학설은 이에 관해서는 성에 대한 정확한 이해를 부여하려는 과학, 교육 서적은 물론이고 고도의 예술성이 인정되는 작품은 음란성을 인정해서는 안 된다는 부정설, 예술성·과학성과 음란성은 차원과 그 목적이 서로 다르므로 음란성을 전면적으로 부정해서는 안 된다는 긍정설, 그리고 원칙적으로 음란성을 갖지는 않지만, 그것이 대중에게 공개될 때에는 음란성을 인정할 수 있다는 상대적 음란개념설 등으로 나뉜다.

음란물이란 위에서 설명한 대로 내용이 성욕을 자극·흥분시키고 일반인의 성적 수치심을 해치고 성적 도덕관념에 반하는 음란성을 갖는 문서, 도화, 기타의 물건을 말한다. 성행위 장면을 찍은 사진, 이를 묘사한 문서, 그림은 물론이고 이를 노골적으로 표현하는 조각품, 음반, 녹음테이프, 비디오, 컴퓨터 그래픽 등도 여기에 해당한다.

행위는 불특정 또는 다수인에게 이러한 음란물을 배포, 판매, 임대, 공연한 전시이다. '공연한 전시'는 전파 가능성보다는 불특정 또는 다수인이 인식할 수 있는 상태 또는 가능성이 있어야 한다.

음란물죄는 더 나아가 반포, 판매, 임대, 공연한 전시의 목적으로 제조, 소지, 수입, 수출하는 행위도 처벌된다. 이러한 방법에 의하지 아니하고 '공연히 음란한 행위'를 하는 것은 다시 별도로 공연음란죄라고 하여 처벌된다.

2006년 대법원은 설문과 유사한 사안에서 "위와 같은 행위는 비록 성행위를 묘사하거나 성적인 의도를 표출하는 행위는 아니라고 하더라도 일반 보통인의 성욕을 자극하여 성적 흥분을 유발하고 정상적인 성적 수치심을 해하여 성적 도의관념에 반하는 음란한 행위에 해당하는 것으로 봄이 상당하고, 한편 위 행위가 요구르트로 노폐물을 상징하는 밀가루를 씻어내어 깨끗한 피부를 탄생시킨다는 취지의 메시지를 전달하는 행위예술로서의 성격을 전혀 가지고 있지 않다고 단정할 수는 없으나, 위 행위의 주된 목적은 요구르트 제품을 홍보하려는 상업적인 데에 있었고, 이 사건에서 이루어진 신체노출의 방법 및 정도가 위와 같은 제품홍보를 위한 행위에 있어 필요한 정도를 넘어섰으므로, 그 음란성을 부정할 수는 없다"고 판시한 바 있다(대법원 2006. 1. 13. 선고 2005 도 1264 판결).

한편 여성의 신체를 피사체로 하는 사진, 즉 누드사진은 사진의 분야에서 예술로 확립된 지 오래이다. 카메라라는 기계로 무엇이든지 찍어서 보여줄 수 있는 사진의 영역에서 누드의 한계는 지금까지 여성 신체의 은밀한 곳과 체모는 금기시한다는 것이었다.

그러나 최근 용감한 전위 작가들의 도전은 이러한 한계를 무너뜨리고 있다. 일본에서는 청소년 여배우들의 누드사진집이 선풍적으로 팔리고 있으며, 국내에서도 출판되었다. 이런 현상을 어떻게 보아야 할까? 예술인가? 음란인가? 즉 지금까지의 금기를 무너뜨리고 여성의 신체의 은밀한 곳까지 노출시킨 누드사진이 이른바 포르노 사진과 다른 것이 무엇이고 같은 것은 무엇인가?

음란성 여부는 일반인의 입장에서 판단하여야 한다. 즉 일반인으로 하여금 성욕을 자극하거나 성적 수치심을 불러일으키는 것이라면 음란물이라고 보아야 한다. 사회가 도덕, 여론이 음란을 저지하지 못할 때 2차적으로 법이 개입하는 것은 불가피한 것이다.

8. 안락사와 존엄사

격렬한 고통에 허덕이는 불치 또는 빈사의 환자에게 그 고통을 제거 또는 감경하기 위하여 살해하는 안락사는 허용될 수 있는가? 또 소생의 가망이 없는 불치의 환자가 자연적으로 죽을 수 있도록 생명유지장치를 제거하거나 치료를 중지할 수 있는가?

안락사에는 생명을 단축시키지 않는 진정(眞正)안락사와 생명을 단축시키는 부진정(不眞正)안락사가 있다. 따라서 생명을 단축시키지 않고 오로지 고통을 제거하거나 감경할 뿐인 진정안락사는 살인죄의 성립과 상관이 없으나, 생명을 단축시키는 부진정안락사의 경우 살인죄가 성립하는지 여부에 대해 견해가 대립된다.

긍정적 입장에 따르면, 다음의 조건이 충족되는 경우에 한해서 사회상규에 반하지 아니하는 정당행위로서 위법성이 조각된다. ① 환자가 불치의 질병으로 죽을 때가 임박하였고, ② 환자의 고통을 차마 볼 수 없을 정도로 극심하며, ③ 환자의 고통을 제거 또는 완화하기 위한 것이고, ④ 환자의 의 진지한 촉탁 또는 승낙이 있고, ⑤ 원칙적으로 의사에 의하여 시행되고 그 방법이 윤리적으로 정당하다고 인정되는 경우 등이다.

죽음에 직면한 환자가 품위 있는 죽음을 맞도록 하기 위하여 생명유지조치를 중지하는 것을 존엄사(尊嚴死)라고 부른다.

긍정적 입장의 이유는 다음과 같다. 사람의 생명에 대한 권리는 사람의 자연적 죽음과 인간다운 죽음에 대한 권리를 포함한다. 환자의 동의 또는 그의 의사에 반하여 생명과 고통의 연장을 강요할 수 없다. 환자의 생명을 유지하여야 할 의사의 의무도 환자에게 소생이나 치료의 가능성이 소멸되고 죽을 시기가 임박하여 죽음을 피할 수 없게 된 때에는 인정할 수 없다.

이 문제에 관하여 생의윤리(生醫倫理, Bioethics)의 영역에서 깊이 논의되고 있다.

9. 경범죄의 처벌

우리나라에는 「경범죄처벌법」이 있는데, 가벼운 '범죄'의 정도에 따라 법의 적용을 받느냐 안 받느냐가 좌우되는 것 같습니다. 최근에는 이러한 경범죄에 대하여는 법적 처벌을 하지 말자는 이른바 비범죄화(Entkriminalisierung)의 논의도 있는 줄 압니다. 이에 대한 근거와 대책을 설명해 주십시오.

1983년 12월 30일 법률 3680호로 전면 개정되었고, 1994년 12월 22일에는 법률 47995호로 15호가 삭제되어 오늘날까지 시행되고 있는 「경범죄처벌법」에 따르면 다음과 같은 행위를 한 사람은 10만원 이하의 벌금, 구류 또는 과료의 형으로 처벌된다(동법 제1조 및 제3조).

1. (빈집 등에의 침입) 다른 사람이 살지 아니하고 관리하지 아니하는 집 또는 그 울타리·건조물(建造物)·배·자동차 안에 정당한 이유 없이 들어간 사람
2. (흉기의 은닉휴대) 칼·쇠몽둥이·쇠톱 등 사람의 생명 또는 신체에 중대한 위해를 끼치거나 집이나 그 밖의 건조물에 침입하는 데에 사용될 수 있는 연장이나 기구를 정당한 이유 없이 숨겨서 지니고 다니는 사람
3. (폭행 등 예비) 다른 사람의 신체에 위해를 끼칠 것을 공모(共謀)하여 예비행위를 한 사람이 있는 경우 그 공모를 한 사람
4. 삭제 <2013. 5. 22.>
5. (시체 현장변경 등) 사산아(死産兒)를 감추거나 정당한 이유 없이 변사체 또는 사산아가 있는 현장을 바꾸어 놓은 사람
6. (도움이 필요한 사람 등의 신고불이행) 자기가 관리하고 있는 곳에 도움을 받아야 할 노인, 어린이, 장애인, 다친 사람 또는 병든 사람이 있거나 시체 또는 사산아가 있는 것을 알면서 이를 관계 공무원에게 지체 없이 신고하

지 아니한 사람

7. (관명사칭 등) 국내외의 공직(公職), 계급, 훈장, 학위 또는 그 밖에 법령에 따라 정하여진 명칭이나 칭호 등을 거짓으로 꾸며 대거나 자격이 없으면서 법령에 따라 정하여진 제복, 훈장, 기장 또는 기념장(記念章), 그 밖의 표장(標章) 또는 이와 비슷한 것을 사용한 사람

8. (물품강매·호객행위) 요청하지 아니한 물품을 억지로 사라고 한 사람, 요청하지 아니한 일을 해주거나 재주 등을 부리고 그 대가로 돈을 달라고 한 사람 또는 여러 사람이 모이거나 다니는 곳에서 영업을 목적으로 떠들썩하게 손님을 부른 사람

9. (광고물 무단부착 등) 다른 사람 또는 단체의 집이나 그 밖의 인공구조물과 자동차 등에 함부로 광고물 등을 붙이거나 내걸거나 끼우거나 글씨 또는 그림을 쓰거나 그리거나 새기는 행위 등을 한 사람 또는 다른 사람이나 단체의 간판, 그 밖의 표시물 또는 인공구조물을 함부로 옮기거나 더럽히거나 훼손한 사람 또는 공공장소에서 광고물 등을 함부로 뿌린 사람

10. (마시는 물 사용방해) 사람이 마시는 물을 더럽히거나 사용하는 것을 방해한 사람

11. (쓰레기 등 투기) 담배꽁초, 껌, 휴지, 쓰레기, 죽은 짐승, 그 밖의 더러운 물건이나 못쓰게 된 물건을 함부로 아무 곳에나 버린 사람

12. (노상방뇨 등) 길, 공원, 그 밖에 여러 사람이 모이거나 다니는 곳에서 함부로 침을 뱉거나 대소변을 보거나 또는 그렇게 하도록 시키거나 개 등 짐승을 끌고 와서 대변을 보게 하고 이를 치우지 아니한 사람

13. (의식방해) 공공기관이나 그 밖의 단체 또는 개인이 하는 행사나 의식을 못된 장난 등으로 방해하거나 행사나 의식을 하는 자 또는 그 밖에 관계 있는 사람이 말려도 듣지 아니하고 행사나 의식을 방해할 우려가 뚜렷한 물건을 가지고 행사장 등에 들어간 사람

14. (단체가입 강요) 싫다고 하는데도 되풀이하여 단체 가입을 억지로 강요한 사람

15. (자연훼손) 공원·명승지·유원지나 그 밖의 녹지구역 등에서 풀·꽃·나무·돌 등을 함부로 꺾거나 캔 사람 또는 바위·나무 등에 글씨를 새기거나 하여 자연을 훼손한 사람

16. (타인의 가축·기계 등 무단조작) 다른 사람 또는 단체의 소나 말, 그 밖의 짐승 또는 매어 놓은 배·뗏목 등을 함부로 풀어 놓거나 자동차 등의 기계를 조작한 사람

17. (물길의 흐름 방해) 개천· 도랑이나 그 밖의 물길의 흐름에 방해될 행위

를 한 사람

18. (구걸행위 등) 다른 사람에게 구걸하도록 시켜 올바르지 아니한 이익을 얻은 사람 또는 공공장소에서 구걸을 하여 다른 사람의 통행을 방해하거나 귀찮게 한 사람

19. (불안감조성) 정당한 이유 없이 길을 막거나 시비를 걸거나 주위에 모여들거나 뒤따르거나 몹시 거칠게 겁을 주는 말이나 행동으로 다른 사람을 불안하게 하거나 귀찮고 불쾌하게 한 사람 또는 여러 사람이 이용하거나 다니는 도로·공원 등 공공장소에서 고의로 험악한 문신(文身)을 드러내어 다른 사람에게 혐오감을 준 사람

20. (음주소란 등) 공회당·극장·음식점 등 여러 사람이 모이거나 다니는 곳 또는 여러 사람이 타는 기차·자동차·배 등에서 몹시 거친 말이나 행동으로 주위를 시끄럽게 하거나 술에 취하여 이유 없이 다른 사람에게 주정한 사람

21. (인근소란 등) 악기·라디오·텔레비전·전축·종·확성기·전동기(電動機) 등의 소리를 지나치게 크게 내거나 큰소리로 떠들거나 노래를 불러 이웃을 시끄럽게 한 사람

22. (위험한 불씨 사용) 충분한 주의를 하지 아니하고 건조물, 수풀, 그 밖에 불붙기 쉬운 물건 가까이에서 불을 피우거나 휘발유 또는 그 밖에 불이 옮아붙기 쉬운 물건 가까이에서 불씨를 사용한 사람

23. (물건 던지기 등 위험행위) 다른 사람의 신체나 다른 사람 또는 단체의 물건에 해를 끼칠 우려가 있는 곳에 충분한 주의를 하지 아니하고 물건을 던지거나 붓거나 또는 쏜 사람

24. (인공구조물 등의 관리소홀) 무너지거나 넘어지거나 떨어질 우려가 있는 인공구조물이나 그 밖의 물건에 대하여 관계 공무원으로부터 고칠 것을 요구받고도 필요한 조치를 게을리하여 여러 사람을 위험에 빠트릴 우려가 있게 한 사람

25. (위험한 동물의 관리 소홀) 사람이나 가축에 해를 끼치는 버릇이 있는 개나 그 밖의 동물을 함부로 풀어놓거나 제대로 살피지 아니하여 나다니게 한 사람

26. (동물 등에 의한 행패 등) 소나 말을 놀라게 하여 달아나게 하거나 개나 그 밖의 동물을 시켜 사람이나 가축에게 달려들게 한 사람

27. (무단소등) 여러 사람이 다니거나 모이는 곳에 켜 놓은 등불이나 다른 사람 또는 단체가 표시를 하기 위하여 켜 놓은 등불을 함부로 끈 사람

28. (공중통로 안전관리소홀) 여러 사람이 다니는 곳에서 위험한 사고가 발생하는 것을 막을 의무가 있으면서도 등불을 켜 놓지 아니하거나 그 밖의 예

방조치를 게을리한 사람

29. (공무원 원조불응) 눈·비·바람·해일·지진 등으로 인한 재해, 화재·교통
사고·범죄, 그 밖의 급작스러운 사고가 발생하였을 때에 현장에 있으면서
도 정당한 이유 없이 관계 공무원 또는 이를 돕는 사람의 현장출입에 관한
지시에 따르지 아니하거나 공무원이 도움을 요청하여도 도움을 주지 아니
한 사람

30. (거짓 인적사항 사용) 성명, 주민등록번호, 등록기준지, 주소, 직업 등을 거
짓으로 꾸며대고 배나 비행기를 타거나 인적사항을 물을 권한이 있는 공무
원이 적법한 절차를 거쳐 묻는 경우 정당한 이유 없이 다른 사람의 인적사
항을 자기의 것으로 거짓으로 꾸며댄 사람

31. (미신요법) 근거 없이 신기하고 용한 약방문인 것처럼 내세우거나 그 밖의
미신적인 방법으로 병을 진찰·치료·예방한다고 하여 사람들의 마음을 홀
리게 한 사람

32. (야간통행제한 위반) 전시·사변·천재지변, 그 밖에 사회에 위험이 생길 우
려가 있을 경우에 경찰청장이나 해양경찰청장이 정하는 야간통행제한을
위반한 사람

33. (과다노출) 공개된 장소에서 공공연하게 성기·엉덩이 등 신체의 주요한 부
위를 노출하여 다른 사람에게 부끄러운 느낌이나 불쾌감을 준 사람

34. (지문채취 불응) 범죄 피의자로 입건된 사람의 신원을 지문조사 외의 다른
방법으로는 확인할 수 없어 경찰공무원이나 검사가 지문을 채취하려고 할
때에 정당한 이유 없이 이를 거부한 사람

35. (자릿세 징수 등) 여러 사람이 모이거나 쓸 수 있도록 개방된 시설 또는 장
소에서 좌석이나 주차할 자리를 잡아 주기로 하거나 잡아주면서, 돈을 받
거나 요구하거나 돈을 받으려고 다른 사람을 귀찮게 따라다니는 사람

36. (행렬방해) 공공장소에서 승차·승선, 입장·매표 등을 위한 행렬에 끼어들
거나 떠밀거나 하여 그 행렬의 질서를 어지럽힌 사람

37. (무단 출입) 출입이 금지된 구역이나 시설 또는 장소에 정당한 이유 없이
들어간 사람

38. (총포 등 조작장난) 여러 사람이 모이거나 다니는 곳에서 충분한 주의를
하지 아니하고 총포, 화약류, 그 밖에 폭발의 우려가 있는 물건을 다루거나
이를 가지고 장난한 사람

39. (무임승차 및 무전취식) 영업용 차 또는 배 등을 타거나 다른 사람이 파는
음식을 먹고 정당한 이유 없이 제 값을 치르지 아니한 사람

40. (장난전화 등) 정당한 이유 없이 다른 사람에게 전화·문자메시지·편지·전

자우편·전자문서 등을 여러 차례 되풀이하여 괴롭힌 사람

41. (지속적 괴롭힘) 상대방의 명시적 의사에 반하여 지속적으로 접근을 시도하여 면회 또는 교제를 요구하거나 지켜보기, 따라다니기, 잠복하여 기다리기 등의 행위를 반복하여 하는 사람

이러한 어떻게 보면 사소한 행위에 대하여 윤리적으로 비난하는 데에 그치면 되지 법적으로 처벌할 필요가 있느냐는 견해가 '비범죄화(Entkrimi-nalisierung)'의 주장이다. 사회적으로 이러한 행위들을 못하도록 제어하는 문화구조를 만드는 것이 중요할 것이다.* 그러나 사회문화가 그렇게 나아가지 못하는 한 법으로라도 처벌해야 할 수밖에 없다는 것이 현실론이다.

10. 변호사 성공사례금은 윤리적인가?

우리나라에서는 변호사에게 변호를 의뢰하면 사건수임료 외에 이른바 성공사례금까지 주어야 한다. 성공사례금의 액수가 사건수임료보다 많아 변호사의 수입은 높고, 일반인들에게는 '변호사의 문턱이 높다'는 비판까지 받고 있다. 이러한 현실을 어떻게 받아들여야 하나?

우리나라에서는 변호사비용은 당사자 각자의 부담이 원칙이다. 불법행위 소송에 있어서 상당인과관계에 있는 손해로서 청구할 수 있는 경우를 제외하고는 승소하든가 패소하든가 자기가 위임한 변호사에게는 자기가 변호사비용을 지불하지 않으면 안 된다. 이에 대하여 미국에서는 성공보수금(contingent fee)을 주는 것이 일반적인데 승소한 경우에는 승소액의 50~30%를 보수로 주고, 패소한 경우에는 소송비용도 포함하여 모두 변호사가 부담하여 당사자로서는 전혀 손해를 보는 일이 없다. 이러한 성공보수금이 사인(私人)의 권리실현을 위하여 소송을 이용하기 쉽도록 만드는 것은 사실이다. 그러나 이 성공보수금제도는 승소하여도 금전의 교부(交付)를 받지 않으면 안 되는 피고에는 이용될 수 없는 것이며, 당사자간의 공평을 결한 면이 있다는 것도 부정할

* 임웅, 경미범죄의 비범죄화, 「형사정책연구」, 제2호, 1990, 187~211면; 정덕장, 「주석 경범죄처벌법」, 법원사, 1989.

수 없고, 지나치게 소송을 부추기는 위험도 있다. 독일에서는 변호사의 성공사례금은 부도덕한(unmoralisch) 것이라는 이유로 인정되지 아니하고 있다. 변호사는 법정에서나 소송당사자를 위하여 행한 노력의 일량에 따라 계산되어 지불되고 있다. 우리나라에는 이 문제가 심각히 논의되지 않고 미국식으로 되어 가고 있지만, 법학도들이 행여라도 변호사를 도박사나 장사꾼처럼 생각하여 선호한다면 심각한 문제가 아닐 수 없다. 국가공직보다도 변호사를 선호하는 오늘날의 추세에 깊이 생각해 볼 문제이다.

1995년 사법개혁논의에서 아니나 다를까 변호사의 성공사례금이 문제가 되어 집중적인 비판을 받았다. 그래서 최소한 형사소송사건에서는 변호사들이 성공사례금을 받지 않기로 결의하였다. 앞으로 법률가의 직업윤리와 관련하여 이 문제는 더욱 진지하게 검토되어져야 할 것이다.

2000년 1월 28일 법률 제6207호로 변호사법이 개정되어 제9장에서 법조윤리협의기구를 두도록 하고 있고, 자세한 사항은 시행령에서 규정하고 있다.

대법원은 변호사의 소송위임사무처리에 대한 보수에 관하여 의뢰인과의 사이에 약정이 있는 경우에 위임사무를 완료한 변호사는 특별한 사정이 없는 한 약정된 보수액을 전부 청구할 수 있는 것이 원칙이기는 하지만, 의뢰인과의 평소부터의 관계, 사건 수임의 경위, 착수금의 액수, 사건처리의 경과와 난이도, 노력의 정도, 소송물의 가액, 의뢰인이 승소로 인하여 얻게 된 구체적 이익과 소속 변호사회의 보수규정, 기타 변론에 나타난 제반 사정을 고려하여 약정된 보수액이 부당하게 과다하여 신의성실의 원칙이나 형평의 원칙에 반한다고 볼 만한 특별한 사정이 있는 경우에는 예외적으로 상당하다고 인정되는 범위 내의 보수액만을 청구할 수 있다고 하여, 약정된 변호사 보수액이 신의성실의 원칙이나 형평의 원칙에 반한다고 보아 감액을 인정하였다(대법원 2002. 4. 12. 선고 2000 다 50190 판결).

11. 뇌물죄

A는 자신의 주차위반을 관대히 처리해 준 파출소장에게 추석에 양복 한 벌을 해 입으라고 50만 원짜리 티켓 한 장을 갖다 주었다. 명절에 공무원에게 예절을 갖추기 위해 주는 선물도 뇌물인가?

국가가 조직된 이래, 동서고금을 막론하고 국가의 행정을 담당하는 관료사회의 부패는 끊인 적이 없다고 해도 과언이 아니다. 어느 사회든지 관료의 부패는 그 사회나 정권 심지어는 국가 자체의 멸망을 초래했었다. 오늘날 많은 사람들로 하여금 우리 사회의 장래를 우려하게 하는 것도 바로 공무원 사회의 부패라고 해야 할 것이다.

물론 뇌물죄는 범죄이고 엄벌의 대상이다. 형법에도 다양한 형태로 이루어지는 뇌물죄에 대한 처벌규정이 있고, 그 형도 비교적 높은 편이다. 그러나 이것도 부족하여 '특정범죄 가중처벌 등에 관한 법률'이 제정되었다. 이 법에서는 뇌물의 액수가 1억 원 이상인 때에는 무기징역에도 처할 수 있도록 극약처방을 정해 놓고 있지만, 실제로 뇌물죄를 범한 탐관오리에게 중형이 선고된 실례도 없고, 뇌물이 근절된 것도 아니다. 오히려 최근 들어 우리 사회에서는 '권력형 비리', '정경유착'이라는 용어가 생겨났다. 이 용어는 오늘날의 뇌물죄가 권력상층부에서부터 대형화·음성화·구성화되고 있음을 암시하고 있다. 그런 의미에서 한국사회가 소망하는 선진 민주복지국가로 가기 위해서는 공무원 사회의 부패를 누가 어떻게 추방하고 근절할 것인가에 달려 있다 해도 과언은 아니다.

학자들은 뇌물죄를 처벌하는 이유는 국가기관, 국가작용의 '공정성'을 확보하기 위한 것이라는 점에 대해서는 일치하면서도, 구체적으로 뇌물죄의 본질과 보호법익이 무엇인가에 대해서는 다양한 의견을 가지고 있다. 즉 공무원의 청렴성 유지, 직무행위의 불가매수성이라는 설과 직무의무의 불가침성이라는 설로 대립된다.

그러나 이러한 학설의 대립은 커다란 의미는 없다고 본다. 왜냐하면 뇌물죄의 처벌근거와 보호법익은 공무원의 청렴성, 공무원을 뇌물로 매수할 수 없다는 요청을 모두 포함한다고 이해하여야 하기 때문이다. 공무원에게 뇌물을 주면 받은 사람은 수뢰죄(收賂罪), 그리고 주는 사람은 증뢰죄(贈賂罪)가 된다. 주는 자가 있어야 받는 자가 있고, 받는 자가 있어야 주는 자도 있게 된다는 지극히 당연한 이치 때문에 뇌물죄는 이른바 필요적 공범이라고 보게 된다(판례).

형법이 뇌물죄를 규정하고 있는 형태를 보면 ;

현실적으로 받거나, 요구하거나, 받기로 약속하기만 하면 단순수뢰죄가 성립된다. 공무원이 직무상 부정행위를 한 후에 뇌물을 받거나 요구·약속하면 사후수뢰죄가 된다. 또 뇌물을 받거나 요구·약속한 후 부정한 행위를 하면 수뢰 후 부정처사죄가 되며, 공무원이 될 자가 직무에 관한 청탁을 받고 뇌물을 받거나 요구·약속한 후 공무원이 된 경우에는 사전수뢰죄가 된다. 또 자기의 직무가 아닌 다른 공무원의 직무를 알선하고 뇌물을 받거나 요구·약속한 경우에는 알선수뢰죄, 뇌물을 공무원 자신이 받지 않고 제3자로 하여금 받게 하는 경우에는 제3자뇌물공여죄가 된다. 뇌물은 반드시 몰수하고, 뇌물의 액수가 1억 원 이상인 경우 무기 또는 10년 이상의 징역, 5천만 원 이상 1억 원 미만인 경우에는 7년 이상의 유기징역, 3천만 원 이상 5천만 원 미만인 경우에는 5년 이상의 유기징역에 처하는 등 가중처벌한다(특정범죄가중처벌등에관한법률 제2조).

뇌물죄의 핵심은 '뇌물'인데, 그렇다면 과연 뇌물은 무엇인가? 한마디로 뇌물이란 '직무에 관한 불법한 대가'이다. 공무원의 정당한 보수는 법령으로 정해진 보수일 것이다. 즉 봉급, 상여금, 정근수당, 특별수당, 판공비, 정보비, 출장비 등 법령으로 정해진 보수 이외에는 모두 뇌물죄에서 말하는 불법한 보수이다. 그리고 이 불법한 대가는 공무원이 수행하는 직무와 관련이 있어야 한다. 예컨대 공무원이 토론회에 토론자로 참석한 후 주최 측으로부터 받은 사례비는 불법하지 않으므로 뇌물이 아니다. 또 직무와 불법한 보수는 인과관계가 있어야 한다. 그러므로 공립학교 교사가 퇴근 후 과외지도를 하고 사례비를 받는 것은 징계사유가 될 수는 있어도 직무와의 관련이나 대가관계가 없으므로 뇌물죄에 해당되지 않는다.

마지막으로 뇌물은 반드시 현금, 수표, 귀금속 등 유체물이어야 하는 것이 아니다. 유형·무형을 막론하고 인간의 수요나 욕망을 충족시킬 수 있는 모든 '가치 있는 것'을 의미한다. 따라서 뇌물은 그것이 동산, 부동산, 채권, 무체재산권, 유흥, 향응, 취직의 알선 등 무엇이든지 가치 있는 대가라면 된다. 심지어 경찰관에 단속된 여자가 정조를 제공하는 것도 욕망의 충족수단이므로 뇌물이 된다(대법원 2001. 1. 5. 선고 2000 도 4714 판결 등).

'떡값'이라 하여 추석·설·연말연시에 신세진 공무원에게 직무의 대가라는 인식 없이 다소간에 선물을 주는 사교적 예의도 직무에 관한 불법한 보수로서 뇌물이 된다고 보아야 할까?

사교생활상 또는 관습상 승인되는 정도를 넘지 않고 사교적 예의를 차리기 위한 선물은 뇌물이라고 볼 수 없다. 그것조차 뇌물이라고 한다면 사회적 존재로서의 인간 존재 그 자체를 부정하는 결과가 될 것이다. 그러나 절기의 선물을 빙자한 경우, 또는 사회통념상 허용되기 어려운 고가의 선물은 물론 뇌물이다. 본 건에서는 어떤가? 표면상으로는 사교적 예의인 것처럼 보이지만 주차위반을 단속하지 않은 것에 대한 대가의 성격이 있으므로 뇌물로 보아야 할 것이다.

12. 사형존폐론

사형에 관한 논의는 존폐론이 치열한 것 같습니다. 우리나라에도 사형제도가 존재하는데, 최근 폐지운동도 활발한 추세입니다. 사형의 현실을 좀 자세히 설명해 주시고, 법과 도덕의 관점에서 논평해 주세요.

사형은 범죄인의 생명을 박탈하는 형벌이므로 형벌 중에서 최고의 형벌이고, 그런 뜻에서 극형(極刑)이라고 한다. 사형은 그 형이 확정되면 법무부장관의 집행 승인을 받아 교도소에서 교수(絞首)하여 집행한다.

우리 형법에서 사형이 법정형으로 규정되어 있는 범죄는 살인죄 등 약 20여 개의 범죄에 이르며, 국가보안법, 특정범죄 가중처벌 등에 관한 법률 등 특별형법에서는 약 50여 개에 이르고, 군형법에서는 약 45개에 이른다. 뿐만 아니라 사형은 연간 약 20여 건 이상이 법원에서 선고되고 있는 실정이다. 이것도 부족하여 우리 사회에서는 사회적 물의를 빚는 범죄가 발생하면 범죄인을 엄벌에 처하라는 여론에 밀려 사형에 해당하는 범죄의 수를 증가해 나가고 있다.

'사형을 형벌로서 인정할 것인가?' 하는 존폐의 논쟁은 서구에서는 이미 오래전부터 제기되어 왔다. 1764년 근대 형법학의 아버지라고 일컫는 이탈리아의 베카리아(C. Beccaria)는 저서 「범죄와 형벌」에서 최초로 사형의 폐지를 주장하였는데, 그 후 서구사회는 사형의 존폐에 관한 치열한 논쟁을 거쳤다. 1846년 미국의 미시간 주에서 사형을 폐지한 이래 현재까지 사형의 폐지국 또는 준폐지국은 90여 개 국가에 이른다(세계의 사형제도 도표 참조). 선진국가들은 대부분 사형을 폐지한 데 반해 아시아, 아프리카의 후진국가들, 독재국가들이 사형을 존속시키고 있음을 알 수 있다.

사형은 폐지되어야 하는가? 존치론의 골자는 다음과 같다. 첫째, 사형은 생명을 박탈하는 극형이므로 일반인에게 겁을 주어 범죄억제의 효과(위하력 : 威嚇力)가 대단히 크다는 것이다. 둘째, 살인이나 강도강간, 강도살인, 유괴살인 등의 흉악범죄인의 생명을 박탈하는 것은 사회적 정의라는 것이다. 셋째, 사형은 국민들이 확실하게 지지하고 있다는 것이다.

이에 대하여 폐지론자들의 주장은 다음과 같다.

첫째, 사형은 인도적 이유에서 존치시킬 수 없다. 인간의 생명은 일회적이며, 한 인간의 생명은 우주보다 무겁고 소중한 것이다. 따라서 하나뿐인 범죄인의 생명을 박탈하는 사형은 인도적 견지에서 허용될 수 없다.

둘째, 사형은 종교적 견지에서도 허용될 수 없다. 인간의 생명은 절대자, 조물주, 하느님만이 허용한 것이며, 생명을 줄 수 없는 인간이 인간의 생명을 말살하는 것은 있을 수 없다. 즉 인간이 형벌이라는 미명으로 인간의 생명을 박탈할 권리가 없다.

셋째, 사형은 인간이 생명을 누리고 살아갈 수 있는 '생명권'을 근본적으로 부정하는 것이므로 헌법에 위반되어 허용되어서는 안 된다.

넷째, 형벌의 본질은 죄를 범한 범죄인을 교육하고 교화하여 건전한 사회인으로 복귀시키는 것인데, 교육과 교화를 근원적으로 포기하는 사형은 형벌의 본질에 반하는 제도이므로 허용될 수 없다.

다섯째, 사형은 존치론자들이 맹신·확신하는 것처럼 범죄억제의 효과가 없다. 이것은 이미 오래전에 사형을 폐지한 선진국가에서 사형폐지 후 사형을 선고할 수 있는 흉악범죄가 증가하지 않았다는 일치된 통계가 입증하고 있다. 사형이 일반인에게 겁을 주어 흉악범죄를 억제한다는 것은 비과학적인 미신일 뿐이다.

〈세계의 사형제도〉

(1999년 6월 30일 기준)

1. 사형 폐지국과 존치국

2008년 1월 기준 세계 2/3 이상의 국가가 이미 사형제도를 법률상 혹은 사실상으로 폐지하고 있다.

1) 사형 폐지국 : 총 133개국

　모든 범죄에 대해 폐지한 나라 : 92개국

　전쟁범죄를 제외한 모든 범죄에 대해 폐지한 나라 : 11개국

　사실상 폐지한 나라 : 29개국

* 사실상 폐지국이란? 과거 10년간 단 한건의 사형집행이 없었으며, 법률상 사형을 존치하나 정책적으로 사형을 집행하지 않을 것으로 판단되는 국가 우리나라도 2007년 12월 30일부로 사실상 폐지국으로 분류되고 있다.

2) 사형 존치국 : 총 60개국

2. 모든 범죄에 대하여 사형제도를 폐지한 국가들

국가	모든 범죄에 대한 사형폐지연도	일반적인 범죄에 대한 사형 폐지연도	사형의 마지막 집행연도 (K는 알려진 마지막 집행연도)
그리스	1993		1972
기니비사우	1993		1986K
나미비아	1990		1988K
네팔	1997	1990	1979
네덜란드	1982	1870	1952
뉴질랜드	1989	1961	1957
니카라과	1979		1930
노르웨이	1979	1905	1948
남아프리카공화국	1997	1995	1991
덴마크	1978	1933	1950
도미니카 공화국	1966		
독일	1987		
동티모르	1999		
르완다	2007		
리히텐슈타인	1987		1785
리투아니아	1998		1995
룩셈부르크	1979		1949
루마니아	1989		1989
마케도니아			
마샬 군도			독립 후 집행한 적 없음
모리셔스	1995		1987
몬테네그로	2002		
마이크로네시아			독립 후 집행한 적 없음
몰도바	1995		
몰타	2000	1971	1943

모나코	1962		1847
모잠비크	1990		1986
벨기에	1996		1950
불가리아	1998		1989
바누아투			독립 후 집행한 적 없음
바티칸	1969		
베네수엘라	1863		
사이프러스	2002		
산마리노	1865	1848	1468K
상투메 프린시페	1990		독립 후 집행한 적 없음
슬로바키아	1990		
슬로베니아	1989		
솔로몬 군도		1966	독립 후 집행한 적 없음
스페인	1995	1978	1975
스웨덴	1972	1921	1910
스와질란드	1992	1942	1944
세르비아	2002		
안도라	1990		1943
앙골라	1992		
오스트레일리아	1985	1984	1967
오스트리아	1968	1950	1950
아제르바이잔	1998		1993
에콰도르	1906		
에스토니아	1998		1991
아이티	1987		1972k
온두라스	1956		1940
영국	1998	1973	1964
우루과이	1907		
우크라이나	2008		
아이슬란드	1928		1830
아일랜드	1990		1954
이탈리아	1994	1947	1947
체코 공화국	1990		
캄보디아	1989		
캐나다	1998	1976	1962
케이프·베르데	1981		1935
콜롬비아	1910		1909
코스타리카	1877		
코트디부아르	2000		
크로아티아	1990		
키리바시			독립 후 집행한 적 없음
투르크메니스탄	1999		
투발루			독립 후 집행한 적 없음
핀란드	1972	1949	1944
필리핀			
프랑스	1981		1977
팔라우			
파나마			1903K
파라과이	1992		1928
폴란드	1997		1988
포르투갈	1976	1867	1849K
헝가리	1990		1988

3. 일반적인 범죄에 대한 사형폐지국들

국 가	일반적인 범죄에 대한 사형폐지연도	사형의 마지막 집행연도
라트비아	1999	1996
멕시코		1937
알바니아	2000	
엘살바도르	1983	1973K
볼리비아	1997	1974
보스니아, 헤르체고비나	1997	
브라질	1979	1855
사이프러스	1983	1962
세이셸		독립 후 집행한 적 없음
아르헨티나	1984	
이스라엘	1954	1962
칠레	2001	
터키	2002	
피지	1979	1964
페루	1979	1979

4. 사형제도를 '사실상' 폐지한 국가들

국 가	사형의 마지막 집행연도
그레나다	1978
나우루	독립 후 집행한 적 없음
니제르	1976K
마다가스카르	1958K
몰디브	1952K
말리	1980
버뮤다	1977
부탄	1964K
브루나이	1957K
서사모아	독립 후 집행한 적 없음
세네갈	1967
스리랑카	1976
수리남	1982
알바니아	
중앙아프리카공화국	1981
지부티	독립 후 집행한 적 없음
잠비아	1981
콩고공화국	1982
코트디부아르	
파푸아뉴기니	1950
토고	
통가	1982
터키	1984
대한민국	1997.12.30

5. 사형제도 존치국들(RETENTIONIST)

가 나	앤티카 바부다	말레이시아	이 란
가 봉	에리트리아	모로코	이집트
가이아나	에티오피아	몽 고	인 도
과테말라	예 맨	미 국	인도네시아
나이지리아	오 만	미얀마	일 본
도미니카	요르단	바레인	자메이카
라오스	우간다	세인트루시아	적도기니
라이베리아	카메룬	세인트빈센트	중 국
바베이도스	카자흐스탄	그레나딘	짐바브웨
바하마	카타르	세인트크리스	차 드
방글라데시	코모로	토퍼 네비스	타 이
베 냉	콩 고	소말리아	타이완
베트남	쿠 바	수 단	타지키스탄
벨리즈	쿠웨이트	스와질란드	탄자니아
보츠와나	러시아 연방	시리아	트리니다드
부룬디	레바논	시에라리온	토바고
북 한	레소토	싱가포르	파키스탄
사우디아라비아	르완다	아랍에미리트	팔레스타인
아프카니스탄	리비아	아르메니아	
알제리	말라위	이라크	

여섯째, 사형은 오판(誤判)에 의해 저질러질 수가 있기 때문에 폐지하여야 한다. 존치론자들은 오늘날의 형사재판은 철저한 증거재판주의에 입각해 있기 때문에 오판의 가능성은 없다고 말하지만, 수사와 재판에 임하는 검사나 판사도 전지전능한 신은 아니며 불완전하기 짝이 없는 인간일 뿐이다. 인간은 선입관, 고정관념, 편견에 사로잡히기 일쑤이며, 모함·위증·증거의 조작 등 인간의 판단을 그르칠 수 있는 오판의 요소는 도처에 존재한다. 인간이 어떠한 재판제도를 갖고 운영하든지간에 무죄한 자를 사형장으로 보낼 가능성 앞에 모든 인간은 전율하고 겸허해야만 한다. 오판으로 인해 사형이 집행된 경우에 이는 회복이 불가능하다. 따라서 오판의 가능성이라는 이유 하나만으로도 사형은 폐지할 근거가 충분하다(참고 : 1965년 영국이 사형을 폐지하게 된 결정적 배경도 오판으로 인해 무죄한 자를 처형한 사실이 밝혀졌기 때문이다).

일곱째, 사형은 지배자·권력자·독재자 등에 의하여 남용되고 악용되어

온 대표적 형벌이므로 폐지해야 한다. 사형은 지배자가 자기의 정적(政敵)이나 반대자를 단숨에 침묵시키고 제거할 수 있는 효율적 수단으로 악용되어온 것은 인류 역사가 보여주는 엄연한 사실이다.

여덟째, 사형은 불공평한 제도이므로 폐지해야 한다. 사형을 선고받은 사형수에 대한 연구와 분석에 의하면 사형수는 대부분이 '약자'이다. 즉 부자보다는 가난한 자, 지위가 있는 자보다는 없거나 낮은 자, 교육을 받은 자보다는 못 받거나 덜 받은 자, 백인보다는 흑인이나 유색인종이 더 많다. 같은 살인을 하였어도 강자보다는 약자가 사형에 의해 희생된다. 이것은 정의도, 공평도 아닌 엄연한 차별인 것이다.

그리고 사형폐지론자들은 사형폐지의 대안으로서 종신형을 제안하고 있다. 종신형으로도 범죄의 예방과 억제, 범죄인의 교정과 교육, 피해자의 분노 등 모든 과제를 달성할 수 있다고 역설한다.

참고로 말한다면, 우리나라가 1990년 7월 10일 가입한 유엔인권 규약(시민적 및 정치적 권리에 관한 규약)에서도 사형의 폐지를 권고하고 있으며, 사형을 부득이 인정하는 경우라고 하더라도 사형은 '가장 중요한 범죄'에 국한되어야 한다고 강조하고 있다. 그런데도 우리나라는 최근에 개정된 형법에서도 사형을 존치시키고 있고, 헌법재판소에서도 1996년에 사형의 합헌성을 인정하는 아래와 같은 결정을 내렸다(헌법재판소 2001. 11. 29. 선고 2001 헌가 16 결정 등). 아래의 결정문에서 판사들의 사상과 논리를 면밀히 검토해 보도록 하자.

사형의 합헌결정

〈사 건〉

2010. 2. 25. 2008헌가23

〈판시사항〉

1. 재판의 전제성에 관한 제청법원의 법률적 견해가 명백히 유지될 수 없어 재판의 전제성이 부인된 사례

2. 사형제도에 대한 위헌심사의 범위

3. 사형제도의 헌법적 근거

4. 헌법 제37조 제2항에 의하여 생명권을 제한할 수 있는지 여부(적극) 및 생명권의 제한이 곧 생명권의 본질적 내용에 대한 침해인지 여부(소극)

5. 사형제도가 헌법 제37조 제2항에 위반하여 생명권을 침해하는지 여부(소극)

6. 사형제도가 인간의 존엄과 가치를 규정한 헌법 제10조에 위반되는지 여부(소극)

7. 가석방이 불가능한 이른바 '절대적 종신형'이 아니라 가석방이 가능한 이른바 '상대적 종신형'만을 규정한 현행 무기징역형제도가 평등원칙이나 책임원칙에 위반되는지 여부(소극)

8. 형법 제250조 제1항 중 '사형, 무기의 징역에 처한다'는 부분이 비례의 원칙이나 평등원칙에 위반되는지 여부(소극)

9. 구 '성폭력범죄의 처벌 및 피해자보호 등에 관한 법률'(1997. 8. 22. 법률 제5343호로 개정되고 2008. 6. 13. 법률 제9110호로 개정되기 전의 것) 제10조 제1항 중 "사형 또는 무기징역에 처한다."는 부분이 비례의 원칙이나 평등원칙에 위반되는지 여부(소극)

〈결정요지〉

1. 가석방의 요건에 관한 규정은 사법부에 의하여 형이 선고·확정된 이후의 집행에 관한 문제일 뿐 이 사건 당해 재판 단계에서 문제될 이유는 없고, 달리 위 규정이 당해 사건에 적용될 법률조항임을 인정할 자료를 찾아 볼 수 없으므로, 이 사건 위헌제청 중 형법 제72조 제1항 중 '무기징역' 부분은 재판의 전제성이 없어 부적법하다.

2. 사형제도가 위헌인지 여부의 문제는 성문 헌법을 비롯한 헌법의 법원을 토대로 헌법규범의 내용을 밝혀 사형제도가 그러한 헌법규범에 위반하는지 여

부를 판단하는 것으로서 헌법재판소에 최종적인 결정권한이 있는 반면, 사형제도를 법률상 존치시킬 것인지 또는 폐지할 것인지의 문제는 사형제도의 존치가 필요하거나 유용한지 또는 바람직한지에 관한 평가를 통하여 민주적 정당성을 가진 입법부가 결정할 입법정책적 문제이지 헌법재판소가 심사할 대상은 아니다.

그리고 극악한 범죄 중 극히 일부에 대하여서라도 헌법질서내에서 사형이 허용될 수 있다고 한다면 사형제도 자체를 위헌이라고 할 수는 없고, 사형제도 자체의 합헌성을 전제로 사형이 허용되는 범죄유형을 어느 범위까지 인정할 것인지가 문제될 뿐이며, 이는 개별 형벌조항의 위헌성 여부의 판단을 통하여 해결할 문제이다.

3. 헌법 제110조 제4항은 법률에 의하여 사형이 형벌로서 규정되고 그 형벌조항의 적용으로 사형이 선고될 수 있음을 전제로 하여, 사형을 선고한 경우에는 비상계엄하의 군사재판이라도 단심으로 할 수 없고 사법절차를 통한 불복이 보장되어야 한다는 취지의 규정으로, 우리 헌법은 문언의 해석상 사형제도를 간접적으로나마 인정하고 있다.

4. 헌법은 절대적 기본권을 명문으로 인정하고 있지 아니하며, 헌법 제37조 제2항에서는 국민의 모든 자유와 권리는 국가안전보장 질서유지 또는 공공복리를 위하여 필요한 경우에 한하여 법률로써 제한할 수 있도록 규정하고 있어, 비록 생명이 이념적으로 절대적 가치를 지닌 것이라 하더라도 생명에 대한 법적 평가가 예외적으로 허용될 수 있다고 할 것이므로, 생명권 역시 헌법 제37조 제2항에 의한 일반적 법률유보의 대상이 될 수밖에 없다. 나아가 생명권의 경우, 다른 일반적인 기본권 제한의 구조와는 달리, 생명의 일부 박탈이라는 것을 상정할 수 없기 때문에 생명권에 대한 제한은 필연적으로 생명권의 완전한 박탈을 의미하게 되는바, 위와 같이 생명권의 제한이 정당화될 수 있는 예외적인 경우에는 생명권의 박탈이 초래된다 하더라도 곧바로 기본권의 본질적인 내용을 침해하는 것이라 볼 수는 없다.

5. (개) 사형은 일반국민에 대한 심리적 위하를 통하여 범죄의 발생을 예방하며 극악한 범죄에 대한 정당한 응보를 통하여 정의를 실현하고, 당해 범죄인의 재범 가능성을 영구히 차단함으로써 사회를 방어하려는 것으로 그 입법목적은 정당하고, 가장 무거운 형벌인 사형은 입법목적의 달성을 위한

적합한 수단이다.

(나) 사형은 무기징역형이나 가석방이 불가능한 종신형보다도 범죄자에 대한 법익침해의 정도가 큰 형벌로서, 인간의 생존본능과 죽음에 대한 근원적인 공포까지 고려하면, 무기징역형 등 자유형보다 더 큰 위하력을 발휘함으로써 가장 강력한 범죄억지력을 가지고 있다고 보아야 하고, 극악한 범죄의 경우에는 무기징역형 등 자유형의 선고만으로는 범죄자의 책임에 미치지 못하게 될 뿐만 아니라 피해자들의 가족 및 일반국민의 정의관념에도 부합하지 못하며, 입법목적의 달성에 있어서 사형과 동일한 효과를 나타내면서도 사형보다 범죄자에 대한 법익침해 정도가 작은 다른 형벌이 명백히 존재한다고 보기 어려우므로 사형제도가 침해최소성원칙에 어긋난다고 할 수 없다. 한편, 오판가능성은 사법제도의 숙명적 한계이지 사형이라는 형벌제도 자체의 문제로 볼 수 없으며 심급제도, 재심제도 등의 제도적 장치 및 그에 대한 개선을 통하여 해결할 문제이지, 오판가능성을 이유로 사형이라는 형벌의 부과 자체가 위헌이라고 할 수는 없다.

(다) 사형제도에 의하여 달성되는 범죄예방을 통한 무고한 일반국민의 생명 보호 등 중대한 공익의 보호와 정의의 실현 및 사회방위라는 공익은 사형제도로 발생하는 극악한 범죄를 저지른 자의 생명권이라는 사익보다 결코 작다고 볼 수 없을 뿐만 아니라, 다수의 인명을 잔혹하게 살해하는 등의 극악한 범죄에 대하여 한정적으로 부과되는 사형이 그 범죄의 잔혹함에 비하여 과도한 형벌이라고 볼 수 없으므로, 사형제도는 법익균형성원칙에 위배되지 아니한다.

6. 사형제도는 우리 헌법이 적어도 간접적으로나마 인정하고 있는 형벌의 한 종류일 뿐만 아니라, 사형제도가 생명권 제한에 있어서 헌법 제37조 제2항에 의한 헌법적 한계를 일탈하였다고 볼 수 없는 이상, 범죄자의 생명권 박탈을 내용으로 한다는 이유만으로 곧바로 인간의 존엄과 가치를 규정한 헌법 제10조에 위배된다고 할 수 없으며, 사형제도는 형벌의 경고기능을 무시하고 극악한 범죄를 저지른 자에 대하여 그 중한 불법 정도와 책임에 상응하는 형벌을 부과하는 것으로서 범죄자가 스스로 선택한 잔악무도한 범죄행위의 결과인바, 범죄자를 오로지 사회방위라는 공익 추구를 위한 객체로만 취급함으로써 범죄자의 인간으로서의 존엄과 가치를 침해한 것으로 볼 수 없

다. 한편 사형을 선고하거나 집행하는 법관 및 교도관 등이 인간적 자책감을 가질 수 있다는 이유만으로 사형제도가 법관 및 교도관 등의 인간으로서의 존엄과 가치를 침해하는 위헌적인 형벌제도라고 할 수는 없다.

7. 절대적 종신형제도는 사형제도와는 또 다른 위헌성 문제를 야기할 수 있고, 현행 형사법령 하에서도 가석방제도의 운영 여하에 따라 사회로부터의 영구적 격리가 가능한 절대적 종신형과 상대적 종신형의 각 취지를 살릴 수 있다는 점 등을 고려하면, 현행 무기징역형제도가 상대적 종신형 외에 절대적 종신형을 따로 두고 있지 않은 것이 형벌체계상 정당성과 균형을 상실하여 헌법 제11조의 평등원칙에 반한다거나 형벌이 죄질과 책임에 상응하도록 비례성을 갖추어야 한다는 책임원칙에 반한다고 단정하기 어렵다.

8. 형법 제250조 제1항이 규정하고 있는 살인의 죄는 인간 생명을 부정하는 범죄행위의 전형이고, 이러한 범죄에는 행위의 태양이나 결과의 중대성으로 보아 반인륜적 범죄라고 할 수 있는 극악한 유형의 것들도 포함되어 있을 수 있으므로, 타인의 생명을 부정하는 범죄행위에 대하여 5년 이상의 징역 외에 사형이나 무기징역을 규정한 것은 하나의 혹은 다수의 생명을 보호하기 위하여 필요한 수단의 선택이라고 볼 수밖에 없으므로 비례의 원칙이나 평등의 원칙에 반한다고 할 수 없다.

9. 구 '성폭력범죄의 처벌 및 피해자보호 등에 관한 법률'(1997. 8. 22. 법률 제5343호로 개정되고 2008. 6. 13. 법률 제9110호로 개정되기 전의 것) 제10조 제1항의 범죄구성요건은 살인과 성폭력범죄가 합쳐진 결합범인데, 성폭력범죄자가 타인의 생명까지 침해한 행위에 대하여 행위자의 사형이나 무기징역을 그 불법효과의 하나로서 규정한 것은 하나의 혹은 다수의 생명과 타인의 성적자기결정의 자유를 보호하기 위하여 필요한 수단의 선택이라고 볼 수 있고, 성폭력범죄로 인해 발생하는 개인의 성적자유침해라는 추가적 법익침해를 감안할 때 일반 살인죄의 법정형에서 5년 이상의 유기징역을 제외한 것을 가리켜 비례의 원칙이나 평등의 원칙에 반한다고 할 수 없다.

재판관 이강국의 보충의견

헌법 제10조에서 도출된 생명권과 헌법 제110조 제4항 단서와의 대립관계는 헌법의 통일성의 원칙이나 실제적 조화의 원칙에 따라 위 2개의 법익이 통일적으로, 그리고 실제적으로 가장 잘 조화되고 비례될 수 있도록 해석하여야 한다. 따라서 사형제는 헌법 자체가 긍정하고 있는 형(刑)이지만, 동시에 이와 충돌되는 생명권의 높은 이념적 가치 때문에 그 규범영역은 상당부분 양보·축소되어야 할 것이므로 사형의 선고는 정의와 형평에 비추어 불가피한 경우에만, 그것도 비례의 원칙과 최소 침해의 원칙에 따라 행해져야 한다고 해석하는 것이 상당하고, 이러한 해석과는 달리, 생명권의 최상위 기본권성만을 내세워 실정 헌법에서 규정하고 있는 사형제를 가볍게 위헌이라고 부정하는 것은 헌법해석의 범위를 벗어나 헌법의 개정이나 헌법의 변질에 이르게 될 수 있다.

재판관 민형기의 보충의견

현행 헌법질서 내에서의 사형제 자체의 존재 이유 및 필요성은 인정될 수 있으나, 사형의 오남용 소지와 그에 따른 폐해를 최대한 불식시키고, 잔혹하고도 비이성적이라거나 목적 달성에 필요한 정도를 넘는 과도한 형벌이라는 지적을 면할 수 있도록, 그 적용 대상과 범위를 최소화하는 것이 필요하며, 원칙적으로 사형 대상 범죄는 인간의 생명을 고의적으로 침해하는 범죄나 생명의 침해를 수반할 개연성이 매우 높거나 흉악한 범죄로 인해 치사의 결과에 이른 범죄, 전쟁의 승패나 국가안보와 직접 관련된 범죄 등으로 한정되어야 한다. 입법자는 외국의 입법례 등을 참고하여 국민적 합의를 바탕으로 사형제 전반에 걸친 문제점을 개선하고 필요한 경우 문제가 되는 법률이나 법률조항을 폐지하는 등의 노력을 게을리 하여서는 아니 될 것이다.

재판관 송두환의 보충의견

인간의 존엄성 및 인간 생명의 존엄한 가치를 선명하기 위하여, 역설적으로 그 파괴자인 인간의 생명을 박탈하는 것이 불가피한 예외적 상황도 있을 수 있으므로, 반인륜적인 범죄에 대비하여 사형을 규정한 것으로 한정적으로 이해하는 한 사형제도가 헌법 제10조에 반한다고 볼 수 없고, 반인륜적인 범죄에 대한 법정형 범위에 사형을 포함시킨 것 자체를 '생명권을 공동화한 것'이라고 평가하기 어려우므로 자유와 권리의 본질적인 내용을 침해한 것으로 볼 수 없다. 근본적인 문제는 사형제도 자체에 있는 것이 아니라 사형제도의 남용 및 오용에 있으므로, 형벌조항들을 전면적으로 재검토하여 사형이 선택될 수 있는 범죄의 종류를 반인륜적으로 타인의 생명을 해치는 극악범죄로 한정하고, 사회적, 국가적 법익에만 관련된 각종 범죄의 경우 등에는 법정형에서 사형을 삭제하며, 전체 사법절차가 엄격하고 신중한 적법절차에 의하여 진행되고 '잔혹하고 이상한 형벌' 또는 인간의 존엄성을 무시하거나 해하는 형벌이 되지 않도록 수사 및 재판, 형의 집행 등 모든 절차를 세심하게 다듬고 정비하여야 할 것이다.

재판관 조대현의 일부위헌의견

인간의 생명권은 지고(至高)의 가치를 가지는 것이므로 이를 제한하기 위한 사유도 역시 지고의 가치를 가지는 인간의 생명을 보호하거나 구원하기 위한 것이라야 하는데, 범죄에 대한 형벌로서 범죄자를 사형시키는 것은 이미 이루어진 법익침해에 대한 응보에 불과하고, 살인자를 사형시킨다고 하여 피살자의 생명이 보호되거나 구원되지 아니하므로, 사형제도는 인간의 생명을 박탈하기에 필요한 헌법 제37조 제2항의 요건을 갖추지 못하였으며, 생명권의 본질적인 내용을 침해하는 것이라고 보지 않을 수 없다. 다만, 헌법 제110조 제4항 단서가 비상계엄 하의 군사재판에서 사형을 선고하는 경우를 인정하고 있으므로, 비상계엄 하의 군사재판이라는 특수상황에서 사형을 선고하는 것은 헌법 스스로 예외적으로 허용하였다고 봄이 상당하다. 따라서 사형제도는 헌법 제110조 제4항 단서에 해당되는 경우에 적용하면 헌법에 위반된다고 할 수 없지만, 헌법 제110조 제4항 단서에 해당되지 않는 경우에 적용하면 생명권을 침해할 정당한 사유도 없이 생명권의 본질적인 내용을 침해하는 것으로서 헌법 제37조 제2항에 위반된다.

재판관 김희옥의 위헌의견

(1) 헌법 제110조 제4항 단서의 규정은 그 도입 배경이나 규정의 맥락을 고려할 때, 법률상 존재하는 사형의 선고를 억제하여 최소한의 인권을 존중하기 위하여 규정된 것이므로 간접적으로도 헌법상 사형제도를 인정하는 근거 규정이라고 보기 어렵다.

(2) 사형제도는 인간의 존엄과 가치를 천명하고 생명권을 보장하는 우리 헌법 체계에서는 입법목적 달성을 위한 적합한 수단으로 인정할 수 없고, 사형제도를 통하여 확보하고자 하는 형벌로서의 기능을 대체할 만한 가석방 없는 무기자유형 등의 수단을 고려할 수 있으므로 피해의 최소성 원칙에도 어긋나며, 사형 당시에는 사형을 통해 보호하려는 타인의 생명권이나 중대한 법익은 이미 그 침해가 종료되어 범죄인의 생명이나 신체를 박탈해야 할 긴급성이나 불가피성이 없고 사형을 통해 달성하려는 공익에 비하여 사형으로

인하여 침해되는 사익의 비중이 훨씬 크므로 법익의 균형성도 인정되지 아니한다. 또한 사형제도는 이미 중대 범죄가 종료되어 상당 기간이 지난 후 체포되어 수감 중인, 한 인간의 생명을 일정한 절차에 따라 빼앗는 것을 전제로 하므로, 생명에 대한 법적 평가가 필요한 예외적인 경우라고 볼 수 없어 생명권의 본질적 내용을 침해하고, 신체의 자유의 본질적 내용까지도 침해한다.

(3) 사형제도는 범죄인을 사회전체의 이익 또는 다른 범죄의 예방을 위한 수단 또는 복수의 대상으로만 취급하고 한 인간으로서 자기의 책임 하에 반성과 개선을 할 최소한의 도덕적 자유조차 남겨주지 아니하는 제도이므로 헌법 제10조가 선언하는 인간의 존엄과 가치에 위배되며, 법관이나 교도관 등 직무상 사형제도의 운영에 관여하여야 하는 사람들로 하여금 인간의 생명을 계획적으로 빼앗는 과정에 참여하게 함으로써 그들을 인간으로서의 양심과 무관하게 국가목적을 위한 수단으로 전락시키고 있다는 점에서 그들의 인간으로서의 존엄과 가치 또한 침해한다.

재판관 김종대의 위헌의견

(1) 헌법 제37조 제2항 후단은 그 내용이 본질적인 부분과 그렇지 않은 부분의 중층적 구조로 구성된 기본권의 제한에 관한 규정이고, 성질상 본질적인 부분과 그렇지 않은 부분이 구별되지 않는 생명권과 같은 경우에는 그 적용이 없으므로, 생명권에 대해서도 헌법 제37조 제2항 전단에 따라 그 제한이 가능하고 그 제한의 정당화 여부는 비례의 원칙에 따른 심사를 통해 판단하여야 한다.

(2) 형벌로서 사형을 부과할 당시에는 국가의 존립이나 피해자의 생명이 범인의 생명과 충돌하는 상황은 이미 존재하지 않으며, 국가가 범인을 교도소에 계속해서 수용하고 있는 한 개인과 사회를 보호하는 목적은 범인을 사형시켰을 때와 똑같이 달성될 수 있다. 사형제도는 범죄억제라는 형사정책적 목적을 위해 사람의 생명을 빼앗는 것으로 그 자체로 인간으로서의 존엄과 가치에 반하고, 사형제도를 통해 일반예방의 목적이 달성되는지도 불확실하다. 다만, 지금의 무기징역형은 개인의 생명과 사회의 안전의 방어라는 점에서 사형의 효력을 대체할 수 없으므로, 가석방이나 사면 등의 가능성을 제한하는 최고의 자유형이 도입되는 것을 조건으로 사형제도는 폐지되어야 한다.

재판관 목영준의 위헌의견

(1) 생명권은 개념적으로나 실질적으로나 본질적인 부분을 그렇지 않은 부분과 구분하여 상정할 수 없어 헌법상 제한이 불가능한 절대적 기본권이라고 할 수 밖에 없고, 생명의 박탈은 곧 신체의 박탈도 되므로 사형제도는 생명권과 신체의 자유의 본질적 내용을 침해하는 것이다.

(2) 사형제도는 사회로부터 범죄인을 영원히 배제한다는 점 이외에는 형벌의 목적에 기여하는 바가 결코 명백하다고 볼 수 없고, 우리나라는 국제인권단체로부터 사실상의 사형폐지국으로 분류되고 있어 사형제도가 실효성을 상실하여 더 이상 입법목적 달성을 위한 적절한 수단이라고 할 수 없으며, 절대적 종신형제 또는 유기징역제도의 개선 등 사형제도를 대체할 만한 수단을 고려할 수 있음에도, 생명권을 박탈하는 것은 피해의 최소성 원칙에도 어긋나고, 사형을 통해 침해되는 사익은 범죄인에게는 절대적이고 근원적인 기본권인 반면, 이를 통해 달성하고자 하는 공익은 다른 형벌에 의하여 상당 수준 달성될 수 있어 공익과 사익 간에 법익의 균형성이 갖추어졌다고 볼 수 없다.

(3) 사형은 악성이 극대화된 흥분된 상태의 범죄인에 대하여 집행되는 것이 아니라 이성이 일부라도 회복된 안정된 상태의 범죄인에 대하여 생명을 박탈하는 것이므로 인간의 존엄과 가치에 위배되며, 직무상 사형제도의 운영에 관여하여야 하는 사람들로 하여금 그들의 양심과 무관하게 인간의 생명을 계획적으로 박탈하는 과정에 참여하게 함으로써, 그들의 인간으로서 가지는 존엄과 가치 또한 침해한다.

(4) 사형제도가 헌법에 위반되어 폐지되어야 한다고 하더라도 이를 대신하여 흉악범을 사회로부터 영구히 격리하는 실질적 방안이 강구되어야 하는바, 가석방이 불가능한 절대적 종신형제도를 사형제도를 도입하고, 엄중한 유기징역형을 선고할 수 있도록 경합범합산 규정을 수정하고 유기징역형의 상한을 대폭 상향조정해야 하므로, 형벌의 종류로서 사형을 열거하고 있는 형법 제41조 제1호를 위헌으로 선언함과 동시에, 무기징역형, 경합범 가중규정, 유기징역형 상한 및 가석방에 관한 현행 법규정들이 헌법에 합치되지 않음을 선언하여야 한다.

〈심판대상조문〉

형법(1953. 9. 18. 법률 제293호로 제정된 것) 제41조(형의 종류) 형의 종류는 다음과 같다.

   1. 사형

   2. 징역

   3.~9. 생략

형법(1953. 9. 18. 법률 제293호로 제정된 것) 제42조(징역 또는 금고의 기간) 징역 또는 금
   고는 무기 또는 유기로 하고 유기는 1월 이상 15년 이하로 한다. 단, 유기징역 또
   는 유기금고에 대하여 형을 가중하는 때에는 25년까지로 한다.

형법(1953. 9. 18. 법률 제293호로 제정된 것) 제72조(가석방의 요건) ① 징역 또는 금고의
   집행중에 있는 자가 그 행상이 량호하여 개전의 정이 현저한 때에는 무기에 있어
   서는 10년, 유기에 있어서는 형기의 3분의 1을 경과한 후 행정처분으로 가석방을
   할 수 있다.

   ② 생략

형법(1953. 9. 18. 법률 제293호로 제정된 것) 제250조(살인, 존속살해) ① 사람을 살해한
   자는 사형, 무기 또는 5 년 이상의 징역에 처한다.

   ② 생략

구 성폭력범죄의 처벌 및 피해자보호 등에 관한 법률(1997. 8. 22. 법률 제5343호로 개정되고,
   2008. 6. 13. 법률 제9110호로 개정되기 전의 것) 제10조(강간등 살인·치사) ① 제5
   조 내지 제8조, 제12조(제5조 내지 제8조의 미수범에 한한다)의 죄 또는 형법 제
   297조(강간) 내지 제300조(미수범)의 죄를 범한 자가 사람을 살해한 때에는 사형
   또는 무기징역에 처한다.

   ② 생략

〈참조조문〉

   헌법 제10조, 제12조 제1항, 제37조 제2항, 제110조 제4항

   사면법 제3조 사면, 감형과 복권은 좌에 열기한 자에 대하여 행한다.

   1. 일반사면은 죄를 범한 자

   2. 특별사면과 감형은 형의 언도를 받은 자

   3. 복권은 형의 언도로 인하여 법령의 정한 바에 의한 자격이 상실 또는 정지된 자

형법 제38조(경합범과 처벌례) ① 경합범을 동시에 판결할 때에는 다음의 구별에 의하
   여 처벌한다.

1. 가장 중한 죄에 정한 형이 사형 또는 무기징역이나 무기금고인 때에는 가장 중한 죄에 정한 형으로 처벌한다.

2. 각 죄에 정한 형이 사형 또는 무기징역이나 무기금고 이외의 동종의 형인 때에는 가장 중한 죄에 정한 장기 또는 다액에 그 2분의 1까지 가중하되 각 죄에 정한 형의 장기 또는 다액을 합산한 형기 또는 액수를 초과할 수 없다. 단 과료와 과료, 몰수와 몰수는 병과할 수 있다.

3. 각 죄에 정한 형이 무기징역이나 무기금고 이외의 이종의 형인 때에는 병과한다.

② 전항 각호의 경우에 있어서 징역과 금고는 동종의 형으로 간주하여 징역형으로 처벌한다.

형법 제55조(법률상의 감경) ① 법률상의 감경은 다음과 같다.

1. 사형을 감경할 때에는 무기 또는 10년 이상의 징역 또는 금고로 한다.

2. 무기징역 또는 무기금고를 감경할 때에는 7년 이상의 징역 또는 금고로 한다.

3. 유기징역 또는 유기금고를 감경할 때에는 그 형기의 2분의 1로 한다.

4. 자격상실을 감경할 때에는 7년 이상의 자격정지로 한다.

5. 자격정지를 감경할 때에는 그 형기의 2분의 1로 한다.

6. 벌금을 감경할 때에는 그 다액의 2분의 1로 한다.

7. 구류를 감경할 때에는 그 장기의 2분의 1로 한다.

8. 과료를 감경할 때에는 그 다액의 2분의 1로 한다.

② 법률상 감경할 사유가 수개있는 때에는 거듭 감경할 수 있다.

형법 제297조(강간) 폭행 또는 협박으로 부녀를 강간한 자는 3년 이상의 유기징역에 처한다.

형법 제298조(강제추행) 폭행 또는 협박으로 사람에 대하여 추행을 한 자는 10년 이하의 징역 또는 1천500만원 이하의 벌금에 처한다.

형법 제299조(준강간, 준강제추행) 사람의 심신상실 또는 항거불능의 상태를 이용하여 간음 또는 추행을 한 자는 전 2조의 예에 의한다.

형법 제300조(미수범) 전 3조의 미수범은 처벌한다.

형사소송법 제465조(사형집행명령의 시기) ① 사형집행의 명령은 판결이 확정된 날로부터 6월 이내에 하여야 한다.

② 생략

형사소송법 제466조(사형집행의 기간) 법무부장관이 사형의 집행을 명한 때에는 5일 이
내에 집행하여야 한다.

형사소송법 제467조(사형집행의 참여) ① 사형의 집행에는 검사와 검찰청서기관과 교도
소장 또는 구치소장이나 그 대리자가 참여하여야 한다.

② 생략

형의 집행 및 수용자의 처우에 관한 법률 제119조(가석방심사위원회)「형법」제72조에 따른
가석방의 적격 여부를 심사하기 위하여 법무부장관 소속으로 가석방심사위원회
(이하 이 장에서 "위원회"라 한다)를 둔다.

형의 집행 및 수용자의 처우에 관한 법률 제120조(위원회의 구성) ① 위원회는 위원장을 포
함한 5인 이상 9인 이하의 위원으로 구성한다.

② 위원장은 법무부차관이 되고, 위원은 판사, 검사, 변호사, 법무부 소속 공무
원, 교정에 관한 학식과 경험이 풍부한 사람 중에서 법무부장관이 임명 또는 위
촉한다.

③ 이 법에 규정된 사항 외에 위원회에 대하여 필요한 사항은 법무부령으로 정
한다.

형의 집행 및 수용자의 처우에 관한 법률 제121조(가석방 적격심사) ① 소장은「형법」제72
조제 1항의 기간이 지난 수형자에 대하여는 법무부령으로 정하는 바에 따라 위원
회에 가석방 적격심사를 신청하여야 한다.

② 위원회는 수형자의 나이, 범죄동기, 죄명, 형기, 교정성적, 건강상태, 가석방 후
의 생계능력, 생활환경, 재범의 위험성, 그 밖에 필요한 사정을 고려하여 가석방
의 적격 여부를 결정한다.

형의 집행 및 수용자의 처우에 관한 법률 제122조(가석방 허가) ① 위원회는 가석방 적격결
정을 하였으면 5일 이내에 법무부장관에게 가석방 허가를 신청하여야 한다.

② 법무부장관은 제1항에 따른 위원회의 가석방 허가신청이 적정하다고 인정하
면 허가할 수 있다.

〈참조판례〉

　　헌재 1996. 11. 28. 95헌바1, 판례집 8-2, 537, 544-545

〈당사자〉

　　제청법원 광주고등법원

　　제청신청인 오 ○ 근

대리인 변호사 이상갑 외 6인

법무법인 덕수 담당변호사 김형태 외 2인

법무법인 동서남북 담당변호사 장유식

법무법인 사람과 사람 담당변호사 남승한

법무법인 시민 담당변호사 이영직

법무법인 지평지성 담당변호사 조병규

법무법인 한강 담당변호사 최재천

법무법인 한울 담당변호사 이경우

당해사건광주고등법원 2008노71 성폭력범죄의처벌및피해자보호등에관한법률

위반(강간등살인) 등

〈주 문〉

1. 형법(1953. 9. 18. 법률 제293호로 제정된 것) 제41조 제1호, 제41조 제2호
   및 제42조 중 각 '무기징역' 부분, 제250조 제1항 중 '사형, 무기의 징역에 처
   한다'는 부분, 구 '성폭력범죄의 처벌 및 피해자보호 등에 관한 법률'(1997.
   8. 22. 법률 제5343호로 개정되고 2008. 6. 13. 법률 제9110호로 개정되기
   전의 것) 제10조 제1항 중 '사형 또는 무기징역에 처한다'는 부분은 각 헌법
   에 위반되지 아니한다.

2. 형법(1953. 9. 18. 법률 제293호로 제정된 것) 제72조 제1항 중 '무기징역'
   부분에 대한 위헌법률심판제청을 각하한다.

〈이 유〉

1. 사건의 개요 및 심판의 대상

가. 사건의 개요

(1) 당해 사건의 피고인인 제청신청인 오○근은 2회에 걸쳐 4명을 살해하고 그
    중 3명의 여성을 추행한 범죄사실로 구속기소되어, 1심인 광주지방법원 순
    천지원(2007고합143)에서 형법 제250조 제1항, '성폭력범죄의 처벌 및 피해
    자보호 등에 관한 법률' 제10조 제1항 등이 적용되어 사형을 선고받은 후 광
    주고등법원에 항소하였다.

(2) 제청신청인은 항소심 재판 계속 중(2008노71) 형법 제250조 제1항, 사형제
    도를 규정한 형법 제41조 제1호 등에 대하여 위헌법률심판제청신청을 하였
    고(2008초기29), 광주고등법원은 2008. 9. 17. 형법 제41조 중 '1. 사형 2. 징

역' 부분, 형법 제42조(무기금고, 유기징역, 유기금고 부분 제외), 형법 제72
조 제1항(무기금고, 유기징역, 유기금고 부분 제외), 형법 제250조 제1항 중
'사형, 무기의 징역에 처한다'는 부분, '성폭력범죄의 처벌 및 피해자보호 등
에 관한 법률' 제10조 제1항 중 '사형 또는 무기징역에 처한다'는 부분이 각
위헌이라고 의심할 만한 상당한 이유가 있다며 위헌법률심판제청결정을 하
였다.

나. 심판의 대상

이 사건에서 위헌제청이 된 법률조항 표시를 다음과 같이 함이 상당하다. 이 사
건 심판의 대상은 형법(1953. 9. 18. 법률 제293호로 제정된 것) 제41조 제1호, 제
41조 제2호 및 제42조 중 각 '무기징역' 부분, 제72조 제1항 중 '무기징역' 부분,
제250조 제1항 중 '사형, 무기의 징역에 처한다'는 부분, 구 '성폭력범죄의 처벌
및 피해자보호 등에 관한 법률'(1997. 8. 22. 법률 제5343호로 개정되고 2008. 6.
13. 법률 제9110호로 개정되기 전의 것, 이하 '구 성폭력법'이라 한다) 제10조 제1
항 중 '사형 또는 무기징역에 처한다'는 부분이 위헌인지 여부이며, 그 내용은 다
음과 같다.

〈심판대상조항〉

형법(1953. 9. 18. 법률 제293호로 제정된 것) 제41조(형의 종류) 형의 종류는 다음과
    같다.
    1. 사형
    2. 징역
제42조(징역 또는 금고의 기간) 징역 또는 금고는 무기 또는 유기로 하고 유기는 1월 이
    상 15년 이하로 한다. 단, 유기징역 또는 유기금고에 대하여 형을 가중하는 때에
    는 25년까지로 한다.
제72조(가석방의 요건) ① 징역 또는 금고의 집행 중에 있는 자가 그 행상이 양호하여
    개전의 정이 현저한 때에는 무기에 있어서는 10년, 유기에 있어서는 형기의 3분
    의 1을 경과한 후 행정처분으로 가석방을 할 수 있다.
제250조(살인, 존속살해) ① 사람을 살해한 자는 사형, 무기 또는 5년 이상의 징역에
    처한다.
구 '성폭력범죄의 처벌 및 피해자보호 등에 관한 법률'(1997. 8. 22. 법률 제5343호로 개정
    되고 2008. 6. 13. 법률 제9110호로 개정되기 전의 것)

제10조(강간 등 살인·치사) ① 제5조부터 제8조까지, 제8조의2, 제12조(제5조부터 제8조까지 및 제8조의2의 미수범만 해당한다)의 죄 또는 형법 제297조(강간) 내지 제300조(미수범)까지의 죄를 범한 자가 사람을 살해한 때에는 사형 또는 무기징역에 처한다.

〈관련조항〉

　　[별지] 기재와 같다.

　2. 위헌제청이유 및 관계기관의 의견

　가. 광주고등법원의 위헌제청이유 요지

　(1) 사형제도의 위헌성

　　　사형제도는 "헌법 제12조 제1항, 제110조 제4항이 군사법 분야가 아닌 일반범죄에서 사형을 예정하고 있지 않다. 사형수에 대한 인간의 존엄과 가치를 침해함은 물론이고 법관 등 사형의 선고와 집행에 관여하는 자들의 양심의 자유와 인간의 존엄과 가치를 침해한다. 잘못된 재판에 의한 사형 판결이 집행된 경우 어떠한 방법으로도 원상회복이 불가능한 데다가, 사형제도에 의하여 달성하려는 범인의 영구적 격리나 범죄의 일반예방이라는 공익은 가석방이 불가능한 종신형에 의하여도 충분히 달성될 수 있음에도 국민의 기본권 중 가장 기초적인 의미를 갖는 생명권을 최종적으로 박탈하는 사형제도는 피해의 최소성원칙에 반하여 기본권제한에 있어서의 과잉금지의 원칙에 위반되는 것으로서 헌법 제37조 제2항에 반한다. 범죄인은 자신의 생명이 박탈될 것이라고 예상하고 더욱 흉포한 범죄를 저지를 수 있어 형벌로서의 사형의 일반예방적인 효과는 그리 크지 않다. 범죄의 원인에는 국가와 사회환경적 요인도 적지 않은데 국가가 범죄의 모든 책임을 범죄인에게 돌리고 반성의 기회조차 박탈하는 것은 형벌에 있어서 책임의 원칙에 반한다"는 등 여러 점에서 위헌의 의심이 크다.

　　　또한 우리나라는 1997. 12. 30. 이후 사형을 집행하지 않고 있어 사회·문화적으로 사형집행에 대한 인식이 1996년의 헌법재판소 합헌결정 당시의 상황과는 달라졌다고 할 것이고, 우리나라의 정치·문화 수준이 높아지고 종교와 자선단체의 활동이 증가하고 있으며, 국제화 및 세계화의 물결 속에 시민적·정치적 권리에 관한 국제협약에 참가한 국가들이 증가하고 있는 추세이고, 이미 전세계적으로 사형폐지가 대세인데 굳이 우리나라가 사형존치국으로 남아 있을 만큼 문화적·사회적으로 열악한 위치에 있는 것인지도 의문이다.

(2) 무기징역형제도의 문제

현행 무기징역형제도는 "무기징역형의 가석방 요건은 수형자가 행상이 양호하여 개전의 정이 현저한 때에는 10년 이상의 수형생활을 한 후에 행정처분으로서 가석방이 되는데, 이는 일반 국민의 법감정과 헌법상 권력분립의 원칙 및 사법권독립의 원칙에 부합하지 않고, 오늘날의 국민의 평균수명을 감안할 때 적절하지 않으며, 무기수에 대한 가석방 여부가 합법적인 고려보다는 행정편의주의적 발상 내지 정치적 목적에 따라 이루어질 우려가 존재한다. 또한 무기징역형과 유기징역형 사이에 질적·양적인 면에서 분명한 한계가 존재하지 않는 상황이 발생하는 등 무기징역형의 체계는 유기징역형의 체계와 적절한 비례관계에 있지 않다. 즉 무기징역형을 선택받는 자에게는 형벌의 가중사유가 있더라도 더 이상 형벌을 가중하지 못하고, 감경하면 15년을 초과한 유기징역형을 선고할 수 없는데 반하여, 유기징역형의 경우 가중사유가 존재하면 25년까지의 처단형이 가능하여 감경사유가 존재하더라도 결과적으로 12년 6개월까지 형벌을 선고할 수 있다"는 등 여러 점에서 문제가 있다.

이처럼 우리 형법체계상 사형을 제외한 형 중 가장 무거운 무기징역형은 경우에 따라서는 유기징역형과 다를 바 없는 결론에 이르게 됨으로써 책임의 원칙에 반하고, 사형과 무기징역형 사이에 이와 같이 범죄와 형벌의 균형을 상실할 정도의 간극이 존재하는 것은 위헌적인 상황인데, 그렇다면 형법 제41조 제2호, 제42조가 형벌의 종류로서 무기징역형을 '형법 제72조 제1항에 의한 가석방이 허용되는 무기징역형'과 '형법 제72조 제1항에 의한 가석방이 허용되지 않는 무기징역형'으로 세분하지 않음으로써 사형을 대체할 '가석방이 불가능한 무기징역형'에 대하여 규정하지 않고 있는 것은 형벌체계상의 정당성과 균형을 상실한 것으로서 헌법 제11조의 평등원칙에 반하고, 형벌이 죄질과 책임에 상응하도록 적절한 비례성을 갖추어야 한다는 원칙에 반하며, 이에 따라 헌법 제10조의 인간으로서의 존엄과 가치를 보장하려는 국가의 의무 및 형법 제37조 제2항의 비례의 원칙 위반의 의심이 있다. 마찬가지로 형법 제250조 제1항 및 구 성폭력법 제10조 제1항 중 선택형으로 규정되어 있는 무기징역형을 위와 같이 세분하지 않은 것도 동일한 이유로 위헌의 의심이 있다.

(3) 형법 제72조 제1항의 가석방 요건의 위헌성

가석방제도의 실질은 형의 집행유예제도와 형사정책적 목적을 같이 하는 것으로서 법원의 재판절차에 의하여 형벌개별화원칙의 영향권 아래 실시되어야 하는데, 형법 제72조 제1항이 책임에 상응하는 형벌의 집행이 이루어지고 있는지에 대한 요건의 검토 없이 단지 수형자가 행상이 양호하여 개전의 정이 현저한 경우인지를 행정청이 심사하여 행정처분으로 가석방을 할 수 있다고 규정하고 있는 것은 헌법과 법률이 정한 법관에 의하여 법률에 의한 재판을 받을 권리를 침해하고 권력분립의 원칙, 사법권 독립의 원칙 및 죄형법정주의의 원칙에도 어긋나, 헌법 제12조 제1항, 제27조 제1항, 제37조 제1항, 제101조 및 제103조에 각 위반된다는 위헌의 의심이 있다.

나. 법무부장관의 의견요지

(1) 재판의 전제성에 대하여

형법 제41조 제2호, 형법 제42조 중 '무기징역' 부분, 형법 제72조 제1항 중 '무기징역' 부분은 가석방 없는 무기징역형을 규정하는 것은 아니므로 모두 재판의 전제성이 없어 부적법하다.

(2) 사형제도의 위헌성 주장에 대하여

헌법 제110조 제4항이 사형제도의 헌법적 근거이고, 모든 인간의 생명은 자연적 존재로서 동등한 가치를 가지나 그 동등한 가치가 서로 충돌하게 될 때 국가의 근본규범은 어떠한 생명이 보호되어야 할 것인지 그 규준을 제시할 수 있으므로 생명권도 일반의 기본권과 같이 기본권 제한적 법률유보의 제약을 받고 공공복리나 질서유지를 위하여 제약을 면치 못한다.

형벌이 범죄에 대한 응보로서의 본질을 가지는 이상 생명을 침해하거나 그에 준할 정도의 법익침해에 대하여 사형을 부과하는 것은 형벌의 본질에 부합하는 점, 사형의 일반예방적 효과가 없다고 속단할 수 없고 그것을 대체할 수 있는 강한 위하력을 가진 다른 마땅한 수단이 존재하지 않으며 사회방위를 위한 적절한 수단인 점, 입법자는 법정형에 사형이 포함되어 있는 사형대상범죄를 축소하는 방향으로 나아가고 있는 점, 사법부가 사형선고의 요건을 제한적으로 해석·적용하고 있어 사형제도가 신중하게 운영되고 있는 점, 2003년부터 2007년까지의 연간 살인사건은 1,000건 이상, 강간사건은 10,000건 이상이 발생하는 등 강력범죄의 수가 과거에 비해 큰 폭으로 줄지는 아니하였으며 사형제도 존치에 관한 국민 여론이 폐지 여론보다 2배 이상 높은 점 등을 고려하면, 사형제도를 합헌으로 결정한 헌법재판소 95헌바1 결정을 변경하여 위헌으로 판단할 사정변경이 없다.

⑶ 형법 제250조 제1항, 구 성폭력법 제10조 제1항의 위헌성 주장에 대하여

㈎ 형법 제250조 제1항이 규정하고 있는 살인의 죄는 인간 생명을 부정하는 범죄행위의 전형이고, 이러한 범죄에는 그 행위의 태양이나 결과의 중대성으로 미루어 보아 반인륜적 범죄라고 규정지워질 수 있는 극악한 유형의 것들도 포함되어 있을 수 있는 것이다. 따라서 사형이나 무기징역을 형벌의 한 종류로서 합헌이라고 보는 한 그와 같이 타인의 생명을 부정하는 범죄행위에 대하여 행위자의 생명을 부정하는 사형이나 행위자를 영구히 사회에서 격리하는 무기징역을 그 불법효과의 하나로서 규정한 것은 행위자의 생명과 그 가치가 동일한 하나의 혹은 다수의 생명을 보호하기 위한 불가피한 수단의 선택이라고 볼 수밖에 없으므로, 이를 가리켜 비례의 원칙에 반한다고 할 수 없어 헌법에 위반되는 것이 아니다.

㈏ 구 성폭력법 제10조 제1항의 범죄구성요건은 살인과 성폭력범죄가 합쳐진 것인데, 살인의 죄는 인간 생명을 부정하는 범죄행위의 전형이고 그 행위의 태양이나 결과의 중대성으로 미루어 보아 반인륜적 범죄라고 규정지워질 수 있는 극악한 유형의 것들도 포함되어 있을 수 있는 것이며, 그와 아울러 강간, 강제추행 등의 성폭력범죄가 미치는 법익침해의 중대성, 일단 침해되면 회복될 수 없는 법익의 특성 등을 고려할 때, 사형을 형벌의 한 종류로서 합헌이라고 보는 이상 성폭력범죄자가 타인의 생명까지 침해한 행위에 대하여 행위자의 생명을 부정하는 사형을 그 불법효과의 하나로서 규정한 것은, 행위자의 생명과 그 가치가 동일한 하나의 혹은 다수의 생명과 타인의 성적자기결정의 자유를 보호하기 위한 불가피한 수단의 선택이라고 볼 수밖에 없으므로 이를 가리켜 비례의 원칙에 반한다고 할 수 없어 헌법에 위반되는 것이 아니다.

다. 광주지방검찰청 순천지청장의 의견요지

다음 내용 외에는 법무부장관의 의견과 대체로 같다.

우리 사회에서 사형제도 폐지 논쟁이 시작된 이래 그와 불가분의 관계로 가석

방이 불가능한 종신형 제도의 도입에 관한 논의가 시작되었고, 2005년 17대 국회에서 제출된 사형제도의 폐지에 관한 법률안에도 사형을 가석방 없는 종신형으로 대체하는 내용이 포함되어 있었다. 그러므로 이러한 문제가 국민의 대의기관인 국회라는 광장에서 해결될 수 있도록 하는 것이 헌법상의 대의제 및 권력분립의 원칙에 부합할 것이다.

라. 국가인권위원회의 의견요지

인간의 생명권은 인간의 존엄성과 분리될 수 없는 기본권이며 모든 기본권의 전제가 되는 권리이다. 따라서 사형제도는 근본적인 윤리적 문제, 즉 모든 이에게 살인을 금지하면서 국가가 일정한 공익적인 목적을 달성한다는 명목 아래 법과 정의의 이름으로 살인행위를 한다는 윤리적인 모순에서 벗어날 수 없다. 아무리 훌륭한 사법제도를 갖는다고 하더라도 재판이 신이 아닌 사람의 영역에 속하는 이상 오판의 가능성을 절대적으로 없앤다는 것은 불가능하다. 그러므로 국가가 이러한 사법제도의 불완전성에 대한 마지막 안전판으로서 비록 범죄자라 하더라도 우주보다도 중하다는 생명이 유지되도록 허용하는 것이 윤리적으로 책임지는 자세이다. 국제적으로도 이제 사형제 폐지는 시대의 대세이다. 결국 사형은 헌법과 국제인권규약 등의 정신에 부합하지 않으므로 폐지함이 상당하다.

3. 재판의 전제성에 관한 판단

가. 형법 제72조 제1항 중 '무기징역' 부분

헌법재판소는 "법원의 위헌법률심판제청에 있어서 위헌 여부가 문제되는 법률 또는 법률조항이 재판의 전제성 요건을 갖추고 있는지의 여부는 되도록 제청법원의 이에 관한 법률적 견해를 존중"해야 하는 것을 원칙으로 삼고 있다(헌재 1996. 10. 4. 96헌가6, 판례집 8-2, 308, 321; 헌재 1999. 9. 16. 98헌가6, 판례집 11-2, 228, 235; 헌재 2007. 6. 28. 2006헌가14, 판례집 19-1, 783, 792). 그러나 헌법재판소는 재판의 전제성에 관한 제청법원의 법률적 견해가 명백히 유지될 수 없을 때에는 이를 직권으로 조사할 수 있으며(헌재 1993. 5. 13. 92헌가10등, 판례집 5-1, 226, 239; 헌재 1999. 9. 16. 99헌가1, 판례집 11-2, 245, 252), 그 결과 전제성이 없다고 판단되면 그 제청을 부적법하다 하여 각하할 수 있다.

형법 제72조 제1항은 징역 또는 금고의 집행 중에 있는 수형자 가운데 그 행상이 양호하여 개전의 정이 현저한 자에 대하여 무기징역형에 있어서 10년을 경과한 후 행정처분으로 가석방을 할 수 있도록 규정하고 있으며, 이에 관한 구체적

절차는 '형의 집행 및 수용자의 처우에 관한 법률' 제119조부터 제122조까지에서 규정하고 있다. 이러한 가석방제도는 이미 법원으로부터 구체적인 범죄사실의 확정과 함께 제반 양형요소의 참작과정을 거쳐 그의 위법성 및 책임에 상응하는 형을 선고받은 수형자에 대하여 그 행상이 양호하여 개전의 정이 현저한 경우에 형기만료 전에 행정청의 행정처분으로 석방하는 제도인바, 위와 같은 가석방의 요건에 관한 규정은 사법부에 의하여 형이 선고·확정된 이후의 집행에 관한 문제일 뿐 이 사건 당해 재판 단계에서 문제될 이유는 없고, 달리 위 규정이 당해 사건에 적용될 법률조항임을 인정할 자료를 찾아볼 수 없다.

그렇다면 위 규정의 위헌 여부에 따라 당해 사건 재판의 주문이 달라지거나 재판의 내용과 효력에 관한 법률적 의미가 달라지게 되는 경우라고 볼 수 없다 할 것이므로, 이 사건 위헌제청 중 형법 제72조 제1항 중 '무기징역' 부분은 재판의 전제성이 없어 부적법하다.

나. 나머지 부분

당해 사건에서 그 공소사실을 유죄로 인정할 경우 제청신청인에게는 형법 제250조 제1항, 구 성폭력법 제10조 제1항이 적용되고 범죄의 중대성에 비추어 사형 또는 무기징역에 처할 가능성이 상당한바, 제청신청인에게 직접 적용되는 형법 제250조 제1항, 구 성폭력법 제10조 제1항 및 이와 밀접한 관련이 있는 형의 종류에 대한 형법 제41조, 제42조의 사형 및 무기징역 부분의 위헌 여부가 당해 사건 재판의 결론과 주문에 영향을 주는 것은 명백하므로, 위 각 해당 법률조항 부분은 당해 사건 재판에 대하여 전제성이 있다.

4. 본안에 관한 판단

가. 형법 제41조 제1호(사형제도)의 위헌 여부

(1) 사형제도의 의의 및 현황

형법 제41조 제1호는 형의 종류의 하나로서 사형을 규정하고 있고, 사형은 인간존재의 바탕인 생명을 빼앗아 사람의 사회적 존재를 말살하는 형벌이므로 생명의 소멸을 가져온다는 의미에서 생명형이자, 성질상 모든 형벌 중에서 가장 무거운 형벌이라는 의미에서 극형인 궁극의 형벌이다. 사형은 국가 형사정책적인 측면과 인도적인 측면에서 비판이 되어 오기도 하였으나 인류 역사상 가장 오랜 역사를 가진 형벌의 하나로서 범죄에 대한 근원적인 응보 방법이며 또한 가장 효과적인 일반예방법으로 인식되어 왔고, 우리나라에서

는 고대의 소위 기자 8조금법(箕子 八條禁法)에 "상살자 이사상(相殺者 以
死償)"이라고 규정된 이래 현행의 형법 및 특별형법에 이르기까지 계속하여
하나의 형벌로 인정되어 오고 있다(헌재 1996. 11. 28. 95헌바1, 판례집 8-2,
537, 544 참조).

우리나라의 현행 형법과 특별형법에는 사형을 법정형으로 규정한 조문들이
있는바, 형법의 경우 각칙에서 21개 조항이 사형을 법정형으로 규정하고 있
는데, 이 중 여적죄(형법 제93조)만이 절대적 법정형으로 사형만을 규정하
고 있고, 나머지는 모두 상대적 법정형으로 규정하고 있으며, 특별형법의 경
우 20여개의 특별형법에 사형을 법정형으로 규정한 조문들이 있고, 그 가운
데에는 절대적 법정형으로 사형을 규정한 것도 있다.

한편, 전세계적으로 보아 2008년 말 기준으로 사형이 존치하는 국가는 미국,
일본, 중국, 대만, 인도 등 105개국으로서 그 중 전쟁범죄를 제외한 일반범
죄에 대하여 사형을 폐지한 국가는 10개국이고, 최근 10년 이상 사형집행을
하지 않은 국가는 36개국이다. 모든 범죄에 대한 사형을 폐지한 국가는 독
일, 프랑스, 스웨덴, 필리핀 등 92개국이다.

우리나라에서 사형의 집행은 1997. 12. 30. 이후로는 이루어진 적이 없으나,
사형의 선고는 계속되고 있으며, 헌법재판소는 사형을 형의 종류의 하나로
서 규정한 형법 제41조 제1호(사형제도) 및 사형을 법정형의 하나로 규정한
살인죄 조항인 형법 제250조 제1항에 대하여 1996. 11. 28. 95헌바1 사건에
서 합헌결정을 한 바 있다.

(2) 생명권의 의의 및 사형제도 자체의 위헌성 심사에 있어서의 쟁점

인간의 생명은 고귀하고, 이 세상에서 무엇과도 바꿀 수 없는 존엄한 인간존
재의 근원이다. 이러한 생명에 대한 권리는 비록 헌법에 명문의 규정이 없다
하더라도 인간의 생존본능과 존재목적에 바탕을 둔 선험적이고 자연법적인
권리로서 헌법에 규정된 모든 기본권의 전제로서 기능하는 기본권 중의 기
본권이라 할 것이다(헌재 1996. 11. 28. 95헌바1, 판례집 8-2, 537, 545 참
조). 따라서 인간의 생명권은 최대한 존중되어야 하고, 국가는 헌법상 용인
될 수 있는 정당한 사유 없이 생명권을 박탈하는 내용의 입법 등을 하여서
는 아니 될 뿐만 아니라, 한편으로는 사인의 범죄행위로 인해 일반국민의 생
명권이 박탈되는 것을 방지할 수 있는 입법 등을 함으로써 일반국민의 생명

권을 최대한 보호할 의무가 있다.

사형은 이러한 생명권에 대한 박탈을 의미하므로, 만약 그것이 형벌의 목적 달성에 필요한 정도를 넘는 과도한 것으로 평가된다면 우리 헌법의 해석상 허용될 수 없는 위헌적인 형벌이라고 하지 않을 수 없을 것이다(헌재 1996. 11. 28. 95헌바1, 판례집 8-2, 537, 545 참조).

그런데 사형제도가 위헌인지 여부의 문제와 형사정책적인 고려 등에 의하여 사형제도를 법률상 존치시킬 것인지 또는 폐지할 것인지의 문제는 서로 구분되어야 할 것이다. 즉, 사형제도가 위헌인지 여부의 문제는 성문 헌법을 비롯한 헌법의 법원(法源)을 토대로 헌법규범의 내용을 밝혀 사형제도가 그러한 헌법규범에 위반하는지 여부를 판단하는 것으로서 헌법재판소에 최종적인 결정권한이 있는 반면, 사형제도를 법률상 존치시킬 것인지 또는 폐지할 것인지의 문제는 사형제도의 존치가 필요하거나 유용한지 또는 바람직한지에 관한 평가를 통하여 민주적 정당성을 가진 입법부가 결정할 입법정책적 문제이지 헌법재판소가 심사할 대상은 아니라 할 것이다. 유럽의 선진 각국을 비롯하여 사형제도를 폐지한 대다수의 국가에서 헌법해석을 통한 헌법재판기관의 위헌결정이 아닌 헌법개정이나 입법을 통하여 사형제도의 폐지가 이루어졌다는 점은 위와 같은 구분과 관련하여 시사하는 바가 크다.

또한 사형제도 자체의 위헌성 여부를 심사하는 것과 사형을 법정형으로 규정하고 있는 개별 형벌조항의 위헌성 여부를 심사하는 것 역시 구분되어야 할 것이다. 즉, 사형제도 자체가 위헌이라고 선언되려면, 잔혹한 방법으로 수많은 인명을 살해한 연쇄살인범이나 테러범, 대량학살을 주도한 자, 계획적이고 조직적으로 타인의 생명을 박탈한 살인범 등 타인의 생명을 박탈한 범죄 중에서도 극악한 범죄 및 이에 준하는 범죄에 대한 어떠한 사형 선고조차도 모두 헌법에 위반된다고 인정할 수 있어야 한다. 따라서 만약, 극악한 범죄 중 극히 일부에 대하여서라도 헌법질서 내에서 사형이 허용될 수 있다고 한다면, 사형제도 자체가 위헌이라고 할 수는 없고, 다만, 사형제도 자체의 합헌성을 전제로 하여 사형이 허용되는 범죄유형을 어느 범위까지 인정할 것인지가 문제될 뿐이며, 이는 개별 형벌조항의 위헌성 여부의 판단을 통하여 해결할 문제라고 할 것이다.

따라서 위와 같은 구분을 전제로 하여, 우리 헌법이 명문으로 사형제도를 인정하고 있는지, 생명권이 헌법 제37조 제2항에 의한 일반적 법률유보의 대상이 되는지, 사형제도가 생명권 제한에 있어서의 헌법상 비례원칙에 위배되는지, 사형제도가 인간의 존엄과 가치를 규정한 헌법 제10조에 위배되는지를 차례로 살펴본다.

(3) 우리 헌법이 명문으로 사형제도를 인정하고 있는지 여부

우리 헌법은 사형제도에 대하여 그 금지나 허용을 직접적으로 규정하고 있지는 않다. 그러나, 헌법 제12조 제1항은 "모든 국민은 … 법률과 적법절차에 의하지 아니하고는 처벌·보안처분 또는 강제노역을 받지 아니한다"고 규정하는 한편, 헌법 제110조 제4항은 "비상계엄하의 군사재판은 군인·군무원의 범죄나 군사에 관한 간첩죄의 경우와 초병·초소·유독음식물공급·포로에 관한 죄 중 법률이 정한 경우에 한하여 단심으로 할 수 있다. 다만, 사형을 선고한 경우에는 그러하지 아니하다"고 규정하고 있다. 이는 법률에 의하여 사형이 형벌로서 규정되고, 그 형벌조항의 적용으로 사형이 선고될 수 있음을 전제로 하여, 사형을 선고한 경우에는 비상계엄하의 군사재판이라도 단심으로 할 수 없고, 사법절차를 통한 불복이 보장되어야 한다는 취지의 규정이라 할 것이다.

따라서 우리 헌법은 적어도 문언의 해석상 사형제도를 간접적으로나마 인정하고 있다고 할 것이다(헌재 1996. 11. 28. 95헌바1, 판례집 8-2, 537, 544-545 참조).

(4) 생명권이 헌법 제37조 제2항에 의한 일반적 법률유보의 대상이 되는지 여부

인간의 생명에 대하여는 함부로 사회과학적 혹은 법적인 평가가 행하여져서는 아니되고, 각 개인의 입장에서 그 생명은 절대적 가치를 가진다고 할 것이므로 생명권은 헌법 제37조 제2항에 따른 제한이 불가능한 절대적 기본권이 아닌지가 문제 될 수 있다.

그런데 우리 헌법은 절대적 기본권을 명문으로 인정하고 있지 아니하며, 헌법 제37조 제2항에서는 국민의 모든 자유와 권리는 국가안전보장·질서유지 또는 공공복리를 위하여 필요한 경우에 한하여 법률로써 제한할 수 있도록 규정하고 있는바, 어느 개인의 생명권에 대한 보호가 곧바로 다른 개인의 생명권에 대한 제한이 될 수밖에 없거나, 특정한 인간에 대한 생명권의 제한이 일반국민의 생명 보호나 이에 준하는 매우 중대한 공익을 지키기 위하여 불

가피한 경우에는 비록 생명이 이념적으로 절대적 가치를 지닌 것이라 하더라도 생명에 대한 법적 평가가 예외적으로 허용될 수 있다고 할 것이므로, 생명권 역시 헌법 제37조 제2항에 의한 일반적 법률유보의 대상이 될 수밖에 없다.

예컨대 생명에 대한 현재의 급박하고 불법적인 침해 위협으로부터 벗어나기 위한 정당방위로서 그 침해자의 생명에 제한을 가하여야 하는 경우, 모체의 생명이 상실될 우려가 있어 태아의 생명권을 제한하여야 하는 경우, 국민 전체의 생명에 대하여 위협이 되는 현재적이고 급박한 외적의 침입에 대한 방어를 위하여 부득이하게 국가가 전쟁을 수행하는 경우, 정당한 이유 없이 타인의 생명을 부정하거나 그에 못지 아니한 중대한 공공이익을 침해하는 극악한 범죄의 발생을 예방하기 위하여 범죄자에 대한 극형의 부과가 불가피한 경우 등 매우 예외적인 상황 하에서 국가는 생명에 대한 법적인 평가를 통해 특정 개인의 생명권을 제한할 수 있다 할 것이다.

한편, 헌법 제37조 제2항에서는 자유와 권리를 제한하는 경우에도 자유와 권리의 본질적인 내용을 침해할 수 없다고 규정하고 있다. 그런데 생명권의 경우, 다른 일반적인 기본권 제한의 구조와는 달리, 생명의 일부 박탈이라는 것은 상정할 수 없기 때문에 생명권에 대한 제한은 필연적으로 생명권의 완전한 박탈을 의미하게 되는바, 이를 이유로 생명권의 제한은 어떠한 상황에서든 곧바로 개인의 생명권의 본질적인 내용을 침해하는 것으로서 기본권 제한의 한계를 넘는 것으로 본다면, 이는 생명권을 제한이 불가능한 절대적 기본권으로 인정하는 것과 동일한 결과를 가져오게 된다.

그러나 앞서 본 바와 같이 생명권 역시 그 제한을 정당화할 수 있는 예외적 상황 하에서는 헌법상 그 제한이 허용되는 기본권인 점 및 생명권 제한구조의 특수성을 고려한다면, 생명권 제한이 정당화될 수 있는 예외적인 경우에는 생명권의 박탈이 초래된다 하더라도 곧바로 기본권의 본질적인 내용을 침해하는 것이라 볼 수는 없다. 따라서 사형이 비례의 원칙에 따라 최소한 동등한 가치가 있는 다른 생명 또는 그에 못지 아니한 공공의 이익을 보호하기 위한 불가피성이 충족되는 예외적인 경우에만 적용됨으로써 생명권의 제한이 정당화될 수 있는 경우에는, 그것이 비록 생명권의 박탈을 초래하는 형벌이라 하더라도 이를 두고 곧바로 생명권이라는 기본권의 본질적인 내용을 침해하는 것이라 볼 수는 없다.

(5) 사형제도가 생명권 제한에 있어서의 헌법상 비례원칙에 위배되는지 여부

(가) 앞서 본 바와 같이, 생명권 역시 헌법 제37조 제2항에 의한 일반적 법률유보의 대상이 될 수 있다 할 것이므로, 생명권의 제한을 형벌의 내용으로 하는 사형제도의 위헌성 여부를 판단하기 위하여 사형제도가 생명권 제한에 있어서의 헌법상 비례원칙에 위배되는지 여부를 살펴본다.

(나) 입법목적의 정당성 및 수단의 적합성

사형은, 이를 형벌의 한 종류로 규정함으로써, 일반국민에 대한 심리적 위하를 통하여 범죄의 발생을 예방하며, 이를 집행함으로써 극악한 범죄에 대한 정당한 응보를 통하여 정의를 실현하고, 당해 범죄인 자신에 의한 재범의 가능성을 영구히 차단함으로써 사회를 방어한다는 공익상의 목적을 가진 형벌인바, 이러한 사형제도의 입법목적은 정당하다고 할 것이다.

나아가 사형은 인간의 죽음에 대한 공포본능을 이용한 가장 냉엄한 궁극의 형벌로서 이를 통한 일반적 범죄예방효과가 있다고 볼 수 있으므로 일반적 범죄예방목적을 달성하기 위한 적합한 수단이라 할 것이다. 또한 잔혹한 방법으로 다수의 인명을 살해하는 등의 극악한 범죄의 경우, 그 법익침해의 정도와 범죄자의 책임의 정도는 가늠할 수 없을 만큼 심대하다 할 것이며, 수많은 피해자 가족들의 형언할 수 없는 슬픔과 고통, 분노 및 일반국민이 느낄 불안과 공포, 분노까지 고려한다면, 이러한 극악한 범죄에 대하여는 우리 헌법질서가 허용하는 한도 내에서 그 불법정도와 책임에 상응하는 강력한 처벌을 함이 정의의 실현을 위하여 필수불가결하다 할 것인바, 가장 무거운 형벌인 사형은 이러한 정당한 응보를 통한 정의의 실현을 달성하기 위한 적합한 수단이라 할 것이다.

(다) 피해의 최소성

1) 특정 범죄와 그 법정형 사이에 적정한 비례관계가 존재하는 일반적인 상황 하에서는, 형벌이 무거울수록, 즉, 형벌 부과에 의한 범죄자의 법익침해 정도가 커질수록 범죄를 실행하려는 자의 입장에서는 범죄를 통하여 얻을 수 있는 이익에 비하여 범죄로 인하여 부과될 수 있는 불이익이 보다 커지게 됨으로써 그 범죄행위를 포기하게 될 가능성이 커진다고 볼 수 있다. 따라서, 우리 형법체계에 비추어 보면, 일반적으로 벌금형보다는 징역형이, 단기

의 징역형보다는 장기의 징역형이, 유기징역형보다는 무기징역형이 범죄억
지효과가 크다고 봄이 상당하다. 특히, 무기징역형이나 사형의 대체형벌로
논의될 수 있는 가석방이 불가능한 종신형을 선고받은 범죄자의 경우 사회
로부터의 격리라는 자유형의 집행 목적에 반하지 아니하는 한도 내에서는
인격권 등의 기본권을 그대로 가지는 반면, 사형을 선고받은 범죄자는 사형
집행으로 인하여 생명을 박탈당함으로써 인간의 생존을 전제로 한 모든 자유
와 권리까지 동시에 전면적으로 박탈당한다는 점에 비추어 보면, 한 인간에
게 있어서 가장 소중한 생명을 박탈하는 내용의 사형은 무기징역형이나 가석
방이 불가능한 종신형보다도 범죄자에 대한 법익침해의 정도가 크다 할 것이
다. 여기에다 인간의 생존본능과 죽음에 대한 근원적인 공포까지 고려하면,
사형은 잠재적 범죄자를 포함하는 모든 일반국민에 대하여 무기징역형이나
가석방이 불가능한 종신형보다 더 큰 위하력을 발휘함으로써 가장 강력한 범
죄억지력을 가지고 있다고 봄이 상당하다. 따라서 입법자가 이러한 범죄와
형벌의 본질 및 그 관계, 인간의 본성 등을 바탕으로 하여 사형이 무기징역
형 등 자유형보다 더 큰 일반적 범죄예방효과를 가지고 있다고 보아 형벌의
한 종류로 규정한 이상, 이러한 입법자의 판단은 존중되어야 할 것이고, 이와
달리 무기징역형이나 가석방이 불가능한 종신형이 사형과 동일한 혹은 오히
려 더 큰 일반적 범죄예방효과를 가지므로 사형을 대체할 수 있다는 주장은
이를 인정할 만한 명백한 근거가 없는 이상 받아들일 수 없다.

나아가 이와 같이 사형이 무기징역형이나 가석방이 불가능한 종신형보다 일
반적 범죄예방효과가 크다고 볼 수 있는 이상, 무기징역형 등 자유형보다 사
형을 통하여 살인범죄 등 극악한 범죄의 발생을 보다 더 감소시킬 수 있다
할 것이다. 이는 무고하게 살해되는 일반국민의 수가 사형제도의 영향으로
감소될 수 있다는 것, 즉, 무고한 생명의 일부라도 사지(死地)로부터 구해낼
수 있다는 것을 의미한다. 그리고 설령 사형과 무기징역형 등 자유형 사이의
일반적 범죄예방효과 차이가 탁월하게 크지는 아니하여 사형제도로 인하여
보다 더 구제되는 무고한 생명의 수가 월등히 많지는 않다고 하더라도, 구제
되는 생명의 수의 많고 적음을 떠나, 이러한 무고한 국민의 생명 보호는 결
코 양보하거나 포기할 수 있는 성질의 것이 아니라 할 것이다.

2) 또한 잔혹한 방법으로 다수의 인명을 살해한 범죄 등 극악한 범죄의 경우에

는, 범죄자에 대한 무기징역형이나 가석방이 불가능한 종신형의 선고만으로
는 형벌로 인한 범죄자의 법익침해 정도가 당해 범죄로 인한 법익침해의 정
도 및 범죄자의 책임에 미치지 못하게 되어 범죄와 형벌 사이의 균형성을
잃게 될 뿐만 아니라 이로 인하여 피해자들의 가족 및 일반국민의 정의관념
에도 부합하지 못하게 된다. 결국, 극악한 범죄에 대한 정당한 응보를 통한
정의의 실현이라는 목적을 달성함에 있어서 사형보다 범죄자에 대한 법익침
해의 정도가 작은 무기징역형이나 가석방이 불가능한 종신형은 사형만큼의
효과를 나타낸다고 보기 어렵다.

3) 한편, 생명을 박탈하는 형벌인 사형은 그 성격상 이미 형이 집행되고 난 후
  에는 오판임이 밝혀지더라도 범죄자의 기본권 제한을 회복할 수 있는 수단
  이 없다는 점에서 최소침해성원칙에 위배되는지 여부가 문제된다.
  그런데, 인간은 완벽한 존재일 수가 없고 그러한 인간이 만들어낸 어떠한 사
  법제도 역시 결점이 없을 수는 없다는 점에 비추어 보면, 형사재판에 있어서
  의 오판가능성은 사법제도가 가지는 숙명적 한계라고 할 것이지 사형이라는
  형벌제도 자체의 문제라고 보기는 어렵다. 따라서 오판가능성 및 그 회복의
  문제는, 피고인의 방어권을 최대한 보장하고, 엄격한 증거조사절차를 거쳐
  유죄를 인정하도록 하는 형사공판절차제도와 오판을 한 하급심 판결이나 확
  정된 판결을 시정할 수 있는 심급제도, 재심제도 등의 제도적 장치 및 그에
  대한 개선을 통하여 오판가능성을 최소화함으로써 해결할 문제이지, 이를
  이유로 사형이라는 형벌의 부과 자체를 최소침해성원칙에 어긋나 위헌이라
  고 할 수는 없다.

4) 위에서 살펴본 바와 같이, 사형은 그보다 완화된 형벌인 무기징역형이나 가
  석방이 불가능한 종신형에 비하여 일반적 범죄예방목적 및 정당한 응보를
  통한 정의의 실현이라는 목적을 달성함에 있어서 더 효과적인 수단이라고
  할 것이고, 위와 같은 입법목적의 달성에 있어서 사형과 동일한 효과를 나타
  내면서도 사형보다 범죄자에 대한 법익침해 정도가 작은 다른 형벌이 명백
  히 존재한다고 보기 어려우므로 사형제도는 최소침해성원칙에 어긋난다고
  할 수 없다.

㈘ 법익의 균형성

모든 인간의 생명은 자연적 존재로서 동등한 가치를 갖는다고 할 것이나 그 동

등한 가치가 서로 충돌하게 되거나 생명의 침해에 못지 아니한 중대한 공익을 침해하는 등의 경우에는 국민의 생명 등을 보호할 의무가 있는 국가로서는 어떠한 생명 또는 법익이 보호되어야 할 것인지 그 규준을 제시할 수 있는 것이다. 인간의 생명을 부정하는 등의 범죄행위에 대한 불법적 효과로서 지극히 한정적인 경우에만 부과되는 사형은 죽음에 대한 인간의 본능적인 공포심과 범죄에 대한 응보욕구가 서로 맞물려 고안된 "필요악"으로서 불가피하게 선택된 것이며 지금도 여전히 제 기능을 하고 있다는 점에서 정당화될 수 있다(헌재 1996. 11. 28. 95헌바1, 판례집 8-2, 537, 547-548 참조). 나아가 사형으로 인하여 침해되는 사익은 타인의 생명을 박탈하는 등의 극악한 범죄를 저지른 자의 생명 박탈이라 할 것인바, 이는 범죄자의 자기책임에 기초한 형벌효과에 기인한 것으로서 엄격하고 신중한 형사소송절차를 거쳐 생명이 박탈된다는 점에서, 극악무도한 범죄행위로 인하여 무고하게 살해당하였거나 살해당할 위험이 있는 일반국민의 생명권 박탈 및 그 위험과는 동일한 성격을 가진다고 보기 어렵고, 두 생명권이 서로 충돌하게 될 경우 범죄행위로 인한 무고한 일반국민의 생명권 박탈의 방지가 보다 우선시되어야 할 가치라 할 것이다.

따라서 사형제도에 의하여 달성되는 범죄예방을 통한 무고한 일반국민의 생명 보호 등 중대한 공익의 보호와 정의의 실현 및 사회방위라는 공익은 사형제도로 발생하는 극악한 범죄를 저지른 자의 생명권 박탈이라는 사익보다 결코 작다고 볼 수 없을 뿐만 아니라, 다수의 인명을 잔혹하게 살해하는 등의 극악한 범죄에 대하여 한정적으로 부과되는 사형이 그 범죄의 잔혹함에 비하여 과도한 형벌이라고 볼 수 없으므로, 사형제도는 법익균형성원칙에 위배되지 아니한다.

㈐ 결국 사형이 극악한 범죄에 한정적으로 선고되는 한, 사형제도 자체는 위에서 살펴본 바와 같이 입법목적의 정당성, 수단의 적합성, 피해의 최소성, 법익균형성 등을 모두 갖추었으므로 생명권 제한에 있어서의 헌법상 비례원칙에 위배되지 아니한다.

⑹ 사형제도가 인간의 존엄과 가치를 규정한 헌법 제10조에 위배되는지 여부
헌법 제10조는 "모든 국민은 인간으로서의 존엄과 가치를 가지며, 행복을 추구할 권리를 가진다. 국가는 개인이 가지는 불가침의 기본적 인권을 확인하

고 이를 보장할 의무를 진다"라고 하여 모든 기본권의 종국적 목적이자 기본이념이라 할 수 있는 인간의 존엄과 가치를 규정하고 있다. 이러한 인간의 존엄과 가치 조항은 헌법이념의 핵심으로 국가는 헌법에 규정된 개별적 기본권을 비롯하여 헌법에 열거되지 아니한 자유와 권리까지도 이를 보장하여야 하고, 이를 통하여 개별 국민이 가지는 인간으로서의 존엄과 가치를 존중하고 확보하여야 한다는 헌법의 기본원리를 선언한 것이라 할 것이다(헌재 2001. 7. 19. 2000헌마546, 판례집 13-2, 103, 111-111, 헌재 2004. 10. 28. 2002헌마328, 공보 98, 1187, 1193-1194 참조).

그런데 사형제도가 범죄자의 생명권 박탈을 그 내용으로 하고 있으므로 인간의 존엄과 가치를 규정한 헌법 제10조에 위배되는지에 관하여 보건대, 앞서 살펴본 바와 같이, 사형제도 자체는 우리 헌법이 적어도 문언의 해석상 간접적으로나마 인정하고 있는 형벌의 한 종류일 뿐만 아니라, 사형이 극악한 범죄에 한정적으로 선고되는 한, 기본권 중의 기본권이라고 할 생명권을 제한함에 있어서 헌법상 비례원칙에 위배되지 아니한다고 할 것인바, 이와 같이 사형제도가 인간존엄성의 활력적인 기초를 의미하는 생명권 제한에 있어서 헌법 제37조 제2항에 의한 헌법적 한계를 일탈하였다고 볼 수 없는 이상, 사형제도가 범죄자의 생명권 박탈을 내용으로 한다는 이유만으로 곧바로 인간의 존엄과 가치를 규정한 일반조항인 헌법 제10조에 위배되어 위헌이라고 할 수는 없다.

또한 사형은 형벌의 한 종류로서, 앞서 살펴본 바와 같이, 다수의 무고한 생명을 박탈하는 살인범죄 등의 극악한 범죄에 예외적으로 부과되는 한, 그 내용이 생명권 제한에 있어서의 헌법적 한계를 일탈하였다고 볼 수 없을 뿐만 아니라, 사형제도는 공익의 달성을 위하여 무고한 국민의 생명을 그 수단으로 삼는 것이 아니라, 형벌의 경고기능을 무시하고 극악한 범죄를 저지른 자에 대하여 그 중한 불법 정도와 책임에 상응하는 형벌을 부과하는 것으로서 이는 당해 범죄자가 스스로 선택한 잔악무도한 범죄행위의 결과라 할 것인바, 이러한 형벌제도를 두고 범죄자를 오로지 사회방위라는 공익 추구를 위한 객체로만 취급함으로써 범죄자의 인간으로서의 존엄과 가치를 침해한 것으로 보아 위헌이라고 할 수는 없다.

한편, 사형을 선고하는 법관이나 이를 집행하여야 하는 교도관 등은 인간의 생명을 박탈하는 사형을 선고하거나 집행하는 과정에서 인간으로서의 자책감을 가지게 될 여지가 있다고 할 것이나, 이는 사형제도가 본래 목적한 바가 아니고 사형의 적용 및 집행이라는 과정에서 필연적으로 발생하게 되는 부수적인 결과일 뿐이다. 물론 사형을 직접 집행하는 교도관의 자책감 등을 최소화할 수 있는 사형집행방법의 개발 등은 필요하다고 할 것이지만, 앞서 살펴본 바와 같이, 사형제도는 무고한 일반국민의 생명 보호 등 극히 중대한 공익을 보호하기 위한 것으로서 생명권 제한에 있어서의 헌법적 한계를 일탈하였다고 할 수 없는 이상, 이러한 공익을 보호하여야 할 공적 지위에 있는 법관 및 교도관 등은 다른 형벌의 적용, 집행과 마찬가지로 사형의 적용, 집행을 수인할 의무가 있다고 할 것이다. 따라서 법관 및 교도관 등이 인간적 자책감을 가질 수 있다는 이유만으로 사형제도가 법관 및 교도관 등을 공익 달성을 위한 도구로서만 취급하여 그들의 인간으로서의 존엄과 가치를 침해하는 위헌적인 형벌제도라고 할 수는 없다.

(7) 소결론

앞서 살펴본 바와 같이, 형법 제41조 제1호 규정의 사형제도 자체는 우리의 현행 헌법이 스스로 예상하고 있는 형벌의 한 종류이기도 할 뿐만 아니라 생명권 제한에 있어서의 헌법 제37조 제2항에 의한 한계를 일탈하였다고 할 수 없고, 인간의 존엄과 가치를 규정한 헌법 제10조에 위배된다고 볼 수 없으므로 헌법에 위반되지 아니한다고 할 것이다.

국가는 때로 보다 더 소중한 가치를 지키기 위하여 소중한 가치를 포기할 수밖에 없는 상황에 직면하게 되기도 한다. 사형제도 역시, 무고한 일반국민의 생명이나 이에 준하는 중대한 공익을 지키기 위하여 이를 파괴하는 잔악무도한 범죄를 저지른 자의 생명을 박탈할 수밖에 없는 국가의 불가피한 선택의 산물이라고 할 것이다.

다만, 사형이란 형벌이 무엇보다 고귀한 인간의 생명을 박탈하는 극형임에 비추어, 우리의 형사관계법령에 사형을 법정형으로 규정하고 있는 법률조항들이 과연 행위의 불법과 형벌 사이에 적정한 비례관계를 유지하고 있는지를 개별적으로 따져 보아야 할 것임은 물론 나아가 비록 법정형으로서의 사형이 적정한 것이라 하더라도 이를 선고함에 있어서는 특히 신중을 기하여야 할 것이다.

나. 형법 제41조 제2호, 제42조 중 각 '무기징역' 부분(무기징역형제도)의
   위헌 여부

(1) 형법 제42조는 사형 다음으로 무거운 형벌인(형법 제50조 제1항, 제41조 참
   조) 징역과 금고에 대해 그 기간을 무기 또는 유기로 한다고 규정함으로써
   무기형(무기징역과 무기금고)을 규정하고 있다.
   무기형, 이른바 '종신형'은 수형자가 자연사할 때까지 자유를 박탈하는 형벌
   이지만, 이는 가석방의 가능성이 없는 '절대적 종신형'과 가석방이 가능한
   '상대적 종신형'으로 구분할 수 있다.
   무기수형자라 하더라도 10년을 복역한 이후에는 유기수형자의 경우와 비교
   하여 요건의 차별 없이 가석방이 가능하고(형법 제72조 제1항), 사면법에 따
   라 사면이나 감형도 가능하다(사면법 제3조 참조). '형의 집행 및 수용자의
   처우에 관한 법률' 제1조는 "이 법은 수형자의 교정교화와 건전한 사회복귀
   를 도모하고 …"라고 명시하고 있어 어떠한 무기형도 가석방이 불가능하다
   는 것을 전제로 하지는 않는다. 이처럼 우리나라는 사실상 '가석방이 가능한
   무기형'을 채택하되 '가석방이 불가능한 무기형'은 따로 규정하고 있지 아니
   하고 있다고 볼 것이다.

(2) 사형에 비하면 절대적 종신형이 생명을 유지시킨다는 점에서 인도적이라고
   할 수는 있으나, 절대적 종신형 역시 자연사할 때까지 수용자를 구금한다는
   점에서 사형에 못지 않은 형벌이고, 수형자와 공동체의 연대성을 영원히 단
   절시킨다는 비판을 면하기 어렵다.
   일반적으로 형벌의 종류에 대해서는 입법자의 형성권이 존중되어야 할 것인
   데 위와 같은 이유가 존재하는 한 입법자가 절대적 종신형을 도입하지 않은
   것이 헌법적 정당성을 문제삼을 정도로 잘못된 것이라고 볼 수 없다.

(3) 한편 우리 형법이 가석방이 가능한 무기형, 즉 상대적 종신형만을 규정하고
   있는 것으로 본다고 하더라도 현행 무기징역형제도의 형집행 실무는 사실상
   절대적 종신형을 본위로 운용되고 있다고 할 것이다. 형법은 무기수형자의
   경우 10년이 지난 후에 가석방이 가능하도록 규정하고 있을 뿐 기한이 된
   모든 무기수형자에게 가석방을 허가하여야 하는 것도 아니고 무기수형자들
   에게 가석방신청권을 부여한 것도 아니다. 따라서 무기징역형이 '무기'라는
   표현에 걸맞지 않게 운용되고 있는 부분이 일부 있다고 하더라도 그것은 형

집행 실무상의 문제라고 볼 것이고, 한편으로는 무기수형자에 대한 현재의 가석방요건을 보완하는 방법으로 해결할 수 있는 것이다.

또한 절대적 종신형제도를 도입한다고 하더라도 여전히 사면에 의한 석방이나 감형의 가능성이 열려 있는 이상, 현재의 무기형에 대하여 가석방이 가능한 것을 문제삼는 것은 적절하지 아니한 측면이 있다.

(4) 한편 앞서 본 바와 같이 사형제도는 헌법에 위반되지 아니한다고 할 것이므로 우리 형벌체계상 절대적 종신형을 반드시 도입하여야 할 필요성이 있다고 할 수 없다는 점에서도 현행 무기징역형제도의 위헌성을 인정하기는 어렵다.

(5) 이상에서 본 바와 같이 절대적 종신형제도가 우리 헌법 하에서 사형제도와는 또 다른 위헌성 문제를 야기할 수 있고, 현행 형사법령 하에서도 가석방제도의 운영 여하에 따라 사회로부터의 영구적 격리가 가능한 절대적 종신형과 상대적 종신형의 각 취지를 살릴 수 있다는 점 등을 고려하면, 우리 형벌법규체계에 상대적 종신형 외에 무기수형자에게 더 가혹한 절대적 종신형을 따로 두어야 할 절박한 필요성도 없고 그 도입으로 인하여 무기수형자들 사이 또는 무기수형자와 유기수형자 사이의 형평성 문제가 완전히 해결된다고 볼 객관적 자료도 없다. 또한 무기징역이라는 형벌의 특징상 범행의 편차가 커도 수긍할 수밖에 없는 측면이 있어, 그 제도를 두어야만 평등원칙 등에 부합되는 것이라 보기도 어렵다.

따라서 현행 무기징역형제도가 상대적 종신형 외에 절대적 종신형을 따로 두고 있지 아니함으로 인하여 무기수형자들에 대하여 형벌체계상의 정당성과 균형을 상실한 것으로서 헌법 제11조의 평등원칙에 반하고 무기징역형제도가 형벌이 죄질과 책임에 상응하도록 적절한 비례성을 갖추어야 한다는 책임원칙에 반하여 위헌이라고 단정하기는 어렵다.

다. 형법 제250조 제1항 중 '사형, 무기의 징역에 처한다'는 부분의 위헌 여부

사형제도 자체가 합헌이라고 하더라도 형법 제250조 제1항이 지나치게 과도하거나 평등원칙에 반하는 법정형인지 여부를 살펴본다.

비록 형벌로서의 사형이나 무기징역형이 그 자체로서 위헌이라고는 할 수 없다고 하더라도 형법 제250조 제1항이 살인이라는 구체적인 범죄구성요건에 대한 불법효과의 하나로서 사형과 무기징역을 규정하고 있는 것이 행위의 불법과 행위자

의 책임에 비하여 현저히 균형을 잃음으로써 책임원칙 등에 반한다고 평가된다면, 형법 제250조 제1항은 사형제도나 무기징역형제도 자체의 위헌 여부와는 관계없이 위헌임을 면하지 못할 것이다.

형법 제250조 제1항이 규정하고 있는 살인의 죄는 인간 생명을 부정하는 범죄행위의 전형이고, 이러한 범죄에는 그 행위의 태양이나 결과의 중대성으로 미루어 보아 반인륜적 범죄라고 규정지어질 수 있는 극악한 유형의 것들도 포함되어 있을 수 있는 것이다. 따라서 사형이나 무기징역을 형벌의 한 종류로서 합헌이라고 보는 한 그와 같이 타인의 생명을 부정하는 범죄행위에 대하여 5년 이상의 징역 외에 행위자의 생명을 부정하는 사형이나 행위자를 영구히 사회에서 격리하는 무기징역을 그 불법효과의 하나로서 규정한 것은 행위자의 생명과 그 가치가 동일한 하나의 혹은 다수의 생명을 보호하기 위하여 필요한 수단의 선택이라고 볼 수밖에 없으므로 이를 가리켜 비례의 원칙이나 평등의 원칙에 반한다고 할 수 없어 헌법에 위반되는 것이 아니다.

라. 구 성폭력법 제10조 제1항 중 '사형 또는 무기징역에 처한다'는 부분의
    위헌 여부

구 성폭력법 제10조 제1항의 범죄구성요건은 살인과 성폭력범죄가 합쳐진 결합범인데, 구 성폭력법 제10조 제1항은 성폭력법이 1994. 1. 5. 법률 제4702호로 제정될 때부터 존재하였던 규정으로 제정 당시의 법정형도 '사형 또는 무기징역'이었고, 이후 1997. 8. 22. 법률 제5343호로 일부 개정되면서 일부 미수범이 살인을 하는 경우도 포함되었다.

이는 형법상의 강간, 강제추행, 준강간, 준강제추행 및 그 미수뿐만 아니라 그에 준할 정도로 개인의 성적자유를 침해하는 다양한 형태의 성폭력범죄를 형법 제301조의2 본문의 '강간 등의 살인'(형법 제297조 내지 제300조의 죄를 범한 자가 사람을 살해한 때에는 사형 또는 무기징역에 처한다)으로 규율하는 것에 대한 특별규정으로서 사람의 생명을 침해한 성폭력범죄를 통일적으로 규율함과 동시에 단순살인보다 가중처벌하여 성폭력범죄의 발생 및 법익침해의 가능성을 사전에 차단하고자 하는 취지의 규정이다. 즉 단순살인을 규정한 형법 제250조 제1항의 법정형이 '사형, 무기 또는 5년 이상의 징역'임에 비해, 구 성폭력법 제10조 제1항이 5년 이상의 유기징역을 제외하여 사형 또는 무기징역이라는 가중된 법정형으로 의율하는 것은 사람의 생명침해에 더하여 성폭력범죄로 인해 발생하는 개인의

성적자유침해라는 추가적 법익침해를 감안했기 때문이다.

살인의 죄는 인간생명을 부정하는 범죄행위의 전형이고 그 행위의 태양이나 결과의 중대성으로 미루어 보아 반인륜적 범죄라고 규정지어질 수 있는 극악한 유형의 것들도 포함되어 있을 수 있는 것이다. 그와 아울러 강간, 강제추행 등의 성폭력범죄가 미치는 법익침해의 중대성, 일단 침해되면 회복될 수 없는 법익의 특성 등을 고려할 때, 사형, 무기징역을 형벌의 한 종류로서 합헌이라고 보는 이상 성폭력범죄자가 타인의 생명까지 침해한 행위에 대하여 행위자의 생명을 부정하는 사형이나 무기징역을 그 불법효과의 하나로서 규정한 것은 행위자의 생명과 그 가치가 동일한 하나의 혹은 다수의 생명과 타인의 성적자기결정의 자유를 보호하기 위하여 필요한 수단의 선택이라고 볼 수 있고, 살인죄에 비하여 성폭력범죄로 인해 발생하는 개인의 성적자유침해라는 추가적 법익침해를 감안할 때 일반 살인죄의 법정형에서 5년 이상의 유기징역을 제외하는 것을 가리켜 비례의 원칙이나 평등의 원칙에 반한다고 할 수도 없으므로 헌법에 위반된다고 볼 수 없다.

5. 결 론

이상과 같은 이유로 이 사건 심판대상 중 형법 제72조 제1항 중 '무기징역' 부분은 부적법하고, 나머지 부분은 모두 헌법에 위반되지 아니하므로 주문과 같이 결정한다.

이 결정에는 재판관 이강국의 형법 제41조 제1호에 대한 다음 6.과 같은 보충의견, 재판관 민형기의 형법 제41조 제1호에 대한 다음 7.과 같은 보충의견, 재판관 송두환의 형법 제41조 제1 대한 다음 8.과 같은 보충의견, 재판관 조대현의 형법 제41조 제1호에 대한 다음 9.와 같은 일부위헌의견, 재판관 김희옥의 형법 제41조 제1호에 대한 다음 10.과 같은 위헌의견, 재판관 김종대의 형법 제41조 제1호에 대한 다음 11.과 같은 위헌의견, 재판관 목영준의 형법 제41조 제1호, 제41조 제2호 및 제42조 중 각 '무기징역' 부분에 대한 다음 12.와 같은 위헌의견이 있는 외에는 나머지 관여 재판관 전원의 의견이 일치되었다.

6. 재판관 이강국의 합헌의견에 대한 보충의견

가. 서 론

나는 우리 현행헌법이 사형제에 관하여 그 허용 여부를 정면으로 규정하고 있지는 않지만 헌법 제110조 제4항 단서가 비상계엄하의 군사재판에서 피고인의 불복 상소권을 보장하는 방법으로 '사형을 선고한 경우'에 관하여 규정하고 있는 이상, 사형제는 헌법 자체가 이를 긍정한 것이어서 헌법에 위반되지 아니한다고 생각하므로 다음과 같이 그 이유를 밝힌다.

나. 위헌법률심판절차에서의 '헌법'의 해석

(1) 위헌법률심판절차는 법률이 국가의 최고규범인 헌법에 위반되는지의 여부를 심판하는 규범통제절차이고 이 절차에서는 당연히 헌법 자체와 하위규범인 대상 법률의 해석을 필요로 하게 된다. 그리고 규범통제절차에서는 헌법은 인식규범으로서 보다는 통제규범으로 작용하게 되는 것이고 심사기준이 되는 것이어서, 통제 기준인 헌법규범을 임의로 확대·축소하는 것은 헌법의 해석이 아니라 헌법의 개정이나 헌법의 변질에 해당하게 될 것이므로 허용될 수 없는 것이다. 이러한 점에서 규범통제절차에서 심판의 대상인 법률에 대한 해석방법과는 차이가 있을 수밖에 없는 것이다.

(2) 규범통제절차에서 헌법규범 자체를 해석함에 있어서는 우선 당해 규범에 대한 해석과 그것의 규범영역을 찾아내고 구체적 문제해결에 적합한 관점들을 일정한 기준에 따라 심사·평가하여 가장 적절한 관점을 선택해야 하는 것인바, 이러한 선택기준으로서는 우선 헌법의 통일성의 원칙과 실제적 조화의 원칙이 중요시 되어야 하는 것이다.

헌법의 통일성의 원칙에 의하면, 헌법의 개별 요소들은 서로 관련되고 서로 의존하고 있기 때문에 헌법규범을 해석하는 경우에는 개별 헌법규범만을 고찰하여서는 안 되고 항상 전체적 관련성을 함께 고찰하여 모든 헌법규범이 다른 헌법규범과 상호모순되지 않도록 해석하여야 한다는 원칙이다. 또한 실제적 조화의 원칙은, 헌법을 해석함에 있어 헌법상 보호되는 법익 상호간에 충돌이 생기는 경우에는 성급한 법익형량이나 추상적 이익형량에 의하여 양자택일적으로 하나의 법익만을 실현하고 다른 법익을 희생시켜서는 안되고 관련되는 모든 법익들이 가장 잘 실현될 수 있도록 조화롭게 조정되어야 한다는 것이다.

다. 헌법 제110조 제4항과 그 단서에 대한 해석

헌법 제10조 제4항은 '비상계엄하의 군사재판은 군인·군무원의 범죄나 군사에 관한 간첩죄의 경우와 초병·초소·유독음식물공급·포로에 관한 죄 중 법률이 정한 경우에 한하여 단심으로 할 수 있다. 다만 사형을 선고한 경우에는 그러하지 아니하다'고 규정하고 있다.

헌법 제110조 제4항 본문은 1962년 제5차 개정에서 도입되어 현행 헌법에 이르기까지 그대로 계속하여 규정되어 왔고, 그 단서규정은 1987년 개정시에 추가로 신설된 것이다.

헌법 제110조 제4항 본문에 위 단서가 신설된 이유는 비상계엄하의 군사재판이라고 하는 비상적, 예외적 상황에서는 그 소정 범죄에 대하여 단심으로 처리하도록 하였으나, 다만 사형이 선고된 경우에도 단심으로 확정시키는 경우에는 그에 따르는 인권침해가 심각하고 사형의 회복불가능성을 고려하여 피고인의 불복상소권은 보장되어야 한다는 취지에서 규정된 것이다.

따라서 위 단서 규정의 신설 취지가 주로 사형이 선고된 피고인의 상소권을 보장하려는데 그 중점이 있다고 하더라도 헌법개정권력자인 국민은 이미 비상계엄하의 군사재판에서 사형을 선고할 수 있음을 전제로 하여 사형이 선고된 경우의 피고인 보호를 위하여 위와 같은 단서를 신설한 것이어서 사형은 헌법자체가 규정하고 있는 형(刑)으로 법정 되었으므로, 비상계엄하의 군사재판에서는 사형제가 실정 헌법에 위반된다고 해석할 수는 없게 되었다.

라. 헌법 제110조 제4항 단서는 비상계엄하의 군사재판에만 한정 적용되는 것인가?

우리나라의 과거나 현재의 헌법과 형법 군형법 등을 포함한 전체 국법질서 속에서 사형은 비상계엄하의 군사재판에서만 선고할 수 있고 그 이외의 민간재판에서는 이를 선고할 수 없다고 규정하고 있거나 그렇게 해석할 만한 아무런 법적근거가 없다(사형뿐만 아니라 징역형 등 다른 형의 경우에 있어서도 동일하다). 뿐만 아니라, 헌법개정권력자인 국민은 비상계엄하의 군사재판에서뿐만 아니라 민간재판에서도 사형이 선고될 수 있음을 전제로 하여, 즉 사형제에 대한 이러한 선이해(先理解)를 기초로 하여, 비상계엄하의 군사재판에서 사형이 선고된 피고인의 상소권을 보장하는 방법으로 사형에 관하여 규정한 것뿐이므로 헌법이 비상계엄하의 군사재판에서 사형의 선고를 인정하고 있다면, 마찬가지로 민간재판에서도 사형의 선고를 용인하고 있다고 해석하여야 할 것이다.

마. 헌법 제10조와 헌법 제110조 제4항 단서와의 관계

(1) 헌법 제10조가 보장하고 있는 인간으로서의 존엄과 가치는 우리나라 기본권의 이념적·정신적 출발점이며 모든 기본권의 가치적인 핵심규정인바, 사형제와 관련하여 문제가 되는 생명권도 여기에서 도출된다고 해석하는 것이

일반적이다. 따라서 헌법 제10조의 최고 규범성에 비추어 볼 때 국가가 인간의 생명을 인위적으로 빼앗는 사형제가 헌법적으로 용인될 수 있는지가 문제가 되는바, 헌법 제10조와 헌법 제110조 제4항 단서와의 관계를 기본권 상호간의 충돌 또는 상충관계로 보기 보다는 헌법이 최상위의 기본권으로서 보장하고 있는 생명권과 헌법이 간접적으로 인정하고 있는 사형제와의 대립 관계로서 파악하는 것이 보다 정확할 것이다.

(2) 우리 헌법은 절대적 기본권을 인정하지 않는 것으로 해석되므로 생명권과 같은 최상위의 기본권조차도 헌법 제37조 제2항에 의하여 제한될 수 있는 것이다. 그리고 헌법은 한편으로는 헌법 제10조에서 인간으로서의 존엄과 가치 등을 규정함으로써 그로부터 도출된 생명권을 최상위의 기본권 즉 모(母) 기본권으로서 선언하면서도, 다른 한편 헌법 제110조 제4항 단서에서는 인간의 생명을 제한하는 사형제를 비록 간접적인 방식이지만 헌법 자체에서 함께 규정하고 있다. 따라서 이러한 경우에는 헌법해석의 방법인 헌법의 통일성의 원칙이나 실제적 조화의 원칙에 따라 위 2개의 법익이 통일적으로, 그리고 실제적으로 가장 잘 조화되고 비례될 수 있도록 해석하는 것이 중요하다. 그러므로 이 과정에서 생명권의 근본적이고도 높은 가치만을 내세워 성급한 법익형량이나 심지어 추상적 가치교량에 의하여 양자택일적으로 생명권만을 선택하고 다른 하나의 법익인 위 단서 규정의 의미나 내용을 무가치한 것으로 쉽게 희생시키거나 간단하게 양보하게 하여서는 안될 것이다. 물론 헌법규정 자체나 헌법상의 기본권들 사이에서도 일정한 위계질서가 있을 수 있는 것이지만 위 단서규정이 단순한 법률규정이 아니라 최고규범이며 통제규범인 헌법규정임을 상기한다면, 그와 충돌되거나 비교되는 기본권이 비록 모(母) 기본권이라 하더라도 위 단서 규정의 취지나 내용을 가볍게 평가절하하거나 일방적으로 후퇴시켜 실정 헌법에는 사형에 관하여 아무런 규정이 없는 것처럼 해석하여서는 안 될 것이다.

그러므로 국민의 생명권 보장과 위 단서규정을 헌법의 통일성의 원칙과 실제적 조화의 원칙에 따라 관계되는 법익들을 비교·형량한다면, 생명권은 최상위의 기본권이므로 최대한 그리고 충분하게 보장되도록 하여야 할 것이지만 다른 한편, 앞에서 본 바와 같이 생명권조차도 법률에 의하여 제한될 수 있는 상대적 기본권인 점, 이 사건 단서규정에서 표현되고 있는 사형제(死刑

制)도 존중되고 보호되어야 할 헌법적 질서인 점 등을 종합해 보면, 사형제는 헌법 자체가 긍정하고 있는 형(刑)이지만 이와 충돌되는 생명권의 높은 이념적 가치 때문에 그 규범영역은 상당부분 양보·축소되어야 할 것이므로 사형의 선고는 정의와 형평에 비추어 불가피한 경우에만, 그것도 비례의 원칙과 최소 침해의 원칙에 따라 행해져야 한다고 해석하는 것이 상당하다. 따라서 그렇게 제한된 범위 내에서 사형제는 실정 헌법 내에서 헌법 제10조와 함께 공존할 수 있고 그 존재가치를 가질 수 있는 것이므로, 생명권의 최상위 기본권성만을 내세워 실정 헌법에서 규정하고 있는 사형제를 가볍게 위헌이라고 부정하는 것은 헌법해석의 범위를 벗어나 헌법의 개정이나 헌법의 변질에 이르게 될 수 있음을 지적해 둔다.

바. 결 어

그러므로, 현행의 실정 헌법은 간접적이지만 사형제를 긍정하고 있으므로 사형제는 헌법에 위반되지 않는다고 해석하여야 할 것이다.

7. 재판관 민형기의 합헌의견에 대한 보충의견

가. 사형제의 필요성과 한계

인간의 생명에 관한 권리는 헌법에 규정된 모든 기본권의 전제가 되는 '기본권 중의 기본권'이고, 사형은 인간의 생명 자체를 영구적으로 박탈하는 냉엄하고도 궁극적인 형벌로서 문명국가의 이성적인 법제가 상정할 수 있는 극히 예외적인 형벌이 아닐 수 없다.

그러나 이념적으로 비록 인간의 생명에 관한 권리라 하더라도 그것을 헌법상의 기본권 중의 하나라고 한다면, 이는 모든 규범체계와 무관하다거나 타인의 기본권을 초월하여 무제한으로 타당한 절대적인 권리라 할 수 없는 것이고, 현실적으로도 사형제가 잔인하고 반인륜적인 흉악범죄 등으로부터 사회를 방어하고 공공의 이익을 보호하기 위한 최소한의 안전판으로서 일반예방적인 효과를 기하고 있다 할 것이므로, 현행 헌법질서 내에서의 사형제 자체의 존재 이유 및 필요성은 최소한 그 범위 내에서 인정될 수 있다 할 것이다.

다만, 동서고금을 통하여 종교적·정치적인 반대자를 제거하거나 탄압하기 위한 수단으로 사형제가 악용된 역사적인 경험을 고려할 때, 형벌로서의 사형에 대한 오남용의 소지와 그에 따른 폐해를 최대한 불식시키고, 나아가 사형이 인간의 존엄성 및 책임주의에 반하는 잔혹하고도 비이성적이라거나 형벌의 목적 달성에 필요한 정도를 넘는 과도한 형벌이라는 지적을 면할 수 있도록, 그 적용 대상과 범위를 최소화하는 것이 필요하다 할 것이다.

나. 사형 대상 범죄별 검토

(1) 현행 형사법 체계상 사형을 법정형으로 하는 범죄는 총 20여 개의 법률에 110여 개의 조문, 160여 개의 구성요건으로 규정되어 있는데, 이를 구체적인 행위의 태양이나 침해 결과 등을 기준으로 살펴보면, ① 형법 제250조(살인, 존속살해), '성폭력범죄의 처벌 및 피해자보호 등에 관한 법률' 제10조 제1항(강간 등 살인), '특정범죄 가중처벌 등에 관한 법률' 제5조의2 제2항 제2호(약취·유인죄의 가중처벌) 등 고의적 살인범에 한하여 사형을 규정한 경우, ② 형법 제164조 제2항(현주건조물 등에의 방화치사), 군형법 제52조 제1항(상관에 대한 폭행치사), '장기 등 이식에 관한 법률' 제39조 제2항(장기 등 불법적출·이식치사), '원자력시설 등의 방호 및 방사능 방재대책법' 제47조 제4항 후단(핵물질 불법이전치사) '특정범죄 가중처벌 등에 관한 법률' 제5조의3 제2항 제1호(도주차량 운전자의 가중처벌) 등 결과적 가중범으로서 생명의 침해를 포함하고 있는 경우, ③ 군형법 제27조 제1호(지휘관의 수소이탈), 전투경찰대 설치법 제9조 제5항 단서(근무기피 목적 상해) 등 생명·신체에 대한 침해가 없고, 방화·파괴·폭행 등 적극적 침해행위도 없으나, 전투의 승패나 국가안보와 관련한 범죄를 "적전(敵前)"에 범한 경우, ④ 군형법 제42조 제2항(유해음식물 공급치상), '보건범죄 단속에 관한 특별조치법' 제2조 제1항 제3호(부정식품 제조 등의 처벌), '성폭력범죄의 처벌 및 피해자보호 등에 관한 법률' 제5조 제2항(특수강도강간 등) 등 생명의 침해 없이 상해나 강간 등 신체적 법익의 침해가 포함된 경우, ⑤ 형법 제119조(폭발물사용), 군형법 제6조(반란 목적의 군용물 탈취), '항공안전 및 보안에 관한 법률' 제39조 제1항(항공기 손괴죄) 등 생명·신체에 대한 침해가 없고, "적전(敵前)"에 범한 경우도 아니지만, 폭행 등 적극적 침해행위로 국가 또는 공공의 안전을 위태롭게 하는 범죄를 범한 경우, ⑥ 형법 제87조(내란), 군형법 제5조(반란), 국가보안법 제3조 제1항(반국가단체의 구성 등) 등 생명·신체에 대한 침해가 없고, 폭행 등 적극적 침해행위도 없으며, 적전(敵前)도 아닌 경우로서, 내란, 외환, 간첩 등 국가 또는 공공의 안전을 위태롭게 하는 범죄를 범한 경우, ⑦ 군형법 제75조 제1항(군용물 등

범죄에 대한 형의 가중), '특정범죄 가중처벌 등에 관한 법률' 제10조(통화위
조의 가중처벌), '폭력행위 등 처벌에 관한 법률' 제4조 제1항 제1호(단체 등
의 구성·활동) 등 생명·신체에 대한 침해가 없고, 폭행 등 적극적 침해행
위도 없으며, 국가 또는 공공의 안전 이외의 국가적·사회적 법익을 침해한
경우 등으로 분류할 수 있다.

(2) 그 중 ①, ②, ③과 같이 인간의 생명을 고의적으로 침해하는 범죄나, 비록
고의적인 살인범은 아니지만 생명의 침해를 수반할 개연성이 매우 높거나
흉악한 범죄로 인하여 치사의 결과에 이른 범죄, 또는 개인의 생명·신체에
대한 침해나 폭행 등 적극적 침해행위는 없으나, 전쟁의 승패나 국가안보와
직접 관련된 범죄를 "적전(敵前)"이나 그에 준하는 국가적 위기 및 비상사태
가 발생한 시기에 범한 범죄에 대하여는 법정형으로서 사형이 허용될 수 있
다고 보아야 할 것이다.

다만, ④, ⑤, ⑥, ⑦과 같이 흉악범에 해당하거나 사회적 위험을 초래할 개
연성이 큰 범죄라고 하더라도 생명에 대한 침해 없이 신체적 법익의 침해만
포함된 경우이거나, 방화, 파괴, 폭행 등 적극적 침해행위로 국가 또는 공공
의 안전을 위태롭게 하는 범죄라고 하더라도 생명·신체에 대한 침해가 없
는 경우에는 설령 그 범죄로 인한 공공의 위험성이 크더라도 이에 대해 사
형을 규정하는 것은 원칙적으로 과잉형벌에 해당할 여지가 있으므로, 이러
한 범죄 유형에 대하여 사형을 유지하는 데에는 극히 신중을 기하여야 할
것이다.

(3) 또한 현행 사형 대상 범죄 중 대부분은 그 미수범도 처벌하고 있는데, 법리
상 이들 또한 사형에 처해질 가능성을 완전히 배제할 수 없으므로, 이는 책
임주의나 비례의 원칙과 조화되기 어렵다 할 것이어서, 이 또한 사형 대상
범죄로 분류하여서는 아니 될 것이다.

(4) 한편 앞서 본 사형 대상 범죄 중 형법의 경우 총 21개의 범죄 구성요건 중
7개만이 개인적 법익에 관한 것이고, 나머지 14개는 사회적·국가적 법익에
관한 범죄로서, 그 사형 대상 범죄가 과거 전쟁이나 외환 등 비상적인 상황
을 염두에 둔 구시대적인 형법 체계를 벗어나지 못한 채 사회적·국가적 법
익에 관한 죄에 편중되어 있다는 비판이 가해질 수 있다.

그리고 특별형법의 경우에도 정치적·정책적 목적을 위하여 일시적으로 양

산되는 가중처벌 조항의 상당 부분이 법정형으로 사형을 규정하고 있고, 이렇듯 사형 대상 범죄를 양산하는 것은 전체적인 형벌 체계나 책임주의와 관련하여 형법과의 조화를 깨뜨림으로써 당초 입법자가 의도한 것과는 달리 중벌에 대한 면역효과와 무감각성을 초래하며, 범죄의 예방이나 법질서의 수호가 아닌 법에 대한 권위의 실추나 법질서의 혼란을 초래할 우려마저 있다 할 것이다.

다. 위헌론과 입법적 폐지론

(1) 이렇듯 유형을 달리하는 다양한 범죄에 대하여 그 법정형으로 사형을 존치시키는 것이 타당한지 여부에 관하여 개별적으로 많은 문제점이 지적될 수 있는데도, 이에 관하여 구체적으로 살피지 아니한 채 사형제 자체만에 대하여 일률적·추상적으로 위헌 여부를 판단하는 것은 부적절하다 하지 않을 수 없고, 현행법상 사형이 법정형으로 규정된 형벌조항 중 상당수가 책임주의 원칙이나 비례의 원칙 등에 위배되지 않는다고 보는 이상, 현행 사형제 자체가 우리 헌법질서 내에서 용인될 수 없는 것이라고 쉽게 단정하기도 어렵다 할 것이다.

(2) 그런데 헌법재판소는 사형제 자체나 개별적인 사형 조항이 헌법질서나 헌법규범에 위배되는지 여부에 관하여 규범적 내지 사법적인 판단을 할 뿐이고, 이러한 판단은 국민적 여론이나 시대적 가치관 등 제반요소를 고려하여 사형제나 개별적 사형 조항의 존치 또는 폐지 여부를 결정하는 입법자의 정책적인 판단과는 구별되는 것으로서, 결국 사형제나 개별적인 사형 조항의 존치나 폐지는 입법적으로 해결하여야 할 성질의 문제라 할 것이고, 또 그렇게 하는 것이 세계적인 입법의 추세이기도 하다.

다만, 앞서 본 바와 같이 사형제 자체는 우리 헌법질서 내에서 용인될 수 있는 정도의 것이지만 그 안에 적지 않은 문제점을 지니고 있으므로, 입법자로서는 사형제 자체의 전면적인 폐지나 전면적인 존치와 같은 극단적인 방법을 선택하기 보다는, 사형제 자체를 존치시키면서도 형벌체계상 조화되기 어려운 대상 범죄를 축소하고 존치된 사형 조항에 대해서도 최대한 문제의 소지를 제거하는 등 점진적인 방법을 통하여 제도를 개선해 나아가고 있는 외국의 입법례 등을 참고하여, 진정한 국민적 합의를 바탕으로 시대상황의 변천에 맞게 현행의 사형제 전반에 걸친 문제점을 개선하고, 필요한 경우 문제가 되는 법률이나 법률조항을 폐지하는 등 입법적인 노력을 게을리 하여서는 아니 될 것이다.

8. 재판관 송두환의 합헌의견에 대한 보충의견

사형제도의 폐지 또는 존치 여부를 둘러싼 오랜 논쟁과 관련하여 한편으로 사형제도 폐지론의 여러 논거들에 대하여 깊이 공감하는 바 있음에도 불구하고 이 사건 사형 관련 형벌조항들에 대하여 헌법에 위반되지 아니한다는 판단에 동참하는 이유를 보충의견으로 표시하여 두고자 한다.

가. 사형은 인간 존재의 바탕을 이루는 생명을 박탈하는 극단적 형벌이라는 점에서 헌법 제10조가 선언하고 있는 '인간의 존엄과 가치'에 반하는 것이 아닌지 문제된다.

인간의 존엄과 가치는 헌법이 보장하는 최고의 가치이고 모든 기본권의 이념적 기초이므로, 형사처벌에 관한 조항을 비롯하여 어떠한 법률규정도 인간의 존엄성에 반하는 내용이 되어서는 아니될 것이다.

그런데 우리 사회의 역사적 경험에 의하면, 때로는 인간의 존엄성을 파괴, 능멸하는 극악하고 잔인무도한 범죄, 존엄한 인간의 행위라고는 도저히 볼 수 없는 야만적인 행각으로 일반국민을 경악, 전율케 하는 반인륜적인 범죄가 드물게나마 간혹 발생하여 온 것이 엄연한 현실이고, 근래 일각의 황폐한 세태에 비추어 장래의 어느 시점엔가 또 그와 유사한 또는 그를 능가하는 극악한 범죄가 발생할 가능성이 없다고 단언할 수 없는바, 이와 같은 극히 예외적인 경우에 있어서까지 우리가 만약 범죄인의 인간 존엄권 또는 생명권만을 내세워 관용과 일정 기간의 교화로써 족하다고 말한다면 그것이 그 희생자는 물론 일반적 인간의 존엄성 내지 고귀한 생명권을 무시, 모독하고 인간의 존엄과 가치에 역행하는 결과가 된다고 할 수 있으며, 이러한 경우를 염두에 둔다면, 인간의 존엄성 및 인간 생명의 존엄한 가치를 선명하기 위하여 역설적으로 그 파괴자인 인간의 생명권을 박탈하는 것이 불가피한 예외적 상황도 있을 수 있다고 보아야 할 것이다.

이 사건 형법 제41조 제1호는 이와 같이 인간의 존엄성을 심각하게 해하는 반인륜적인 범죄가 발생하는 극히 한정적이고 예외적인 경우에 대비하여 여러 형종 중 하나로서의 사형을 규정하고 있다고 볼 것이고, 이 사건 나머지 형벌조항들도 마찬가지의 취지에서 법정형 중에 사형을 포함시키고 있는 것이라고 볼 것이다.

이 사건 형벌조항들의 취지와 그 적용대상을 이와 같이 한정적으로 이해하는 조건과 전제 하에서, 위 조항들은 헌법 제10조에 반한다고 볼 수 없다고 판단하는 것이다.

나. 이 사건 형벌조항들이 헌법 제37조 제2항 후단의 '자유와 권리의 본질적인 내용을 침해할 수 없다.'는 규정에 반하는 것이 아닌지 문제된다.

일반적으로 헌법 제37조 제2항은 '기본권제한의 입법적 한계' 또는 '입법자가 국민의 기본권을 제한하는 내용의 입법을 함에 있어서 준수하여야 할 기본원칙'을 규정한 것으로 이해되고 있다. 한편 위 조항 후단의 "제한하는 경우에도 자유와 권리의 본질적인 내용을 침해할 수 없다"는 규정이 도입되게 된 연혁적 배경 또는 근본취지는 '입법자에 의한 기본권의 공동화(空洞化)를 방지'하고자 한 것으로 이해된다.

이러한 관점에서 볼 때, 입법자가 이 사건 형벌조항들이 인간의 존엄성을 심각하게 해하는 반인륜적인 범죄가 발생하는 극히 한정적이고 예외적인 경우에만 적용될 것을 전제로 하여 형벌의 종류에 사형을 포함시키거나 당해 사건과 같은 유형의 범죄에 적용될 조항의 법정형 범위에 사형 형종을 포함시킨 것 자체만을 가지고, 그로써 '헌법상 인정되는 생명권이 입법에 의하여 그 내용이 공허하게 되거나 형해화되기에 이르렀다'고 평가하기는 어렵다 할 것이므로, 결국 이 사건 형벌조항들이 헌법 제37조 제2항에 위반되지 아니한다고 판단하는 것이다.

다. 이 사건 형벌조항들에 대한 비례원칙에 의한 심사, 그중에서도 피해의 최소성원칙과 관련하여 감형, 사면 및 가석방이 모두 불가능한 절대적 종신형 제도로써 사형제도를 대체하는 방안이 주장되고 있기도 하나, 절대적 종신형 제도가 일반적 정의관념의 측면에서 또는 일반예방적 목적의 측면에서 사형제도와 동등한 수단이 된다고는 볼 수 없을 뿐만 아니라, 보는 시각에 따라서는 사형에 버금가거나 또는 그보다 더 잔인한 형이 아닌가 생각되는 측면도 있어서 이로써 '덜 기본권 침해적인 대체수단'으로 삼기는 어렵다 할 것이다.

라. 근본적인 문제는 사형제도의 남용 및 오용의 가능성을 어떻게 없앨 것인가 이다.

과거 권위주의 정부 시절에 몇몇 정치적 성격의 사건에서 사형이 선고되고 집행되어 후일 정치적 사법살인으로 평가되는 사례가 있었고, 이것이 사형제도의 폐해를 크게 부각시키고 있다.

이러한 폐해의 소지를 근본적으로 없애기 위하여 형법전에서 사형제도 자체를 전면 삭제하는 방안을 생각할 수 있을 것이나, 이는 예외적인 다른 경우, 즉 위에서 언급한 바 있는 극악하고 잔인무도한 반인륜적 범죄의 경우에 관용과 일정 기간의 교화만으로는 대처할 수 없게 되는 문제가 있으므로 다른 적절한 방법을 찾아야 할 것이다.

즉, 위와 같은 사형제도 오남용의 사례를 교훈으로 삼아, 우선 첫째로, 법정형의 범위에 사형을 규정하고 있는 개별 형벌조항들을 전면적으로 재검토하여 그 범위를 대폭 축소하여야 할 것이다. 좀 더 구체적으로 검토하건대, 입법자가 선택한 사형제도가 인간의 존엄성에 반하는 속성에도 불구하고 그 적정성과 필요성을 인정받을 수 있는 유일한 논거는 역설적으로 또 다른 인간의 생명권, 즉 일반 기본권주체의 생명권을 보호, 보장하고자 하는 것일 뿐이므로, 사형이 선택될 수 있는 범죄의 종류는 반인륜적으로 타인의 생명을 해치는 극악범죄의 경우로 한정되어야 할 것이고, 그렇지 아니한 경우 및 사회적, 국가적 법익에만 관련된 각종 범죄의 경우 등에는 법정형에서 사형이 삭제되어야 할 것이다.

나아가, 유무죄의 심리와 판단, 법정형 중의 형종 선택 및 형의 선고와 그 확정 등 전체 사법절차가 엄격하고 신중한 적법절차에 의하여 진행되고, 유죄판결이 최종확정된 후의 집행과정에서 혹여 '잔혹하고 이상한 형벌'이 되거나 인간의 존엄성을 무시 또는 해하는 것이 되지 아니하도록 엄숙하고 경건한 절차를 확립, 보장하기 위하여, 수사 및 재판, 형의 집행 등 모든 절차를 세심하게 다듬고 정비하여야 할 것이다.

마. 부연하건대, 사형제도의 폐지 또는 유지의 문제는 헌법재판소의 위헌법률심사를 통하여 해결되는 것보다는 향후 입법자에 의한 입법의 개폐 여부에 의하여 해결되어야 할 문제라고 할 것이다. 위헌법률심사는 입법자가 국민의 대표로서 선택한 결과인 입법을 헌법적 관점에서 용인할 것인지 여부의 문제이고, 입법자가 내외의 의견수렴과 토론을 거쳐 입법적으로 개폐하는 것은 입법부를 통한 국민의 선택과 결단이기 때문이다.

9. 재판관 조대현의 일부위헌의견

이 사건 심판대상 법률조항들 중에서 사형을 형벌로 규정하고 있는 조항들은 헌법 제110조 제4항의 경우에 적용하면 헌법에 위반되지 않지만, 헌법 제110조 제4항에 해당되지 않는 경우에도 적용하면 헌법에 위반된다고 생각한다.

인간의 생명은 인간이 존재하고 존엄과 가치를 누리기 위한 근본조건으로서 가장 근원적이고 신성하고 고귀한 가치를 가지는 것이다. 인간은 누구든지 생명을 유지하고 생명의 안전을 위협받지 아니하며 국가에게 생명의 안전을 청구할 권리를 가진다. 이러한 생명권이 우리 헌법상 기본권으로 보장된다는 점에 대해서는 이론(異論)이 없다. 국가는 인간의 생명을 침해하거나 생명의 안전을 위협해서는 안 될 뿐만 아니라 국민의 생명의 안전을 보호할 의무를 진다.

인간의 생명은 그 자체로서 고유의 존재목적과 최고의 존재가치를 가지는 것이므로 다른 목적을 달성하기 위한 수단으로 사용될 수 없다. 그러나 인간의 생명권을 헌법질서의 차원에서 기본권으로 다루는 이상, 인간의 생명권이라는 기본권도 다른 기본권과 마찬가지로 헌법 제37조 제2항에 따라 제한될 수 있다고 보아야 할 것이다. 그리고 인간의 생명권의 보호범위 안에서도 생명유지권과 생명안전권은 보호의 정도와 제한가능성의 정도를 달리한다고 할 것이다. 그러므로 국가안보를 방위하기 위하여 군인에게 목숨을 건 전투행위를 수행하도록 명령할 수 있고, 재난에 빠진 사람의 생명을 구원하기 위하여 경찰공무원에게 생명의 안전이 보장되지 않는 구조활동을 감행하게 할 수 있다. 그리고 사람의 생명을 보호하기 위하여 타인의 생명을 해친 경우에도 보호법익과 침해법익의 균형을 따져서 생명침해행위의 위법성을 부인할 수도 있다.

그렇지만, 인간의 생명권은 지고(至高)의 가치를 가지는 것이므로 이를 제한하기 위한 사유도 역시 지고의 가치를 가지는 인간의 생명을 보호하거나 구원하기 위한 것이라야 한다. 범죄에 대한 형벌로서 범죄자를 사형시키는 것은 이미 이루어진 법익침해에 대한 응보에 불과하고, 살인자를 사형시킨다고 하여 피살자의 생명이 보호되거나 구원되지 아니한다. 이처럼 사형제도는 인간의 생명을 보호하거나 구원하기 위한 것이 아니므로, 지고의 가치를 가지는 인간의 생명을 박탈해야 할 만큼의 필요성을 갖추었다고 보기 어렵다. 중대범죄자를 사형시킴으로써 다른 사람의 중대범죄도 일반적으로 예방할 수 있다는 주장은 아직껏 실증되지 못했다. 그리고 중대범죄자를 사형시키면 그 범죄자가 다시 범죄할 수 없게 하는 효과를 거둘 수 있지만, 그러한 효과는 무기징역형이나 종신형에 의해서도 기대할 수 있는 것이므로, 중대범죄자의 재범을 막기 위하여 사형이 꼭 필요하다고 볼 수 없다. 결국 사형제도는 인간의 생명을 박탈하기에 필요한 헌법 제37조 제2항의 요건을 갖추지 못하였다고 할 것이다.

게다가 사형제도는 인간의 생명을 박탈하는 것이므로 생명권의 본질적인 내용을 침해하는 것이라고 보지 않을 수 없다. 따라서 사형제도는 헌법 제37조 제2항 후단[기본권의 본질적 내용 침해 금지]에 위반된다고 할 것이다.

다만 헌법 제110조 제4항 단서가 비상계엄 하의 군사재판에서 사형을 선고하는 경우를 인정하고 있으므로, 비상계엄 하의 군사재판이라는 특수상황에서 사형을 선고하는 것은 헌법이 스스로 예외적으로 허용하였다고 보지 않을 수 없다. 헌법 제110조 제4항 단서는 재판청구권 및 사형제도에 관하여 헌법 제37조 제2항의 원칙에 대한 예외를 허용하는 규정이라고 봄이 상당하다.

형벌의 종류로서 사형을 규정한 이 사건 법률조항들은 헌법 제110조 제4항 단서에 해당되는 경우이든 아니든 모두 적용된다고 해석되는바, 그 적용범위 전부가 위헌이라거나 합헌이라고 볼 수는 없고, 헌법 제110조 제4항 단서에 해당되는 경우에 적용하면 헌법에 위반된다고 할 수 없지만, 헌법 제110조 제4항 단서에 해당되지 않는 경우에 적용하면 생명권을 침해할 정당한 사유도 없이 생명권의 본질적인 내용을 침해하는 것으로서 헌법 제37조 제2항에 위반된다고 보아야 한다.

10. 재판관 김희옥의 위헌의견

가. 사형제도의 위헌 여부에 관한 쟁점

형법 제41조 제1호가 형의 종류의 하나로서 규정하고 있는 사형은 인간 존재의 바탕인 생명을 빼앗아 사람의 사회적 존재를 말살하는 형벌이다. 사형은 인류 역사상 가장 오랜 역사를 가진 형벌의 하나로서 범죄에 대한 근원적인 응보방법이며 효과적인 일반예방법으로 인식되어 왔다. 그러나 사형제도는 잔혹하고 이상한 형벌의 금지와 적법절차의 정신에 따라 그 선고 및 집행의 절차와 방법을 정함에 있어 인간의 존엄성을 신중히 고려하는 방향으로 변화되어 왔고 그 대상 범죄의 범위도 축소되어 왔으며, 나아가 인간의 생명을 국가권력의 힘으로 빼앗는다는 일종의 제도살인(制度殺人)의 속성을 가지고 있음에 비추어 사형제도 그 자체의 폐지 여부에 관한 진지한 논의가 전 세계적으로 계속되어 왔고, 현재에도 계속되고 있다.

사형제도가 헌법에 위반되는지 여부는 형사정책적인 고려 또는 인권 향상을 위한 형사법 제도의 개선이라는 입장에서 이를 폐지할 것인가의 문제가 아니라, 그것이 우리 헌법의 규정과 헌법정신에 위배되는지 여부의 문제이다. 즉, 헌법의 명문 규정에 사형제도를 인정 또는 부정하는 내용이 존재하는지, 범죄인의 생명을 박탈한다는 기본권 제한의 측면과 형벌의 일종이라는 제도의 속성에 비추어 사형제도가 범죄인의 생명권을 비례원칙에 어긋나게 제한하거나 그 본질적 내용을 침해하는 것인지, 또 인간의 존엄과 가치라는 헌법의 기본정신에 위배되는지 여부가 문제된다고 할 것이다.

나. 헌법상 사형제도를 인정하는 규정이 존재하는지 여부

헌법 제12조 제1항에서는 '처벌', 즉 형벌의 종류에 대하여 법률로 정하도록 유보하고 있을 뿐, 우리 헌법은 국가가 개별 국민의 생명을 빼앗는 사형제도를 형벌로서 명시적으로 허용하거나 부정하는 규정을 두고 있지 아니하다.

다만, 헌법 제110조 제4항에서 "비상계엄하의 군사재판은 군인·군무원의 범죄나 군사에 관한 간첩죄의 경우와 초병·초소·유독음식물공급·포로에 관한 죄 중 법률이 정한 경우에 한하여 단심으로 할 수 있다. 다만, 사형을 선고한 경우에는 그러하지 아니하다"고 규정하고 있어 이 규정이 간접적으로나마 헌법상 사형제도의 존재를 인정하고 있는 것은 아닌지가 문제된다.

헌법 제110조 제4항 본문은 1962년 제5차 개정 헌법에서 도입된 것으로, 이는 전시·사변 또는 이에 준하는 국가비상사태를 전제로 하는 비상계엄 하의 군사재판이라는 긴급하고 특수한 상황에서 군인·군무원의 범죄나 군사에 관한 간첩죄의 경우, 초병·초소·유독음식물공급·포로에 관한 죄 중 법률이 정한 경우 등 특정한 종류의 범죄에 대한 신속한 처단을 위하여 마련된 것이다. 이에 대하여 위 조항 단서는 1987년 개정된 현행 헌법에서 도입된 것으로, 이는 비록 위와 같은 예외적 상황이라 할지라도 사형에 따른 인권침해의 심각성을 고려하여 적어도 사형선고에 대하여만은 사법절차를 통한 불복이 가능하도록 한 것이다. 이와 같이 헌법 제110조 제4항 단서는 그 도입 배경이나 규정의 맥락을 고려할 때, 법률상 존재하는 사형의 선고를 억제하여 최소한의 인권을 존중하기 위하여 규정된 것이므로, 이를 사형제도의 헌법적 근거로 해석하는 것은 타당하지 않다.

헌법의 명문 규정들은 서로 모순되는 것으로 보이는 경우에도 통일적, 조화적으로 해석되어야 하며, 이 경우 특히 보다 근본적인 의미를 가지는 헌법규범에 반하지 않도록 해야 한다. 그런데 우리 헌법 제10조는 인간으로서의 존엄과 가치를 규정하고 있고 이는 우리 헌법의 기본권보장 체계에 있어서 근본적인 규범의 의미를 가지는바, 만약 법률상의 형벌제도인 사형제도가 인간으로서의 존엄과 가치에 반하는 것이 명백하다고 인정된다면, 헌법 제110조 제4항 단서는 그러한 사형의 선고에 대하여는 사법절차에 따른 불복에 예외가 있을 수 없다는 점에만 그

의의가 있다고 해야 할 것이다. 그렇지 않고 만약 이러한 경우에도 헌법 제110조 제4항 단서에 대하여 간접적으로 사형제도를 인정하는 근거라는 적극적 의미를 부여한다면, 반대로 인간의 존엄과 가치를 규정한 근본적인 규정인 헌법 제10조의 의의를 축소하는 것이 되기 때문이다.

요컨대 헌법 제110조 제4항 단서의 규정은 간접적으로도 헌법상 사형제도를 인정하는 근거 규정이라고 보기 어려우며, 헌법상 사형제도가 인정되는지 여부에 관하여는 명문의 규정이 없으므로, 이는 헌법상의 생명권 보장과 형벌제도의 목적, 그리고 인간의 존엄과 가치 등에 대한 해석과 평가 여하에 달려 있다고 해야 할 것이다.

다. 사형제도가 그 선고를 받은 범죄인의 생명권을 침해하는지 여부

(1) 헌법이 보장하는 생명권

생명은 죽음에 대칭되는 인간의 생존 자체를 의미하는 순수한 자연적 개념이나, 이는 인간 존재의 근원이라 할 것이므로 생명권은 인간의 생존본능과 존재 목적에 바탕을 둔 선험적이고 자연법적인 권리로서 모든 기본권의 전제가 되는 기본권이다. 우리 헌법에는 생명권에 관한 명문규정은 없지만, 헌법 제10조에서 규정하는 인간의 존엄과 가치는 인간 생명의 존엄성과 분리하여 생각할 수 없고, 헌법 제12조 제1항이 정하는 신체의 자유는 생명이 있는 신체를 전제로 하며, 헌법 제37조 제1항에 따라 헌법에 열거되지 아니한 자유와 권리도 경시되어서는 아니 되므로, 생명권이 우리 헌법상 인정되는 기본권이라는 점에는 의심의 여지가 없다.

생명권은 생명에 대한 모든 형태의 국가적 침해에 대한 방어를 그 내용으로 하며, 이에 따라 국가는 원칙적으로 생명에 대한 결정을 내릴 수 없을 뿐만 아니라 생명을 국가 목적을 위한 수단으로 이용할 수도 없다. 나아가 생명권은 생명에 대한 국가의 보호의무를 그 내용으로 하고, 개별 국민은 적극적으로 국가에 대하여 생명의 보호와 유지를 요구할 수 있는 권리를 가진다.

인간의 생명에 대하여는 함부로 사회과학적 또는 법적인 평가가 행하여져서는 아니 된다. 즉, 모든 개인의 생명은 동등한 가치를 가지며, 각 개인에게 그 생명은 절대적 의미를 가진다. 여기에서 생명권에 대한 제한은 곧 생명의 박탈을 의미하므로, 생명권은 헌법상 제한이 불가능한 절대적 기본권이 아닌지가 문제될 수 있다.

우리 헌법은 절대적 기본권을 명문으로 인정하고 있지 아니하며, 헌법 제37
조 제2항에 따라 국민의 모든 자유와 권리는 국가안전보장·질서유지 또는
공공복리를 위하여 필요한 경우에 한하여 법률로써 제한할 수 있는바, 이는
생명권의 경우에도 예외라고 보기 어렵다. 헌법상 생명권에 대한 제한이 가
능하다는 점은 생명권 그 자체의 속성으로부터도 도출된다. 즉, 어느 개인의
생명권에 대한 보호가 곧 다른 개인의 생명권에 대한 제한이 될 수밖에 없
거나, 특정한 인간에 대한 생명권의 제한이 다수 국민의 생명에 대한 급박한
위험의 보호라는 매우 중대한 공익을 위하여 불가피한 긴급한 경우에는 생
명권에 대한 제한도 용인할 수밖에 없을 것이며, 이렇게 매우 예외적인 상황
에서 국가는 부득이하게 생명의 가치에 대한 법적인 평가를 할 수밖에 없다.
이와 같이 생명의 가치에 대한 법적 평가가 허용될 수밖에 없는 예외적이고
불가피한 경우에는 생명권도 헌법 제37조 제2항의 기본권 제한에 관한 법률
유보의 대상이 될 수 있으며, 이러한 경우에는 생명의 박탈이 곧 생명권에
대한 본질적 내용의 침해라고 바로 말할 수는 없을 것이다.

다만, 이러한 법률유보는 생명권이 다른 생명권과 충돌하거나 그에 못지 않
은 매우 중대한 공익과 충돌하여 그에 대한 법적인 평가가 허용되지 않으면
안되는 긴급하고 불가피한 경우에 한정되는 것이라는 점에서 이에 관한 비
례의 원칙은 매우 엄격하게 적용되어야 할 것이며, 결코 입법재량이 넓게 인
정될 수 없다. 그리고 만약 이러한 예외적인 경우가 아니라면 생명권의 제한
은 곧 법적인 평가가 허용되지 아니하는 생명의 박탈을 의미하므로 헌법에
위반되는 것이라고 할 수밖에 없다.

타인의 생명을 부정하고 그 인권을 심각하게 훼손하는 중대한 범죄를 저지
른 사람에 대하여 그 생명을 빼앗는 형벌인 사형제도가 범죄자의 생명권을
침해하는지는, 생명권의 위와 같은 성격을 전제로 하여 그 제한에 있어서 헌
법 제37조 제2항이 정하는 비례의 원칙 및 본질적 내용 침해 금지 원칙에
위반되는지를 검토하여 판단하여야 할 것이다.

(2) 비례의 원칙 위반 여부

(가) 입법목적의 정당성

사형제도는 법률상의 형벌제도의 일종으로서 그 입법목적은 형벌 일반의 입
법목적과 다르지 않다. 형벌은 범죄에 대한 국가 사회적인 응보로서, 범죄인

에 대한 일정한 기본권의 제한을 통하여 그 범죄인의 교화 개선을 도모하는 이른바 특별예방과 일반인에 대한 형벌의 위하를 통하여 범죄를 억제하도록 하는 일반예방 등을 그 목적으로 한다. 형벌의 일종으로 사형이라는 생명형을 두는 것은 타인의 생명을 부정하거나 인간의 존엄을 훼손하는 중대한 흉악 범죄 및 이에 준할 정도의 중대한 공익을 직접적으로 침해하는 범죄에 대한 응보와 특별예방 및 일반예방 등이 그 입법의 목적이라고 말할 수 있을 것이다. 현대에 있어서 형벌의 목적이 응보에 있는지, 특별예방에 있는지, 아니면 일반예방에 있는지에 관하여는 형사정책적으로 많은 논의가 있으나, 이러한 입법목적들의 정당성은 일응 헌법적으로 인정된다고 볼 수밖에 없다. 다만, 여기에서 더 나아가 과거의 역사적 경험이 있었던 것과 같이 예컨대 정치적인 범죄에까지 사형제도가 남용된다면 그 입법목적에 있어서도 정당성을 인정할 수 없을 것이나, 이에 관하여는 적어도 현 시점에서 사형제도 그 자체의 위헌 여부만을 판단함에 있어서는 더 이상의 검토를 필요로 하지 아니한다.

(나) 수단의 적합성

범죄인의 생명을 박탈하는 것은 그 개선 교화의 가능성을 배제하는 것이므로 특별예방이라는 형벌의 목적에는 전혀 기여할 수 없다.

또한 사형제도가 죽음에 대한 공포를 통하여 중대 범죄의 일반예방에 기여한다는 점에 대하여도 그 위하력에 대한 실증적인 근거가 없다는 견해와, 반대로 사형제도가 위하력이 없다는 증거 또한 존재하지 아니한다는 견해만 대립하고 있을 뿐, 사형제도가 일반적으로 흉악범죄를 억지하는 효과가 있는지에 대하여 명백하게 밝혀진 바는 없다. 다만, 과거 사형의 집행 방식이 공개적이고 잔혹하였던 것에 비하여 현재는 우리나라를 비롯하여 사형제도를 두고 있는 대부분의 나라에서 그 집행이 일반에 공개되지 아니하고 죽음의 고통을 최소화하는 방향으로 이루어지고 있으며 이러한 변화가 인도적인 관점에서 바람직하다는 점을 고려하면, 사형에 일반예방적인 효과가 있다고 볼 경우에도 이는 특정한 범죄에 대하여 법률상 사형이라는 형벌이 예정되어 있음으로 인한 형사법규의 규범력에 따르는 것일 뿐, 그 집행을 통한 현실적이고 직접적인 위하에 따른 것은 아니라고 볼 수 있다.

한편 형벌을 통한 응보가 동해보복(同害報復)을 의미하는 것은 아니며, 사적인 복수를 금하고 이를 대신하는 국가 사회의 공분(公憤)을 표현하는 것이라고 본다면, 타인의 생명 또는 그에 준하는 중대한 법익에 대한 침해에 대한 응보로서 반드시 그 침해자의 생명에 대한 제한이 있어야 한다는 것은 논리적인 이유가 없다. 오히려 국가가 이미 체포되어 재판을 받고 수감된 범죄자의 생명을 의도적·계획적으로 박탈하는 것은 형법에서 살인을 범죄로 규정하고 금지하는 사상과 모순되는 것으로 정당한 응보의 관념에 부합한다고 보기 어렵다.

결국 사형제도는 사형이 법정될 정도로 매우 중대한 범죄에 대한 응보와 특별예방 및 일반예방이라는 목적에 있어 그 어느 것에 대하여도 명백한 기여를 하고 있다고 보기는 어렵다. 즉 일반 중범죄인과 달리 사형에 처해질 정도로 극악한 흉악범죄를 저지르는 사람들에게 형법상의 사형제 규정이 과연 얼마나 일반예방효과를 미칠 것인가는 쉽게 가늠할 수 없다. 사형제도의 기능으로 명백히 인정될 수 있는 것은 단지 당해 범죄인 자신에 의한 재범의 가능성을 원천적으로 차단한다는 점뿐이다.

국가가 법률로써 국민의 기본권을 제한함에 있어 그 제한되는 기본권이 우리 헌법상의 인간의 존엄과 가치, 생명권 보장의 측면에서 보다 중요한 의미를 가지는 것이라면, 그 제한 수단이 입법목적에 기여한다는 점이 명백한 경우에만 수단의 적합성을 인정할 수 있다. 그런데 사형제도의 경우 그 제한되는 기본권은 인간 존재의 근원인 생명을 내용으로 하고 모든 기본권의 전제가 되는 생명권임에도 불구하고, 형벌의 하나로서 이를 박탈하는 것이 타인의 생명을 부정하는 등의 극악무도한 범죄에 대한 응보나 특별예방 또는 일반예방이라는 형벌의 목적에 기여하는 바는 결코 명백하다고 볼 수 없다. 따라서 사형제도는 인간의 존엄과 가치를 천명하고 생명권을 보장하는 우리 헌법 체계에서는 그 입법목적에 대한 수단의 적합성을 인정할 수 없다.

㈐ 피해의 최소성

형벌로써 중대 범죄인의 생명을 빼앗는 것은 그 범죄인을 사회와 영원히 격리시킴으로써 그 자신에 의한 재범의 가능성을 원천적으로 차단함에 틀림이 없고, 일응 이는 응보사상의 발현이라고 볼 수 있다. 과학적 입증이 아닌 인간의 죽음에 대한 본능적인 공포에 근거하여 그 위하력을 인정할 수 있다고 봄으로써 그 일반예방적 기능을 인정할 수 있다고 가정하더라도, 이러한 형벌의 기능은 굳이 범죄인의 생명을 박탈하지 않더라도 예컨대 가석방이 불가능한 무기형 등의 자유형을 통하여도 달성할 수 있다.

다른 한편, 아무리 신중하고 적법한 절차를 거치고 훌륭한 법관이 판단한다 하더라도 인간이 하는 재판인 한 오판의 가능성은 언제나 존재한다. 그런데 생명을 박탈하는 형벌은 이러한 오판의 위험에 대하여 그로 인한 기본권 제한의 완화나 회복을 위한 어떠한 수단도 없으며 그 침해의 정도가 궁극적이고 전면적이다. 이는 오판의 효과적인 시정을 통한 형사사법적 정의의 실현을 포기하는 것이 되므로 인권과 정의를 보장하고자 하는 실질적 법치주의에 부합하지 않는다.

이러한 의미에서 사형제도는 이를 통하여 확보하고자 하는 중대 범죄에 대한 형벌로서의 기능을 대체할 만한 무기자유형 등의 수단을 고려할 수 있음에도 이를 외면하고, 범죄인의 근원적인 기본권인 생명권을 전면적이고 궁극적으로 박탈하는 지나친 제도이므로 피해의 최소성원칙에도 어긋난다.

㈃ 법익의 균형성

사형을 통하여 침해되는 사익은 개인의 생명 및 신체의 박탈로서 이는 범죄인에게는 절대적이고 근원적인 기본권의 상실을 의미한다. 반면에 이를 통하여 달성하고자 하는 공익은 타인의 생명 또는 이에 준하는 매우 중대한 법익을 침해하는 범죄에 대한 사회방위와 그러한 범죄의 예방이다. 그런데 사형은 언제나 범죄가 이미 종료된 이후에 수사 및 재판을 받고 형이 선고되어 수감 중인 개인에 대한 의도적이고 계획적인 생명의 박탈인 반면, 사형을 통하여 보호하려는 타인의 생명권이나 이에 준하는 중대한 법익은 이미 그 침해가 종료됨으로써 범죄인의 생명이나 신체를 박탈해야만 하는 긴급성이나 불가피성이 없는 상태이고, 사형제도가 추구하는 사회방위와 범죄예방이라는 공익이 어느 정도 실효성을 지닌 것인지는 불명확하다. 그렇다면 이미 그 자체로서 공익의 비중에 비하여 사형으로 인하여 침해되는 사익의 비중이 훨씬 크므로 법익의 균형성이 인정되지 아니한다.

(3) 본질적 내용의 침해 여부

생명권에 대한 제한은 곧 생명의 박탈을 의미하며, 그것이 생명권의 본질적 내용을 침해하는지 여부는 생명권과 생명권 또는 이에 준하는 중대한 공익이 현재적으로 충돌하여 부득이하게 생명에 대한 법적인 평가가 허용될 수

밖에 없는 긴급성과 불가피성이 인정되는 예외적인 상황에 따른 것인지 여부로 판단하여야 할 것이다. 그런데 앞에서 살펴본 바와 같이 사형제도는 이미 중대 범죄가 종료되어 상당 기간이 지난 후 체포되어 수감 중인, 한 인간의 생명을 일정한 절차에 따라 빼앗는 것을 전제로 하므로, 이는 그가 저지른 중대 범죄로 인하여 침해된 타인의 생명이나 이에 준하는 공익에 대한 급박한 위협이 있어 생명에 대한 법적 평가가 필요한 예외적인 경우라고 볼 수 없다.

따라서 이러한 경우 국가가 인간의 생명의 가치에 대한 법적인 평가를 통하여 그 생명을 박탈하는 사형제도는 생명권의 본질적 내용을 침해하는 것이므로 헌법 제37조 제2항에 위반된다. 또한 생명의 박탈은 곧 신체의 박탈이므로 이는 헌법 제12조 제1항이 정하는 신체의 자유의 본질적 내용까지도 침해하는 것이라고 보아야 할 것이다.

라. 사형제도가 헌법 제10조의 인간의 존엄과 가치에 반하는지 여부

헌법 제10조는 모든 국민은 인간으로서의 존엄과 가치를 가짐을 선언하고 있다. 인간의 존엄과 가치는 헌법이 보장하는 최고의 가치이며 모든 기본권의 이념적 기초이고, 다른 기본권 규정들에 대한 해석의 지침임과 동시에 그 제한의 한계를 이룬다. 또한 헌법이 선언하는 인간의 존엄과 가치는 모든 국가작용에 있어서 인간의 존엄성 보장이 그 목적이 되어야 하고 인간을 다른 어떤 목적을 위한 수단으로 전락시켜서는 아니 된다는 요청을 내포하고 있다. 헌법 제10조에 선언된 인간의 존엄성에 대한 존중과 보호의 요청은 형사입법 및 그 적용과 집행의 모든 영역에 있어서도 지도적 원리로서 작용한다. 헌법 제10조는 인간의 존엄과 가치를 가지는 인간은 "모든 국민"이라고 하고 있고, 이는 극악무도한 범죄자에 대한 형사처벌의 필요성 이전에 존재하는 상위의 헌법적 가치질서이다. 또한 인간을 오로지 다른 목적에 대한 수단으로만 보아서는 아니 된다는 의미에서 형벌제도는 범죄행위와 그에 대한 책임을 전제로 구성되어 있으며, 범죄인의 악성에 대응하여 그를 오로지 사회방위라는 공적인 이익 추구를 위한 객체로만 취급하는 관점을 배제한다. 그러므로 비록 타인의 생명과 인권을 유린하고 훼손하는 극악무도한 범죄를 저지른 사람이라 할지라도, 인간으로서의 존엄과 가치는 가지는 것이며, 그를 단순히 사회방위에 위협이 되는 장애물로서만 취급할 수는 없다. 그런데

사형제도는 범죄인을 예외적으로 인간으로 보지 않고, 단지 재범의 가능성을 원천적으로 차단한다는 사회전체의 이익 또는 다른 범죄의 예방을 위한 수단 또는 복수의 대상으로만 취급하는 것으로서, 그로 하여금 한 인간으로서 자기의 책임 하에 반성과 개선을 할 최소한의 도덕적 자유조차 남겨주지 아니하는 제도이므로, 헌법 제10조가 선언하는 인간의 존엄과 가치에 위배된다.

나아가 사형제도는 법률에 따라 사형을 선고하여야 하는 법관, 이를 집행하여야 하는 교도관 등 직무상 사형제도의 운영에 관여하여야 하는 사람들로 하여금, 사회적·법적 평가가 용인되지 아니하는 상황에서 인간의 생명을 계획적으로 빼앗는 과정에 참여하게 함으로써, 그들 역시 인간으로서의 양심과 무관하게 단지 국가목적을 위한 수단으로만 전락시키고 있다는 점에서 그들이 인간으로서 가지는 존엄과 가치 또한 침해하는 제도이다.

그러므로 사형제도는 형사법의 영역에서도 지도적 원리로 작용하고 있는 헌법 제10조의 인간의 존엄과 가치에 반하는 제도라고 아니할 수 없다.

마. 소결론

이상 살펴본 바와 같이 헌법 제10조, 제12조 제1항, 제37조 제1항에 의하여 보장되는 생명권이 비록 제한이 불가능한 절대적 기본권이라고 할 수는 없을지라도, 중대 범죄를 저지른 사람의 생명을 빼앗는 형벌로서의 사형제도는 헌법 제37조 제2항이 정하는 비례의 원칙 및 기본권의 본질적 내용 침해 금지의 원칙에 반하여 범죄자의 생명권을 침해하며, 헌법 제10조가 선언하고 있는 인간의 존엄과 가치라는 헌법규범에 위배되는 것이다. 헌법 제110조 제4항은 간접적으로도 사형제도의 근거 규정이 될 수 없으며, 이는 단지 비상계엄하의 군사재판과 같은 예외적인 상황에서도 만약 사형이 선고된다면 그에 대한 사법절차에 따른 불복은 예외 없이 허용되어야 한다는 의미로만 해석하여야 할 것이다.

11. 재판관 김종대의 위헌의견

가. 생명권과 헌법 제37조 제2항의 관계

(1) 헌법 제37조 제2항의 의미

헌법 제37조 제2항은 전단에서 국민의 모든 자유와 권리는 국가안전보장·질서유지 또는 공공복리를 위하여 필요한 경우에 한하여 법률로써 제한할 수 있다고 규정하면서도, 그 후단에서 "제한하는 경우에도 자유와 권리의 본질적인 내용을 침해할 수 없다"고 제한의 한계를 설정하고 있다.

여기서의 기본권 제한의 한계인 자유와 권리의 본질적 내용이란 자유와 권리의 핵이 되는 실질적 요소 내지 근본요소로서(헌재 1989. 12. 22. 88헌가13, 판례집 1, 357, 373 참조) 만약 이것까지를 제한 한다면 자유와 권리 그 자체가 형해화되고 무의미하여지는 경우를 말하는 것이다(헌재 1995. 4. 20. 92헌바29, 판례집 7-1, 499, 509 참조).

이 헌법 제37조 제2항의 구성을 살펴보면 그 전단에서는 비례심사를 통한 모든 기본권의 제한을 허용하고 있고, 그 후단에서는 기본권의 본질적인 내용에 관해서는 더 이상 제한해 갈 수 없는 허용 한계가 있음을 정해놓음으로써, 기본권의 내용을 제한이 불가능한 핵심요소와 그렇지 않은 일반내용으로 나누는 중층적 구조로 구성하고 있다.

동항 전단에 의해 일반적으로 기본권의 제한이 허용된다는 것은 그 제한이 다른 헌법적 가치에 의해 정당화될 수 있음을 의미한다. 국가안전보장·질서유지 또는 공공복리를 위하여 필요한 경우라면 기본권의 제한은 헌법상 정당화되므로 비록 헌법이 보호하고자 하는 기본권이 제한되더라도 결론적으로 헌법에 위반되지는 않는다. 이에 반해 동항 후단에 의하면 기본권의 핵이 되는 기본권의 본질적인 내용은 어떠한 경우에도 제한할 수 없으며 기본권의 본질적인 내용의 제한에 대해서는, 그 자체로서 이미 헌법적으로 부정적인 가치판단이 내려진 것으로 다른 헌법적 가치에 의해 정당화될 수 없다.

(2) 생명권의 특성과 제37조 제2항과의 관계

(가) 삶과 죽음 사이의 중간 영역은 존재하지 않는다. 생명은 제한되는 순간 사라지므로 생명을 제한하는 것은 곧 생명을 박탈하는 것이다. 따라서 생명권은 그 내용이 본질적 내용과 그렇지 않은 내용으로 구별될 수 없는 단층구조를 취하고 있으므로 생명권에 대한 제한은 언제나 생명권의 본질적인 내용에 대한 침해로 연결된다.

생명권의 이러한 특성으로 인해, 생명권의 제한에 있어서는 헌법 제37조 제2항 전단과 후단 사이에 모순이 생기게 된다. 헌법 제37조 제2항 전단은 예외를 두지 않은 채 "모든" 자유와 권리가 제한될 수 있다고 규정하고 있으므로 생명권 역시 제한될 수 있으며, 다만 그 제한이 헌법적으로 정당화될 것인지 여부만이 문제될 뿐이다. 반면 헌법 제37조 제2항 후단에서는 자유와 권리의 본질적 내용을 침해할 수는 없다고 규정하고 있으므로 생명권에 대해서도 그 본질적인 내용을 침해할 수는 없는데, 생명권은 제한하는 순간 본질적 내용이 침해되므로 생명권은 제한할 수가 없게 된다. 결국 헌법 제37조 제2항의 전단에 의하면 생명권도 제한할 수 있지만 그 후단에 의하면 생명권에 대한 제한은 불가능하게 된다. 이러한 모순은 합리적 헌법해석을 통해 해결되어야 할 것인바, 생명권에 대해서는, 헌법 제37조 제2항 후단을 내세워 그 제한 자체가 불가능하다고 해야 할 것인가? 아니면 생명권도 동항 전단에 의해 그 제한이 가능한 이상, 동항 후단의 적용은 없는 것으로 해석해야 할 것인가?

(나) 자유와 권리의 본질적 내용을 침해할 수 없다는 헌법 제37조 제2항의 후단을 생명권에 대해서도 그대로 관철시켜야 한다는 견해에 의하면 생명권에 대한 제한은 어떠한 경우에도 허용되지 않는다고 해야 한다. 물론 윤리적, 종교적 관점에서 보면 생명은 그 무엇과도 바꿀 수 없는 소중하고 고귀한 가치로서 어떠한 경우에도 생명의 박탈은 용납될 수 없다고 말할 수 있을 것이다. 그러나 헌법이라는 법규범적 관점에서 보면 모든 기본권이 국가와 헌법의 존재 위에서만 인정되므로 또 다른 중요한 헌법적 가치의 실현을 위해 생명권을 제한하는 것도 헌법적으로 정당화될 수 있음을 수긍하지 않을 수 없다. 예컨대 국가공동체의 존립과 그 구성원의 생존이 급박한 위험에 처한 상황에서 그 위험으로부터 국가와 국민을 보호할 수단으로서 불가피하게 행해지는 생명의 박탈마저도 헌법적으로 정당화되지 않는다면, 국민 개인의 생명권의 보장을 위해 다른 모든 헌법적 가치를 부정하는 결과가 되기 때문이다.

따라서 헌법이 모든 기본권에 대한 제한 가능성을 인정하고 있으면서 특히 생명권은 제한할 수 없다고 명시하지 않은 한, 생명권에 대한 제한도 헌법적으로 정당화될 수 있음을 인정하지 않을 수 없다.

(다) 또 이와 달리 생명권의 제한에 대해서도 헌법 제37조 제2항 전단뿐만 아니라 후단의 적용도 배제해서는 안 된다는 입장에서, 전단과 후단을 모두 적용하여 생명권의 제한이 동항 전단의 비례심사를 한 결과 정당하다고 인정되는 경우에는 동항 후단의 본질적 내용의 침해가 없다는 견해도 있을 수 있으나, 그리되면 기본권 제한의 최종적 한계를 규정한 동항 후단이 아무런 의

미가 없어지게 되고, 기본권 제한이 본질적 내용에 이르렀으나 본질적 내용의 침해는 아니라는 논리적 모순을 초래하고 만다.

㈑ 그렇다면 결국 헌법 제37조 제2항 후단은 그 내용이 본질적인 부분과 그렇지 않은 부분의 중층적 구조로 구성된 일반적 기본권의 제한에 관한 규정으로 보아야 하고, 성질상 본질적인 부분과 그렇지 않은 부분이 구별되지 않는 생명권과 같은 경우에는 동항 후단의 적용은 없다고 해석해야 한다. 따라서 생명권의 제한에 관해서는 헌법 제37조 제2항 전단에 따라서 그 제한이 가능하며, 그 제한이 헌법적으로 정당화되는지 여부는 비례의 원칙에 따른 심사를 통해 판단하면 된다고 본다.

나. 사형제도가 생명권을 침해하는지 여부

사형제도가 비례의 원칙에 위반하여 생명권을 침해하는지 여부에 관해서는 재판관 김희옥의 위헌의견 중 해당 부분을 원용하는 이외에 다음과 같은 이유를 보충한다.

(1) 입법목적의 정당성에 관해

헌법의 궁극적인 존재 이유는 사회 구성원 한 사람 한 사람이 인간으로서의 존엄과 가치를 가지고 생활해 나갈 수 있도록 보장하는 것이다. 그런데 국가가 인간 존재의 근원인 사람의 생명을 빼앗는 것을 헌법이 용인한다면 이는 헌법 스스로 존재 이유를 부정하는 것과 같다. 따라서 국가가 사람의 생명을 박탈하는 것을 헌법이 용인하는 상황이란 국가의 존립과 개인의 생명이 충돌하거나 서로 다른 생명이 충돌하여, 국가 또는 다른 생명을 보호하기 위해서 부득이한 경우 이외에는 생각하기 어렵다.

그런데 사형은 범죄에 대한 형벌로서 국가가 범인의 생명을 박탈하는 것이다. 형벌은 범행 후의 재판을 통하여 이루어지므로 국가가 존속하고 정상적으로 기능하고 있음을 전제로 하고 있고, 또 이미 저질러진 범죄를 이유로 사후에 그 범인에게 가해지는 것이므로, 사형이 부과될 당시에는 국가의 존립이나 피해자의 생명이 범인의 생명과 충돌하는 상황은 이미 존재하지 않는다. 예를 들면 극악무도한 살인범에 대해 사형을 선고하고 집행하더라도 국가가 피해자의 생명을 범죄로부터 보호하지 못한 잘못은 이미 현실화된 비극일 뿐, 범인에 대한 사형의 선고나 집행을 통해 피해자의 생명을 구할 수는 없는 것이다. 국가가 사형을 통해 범인의 생명을 빼앗는 것은 피해자의 생명을 보호하는 것이 이미 불가능해진 상태에서, 범죄에 대한 비난으로서의 응보의 기능만이 있을 뿐이다. 그런데 범죄에 대한 보복으로서 국가가 사람의 생명을 빼앗는 것은 정당화될 수 없다.

(2) 수단의 적합성에 관해

한편 사형의 목적이 과거의 범죄에 대한 응보로서가 아니라 그 범인에 의하여 장래 발생할 수 있는 범죄로부터 개인의 생명과 사회의 안전을 방어하기 위한 것, 이른바 특별예방의 목적에 의한 것으로 보더라도, 사형제도는 정당화될 수 없다. 사형보다 완화된 수단을 통해서도 사형제도가 달성하려는 목적으로 얼마든지 달성할 수 있기 때문이다. 사형은 범인의 생명을 박탈함으로써 그 범인에 의해 발생할 수 있는 모든 위험을 원천적으로 제거하는 것이다. 그러나 범인이 이미 범한 범죄 이외에도 다시 다른 사람들과 사회에 해악을 끼칠 가능성이 있다면 국가가 그 범인을 사회로부터 완전히 격리하여 둠으로써 개인과 사회를 얼마든지 보호할 수 있다. 즉 굳이 범인의 생명을 박탈하지 않고서도 국가가 범인을 교도소에 계속해서 수용하고 있는 한 개인과 사회를 보호하는 목적은 그 범인을 사형시켰을 때와 똑같이 달성될 수 있는 것이다.

이와 같이 사형을 통해 달성하려는 목적을 충분히 이룰 수 있는 완화된 수단이 존재함에도 불구하고 굳이 사형을 통해 범인의 생명을 박탈하는 것은 목적 달성을 위해 필요한 정도를 넘어 과도하게 자유와 권리를 제한하는 것이다.

(3) 사형제도의 일반예방적 기능과 관련하여

범인 그 자신에 의한 재범의 억제가 아니라 일반 국민의 범죄를 억제하는, 이른바 일방예방의 관점에서도 사형제도가 반드시 필요하다고 볼 수 없다. 무엇보다도 일반예방적 효과를 위해 사람의 생명을 빼앗는 것은 일반 국민이 범죄를 저지르지 않도록 한다는 형사정책적 목적을 위해 한 사람의 생명을 희생시키는 것인데, 이는 사람의 생명을 범죄 억제의 수단으로 사용하는 것으로서 그 자체로 인간으로서의 존엄과 가치에 정면으로 반한다.

설사 사람의 생명을 빼앗는 것이 일반예방이라는 형사정책적 목적에 부합될 수 있다고 가정하더라도 피해 최소성과 법익 균형성의 관점에서 볼 때 헌법적으로 정당화되기 어렵다. 사형제도가 일반예방이라는 형사정책적 목적을 달성하기 위한 불가피한 수단으로 인정되기 위해서는 사형제도를 통해 달성할 수 있는 일방예방의 효과는 다른 대체수단으로는 달성될 수 없어야 하고, 사형제도를 두는 것이 사형제도를 두지 않는 것에 비해 범죄를 억제하는 효과가 훨씬 더 크다는 점이 실증되어야 한다. 그러나 일반예방의 효과, 즉 일반인에 의한 범죄의 억제라는 것은 막연하고 추상적인 관념으로 그 실체를 구체적으로 파악하거나 계량할 수 없고, 사형제도를 두는 것이 그렇지 않은 것보다 범죄 억제의 효과가 더 크다거나 크다면 그 차이는 과연 한 사람의 생명을 박탈하는 것을 감수할 정도로 큰 것인지 등에 관하여 그 누구도 정확하게 예측하거나 확인할 수 없다.

오히려, 우리나라가 1997. 12. 30. 사형을 집행한 이래로 지금까지 단 한 건도 사형을 집행하지 않았지만, 그렇다고 해서 그로 인해 사형을 집행하던 때보다 개인과 사회가 범죄로부터 더 심각한 위협을 받게 되었다고는 볼 수 없고, 이 사회는 사형제가 시행되던 때에 못지 않게 안정적인 국법질서가 유지되고 있음이 실증되고 있다. 따라서 사형제의 일반예방적 효과를 이유로 사형제의 합헌성을 주장할 수는 없을 것이다.

뿐만 아니라 사형제도의 폐지에 이어 범죄의 발생이 증가한 사례가 있다고 하더라도 범죄의 증가는 사회적, 경제적, 문화적 상황 전반의 다양한 요인들에 의해 복합적이고 중층적으로 영향을 받는 것이므로 사형제도의 폐지와 범죄의 증가 사이의 인과관계를 입증하기도 어렵다.

결국 일반예방을 위해 사형제도를 두는 것은 그 존재와 정도를 파악하거나 측정할 수도 없는 막연하고 불확실한 이익을 위해 사람의 생명을 수단으로 이용하는 것으로서 정당화될 수 없다.

(4) 사형제도의 폐지와 새로운 최고형의 도입

이와 같이 사형제도는 생명권을 침해하여 헌법에 위반되는 것이지만, 개인의 생명과 사회의 안전의 방어라는 점에서 사형이 가지는 효과에 버금가는 효과를 가지는 최고 형벌이 마련되어 있지 않은 상태에서 단순히 사형을 폐지만 하게 되면, 범죄로부터 개인의 생명과 사회를 방어하는 국가·사회의 안전망에 결함이 생길 수 있다. 그런데 우리의 현행 형벌체계에는 사형제도에 버금가는 효과를 가지는 형벌이 마련되어 있지 않다. 예컨대 사형제도가 위헌으로 선언되어 무효가 되면 현행 형법상 무기징역형이 최고형으로서 기능하게 되는데, 지금의 무기징역형은 사면이나 형의 감경이 가능할 뿐 아니라 복역 후 10년이 경과하면 가석방도 가능하다. 이러한 내용의 무기징역형만으로는 사형이 갖는 최고형으로서의 효력을 완전히 대체할 수 없다. 사형은 범인을 사회로부터 완전히 제거함으로써 사회로부터 영구히 격리하는 효과를 가지는데, 사형이 형벌로서 가지는 이러한 영구격리의 효과만은 개인과 사회의 보호를 위해 꼭 필요하다. 그렇다면 사람의 생명을 박탈하지 않으면서도, 그 범인으로부터의 사회안전의 보장이 확실해졌다고 객관적으로 명백히 판단되는 경우가 아닌 한, 범인을 사회로부터 영구히 격리할 수 있는 형벌, 즉 가석방이나 사면 등의 가능성을 제한하는 최고의 자유형(自由刑)이 필요하다 할 것이고, 이러한 새로운 최고형 제도가 도입되는 것을 조건으로 하여 사형제도는 위헌적 제도로서 폐지되어야 할 것이다.

12. 재판관 목영준의 위헌의견

가. 사형제도의 위헌 여부에 관한 쟁점

형법 제41조 제1호가 형의 종류의 하나로서 규정하고 있는 사형은 인간 존재의 바탕인 생명을 빼앗아 사람의 사회적 존재를 말살하는 형벌이다. 사형은 인류 역사상 가장 오랜 역사를 가진 형벌의 하나로서 범죄에 대한 근원적인 응보수단이고 가장 효과적인 일반예방수단으로 인식되어 왔다. 그러나 사형제도는 잔혹하고 이상한 형벌의 금지와 적법절차의 정신에 따라 그 선고 및 집행의 절차와 방법을 정함에 있어 인간의 존엄성을 신중히 고려하는 방향으로 변화되어 왔고 그 대상 범죄의 범위도 축소되어 왔으며, 나아가 인간의 생명을 국가권력의 힘으로 빼앗는다는 일종의 제도살인(制度殺人)의 속성을 가지고 있음에 비추어 사형제도 자체의 폐지 여부에 관한 진지한 논의가 전세계적으로 계속되어 오고 있다.

다만 사형제도가 헌법에 위반되는지 여부는, 사형제를 인권 보장 및 형사정책적 고려에서 폐지할 것인가의 문제가 아니라, 그것이 우리 헌법의 규정과 헌법정신에 위배되는지 여부의 문제이다. 즉, 우리 헌법에 사형제도를 인정 또는 부정하는 내용이 존재하는지, 우리 헌법상 기본권으로서 생명권을 상정할 수 있는지, 사형제도가 범죄인의 생명권의 본질적 내용을 침해하는 것인지, 아니면 비례원칙에 반하여 과도하게 생명권을 침해하는 것인지 및 사형제도가 인간의 존엄과 가치라는 우리 헌법의 기본정신에 위배되는지 여부 등의 문제라고 할 것이다.

나. 우리 헌법의 규정

(1) 헌법 제12조 제1항

헌법 제12조 제1항은, "모든 국민은 … 법률과 적법한 절차에 의하지 아니하고는 처벌받지 아니한다"라고 규정함으로써, '처벌', 즉 형벌의 종류에 대하여 법률로 정하도록 유보하고 있을 뿐, 사형제도를 명시적으로 허용하거나 부정하는 규정을 두고 있지 않다.

(2) 헌법 제110조 제4항

한편 비상계엄 하의 군사재판에 관한 헌법 제110조 제4항은, "비상계엄 하의 군사재판은 군인·군무원의 범죄나 군사에 관한 간첩죄의 경우와 초병·초소·유독음식물공급·포로에 관한 죄 중 법률이 정한 경우에 한하여 단심으로 할 수 있다. 다만, 사형을 선고한 경우에는 그러하지 아니하다"고 규정하고 있는바, 다수의견은 이 규정이 헌법상 사형제도의 존재를 인정하고 있는 규정이라고 주장한다.

대통령은 전시·사변 또는 이에 준하는 국가비상사태에 있어서 병력으로써 군사상의 필요에 응하거나 공공의 안녕질서를 유지할 필요가 있을 때에는 법률이 정하는 바에 의하여 계엄을 선포할 수 있고(헌법 제77조 제1항), 계엄 중 비상계엄이 선포된 때에는 법률이 정하는 바에 의하여 법원의 권한에 관하여 특별한 조치를 할 수 있는바(헌법 제77조 제3항), 비상계엄 하의 군사재판은 군인·군무원의 범죄나 군사에 관한 간첩죄의 경우와 초병·초소·유독음식물공급·포로에 관한 죄 중 법률이 정한 경우에 한하여 단심으로 할 수 있도록 하였다(헌법 제110조 제4항 본문). 위 헌법 제110조 제4항 본문은 1962년 제5차 개정 헌법에서 도입된 것으로서 비상계엄이라는 긴급하고 특수한 예외적 상황에서 위와 같은 특정한 종류의 범죄를 신속하고 효율적으로 처리하기 위하여 마련되었다. 그런데 1987년 현행 헌법으로 개정되면서 사형에 따른 인권침해의 심각성과 사형의 회복불가능성을 고려하여 비록 위와 같이 긴박하고 예외적인 상황이라 할지라도 사형선고에 대하여만은 사법절차를 통한 불복이 가능하도록 하기 위하여 위 조항 단서, 즉 "다만 사형을 선고한 경우에는 그러하지 아니하다"를 도입한 것이다.

이와 같이 헌법 제110조 제4항 단서의 도입 배경이나 문언상 맥락에 비추어 볼 때, 위 단서는 어떠한 경우에도 사형선고에 대한 불복절차를 인정하여 법

률상 존재하는 사형의 선고를 억제하기 위한 것으로 오히려 사형제도의 심
각성을 부각시킨 조항이라고 할 것이다.

또한 헌법의 명문 규정들이 서로 모순되는 것으로 보이는 경우에도 이를 통
일적·조화적으로 해석하여야 하고, 특히 보다 근본적인 의미를 가지는 헌법
규범에 반하지 않도록 해야 한다. 그런데 우리 헌법 제10조는 인간으로서의
존엄과 가치를 규정하고 있고 이는 우리 헌법의 기본권 보장 체계에 있어서
근본적인 규범의 의미를 가지는바, 뒤에서 보는 바와 같이 법률상의 사형제
도가 인간으로서의 존엄과 가치에 명백히 반하므로, 헌법 제110조 제4항 단
서는 사형의 선고에 대하여는 예외없이 불복절차를 인정하여야 한다는 원칙
을 천명한 것일 뿐, 사형제도를 허용하는 규정이라고 할 수 없다.

결국 헌법 제110조 제4항 단서가 간접적으로나마 헌법상 사형제도를 인정하
는 근거 규정이라고 보기 어렵다.

(3) 생명권

생명은 죽음에 대칭되는 인간의 생존 자체를 의미하는 순수한 자연적 개념으
로서 인간 존재의 근원이라 할 것이므로, 인간의 생명에 대하여는 함부로 사
회과학적 또는 법적인 평가가 행하여져서는 아니 된다. 즉, 모든 개인의 생명
은 동등한 가치를 가지며, 각 개인에게 그 생명은 절대적 의미를 가진다.

그러므로 생명권은 인간의 생존본능과 존재 목적에 바탕을 둔 선험적이고
자연법적인 권리로서 모든 기본권의 전제가 되는 기본권이다. 우리 헌법에
는 생명권에 관한 명문규정은 없지만, 헌법 제10조에서 규정하는 인간의 존
엄과 가치는 인간 생명의 존엄성과 분리하여 생각할 수 없고, 헌법 제12조
제1항이 정하는 신체의 자유는 생명이 있는 신체를 전제로 하며, 헌법 제37
조 제1항에 따라 헌법에 열거되지 아니한 자유와 권리도 경시되어서는 아니
되므로, 생명권은 우리 헌법상 인정되는 기본권 중 가장 중요한 기본권이라
고 할 것이다.

생명권은 한편으로는 국가의 생명에 대한 모든 형태의 침해에 대하여 방어
할 수 있는 권리를 내용으로 하므로, 국가는 원칙적으로 생명에 대한 결정을
내릴 수 없을 뿐만 아니라 생명을 국가 목적을 위한 수단으로 이용할 수도
없다. 다른 한편으로는 생명권은 생명에 대한 국가의 보호의무를 그 내용으
로 하므로, 국민은 국가에 대하여 적극적으로 생명의 보호와 유지를 요구할

수 있는 권리를 가진다.

(4) 헌법 제37조 제2항

헌법 제37조 제2항은, "국민의 모든 자유와 권리는 국가안전보장·질서유지
또는 공공복리를 위하여 필요한 경우에 한하여 법률로써 제한할 수 있다"라
고 규정하면서도, "이를 제한하는 경우에도 자유와 권리의 본질적인 내용을
침해할 수 없다"고 규정하고 있다.

다. 사형제도와 생명권

(1) 생명권의 본질적 내용

앞에서 본 바와 같이, 헌법 제37조 제2항은 어떠한 경우에도 자유와 권리의
본질적인 내용은 침해할 수 없다고 명시하고 있다. 그런데 생명권은 각 개인
에게 절대적 의미를 가지는 것이므로 개념적으로나 실질적으로나 본질적인
부분을 그렇지 않은 부분과 구분하여 상정할 수 없다. 결국 생명권에 대한
제한은 곧 생명의 전부 박탈을 의미하므로, 생명권은 헌법상 제한이 불가능
한 절대적 기본권이라고 할 수밖에 없다.

나아가 생명의 박탈은 곧 신체의 박탈이므로 사형은 헌법 제12조 제1항이
정하는 신체의 자유의 본질적 내용까지도 침해하는 것이라고 보아야 할 것
이다.

결국 사형제도는 생명권과 신체의 자유의 본질적 내용을 침해하는 것이므로,
우리 헌법의 규정상 허용될 수 없다고 할 것이다.

(2) 비례의 원칙

설사 국민 전체의 생명을 위협하는 외적의 침입에 대하여 방어하기 위하거
나 흉포한 조직범죄로부터 국민의 생명과 인권을 보호하기 위하는 등 매우
예외적이고 불가피한 상황에서는 국가가 국민의 생명권을 제한하는 것이 그
본질적 내용을 침해하는 것이 아니라고 가정하더라도, 생명권의 존엄성에
비추어 볼 때, 생명권의 박탈이 과잉금지의 원칙에 위배되는지 여부는 매우
엄격한 기준에 따라 심사되어야 할 것이다.

(가) 입법목적의 정당성

타인의 생명을 부정하거나 인간의 존엄을 훼손하는 중대한 흉악 범죄 및 이
에 준할 정도의 중대한 공익을 직접적으로 침해하는 범죄에 대하여, 그 범죄
인의 생명을 박탈하여 사회로부터 영원히 격리함으로써 사회를 방위하고자

하는 사형제도의 입법목적은 그 정당성이 인정된다고 할 것이다.

㈏ 수단의 적합성

다수의견은, 사형은 죽음에 대한 인간의 본능적인 공포심과 범죄에 대한 응보욕구가 서로 맞물려 고안된 필요악으로서 불가피하게 선택된 것이고, 다른 형벌에 비하여 일반예방적 효과가 크다고 추정되므로, 위와 같은 입법목적을 위한 적절한 수단이라고 주장한다.

우선 사형은 범죄인의 생명을 박탈하는 것으로서 그 개선 교화의 가능성을 배제하는 것이므로 특별예방이라는 형벌의 목적에는 전혀 기여할 수 없다. 또한 사형제도가 죽음에 대한 공포를 통하여 잠재적 범죄인을 위하함으로써 중대 범죄의 방지에 기여하는지 여부, 즉 사형제도의 일반예방적 효과에 관하여는, 사형제도의 폐지 또는 존치에 따른 범죄발생통계 등 실증적 자료에 의한 과학적 입증이 사실상 어려우므로, 사형제도의 존치가 여전히 중범죄를 억지하는 기능을 하고 있다거나 사형을 폐지한 후에 중범죄의 발생율이 높아졌다고 단정할 수는 없는 실정이다.

한편 형벌을 통한 응보가 동해보복(同害報復)을 의미하는 것은 아니며, 사적인 복수를 금하고 이를 대신하는 국가 사회의 공분(公憤)을 표현하는 것이라는 전제에 선다면, 타인의 생명 또는 그에 준하는 중대한 법익에 대한 침해에 대한 응보로서 반드시 그 침해자의 생명을 박탈하여야 하는 것은 아니라고 할 것이다.

결국 사형제도의 기능으로 명백히 인정될 수 있는 것은 당해 범죄인을 사회로부터 영구히 격리하여 피해자에 대한 보복 및 재범의 가능성을 원천적으로 차단한다는 점뿐이다. 그러나 이러한 목적은 뒤에서 보는 바와 같은 절대적 종신형이나 유기징역의 형기제한 폐지에 의하여도 상당 부분 달성될 수 있다.

국가가 법률로써 모든 기본권의 전제가 되는 생명권을 박탈함에 있어서는 그 수단이 입법목적에 기여한다는 점이 명백한 경우에만 수단의 적합성을 인정할 수 있는바, 사형제도의 경우 사회로부터 범죄인을 영원히 배제한다는 점 이외에는 형벌의 목적에 기여하는 바가 결코 명백하다고 볼 수 없으므로, 사형제도의 입법목적에 대한 수단의 적합성을 인정할 수 없다.

나아가 사형제도가 다수의견이 제시하는 바와 같은 위하적 효과를 거두기 위하여는 형벌의 실효성(實效性)을 갖추어야 한다. 그런데 우리나라는 1997. 12. 30. 사형을 집행한 이래 12년이 지나도록 선고된 사형을 집행하지 않음으로써, 국제인권단체로부터 사실상의 사형폐지국으로 분류되고 있는바, 그 결과 사형제도가 실효성을 상실하여 더 이상 입법목적 달성을 위한 적절한 수단이라고 할 수 없게 되었다.

(다) 피해의 최소성

설사 사형제도가 그 범죄인을 사회와 영원히 격리시킴으로써 그 자신에 의한 재범의 가능성을 원천적으로 차단하는 것 이외에, 그 위하력에 의한 일반예방적 기능을 인정된다 하더라도, 이처럼 범죄인의 생명을 박탈하는 것보다 덜 제한적인 수단이 없다고 단정할 수 없다.

우선 형사재판에서 사실의 인정은 증거에 의하고(형사소송법 제307조), 그 증명력은 법관의 자유심증에 의한다(같은 법 제308조). 이 같은 증거재판주의와 자유심증주의 하에서, 훌륭한 법관이 아무리 신중하고 적법한 절차를 거쳐 판단한다 하더라도 인간이 하는 재판인 이상 실체관계와 일치하지 않을 재판, 즉 오판의 가능성은 언제나 존재한다. 그런데 생명을 박탈하는 사형은 그 침해의 정도가 궁극적이고 전면적이어서, 오판임이 발견되었을 때 이를 회복할 수 있는 어떠한 수단도 없다.

반면 사형제도에 의한 입법목적을 달성하면서도 이러한 위험성을 예방하기 위한 형벌수단이 없지 아니하다. 즉, 뒤에서 보는 바와 같이 가석방이나 사면·감형이 허용되지 않는 절대적 종신형제 또는 유기징역의 경합범 가중시 형기를 단순합산시키고 유기징역의 상한을 폐지하거나 올리는 방안 등 사형제도를 대체할 만한 수단을 고려할 수 있음에도, 이를 외면하고 범죄인의 근원적인 기본권인 생명권을 전면적이고 궁극적으로 박탈하는 제도를 유지하는 것은 피해의 최소성원칙에도 어긋난다.

(라) 법익의 균형성

사형을 통하여 침해되는 사익은 개인의 생명 및 신체의 박탈로서 이는 범죄인에게는 절대적이고 근원적인 기본권의 상실을 의미한다. 반면에 이를 통하여 달성하고자 하는 공익은 타인의 생명 또는 이에 준하는 매우 중대한 법익을 침해하는 범죄에 대한 사회방위와 그러한 범죄의 일반적 예방이다. 그런데 앞에서 본 바와 같이 사형을 통하여 이루려는 공익은 다른 대체적 형벌에 의하여 상당 수준 달성될 수 있으므로, 공익과 사익 간에 법익의 균형성이 갖추어졌다고 볼 수 없다.

(3) 소 결

그렇다면 생명권은 기본권의 본질적 내용으로서 헌법 제37조 제2항에 의하여도 침해될 수 없으므로, 이를 박탈하는 사형제도는 우리 헌법상 허용될 수 없고, 설사 그 제한이 가능하다 하더라도 비례의 원칙에 반하여 국민의 생명권을 침해하는 것으로서 헌법에 위반된다고 할 것이다.

라. 사형제도가 인간의 존엄과 가치에 반하는지 여부

헌법 제10조는 모든 국민은 인간으로서의 존엄과 가치를 가짐을 선언하고 있다. 인간의 존엄과 가치는 헌법이 보장하는 최고의 가치이며 모든 기본권의 이념적 기초이고, 다른 기본권 규정들에 대한 해석의 지침임과 동시에 그 제한의 한계를 이룬다. 또한 헌법이 선언하는 인간의 존엄과 가치는 모든 국가작용에 있어서 인간의 존엄성 보장이 그 목적이 되어야 하고 인간을 다른 어떤 목적을 위한 수단으로 전락시켜서는 아니된다는 요청을 내포하고 있으므로, 이러한 요청은 형사입법 및 그 적용과 집행의 모든 영역에 있어서도 지도적 원리로서 작용한다.

헌법 제10조는 인간의 존엄과 가치를 가지는 인간을 "모든 국민"이라고 하고 있으므로, 비록 타인의 생명과 인권을 유린하고 훼손하는 극악무도한 범죄자라도 인간으로서의 존엄과 가치를 가진다. 물론 그러한 범죄자는 고도의 악성을 가지고 사회 전체의 위협이 되는 존재이며, 사회 전체의 이익을 위하여 사회로부터 영구히 격리될 필요성이 있다. 그런데 사형은 범죄가 이미 종료된 이후에 상당 기간에 걸쳐 수사 및 재판을 받고 형이 확정되어 수감 중인 인간에 대하여 의도적이고 계획적으로 생명을 박탈하는 것이다. 대부분의 인간이 선악의 양면성을 가지고 있는 점을 고려하여 볼 때, 범행 당시 극도의 악성이 발현되었던 범죄인도 위와 같은 시간이 흐르는 동안 인간의 본성을 일부라도 회복하여 반성과 회개를 할 가능성 또한 매우 높다. 또한 범죄인은 교도소 수감 중의 제한되고 절제된 생활 속에서 삶의 안정을 찾아가면서 삶에 대한 애착과 죽음에 대한 공포가 심화되게 된다. 즉, 사형은 악성이 극대화된 흥분된 상태의 범죄인에 대하여 집행되는 것이 아니라 이처럼 이성이 일부라도 회복된 안정된 상태의 범죄인에 대하여 생명을 박탈하는 것이므로 인간의 존엄과 가치에 위배된다는 것이다.

나아가 사형의 집행을 위하여는 법관의 사형판결 이외에도, 법무부장관의 명령이 필요하고, 사형의 집행에는 이를 직접 집행하여야 하는 실무자는 물론, 검사, 검찰청서기관, 교도소장 또는 구치소장이나 그 대리자가 참여하여야 하는바(형사소송법 제463조, 제467조), 사형제도는 직무상 사형제도의 운영에 관여하여야 하는 사람들로 하여금 그들의 양심과 무관하게 인간의 생명을 계획적으로 박탈하는 과정에 참여하게 함으로써, 그들이 인간으로서 가지는 존엄과 가치 또한 침해한다고 할 것이다.

그러므로 사형제도는 형사법의 영역에서도 지도적 원리로 작용하고 있는 헌법 제10조의 인간의 존엄과 가치에 반하는 제도라고 아니할 수 없다.

마. 사형제도에 관한 입법례와 실효성

우리 재판소는 1996. 11. 28. 95헌바1 결정에서 형법 제41조 제1호가 정하는 사형제도는 필요악으로서 불가피하게 선택된 것이고 여전히 제 기능을 하고 있다는 점에서 정당화될 수 있으므로 헌법상 비례원칙이나 헌법질서에 위반되지 않는다고 판단하면서도, "나라의 문화가 고도로 발전하고 인지가 발달하여 평화롭고 안정된 사회가 실현되는 등 시대상황이 바뀌어 생명을 빼앗는 사형이 가진 위하에 의한 범죄예방의 필요성이 거의 없게 된다거나 국민의 법감정이 그렇다고 인식하는 시기에 이르면 사형은 곧바로 폐지되어야 하고, 그럼에도 불구하고 형벌로서 사형이 그대로 남아 있다면 당연히 헌법에도 위반되는 것으로 보아야 한다"고 하였다.

그러나 유감스럽게도 위와 같은 시기가 도래하기를 기대하기는 어려운 실정이다. 현대 사회의 생존을 위한 극심한 경쟁 속에서 기존의 사회적 가치가 붕괴되고 정신적으로 피폐(疲弊)하여지다 보니, 그로 인한 범죄도 지능화·흉포화될 수밖에 없고, 정신병질환자(psychopath)에 의한 엽기적 범죄도 발생하고 있다. 그 결과, 범죄예방의 필요성은 점차 증가되고 흉악범죄에 대한 국민의 법감정은 더욱 부정적이 되었다. 그러므로 이제 이러한 범죄로부터 우리 사회를 강력하게 보호하면서도 인간의 존엄과 가치를 최소한이나마 보존할 수 있는 형벌제도를 강구하여야 한다.

사형제도에 관한 세계 각국의 입법례를 보면, 2008년 말 기준으로 모든 범죄에 대한 사형을 폐지한 국가가 92개국이고, 전쟁범죄를 제외한 일반범죄에 대하여 사형을 폐지한 국가는 10개국이며, 사형제도는 존치하나 최근 10년 이상 사형집행을 하지 않은 국가는 우리나라를 포함하여 36개국이고, 일반 범죄에 대하여 사형제도가 존치되고 집행되고 있는 국가는 59개국이다(사형 존치 및 집행국 중 5개국의 사형집행자 수가 전세계 사형집행자수의 약 93%에 이른다).

사형제도가 위하적 효과에 의하여 그 입법목적을 달성하기 위하여는 국민들로부터 그 실효성을 인정받아야 한다. 우리 형사소송법에 의하면, 사형선고가 확정된 후 6월 이내에 법무부장관이 사형집행을 명하여야 하고(제465조 제1항), 위 집행명령이 발령된 후 5일 이내에 집행하도록 명시하고 있다(제466조). 그런데 우리나라는 사형선고가 확정되었으나 집행되지 않은 사형수가 2008년 말 기준 59명인바(모두 이른바 흉악범이고, 1989년 이후 이른바 정치범으로서 사형선고를 받은 사람은 없다), 1997. 12. 30. 사형을 집행한 이래 12년이 지나도록 선고된 사형을 집행하지 않고 있어, 국제사면위원회(Amnesty International) 등 국제인권단체로부터 사실상의 사형폐지국으로 분류되고 있다.

이와 같이 우리나라 법률상 사형이라는 형벌은 존재하지만, 그것이 장기간 실행되지 않음으로써 그 형벌은 명목화·회화화(戱畵化)되어 결과적으로 형벌로서의 실효성을 상실하였다고 할 것이다.

바. 형벌제도의 보완

극악무도한 범죄로부터 우리 사회를 방어하고 국민을 보호하는 것은 국가의 국민에 대한 의무이다. 그러므로 잠재적 범죄인의 범죄실행을 억지하고 범죄인이 출소후 보복범죄를 저지르거나 재범을 하지 못하게 하기 위하여, 고도의 악성을 가진 흉악범에 대하여 엄중한 형벌로 단죄하여야 함은 너무도 당연하다. 따라서 비록 사형제도가 위와 같이 우리 헌법에 위반되고 그 실효성을 상실하여 폐지되어야 한다고 하더라도, 이를 대신하여 그러한 흉악범을 사회로부터 영구히 격리하는 실질적 방안이 강구되어야 한다.

(1) 절대적 종신형의 도입

우리 형법 제41조 제2호는 형벌의 종류로서 '징역'을 열거하면서, 제42조는 "징역은 무기 또는 유기로 한다"라고 규정함으로써, 무기징역형을 형벌의 종류로 규정하고 있다.

한편 형법 제72조 제1항은 무기징역도 가석방의 대상에 포함시키면서 복역 후 10년이 경과하면 행정처분으로 가석방을 할 수 있게 하였다. 또한 무기 징역형을 받은 범죄인이 사면된 경우 형의 선고의 효력이 상실되거나 형의 집행이 면제되고, 감경된 경우 형이 변경되거나 형의 집행이 경감된다(사면 법 제5조 제1항 제1호 내지 제4호).

따라서 현행 형법 및 사면법 규정에 의하면, 무기징역형을 받은 모든 범죄인 이 가석방 또는 사면·감형에 의하여 출소할 가능성이 부여되어 있다.

그러나 사형제도를 폐지하면서도 사형제도를 유지한 입법목적을 달성하기 위하여는, 고도의 흉악범이 어떠한 경우에도 사회에 복귀할 수 있는 여지를 남겨서는 아니된다. 그러므로 일반적 무기징역과는 달리, 가석방, 사면, 감 형에 의하여도 형의 집행이 면제되거나 감경되지 않는 무기징역형, 즉 절대 적 종신형을 도입하여야 한다.

다만, 위와 같은 절대적 종신형 또한 인간의 존엄과 가치에 반한다는 반론 이 있을 수 있으나, 사형제도를 폐지하기 위한 단계적 대안이 될 수 있다고 본다.

(2) 경합범가중규정의 수정과 유기징역형의 상한 조정

우리 형법 제42조는 "유기징역은 1월 이상 15년 이하로 한다. 단 유기징역에 형을 가중하는 때에는 25년까지로 한다"라고 규정하고 있다. 한편 경합범 가중에 관한 형법 제38조 제1항은, "가장 중한 죄에 정한 형이 사형 또는 무 기징역·금고인 때에는 가장 중한 형에 정한 형으로 처벌하고(제1호), 각죄 에 정한 형이 그 이외의 동종의 형일 때에는 가장 중한 죄에 정한 장기 또는 다액에 그 2분의 1까지 가중하되 각죄에 정한 형의 장기 또는 다액을 합산 한 형기 또는 액수를 초과할 수 없다(제2호)"라고 규정하고 있다.

따라서 위 (1)항과 같은 절대적 종신형이 도입되지 않는다면, 아무리 중한 범 죄를 수차에 걸쳐 저질렀다고 하더라도, 법관이 무기징역형을 선택하면 위 (1)항과 같은 문제가 발생하게 되고, 이를 피하기 위하여 유기징역형을 선택 한다고 하여도 형기가 25년을 초과하지 못하는 결과가 된다.

그런데 유기징역을 받은 자가 형기의 3분의 1을 경과한 후에는 가석방을 받 을 수 있으므로(형법 제72조 제1항), 25년의 유기징역형을 받은 범죄인도 극단적으로는 8년여를 복역하고 나면 가석방을 받을 수 있게 된다(다만 제

73조의2 제1항에 의하여 가석방기간이 10년을 초과할 수 없으므로 실제에 있어서는 15년이 경과되어야만 가석방이 가능하게 될 것이다).

결국 이러한 유기징역형 제도로는 중범죄의 억지와 범죄인의 영구적 격리라는 사형제도의 입법목적을 충족시킬 수 없으므로, 법관이 고도의 중범죄에 대하여는 가석방제도나 형의 감경제도에도 불구하고 범죄인을 사회로부터 실질적으로 격리할 수 있을 만큼 엄중한 유기징역형을 선고할 수 있어야 하는바, 이를 위하여는 경합범합산 규정을 '중한 형에 대한 2분의 1 가중'에서 '형의 병과'로 수정하고(예를 들어, 미국의 경우 병과주의 원칙을 택하여 각 죄에 대한 형을 합산하여 누적된 형이 부과된다), 유기징역형의 상한을 현행 '25년'에서 대폭 상향조정해야 할 것이다(유기징역형의 상한을 둔 대부분의 국가가 우리나라 보다 높은 상한선을 규정하고 있다).

물론 이에 대하여는 흉포한 범죄를 저지른 범죄자를 국민의 세금으로 보전시킬 필요가 없다라는 반론이 있으나, 사회방위의 필요성과 생명권의 존엄 모두를 충족시키기 위하여 용인될 수 있다고 본다.

사. 소결론

결국 생명권은 우리 헌법 제10조, 제12조 제1항, 제37조 제1항에 의하여 인정되는 국민의 기본권이고, 생명권 자체가 본질적 부분이므로 어떠한 이유에서든지 이를 박탈할 수 없다. 설사 생명권도 헌법 제37조 제2항이 정하는 비례의 원칙에 따라 제한이 가능하다고 가정하더라도, 사람의 생명을 박탈하는 사형제도는 과잉금지 원칙에 반하여 국민의 생명권을 과도하게 침해하는 것이고, 헌법 제10조가 선언하고 있는 인간의 존엄과 가치를 침해하는 것이다.

다만 흉악무도한 범죄로부터 국민과 사회 전체를 방어하여야 하는 점은 두말할 필요도 없으므로, 그러한 범죄인들을 사회로부터 영원히 격리하는 절대적 종신형 제도를 도입하여야 하고, 아니면 경합법가중규정이나 유기징역형의 상한 규정을 개정하여 흉악범들이 사회로 복귀하여 재범이나 보복범죄를 할 수 없도록 장기간 격리시켜야 한다.

그렇다면 형벌의 종류로서 사형을 열거하고 있는 형법 제41조 제1호가 헌법에 위반된다고 선언함과 아울러, 절대적 종신형을 별도로 규정하고 있지 않은 형법 제41조 제2호, 유기징역형의 상한을 규정한 형법 제42조 단서, 경합법 가중규정인 형법 제38조 제1항 제2호, 모든 징역형에 대하여 가석방을 허용하는 형법 제72조

제1항 등을 헌법에 합치되지 않는다고 선언하여야 한다.

   재판관 이강국(재판장) 이공현 조대현 김희옥 김종대 민형기 이동흡 목영준 송
두환

[별지] 관련조항

형 법 제38조(경합범과 처벌례) ① 경합범을 동시에 판결할 때에는 다음의 구별에 의하
   여 처벌한다.
   1. 가장 중한 죄에 정한 형이 사형 또는 무기징역이나 무기금고인 때에는 가장
      중한 죄에 정한 형으로 처벌한다.
   2. 각 죄에 정한 형이 사형 또는 무기징역이나 무기금고 이외의 동종의 형인 때
      에는 가장 중한 죄에 정한 장기 또는 다액에 그 2분의 1까지 가중하되 각 죄
      에 정한 형의 장기 또는 다액을 합산한 형기 또는 액수를 초과할 수 없다.
      단 과료와 과료, 몰수와 몰수는 병과할 수 있다.
   3. 각 죄에 정한 형이 무기징역이나 무기금고 이외의 이종의 형인 때에는 병과
      한다.
제55조(법률상의 감경) ① 법률상의 감경은 다음과 같다.
   1. 사형을 감경할 때에는 무기 또는 10년 이상의 징역 또는 금고로 한다.
   2. 무기징역 또는 무기금고를 감경할 때에는 7년 이상의 징역 또는 금고로
      한다.
   3. 유기징역 또는 유기금고를 감경할 때에는 그 형기의 2분의 1로 한다.
제297조(강간) 폭행 또는 협박으로 부녀를 강간한 자는 3년 이상의 유기징역에 처한다.
제298조(강제추행) 폭행 또는 협박으로 사람에 대하여 추행을 한 자는 10년 이하의
   징역 또는 1천 500만원 이하의 벌금에 처한다.
제299조(준강간, 준강제추행) 사람의 심신상실 또는 항거불능의 상태를 이용하여 간음
   또는 추행을 한 자는 전 2조의 예에 의한다.
제300조(미수범) 전 3조의 미수범은 처벌한다.
형사소송법 제465조(사형집행명령의 시기) ① 사형집행의 명령은 판결이 확정된 날로부

터 6월 이내에 하여야 한다.

② 생략

제466조(사형집행의 기간) 법무부장관이 사형의 집행을 명한 때에는 5일 이내에 집행하여야 한다.

제467조(사형집행의 참여) ① 사형의 집행에는 검사와 검찰청서기관과 교도소장 또는 구치소장이나 그 대리자가 참여하여야 한다.

② 생략

형의 집행 및 수용자의 처우에 관한 법률 제119조(가석방심사위원회) 「형법」 제72조에 따른 가석방의 적격 여부를 심사하기 위하여 법무부장관 소속으로 가석방심사위원회(이하 이 장에서 "위원회"라 한다)를 둔다.

제120조(위원회의 구성) ① 위원회는 위원장을 포함한 5인 이상 9인 이하의 위원으로 구성한다.

② 위원장은 법무부차관이 되고, 위원은 판사, 검사, 변호사, 법무부 소속 공무원, 교정에 관한 학식과 경험이 풍부한 사람 중에서 법무부장관이 임명 또는 위촉한다.

③ 이 법에 규정된 사항 외에 위원회에 대하여 필요한 사항은 법무부령으로 정한다.

제121조(가석방 적격심사) ① 소장은 「형법」 제72조 제1항의 기간이 지난 수형자에 대하여는 법무부령으로 정하는 바에 따라 위원회에 가석방 적격심사를 신청하여야 한다.

② 위원회는 수형자의 나이, 범죄동기, 죄명, 형기, 교정성적, 건강상태, 가석방 후의 생계능력, 생활환경, 재범의 위험성, 그 밖에 필요한 사정을 고려하여 가석방의 적격 여부를 결정한다.

제122조(가석방 허가) ① 위원회는 가석방 적격결정을 하였으면 5일 이내에 법무부장관에게 가석방 허가를 신청하여야 한다.

② 법무부장관은 제1항에 따른 위원회의 가석방 허가신청이 적정하다고 인정하면 허가할 수 있다.

사면법 제3조 사면, 감형과 복권은 좌에 열기한 자에 대하여 행한다.

　1. 일반사면은 죄를 범한 자

　2. 특별사면과 감형은 형의 언도를 받은 자

　3. 복권은 형의 언도로 인하여 법령의 정한 바에 의한 자격이 상실 또는 정지

된 자

어쨌든 사형의 존폐는 국가의 정책적 결단에 달린 문제이고, 개인에게는 각자의 세계관에 따라 찬반의 태도를 가릴 수 있지만 일단 사형제도가 있는 나라의 국민은 따를 수밖에 없다.

13. 법과 도덕의 견련(牽聯)

환경미화원인 A씨는 어느 날 길바닥에서 1억 원에 이르는 수표봉투를 발견하였다. 처음에는 횡재했다고 좋아하다가 경찰에 신고하였다. 주인인 대기업 사장 B씨는 경찰서에 10만 원을 내놓고 갔다. 이 사실을 통고받은 A씨는 괘씸한 생각이 들었는데, 이럴 때 어떻게 해야 하나?

유실물을 발견하면 신고해야 한다. 그렇지 않으면 점유이탈물횡령죄로 처벌받게 된다(형법 제360조). 따라서 신고는 도덕, 양심의 요청이기도 하지만 법적 의무이기도 하다. 신고의무에서 도덕과 법의 내재적 관련을 보게 된다.

그런데 유실물을 돌려 받은 주인은 고맙다는 말만 하고 아무런 보상을 하지 않아도 괜찮은가? 「유실물법」 제4조는 "물건의 반환을 받는 자는 물건 가액의 100분의 5내지 100분의 20 범위 내에서 보상금을 습득자에게 지급하여야 한다"고 규정하고 있다. 이 규정은 반드시 강행규정은 아니고, 보상을 받지 않겠다는 사람들도 많이 있다. 그렇지만 괘씸하게 생각되어 보상을 요구한다면, 즉 소송을 제기한다면 습득하게 된 경위, 주인에게 돌려준 방법과 노력 정도 등을 고려하여 법원이 보상범위를 결정해 준다. 보상금청구소송을 제기하지 않는다 하더라도 유실물의 신고와 반환과정에서 법과 도덕이 자연스레 교섭하여 법이 정한 테두리 안에서 보상이 이루어지는 것이 바람직할 것이다.

14. 법률에서의 법과 도덕

A양네 집 이웃 가까이에 새 집이 들어섰는데, A양의 방안이 들여다보여 불편을 겪고 있다. A양네 집에서는 이에 대해 어떤 법적 조처를 주장할 수 있겠는가?

민법 제243조는 "경계로부터 2미터 이내의 거리에서 이웃 주택의 내부를 관망할 수 있는 창이나 마루를 설치하는 경우에는 적당한 차면시설을 하여야 한다"고 규정하고 있다. 위의 사례에서 A양의 사생활과 권리를 보호해주기 위하여는 새로 지은 이웃집 창 앞에 적당한 차면시설을 해야 한다. 법적으로는 2미터 이내의 건축에서만 이런 의무가 부과된다. 그렇지만 이 기준을 넘었다 하더라도 이웃의 내부를 들여다 볼 수 있어 방해를 주는 건축을 해서는 아니된다. 차면시설도 이웃집에서는 볼 수 있고 A양 집에서는 볼 수 없는 특수유리로 했으면 그것을 차면시설을 설치했다고 볼 수 없음은 물론이다. 이처럼 사람과 사람 사이에서 권리와 이익이 손상되지 않도록 법과 도덕이 조화를 이루어 법률을 제정하고 운영해야 한다. 특히 이웃끼리는 법으로만 부딪치며 살 수 없는 상린관계(Nachbarschaft)에 있기 때문에 이러한 법률의 도덕적 기초가 중요시된다. 상린법(Nachbarrecht)의 영역이 바로 여기에서 성립되는 것이다. 예컨대 경계를 넘은 나무가지는 소유자에게 제거를 청구할 수 있고, 소유자가 응하지 않으면 직접 제거할 수 있다(민법 제240조). 나무 뿌리가 경계를 넘은 때에는 임의로 제거할 수 있는데, 그것은 뿌리의 일부 제거가 나무의 생명에 큰 영향을 주지 않기 때문이다. 민법 제216조는 "토지소유자는 경계나 그 근방에서 담 또는 건축물을 축조하거나 수선하기 위하여 필요한 범위 내에서 이웃 토지의 사용을 청구할 수 있다. 그러나 이웃 사람의 승낙이 없으면 그 주거에 들어가지 못한다. 이 경우에 이웃 사람이 손해를 받은 때에는 보상을 청구할 수 있다"고 규정하고 있다.

15. 보호의무

맞벌이 부부인 A씨는 매일 보모를 고용하여 아기를 맡기고 출근한다. 어느 날 돌아와 보니 생후 넉 달된 아기가 혼자 화장지를 입에 잔뜩 물고 질식사해 있었다. 보모는 아기가 자는 동안 문을 밖에서 잠그고 3시간 동안 외출했던 것이다. A씨는 보모를 고소하려고 하는데, 보모는 처벌받아야 하는가?

생후 넉 달된 아기를 돌보아 달라고 보모를 고용한 이상 보모는 계약상의 보호의무가 있다. 이러한 의무를 진 보모가 아무리 아기가 잠든 틈을 이용해서 외출했다 하더라도 3시간 동안 유기한 것은 유기죄에 해당한다. 유기하여 사망에 이르게 한 유기치사죄는 ① 그 기본범죄가 유기죄에 해당할 것, ②

사망의 결과가 유기죄로 인하여 발생했을 것, ③ 사망의 결과에 대하여 행위자에게 과실이 있을 것 등의 요건이 갖추어져야 한다. 형법 제271조 1항에서는 "노유(老幼), 질병, 기타사정으로 인하여 부조(扶助)를 요하는 자를 보호할 법률상 또는 계약상 의무 있는 자가 유기한 때에는 3년 이하의 징역 또는 500만 원 이하의 벌금에 처한다"고 규정하고 있다.

16. 유기치사죄

대학생 A군은 애인 B양과 밤늦게 술을 마시고 돌아가려는데 B양이 술 바람에 "이제 우리 영원히 헤어지자"고 하였다. A는 "헛소리하지마"라며 타일렀지만 B양은 막무가내였다. 날씨가 추워서 좀 지나면 술이 깰 것이라 생각하고 B를 그냥 두고 돌아왔다. B양은 그곳에서 좀 떨어진 곳에서 얼어 죽은 시체로 다음날 발견되었다. B의 부모는 A를 경찰에 고발하였는데, A는 처벌받아야 하는가?

유기치사죄(遺棄致死罪)는 사람을 유기하여 사망에 이르게 한 죄로 형법 제271조에 의해 처벌된다. 다만 법률상 또는 계약상 보호의무가 있는 자가 유기한 때에 적용되는데, A와 B는 애인 사이이다. 애인관계는 물론 서로 모르는 사이가 아니고 서로 사랑하는 만큼 상대방을 돌보아줄 관습상, 조리상(條理上)의 의무를 갖고 있다. 애인을 버린다는 것은 인지상정(人之常情)을 위배하는 것이라 할 것이다. 대법원은 보호의무에 대하여 "형법은 법률상 또는 계약상의 보호의무가 있는 자만을 유기죄의 주체로 규정하고 있으니 명문상 사회상규상의 보호책임을 관념할 수 없다 하겠으며, 유기죄의 죄책을 인정하려면 보호책임이 있게 된 경위·사정·관계 등에 의하여 법률상 또는 계약상의 보호의무를 밝혀야 할 것이다"(대법원 1977. 1. 11, 76 도 3419)고 하여, 추운 겨울 술에 취한 동행자가 길가에 쓰러져 사망의 위험이 있음에도 구조하지 않고 지나친 자에게 유기치사의 죄책을 물을 수 없다고 판시하였다. 이른바 '착한 사마리아인법'(the Good Samaritan Law)이라 불리는 불구조죄(不救助罪)에 관한 처벌규정이 없는 우리나라에서 유기죄의 규정을 엄격히 해석하면 사회연대성을 파괴할 위험도 없지 않고, 그렇다고 형법의 유추해석을 허용할 수도 없는 애매한 부분이다.

제4장
법의 이념

법은 정의, 합목적성, 안정성 등의 이념을 지향하는 사회규범이고, 그 외에도 공공복리, 자유와 평등, 사랑의 실천 등 여러 가지로 설명된다. 생활 속에서 과연 법이 어떠한 이념을 지향하는가를 예리하게 관찰하면서 살아갈 때 올바른 법치주의에 참여할 수 있다.

법과 시

正義의 女神

한 손에 저울을 들고
한 손에 칼을 들고

차라리 보지 않아야 公平해
두 눈을 眼帶로 가리우고

秋霜같이 엄격한 표정으로
허공을 향해 서 있는 저 女人!

그래도 무엇이 사랑스러워
법원, 시청, 관공서마다
彫刻해 세운
유럽의 풍경을 아는 나에게,

서울의 광화문 세종문화회관 뒤
대한변호사협회 마당에 선
세계의 전무후무한 정의의 여신상은
웃음과 울음을 되씹게 한다.

眼帶도 없이 두 눈을 지긋이
감고
온갖 수심에 차 있는
보살과도 같은 女人!

한국의 正義의 여신은
엄격보다는 人情에 끌려
저렇게 슬픈 女神으로 되었나?

외롭게 허물어지는 正義의
化身이
서울의 시내 한복판에 있는데

권력으로 正義를 사려는 자여,
데모로 正義를 붙잡겠다는 자여,
모두 이 女神像 아래서
묵념이나 한번 올리세.

1. 법이념의 유무

공산주의에서는 법은 지배자가 피지배자를 착취하기 위한 지배수단이라고 보며, 어떠한 가치지향적 이념을 갖고 있는 규범으로 보지 않는다. '운동권' 학생들도 이러한 독서를 한 결과 법의 이념성을 부정하고 있다. 이러한 사고방식은 어떤 결과를 초래하게 될 것이며, 법의 이념이 왜 필요한지 설명해 보라.

"법은 강자가 약자를 지배하기 위한 (착취)수단"이라든가 "법은 종교보다 더 강한 아편"이라는 공산주의 이데올로기에 입각한 법률관을 가지면 법은 정의와 자유, 공공복리 혹은 행복과 사랑 같은 이념을 논할 여지가 없게 된다.

강자가 약자를 지배하기 위한 수단이 곧 법이라면 법은 힘센 자의 도구, 즉 실력(實力)이라는 것 외에 아무런 의미가 없다. 물론 법은 힘을 동반하는 규범이지만 힘이 곧 정의라고 한다면 큰 잘못이다. 강자가 정의요, 약자는 부정의라면 이 세상은 오히려 불법(不法)의 천지가 되고 말 것이다. 오히려 그 반대로 법은 강자의 힘을 누르고 약자도 함께 살 수 있게 하기 위한 약속이라고 볼 수 있다. 우리 주변에서, 우리나라에서 이루어지고 있는 법의 현실을 보고 너무 속단하는 것은 금물이다.

2. 정의와 부정의

수많은 법학자, 사상가들이 정의(正義)가 무엇인지를 설명하려고 노력해 왔다. 그러나 솔직히 정의가 뭔지 잘 모르겠고, 이 세상에는 정의보다도 부정의가 더 세력을 부리고 있다. 이것은 우리가 정의가 무엇인지를 몰라서인가, 왜 이런 부조리가 계속되고 있는가?

이 세상에서 정의보다는 부정의가 오히려 성공하고 지배하는 것처럼 보인다. 왜 그러냐에 대한 설명은 신정론(神正論, Theodizee)의 심오한 설명을 필요로 한다. 구약성서의 욥기(Job)에서 다루는 "왜 선한 자가 이 땅에서 고난을 받는가"의 주제가 그것이다. 이에 대해 (물론 그리스도교적 설명이지만) 인간은 감히 왜 그런가를 물을 "권리"가 없는 것으로 나타난다. 인간은 주어진 삶을 정의롭게 살아야 한다는 실존적 요청을 받을 뿐이다.

그러나 단기간적으로 보면 부정의가 성공하는 것 같아도 긴 안목으로 보면 역사는 결코 악한 세력보다는 선한 인간의 양심과 노력의 방향으로 움직여지고 있음을 배울 수 있다(최종고, 욥의 정의, 「정의의 상을 찾아서」, 서울대출판부, 1994, 263~267면).

3. 정의의 상징물

정의를 상징하는 조형물로 '정의의 여신상'(Justitia)을 건립하는데, 그 뜻은 무엇인가요? 그리고 동양적인 정의의 상징물은 어떤 것인지요?

고대 로마, 그리스에서부터 정의의 여신, 즉 유스티치아(Justitia)는 눈을 안대(眼帶)로 가리고 한 손에 칼을, 한 손에 저울을 들고 서 있는 추상같이 준엄한 여신상으로 그려지고 있다. 그래서 서양의 법원이나 관공서 앞에는 이 여신상이 많이 세워져 있다. 인간들의 지상에서의 최대의 관심사는 정의의 실현이라 하겠다.

동양에서는 고대 중국의 신의재판(神意裁判)에서 해태(鹿)를 사용했다 하여, 해태를 정의의 상(像)으로 많이 조형하였다. 고궁에도, 광화문에도, 그리고 지금도 중국 법관들의 법복에 해태상이 수놓아 있다.

서양에서는 해태의 전설이 유니콘(Unicorn)으로 전해져 있는데, 해태는 뿔을 하나 가진 신수(神獸)이기 때문이다. 미국 펜실베니아 로스쿨 정문에는

• 서양의 정의의 여신상   • 일본의 정의의 여신상   • 한국의 정의의 여신상

1962년에 해태상을 조각해 세우고(조각가 Henry Mitchell 작) 이렇게 새겼다.

> 인간의 진보는 마술에서 법으로 천천히 어렵게 이루어졌다
> (Slow and painful has been man's progress from magic to law).

• 광화문의 해태상   • 펜실베니아대학의 해태상   • 서양의 해태 유니콘

우리나라에도 법원과 법과대학 등 법과 관련된 건물에 어떤 법과 정의의 상을 세우는 것이 좋을지 생각해 보자(자세히는 최종고, 「正義의 像을 찾아서」, 서울대출판부, 1994; 최종고, 「법과 미술」, 시공사, 1996).

우리나라에서도 1995년 대법원을 서초동에 신축하는 것을 계기로 법의 상징조형물에 대한 관심이 고조되었다. '대법원 조형물건립위원회'는 서양의 유스티치아상과 꼭 같은 상을 만들 수는 없고, 광화문, 국회, 경찰청 심지어 시도경계석, 어린이놀이터에까지 난립되어 있는 해태상을 대법원에 또 세울 수는 없다고 논의하였다. 그리하여 정면 정원에 「법과 정의의 상」(서울대 엄태정 교수 작), 동관 정원에 해태상의 추상조각(조각가 문신 작), 대법정 후면 벽에 한국적인 「정의의 여신상」(이화여대 박충흠 교수 작)이 세워졌다. 그리고 대법원 정문 현관을 들어서면 좌우벽면에 얼핏 보면 풍수지리의 산수화 같으면서 자세히 보면 그 속에 해태와 저울 등 법의 상징이 들어있는 「원형상―95」(서울미대 이종상 교수 작)라는 작품이 걸려 있다. 이처럼 사법부가 미술에 관심을 기울인 것은 고무적인 일이다(자세히는 최종고, 법조 미술론, 「시민과 변호사」, 1995년 12월호).

서울대 법대도 1995년에 개교 100주년을 기념하며 신축한 '근대법학교육

100주년 기념관' 앞에 「정의의 종」을 만들어 세웠는데, 종면(鍾面)에 외뿔이
있는 해태상을 새겨 넣었다. 그 후 사법연수원과 대검찰청에도 외뿔 해태상이
섰고, 2008년도에 서울시의 상징으로 해치(해태)를 정하여 각종 로고와 마스
코트가 제작되었다(자세히는 최종고, 「법상징학이란 무엇인가」, 아카넷, 2000).

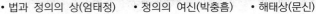

• 법과 정의의 상(엄태정)   • 정의의 여신(박충흠)   • 해태상(문신)

4. 정의와 응보

> A와 B는 언쟁을 하다 싸움으로 번져 B의 이빨을 하나 부러뜨렸다. B는 A를 상대
> 로 손해배상을 청구하였는데, 법원은 서로 화해하기를 권유하였다. 그러나 B는 A에
> 게 꼭 같은 방법으로 이빨을 하나 부러뜨려야만 손해배상을 받은 것으로 합의서를
> 써주겠다고 한다. B는 이런 방법으로 손해배상을 받을 수 있을까?

범죄가 수반된 불법행위에서 당사자 사이의 합의는 수사기관이나 법원에
서 정상을 참작하는 중요한 자료가 된다. 합의는 당사자끼리 자치적으로 해결
한다.

가해자가 피해를 보상하는 데에는 원상회복과 그것이 불가능할 때에는
금전으로 배상하는 것이 원칙이다. 민법 제394조는 "다른 의사표시가 없으면
손해는 금전으로 배상한다"고 규정하고 있다.

타인의 생명이나 신체에 불법행위를 가해 사망하거나 불구가 된 경우 원
상회복은 불가능하다. 따라서 오늘날 생명·신체에 대한 불법행위에는 금전,
즉 배상금을 물리는 것이 원칙이다. 옛날에는 "눈에는 눈, 이에는 이"라는 탈

리오의 법(Lex talio), 즉 동형복수(同形復讐)가 인정되었다. 그것은 폐기된 지 오래이다. 오늘날에는 형벌도 손해배상도 목적과 교육, 개선으로 이해되고, 상당한 형벌이 벌금형으로 대체되고 있다. 이런 면에서 보면 정의와 형벌에 대한 관념도 시대에 따라 다른 모습을 보여준다고 볼 수 있다. B는 치료비와 위자료라는 금전적 배상을 받는 것으로 만족해야지, 굳이 A의 이빨을 원한다면 그것도 오늘날에는 정의라기보다는 잔인하고 부정의로 비난받게 될 것이다.

5. 이완용 재산의 환수

이완용의 손자가 증빙문서에 근거하여 빼앗긴 조상의 땅들을 상당수 재판을 통하여 회복하고 있는 것으로 밝혀졌다. 이에 대해 '매국노'의 땅을 자손에게 줄 수 없다고 하여 '이완용 명의 토지재산 국고환수촉진' 운동이 전개되고 있다. 이완용 재산을 둘러싸고 법은 누구의 이익을 보호해야 할 것인가?

1926년에 이완용이 죽으면서 남긴 재산은 정확히 알 수 없으나 몇 백만평에 이르는 것으로 추산되고 1948년 반민특위(反民特委)에 의해 국가에 몰수된 땅이 약 30만평에 이른다. 이완용의 아들 이항구는 반민특위에 끌려갔다 온 충격으로 사망하고, 땅은 부분몰수에 그친 채 상당량의 부동산이 법적 권리가 없는 제3자에게 불법 또는 편법으로 넘어가 버렸다. 이완용의 손자 이병길도 민족감정에 눌려 재산권행사를 못한 채 6. 25때 행방불명되었고, 증손자 이윤형이 외국에 살면서 변호사들을 통해 이제 조상의 잃은 땅을 되찾으려 법적 수단을 강구하고 있다(「일요신문」, 274호, 1997).

이러한 문제를 놓고 1993년 7월 1일 국회의원회관에서 「이완용 명의 토지재산 국고환수추진 서명의원모임」을 갖고 공청회를 개최하였다. 여기에서 신용하(서울대) 교수, 한상범(동국대) 교수, 장기욱 변호사, 박명환 의원, 제정구 의원, 정경희 논설위원은 한 목소리로 이완용 재산의 국고환수를 주장하였다. 신 교수는 "이완용의 재산은 일제의 비호하에 국유토지를 점유하거나 헐값으로 불하받은 것으로 매국행위의 대가로 조성된 것"이라며 "사유재산보호는 정당한 방법으로 형성한 재산에 한할 뿐 도둑질보다 더한 매국행위에 의한 재산을 보호할 필요는 없다"고 주장하였다. 한 교수는 "임시정부가 선포한

'건국강령'에는 매국노의 재산몰수를 명시하고 있고 우리 헌법이 임시정부 법통계승을 명문화하고 있는 만큼 특별법제정은 헌법정신에 위배되지 않는다"고 설명하였다. 또 정 위원은 "군이 소급입법논란을 벌일 사안이 아니다"라면서 "광복 후 제정된 반민법(反民法)이 폭력에 의해 효력정지된 만큼 정당하게 당시의 법을 발효하면 될 것"이라고 주장하였다.

이 문제는 반민족행위자에 대한 처리가 불분명하게 진행되어 온 하나의 결과라고 볼 수 있으며, 현행법으로서 처리하기가 어렵다면 특별법을 만드는 수밖에 없을 것이다. 그러나 국회의 입법활동도 제대로 운영되지 못하고 한국 사회도 어지러운 사이에 이완용 후손은 변호사를 통하여 법적 논리를 전개하여 1997년 7월 27일 서울고등법원 민사 2부에서 승소판결을 받았다. 재판부(재판장 : 권성)는 판결문에서 "친일파 땅이라고 해서 법률상 근거없이 재산권을 뺏는 것은 법치국가에서 있을 수 없는 일"이라며 "특히 과거사에 대해 지나친 정의관념이나 민족감정만을 내세워 문제삼는 것은 오히려 사회질서에 어긋난다"고 하였다. 이에 대하여 다시 사회 각계에서 비판적 반응이 일고 있다. 법이 보장하는 개인적 이익과 사회정의와의 대립긴장을 극명하게 보는 사례이다. 이러한 긴장은 어느 사회에나 없을 수 없겠지만 그 폭이 넓을수록 불안정하고 정의가 문제시되는 사회라 하였다.

한편 참여정부 출범 이래로 과거사 청산이 화두로 되었는데, 2005년 12월 29일 친일반민족행위자 재산의 국가귀속에 관한 특별법이 공포·시행되고 이듬해 7월 13일 대통령 소속 친일반민족행위자재산조사위원회가 발족되었으며, 그 활동으로 2007년 5월 2일, 8월 13일, 11월 22일에 각각 친일재산 국가귀속결정이 내려졌다.

6. 공공복리와 개인이익

X는 S시 대로변에서 10년 이상 양복점을 경영하는 자인데, 지난 수년 동안 계속되는 지하철공사로 인하여 점포 앞의 통로가 거의 막힌 관계로 영업이 안 되어 지하철공사 이전보다 판매고가 약 5분의 1로 줄어들었다. 따라서 X는 바로 이러한 결과는 S시의 지하철공사로 인한 손해라고 인정하고 그 손해를 구제받기 위한 방안을 강구하려고 한다. X는 S시에 대하여 그 손해전보(損害塡補)를 위한 청구를 할 수 있는가? 그 가능성 및 청구방법에 관하여 설명하라.

우리 헌법과 실정법에서 예상하고 있는 국가보상 또는 손해의 전보제도에는 적법한 공권력의 행사로 인한 손실보상과 위법한 공권력의 행사로 인한 손해배상과 영조물의 설치·관리의 하자로 인한 손해배상의 두 제도가 있다. 그러나 설문에 있어서 X가 입고 있는 그 손해는 그 손실보상제도에 의하거나 손해배상제도에 의해서도 권리구제(손해전보)를 받을 수 없다고 하겠다. 그 이유는 첫째로 손실보상제도에 관하여 헌법에서는 그 보상의 원인으로 "재산권에 대한 수용·사용·제한"을 요구하고 있기 때문이다(헌법 제23조 제3항). 바로 X가 입고 있는 그 손실은 공권력이 법에 의하여 적법하게 재산권을 침해함으로써 발생한 손실이라고 할 수 없기 때문이다. 둘째로 공권력행사 등으로 인한 손해배상제도에 관하여 헌법에서는 그 배상의 원인으로 "공무원의 직무상 불법행위"(헌법 제29조 제1항), 국가배상법에서는 "공무원이 그 직무를 집행함에 당하여 고의 또는 과실로 법령에 위반"(국가배상법 제2조 제1항)할 것을 요구하고 있기 때문이다. 바로 X가 입고 있는 그 손해는 공무원의 직무상 불법행위로 인한 손해라고 볼 수 없기 때문이다. 셋째로 영조물의 설치·관리의 하자로 인한 손해배상제도에 관하여는 헌법에는 비록 명문의 규정이 없으나 국가배상법에서는 그 배상의 원인으로 영조물의 설치·관리에 하자가 있을 것을 요구하고 있기 때문이다(동법 제33조 제1항). 바로 X가 입고 있는 그 손해는 확실히 도로의 설치관리의 하자로 인하여 발생한 손해라고 볼 수 없기 때문이다.

실제로 X와 같이 공공필요 또는 공공복리를 위한 공공사업으로 인하여 생계를 위협받는 국민이 있음에도 불구하고 현행법에서 거기에 대한 대책을 강구하고 있지 않다면 그것은 확실히 법의 미비라고 말하지 않을 수 없다. 물론 그러한 법의 미비를 보충하여 주는 것은 판례법이다. 따라서 우리나라에서도 이 문제와 관련된 판례법이 조속히 확립되거나 새로운 입법이 정비되어야 할 것이다. 그러한 작업에는 우리와 똑같이 헌법에서 손실보상제도와 손해배상제도를 규정하고 있는 독일에 있어서 새로운 현실적 문제를 해결하기 위하여 판례법으로 정착되고 최근에 와서 국가책임법에 정착된 수용적 침해 (enteignender Eingriff)에 대한 보상의 법리가 많은 참고가 될 것이다. 이것은 적법한 행정작용을 통하여 본래 의도하지 않은 이형적(異型的) 결과(ungewollte und atypische Nebenfolge)로 인해 손해를 입은 자에 대하여, 원칙으로 손실보상의 범위에 포함되지 않지만, 헌법상의 손실보상에 관한 규정에 의거하여 보상청구권을 인정하는 법리이다. 이 법리는 이제 독일에서는 판례와 학설에 의해서도 공인되고 있다. 최근 우리나라에서도 그 법리가 소개되고 있는데 그 법리가 판례 또는 입법으로서 채택될 때 X가 입고 있는 그 손해는 비로소 청구(손해전보)를 받을 수 있을 것이다.

제5장
법의 존재형태〔法源〕

법원(source of law, Rechtsquelle)은 대륙법과 영미법, 그리고 각 실정법역에 따라 그 존재양태를 달리한다. 한 나라의 법의 존재형태를 명확히 가다듬은 일은 그 법문화의 수준을 높이는 데에 직접적으로 중요성을 갖는다.

법은 악어인가?

황동규의 「악어를 조심하라고?」를
읽고
그 악어가 무엇인지 내내 생각하다
내대로 내 식으로
악어는 곧 法이라고.

"아파트 사람들이 「사랑과 진실」에
빠져있을 때
계단을 기어올라 옥상난간에
뜨거운 배를 대고
비를 맞으며
서울의 불빛을 내려다 보고 있진
않을까?"

그 악어인지
베헤모트(Behemoth)인지
레비아단(Leviathan)인지

기분 나쁘게 으시시 하면서도
역시 너는 짐승이거니 하는
너는 法과 얼마나 다른 것이냐?

사랑도 진실도
행복도 평화도
六法全書가 아니라 千法萬法 속에
말아먹고
뜨거운 배를 주체하지 못하면서도
언제나 배고파하는

法은 악어인가?

이런 악어가 없는 곳은 세상천지
어디?

1. 판례법주의

영국이나 미국에는 법이라는 것이 따로 없고 법원에서 판사가 말하는 것이 곧 법이라고도 하는데, 그것이 무슨 뜻인지요? 판례와 법과의 관계가 선뜻 이해가 가지 않는데, 설명해 주십시오.

법전을 가지고 사건들에 적용·해석하는 성문법체계의 국가에서는 영미의 판례법주의를 선뜻 이해하기가 힘들다. 그러나 영미에서의 판례법도 전혀 글로 쓰는 것이 아니라고 이해한다면 잘못이다. 어느 면에서는 많은 사건의 판결을 판결집으로 발간하여 더 성문화한다고 볼 수도 있다. 문제는 대륙법이 성문법전에서 사건에 연역하는 방법을 사용하는 데 비해 영미법은 사건들에서 일반적 법원리를 귀납해 나가는 방법을 쓴다는 데 차이가 있다고 하겠다. 따라서 '선판례구속의 원칙'과 같은 더욱 엄격한 내재적 규율이 있다. 판사는 판결을 통하여 말하되 함부로 하는 것이 아니라 선판례와의 관계를 고려하여 정말 '법이 되게' 판결하는 것이다. 이것이 어느 면에서는 '생활 속의 법'(law in action)으로 큰 장점을 지닌다고도 볼 수 있다.

2. 한국법의 존재형태

우리나라에는 근 4,000개에 이르는 법령이 현재 시행중에 있다고 합니다. 그 가운데 특히 「대통령령」이 많다고 하는데, 그것은 무엇을 의미하는지요? 한국에서 법치주의의 실현을 위하여 법제정 과정에서의 문제점과 개선방향은 무엇인지요?

우리나라는 전통적으로 동아시아법의 '보통법'(ius commune)이라 할 수 있는 중국법의 영향을 받은 전통법의 시대를 지나 20세기 초반을 일본법의 지배 아래 있다가 민족해방과 함께 비로소 독자적 법제를 갖추기 시작하였다. 그 후 50년 동안 6·25전쟁과 민족분단, 두 차례의 혁명과 정치적 불안정, 그리고 한때는 'IMF체제'라는 숱한 사회변동을 경험하면서 역동적이고도 복잡한 시대상황 속에서 수많은 법제들을 퇴적시켜 왔다.

'남한법'만 보더라도 한국법제는 '법의 홍수'(Gesetzesflut)라는 서양에서의 표현이 적용될 만큼 크게 증가하였다. 2019년 9월 2일 현재 우리나라에는 1개의 헌법, 1,455개의 법률, 1,705개의 대통령령, 1,316개의 총리령 및 부령이 발효 중에 있다.

우리나라의 입법사를 보면, 매년 100여 건의 법령이 제정 혹은 개정되었는데, 일상적인 국회입법활동을 통해서보다도 특별한 시기에 집약적으로 이루어진 법령이 많다는 사실이 주목된다. 즉 비상입법기구인 국가재건최고회의 (1961. 5-1963. 12)에서 1,008건, 유신정권에서의 비상국무회의(1972. 10-1973. 3)에서 270건, 국보위입법회의(1980. 10-1981. 4)에서 189건의 법률안이 집중적으로 가결처리되었다. 비상입법기구에 의한 대량입법 현상은 입법기구 안에서의 입법논의보다 의도된 정책방향의 실현을 위한 도구로 입법을 선택했다는 사실을 말해 준다. 또 정상적인 국회에서 제출(가결)된 법률안들의 건수가 평균 400건(150건)인데, 위의 비상입법기구 시기는 짧은 기간 안에 그 두 배 이상의 건수를 기록하고 있다. 그 외에도 구법령정비사업이 있었고, 국회의 악법개폐위원회에서 민주화의 차원에서 법령을 정리하기도 하였다. 이렇게 법이 특정한 정치적 목적을 위해 입법되는 경향을 가리켜 법도구주의 내지 행정주도형입법이라 부르기도 한다.

켈젠(Hans Kelsen)의 법단계설(Stufentheorie)에 따르면, 한 나라의 바람직한 법구조는 일종의 피라미드를 형성한다. 최상위의 헌법 아래 법률, 법률 아래 명령, 명령 아래 규칙이 자연스런 단계구조를 이룬다는 것이다. 그런데 우리나라의 법의 존재형태를 보면, 국회에서 제정되는 법률보다도 대통령령이 월등히 많다는 사실을 볼 수 있다. 그림으로 나타내 보면 삼각형의 피라미드가 아니라 대통령령이 포함된 명령의 부분이 월등 비대한 항아리와 같은 모습을 보여 준다. 또 법률로 될 것이 대통령령으로 된다든지 그 체계성이 상당히 뒤엉켜 있다.

한국에서만 독특하게 있는 법제들, 예컨대 널리 알려져 있는 가족법조항들과 형법조항들 외에도 「건전가정의례의 정착 및 지원에 관한 법률」 등 가만히 들여다보면 '한국적' 냄새가 짙은 법령들이 상당히 많이 있다. 이것은 서양법 내지 일본법의 영향을 받으면서도 은연중 한국적 법제로 변용(變容) 내지 토착화되어 가고 있다는 것을 의미한다. 그 중 하나만 지적해 본다면, 무엇이든 제대로 되지 않으니 관습과 도덕, 교육과 종교를 통하여 개선하기에는 너무 지둔해서 법을 통하여 개선하려는 진흥법, 촉진법, 육성법, 보호법들이 상당히 많이 생산되고 있다. 예컨대 도서관제도가 제대로 되지 않으니 「도서관 및 독서진흥법」을 제정하고, 기초과학이 발전되지 않으니 「기초과학연구진흥법」이 제정된다. 그 외에도 고령자고용촉진법, 과학관육성법, 과학기술진흥법, 관광진흥법, 국민체육진흥법, 농업기계화촉진법, 농촌근대화촉진법, 농촌진흥법, 수산진흥법, 오지(奧地)개발촉진법, 유통산업근대화촉진법, 지방문화원진흥법, 택지개발촉진법, 특수교육진흥법, 특정연구기관육성법, 품질경영촉진법, 학교시설사업촉진법, 해외건설촉진법, 해운산업육성법, 협동연구개발촉진법, 화물유통촉진법, 낙농촉진법 등 많이 있다. 이것은 우리 국민이 법에 대하여 많은 기대를 걸고 있다는 것, 법이 이 사회를 끌고가는 추진력이 된다는 것을 의미하는데, 물론 이러한 법들이 있다 하고 그 분야가 뜻대로 발전·육성된다고 말하기는 힘들 것이다. 다른 한편으로 법이 있기 때문에 제대로 발전이 안 된다는 지적도 있다. 흔히 발전하는 문화·예술·언론 분야에서 과거 일제시대의 법제 유산이 많아 해당 분야의 창의적 발전을 저해한다 하여 개정을 강력히 주장하는 데 비해 법개정이나 제정의 속도가 느린 경우도 있다.

결론적으로 대한민국법제는 60년 동안 정치적·경제적·사회적 목적에 따라 많이 증가하였지만, 내용적으로 보면 상당히 복잡한 문제점을 안고 있다. 근본적으로 분단법제를 극복하고 통일법제를 실현해야 할 것이지만, 그러기 전에도 내부적으로 법제를 바르게 가다듬어야 할 과제를 안고 있다. 이를 위하여 국회를 포함하여 법제를 담당한 기구와 법률가들은 말할 필요도 없고, 법학도 법해석에만 머물지 않고 입법학을 발전시키도록 노력해야 할 것이다. 법제50년을 넘기면서 이제는 보다 성숙한 법의 존재형태를 가다듬는 자세가 필요하다. 법제의 '증가'가 진정한 '발전'으로 연결되기 위하여는 법제에 대한 더욱 큰 관심과 진지한 연구가 기울여져야 할 것이다(자세히는 최종고, 한국법제 50년의 평가와 전망, 「법제연구」 15권, 1998).

3. 법률과 언어

어떤 학자는 우리나라의 법률을 (북한처럼) 순한글로 표기해야 한다고 주장하고, 최소한 나라의 기본법인 헌법만이라도 그렇게 해야 한다고 주장합니다. 이 문제를 어떻게 이해해야 하는지요?

우리나라에서 한글과 한문의 관계에 관한 어문정책(語文政策)은 결코 간단하지 않은 것이 사실이다. 그러나 대체로 어려운 한문보다 쉽고 아름다운 한글을 갈고 닦는 방향으로 나아가야 한다는 것은 일치된 견해이다.

이런 관점에서 보면 법률과 법학에 관련된 문서만큼 한문이 많고, 문장이 어려운 곳도 드물 것이다. 그래서 정부에서는 법률용어순화운동을 벌여 오랫동안 실천해 오고 있다(자세히는 최종고, 「법학통론」, 박영사, 2019년판, 568~571면에 나오는 예를 참고).

우리나라 법전은 아직도 한문이 많이 들어 있고, 헌법도 마찬가지이다. 한때 순한글 헌법을 학자들이 만들어 발표한 일도 있는데(한상범, 「이것이 헌법이다」, 홍성사, 1986), 아직도 공식적으로 한글헌법은 이루어지지 못하고 있다.

이와 관련하여 최근 법제처에서는 올바른 언어생활의 본보기가 되는 알기 쉬운 법령을 만들어, 국민 중심의 법률문화를 만들기 위해 "알기 쉬운 법령 만들기" 사업을 추진하고 있는데 법률 표기의 한글화, 어려운 용어의 순화, 어문 규범의 준수, 체계 정비를 통한 간결화 명확화를 그 목표로 하고 있다.

4. 대륙법과 영미법

대륙법(독일·프랑스)과 영미법의 차이점과 장단점을 비교해 설명해 주십시오. 저는 법학을 공부하러 유학가려 하는데, 어느 쪽으로 가야 할지 고민하고 있습니다.

솔직히 말하여 어느 법체계나 그것은 독특한 장단점을 갖고 있다. 일반적으로 대륙법은 법전주의를 택하고 법학이론이 정치하게 발달되어 있다고 알려져 있고, 영미법은 법원판결을 통하여 '살아있는 법'으로서 영국과 미국의 법치주의를 자랑스럽게 뒷받침해 주고 있다고 지적한다. 그렇기 때문에 얼핏 보기에 대륙법에서는 법학자가 큰 역할을 하고, 영미법에서는 재판관이 큰 역할을 하고 있는 것처럼 보인다. 그러나 이러한 구별도 따지고 보면 피상적인 구별이고, 법학자와 재판관은 밀접하게 상호관련을 맺고 활동하고 있다. 법학이론이 배경되지 않은 판결이란 있을 수 없고, 판결을 통하여 법학이론은 생활 속에 실현되는 것이다.

  뿐만 아니라, 오늘날에는 서서히 영미법에서도 이론화의 방향으로 나아가고, 대륙법에서도 판례의 중요성이 인식되어 우리가 알고 있는 것보다는 훨씬 강하게 '수렴'(收斂, convergence)의 방향으로 나아가고 있다.

제6장
실정법과 자연법

자연법(natural law, Naturrecht)의 개념을 분명히 알고 그것을 존중하면서 실정법을 운영해 나갈 때 그 나라의 법문화는 정의로운 법문화에 가까워진다. '악법'을 거부하고, 저항권과 양심이 이에 결부되는 문제이다.

법과 시

法은 칼

법은 칼!
잘 쓰면 食刀,
잘못 쓰면 凶刀.

같은 법을 배우고
같은 상황에 처해도
토마스 모어(Thomas More)가
될 수 있고
토마스 크롬웰(Thomas Cromwell)
이 될 수 있어,

같은 독재권력 앞에서
한 사람은 허허 웃으며 죽어
가는데,
한 사람은 그 권력에 붙어
온갖 논리를 다 제공해주었다.

권력이 무섭지 않은 때가
언제 있는가?
어느 때나 권력은
유혹과 공포,
결단할 수 있는 것은 법인가
도덕인가?
지식인가 良心인가?

아무튼 법은 칼,
잘 쓰고 못 쓰는 건
人間의 책임?

1. 자연법의 인식

저는 대학에서 법학을 공부하고 사법시험까지 합격하였습니다만, 하나 알 수 없는 개념이 있습니다. 철학을 공부하는 선배가 "조문(條文)이 법이 아니다. 조문이 변해도 변하지 않는 것이 있다. 그게 법이다"라고 하는데, 그런 법을 어떻게 알 수 있나요?

'자연법'이란 개념은 모든 추상적 명제들이 그렇듯이 손에 잡히듯 명확하게 인식되어지는 개념은 아니라 그러나 많은 학자들이 그 존재를 인정하고 있듯이, 개념은 다양하게 해석될 수 있지만 언제나 실정법의 부족과 잘못을 깨우쳐 주는 비판적 기능을 한다는 사실을 받아들이는 것이 중요하다. 따라서 자연법의 존재을 인정하면서 산다는 것은 그것을 관념적으로만 수긍하고 주어진 모든 실정법을 맹종하는 것이 아니라 실정법이 잘못되었다고 판단될 때는 '자연법'적으로 비판하고 저항하는 용기를 필요로 한다. 이런 면에서 법학도는 한편으로는 실정법의 질서를 누구보다도 존중하고 그에 대한 신뢰를 주면서, 그러면서도 그것이 자연법적으로 정당한 것인가를 비판적으로 회의하는 이중적인 혹은 심층적인 관심과 긴장을 가지며 살아야 한다고 하겠다.

2. 전범재판소

제2차 대전이 끝나고 패전국인 독일과 일본에서 이른바 뉘른베르크와 동경(東京)의 국제 전범재판이 있었는데, 그때 어떤 법을 적용하여 전범자들을 사형에까지 집행할 수 있었나요?

뉘른베르크재판과 동경재판은 현대의 국제법의 실체와 위력을 단적으로 보여준 사례라 할 수 있다.

뉘른베르크 국제군사재판소(전범재판소)는 1945년 8월 8일 미-영-소, 그리고 프랑스 임시정부 대표가 조인한 런던협정에 의거해 설립되었다. 첫 공판은 1945년 10월 18일 베를린에서 개정되었으나 11월 20일 이후의 재판은 뉘른베르크에서 열렸다. 모두 216회에 걸친 공판 끝에 1946년 10월 1일 당초 나치전범 기소자 24명 중 자살자 및 정신·신체장애자 2명을 제외한 22명에 대한 판결이 내려졌다. 궐석재판을 받은 마틴 보어만(나치당 총비서, 나중에 베를린에서 시체로 발견됨)을 비롯한 12명에게 교수형이 선고됐고, 루돌프 헤스(부총통) 등 3명에게는 종신형이 선고됐다. 4명에게는 10~20년의 징역형이 선고됐고, 나머지 3명은 형이 면제되었다.

동경(東京) 극동 국제군사재판소는 1946년 1월 19일 연합국 최고사령관인 맥아더(McArthur) 장군의 명령에 따라 설립되었다. 이에 앞서 1945년 9월 11일 도조 히데끼(東條英機) 전총리 등 39명에 대한 체포명령이 내려졌다. 1946년 4월 28일 A급 전범용의자 28명에 대한 기소장이 발표되고, 5월 3일 재판이 시작되었다. 2년 반의 심리 끝에 1948년 11월 12일 판결이 내려져, 도중에 사망한 3명을 빼고는 모든 피고인이 유죄판결을 받았다. 도조 히데끼 등 사형을 선고받은 7명은 같은 해 12월 23일 도쿄의 스가모 구치소에서 교수형에 처해졌다.

전쟁은 악(惡)이지만 침략적 전쟁은 용인될 수 없다. 제2차 대전 후 전쟁범죄(war crime)의 범위가 확대되어 일반적 전쟁범죄 외에 평화에 대한 죄와 인도(humanity)에 대한 죄가 첨가되었다(국제군사재판소 조례, 극동국제재판소 조례). 특히 후자는 전쟁전 또는 전쟁중에 일반인민에 대하여 이루어진 살해, 절멸적인 대량살인, 노예화, 강제적 이동, 그 밖의 비인도적 행위를 포함한다. 이에 입각하여 전범자를 처벌하였는데, 이에 대해 ① 평화에 대한 죄나 인도에 대한 죄는 국제법상 충분히 정해진 것은 아니므로 사후법(事後法)의 적용이며 죄형법정주의(罪刑法定主義)에 위배된다. ② 소추된 개인은 국가의 기관으로서 행동한 것이므로 이를 개인적 책임으로 돌린다는 것은 잘못이라는 점, ③ 재판소가 연합국측 사람으로만 구성되어 있으므로 공평하지 못하다는 점 등을 들어 비판하는 소리도 있었다. 그러나 침략전쟁이나 인종박해는 국제사회(인류) 전체의 이익을 해치는 행위이므로 여기에 제재를 가하는 것은 평화의 유지와 인권의 보장을 위해 필요한 일이며, 국제법의 발전적 현상으로 평가되고 있다. 그리고 자연법의 실제적 요청이 승리한 예로 높이 평가되고 있다.

참고로, 서구인들이 나치스 전범들을 수십년간 추적하여 결국 법정에 세우는 모습은 "죗값은 반드시 치러야 한다", "정의는 결국 승리한다", "인간성을 범한 범죄에는 시효가 없다"는 교훈을 주고 있다. 예를 들면, 지난 1960년 이스라엘 정보기관 모사드는 '아우슈비츠의 살인마'로 불린 나치스 친위대 대령 출신 아돌프 아이히만(Adolf Eichmann)을 아르헨티나로부터 텔아비브로 이송하는 데 성공하였다. 3개월여의 잠복 끝에 부에노스아이레스 대로상에서 납치하여 이스라엘 국영항공사 승무원으로 가장시켜 공수한 것이다. 아이히만은 예루살렘에서 재판을 받고 2년 후 교수형에 처해졌다.

또 이스라엘은 1986년에는 미국 오하이오주 자동차공장 정비사로 숨어 살던 1급 전범 이반 뎀야누크(Ivan Demyanuk, 77)를 미국으로부터 송환했다. 그는 폴란드 바르샤바 교외의 악명 높은 트레볼린카 수용소 간부로서 80만 명 이상의 유태인 처형을 담당한 장본인이었다.

1942~44년 프랑스 리옹지구 게슈타포 책임자로 4,342명의 프랑스인 살해와 7,300여 명의 유태인 집단수용소 강제이송에 연루된 골라우스 바르비는 1983년에 체포되어 종신형을 선고받고 수감중 1991년 감옥 내 병동에서 77세로 죽었다. 프랑스는 그에게 1964년에 특별입법한 공소시효 없는 '인류에 대한 범죄'를 적용했다.

바르비휘하에서 유태인 7명 암살 등 잔혹행위를 저지른 친나치스 프랑스 민병대 정보대장 출신 폴 투비에(81)는 40년 이상 숨어 살다가 1989년 남부 니스의 한 수도원에서 체포되었다. 프랑스판 민족반역자인 그에 대해서 1994년부터 시작된 재판에서 베르사이유 중죄(重罪)재판소는 '프랑스 국민의 이름으로' 조국배신행위에 대한 종신형을 선고하였다.

한편 일본의 경우, 동경 전범재판 이후 전범들에 대한 추가응징은 이루어지지 않고 있다. 다만 미국이 1996년 12월 일본인 전범 16명에 대해 입국금지조치를 취한다고 발표해 관심을 모았다.

대량학살과 반(反)인륜적 범죄를 저지른 전범들을 단죄하는 국제전범재판소는 현재 네덜란드 헤이그에 위치한 유엔 구(舊)유고국제전범재판소와 탄자니아 아루샤에 소재한 르완다 국제전범재판소 두 곳이 있다. 전자에 지금까지 기소된 사람은 78명인데, 1997년 7월 14일 보스니아 회교도들을 살해, 고문, 강간한 세르비아계인에게 20년형을 선고하였다. 이것은 뉘른베르크, 동경 전범재판 이후 '실질적으로' 처음 있는 선고이다. 르완다 국제전범재판소는 이렇다 할 활동이 못 이루어지고 있다. 국제사회의 전범단죄의지를 시험해 보는 또 다른 장(場)은 1970년대 캄보디아를 '킬링필드'로 만든 크메르루주 지도자 폴 포트의 처리문제이다. 이와 관련하여 대량학살 및 반인륜 범죄 등을 단죄할 상설 국제형사법원(International Criminal Court)의 창설로 주장되고 있다.

이에 관한 논의가 1998년 6월 로마회의에서 열렸다.

3. 악법개폐

한때 우리 국회에서 '악법개폐위원회'를 만들어 그동안의 '악법'을 개선·폐지한다는 작업을 해 왔습니다. 그 결과는 어떠하며, 그것이 안고 있는 문제점은 무엇인가요?

    1988년 2월에 제6공화국이 출범하고 '민주화'를 실천하기 위하여 1988년 7월 반민주악법개폐를 과제로 하는 「민주발전을 위한 법률개폐특별위원회」를 설치하여 운영하였다. 당시 13대 국회에서 처리된 법률개폐안은 의원발의 340건에 정부발의 78건, 국민청원 20건 등 11대, 12대 국회에 비해 5배 이상 증가하였다. 특위에서는 '악법' 37건을 심사하여 19건을 처리완료했고, 나머지는 여야의견대립으로 처리하지 못하였다. '민주사회를 위한 변호사 모임'(민변) 같은 곳에서는 「반민주악법 개폐에 관한 의견서」를 발표하고, 전국교사평의회 등 재야단체들이 '반민주악법개폐를 위한 공동대책위원회'를 결성하여 투쟁하였으나 그 후 시국상황의 변화 속에서 큰 진전을 보지 못하였다. 그때 개폐된 법률로 사회안전법(보안관찰법으로 대체), 사회보호법 등이 있고, 국가안전기획부법은 1999년 1월 21일 국가정보원법으로 명칭이 변경되었으며, 국가보안법은 아직도 논의 중에 있다. 그리고 당시 개정되었던 사회보호법은 참여정부 출범을 전후로 재차 그 개폐가 논의되다 2005년 8월 4일자로 폐지되고, 심신장애 또는 마약류·알코올 그 밖에 약물중독 상태 등에서 범죄행위를 한 자로서 재범의 위험성이 있고 특수한 교육·개선 및 치료가 필요하다고 인정되는 자에 대하여 적절한 보호와 치료를 함으로써 재범을 방지하고 사회복귀를 촉진하는 것을 목적으로 하는 치료감호법으로 대체되었다.

4. 악의의 밀고자

1944년 독일에서 남편과 헤어지기를 바라는 한 여인이 당국에 남편이 히틀러(Hitler)를 비방하는 말을 했다고 고발하였다. 남편은 체포되어 사형선고를 받았지만 집행되지는 아니하고 최전방으로 보내졌다. 이듬해 히틀러정권이 무너지고 1949년 남편이 그 여인을 감금죄로 고소하여 그 여인은 서독법원에 기소되었다. 이 여인은 어떻게 처리되어야 할까?

여인은 자기 남편의 체포는 나치스법률에 의하여 이루어진 것이기 때문에 자신은 범죄를 저지른 것이 아니라고 주장하였다. 나치스법에 따르면 지도자에 대한 비난은 누구나 고발해야 할 의무가 있었던 것이다. 그러나 서독법원은 자연법적 근거에 의하여 이 여인에게 유죄를 선고하였고, 이 사건은 독일법원이 나치스법에 대하여 자연법을 근거로 라드브루흐의 악법공식(Radbruch-Formel)을 적용한 사례로 널리 알려져 있다(최종고, 「법학통론」, 86면).

5. 저 항 권

저는 역사 속에서 정의는 세워져야 한다고 믿고 있는 대학생인데, 제3공화국의 독재자 박정희 대통령을 저격한 김재규 당시 중앙정보부장의 행위는 저항권의 표현이라고 보는데, 어째서 그는 사형을 받아야 했는지 궁금합니다. 저항권은 자연법적 권리인가요? 실정법적 권리인가요? 그런 것을 따지지 말고도 저항권을 행사할 수 없나요?

기본권을 침해하는 국가의 공권력행사에 대하여 모든 실정법적인 구제수단을 다하였으나 구제가 불가능한 경우에는 저항권을 행사할 수 있을 것인가가 문제된다. 오늘날 기본권의 보장과 그 법적 구제수단의 정비는 저항권의 행사 없이도 기본권의 침해에서 구제될 수 있는 것처럼 보인다. 그러나 아직도 이들 실정법적인 방법만으로서는 기본권을 보장할 수 없는 경우가 있다.

독일의 연방헌법재판소는 초헌법적인 저항권을 인정하여 ① 이는 현상유지적으로만 행사되어야 하는 법질서의 유지 또는 회복을 위한 긴급권이며, ② 저항의 대상이 되는 공권력행사의 위헌법이 명백하고, ③ 법질서가 인정하는 모든 권리구제수단에 의하더라도 구제의 가망이 없고, 저항에 호소하는 것만이 남겨진 유일한 방법인 경우에만 인정된다고 하고 있다.

독일기본법은 국가긴급권을 규정하는 헌법개정에서 제20조에 4항을 추가하여 저항권을 실정법화하고 있는데, 저항권의 실정법화에 대해서는 상당한 논란이 제기되고 있다. 그 이유는 "이 질서를 배제하려고 기도하는 어떤 자에 대해서도 모든 독일국민은 다른 구제방법이 없는 경우 저항할 권리를 가진다"고 규정하여 그 구성요건을 특정하고는 있으나, 그 전제가 불명확하기 때문에 이 규정은 오해의 위험과 남용의 위험을 안고 있으며 또한 국가기관 구성원도 이 권리를 주장할 위험이 있기 때문이라고 한다.

우리나라에서는 대법원이 초헌법적인 저항권을 부인하고 있다. 아래에서 대법원판결문의 몇 가지 표현을 보면;

i) 소위 저항권에 의한 행위이므로 위법성이 조각된다고 하는 주장은 그 '저항권' 자체의 개념이 막연할 뿐만 아니라, … 이 점에 관한 일부 극소수의 이론이 주장하는 개념을 살핀다면, 그것은 실존하는 실정법적 질서를 무시한 초실정법적인 자연법질서 내에서의 권리주장이 이러한 전제하에서의 권리로써 실존적 법질서를 무시한 행위를 정당화하려는 것으로 해석되는바, 실존하는 헌법적 질서를 전제로 한 실정법의 범주 내에서 국가의 법적 질서의 유지를 그 사명으로 하는 사법기능을 담당하는 재판권행사에 대하여는 실존하는 헌법적 질서를 무시하고 초법규적(超法規的)인 권리개념으로써 현행실정법에 위배된 행위의 정당화를 주장하는 것은 그 자체만으로서도 이를 받아들일 수 없는 것이다(대판 1975. 4. 8, 74 도 3223 긴급조치위반).

ii) 저항권이 비록 존재한다고 인정하더라도 그 저항권이 실정법에 근거를 두지 못하고 자연법에만 근거하고 있는 한, 법관은 그것을 재판규범으로 원용할 수 없다(대판 1980. 5. 20, 80 도 306).

iii) 저항권이 정당행위인지 여부 : 저항권의 개념 그 자체가 초실정법적 자연법질서 내의 권리주장으로서 그 개념 자체가 막연할 뿐 아니라 실정법을 근거로 국가사회의 법질서위반 여부를 판단하는 재판권행사에 있어 이를 주장할 수 없다(대판 1980. 8. 26, 80 도 1278).

iv) 변호인이 법정에서 한 저항권행사의 주장이 법정모욕인지 여부 : 저항권이론이 반드시 힘의 행사, 폭력의 행사인 것으로 볼 수 없는 이상 보편적이고 영구적인 정의·질서가 존재한다는 자연법론적인 법철학입장에서 변호인이 법정에서 악법에 대한 저항투쟁으로서 저항권행사의 주장을 하였다 하여 재판을 방해하거나 위협할 목적으로 법정을 모욕하였다고 단정할 수 없다(서울고법 1988. 3. 4, 85 노 503 판결).

바로 ii)의 판결이 유명한 「김재규 사건」에 관한 판결이다.

현행헌법은 전문에서 "불의에 항거한 4·19민주이념을 계승"하고 있으므로 저항권을 인정하고 있다고 보아야 할 것이다. 그러나 저항권을 인정하는 경우에 있어서도 초실정법적 성격을 지닌 저항권의 발동의 조건을 명문으로 엄격하게 규정하여 혁명권으로의 남용이나 집권자에 의한 악용을 방지할 필요가 있다고 할 것이며, 궁극적으로 저항권의 행사에는 국민의 인권의식과 신중한 권리주장의 자세가 요구된다.

한편 헌법재판소는 "헌법에서 국가긴급권의 발동기준과 내용 그리고 그 한계에 관해서 상세히 규정함으로써 그 남용 또는 악용의 소지를 줄이고 심지어는 국가긴급권의 과잉행사 때는 저항권을 인정하는 등 필요한 제동장치도 함께 마련해 두는 것이 현대의 민주적인 헌법국가의 일반적인 태도이다"고 판시하거나(헌법재판소 1994. 6. 30. 선고 92 헌가 18 결정), "저항권은 국가권력에 의하여 헌법의 기본원리에 대한 중대한 침해가 행하여지고 그 침해가 헌법의 존재 자체를 부인하는 것으로서 다른 합법적인 구제수단으로는 목적을 달성할 수 없을 때에 국민이 자기의 권리·자유를 지키기 위하여 실력으로 저항하는 권리이므로, 국회법 소정의 협의 없는 개의시간의 변경과 회의일시를 통지하지 아니한 입법과정의 하자는 저항권 행사의 대상이 되지 아니한다"고 판시하여(헌법재판소 1997. 9. 25. 선고 97 헌가 4 결정) 대법원과는 달리 저항권을 인정하고 있는 것으로 평가된다.

제7장
법의 체계

법의 체계는 공법·사법·사회법으로 3대분(大分)되지만, 오늘날 조세법, 지적소유권법, 환경법, 우주항공법 등 '체계'를 말하기가 어려운 새로운 법역(法域)들도 많이 생기고 있다. 새로운 체계화가 모색되어야 하지만, 주어진 체계대로 법을 집행해 나가야 할 현실적 필요성도 있는 문제이다.

法의 핏줄

동맥, 정맥,
모세관, 임파선 …

헌법, 행정법
민법, 형법 …

수많은 핏줄로
人體가 살아가듯

사회에 필요한
법의 핏줄은 얼마나 될까?

동맥경화증
모세관혈전증
핏줄이 막히는 일이 없어야 하듯

사회에 맑은 피가 흐를
법의 핏줄은 어때야 하나?

1. 남북한법의 체계

남북대화와 함께 남북경제교류, 남북문화교류가 점점 확대되고 있습니다. 남북법률
교류도 급선무의 하나인데, 우선 남한법과 북한법의 체계가 어떻게 다른지 모르겠습
니다. 체계가 다른 법문화끼리 어떻게 교류가 가능할까요?

다소 극단적인 표현을 빌리면, 남한법은 (미국식)자본주의의 개인주의적
법질서인데 반해 북한법은 (주체사상에 입각한) 사회주의적 법질서로 대조를 이
루고 있다. 북한에도 '민법'이라는 법률이 1991년에 제정되었지만, 남한에서
의 민법과는 내용과 분량에서 현격한 차이가 난다. 상법에 해당하는 '상업
법'(1991)도 마찬가지이다. 이처럼 남북한법을 같은 평면에 두고 비교하기에는
상당히 이질화되었다. 그러나 북한법에도 가족법을 비롯하여 한국전통적 요
소가 남아 있는 면이 있고, (사회주의적) 인도주의에 입각하여 서로 통할 수 있
는 공통점도 발견된다(자세히는 최종고, 「북한법」, 박영사, 1993; 남북한법제의 비교,
「법제연구」 제2호, 1992). 남북통일을 지향하면서 남한법과 북한법을 조화·통일
시켜 한국법으로 만드는 것이 민족적 과제라고 하겠다. 정치적으로 통일을 성
사시키면 법적 통일의 작업도 불가능은 아닐 것이다.

2. 법학도서의 체계

도서관에 들어가 법학에 관한 책들을 보려면 어떻게 찾아야 할지 모르겠습니다. 도
서관에서도 법학관계는 어쩐지 특수한 취급을 받는 것 같기도 하고, 사서들도 잘 모
르는 것 같습니다. 법학공부를 위한 도서관이용법의 안내서 같은 것은 없나요?

열심히 법학을 공부하려는 열의가 담긴 질문인 것 같다. 지적한 대로 법
학은 전문학문이기 때문에 법학도서관이나 법학장서에 관하여는 법률사서(司
書)가 있어 전문적으로 취급하여야 한다. 종래 우리나라에는 서울법대, 대법
원도서관을 제외하고는 법률도서관이 따로 독립되어 있지 아니하고, 법률사
서(Law Librarian)도 훈련된 전문사서가 거의 없었으나, 근래에 들어와서 각 대
학의 법과대학 및 각급법원 등에 법학도서관이 독립적으로 들어서고 전문사
서 또한 배치되고 있다. 법률사서는 도서관 업무뿐만 아니라 법학지식도 알고

있어야 하기 때문에, 세계적으로 법률사서국제회의 같은 것도 개최된다. 우리
나라가 문화국가가 되기 위하여는 사서가 우대되는 사회가 되어야 하는데, 그
런 면에서 보면 아직도 요원하고 개선해야 할 점이 많이 있다. 어쨌든 법학관
계 서적이 있는 도서관에 가면 「법률문헌색인」(서울대 법학도서관 발행, Ⅰ권
1978, Ⅱ권 1990, Ⅲ권 1995)이 비치되어 있어 거기에서 찾고자 하는 논문이 실
린 책이나 잡지를 확인하여 청구번호에 따라 신청하여 이용하면 된다.

3. '법의 홍수'

흔히 '법의 홍수'(Gesetzesflut), 법의 인플레이션(Inflation of Law)이라는 표현을
많이 듣습니다. 우리나라에도 엄청나게 많은 법률들이 생산되고 있는데, 어떻게 체계
를 잡아 나가고 있는지요?

현대사회는 법의 홍수, 법의 인플레이션이 불가피하다고 할 정도로 수많
은 법령이 생산되고 있다. 법률전문가들도 언제 어느 법이 제정되고 개정되고
폐지되는지 알 수 없을 정도이다. 그렇다고 무체계적으로 법이 생산된다고 볼
수는 없으며, 법제처 등 입법에 관계되는 기관에서는 법령의 체계화를 유지하
는 데에 신경을 써서 입법에 임하고 있다. 법제처에 문의하면 우리나라의 법
령이 어떻게 구성되어 있는지 안내해 주고, 「대한민국 현행법령집」, 외국인을
위한 영문법령집, 「순간(旬刊) 법제」도 발간·보급하고 있다. 한국법제연구원
에서도 법령보급사업을 하여 「법제연구」지를 발간하여 우리나라 법제현황을
연구·소개하고 있다. 국회에서는 「입법조사월보」, 「외국입법자료」, 「국회보」
등을 발간하고 있다.

제8장
법의 효력

법의 효력은 인적, 시간적, 장소적 제약을 받는다. 구체적으로 어떤 법이 언제, 어디에, 어떻게 적용되는가, 혹은 되지 않는가에 따라서 중요한 결과가 발생한다. 그래서 법의 효력의 문제는 법철학적이면서 현실적인 문제이다.

산 法 죽은 法

살아있는 법이라면
법이겠지만,
산 法 죽은 法
어느 것이 더 많을까?

법전에 적혀 있다고
모두 산 법은 아닌 법.
文字로만 살아있고
생활에는 죽어있는 법들 …

죽은 자는 말이 없다.
죽은 법은 힘이 없다.

한국의 법률가여
죽은 법을 火葬하는 자여!

1. 죽음의 정의

> 뇌사상태에 있는 A의 아버지는 어차피 죽을 자식이니 좋은 일이나 하자하여 주치
> 의에게 부탁하여 A의 간을 떼어 만성간경화증에 시달리는 한 소년에게 이식하게 하
> 였다. 의사와 아버지는 법적 책임이 없는가?

　사람은 언제부터 사람이 아닌 시체가 되는가? 다시 말하면 살인죄에서
'사람을 살해하는 것'은 어떤 상태를 만드는 것인가?라는 질문이 된다. 그것은
물론 사망이다. 그렇다면 사망은 구체적으로 어떤 상태를 말하는가?

　이에 관한 지금까지의 통설과 판례는 '사람의 심장이 영구적으로 멈추었
을 때'라는 이른바 '심장사설'(心臟死說)이었다. 그리하여 심장이 멈춘 사람은
그 순간부터 시체가 되고, 장례의 대상이 되어 매장이나 화장을 할 수 있다.

　그러나 1967년 1월 3일 남아프리카 공화국에서 버나드(Bernard) 박사에 의
하여 세계최초의 심장이식수술이 성공하고, 그 이후 의학과 의술이 발달함에
따라 사람의 죽음의 시기를 앞당겨야 할 의학적·사회적 필요가 급증하였다.

　이에 따라 죽음을 뇌의 완전정지로 보자는 이른바 '뇌사설'(腦死說)이 대
두되고, 세계의 각국은 뇌사의 판정기준을 마련하여 뇌사를 입법화하기 시작
했다. 우리나라에서도 장기이식의 필요성 때문에 뇌사설을 지지하는 입장이
늘어나고 있으며, 또 뇌사자로부터의 장기이식도 실제 이루어지고 있다.

　하지만 장기등이식에관한법률 제3조 제4호는 "'살아있는 자'라 함은 사람
중에서 뇌사자를 제외한 자를 말하며"라고 규정하고 있는바, 이와 관련하여
동법이 뇌사설을 입법화한 것인지에 대해 견해가 대립하고 있으나 동법 제17
조에서 뇌사자는 뇌사시가 아니라 장기적출행위로 인하여 직접 사망한 것으
로 표현하고 있는 점 등에 비추어, 뇌사자의 장기이식을 법적으로 허용해주는
위법성조각사유를 규정한 것에 지나지 않는 것으로 봄이 일반적이다. 그렇다
면 법적인 사망은 아직도 심박종지시로 보아야 할 것인바, 심장이 멎지 않은
사람의 장기를 이식하는 행위는 일단 살인죄의 구성요건에 해당하게 되지만
장기등이식에관한법률에서 정한 엄격한 요건과 절차에 따르는 경우 위법성이
조각되어 죄책을 물을 수 없게 되는 것이다. 따라서 의사와 아버지의 법적책
임은 동법이 정한 요건과 절차(제14조 내지 제19조, 제23조 내지 제27조 등)를 준

수했는지에 따라 달라지게 될 것이다.

2. 친족의 범인은닉

A는 경찰에 지명수배를 당하고 있는 아들 B를 창고에 숨겨 주었다. 경찰이 와서 물을 때마다 집에 들어오지 아니하였다고 거짓말을 하였다. A는 처벌되는가?

'벌금 이상의 형에 해당하는 죄를 범한 자'를 은닉하거나 도피시켰다고 해서 무조건 범인은닉죄로 처벌되는 것은 아니다. 행위자가 범인과 친족이나 호주 또는 동거하는 가족관계에 있어서 이러한 친족이 범인을 은닉·도피시키는 경우에는 처벌하지 않는다(형법 제151조 제2항). 예를 들어 부모가 범인인 아들을 숨겨 주는 경우, 그 부모를 범인은닉죄로 처벌할 수 없다는 의미이다. 형법이 이러한 친족관계에 있는 자의 범인은닉을 특례를 인정하여 처벌하지 않는 이유는 이들 친족관계에 있는 사람에게 범인을 은닉하지 않을 것을 기대할 수 없기 때문이다. 즉 친족이라는 것이 혈연, 인정, 본능이라는 끈끈한 정서로 결합되어 있다는 사실을 고려한 것이다. 기대가능성이 없어서 처벌하지 않는 것일 뿐이고, 범죄가 성립조차 되지 않는다는 의미가 아님을 주의할 필요가 있다.

친족, 호주, 동거 가족의 의미와 범위는 민법에 따르며, 대법원은 "형법 제151조 제2항 및 제155조 제4항은 친족, 호주 또는 동거의 가족이 본인을 위하여 범인도피죄, 증거인멸죄 등을 범한 때에는 처벌하지 아니한다고 규정하고 있는바, 사실혼관계에 있는 자는 민법 소정의 친족이라 할 수 없어 위 조항에서 말하는 친족에 해당하지 않는다"고 판시하고 있으나(대법원 2003. 12. 12. 선고 2003 도 4533 판결), 피고인에게 유리한 유추해석은 허용되는 것이므로 사실혼의 부부 또는 사실혼의 부모와 그 출생한 자녀간에도 특례가 인정된다고 해석하는 것이 다수설이다. 친족간의 특례이므로, 예컨대 범인과 그 공범을 동시에 은닉한 경우 친족관계가 없는 공범에 대한 은닉은 물론 처벌된다. 예컨대, 부모가 자식을 숨겨 주는 행위도 범인은닉죄가 성립되나, 친족간이라는 특례가 인정되어 범인은닉죄로 처벌되지는 않는다.

3. 형사미성년자

실제 나이는 16세인데 호적으로는 13세인 A총각이 동급생인 B여학생을 짝사랑하였다. B가 계속 거절하자 A는 B녀를 납치하여 강제로 구혼을 하였다. A는 처벌되는가?

형법은 14세 미만의 자를 '형사미성년자'라고 하여 책임능력이 없는 책임무능력자로 보아 그의 범죄행위를 처벌하지 않고 있다. 14세 미만의 자는 육체적으로는 물론 정신적으로도 미숙하므로 사물분별능력이나 의사결정 능력이 없어 법률이 요구하는 적법행위를 기대할 수 없기 때문이다.

14세 미만이란 문자 그대로 13세 12월 31일까지를 말한다. 다시 말하면 만 14세 생일 전까지를 말한다. 14세 미만이기만 하면 육체적으로 어른에 버금가는 성장을 하였어도, 또는 천재소년처럼 지력, 판단력 등 정신능력이 아무리 탁월하고 출중해도 형사미성년자이다. 형사미성년자의 범죄행위는 형법으로 처벌받지 않는다.

참고로, 민법상 성년이 되는 연령은 만 19세부터인데, 형벌법 분야에서도 20세 미만의 미성년자는 '소년'으로 간주하여 소년법에서 특별취급을 한다. 즉 소년에 대해서는 원칙적으로 형벌이 아닌 '보호처분'을 하도록 하며, 형벌을 과할 경우에도 소년이라는 점을 고려하여 형을 감경할 수 있고(소년법 제32조 및 제33조), 형기도 정기형이 아니라 단기형과 장기형(예를 들면 '단기 2년, 장기 3년'의 식으로)이 동시에 부과되는 부정기형을 선고하여 교정과 교화를 시도한다(동법 제60조). 또 범행 당시 18세 미만인 소년에 대해서는 사형이나 무기징역형으로 처할 것도 15년의 유기징역형으로 하도록 하고 있다(동법 제59조).

14세 미만인지 여부는 호적을 기준으로 하지 않고 실제연령을 기준으로 한다. 따라서 실제 나이가 16세인 A는 형사미성년자가 아니라 소년법상의 소년으로 간주하여 처리한다.

4. 외교특권

K대생 A는 학교에서 귀가 도중 집 부근의 길을 걷고 있었는데 뒤에서 온 미국대사

관 2등서기관 B가 운전하던 승용차에 치어 다음날 정오에 사망했다. B는 우리 형법
에 의해서 처벌받게 되는가?

　　범죄가 한국 내에서 행하여진 한 누구를 불문하고 우리 형법의 적용을
받는 것이 원칙이나, 범인이 외국의 원수라든가 대사(大使)·공사(公使) 등 외
교관 및 이들의 가족이나, 한국인이 아닌 수행원인 때에는 국제법상의 원칙에
따라 우리나라에서 재판을 받지 아니하므로 현실적으로는 우리 형법에 의하
여 처벌하지 못한다. 위에 든 설문에서도 B서기관은 처벌되지 않는다. 그러나
이것이 우리 형법상 죄가 되지 않음을 의미하는 것은 아니며, 종래 이에 대해
그들이 이른바 치외법권(治外法權)을 가지고 있으므로 우리나라의 재판권이
미치지 않는다고 보았으나, 치외법권이라는 개념을 인정하지 않는 현대 국제
법에 따르면 이는 외교관계에 관한 비엔나협약, 영사관계에 관한 비엔나협약
기타 국제법의 법원 및 관련국 국내법에 의해 법적용이 면제되는 것일 뿐이
다. 그러므로 외국의 외교관이 그 신분을 잃은 후에는 우리 형법을 적용하여
처벌할 수 있다.
　　한편 특수한 사례이기는 하지만 우리나라에 주둔하는 외국군대에 대하여
는 대한민국의 형법을 적용하여 처벌할 수 없으나, 미국과는 한미주둔군지위
협정(SOFA)이 체결되어 공무집행중의 미군의 범죄를 제외하고는 군무원(軍務
員) 및 그 가족의 범죄까지 우리 형법이 적용될 뿐 아니라 대한민국이 재판권
을 행사할 제1차적인 권리를 가지고 있다. 다만 "공무집행중인 미군의 범죄"
의 범위 및 그 처리에 대해 불평등조항인지 여부가 지속적으로 문제되고 있
으며, 소위 미선·효순양 사건 등에서 이러한 점이 쟁점으로 떠오른 바 있다.
　　다음, 범죄가 한국 영역 밖에서 행해진 경우에 대하여 우리 형법이 적용
되는가에 관하여 알아본다.
　　형법 제5조는 내란이라든가 외환 및 통화위조(通貨僞造) 등 중대한 범죄
나 국제성이 강한 범죄에 대해서는 그것이 외국인이 국외에서 범한 경우에도
우리 형법을 적용하여 처벌한다고 규정하고 있는데 이것을 보호주의라고 한
다. 또한 한국의 선박이나 항공기 안에서 범한 죄는 내·외국인을 막론하고
모두 우리 형법에 의하여 처벌을 받게 된다(형법 제4조). 그러나 외국인이 국
외에서 제5조에 정한 죄를 범한 경우에, 그 범인이 외국에 있는 한은 우리의

경찰권이 미치지 않으므로 사실상 한국의 법원에서 재판할 수는 없고 다만 그 외국인이 한국에 들어온 때에 재판할 수 있을 뿐이다. 이러한 것은 제3조에 대하여도 마찬가지이다. 그러므로 우리나라에서 우리 형법을 적용하여 재판하려면 범인이 있는 나라로부터 그 범인의 인도(引渡)를 받지 않으면 안 된다. 여기에 범죄인 인도의 교섭이 필요하게 된다. 교섭하여도 상대국이 범인을 인도하여 주지 않으면 처벌하지 못함은 물론이다.

형법 제3조는 한국 국민이 국외에서 죄를 범한 경우에 우리 형법을 적용하기로 되어 있는데 이것을 속지주의(屬地主義)라고 한다. 미국에 유학중인 한국인 학생이 미국에서 사람을 살해했다고 하는 경우에는 제3조에 의하여 우리 형법이 적용된다. 그러나 우리 형법이 적용된다고 하더라도 범인이 외국에 있는 동안에는 우리 법원이 형법을 적용하여 처벌할 수 없다.

그러므로 형법의 지역적 적용범위에 관해서는 각국이 그들 국내법에서 여러 가지로 규정하고 있는 결과, 동일한 범죄사실에 대하여 2 이상의 국가의 형법을 적용하여야 할 일이 생기게 되는 것이다. 이런 경우 이미 행해진 외국재판의 효력을 인정하느냐에 관하여, 우리 형법은 원칙적으로 외국 재판의 효력을 인정하지 않고 외국에서 확정재판을 받은 자라도 동일한 행위에 대하여 다시 처벌할 수 있도록 하고 있다. 다만 외국재판의 집행이 우리나라에서의 형의 집행을 하는 데 고려할 수 있게 하고, 이미 외국에서 선고된 형의 전부 또는 일부의 집행을 받은 때에는 형의 집행을 감경 또는 면제할 수 있도록 하고 있다(형법 제7조).

앞의 예에서 미국에 유학중인 한국인 학생이 그 곳에서 사람을 살해했다고 하면 그 학생은 미국의 법률에 의하여 처벌될 것이다. 가령 6년의 자유형을 선고받고 형을 복역한 후 그 학생이 한국에 돌아왔을 때, 한국 법원은 우리 형법을 적용해서 그 학생을 다시 처벌할 수 있다. 한국 법원에서 10년의 징역을 선고받은 때에는 미국에서 복역하고 온 6년은 그 형의 집행에서 감경하여 나머지 4년 만을 집행하게 된다.

5. 범죄 후 형벌의 폐지

범죄를 범한 뒤에 그 형벌규정이 폐지되면 처벌받지 않는다는데 사실인가요?

만일 범죄행위 뒤에 법률에 의하여 형이 폐지된 경우에는 형법에 직접적인 규정은 없으나 제1조 2항의 취지에 비추어 역시 처벌하지 않아야 할 것이다. 이와 같은 경우에는 형사소송법에서 면소판결(免訴判決)을 하도록 규정하고 있다(제326조).

한편 이와 관련하여 문제되는 것은 한시법(限時法)의 적용문제이다. 한시법은 일정한 유효기간을 정하여 제정된 법률로서 그 기간이 경과하면 당연히 폐지되는 것인데, 예를 들면 "이 법은 1986년 12월 31일까지 효력을 가진다"는 시한부로 공포된 경우이다. 이 한시법은 특별한 경제사정 또는 정치사태 아래에서 일정한 기간 동안만 단속할 필요성이 있는 때에 흔히 제정되는 경우가 있다.

그런데 이러한 한시법이 공포되었다가 그 기간이 종료된 경우에 기간만료 전에 범행을 하고 아직 재판을 받지 않은 사건에도 형법 제1조 2항을 적용하여 불문에 붙여야 하는 것인가 하는 의문이 생긴다. 유효기간의 경과로 과거의 죄를 일체 불문에 붙이게 된다면, 사실상 기간이 끝날 무렵에는 엄청난 위법사태가 일어나게 될 것이다.

가령 12월 31일로서 실효가 되는 법률을 위반하여 거대한 이익을 얻을 수 있다면, 웬만한 사람은 12월 31일을 며칠 앞두고 범죄를 감행하고도 미쳐 입건이 되기 전에 신년이 됨으로써 안심할 수가 있는 결과가 될 것이다. 그렇게 되면 당초 법이 금지·처벌하려던 목적은 효과가 없게 된다.

이러한 폐단을 고려하여 한시법의 효력에 대해서는 종래부터 양설이 대립되고 있다. 첫 번째 설에 따르면, 한시법이 실효된 후라도 그 유효기간중에 범한 죄는 당연히 처벌할 수 있다고 해석하고 있으며, 두 번째 설에 따르면, 죄형법정주의의 정신에 비추어 형법 제1조 2항의 규정에 따라 불문에 붙이는 것이 옳다고 한다.

현재의 통설은 이러한 경우에는 그 한시법에 특별히 "이 법이 실효한 뒤에도 유효기간중에 범한 죄에 대해서는 처벌한다"는 취지가 규정되어 있지 않는 한 실효 이전에 처벌받지 않은 죄는 벌할 수 없다고 해석하고 있다.

6. 방북인사의 법적용

문익환 목사, 임수경 양, 소설가 황석영 씨가 북한을 방문한 것은 실정법 위반인
줄 아는데, 북한이나 외국에서 행한 일에 대하여도 죄목으로 되는지요? 형법의 시간
적·장소적 효력과 관련하여 설명해 주십시오.

문익환, 임수경, 황석영 등이 자진하여 북한에 갔다 온 것은 현행 국가
보안법, 형법에 위배되는 행위이다. 대한민국의 형법과 국가보안법은 대한민
국 국민이 세계 어디에서나 행한 행위에 대하여 적용된다. 다만 형법 제12조
에는 "저항할 수 없는 폭력이나 자기 또는 친족의 생명, 신체에 대한 위해를
방어할 방법이 없는 협박에 의해 강요된 행위는 벌하지 아니한다"고 규정하
고 있어, 이들의 북한에서 행한 행위가 '강요된 행위'였는지 여부에 대하여 구
체적 사정의 종합판단이 필요하다. 그러나 현행 형법과 국가보안법이 존재하
는 한 이들은 이적행위(利敵行爲)를 한 행위에 대하여 법적 책임을 추궁받게
된다. 남북통일을 지향하고 동서냉전체제가 붕괴되는 이때에 국가보안법을
폐지하자는 논의가 강력히 대두되고 있는데, 입법적으로 이 법률을 폐지하느
냐 여부는 별도의 문제이다. 다만 현재는 남북교류협력에관한법률, 남북관계
발전에관한법률 등이 제정·시행되고 있어, 남북한 간의 상호교류와 협력을
촉진하기 위하여 필요한 사항에 대해서는 이들에 의해 규율되고 있으며, 국가
보안법의 규범력은 다소간 약화되는 추세이다.

7. 시간과 법

A사장은 오랜만에 회사원들의 단합을 위해 야유회를 개최하고 점심을 도시락으로
B음식점에 부탁하였다. 12시까지 현장에 배달해주기로 합의되었다. 그런데 그날따라
교통체증이 심하여 한 시간이 넘어도 도착하지 아니하였다. A사장은 급히 빵을 사서
대체하였다. 2시가 넘어 도시락이 도착하였으나 A사장은 정시에 도착하지 않았으니
도시락 값 100만원을 지불할 수 없다고 하고, B음식점은 고의가 아니므로 받아야하
겠다고 항의하였다. A의 주장이 맞는가 B의 주장이 맞는가?

민법 제545조는 "계약의 성질 또는 당사자의 의사표시에 의하여 일정한

시일 또는 일정한 기간 내에 이행하지 아니하면 계약의 목적을 달성할 수 없는 경우에 당사자 일방이 그 시기에 이행하지 아니한 때에는 상대방은 전조의 최고(催告)를 하지 아니하고 계약을 해제할 수 있다"고 규정하고 있다. 이처럼 '정기행위'는 최고(催告), 즉 이행요구의 절차 없이도 일방적으로 해제할 수 있다. 따라서 아무리 교통체증 때문이라도, 사전에 배달하지 말라는 통지를 못받았다 하더라도 B의 항변은 용납되지 아니한다. 결혼시에 입을 웨딩드레스의 지체, 대절버스의 도착지체 등도 제 시간을 지키지 못하면 일방적으로 해약할 수 있다. 그러나 얼마나 지체되었는가, 즉 5~10분 정도, 혹은 30분~1시간 정도 늦었다고 완전히 해제할 수 있는가? 다른 음식으로 대체하지 않고 아직 기다리고 있는 상태라면? 계약해제로 불이행자에게 심각한 불이익이 야기된다면? 등의 사정을 참작하여, 만일 법적 소송으로 다투어지게 된다면 상계(相計)의 원리가 적용될 수도 있을 것이다. 그렇지만 '정기행위'의 불이행은 불이행자에게 불이익이 뒤따른다는 것이 법의 원칙이다.

제9장
법의 적용과 해석

추상적 법규범을 구체적 현실에 적용하기 위해 여러 가지 해석방법이 동원된다. 그러나 언제 어디에 어떤 해석방법이 최선인지는 누구도 말할 수 없으며, 결과적으로 정의(正義)를 위해 적절한 해석방법이 선택되어질 뿐이다.

법과 시

서초동 法院時代

서소문 법원이 서초동으로 온다고
신문마다 잡지마다 話題가 무성.

"서초동 꽃마을 법원시대"
법과 꽃의 알레고리로
사람들은 흥분하는가?

정말 법과 꽃은 무슨 관계인지?

金洪燮 판사의 詩제목처럼
'꽃 있는 法廷'?
좀 더 인간화되고
아름다움의 微光이
한줄기 들어옴직한 司法?

새로 선 법원 건물에서
어디 꽃과 어울리는 정서를
느낄 수 있나?

제발 꽃과 피
꽃과 가시
빗나간 알레고리만 무성하지
말기를 !

논리와 투쟁의 너머로
은은한 향기가 풍겨오는
대한민국 司法이 된다면,

그때는 이미 樂園이겠지?
대한민국이 아니겠지?

1. 법의 적용

A양은 밤늦게 집으로 돌아오다가 으슥한 곳에서 강간을 당했다. 부끄러워 알리지 않고 지내다가 한 달이 지나 생리가 나오지 않아 병원에 가보니 임신이라 한다. 강간범을 찾을 수도 없고 낙태를 시켜야 하겠다고 결심하였다. 만약 낙태를 한다면 A양과 의사는 처벌되는가?

형법은 낙태죄를 규정하여 처벌하고 있으나(제269, 270조), 특별한 사정이 있는 경우 합법적으로 임신중절수술을 할 수 있도록 허용한 특별법을 제정하였는데 그것이 「모자보건법」이다.

이 법에 따르면 다음과 같은 경우에 인공으로 임신중절수술을 할 수 있다(동법 제14조).

1) 일반적 요건
   ① 의사에 의해 수술이 행해져야 한다.
   ② 본인과 배우자의 동의가 있어야 한다.
   ③ 임신한 날로부터 28주 이내이어야 한다.

2) 개별적 요건
   ① 임신의 지속이 보건의학적 이유로 모체의 건강을 심히 해하고 있거나 해할 우려가 있어야 한다.
   ② 본인 또는 배우자가 위생학적 또는 유전학적 정신장애나 신체질환이 있어야 한다.
   ③ 본인 또는 배우자가 전염성 질환이 있어야 한다.
   ④ 강간 또는 준강간에 의해 임신되어야 한다.
   ⑤ 법률상 혼인할 수 없는 혈족 또는 인척간에 임신되어야 한다.

따라서 위의 사안에서 A양은 모자보건법 제14조 제1항 제3호에 의하여 임신중절수술을 하여도 범죄가 되지 아니하며, 의사도 마찬가지이다. 그러나 문제는 형법의 낙태죄 처벌조항이 모자보건법의 적용에 의해 사실상 사문화(死文化)되다시피 하여 폐지하자는 주장이 유력하였고, 2019. 4. 11. 형법 제269조 1항, 제270조 1항 중 '의사'에 관한 부분은 헌법재판소의 헌법불합치

판결을 받았다. 이로써 위 조항들은 2020. 12. 31.을 시한으로 입법자가 개정할 때까지 계속 적용된다(2017헌바127).

2. 형법의 적용

> A씨는 어느 날 밤 도둑을 맞아 경찰에 신고하였다. 며칠 후 경찰에서 범인을 잡았다고 연락이 와서 달려가보니 몇 사람의 일당 가운데 놀랍게도 큰 형님의 아들, 즉 조카가 끼어 있었다. 이렇게 되면 조카도 함께 처벌되는가?

법은 누구에게 공평하게 적용되어야 하지만 친족간에 범죄라는 개념으로 처벌을 받게 한다면 가족공동체와 인륜사회의 질서를 해칠 수도 있다. 그래서 강도죄와 손괴죄를 제외한 재산범죄, 즉 절도죄, 사기죄, 공갈죄, 횡령죄, 배임죄, 장물죄, 권리행사방해죄 등에 친족간의 범죄는 형을 면제하거나 고소가 있어야 논할 수 있는 특례가 인정되고 있다. 친족상도례가 적용되는 친족 또는 가족의 범위는 민법 제777조에 따라 ① 8촌 이내의 혈족, ② 4촌 이내의 인척, ③ 배우자이다(1990. 1. 13 개정). 직계혈족, 배우자, 동거친족, 동거가족 또는 그 배우자 사이에 절도죄 등 또는 그 미수가 범해졌을 경우에는, 설령 고소가 있다 하더라도 형을 면제한다(형법 제344조). 그 밖의 친족 사이에서 이런 범죄가 발생하면 고소가 있어야 논하며(친고죄), 이러한 친족 관계가 없는 공범에 대하여는 일반적 예에 따른다. 따라서 위의 사안에서 큰 형님의 아들(조카)은 3촌으로 피해자와 친족의 관계가 있으므로 친족상도례가 적용되어 절도죄는 성립하지만 형이 면제된다. 이러한 친족관계가 없는 다른 공범은 물론 절도죄로 처벌된다.

3. 법률행위의 해석

> 회사사장인 A에게 고향후배인 B가 찾아와 사업자금을 좀 빌려달라고 하였다. A는 B를 믿고 "사업이 잘 되면 갚게."하면서 3천만원을 빌려 주었다. 그 후 B는 사업에 성공하였고, 생활여유도 즐겼다. A가 "이젠 빌려간 돈을 갚아주게"라고 해도 조금만 기다리라면서 자꾸 회피한다. 어떻게 A는 B로부터 돈을 받을 수 있겠는가?

민법 제147조는 "정지조건 있는 법률행위는 조건이 성취할 때로부터 그 효력이 생긴다. 해제조건 있는 법률행위는 조건이 성취한 때로부터 그 효력을 잃는다"고 규정하고 있다. 법률행위는 조건을 붙일 수 있고, 그것을 조건부 법률행위라 부른다. 결혼하면 생활비를 끊는다든가, 취직할 때까지만 생활비를 대준다는 식이 그것이다. 사업이 잘 되면 갚는다는 것을 조건으로 돈을 빌려주는 것도 조건부 법률행위의 하나다. 어느 정도가 사업이 잘 되는 것인지 판단하기는 쉽지 않지만, 채무자가 주관적으로 판단하는 것에만 맡기면 계속 기피할 수 있으므로 객관적으로, 일반적으로 판단해야 할 것이다. A사장이 너무 애매하게 조건을 붙이긴 하였지만, B는 사업에 성공하여 여유를 갖고 있으므로 조건이 성취되었기 때문에 빌린 돈을 갚아야 할 도덕적, 법적 의무를 지고 있다고 보아야 할 것이다. 다만 이러한 경우가 법적으로 다투어지게 될 때에는 애매하여 곤란해질 수도 있으므로 "잘 되면 갚으라"는 식의 표현보다는 보다 분명하게, 말로 보다는 서면으로 해 두는 것이 필요하다. 그렇지 못한 위와 같은 경우에도 만일 민사소송이 제기되면 법원은 A와 B의 주장뿐만 아니라 여러 정황과 자료를 참작하여 분쟁을 합리적으로 해결해 줄 것이다.

실제로 법원의 판례를 보면 다음과 같은 태도를 알 수 있다.

(1) 법률행위의 해석이란 당사자가 그 표시행위에 부여한 객관적인 의미를 명백하게 확정하는 것으로서, 서면에 사용된 문구에 구애받을 것은 아니지만 어디까지나 당사자의 내심적 의사의 여하에 관계없이 그 서면의 기재내용에 의하여 당사자가 그 표시행위에 부여한 객관적 의미를 합리적으로 해석하여야 하는 것이고, 당사자가 표시한 문언에 의하여 그 객관적인 의미가 명확하게 드러나지 않는 경우에는 그 문언의 내용과 그 법률행위가 이루어진 동기 및 경위, 당사자가 그 법률행위에 의하여 달성하려는 목적과 진정한 의사, 거래의 관행 등을 종합적으로 고려하여 사회정의와 형평의 이념에 맞도록 논리와 경험의 법칙, 그리고 사회일반의 상식과 거래의 통념에 따라 합리적으로 해석하여야 한다(대판 1992. 5. 26, 91 다 35571).

(2) 어떠한 의무를 부담하는 내용의 기재가 있는 문면(文面)에 '최대한 노력하겠습니다'라고 기재되어 있는 경우, 특별한 사정이 없는 한 당사자가 위와 같은 문구를 기재한 객관적인 의미는 문면 그 자체로 볼 때 그러한 의무를 법적으로는 부담할 수 없지만 사정이 허락하는 한 그 이행을 사실상 하겠다

는 취지로 해석함이 상당하다(대판 1994. 3. 25, 93 다 32668).

4. 해석의 범위

> J군은 잘 지저귀는 토종새를 훈련시키는 새로운 취미를 발견했다. 길러서 팔 생각
> 도 하였다. 그가 심한 감기로 눕게 되자, 간호보조원 K의 시중을 받았다. K가 J를 돌
> 보기 위하여 방문한 어느 날, K는 동물을 사랑한 나머지 새장을 열어 새가 날아가 버
> 렸다. 새는 자유로운 자연 속에서 살아야 한다고 K는 생각했던 것이다.
> ① K의 행위를 절도죄(제242조)나 재물손괴죄(제303조)로서 처벌할 수 있는가?
> ② 만일 처벌할 수 없다면, 그와 같은 행위에 대하여 이들 형벌법규의 유추적용은
>   허용되는가?

J의 소유에 속한 새는 K에 대해서 '타인의 동산(動産)'이다.

소유권보호의 틀 안에서 동물을 물건으로 다루는 것은 무리가 없는 듯이
보인다. 왜냐하면 동물은 인간의 지배에 속하고, 법질서는 동물보호법을 통하
여 생명있는 물체로서의 동물의 특징을 고려하고 있기 때문이다.

그럼에도 불구하고 여기서는 K의 절취행위가 결여되었다. 제329조의 의
미에서 '절취'는 타인의 점유를 배제하고 새로운 점유를 취득하는 것을 의미
한다. 점유는 (특수한 또는 일반적) 지배의사를 가진 사실적인, 물건에 대한 지
배관계를 말한다. 물론 K는 J의 지금까지의 점유를 깨뜨렸다. 그러나 K는 자
유롭게 되도록 날려 보낸 그 새에 대하여 어떤 새로운 (자신에 의한 혹은 타인에
의한) 점유를 취득하지 않았다. 그러므로 절도죄(제329조)를 이유로 한 처벌은
면하게 된다.

문제는 타인의 새를 날려 보낸 것이 '재물손괴죄'(제366조)에 해당되느냐
의 여부이다. 다수설은 그러한 행위를 단지 형사처벌이 면제된 (순수한) '점유
박탈'로 본다. 반면에 소수설은 권리자가 마음먹은 일정한 사용목적을 좌절시
키는 일체의 행위도 파괴나 훼손의 개념에 충분히 포함된다고 본다.

제366조가 사물의 실체를 필연적으로 침해한 것을 전제로 하고 있지 않
다는 주장은 옳다. 그러나 만일 위에서 언급한 소수설이 사물 자체에 대한 행
위자의 모든 직·간접적 작용을 도외시하겠다면, 이 견해는 법조문의 용어상
허용되는 확대해석의 한계를 넘어서게 된다.

　　다수설에 따르면, K는 따라서 재물손괴죄(제366조)를 범하지 않았다. 유추해석금지(헌법 제12조 1항, 제13조 1항, 형법 제1조)가 재물손괴에 유사한 설문 사건에 대해 재물손괴죄 규정의 유추적용을 금지함으로써 그녀의 처벌을 막아줄 때, J는 오직 사법(私法)이 그에게 보장하는 법보호(불법행위에 기한 손해배상청구권)만을 받게 된다(민법 제750조).

5. 법의 해석('물건'의 정의)

　　A씨는 죽음이 가까워 옴을 스스로 예감하고 자식에게 "내가 죽거든 내 시체를 대학병원에 기증하라"고 유언하였다. 자식은 효심에서 "네, 그러겠습니다"고 답하였으나, 막상 부친이 사망하고 나니 그럴 수 없다고 판단되었다. 자식은 부친의 유언을 법적으로 따라야 할 의무를 지고 있는가?

　　여기서 문제가 되는 것은 인간이 자신의 신체를 처분할 권리가 있느냐는 점이다. 법은 권리와 의무의 개념으로 인간사를 설명하며, 그 객체는 물건이다. 민법 제98조로 "본법에서 물건이라 함은 유체물 및 전기 기타 관리할 수 있는 자연력을 말한다"고 규정하고 있다. 살아있는 사람의 신체는 인격권(人格權)의 대상은 되지만 소유권의 대상은 되지 아니한다. 그러나 죽은 후의 유해(신체, 시신)는 '물건'이라고 보지 않을 수 없다. 따라서 유해도 소유권의 대상이 되며, 이 소유권은 자녀, 특히 호주상속인에게 귀속된다고 본다. 그러나 보통의 물건이 사용, 수익, 처분, 포기할 수 있는 것인 데 반해 유해는 양도, 처분할 수는 없고 매장, 화장 및 제사의 대상만 되는 제한적 성격을 갖는다고 본다. 유해를 상속한 상속권자도 마음대로 유해를 대학병원에 기증하는 처분행위를 할 수 없고, 또한 고인도 생전에 자기 신체를 처분하는 행위를 할 수 없다. 유언을 통해 이런 처분행위를 했다 하더라도 법률적으로 구속성은 없다고 볼 것이다. 법적 구속성은 없지만 그 유언의 뜻이 잘못된 것이 아니라면 존중하여 기증하는 것이 바람직할 것이다. 이러한 기증은 반사회적 법률행위라고 볼 수 없으며 오히려 실험이나 장기기증을 통하여 사회에 유익한 행위가 될 수 있는 것이다. 다만, 법률적으로 유해가 '물건'이냐 여부에 관하여는 그렇다고 해석하는 것이 바르다는 것이다.

제10장
법계와 법문화

세계의 국가들과 문화권은 정치, 경제, 사회, 문화의 면에서 계통과 블록(block)을 만들어 살고 있지만, 법의 면에서도 법계(legal system, Rechtsfamilie)를 이루어 살고 있다. 이 사실을 잘 알아야 비교법(comparative law)의 기초 위에서 자국법(自國法)의 위상과 특징을 이해할 수 있다. 그러면서도 서서히 국제법과 법의 수용(reception) 현상이 고조되어 법통일화의 경향도 나타나고 있다.

法 外 法

이사야 벤다산의 「일본인과 유대인」 속에
일본인은 法外法 속에 산다 했다.

일본인만 그런가 한국인은
不法, 非法, 惡法, 脫法 ‥
얼마나 많은 法外法에 사는가?

법 밖에 있는 법
그건 어떤 법이길래

법보다 오히려 끈질기게
우리를 얽어매는 법인가?

法外法이 펄펄 살아있는 한
법의 지배는 별볼일 있을까?
그럼에도 우리의 법치주의를 살릴 수 있는
法外法의 정체는?

1. 법문화의 수렴

구소련의 대통령 고르바초프(M. Gorbachev)는 저서 「페레스트로이카」 (Perestroika, 1986)에서 이렇게 말한다. "동방에서건 서방에서건 그것을 자각하느냐 않느냐와는 별도로 모두 새로운 문명을 향해 나아가고 있는 것이 사실이다. 이 때문에 우리는 낡은 사고방식을 근본적으로 바꿔야 한다. 특히 우리가 마치 종교전쟁의 시대에 살고 있는 것처럼 자본주의와 사회주의를 대립시킬 수는 없다. 우리가 구축하려는 사회와 문명은 모든 복잡성과 다면성 및 모순 속에서 파악되어야 한다. 이것이 우리가 믿는 정치적·사상적 자유와 다원성의 진정한 의미이다." 이러한 관점에서 사회주의법과 자본주의법의 수렴(convergence)을 생각할 수 있을까?

고르바초프는 모스크바대학 법학부에서 법학을 공부하여 자신이 젊었을 때 배운 법학지식과 세계관으로 '페레스트로이카'(개방)정책을 창안하여 실천하다가 민족분규와 정치적 음모에 의해 구소련 대통령직에서 물러난 인물이다. 그의 페레스트로이카 정책은 다분히 법개혁의 중요성을 강조하는 방향에서 있었다. 그는 사회주의와 자본주의의 수렴을 확신하는 법사상가였다(자세히는 최종고, 「법사상사」, 박영사, 1997년판).

그러나 그의 정치적 실각에서 나타났듯이 사회주의가 변화하더라도 민족문제, 경제문제 등 복잡한 문제를 안고 있고, 국제정치는 바라는 만큼 빨리 '통일화'로 '수렴'되지 아니하는 것이 현실이다. 수렴이론은 인류의 희망일 수는 있지만 그리 쉬운 일은 아님을 보고 있다. 그럼에도 불구하고 법이 이데올로기를 떠나 인간이라면 누구나 지향하는 정의에의 규범이라고 한다면, 속도가 늦다 하더라도 세계적으로 통하는 법체계 같은 것을 꿈꿀 수 있을 것이다. 여기에 찌텔만(E. Zitelmann), 다나까 고따로(田中耕太郎)가 제창한 '세계법' (Weltrecht)의 이념 같은 것이 새로운 의미를 갖는다.

2. 아시아법

'아시아법'(Asian Law)이란 명칭을 자주 듣게 되는데, 이 명칭이 담고 있는 의미는 무엇인지요? '한국법'(Korean Law)과의 관련성 속에서 설명해 주시기 바랍니다.

오늘날 현대법학의 추세는 국제화(internationalization 혹은 Globalization)를 향하여 세계가 결속(integration)되면서 동시에 자국(自國)의 전통을 재해석하여 국제무대에서 비교·대화하는 비교법학(comparative law, Rechtsvergleichung)이 강하게 대두하고 있다는 점이다. 이러한 추세에서 과거에는 중국, 일본, 한국이 각각 서양을 '짝사랑'하면서 유럽중심주의를 벗어나지 못했지만, 현대에 들어와서는 아시아적 전통과 연대성(Solidarity)을 자각하고 법의 면에서도 아시아적 법문화(Rechtskultur)와 법치주의를 지향하기 시작하였다. 일본에서는 「아시아법」이라는 과목이 대학에서 가르쳐지고 있고, 우리나라에서도 「동양법제사」(東洋法制史) 혹은 「동양법사상사」 같은 과목들이 개발되고 있다. 1980년대에 들어와 중국이 개방화정책을 취하면서 본격적으로 이것이 가능하게 되었다. 한·중·일 3국은 서양에서 보면 '동아시아법'(East Asian Law, Ostasienrecht)이란 명칭으로 불리지만, 어쨌든 서양과는 매우 이질적인 법문화라는 사실을 인정받고 있다. 동양과 교섭하기 위하여는 싫든 좋든 이 '아시아법'을 배워야 하고, 아시아법학은 그 수준을 높여 나가야 할 책임을 더욱 크게 지고 있다고 하겠다(자세히는 Chongko Choi, East Asian jurisprudence, 서울대출판부, 2009).

3. 한국인과 법문화

한국인의 법의식과 법문화는 세계 각국의 그것들과 비교하여 어떤 특징을 이루고 있는지요? 또 그것을 구체적으로 알려면 어떤 것을 보아야 하는지요?

자기가 몸담고 있는 자연이나 문화, 정치구조에 대하여 밖에서 보기보다 오히려 더 잘 모르고 지내는 경우가 많다. 법에 대하여도 마찬가지여서 한국법의 제도, 법학, 법사상 등의 특징을 자각하지 못하고 지내는 것이 우리의 실정이라 해도 과언이 아니다. 외국의 법제, 법문화와 비교할 안목을 가질 때, 우리의 것이 더욱 예리하게 부각된다고 하겠다.

한국의 법문화의 특징을 알려면, 우리나라의 법률이 제정되는 과정, 그 내용, 집행되는 절차를 면밀히 검토해야 하고, 한국인, 즉 도시인과 농촌인, 노장년층과 청소년 등 각계각층의 법생활과 법의식을 조사해야 한다. 그러나 이것은 상당한 시간적, 금전적 지출이 필요하여 개인이 하기는 힘들다. 한국인의 법의식조사는 한국법제연구원, 형사정책연구원, 그리고 각 대학부설 법학연구소 등에서 행한 것들이 있다. 이러한 자료들을 종합·평가하여 한국인의 법문화를 설명해야 한다.

대체로 한국인은 전통적 법의식과 근대적 법의식의 혼란 속에서 법치주의를 모색하느라고 애쓰고 있는 모습을 볼 수 있다(자세히는 한국법제연구원편, 「국민법의식조사연구」, 1991년판 참조).

4. 법의식 조사

> 분쟁이 생겼을 때 "법적으로 해결합시다"라는 말을 들으면 어떤 느낌을 갖게 되십니까?

이 설문은 법의식조사의 한 예문이다. 1991년 한국법제연구원에서 전국 20세 이상 남녀 2,000명을 상대로 행한 법의식조사에서, 위 설문에 대해 '바람직하다'가 16.8%, '합리적이다'가 32.3%, '몰인정하다'가 23.9%, '불쾌하다'가 26.9%로 나타났다. 즉 49.1%가 긍정적 반응을 보이고, 50.8%가 부정적 반응을 보이고 있다. 양승두(연세대) 교수가 1965년에 행한 조사에서 동일질문에 대해 32.6%가 '좋다' 또는 '아무렇지 않다'고 했고, 1981년에 이근식(연세대) 교수 외 3인이 조사한 동일질문에 '좋다' 또는 '아무렇지 않다'는 응답이 45.3%로 나타난 결과와 비교해 보면, 1990년대의 한국인도 분쟁해결의 방법으로 법을 선택하는 것에 대한 인식이 점차 긍정적으로 바뀌어 가고 있음을 보여준다. 이것은 우리 한국사회의 법문화와 한국인의 법의식의 변화와 특징을 나타내 주고 있다고 하겠다(자세히는 한국법제연구원편, 「국민법의식조사연구」, 1991년판; 최종고, 「한국법입문」, 박영사, 1997년판, 239~250면).

제11장
권리·의무와 법률관계

법과 법학에서 다루는 것은 인간관계 가운데서도 권리·의무에 기초한 법률관계
이다. 그러나 인간은 법률관계만으로 살 수는 없는 존재이기 때문에, 어디까지 법
이 관여해야 할지 구체적 판단이 필요하다.

법률가의 이웃

"좋은 법률가는 나쁜 이웃이다"고
로마시대부터인가 게르만민족인가
어떤 의미로든 적나라하게
말했다는데,

남의 먼 얘기로 들릴 것 아니라
내 모습을 보면 어떤 이웃?

내가 좋은 법률가가 되지 못해
덜 나쁜 이웃인지는 모르지만

마음만은 인정이 그립고
人生을 풋풋하게 취해보고파도

어느새 서울 깍쟁이에
메마른 법률가로 되었으니

이웃은 아니라도 내 스스로
거울을 쳐다보는 自畵像은
어떠한가?

머리로 살지 말고
몸으로 살 수는 없을까?

正義를 주장하지 말고
사랑을 실천할 수는 없을까?

나의 이웃들이여,
당신들은 이 싫은 법률가와
함께 사는 것만으로 변호 받으라!

1. 호의관계

법률관계에서 구별되는 호의관계(好意關係)에서 발생한 법적 문제에는 어떤 것들이 있는지, 예를 들어 설명해 주세요.

주유소에서 단골에게 휘발유를 거저 주었으나 그 휘발유의 질이 조악하여 캬브레타에 고장이 생긴 경우, 이웃집 부인들이 외출할 때에 서로 상대방의 아이를 보아 주기로 약속하여 이를 실천하던중 부주의로 아이가 다친 경우, 지나가던 행인이 자동차의 후진을 도와 신호를 보냈으나 잘못 신호하여 사고가 발생한 경우, 호의동승 즉 호의로 자동차를 무료로 태워주고 가다가 과실로 사고가 발생하여 탄 사람에게 상해·사망이 발생한 경우 등이 있다. 법률가는 인간관계를 법률관계로 환원하여 관찰하려고 하지만 이 세상에는 법이 관계되지 않는 인간관계, 호의관계도 존재한다는 사실을 인정해 주어야 할 것이다. 이러한 호의관계와 법률관계를 구별하는 기준은 법적 구속의사의 존부, 즉 당사자의 구체적인 의사와 거래관행에 비추어 당해 관계에 법적으로 구속될 것을 의도했는지 여부이다. 하지만 실제 양자를 일도양단으로 명확히 구별하기는 어려우며, 특히 근래에 이르러 사고보험이 많이 이뤄지고 있다. 호의관계에 의한 동승의 경우 사고가 발생하게 되면 호의관계라는 이유만으로 불법행위로 인한 배상책임이 면제되는 것은 아니며, 또한 이러한 손해는 보험회사에 의하여 전보된 후에 가해자에게 구상되므로 결국은 법률문제화되게 된다.

2. 교사의 체벌

저는 중학교 교사인데 담배를 피운 학생을 붙잡아 훈계하기 위해 뺨을 몇 차례 때렸더니 불행하게도 고막이 파열되었습니다. 저는 법적 책임을 져야 하는지요?

교육법에 따르면 각 학교의 장은 교육상 필요할 때에는 학생에게 징계 또는 처벌을 할 수 있으며(동법 제76조), 한편 교사는 교장의 명을 받아 학생을 교육한다(동법 제75조 1항 1호)고 규정하였다. 따라서 교사의 학생에 대한 체벌

은 사회상규에 위배되지 않는 범위 안에서는 이른바 '정당한 행위'로서 법률
상 허용되며 법적 책임도 부담하지 않는다. 그러나 교사의 징계권 행사라 할
지라도 그 방법이 지나치게 가혹하거나, 징계행위로 인하여 학생에게 상해를
입힌 때에는 법적 책임을 면할 수 없다. 예컨대 중학교 교장 직무대리가 훈계
의 목적으로 교칙위반 학생에게 빰을 몇 차례 때린 정도는 징계의 방법으로
서 사회관념상 비난의 대상이 될 만큼 사회상규를 벗어난 것이라고 할 수 없
으나(대법원 1976. 4. 27. 선고 75 도 115 판결), 위의 경우처럼 고막파열까지 났다
면 사회상규를 벗어난 것으로 형법 제20조의 정당행위에 해당되지 않으리라
보여지며 형법 제257조 1항의 상해죄에 해당되어 그에 상응한 형사적 책임을
면할 수 없으리라 생각된다.

　　다음의 대법원 판례가 일응의 기준을 제시하고 있다. 즉, "중등교육법령
에 따르면 교사는 학교장의 위임을 받아 교육상 필요하다고 인정할 때에는
징계를 할 수 있고 징계를 하지 않는 경우에는 그 밖의 방법으로 지도를 할
수 있는데 그 지도에 있어서는 교육상 불가피한 경우에만 신체적 고통을 가
하는 방법인 이른바 체벌로 할 수 있고 그 외의 경우에는 훈육, 훈계의 방법
만이 허용되어 있는바, 교사가 학생을 징계 아닌 방법으로 지도하는 경우에도
징계하는 경우와 마찬가지로 교육상의 필요가 있어야 될 뿐만 아니라 특히
학생에게 신체적, 정신적 고통을 가하는 체벌, 비하하는 말 등의 언행은 교육
상 불가피한 때에만 허용되는 것이어서, 학생에 대한 폭행, 욕설에 해당되는
지도행위는 학생의 잘못된 언행을 교정하려는 목적에서 나온 것이었으며 다
른 교육적 수단으로는 교정이 불가능하였던 경우로서 그 방법과 정도에서 사
회통념상 용인될 수 있을 만한 객관적 타당성을 갖추었던 경우에만 법령에
의한 정당행위로 볼 수 있을 것이고, 교정의 목적에서 나온 지도행위가 아니
어서 학생에게 체벌, 훈계 등의 교육적 의미를 알리지도 않은 채 지도교사의
성격 또는 감정에서 비롯된 지도행위라든가, 다른 사람이 없는 곳에서 개별적
으로 훈계, 훈육의 방법으로 지도·교정될 수 있는 상황이었음에도 낯모르는
사람들이 있는 데서 공개적으로 학생에게 체벌·모욕을 가하는 지도행위라든
가, 학생의 신체나 정신건강에 위험한 물건 또는 지도교사의 신체를 이용하여
학생의 신체 중 부상의 위험성이 있는 부위를 때리거나 학생의 성별, 연령,
개인적 사정에서 견디기 어려운 모욕감을 주어 방법·정도가 지나치게 된 지

도행위 등은 특별한 사정이 없는 한 사회통념상 객관적 타당성을 갖추었다고 보기 어렵다(대법원 2004. 6. 10. 선고 2001 도 5380 판결).”

3. 법률행위와 부작위

A녀(母)는 젖먹이 어린 아이 B를 품에 안은 채 잠이 들었다. 수면도중 A녀가 몸을 심하게 뒤척이는 바람에 어린 아이 B가 질식 사망하였다. A녀에 대한 처벌은 가능한 가 ? 만일 A녀가 자신의 잠버릇이 매우 험하다는 것을 알고 있었다면 그 사정은 형법상 중요한 의미가 있다고 보아야 할 것인가?

사례를 분석하기 위하여는 문제된 행위에 직접적으로 선행하는 행위가 형법상 의미 있는 행위가 되지는 않는가 검토해야 한다. 만일 직접적 선행행위가 행위로 인정된다면 범죄성립이 여타 조건이 충족될 경우 행위자를 처벌할 수 있게 되기 때문이다.

A녀가 어린이를 짓누른 것은 형법상의 행위라고 말할 수 없다. 왜냐하면 수면중의 신체거동은 의사에 의하여 뒷받침되는 행위가 아니기 때문이다. 그러나 A녀의 수면중 짓누르는 행위에 직접적으로 선행하는 행위에서 형법상 의미 있는 행위를 찾아볼 수 있다. 즉 A녀가 아무런 예방조치를 하지 않고 어린 아이를 안고 잠자리에 드는 행위는 형법적으로 중요한 의미를 갖는다. 우리 형법 제10조 3항은 “위험의 발생을 예견하고 자의로 심신장애를 야기한” 행위에 대하여 형법상 특별한 취급을 하고 있다. 이러한 경우를 가리켜 ‘원인에 있어서 자유로운 행위’(actio libera in cause)라고 한다. 위의 사례에서 A녀가 원인행위를 고의로 하였는가 아니면 과실로 하였는가에 따라서 A녀는 살인죄 또는 과실치사죄로 처벌될 것이다.

4. 행위의 개념

A와 B는 대목장이 서고 있는 시장을 어슬렁거렸다. 상인 H의 가게 앞에서 B와 A가 논쟁중에 B는 A의 가슴을 불시에 밀쳤다. A는 H가 팔기 위해 늘어놓은 도자기 꽃병 쪽으로 쓰러져 도자기들이 많이 깨어졌다. B는 곧바로 도망가 버리고, 반면에 A는 붙잡혀 H가 경찰에게 자초지종을 설명했다. A와 B의 처벌은 가능한가?

설문사건에서 문제점은 우선 도자기 꽃병들이 A의 행위에 의해서 손괴되었는지가 문제된다. A의 행동은 일단 "사회적으로 중요하다." 왜냐하면 그 행동이 상인 H의 소유권, 따라서 타인의 이익에 관계되었기 때문이다. 문제된 것은 단지 그 행위가 A의 의사에 의해서 지배가능한 것이었느냐 하는 점에 있다. H의 도자기에 A가 넘어진 것은, B가 밀어버린 동작의 필연적 결과이다. 쓰러진 것 자체는 A의 의사에 지배된 것도, 지배할 수 있는 것도 아니었다. 이런 결과는 원인을 제공한 행위자인 B의 행위로 귀속시킬 수 있으나, A에게는 돌릴 수 없다. A에게 작용된 외부적 폭력의 결과 A는 B의 손에서 도구로 다루어졌다. 실질적으로는 B가 생명 있는 물건(A)을 H의 꽃병에 던진 것과 다를 바 없다.

따라서 A의 행동이 절대적 폭력으로 강요된 행위이므로 A는 형법 제366조의 재물손괴죄에 의한 처벌은 허용될 수 없다. 달아난 B는 오히려 논쟁중에 A를 밀쳤지만 재물을 손괴하려는 고의가 있었다면 재물손괴죄에 해당되며, 다만 과실에 의한 손괴는 형법상 처벌되지 아니한다. A와 B가 의사를 합의하지 않는 한 공동정범(共同正犯)은 될 수 없다.

5. 약혼파기의 행위

B녀는 연애 끝에 사랑하는 A남과 약혼을 하게 되었고, 비교적 넉넉한 A남의 집안에서는 약혼식 날 풍성한 예물과 함께 상당액의 결혼준비자금까지 보내왔다. 꿈결 같은 기대감에 벅차서 B녀는 이것저것 혼수를 마련하였고 결혼날짜가 다가옴에 따라 A남측으로부터 받은 금전도 거의 다 소비하게 되었다.

그러나 불행하게도 어느 날 A남의 승용차가 교통사고를 당하면서 A남도 사망하고 말았다. 슬픔에 잠겨 있는 B녀에게 남자네 집에서 중개인을 통하여 약혼 때 증여한 예물과 금전 등을 돌려달라고 반환요청을 해 왔다. 어떻게 하여야 할까?

약혼예물의 수수는 혼인 불성립을 해제조건으로 하는 증여와 유사한 성질의 것이나, 약혼의 해제에 관하여 과실이 있는 유책자로서는 그가 제공한 약혼예물을 적극적으로 반환청구할 권리가 없는 것이다(대법원 1976. 12. 28. 선고 76 므 41, 76 므 42 판결). 이 경우에는 쌍방에게 책임이 없는 사유에 의하여 파혼이 된 것이므로 약혼예물도 원칙적으로 서로 반환하여야 한다. 따라서 B

녀가 A남에게 증여한 약혼예물이 있다면 그것은 돌려받고 자기가 받은 예물은 남자집에 반환하든지 아니면, B녀가 돌려받아야 할 예물 액수만큼을 공제하고 나머지 부분만 돌려주면 되는 것이고 이자는 붙여줄 필요가 없다.

다만, 문제는 이미 소비해 버린 금전의 반환 여부인데, 결혼준비에 쓰라고 준 돈을 결혼준비에 쓴 것이라면 반환할 필요는 없겠으나 형태를 달리하여 현존하는 이익 즉 귀금속·가전제품·가구류 등의 혼수물품은 현물로써 반환하여야 할 것이고, 그 밖에 여자의 전유물을 사느라고 소비한 금전과 남아있는 잔금은 현찰로 반환하여야 할 것이다.

6. 권리의 귀속

A씨는 자기 집 옆의 공터에 땅주인의 허가를 받지 아니하고 고추를 심어 재배하였다. 고추를 딸 무렵에 주인 B씨가 나타나 왜 허락 없이 남의 땅을 사용하였느냐면서 수확한 고추를 모두 달라고 한다. A와 B는 다투게 되었는데, 과연 고추는 누구의 소유가 되어야 할 것인가?

토지에 관련된 문제는 복잡하여 보는 관점이 다양할 수 있다. 그러나 토지에서 경작되는 농작물은 원래 토지의 일부나 토지의 본질적 구성부분으로 간주되어 토지소유자의 것이 된다고 보는 것이 원칙이다. 우리나라 민법은 제102조에서 "천연과실은 그 원물(原物)로부터 분리하는 때에 이를 수취할 권리자에게 속한다"고 규정하여, 씨는 뿌린 자가 거두어들인다는 '생산주의 원칙'을 배제하고 로마법의 '원물주의원칙'을 취하고 있다. 그런데 우리 법원은 "타인의 토지에서 경작하거나 재배된 농작물만큼은 경작자에게 소유권이 있다"고 판결하고 있다. 토지소유자의 승낙이나 양해가 없더라도 마찬가지이다.

A씨가 B씨의 양해를 구하지 아니한 것은 불찰이지만 공터에 재배한 고추를 B씨에게 모두 줄 의무는 없다고 할 것이다. 다만 A씨가 상습적으로 남의 땅을 그런 식으로 이용하는지, 그렇게 이용함으로써 주위에 어떤 영향을 주었는지, B에게 얼마나 손해를 끼쳤는지 고려하여, 만일 이 다툼이 법적 소송으로까지 확대된다면, 판사는 이런 상황을 고려하여 A와 B의 화해, 조정, 그리고 손익의 상계(相計)를 하여 수확물을 적당히 나누어 가지라고 판결할

수도 있을 것이다.

　　일반적으로 여기서 배울 수 있는 것은, 권리는 어느 쪽에 속하는가를 판단하기가 어려운 경우도 많이 있으며, 소송을 통해 한쪽에만 권리의 귀속을 판결하기 힘든 경우도 있다는 사실이다. 그렇다고 재판이라는 제도를 폐지할 수는 없지만, 분쟁해결에 대한 다각적, 심층적 모색이 필요하다 할 것이다.

7. 반사회질서의 법률행위

　외동아들 A씨는 결혼생활 15년 동안 딸만 다섯을 낳았다. 그러던 중 어떤 과부인 B여인을 알게 되어 동거하였다. 아내도 이에 대해 별 항의도 없었다. A씨는 B여인에게 아들을 낳으면 집 한 채를 사주기로 약속하였는데, 과연 B여인은 1년 후에 아들을 낳았다. 그러나 A씨는 언제 그런 약속을 했느냐면서 잡아떼었다. B여인은 A씨를 고소하려고 하는데 A를 처벌할 수 있는가?

　　민법 제103조는 "선량한 풍속 기타 사회질서에 위반한 사항을 내용으로 하는 법률행위는 무효로 한다"고 규정하고 있다. 일부일처제(一夫一妻制)를 보호하는 우리 민법은 사회질서에 반하는 법률행위들을 무효의 법률행위로 보고 있다. 예컨대 범죄행위에 가담하는 계약(밀수자금의 대여), 담합행위, 인륜에 반하는 행위, 개인의 자유를 현저히 제한하는 행위(평생 결혼하지 않겠다는 계약), 생존의 기초가 되는 재산의 처분행위 등은 모두 무효이다. 아들을 낳아주면 보상을 하겠다는 계약은 물론 무효이다. 따라서 민법적으로 B여인이 A씨를 상대로 손해배상을 청구할 수는 없다.

　　과거에는 형법상 혼인빙자간음죄로 고소를 하는 방법을 생각해 볼 수 있었지만, A씨가 동거해주고 아들을 낳아주면 혼인해 주겠다는 약속을 하지 않은 이상 그것도 불가능할 것이며, 이는 헌법재판소의 위헌결정으로 삭제되었다(헌법재판소 2009. 11. 26, 2008헌바58, 2009헌바191(병합) 전원재판부결정 참조). 사회생활을 하다 보면 반사회적 법률행위를 하는 사람일수록 법의 생리와 맹점을 더 잘 알고 '악용'하려는 사람이기 때문에 건전한 사회윤리적 판단으로 위험하다고 생각되는 법률행위는 기피하는 것이 현명하다.

8. 집수리의 권리의무

A씨는 B씨 가족에게 월세로 집을 빌려주었다. B씨도 집이 낡아 손볼 곳이 많은데도 싼 값이라 들어살게 되었다. 비가 오면 천정에서 물이 흘러 A씨에게 고쳐 달라고 부탁해도, A씨는 "알아서 고쳐가며 사시오"라고만 한다. A와 B가 끝내 다툼까지 하였는데, 어떻게 해결되어야 하는가?

집을 빌려준 임대인과 빌린 임차인 사이에 목적물(집)의 수리문제로 분쟁이 종종 일어난다. 민법 제623조는 "임대인은 목적물을 임차인에게 인도하고 계약존속중 그 사용, 수익에 필요한 상태를 유지하게 할 의무를 부담한다"고 규정하고 있다. 원칙적으로 수리의무는 임대인에게 있는 것이다. 수리하지 않으면 목적물을 사용, 수익할 수 없을 때, 천재지변 또는 불가항력으로 파손된 경우에도 임대인은 수리의무를 이행하지 않으면 계약위반이 되는 것이다. 임대인이 수리를 해주지 않으면 임차인은 자기비용으로 수리하고 수리비를 청구하거나 지불해야 할 월세에서 공제할 수 있다. 다만 목적물을 사용, 수익하는 데 큰 지장이 없는 통상적인 파손에 대해서는 임차인이 수리해야 한다. 바람에 유리창이 깨지거나 방바닥이 갈라진 정도의 파손은 임차인이 수리해야 할 것이다. 파손정도에 따라 임대인과 임차인의 의무를 판단해야 하겠지만, 법은 원칙적으로 수리의무를 임대인에게 부과하고 있다. 그래서 집세를 들 때에는 사전에 자세한 합의를 해두는 것이 좋다.

9. 이웃의 권리의무

소설가 A씨는 같은 아파트의 옆집에 사는 피아니스트 B씨의 피아노 소리에 시달려 왔다. 밤에만은 피아노를 치지말아 달라고 항의했지만 B씨는 그럴 수 없다고 하였다. A씨는 B씨를 상대로 손해배상을 청구할 수 있거나 어떤 다른 대책이 있는가?

민법 제217조 "토지소유자는 매연, 열, 기체, 액체, 음향, 진동 기타 이에 유사한 것으로 이웃토지의 사용을 방해하거나 이웃주거자의 생활에 고통을 주지 아니하도록 적당한 조처를 할 의무가 있다. 이웃주거자는 전항의 사태가 이웃토지의 통상의 용도에 적당한 것인 때에는 이를 인용할 의무가 있다"고 규정하고 있다. 이처럼 이웃에게 매연, 열, 기체, 액체, 음향, 진동, 가스, 증기, 냄새, 먼지, 분진, 연기 등으로 고통을 받게 되면 이웃에게 적당한 조치를 취해줄 것과 그로 인한 손해배상 또는 손실보상을 청구할 수 있다. 그렇지만 이러한 생활방해가 통상적인 용도에 따라 적합한 경우에는 이웃은 이를 참아야 할 의무를 지고 있다. 위의 사례에서 소설가 A씨가 피아니스트 B씨로부터 현저한 창작방해를 받아 손해를 입었다는 것이 증명되지 않는 한 그것을 참아야 할 의무를 안고 있다고 할 것이다. 물론 B씨도 왠만하면 낮시간에 피아노연습을 하고 밤시간에는 피하는 것이 이웃으로서의 의무이고 교양인의 에티켓이라고 할 것이다. 서로 감정의 골이 깊어져 법으로 다투기 전에 대화로써 적당한 양해와 타협을 발견하는 것이 바람직할 것이다.

10. 계(契)와 법률관계

한 직장의 노처녀 10명이 계를 만들었는데, 계주는 최고참인 올드미스 A가 맡았다. 그런데 이미 곗돈을 탄 두 처녀가 시집을 가는 바람에 계가 깨지게 되었다. 아직 곗돈을 타지 못한 5명의 계원이 A에게 이미 낸 곗돈을 내놓으라고 요구하였다. 과연 A가 파탄된 계의 책임을 져야 하는가?

계(契)는 우리나라의 신라시대부터 내려오는 상부상조와 공동목적의 독특한 조합형태이다. 자본주의 경제가 고도로 발달하고 금융제도가 확산된 오늘날에도 성행하고 있다. 계는 그 목적, 불입금의 불입방법, 곗돈의 배정방법 등에 따라 형태와 종류가 다양하지만, 가장 단순한 것은 계원들끼리 곗돈을 타는 순서를 정한 '번호계' 또는 '순번계'이다. 계가 중간에 깨지게 되면 이해관계의 충돌과 분쟁이 생기게 되는데, 이미 곗돈을 탄 사람과 불입금을 붓고도 아직 곗돈을 못 탄 사람 사이의 분쟁이 대표적이다. 계가 깨지면 해산과 청산의 절차를 밟는데, 합의가 이루어지지 못하면 곗돈을 이미 탄 사람들을 상대로 자신들의 그 동안 불입한 '계불입금'(타야 할 곗돈이 아님)의 반환을 청구할 수 있다. 그래서 계가 파탄나면 무조건 계주(속칭 '계오야')가 책임지는 것이라고는 할 수 없고, 전체가 순리적으로 합의를 도출하는 방향으로 수습해야 한다. 이러한 파탄의 경우를 대비해서 해결방법을 미리 문서화해놓는 것이 분명하다.

제12장
법의 변동

법은 일단 제정된 이후에도 정치, 혁명, 경제, 문화 등 요인들에 의해 변경·소멸된다. 여기에서 "법은 발전하느냐?"는 문제가 대두된다. 현대처럼 수많은 법률들이 쏟아져 나오는 세상에 법치국가(Rechtsstaat)가 아니라 법수단국가(Rechtsmittelstaat)로 전락한다는 지적이 나오는 것도 심각히 생각해 볼 문제이다.

예수와 法

"너희 중 누구든지 죄 없는 자가
먼저 저 여자를 돌로 쳐라."

예수는 변호사였나?

"너희 법률가들은
지혜로 들어가는 열쇠를 갖고
너희도 들어가지 않고 남도
못 들어가게 한다."

예수는 법철학자였나?

"너희 법률가들은 예언자들의
무덤에 회칠을 하고 뒷치닥거리
하는 자들이다."

예수는 法史家였나?

변호사건, 법학자건, 법사가이건
그리고 꿈도 꾸지 않은
판사와 검사건

예수의 머리에 든 法
그것은 무엇이었을까?

십자가에 매달릴 때
그의 法은 무엇이었을까?

1. 역사적 과거의 폭로

A씨는 어느 역사학 심포지움에서 "춘원(春園)은 친일파다"고 고함치면서 항의하였다. 경찰까지 동원되지는 아니하고 옆사람들이 말려 그만 두었는데 심포지움 주최 측에서는 그를 고소하였다. A씨는 어떤 책임을 져야 하나?

여기서 A에게 문제가 되는 것은 사자(死者)에 대한 명예훼손을 시켰는가, 그것이 역사적 진실에 근거한 것이라면 용납될 수 있는 것인가 하는 점이다. 죽은 사람도 명예의 주체가 될 수 있다고 보는 것이 통설이다. 사자도 역사적 존재로서 인격적 가치는 보호받아야 하는 것이다. 그러나 사자의 명예보호를 철두철미 관철하면 역사적, 학문적 평가는 모두 범죄가 될 수 있다. 그래서 형법은 사자의 명예도 주체가 될 수 있음을 긍정하면서도 그것을 '허위의 사실을 적시한 경우'에만 성립한다고 제한하고 있다(형법 제308조). 예컨대 이완용을 매국노라고 혹독히 평가하는 것은 명예훼손이 되지 않으나 첩의 소생이라느니 하는 식으로 사실무근 허위사실을 말하면 명예훼손이 된다. 사자에 대한 명예훼손죄는 친고죄이며, 고소권자는 사자의 친족이나 자손이 된다(제312조). 정치적 견해와 역사관의 차이에서 상대방을 비판하는 것도 대체로 이러한 관점에서 판단하면 될 점이다.

2. 국가긴급권과 저항권

세칭 '강신옥 사건'이라 불리는 사건에서 강신옥 변호사는 유신체제하에서 저항활동을 한 피고들을 변호하면서 악법은 지키지 않아도 좋다고 변론하다가 법정모욕죄로 군법회의에 기소되어 실형을 선고받았다. 강 변호사의 주장은 실정법질서와의 관련에서 받아들여질 수 있는가?

'강신옥 사건'의 경위를 살펴보면 아래와 같다.

피고인에 대한 대통령긴급조치 제1호, 제4호 위반과 법정모욕피고사건은 1967. 9.경부터 서울특별시 중구 무교동 11에 법률사무소를 개설하여 변호사업에 종사하여 오던 피고인이 1974. 6. 초순경 대통령긴급조치 위반 등 피고사건으로 비상보통군법회의에 기소되어 사건이 계류중이던 공소외 김영일, 나병식, 정문학, 황인성, 안재웅, 이직형, 정상복, 나상기, 서경석, 이광일 등의 변호인으로 선임되고 또 같은 피고사건으로 기소되었으나 변호인을 선임하지 않은 공소외 여정남의 국선변호인으로 지명되어 1974. 7. 9. 17 : 20경 동 군법회의 법정에서 변론을 함에 있어서 "이러한 사건에 관계할 때마다 법률공부를 한 것을 후회하게 되는데 그 이유는 본 변호인이 학교에 다닐 때 법이 권력의 시녀, 정치의 시녀라는 이야기를 들었을 때 그럴리가 없다고 생각하였으나 이번 학생들 사건의 변호를 맡으면서 법은 정치의 시녀, 권력의 시녀라고 단정하게 되었습니다. 지금 검찰관들은 나라일을 걱정하는 애국학생들을 내란죄나 국가보안법위반, 반공법위반, 대통령긴급조치위반 등을 걸어 빨갱이로 몰아치고 사형이니 무기이니 하는 형을 구형하고 있으니 이는 법을 악용하여 저지르는 사법살인행위라 아니할 수 없고 본 변호인은 기성세대이기 때문에 그리고 직업상 이 자리에서 변호를 하고 있으나 그렇지 않다면 차라리 피고인들과 같이 피고인석에 앉아 있겠습니다. 악법은 지키지 않아도 좋으며 악법과 정당하지 못한 법에 대하여는 저항할 수도 있고 투쟁할 수도 있는 것이므로 학생들은 악법에 저항하여 일어난 것이며 이러한 애국학생들인 피고인들에게 그 악법을 적용하여 다루는 것은 역사적으로 후일에 문제가 될 것입니다. 예를 들면 나치스정권하에 한 부부가 있었는데 처가 남편과 이혼할 목적으로 남편이 나치스에게 저항하는 욕을 했다고 해서 나치스당국에 고발하여 형을 살게 되었는데 나치스정권이 무너진 후 남편이 풀려나와 악법하에서 자기를 고발하였던 처를 고발하여 처에게 처벌을 받게 한 사실이 있습니다. 또한 러시아인이 당시 러시아는 후진국이라고 말을 한마디로 한 관계로 러시아황제로부터 엄중한 처벌을 받은 바 있습니다"라는 내용의 변론을 하다가 동군법회의심판부로부터 수차 경고와 제지를 받았음에도 계속 전시한 바와 같이 발설함으로써 대통령긴급조치 제1, 4호를 비방하는 동시에 위 법정을 모욕하였다고 하여 대통령긴급조치 제1호의 5, 동 조치 제4호의 8 위반 및 법정모욕죄 등으로 비상보통군법회의에 기소되어 동 군법회의에서 1974. 9. 4 징역 10년과 자격정지 10년의 형이 선고되고 피고인의 항소에 따라 비상고등군법회의에서는 1974. 10. 11 피고인의 항소를 기각하는 판결이 선고되었다.

이에 대해 1985년 대법원 전원합의체에서는 다음과 같이 판결하였다.

구헌법(1972. 12. 27. 제정 이하 같다) 제53조에 의하여 대통령에게 긴급조치에 관한 권한을 부여하였으며 이에 의하여 선포된 대통령긴급조치 제1호 내지 제9호는 이후의 특별조치에 의하여 해제되었으며, 비록 그 해제에 관한 특별한 조치가 없는 대통령긴급조치 제1, 2, 4호라고 하더라도 그 근거법인 구헌법 제53조가 1980. 10. 27 제5공화국 헌법의 제정공포에 따라 폐지됨으로써 일단 실효되었다 할 것이고 또한 구헌법 제53조의 대통령긴급조치권이나 헌법 제51조의 대통령비상조치권은 다같이 그 연혁이나 성질에 있어 강학상의 국가긴급권에 연유하는 것으로 각 그 적법성에는 의심할 여지가 없으나 각 그 정하는바 그 발동요건이나 통제기능에 있어 구헌법의 제53조의 대통령긴급조치권은 헌법 제51조의 대통령비상조치권과는 현저한 차이가 있어 우리 제5공화국의 국가이념이나 그 헌법정신에 위배됨이 명백하여 그 계속효가 부인될 수밖에 없어 헌법 제51조의 규정은 위 긴급조치 제1, 2, 4호의 법적 근거가 될 수 없으므로 이 점에서도 위 긴급조치 각 호는 1980. 10. 27. 제5공화국 헌법의 제정공포와 더불어 실효되었다고 함이 마땅하다(전상석, 김덕주, 이회창 대법원판사 보충의견 있음).

위 긴급조치 각 호가 실효된 이상 피고인은 군법 피적용자가 아니며 현재 우리나라가 비상계엄하에 있지 아니함은 당원에 현저한 사실일 뿐더러 피고인에 대한 이 사건 공소사실이 위 군형법 및 계엄하에 열거한 어느 죄에도 해당되지 않음이 명백하여 피고인에 대한 이 사건 재판관할권은 위 비상군법회의에 없음은 물론 그에 상응하는 군법회의라고 보이는 국방부 고등군법회의에도 없고 위 헌법이 정하는 바에 따라 일반관할법원에 있다 할 것이므로 이 사건은 국방부에 설치되었던 항소심재판부인 비상고등군법회의에 상응하는 것으로 볼 수 있는 서울고등법원에서 재판하여야 할 것이므로 군법회의법 제439조에 의하여 원심판결을 파기하여 사건을 서울고등법원으로 이송한다.

〈판결이유〉

이 사건 피고인 및 피고인의 변호인 변호사 주운화 외 85명의 상고이유를 보기에 앞서 직권으로 살펴본다.

1. 사건의 개요

피고인에 대한 대통령긴급조치 제1호, 제4호 위반과 법정모욕 피고사건은 1967. 9.경부터 서울특별시 중구 무교동 11에 법률사무소를 개설하여 변호사업에 종사하여 오던 피고인이 1974. 6. 초순경 대통령긴급조치위반 등 피고사건으로 비상보통군법회의에 기소되어 사건이 계류중이던 공소외 김영일, 나병식, 정문학, 안재웅, 이직형, 정상복, 나상기, 서경석, 이광일 등의 변호인으로 선임되고 또 같은 피고사건으로 기속되었으나 변호인을 선임하지 않은 공소외 여정남의 국선변호인으로 지명되어 1974. 7. 9. 17 : 20경 동 군법회의 법정에서 변론을 함에 있어서 "이러한 사건에 관계할 때마다 법률공부를 한 것을 후회하게 되는데 그 이유는 본 변호인이 학교에 다닐 때 법이 권력의 시녀, 정치의 시녀라는 이야기를 들었을 때 그럴 리가 없다고 생각하였으나 이번 학생들 사건의 변호를 맡으면서 법은 정치의 시녀, 권력의 시녀라고 단정하게 되었습니다. 지금 검찰관들은 나라일을 걱정하는 애국학생들을 내란죄나 국가보안법위반, 반공법위반, 대통령긴급조치위반 등을 걸어 빨갱이로 몰아치고 사형이니 무기이니 하는 형을 구형하고 있으니 이는 법을 악용하여 저지르는 사법살인행위라 아니할 수 없고 본 변호인은 기성세대이기 때문에 그리고 직업상 이 자리에서 변호를 하고 있으나 그렇지 않다면 차라리 피고인들과 같이 피고인석에 앉아 있겠습니다. 악법은 지키지 않아도 좋으며 악법과 정당하지 못한 법에 대하여는 저항할 수도 있고 투쟁할 수도 있는 것이므로 학생들은 악법에 저항하여 일어난 것이며 이러한 애국학생들인 피고인들에게 그 악법을 적용하여 다루는 것은 역사적으로 후일에 문제가 될 것입니다. 예를 들면 나치스정권하에 한 부부가 있었는데 처가 남편과 이혼할 목적으로 남편이 나치스에게 저항하는 욕을 했다고 해서 나치스당국에 고발하여 형을 살게 되었는데 나치스정권이 무너진 후 남편이 풀려나와 악법하에서 자기를 고발하였던 처를 고발하여 처에게 처벌을 받게 한 사실이 있습니다. 또한 러시아인이 당시 러시아는 후진국이라고 말을 한마디 한 관계로 러시아황제로부터 엄중한 처벌을 받은 바 있습니다"라는 내용의 변론을 하다가 동 군법회의 심판부로부터 수차 경고와 제지를 받았음에도 계속 전시한 바와 같이 발설함으로써 대통령긴급조치 제1, 4호를 비방하는 동시에 위 법정을 모욕하였다고 하여 대통령긴급조치 제1호의 5, 동 조치 제4호의 8 위반 및 법정모욕죄 등으로 비상보통군법회의에 기소되어 동 군법회의

에서 1974. 9. 4. 징역 10년과 자격정지 10년의 형이 선고되고 피고인의 항소
에 따라 비상고등군법회의에서는 1974. 10. 11. 피고인의 항소를 기각하는 판
결이 선고되었다.

2. 대통령긴급조치 제1호, 제2호 및 제4호의 존속여부에 관하여,

　구 헌법(1972. 12. 27. 제정 이하 같다) 제53조의 대통령긴급조치에 기하여
1974. 1. 8 대한민국 헌법을 부정, 반대, 왜곡 또는 비방하거나 그 개정 폐지를
주장, 발의, 제안, 청원하는 행위, 유언비어를 날조, 유포하는 행위의 금지 등을
그 주요골자로 하는 대통령긴급조치 제1호 및 대통령긴급조치에 위반하는 자
를 심판하기 위하여 비상보통군법회의와 비상고등군법회의를 설치하는 대통령
긴급조치 제2호가 선포되고 이어서 같은 해 4. 3 전국민주청년학생총연맹 및
그 관련단체를 규제하고 학교내외에서의 학생의 집회, 시위, 성토, 농성 기타의
개별적, 집단적 행위와 정당한 이유없는 출석, 수업, 시험의 거부 등을 금지하
며 대통령긴급조치에 위반한 학생 및 그 소속학교에 대한 문교부장관의 권한
등을 정하는 것을 그 주요내용으로 하는 대통령긴급조치 제4호가 선포, 시행되
었다가 그 후 같은 해 8·23 대통령긴급조치 제5호에 의하여 위 대통령긴급조
치 제1호와 제4호가 해제되었는데 그 제5호의 2에는 위 대통령긴급조치 제1호
및 제4호의 해제당시 대통령긴급조치 제1호 또는 제4호에 규정된 죄를 범하여
그 사건이 재판 계속중에 있거나 처벌을 받은 자에게는 영향을 미치지 아니한
다는 유보규정을 두었으며 구헌법에 의하여 선포된 대통령긴급조치는 그 후 제
1호와 제4호는 위 제5호에 의하여 (단 유보규정이 있음은 앞에 쓴 바와 같다.)
그 제3호는 같은 제6호에 의하여 제7호는 같은 제8호에 의하여 그 제9호는 대
통령공고 제67호에 의하여 모두 해제되었음에도 불구하고 유독 위 대통령긴급
조치 제2호에 대하여는 아무런 조치를 취한 바가 없어 형식상으로는 위 제2호
와 위 제5호에 의하여 그 해제가 유보된 자에 대하여는 위 제1호 및 제4호(이
하 편의상 대통령긴급조치 제1, 2, 4호라고 약칭한다)는 유효하게 존속하고 있
는 것으로 보여진다.

　원래 구헌법하에서의 대통령긴급조치는 구헌법 제53조가 정하는 국가긴급권
에 근거하는 것으로 국가긴급권은 연혁적으로는 바이마르헌법 이래 국가비상
시에 국가적 위기에 대처하는 예외적 수단을 입헌주의적, 헌법적 체계에 마련
하여 헌법질서의 파괴를 제도적으로 막고 국가비상시에 있어서의 합법적인 독

재적 권력의 행사를 허용하는 반면 여러 가지 규정을 마련하여 그 남용을 예방하자는데 그 뜻이 있다고 하겠다.

구헌법 제53조는 그 제1항에 대통령은 천재지변 또는 중대한 재정 경제상의 위기에 처하거나 국가의 안전보장 또는 공공의 안녕질서가 중대한 위협을 받거나 받을 우려가 있어 신속한 조치를 할 필요가 있다고 판정할 때에는 내정, 외교, 국방, 경제, 재정, 사법 등 국정전반에 걸쳐 필요한 긴급조치를 할 수 있다. 그 제2항에 대통령은 제1항의 경우에 필요하다고 인정할 때에는 이 헌법에 규정되어 있는 국민의 자유와 권리를 잠정적으로 정지하는 긴급조치를 할 수 있고 정부나 법원의 권한에 관하여 긴급조치를 할 수 있다. 그 제3항에 제1항과 제2항의 긴급조치를 한 때에는 대통령은 지체 없이 국회에 통고하여야 한다. 그 제4항에 제1항과 제2항의 긴급조치는 사법적 심사의 대상이 되지 아니한다. 그 제5항에 긴급조치의 원인이 소멸한 때에는 대통령은 지체없이 이를 해제하여야 한다. 그 제6항에 국회는 재적의원 과반수의 찬성으로 긴급조치의 해제를 대통령에게 건의할 수 있으며 대통령은 특별한 사유가 없는 한 이에 응하여야 한다라고 규정하여 대통령에게 긴급조치에 관한 권한을 부여하였으며 이에 의하여 선포된 대통령긴급조치 제1호 내지 제9호는 비록 그 해제에 관한 특별한 조치가 없는 대통령긴급조치 제1, 2, 4호라고 하더라도 그 근거법인 구헌법 제53조가 1980. 10. 27 제5공화국 헌법의 제정공포에 따라 폐지됨으로써 일단 실효되었다고 할 것이다.

그런데 헌법부칙 제9조는 이 헌법시행 당시의 법령과 조약은 이 헌법에 위배되지 아니하는 한 그 효력을 지속한다고 규정하여 그 계속효(繼續效) 또는 잠정효(暫定效)를 선언하고 있는바 헌법 제51조에는 구헌법 제53조와 같은 국가긴급권에 관하여 그 제1항은 대통령은 천재지변 또는 중대한 재정경제상의 위기에 처하거나 국가의 안전을 위협하는 교전상태나 그에 준하는 중대한 비상사태에 처하여 국가를 보위하기 위하여 급속한 조치를 할 필요가 있다고 판단할 때에는 내정, 외교, 국방, 경제, 재정, 사법 등 국정전반에 걸쳐 필요한 비상조치를 할 수 있다. 그 제2항에 대통령은 제1항의 경우에 필요하다고 인정할 때에는 헌법에 규정되어 있는 국민의 자유와 권리를 잠정적으로 정지하는 긴급조치를 할 수 있고 정부나 법원의 권한에 관하여 특별한 조치를 할 수 있다. 그 제3항은 제1항과 제2항의 조치를 한 때에는 대통령은 지체 없이 국회에 통고하여 승인을 얻어야 하며 승인을 얻지 못한 때에는 그때부터 그 조치는 효력을 상실한다. 그 제4항은 제1항과 제2항의 조치는 그 목적을 달성할 수 있는 최단 기간 내에 한정되어야 하고 그 원인이 소멸한 때에는 대통령은 지체 없이 이를 해제하여야 한다. 그 제5항은 국회가 재적의원 과반수의 찬성으로 비상조치의 해제를 요구한 때에는 대통령은 이를 해제하여야 한다고 규정하고 있다.

구헌법 제53조의 긴급조치권이나 헌법 제51조의 비상조치권이 모두 소위 국가긴급권에 연유하는 것으로 그 적법성에는 이론의 여지가 없는 것이고 국가긴급권은 입헌적 법치주의 기구와 수단으로서는 도저히 대처할 수 없는 국가적 위기에 대처하는 예외적 수단을 입헌주의적, 합법적 체계에 제도적으로 마련하여 헌법질서의 파괴를 합법적 수단에 의하여 예방하고 국가비상시에 있어서의 합법적인 독재적 권력의 행사를 허용하는 반면 여러 가지 규정을 두어 그 남용을 예방하자는 데 그 뜻이 있다고 함은 앞에 이미 쓴 바와 같다.

국가는 전쟁·내란 기타의 비상상태에 대처하여 평상시의 합헌적 통치방법으로는 이를 극복할 수 없는 때가 있을 것이므로 소위 위기정부(危機政府, Krisenregierung)에 의하여 병력의 사용 및 국민의 자유와 권리의 일부 또는 전면적 정지, 사법권의 장악 등 비상수단을 헌법상 규정하는 것이 바이마르헌법을 비롯하여 프랑스 제5공화국 헌법, 독일연방공화국 기본법(서독기본법) 등 현대적 일반적 경향이라고 하겠다.

이와 같은 관점에서 볼 때 구헌법 제53조의 대통령긴급조치권과 헌법 제51조의 대통령비상조치권은 그 역사적 연혁이나 그 헌법적 성질에 있어서는 다를 바가 없다고 하겠다.

그러나 위에 쓴 구헌법 제53조와 헌법 제51조는 앞에서 쓴 바와 같이 그 규정상 현저한 차이가 있다. 우선 국가긴급권에서 두드러지게 논의되는 소위 사전예방적 조치가 구헌법 제53조 제1항에 규정되어 있는 데 비해 헌법 제51조는 이와 같은 사전예방적 조치를 배제하고 있고, 구헌법 제53조의 긴급조치에 대하여서는 입법부의 사후통제기능이 극히 미약하여 거의 실효를 기대할 수 없는 형식적인 규정이 있을 뿐인 반면 헌법 제51조는 비상조치에 대한 국회의 강력한 통제기능을 규정하고 있음이 그 명문상 명백하다.

그러므로 구헌법 제53조의 대통령긴급조치권이나 헌법 제51조의 대통령비상조치권은 다같이 그 연혁이나 성질에 있어 강학상의 국가긴급권에 연유하는 것으로 각 그 적법성에는 의심할 여지가 없으나 각 그 정하는 바 발동요건이나 통제기능에 있어 구헌법 제53조의 대통령긴급조치권은 헌법 제51조의 대통령 비상조치권과는 현저한 차이가 있어 우리 제5공화국의 국가이념이나 그 헌법 정신에 위배됨이 명백하여 그 계속효가 부인될 수밖에 없어 헌법 제51조의 규정은 위 대통령긴급조치 제1호, 제2호 및 제4호의 법적 근거가 될 수 없으므로 이 점에 있어서도 위 대통령긴급조치 각 호는 1980. 10. 27. 제5공화국 헌법의 제정공포와 더불어 실효되었다고 함이 마땅할 것이다.

그렇다면 피고인에 대한 대통령긴급조치위반의 공소사실에 대하여는 범행 후 법령의 개폐로 그 형이 폐지된 경우에 해당하여 군법회의법 제371조에 의하여 면소의 판결을 하여야 할 것이므로 원심판결은 파기를 면하지 못할 것이다.

3. 이 사건의 관할법원에 관하여,

군법회의법 제439조 제2항은 그 제1항의 이유 이외의 이유로 원심판결을 파기하는 경우에는 판결로써 사건을 군법회의에 환송하여야 한다라고 규정하고 있다. 이는 군통수권상의 이유와 군법회의의 특수한 성격에 연유한 것이나 앞에 이미 설시하는 바와 같이 이 사건의 원심법원인 비상고등군법회의는 그 설치근거가 된 위 대통령긴급조치 제2호가 그 폐지조치 없이 자동실효된 까닭에 경과조치가 없어 그에 상응하는 관할법원을 정한 명확한 규정이 없다.

그러므로 살피건대, 헌법 제26조 제2항은 군인 또는 군무원이 아닌 국민은 대한민국의 영역 안에서는 중대한 군사상 기밀, 초병, 초소, 유해음식물 공급, 포로, 군용물, 군사시설에 관한 죄중 법률에 정한 경우와 비상계엄이 선포되거나 대통령이 법원의 관할에 관하여 비상조치를 한 경우를 제외하고는 군법회의의 재판을 받지 아니한다라고 규정하고 있고 군법회의법 제2조에 의하면 군형법 제1조 제1항 내지 제4항에 규정한 대한민국 군인, 군무원, 군적을 가진 군의학교의 학생생도와 사관후보생, 하사관후보생 및 군적을 가지는 재영중의 학생, 소집되어 실역에 복무중인 예비역·보충역 및 제2국민역인 군인 및 ① 군사상의 기밀을 적에게 누설한 죄를 범한 자와 그 미수범, ② 부대 · 기지 · 군항지역 기타 군사시설 보호를 위한 법령에 의하여 고시 또는 공고된 지역, 군사조달에 관한 특별조치법에 의하여 지정 또는 위촉된 군수업체와 연구기관, 부대 이동지역, 부대훈련지역, 대간첩작전지역, 기타 군의 특수작전을 수행하는 지역 등 내에서 적을 위하여 간첩한 자 및 군사상 기밀을 적에게 누설한 죄를 범한 자와 그 미수범, ③ 유해음식물공급죄, ④ 초병에 대한 폭행·협박의 죄, ⑤ 초병에 대한 집단폭행·협박의 죄, ⑥ 초병에 대한 특수폭행·협박의 죄, ⑦ 초병에 대한 집단특수폭행·협박의 죄, ⑧ 초병에 대한 폭행치사상 죄, ⑨ 초병에 대한 상해죄와 그 미수죄, ⑩ 초병에 대한 중상해죄, ⑪ 초병에 대한 상해치사죄, ⑫ 초병살해죄와, 그 미수죄 및 그 예비음모죄, ⑬ 군용시설물 등에의 방화죄, ⑭ 노적군용물에의 방화죄, ⑮ 폭발물 파열죄, ⑯ 군용시설 등 손괴죄, ⑰ 노획물 훼손죄, ⑱ 함선, 항공기의 복몰 손괴죄 및 그 미수죄, ⑲ 외국의 군용시설 또는 군용물 등에 대한 행위, ⑳ 초소침범죄, ㉑ 간수자의 포로도주원조죄와 그 미수죄, ㉒ 포로도주원조죄와 그 미수죄, ㉓ 포로탈취죄와 그 미수죄, ㉔ 도주포로비호죄와 그 미수죄 등을 범한 내외국인은 군법 피적용자로서 군법회의가 그 재판권을 가지며 한편 계엄법 제10조는 비상계엄지역 안에서 내란의 죄·외환의 죄·국교에 관한 죄·공안을 해하는 죄·폭발물에 관한 죄·공무방해에 관한 죄·방화의 죄·통화에 관한 죄·살인의 죄·강도의 죄·국가보안법에 규정된 죄·총포, 도검, 화약류단속법에 규정된 죄·군사상 필요에 의하여 제정된 명령에 규정된 죄 및 계엄법 제8조 제1항의 규정에 의한 계엄사령관의 지시나 제9조 제1항 또는 제2항의 규정에 의한 계엄사령관의 조치에 응하지 아니하거나 이에 위반한 자를 군법회의에서 재판할 것을 정하고 있다.

이와 같은 규정을 모아 볼 때 피고인은 대통령긴급조치 제 2 호에 의하여 국방부에 설치된 비상보통군법회의와 비상고등군법회의에서 그 긴급조치 제 2 호와 군법회의법이 정하는 바에 따라 재판을 받았을 뿐 앞에서 설시한 바와 같이 위 대통령긴급조치 제1호, 제2호 및 제4호가 실효된 이상 피고인은 군법 피적용자가 아니며 현재 우리나라가 비상계엄하에 있지 아니함은 당원에 현저한 사실일 뿐더러 피고인에 대한 이 사건 공소사실이 위 군형법 및 계엄법이 열거한 어느 죄에도 해당되지 않음이 명백하여 피고인에 대한 이 사건재판관할권은 위 비상고등군법회의에 없음은 물론 그에 상응하는 군법회의라고 보이는 국방부 고등군법회의에도 없고 위 헌법이 정하는 바에 따라 일반 관할법원에 있다고 할 것이므로 이 사건은 국방부에 설치되었던 항소심판부인 비상고등군법회의에 상응하는 것으로 볼 수 있는 서울고등법원에서 재판하여야 할 것이다.

4. 그러므로 나머지 상고이유에 대한 판단을 생략하고 군법회의법 제439조에 의하여 원심판결을 파기하여 사건을 서울고등법원에 이송하는 것이다.

이 판결에는 대법원판사 김덕주 보충의견, 동 이회창의 의견 및 동 전상석의 보충의견이 있는 외 관여한 법관 전원의 의견이 일치하였다.

5. 대법원판사 김덕주 보충의견

(1) (이 사건 대통령긴급조치의 존속여부에 관하여) 헌법의 어떤 일부분 조항이 개정 공포된 헌법의 조항과 저촉하게 되면 그 저촉되는 한도에서 헌법의 일부폐지가 있다고 보아야 할 것이고 그 폐지된 헌법규정을 근거로 하여 제정된 법률은 이를 폐지하는 법률이 없었다 하더라도 헌법개정에 의하여 폐지되는 것이라 할 것이다(대법원 1962. 2. 8. 선고 4293 형상 529 판결 참조) 개정 전 헌법 제53조에 의하여 선포되는 대통령긴급조치는 형식적으로 보아 헌법이나 법률은 아니지만 제1항의 경우는 법률적 효력을 가진다 할 것이고 제2항의 경우는 법률로써도 제한할 수 없는 국민의 자유와 권리를 제한하고 정부나 법원의 권한에 관하여 제한을 가하는 것으로서 헌법적 효력을 가진다 할 것이므로 위 대통령긴급조치가 개정헌법의 조항과 저촉하게 되거나 그 긴급조치의 근거가 된 헌법조항이 헌법개정에 의하여 폐지된 경우에는 헌법개정에 의하여 헌법이나 법률이 폐지되는 경우와 마찬가지로 그 긴급조치는 개정 전 헌법에 의한 해제가 없다 하더라도 개정헌법의 공포와 동시에 폐지되었다고 할 것이다.

이 사건 긴급조치가 대통령은 "국가의 안전보장 또는 공공의 안녕질서가 중대한 위협을 받거나 받을 우려가 있어 신속한 조치를 취할 필요"(이하 이 사건 대통령긴급조치의 근거규정부분이라 한다)가 있다고 판단할 때에는 긴급조치를 할 수 있다는 개정 전 헌법 제53조 제1항의 규정부분을 근거로 하여 대통령이 국가의 안전보장 또는 공공의 안녕질서가 중대한 위협을 받을 우려가 있어 신속한 조치를 취할 필요가 있다고 판단하여 선포한 이른바 사전예방적 긴급조치임은 그 긴급조치의 내용에 의하여 명백한바 1980. 10. 27 공포된 개정헌법은 제51조에서 대통령비상조치권에 관하여 규정하면서 이 사건 긴급조치의 근거규정을 삭제하고 그 규정부분 대신 "국가의 안전을 위협하는 교전상태나 그에 준하는 중대한 비상사태에 처하여 국가를 보위하기 위하여 급속한 조치를 할 필요"라는 규정을 하고 있으므로 개정 전 헌법 제53조의 이 사건 대통령긴급조치의 근거규정부분은 개정헌법 제51조의 규정과 저촉되는 것으로서 개정헌법의 공포와 동시에 폐지되었다 할 것이고, 그 폐지된 규정부분을 근거로 하여 선포된 이 사건 대통령긴급조치는 개정 전 헌법 제52조 제5항이 규정하는 대통령의 긴급조치해제가 없다 하더라도 개정헌법의 공포에 의하여 폐지되었다고 할 것이다.

헌법부칙 제9조에서 말하는 "이 헌법 시행 당시의 법령"이란 그 개정헌법 공포에도 불구하고 폐지되지 아니하고 존속하고 있는 법령을 말한다 할 것이고 개정헌법 공포와 더불어 폐지된 법령은 이에 포함되지 아니한다 할 것이므로 헌법부칙 제9조는 개정헌법의 공포와 동시에 폐지된 이 사건 긴급조치의 존속여부를 가리는 근거규정이 될 수 없다 할 것이다.

(2) (이 사건 상고심 심판절차의 적용법률에 관하여) 군법회의의 판결에 대한 상고사건이 대법원에 계속되고 있는 동안 헌법 또는 법률의 개폐나 비상조치, 계엄의 해제 등으로 인하여 군법회의가 그 사건에 대한 재판권을 가지지 아니하게 되었을 경우에는 그때부터 그 상고사건에 대한 심판절차는 군법회의법이 아닌 형사소송법에 의하여야 할 것이다. 군인 또는 군무원이 아닌 피고인에 대한 이 사건 공소사실과 적용법조에 비추어 보면 이 사건은 군법회의가 군인 또는 군무원이 아닌 국민에 대하여 예외적으로 재판권을 가진다는 헌법 제26조 제2항 소정의 어느 경우에도 해당하지 아니함이 명백하고, 이 사건 대통령긴급조치에서 규정하고 있는 비상군법회의는 이 사건 상고심 계속중인 1980. 10. 27 개정된 헌법의 공포와 동시에 이 사건 대통령긴급조치가 폐지됨으로써 더 이상 존속할 수 없게 되어 이 사건에 대한 재판권을 행사할 수 없게 되었다 할 것이므로 군법회의는 개정헌법 시행과 동시에 이 사건에 대하여 재판권을 가지지 아니하게 되었다 할 것이다. 그러므로 헌법개정 이후에 있어서의 이 사건의 상고심 심판에는 그 심판절차에 관한 군법회의법 제439조를 적용할 수 없고 형사소송법 제397조를 적용하여 사건을 서울고등법원에 이송하여야 할 것이다.

6. 대법원판사 이회창 의견

(1) 나는 구헌법 제53조에 의하여 대통령이 발한 긴급조치중 아직 해제되지 아니한 제1, 2호 및 제4호 조치(이하 이 사건 긴급조치라 한다)가 현행 헌법의 제정시행과 함께 실효되었다는 다수의견의 결론에는 의견을 같이하나, 그 이유에는 찬성할 수 없으므로 나의 견해를 밝혀두고자 한다.

다수의견은 이 사건 긴급조치가 구헌법 제53조의 폐지에 따라 일단 실효되었다고 하면서도 만일 현행 헌법에 위배되지 아니한다면 현행 헌법부칙 제9조에 의하여 그 효력이 지속될 수도 있다는 전제하에 구헌법 제53조의 긴급조치권과 현행 헌법 제51조의 비상조치권을 서로 비교한 후 양자는 현저한 차이가 있어 이 사건 긴급조치는 현행 헌법에 위배된다고 할 것이므로 결국 현행 헌법의 공포시행에 따라 실효된 것이라는 결론에 이르고 있다.

그러나 나는 이 사건 긴급조치는 구헌법이 폐지됨에 따라 당연히 실효된 것이고 가사 현행 헌법 제51조의 비상조치권과 구헌법의 제53조의 긴급조치권 사이에 동일성이 인정된다고 하더라도 이 사건 긴급조치의 효력이 현행 헌법하에서 지속될 여지는 전혀 없으므로, 다수의견이 위 비상조치권과 긴급조치권을 서로 비교하여 이 사건 긴급조치가 현행 헌법에 위배되는 여부를 판단하고 있는 것은 무의미한 일이라고 생각한다.

(2) 이 사건 긴급조치가 구헌법의 폐지에 따라 당연히 실효되었다고 보는 이유를 설명하면 다음과 같다.

가. 헌법제정권력에 변동이 없이 국가권력담당자의 교체 또는 국가권력구조의 변혁으로 기존헌법을 폐지 또는 대체하는 것을 헌법의 폐지라고 하며 헌법의 개정과 구별하는 것이 보통이다.

현행 헌법인 제5공화국 헌법은 이른바 유신헌법이라고 불리우던 구헌법이 규정한 개정절차에 따라 전면개정된 것으로서 비록 헌법개정의 형식을 취하긴 하였으나 국가권력담당자가 교체되고 유신헌법의 골간을 이룬 강력한 대통령 권력집중의 통치방식 등 권력구조를 변혁한 점 등에 비추어 볼 때 단순한 개정이 아니라 실질적으로 신헌법의 제정이라고 보는 것이 타당하며, 이로써 구헌법은 폐지되어 그 효력을 상실하였다고 보아야 할 것이다.

그런데 이와 같이 구헌법이 폐지되었다고 하여 구헌법 당시 시행되던 법령이 모두 실효되는 것은 아니며 오히려 국가의 동일성과 계속성이 유지되고 있는 이상, 일단 정립된 국가행위는 헌법의 변천에 불구하고 그 효력을 유지한다고 보아야 하므로 구헌법하에서 시행되던 법령은 현행 헌법에 위배되지 않는 한 그 효력을 계속 유지하는 것이 원칙이며, 현행 헌법부칙 제9조는 이러한 당연한 이치를 선언한 것에 지나지 않는다.

나. 그러나 구헌법 제53조의 긴급조치권에 근거하여 대통령이 발한 이 사건 긴급조치는 구헌법하에서 시행되던 일반법령과는 달리 구헌법의 폐지와 함께 당연히 실효되었다고 보아야 하고, 가사 위 긴급조치권이 현행 헌

법 제51조의 비상조치권과 동일성이 인정된다고 하더라도 이 사건 긴급 조치의 효력이 지속된다고 볼 여지가 없는 것인바 이와 같이 보는 근거 는 이 사건 긴급조치의 헌법적 효력과 국가긴급권으로서의 본질에서 찾 아볼 수 있다.

첫째로, 구헌법 제53조에 근거한 긴급조치는 법률적 효력을 가진 조치 (동조 제1호)와 헌법적 효력을 가진 조치(동조 제2호)로 구분할 수 있는 바, 이 사건 긴급조치는 구헌법상 보장된 신체의 자유, 언론·표현의 자유 및 집회결사의 자유와 재판청구권 등 국민의 기본권을 제한하는 헌법정 지적 조치에 해당하여 헌법적 효력을 가진 조치라고 볼 수 있다(긴급조치 제9호에 관한 당원 1978. 5. 23. 선고 78 도 813 판결 참조).

이와 같이 이 사건 긴급조치를 구헌법에 근거하여 헌법정지적 작용을 하 는 헌법적 효력을 가진 조치라고 본다변 당해 구헌법이 폐지됨에 따라 이 사건 긴급조치는 그 존재의의를 상실하여, 구헌법과 함께 실효되었다 고 볼 수밖에 없으며, 이와 달리 구헌법에 근거한 헌법정지적 조치가 구 헌법 폐지후 신헌법하에 들어와서도 신헌법에 대한 헌법정지적 조치로서 그 헌법적 효력을 계속 유지한다고는 도저히 볼 수 없는 것이다.

둘째로, 구헌법 제53조에 규정된 긴급조치권은 이른바 국가긴급권에 속 하는 것으로서 전통적인 국가긴급권이 사후진압적인 것과는 달리 사전예 방적 조치까지도 포함한 보다 강력한 내용의 것이긴 하나 어찌 되었든 국가긴급권의 일종임에는 틀림이 없다.

그런데 원래 국가긴급권은 전쟁, 내란 등 국가의 존립과 헌법질서의 유 지가 위태롭게 된 상황에서 평화시의 통치방법으로는 이를 극복하기 어 려운 경우에 그 극복의 수단으로 일시적으로 입헌주의를 정지하여 국가 권력을 집중하고 국민의 기본권에 제한을 가하는 등 조치를 취할 수 있 는 권한을 말하며, 그것은 국가의 권력분립과 국민의 기본권 보장이라는 입헌주의의 근본요소를 일시적이나마 배제한다는 점에서 본질적으로 입 헌주의 이념에 어긋나는 독재권의 행사인 것이나, 다만 영속적인 국가의 존립과 헌법질서의 유지라는 보다 큰 목적을 위하여 헌법이 이를 허용하 는 것이므로 입헌적 독재 또는 위임독재라고 일컬어진다.

이와 같이 국가긴급권의 본질이 권력을 집중하고 국민의 기본권에 제한을 가하는 독재권의 행사라는 점에 비추어 볼 때 국가긴급권은 필요한 최소한의 범위 내에서 일시적이고 잠정적으로 행사되어야 하고 결코 영속적이거나 항구적으로 행사되어서는 안된다고 함은 더 말할 필요도 없으며, 이 사건 긴급조치도 이러한 일시성과 잠정성의 한계를 벗어날 수 없는 것이다.

앞에서 언급한 바와 같이 헌법의 변천이 있는 경우에도 국가의 동일성과 계속성이 유지되는 이상 일단 정립된 국가행위는 그 효력을 유지하는 것이 원칙이지만, 위에서 본 국가긴급권의 일시성과 잠정성의 한계에 비추어 본다면 이 사건 긴급조치와 같이 직접적으로 국민의 기본권을 제한하는 조치는 그 헌법적 근거가 되었던 구헌법이 폐지되고 현행 헌법이 제정되면서 특히 위 긴급조치의 효력에 관하여 언급한 바 없는 이상 당연히 실효되었다고 보아야 하고 일반법령과 같이 원칙적으로 헌법의 변천에 영향을 받음이 없이 영속적으로 그 효력을 유지한다고 볼 것이 아니다. 현행 헌법 제51조의 비상조치에 관한 규정은 현행 헌법하에서 대통령이 헌법정지적 또는 헌법보완적 조치를 할 수 있는 국가긴급권의 근거로서 마련된 것이지 폐지된 구헌법하에서 취해진 긴급조치의 효력을 유지 내지 합헌화시키는 근거로서 마련된 것은 아니므로, 가사 현행 헌법의 비상조치권과 구헌법의 긴급조치권 사이에 동일성이 인정된다고 하더라도 위 비상조치권의 규정은 이 사건 긴급조치의 헌법적 근거가 될 수 없다고 본다.

⑶ 다음에 법원은 이 사건 긴급조치의 실효를 판단할 권한이 있는가 하는 점을 살펴보기로 한다.

가. 다수의견은 이 사건 긴급조치의 근거규정인 구헌법 제53조의 긴급조치권은 현행 헌법 제51조의 비상조치권과 현저한 차이가 있어 제5공화국의 국가이념이나 그 헌법정신에 위배되는 것이므로 이 사건 긴급조치는 현행 헌법하에서 그 계속효를 부인할 수밖에 없어 결국 현행 헌법 제정시행과 더불어 실효되었다고 판단하고 있다.

그러나 이러한 입론은 구헌법상의 긴급조치권과 현행 헌법의 비상조치권과의 동일성 분석을 통하여 이 사건 긴급조치가 현행 헌법에 위배된다는 결론에 이른 것으로서 결국 이 사건 긴급조치의 실효근거를 현행 헌법에 위배된다는 점에 둔 것이라고 볼 수밖에 없는바, 현행 위헌법률심사제도하에서 과연 법원이 위와 같은 위헌판단을 할 수 있는가 하는 문제에 부딪치게 될 것이다.

나. 나는 이 사건 긴급조치는 구헌법의 폐지에 따라 당연히 실효된 것으로서 그 효력의 종료사유는 구헌법이 폐지된 데에 있고 현행 헌법에 위배된 데에 있는 것이 아니라고 보므로, 위와 같이 헌법의 폐지에 따른 효력의 종료여부를 심사판단하는 일은 현행 헌법을 기준으로 위헌여부를 심사하여 그 효력의 존부를 판단하는 위헌판단과 다른 것으로서 법원은 위와 같은 효력의 종료를 판단할 권한이 있다고 본다.

앞에서 언급한 바와 같이 이 사건 긴급조치가 헌법적 효력을 가진 것이라고 하여도 구헌법의 폐지에 따라 그 효력이 종료된 여부를 판단하는 일이 법원의 권한에 속하는 것에는 차이가 없다.

다. 다음에 이 사건 긴급조치를 대통령의 통치행위라고 볼 때 이러한 통치행위의 실효여부를 법원이 심사판단할 수 있는가 하는 점이 문제될 수 있다. 일반적으로 통치행위는 고도의 정치성을 띤 국가행위로서 법원은 그 합법성을 심사할 수 없다는 것이 지배적인 견해이긴 하나, 통치행위라고 할지라도 헌법의 폐지에 따른 그 효력의 상실여부와 같은 사항은 법원의 심사대상이 된다고 보아야 할 것이다.

특히 통치행위 중에서도 이 사건 긴급조치와 같이 국민의 기본권 제한과 관련된 조치인 경우에는 기본권보장과 헌법보장의 책무를 진 법원으로서는 당연히 그 효력의 존속여부를 심사판단할 권한이 있다고 보아야 한다. 종래에 통치행위를 사법심사에서 제외하는 이론적 근거로 권력분립에서 오는 내재적 한계를 들어 법원은 오로지 사법문제만을 심사할 수 있고 정치문제는 입법부나 행정부에 맡겨진 것으로서 사법권의 한계 밖에 있다는 견해가 주장되어 왔으며, 이러한 견해에 따르면 위에서 본 바와 같은 통치행위의 실효여부도 사법부의 심사권한 밖에 있는 것이라는 반론이 나올 수 있는 것이다.

그러나 입헌적 법치주의 국가의 기본원칙은 모든 국가행위나 국가작용이 헌법과 법률에 합치할 것을 요구하며 이러한 합법성의 판단은 본질적으로 사법부의 권능에 속하는 것이다. 다만 통치행위와 같은 고도의 정치행위에 대하여 정치적 책임을 지지 않는 법원이 정치의 합목적성이나 정당성을 도외시한 합법성의 심사를 감행함으로써 정책결정이 좌우되는 일은 결코 바람직한 일이 아니며 법원이 정치문제에 개입되어 그 중립성과 독립성을 침해당할 위험성도 부인할 수 없으므로, 고도의 정치성을 띤 통치행위에 대하여 법원은 스스로 사법심사권의 행사를 억제함으로써 그 심사대상에서 제외하고 있을 따름인 것이다.

그러므로 통치행위라고 할지라도 이 사건 긴급조치와 같이 국민의 기본권과 관련된 조치에 대하여 그 실효여부를 심사판단하는 일은 법원이 가지고 있는 본래의 사법심사권을 행사하는 데에 지나지 않으며, 결코 사법권의 한계 밖에 있는 일을 하는 것이라고는 볼 수 없다.

7. 대법원판사 전상석의 보충의견

(1) 대법원판사 이회창의 의견이 경청할 만한 탁견이고 또 이 사건의 주심법관으로서 이 판결의 이론구성에 동 대법원판사의 의견에 계도된바 적지 않았음을 여기에 솔직히 시인하면서도 굳이 보충의견을 밝힐 수밖에 없는 것은 첫째로는, 동 대법원판사의 의견이 다수의견의 줄거리를 잘못 오해하고 있는 듯하고 둘째로는, 다수의견에서 전연 논급되지 않은 점에 관하여서까지 거론하면서 다수의견의 참뜻을 곡해하고 있는 듯하기 때문이다.

(2) 첫째, 다수의견도 대통령긴급조치 제1호, 제2호 및 제4호는 그 근거법인 구 헌법 제53조가 1980. 10. 27. 제5공화국 헌법의 제정공포에 따라 폐지됨으로써 실효되었음을 명백하게 밝히고 있다.

다수의견의 진의는 동 대법원판사의 의견이 지적하듯 만일 이 사건 긴급조치가 현행 헌법에 위배되지 아니한다면 현행 헌법부칙 제9조에 의하여 그 효력이 지속될 수도 있다는 전제 아래 구헌법 제53조의 긴급조치권과 현행 헌법 제51조의 비상조치권을 서로 비교한 후 양자는 현저한 차이가 있어 이 사건 긴급조치는 현행 헌법에 위배된다고 할 것이므로 결국 현행 헌법의 공포시행에 따라 실효된 것이라는 결론에 이른 것이 아님은 그 판문상 명백하다.

다만 헌법부칙 제9조에 이 헌법 시행 당시의 법령과 조약은 이 헌법에 위배되지 아니하는 한 그 효력을 지속한다는 규정이 있어 이 점에 논급하였을 뿐 다수의견은 현행 헌법 제51조의 비상조치권과 구헌법 제53조의 긴급조치권을 대비, 고찰하여 보아도 헌법 제51조의 규정은 위 대통령긴급조치 제1호, 제2호 및 제4호의 법적 근거가 될 수 없으므로 이 점에 있어서도 위 대통령긴급조치 각 호는 1980. 10. 27. 제5공화국 헌법의 제정공포와 더불어 실효되었다고 함이 마 땅하다는 의견을 첨기한 것에 불과한 것이다.

(3) 그러나 원래 법령의 계속효 또는 잠정효를 선언하는 제5공화국 헌법부칙 제9조 따위의 규정은 그 원인이 무엇이든간에 헌법이 폐지되어 새로운 헌법이 제정되고 정권담당자가 바뀌는 등의 국가변혁시에 그 국가이념이나 헌법정신에 저촉되지 않는 한 구법령의 계속효 또는 잠정효를 선언하여 각종 범죄를 예방, 처단하고 생활필수품의 안전하고 원활한 유통 등을 보장하는 등 하여 경제사회 적 질서를 유지하려는 규정으로서 만약 현행 헌법 제51조의 규정과 구헌법 제 53조의 규정이 완전히 일치하여 그 동일성이 인정된다고 하더라도 동 대법원판 사의 의견과 같은 이유에서 이 사건 긴급조치가 구헌법과 함께 실효되었다는 할 수 없을 뿐만 아니라 다수의견도 현행 헌법의 비상조치권이나 구헌법의 긴급 조치권이 다같이 국가긴급권에 연유한다는 것이지 동 의견과 같이 현행 헌법의 비상조치권이 구헌법하에서 취해진 긴급조치의 효력을 유지 내지 합헌화시키는 근거로서 마련된 것이라는 견해를 밝힌 바는 그 판문 어느 곳에도 없다. 이 사건 긴급조치가 헌법정지적 작용을 하는 헌법적 조치(이는 비단 헌법전에 수록되어 야 할 것이나 헌법전과 독립한 다른 법률에 규정된 헌법적 규정도 마찬가지다) 이고 또 전통적 의미의 국가긴급권이 그 본질상 일시적이고 잠정적으로 행사되 어야 한다는 이유만으로 신, 구헌법상의 국가긴급권에 관한 규정 사이에 동일성 이 인정된다고 하더라도 이 사건 긴급조치의 효력은 현행 헌법하에서 지속될 여 지가 전연 없다는 동 대법원판사의 의견에는 도저히 찬동할 수가 없다.

다수의견이 우선 이 사건 대통령긴급조치 제1호, 제2호 및 제4호는 그 근거 법인 구헌법 제53조가 1980. 10. 27. 제5공화국헌법의 제정공포에 따라 폐지됨 으로써 실효되었다고 밝히면서도 굳이 헌법부칙 제9조에 관하여 논급한 것은 위 비상조치권과 긴급조치권을 서로 비교하여 이 사건 긴급조치가 현행 헌법에 위배되는 여부를 판단한 다수 의견은 무의미한 것이라는 동 대법원판사의 의견 과 같은 오해가 적지 않을 것이라는 바로 그 의구심에 연유하는 것이다.

(4) 다음 동 대법원판사의 의견과 같이 다수의견이 구 헌법의 긴급조치권과 현행 헌법상의 비상조치권과의 동일성 분석을 통하여 이 사건 긴급조치가 현행 헌법에 위배된다는 결론에 이른 것으로 결국 이 사건 긴급조치의 실효근거를

현행 헌법에 위배된다는 점에 둔 것이 아님은 앞에서 누누히 언급한 바이거니와 동 대법원판사의 의견은 다수의견이 위와 같이 이 사건 긴급조치의 실효근거를 현행 헌법에 위배된다는 점에 둔다면 현행 위헌법률심사제도하에서 과연 법원이 위와 같은 위헌판단을 할 수 있는가 하는 문제에 부딪치게 된다고 하고 있으나 이 점에도 나는 그 견해를 달리한다.

즉 법령의 계속효 또는 잠정효에 관한 판단은 근본적으로 위헌법률심사와는 그 성질을 달리한다는 것이 나의 견해이다. 우선 위헌법률심사제도는 법률의 헌법위반 여부가 재판의 전제가 된 경우에 법률의 형식적 및 실질적 합헌성, 즉 법률의 성립과정과 그 내용만을 심사하는 데 그칠 뿐 이미 폐지 실효된 법률이거나 이 사건 대통령긴급조치와 같이 그 근거규정인 구헌법 제53조가 폐지 실효됨으로써 자동 실효된 것은 현재의 법률로서 위헌심사의 대상이 될 수 없다.

동 대법원판사의 의견은 다수의견이 구헌법 제53조의 규정과 현행 제5공화국 헌법 제51조의 규정을 비교, 검토한 점을 들어 위헌법률심사라고 보는 듯하나 여기에서의 비교, 검토는 소위 계속효 또는 잠정효를 가리기 위한 것으로 그것은 근본적으로 법률의 위헌심사와는 그 성질을 달리한다. 즉 이 계속효 또는 잠정효에 관한 규정은 선언적 의미의 당연한 규정일 뿐이므로 국가이념이나 헌법정신에 위배되지 않는 한 위헌법률심사의 절차를 거침이 없이 당연히 그 계속효 또는 잠정효가 인정되는 것이고 만약 그렇지 않다면 헌법이 폐지되어 새로운 헌법이 제정되고 정권담당자가 바뀌는 등의 국가변혁이 있을 때에는 특단의 사정(예컨대, 합헌판단의 경우)과 특별한 규정조치가 없는 한(동 대법원판사의 의견은 현행 헌법이 제정되면서 특히 긴급조치의 효력에 관하여 언급이 있어야 한다고 하고 있으나 이와 같이 이를 일반 법령과 다르게 볼 아무 근거도 없다) 법령의 계속효 또는 잠정효에 관하여 사법적 자치에 관한 법률을 비롯하여 그 나라의 모든 법률이 위헌법률심사절차를 거쳐야 비로소 법률로서의 효력이 인정된다는 법적 불안정성과 불확실성을 초래하는 결과에 이르게 되고 이것은 동 의견의 표현과 같이 국가의 동일성이나 계속성이 인정되는 경우라고 하더라도 다를 바가 없다.

이 점에 관하여 굳이 외국의 입법례를 든다면 독일연방공화국 기본법 제123조가 연방의회 회합 이전의 법은 이 기본법에 저촉하는 것을 제외하고는 그 효력을 계속한다고 계속효 또는 잠정효를 선언하면서 그 제126조에서는 법이 연

방법으로서 그 효력을 계속하느냐의 여부에 관한 의견의 불일치는 연방헌법재
판소가 이를 결정한다고 규정한 것은 계속효 또는 잠정효에 관하여서는 위헌법
률심사절차를 거침이 없이 그 기본법에 저촉되지 않는 한 그 효력이 당연히 계
속되고 다만 법원에서 그 효력계속에 관하여 의견이 일치하지 않을 때에 한하
여 연방헌법재판소에서 이를 결정하게 한 것으로 위에 쓴 견해와 그 궤를 같이
한다고 보여진다.

끝으로 대통령의 통치행위에 대하여 사법심사가 가능하느냐에 관한 동 대법
원판사의 의견은 이 사건 다수의견에는 아무런 논급을 한 바가 없으므로 이 점
에 관한 의견개진은 이를 피하고 나의 보충의견을 마무리 한다.

이 판결을 통하여 우리는 국가의 위기상황 속에서 저항권을 어떻게 행사하
며, 그에 대한 법적 판단을 어떻게 할 것인가를 깊이 생각하며 판단할 수 있다.

3. 국가와 사회

현대의 후기산업사회에서 사회주의체제의 붕괴와 자본주의국가들의 통합과정에서
'국가와 사회'의 관계에 대하여 새롭게 조명되고 있다. 특히 남북한통일의 토대로서
'국가와 사회'의 바람직한 관계가 모색되어야 할 것이다. 이런 관점에서 우리 헌법에
나타난 국가와 사회의 모습을 설명하라.

국가와 사회의 관계는 완전히 동일한 것으로 보는 일원론과 각기 구별되
는 이원론의 대립이 있다. 이는 국가개념과 헌법과의 불가분의 관계를 내포하
고 있다. 역사적으로 '국가'와 '사회'가 헌법학에서 문제시된 것은 절대군주제
가 확립되고 계약론이 구가되던 근세 초이다. 그러나 프랑스시민혁명은 국가
권력과 대항적인 시민사회의 이원론을 확립하였던 계기가 되었다. 이처럼 중
세 이후 19세기 입헌주의에 이르기까지 대립적 관계로 여겨졌던 국가와 사회
는 사회주의적 요청에 의해 사회에 대한 국가의 규제와 개입의 범위가 확대되
면서, 사회의 자율적 기능을 상실한 국가사회주의가 나타났다. 즉 국가와 사회
가 동일하다고 볼 경우 사적 영역에 대한 국가로부터의 자유를 주장할 수 없
게 되어서, 결국 일원론은 전체주의와 상통한다는 경고가 정확한 지적이다.

구소련, 동유럽 및 중국 등의 개혁을 통해서 국가＝사회의 일원론의 탈

피와 함께 국가와 사회의 질적인 차이를 중시하는 이원론의 관점도 새롭게 검토되고 있다. 즉 동구의 무혈혁명의 동인(動因)으로서 시민사회의 부활이 논의되고 있다.

한편, 오늘날 국가와 사회의 조직적·기능적 교차관계를 강조하는 이원론의 입장은

(i) 국가우위의 교차관계

(ii) 사회우위의 교차관계

(iii) 양자의 균형적 교차관계

를 제시한다.

첫째 견해는 사회의 자율성의 한계를 전제하여 국가에 의한 조정과 보충의 필요성을 강조하여 현대의 복지국가적 경향을 표현하고 있다.

둘째 견해에 의하면, 인간의 자주성은 모든 가치질서의 원천이며, 국가존립의 기초이므로 국가는 사회에 대한 간섭을 최소한으로 자제함으로써만 그 기능의 정당성을 인정받을 수 있다고 한다. 이는 자유민주주의의 정당성의 기초로서 개인권리에 입각하기 때문에 좁은 의미의 민주주의로 해석된다.

셋째 견해는 국가의 통치조직은 사회에 대한 것이 아니라, 사회를 위한 것이기 때문에 국가와 사회의 상호간 열린 관계를 전제로 한다. 이는 개인의 권리에 기초한 자유민주주의와 체제와 제도의 민주화에 정당성을 부여한 민주주의 정치철학의 결합에 입각한다. 결국 국가와 사회는 상호 영향에 의해서만 그 기능을 발휘할 수 있는 이원적인 것이지만 그 상호 영향의 방법과 정도를 결정하는 것은 헌법의 과제이다. 그럼 현행 헌법의 이원론적 구조를 검토한다.

헌법은 전문과 기본권보장 및 기본권제한의 한계(제10조와 제37조 2항) 그리고 경제질서의 조항(제23조, 제119조 1항) 등을 통하여 사회의 자율성을 존중한다. 나아가 사회의 국가지향적 활동영역을 정당과 의회 그리고 각종 선거방법으로 통로를 마련하고 있다. 그러나 현행헌법은 다소 자유주의적 입장에 기초하되, 민주주의를 정당화하는 제도가 약하다고 할 수 있다. 따라서 체제의 민주화를 위한 시민불복종운동이 현대국가의 민주주의를 위한 핵심적인 정치운동임을 감안하여 시민사회의 영향력이 정치사회에 미칠 수 있는 개방성과 그 통로의 다양화가 보장되어야 할 것이다. 이로써 균형적인 국가와 사회의 관계가 정립될 것이기 때문이다.

'국가'의 본질과 기능에 관하여는 '국가학'(Staatslehre)이란 분야가 있지만, 현대의 국가는 모두 법치주의(rule of law, Herrschaft des Rechts) 혹은 법치국가(Rechtsstaat)를 지향하고 있다. 법치국가가 되기 위해서는 여러 조건들이 있고, 이런 조건들을 실천하기 위한 제도와 기관 그리고 운동들이 있다.

法治主義

"법치주의"
"법의 지배"(rule of law),
신물나게 지껄이며 사는 나에게
문득문득 근원적으로 오는 의문,

법이 어떻게 지배하나?
사람이 지배하지.

물질이 지배한다는
공산주의 논리는 아니더라도

결국 돈이 지배한다는
자본주의 신념은 얼마나?

아무리 흐리멍텅 보더라도
권력이 지배하는 한국사회
현실에

법이 지배한다는 논리는
자다가 봉창 두드리는
잠꼬대?

법철학적으로야 고상하고
역사적으로도 증명될 수 있는
법치주의의 가치를 모르는바
 아니지만

그 일을 하는 법학교수조차
허허롭게 느껴지니
남들에겐 얼마나 먼 얘기?

법치주의의 신기루
한국의 사막에
오아시스는 어디?

1. 법치주의의 의의

사회주의 국가들이 급변하면서 이른바 '사회적 법치주의'라는 것을 강조하고 있다. '법은 종교보다 강한 아편이다'라는 주장까지 한 이들 사회주의국가들이 왜 법치주의를 강조하고 나오는가?

사회주의국가들은 종래에는 사회주의이론에 따른 사회주의적 합법성(socialistic legality)밖에는 얘기하지 않았고, 모든 것을 경제에 의해 하부구조의 변화로 설명하였는데, 개방화 이후 법치주의(rule of law)가 필요함을 적극적으로 고백하고 있다. 고르바초프의 「페레스트로이카」(1986)에서 가장 잘 나타나고 있다. 이것은 말할 필요도 없이 그들도 국가를 통치하기 위하여는 법의 중요성을 깨닫게 되고, 법치주의야말로 인간이 경험적으로 만들어 낸 최선의 제도적 보장이라고 말할 수 있다. 사회적 법치주의는 종래 "전화법"(Telephone law)이라고까지 불리어지던, 정치에 의한 법통제를 극복하고 법의 우위, 법의 독자성을 주장하는 데에 기초하고 있다. 그러나 페레스트로이카의 실패, 소련의 붕괴로 사회주의국가들의 법치주의의 현실은 상당히 복잡한 상황에 놓여 있다.

2. 실질적 법치주의

법치주의(rule of law)니 법치국가(Rechtsstaat)라는 말을 자주 들어도 어쩐지 신비스런 표현같이만 들리고 실제로 인간이 법률을 만들어 지배하는 원리는 다양한 것 같이 보입니다. 이른바 인치주의(人治主義), 덕치주의(德治主義) 내지 예치주의(禮治主義)의 전통을 갖고 있는 동양의 나라들, 그 중 한국은 법치주의, 법치국가를 과연 실현할 수 있을지 의문스런 생각도 듭니다. '실질적 법치주의'라는 개념도 있는 것 같은데, 이런 문제상황에서 어떻게 설명해야 될지요?

법치주의의 이념이 각 국가마다 실현되어 온 과정은 다르다(최종고, 「법학통론」, 199면). 그리고 아시아국가들이 유교적 전통에 따라 인치주의, 예치주의, 덕치주의를 강조하여 법치주의가 부정적으로 평가되어 온 것도 사실이다. 법가(法家)사상은 서양적 법치주의와는 다른 면이 큰 편벽된 이론이라 볼 수

268 제13장 국가와 법치주의

있다.

그러나 동양국가들도 이제 법치주의만이 진정한 민주주의를 실현할 수 있다는 데에 인식을 같이하면서, 법치주의를 실현하고자 노력하고 있다.

실질적 법치주의는 행정의 형식적 합법성만으로는 충분하지 않고 행정이 내용에 있어서도 헌법과 법률에 적합하여야 한다는 원리이다. 독일에서 바이마르공화국의 의회의 무력화로 인한 긴급명령과 포괄적 수권법(授權法) 등으로 법치국가의 위기를 경험하고 급기야 나치스 불법국가(不法國家)가 되고만 경험을 반성하여 독일 기본법에서 사회적 법치국가(sozialer Rechtsstaat)를 지향하면서 실질적 법치주의의 개념이 강조되었다. 여기에는 ① 소극적 의미에서의 적법성(適法性)의 원칙으로서의 법의 우월성, ② 이러한 원칙에서 나오는 행정행위의 예측가능성도 보장해 주는 법률의 규정, ③ 기본권을 침해할 경우의 법률의 근거와 법률의 유보, ④ 재판에 의한 행정작용의 법적 통제(협의의 법치행정) 등의 원리를 요청하고 있다.

어쨌든 법치주의의 전통이 약한 동양국가들도 오늘날 요청되고 있는 실질적 법치주의를 실현해야만 현대적 의미의 민주주의를 달성할 수 있다는 것을 (적어도 이론적으로는) 알고 있다. 그런 의미에서 법치주의의 과제는 더욱 절실하고 막중한 것이라고 하겠다.

제14장
기초법학

기초법학은 모든 실정법학의 기초가 되는 이론법학으로서, 이 기초가 얼마나 튼튼히 닦이느냐에 따라 그 나라의 법학 수준을 말할 수 있다. 우리나라에서는 법철학, 법사학, 법사회학, 법경제학 등이 아직도 미약한 단계에 있음을 부인할 수 없다.

玄民의 棺에 흙 한 삽 얹고

법학도 문학도 정치도
한갖 허허로운 렛텔.

시대를 잘못 만나
민족을 잘못 만나

남의 죄, 남의 원한을
한 몸에 지고 가도소이다.

죄가 있다면 남보다 잘난 죄
凡人이 간 감옥을 못간 秀才라고

마지막 가는 길이
이리도 어렵도소이다.

한국의
몽테스큐(C. Montesquieu)
다이시(A. Dicey)가 되려면
당신이 했어야 할 일보다
우리가 갈 길이 너무 멀도소이다.

1. 법학연구의 현황

우리나라에서 법학연구기관은 어떤 것들이 있나요? 법학연구의 현황을 어디서 어떻게 볼 수 있나요?

우리나라의 법학연구는 주로 법과대학에 근무하는 법학교수들의 연구가 대종(大宗)을 이루며, 이들은 「한국법학교수회」, 「전국법과대학협의회」 등의 기관을 이루어 협동적 연구를 행하기도 한다. 그리고 법실무계와 연관하여 '한국법학원'(Korean Legal Center)이 1955년에 설립되어 연구와 연수기능을 하고 있다.

법학자들은 전공분야별로 학회를 만들어 연구활동을 하고 있는데, 한국공법학회(1957년 창립), 한국민사법학회(1957년 창립), 한국상법학회(1957년 창립), 한국형사법학회(1957년 창립), 대한국제법학회(1957년 창립), 한국법철학회(1957년 창립), 한국법사학회(1973년 창립), 한국경제법학회(1978년 창립), 한국종교법학회(1981년 창립), 한국환경법학회(1978년 창립), 한독법률학회(1976년 창립), 한불법학회(1986년 창립), 한국법사회학회 등이 있다. 이들 학회들은 재정적 여유 부족과 연구인구의 부족으로 그리 활성적이지는 못하고, 아직 학회지조차 내지 못하고 있는 학회도 있다. 그러나 연륜이 쌓임에 따라 점점 기틀을 마련하여 활동하고 있다.

그리고 각 대학에 부설로 연구소들이 있는데, 예컨대 서울대학교 법학연구소, 고려대학교 법학연구소, 연세대학교 법학연구소, 한양대학교 법학연구소, 경북대학교 법학연구소, 동아대학교 법학연구소 등에서 연구세미나와 학술지를 발간하고 있다.

2. 법철학연구의 현황

우리나라에서 법철학의 연구는 어떻게 이루어지고 있는지요? 우리나라 같이 법치주의가 제대로 되지 않는 상황에서 법철학을 연구하는 것은 시간낭비 아닌가요? 법철학은 무엇을 위하여 연구하나요?

귀하는 참으로 심각하고도 중요한 질문을 제기하였다. 솔직히 말하여 우리나라는 법치주의의 뿌리도 약하고, 되어져 가는 일들이 법대로 되기보다는 오히려 무법(無法)과 탈법(脫法)으로 되어가고 있으니 '법의 철학' 운운하는 것이 다소 청승스럽게 보여지는 감도 없지 않다. 그러나 이러한 현상적 문제점을 극복하고 진정으로 법치주의를 뿌리놓기 위하여는 우리 국민의 법에 대한 관념, 법의 의미를 바르게 기초 놓아야 할 것임은 틀림없는 사실이다. 어느 면에서는 우리가 법의 철학을 무시하고 법은 아무렇게나 만들어(정치적 목적만 달성시키면서) 집행해 나가면 된다고 생각하는 그릇된 법의식이 근본적으로 문제라고 하겠다.

이러한 이유로 우리나라에서 법철학의 연구는 그리 활성적이지 못한 상태이지만, 법과대학에서는 대부분 '법철학' 강의가 행해지고 있다. 다만 기형적인 사법시험제도 때문에 '법철학'이 2차과목이 못 되고 1차선택과목에 들어 있어 학생들의 관심을 끌기에도 장애를 받고 있다. '국민윤리'가 빠졌으니 '법철학'이 2차과목으로 채택되어져야 할 것이다.

법철학을 가르치는 교수들이 1957년부터 '한국법철학회'를 조직하여 활동하고 있고, 1983년부터는 「세계 법철학 및 사회철학회」(Internationale Vereinung für Rechts-und Sozialphilosophie, 약칭 IVR)의 한국지부로 「법철학 및 사회철학 한국학회」(KIVR)를 조직하여 학회지 '법철학과 사회철학'을 발간하고, 2년마다 열리는 세계대회에도 참석하고 있다.

3. 법사학(法史學)연구의 현황

우리나라에서 법사학(法史學)의 연구는 어떻게 이루어지고 있는지요? '서양법제사', '한국법제사' 등 강의는 있는데, 교과서와 연구서도 찾아보기 힘들고, 법사학은 법학연구에 어느 정도 기여하고 있는지요?

법사학(Legal History, Rechtsgeschichte)은 사실 굉장히 넓은 분야이다. 제도사만 보아도 서양법제사, 동양법제사, 한국법제사를 포함하고 있고, 서양법제사만 하더라도 독일법제사, 영국법제사, 미국법제사, 프랑스법제사 등 각각 다르다. 동양법제사도 중국법제사, 일본법제사, 인도법제사 등 다양하다. 법사상사도 이와 같이 분류할 수 있다.

그런데 이처럼 많이 연구하여야 할 분야인데도, 한국의 법학도들이 너무 실무지향적으로, 대학만 졸업하면 사회 속으로 사라지기 때문에 이런 미개척의 분야가 방치되어 있다. 역사를 안다는 것만큼 구체적으로 깊이 아는 방법은 없다. 법은 각 민족과 국가가 만든 이성(理性)의 역사 그 자체라고 말할 수 있을 정도로 역사적 연구가 중요하다.

우리나라의 법사학 연구는 「한국법사학회」(1973년 창립)가 중심이 되어 「법사학연구」지를 발간하고, 학자들끼리는 상당히 활발한 연구발표회를 가지며 활동하고 있다.

4. 법사회학연구의 현황

우리나라에서 법사회학(法社會學)의 연구는 어떻게 이루어지고 있는지요? 그리고 우리 사회에서 법과 사회의 현실이 괴리되어 있어 이 분야의 연구가 매우 필요한 것 같은데, 왜 이런 연구가 많이 되지 못하고 있는지요?

귀하는 이미 법학연구의 문제점을 잘 파악하고 있는 것처럼 보인다. 법이란 결코 규범과학으로만 설명되어지는 것이 아니고, 사회 속의 힘(social forces)의 하나로서 경험과학으로 설명해야 할 부분도 적지 않다. 예를 들면 우리나라 형법이 세계에 유례가 드물게 간통죄 조항을 두고 있어 세계적 '체면'을 위해서나 형법이론의 추세로 보아 폐지함이 마땅할 것이지만, 국민의 여론(법의식)을 조사하면 80%에 가깝게 처벌을 찬성하고 있다. 사법정책의 수립이나 입법에 법사회학의 연구는 매우 중요함은 말할 필요도 없다.

그럼에도 불구하고 우리나라에는 연구인구가 부족하고, 한번 사회조사를 하려면 돈이 많이 들기 때문에 법사회학 연구가 빈약하다. 그보다 근원적으로는 법학이 너무 도그마틱하게 경화되어 있는 데에도 원인이 있다. 최근에는 한국법사회학회가 발족되고 젊은 학자들이 이 방면에 많은 관심을 보이고 있다. 또한 법과 사회이론연구회와 민주주의 법학 연구회 등으로 인해 법사회학적인 논의가 활발해지고 있다.

제15장
헌법과 생활

한 국가의 기본법인 헌법과 관련하여 생각할 것은 국민의 기본권리와 의무, 그리고 국가통치기구의 문제이다. 이러한 공법적 권리가 침해되면 헌법재판소에 직접 제소할 수 있는 길도 마련되어 있다.

憲 法

아무리 뜯어 고쳐도
憲法은 새 법 아닌 헌 법.

그래서 동양인은
'헌법'(Verfassung)을 모른다고
헤겔(Hegel)이 모욕했던가?

국가의 기본질서
국민의 기본권은
영원히 바뀌지 않을텐데,

정권마다 바꾸고
공화국의 수만큼 바꾸고

그러고도 헤겔을 욕할 것인가.
헌법은 새 법 아닌 헌 법.

헌 법이 지배하는
새로운 사회?

1. 기본권의 체계

헌법에서 인정되는 기본권의 내용과 체계에 관하여 학자들의 의견이 일치되지 않는 것 같습니다. 일목요연하게 파악할 길이 없을지요?

우리나라 헌법에서 인정되는 기본권의 체계를 학자별로 나누어 도식화해 보면 아래와 같다.

기본권	분류			김철수	권영성	허영	구병삭
인간의 존엄과 가치·행복추구권(10) 평등권(11)	포괄적 기본권			－인간의 존엄과 가치·행복추구권 －평등권	－기본권보장의 이념과 포괄적 기본권 －평등권	－인간의 존엄권 －평등권	－포괄적 기본권
신체의 자유(12·13) 거주·이전의 자유(14) 직업선택의 자유(15) 거주의 자유(16) 사생활의 비밀과 자유(17) 통신의 자유(18) 양심의 자유(19) 종교의 자유(20) 언론·출판·집회·결사의 자유(21) 학문과 예술의 자유(22) 재산권의 보장(23)	자유권적 기본권	자유권	소극적 지위	－자유권적 기본권	－자유권적 기본권	－인신권 －사생활영역의 보호 －정신·문화·건강·생활영역의 보호	－정신활동에 관한 기본권 －신체의 자유에 관한 기본권
선거권(24) 공무담임권(25) 국민표결권(72·130)	참정권		능동적 지위	－생존권적 기본권 －청구권적 기본권 －참정권	－경제적 기본권 －정치적 기본권 －청구권적 기본권 －사회적 기본권	－경제생활영역의 보호 －정치·사회·생활영역의 보호 －권리구제를 위한 청구권	－경제적 자유에 관한 기본권 －생존권적 기본권 －청구권적 기본권 －참정기본권
청원권(26) 재판청구권(27) 형사보상청구권(28) 국가배상청구권(29) 국가에 대한 구조청구권(30)	청구권적 기본권	수익권	적극적 지위				
교육을 받을 권리(31) 근로의 권리(32) 노동 3권(33) 인간다운 생활을 할 권리(34) 환경권(35) 혼인·가족·모성보호에 관한 권리(36)	생존권적 기본권						

2. 기본권의 대사인적(對私人的) 효력

> A녀는 1992년 3월 B 회사에 임시직원으로 고용되었으나, 응모 당시에 여자직원의 채용·처우에 관하여 "결혼 또는 만 40세에 달한 때에는 퇴직하는 제도가 있음"을 통고받았다. 동년 7월 A는 "결혼한 때에는 퇴직하겠다"는 뜻의 각서를 회사에 제출하고 정식직원으로 채용되었다. 다음해 A는 결혼을 하였으나 사직원을 제출하지 아니하였다. 회사는 위 각서와 더불어 취업규칙상의 "업무상의 사정이 있을 때"라는 해고사유에 의거하여 A를 해고하였다. 이 경우 A녀의 해고는 정당한가? 만약 정당하지 않다면 A녀는 기본권의 침해와 관련하여 구체적으로 어떠한 기본권이 침해되었다고 주장하여야 하는가?

여자직원에 한하여 혼인을 퇴직사유로 한다는 것은 성별을 이유로 하는 차별이고 또한 혼인의 자유를 제한하는 것이다. 더욱이 그것은 합리적 근거가 없는 것이므로 취업규칙과 노동계약상의 그와 같은 내용은 헌법 제11조 1항과 남녀고용평등과 일·가정 양립 지원에 관한 법률 제11조에 위반하여 그 효력이 부정되어야 한다. 그러므로 취업규칙에 결혼퇴직제가 규정되어 있고 A가 그 점을 미리 알고서 채용되었다 할지라도, 그와 같은 결혼퇴직제에 의한 해고는 무효이다.

A가 "결혼한 때에는 퇴직하겠다"는 뜻의 각서를 B회사에 제출하고 채용된 경우, A가 결혼을 하였다면 사적 자치(계약의 자유 등)의 원칙에 따라 B회사는 A를 해고할 수 있다는 뜻의 노동계약이 성립한 것이며 또한 이것은 근로자의 퇴직에 관한 사항이므로, 근로기준법에서 말하는 근로조건에 해당하는 것이라 볼 수도 있다. 그렇지만 남녀고용평등법 제8조는 "① 사업주는 근로자의 정년 및 해고에 관하여 여성인 것을 이유로 남성과 차별하여서는 아니된다. ② 사업주는 근로여성의 혼인·임신 또는 출산을 퇴직사유로 예정하는 근로계약을 체결하여서는 아니된다"라고 하고 있을 뿐 아니라, 민법 제103조는 "선량한 풍속, 기타 사회질서에 위반한 사항을 내용으로 하는 법률행위는 무효로 한다"라고 하고 있으므로 그러한 각서는 법률상 구속력이 없는 것이다. 따라서 B회사가 A녀를 해고한 것은 정당하지 못하다.

헌법상 보장되는 개인의 기본권을 국가뿐만 아니라 개인 또는 사회적 집단에 의한 침해로부터 보호하여야 한다는 간접적용설에 의하면, 사인간(私人

間)의 인권침해가 법률행위에 의한 경우, 민법 제103조가 적용되어, 헌법은 "공서(公序)"라고 하는 사법의 일반조항의 의미를 채우는 작용을 함으로써, 사적인 인권침해행위를 간접적으로 규제하는 효력을 가지게 된다. 따라서 A는 구체적으로 헌법상의 법 앞의 평등 특히 양성의 평등권(헌법 제11조 1항, 제36조 1항)과 혼인의 자유(동법 제36조 1항) 등의 침해와 남녀고용평등법 제11조 위반을 이유로 해고무효확인을 구하는 소를 제기할 수 있다.

3. 조례에 의한 광고규제

A시가 부동산에 관한 허위 내지 과대한 광고에 의한 피해에서 주민의 생활을 지키는 것을 목적으로 A시내에서 부동산에 관한 광고를 함에 있어서는 사전에 A시장에 대하여 신고할 의무를 과하고 명백히 허위 내지 현저히 과대하다고 인정되는 경우에는 그 광고를 금지하고 또는 시정을 구할 수 있는 뜻을 정하고 이들의 위반에 대하여 벌칙을 두는 조례를 제정했다. 이 조례에 의한 신고의무위반으로서 소추된 부동산업자 B는 자기가 행한 광고는 헌법에 보장되어 있는 기본권의 하나로서 신고의무를 부과하여야 할 성질의 것은 아니며 또 본 조례는 주민의 "알 권리"를 침해하는 것이라고 하여 본 조례의 위헌성을 주장하였다. 법원으로서는 어떠한 판단을 하여야 할 것인가?

법원은 광고의 자유가 표현의 자유라고 하더라도 영업의 자유, 소비자의 권리 등과 직결되어 있는 점을 감안하여 이 정도의 사전신고제는 합헌이라고 판단하는 것이 사회실정에 적합하지 않을까 한다. 왜냐하면 정치적 표현의 자유는 검열이 금지되어야 하고 사전제약이 절대적으로 금지되어야 하나 영업적 표현의 자유는 그것이 소비자보호 등 공익을 위한 사전제약이 가능하다고 보아야 하기 때문이다.

국민의 알 권리에 대한 제한이라는 부동산업자 B의 주장도 이유 없다고 하겠다. 왜냐하면 알 권리는 허위광고에 대한 것까지를 포함하고 있지는 않기 때문이다.

끝으로 조례로서 이와 같이 중대한 것을 규정할 수 있을 것인가가 문제되는데 원칙적으로는 부동산광고에 의한 피해가 A시에만 특유한 것이 아닌 이상 이러한 규제는 법률로서 해야만 할 것이다. 또 조례로서 벌칙을 정할 수 있을 것인가도 문제가 되는데 우리나라에서는 법령이 정한 범위 내에서만 조례를 제정할 수 있다고 할 것이다.

4. 초상권 침해와 위자료청구

A잡지사 B사진사는 해수욕장에서 비키니수영복 차림으로 수영하고 있던 C양의 사진을 아무도 모르게 촬영하여 C양의 동의도 없이 A잡지의 표지에 실었다. 이 경우 C양은 A잡지사에 대하여 위자료의 청구권을 행사할 수 있는가?

헌법 제10조에서 "모든 국민은 인간으로서의 존엄과 가치를 가지며 행복을 추구할 권리를 가진다"라고 규정하여 개인의 인격권에 대한 보호를 천명하고 있는 정신에 비추어 보면, 일반사진이 아닌 초상사진의 경우 초상 본인은 당해 사진에 대한 저작권을 가질 수 없다 하더라도 이른바 인격권으로서의 초상권, 즉 본인의 동의 없이 무단촬영할 수 없고 촬영에 동의한 경우라도 본인이 예상한 것과 다른 방법으로 사진을 공표할 수 없는 권리를 보유한다고 할 것이다. 동일한 초상의 경우라도 그것이 공표되는 방법에 따라 초상 본인의 인격권을 침해할 수도 있고 그렇지 않을 수도 있다 할 것이며, 예컨대 직업모델이 예술사진집을 제작하기 위하여 나체의 촬영을 승낙하였다 하더라도 비누상품을 제작하는 회사에서 본인의 승낙을 받지 않고 사진집의 나체사진을 상품선전용광고에 이용하였다면 이는 명백히 직업모델의 인격권을 침해하였다고 할 것이다.

설문의 경우 C양이 해수욕장에서 비키니수영복 차림으로 해수욕을 하고 있는 중 C양의 동의도 없이 촬영한 후 A잡지의 표지에 공표한 것은 C양의 인격권이 위법하게 그리고 타인의 책임 있는 행동으로 인하여 침해되게 되었고, 그 침해의 정도가 중대하다고 볼 수 있다. 따라서 C양은 정신적인 손해에 대한 배상을 청구할 수 있다.

5. 법 앞의 평등과 국회의원 선거구의 유권자 수의 불균형

1988년 4월에 실시된 국회의원 총선거에서, 서울특별시 구로갑구의 유권자의 수는 238,346명인데 대하여 전남 장흥군구의 유권자는 51,770명밖에 되지 아니하였다. 따라서 양 선거구에 있어서 유권자 수의 비율은 장흥구의 1 에 대하여 구로갑구는 약 4.6이 되었다는데, 평등선거를 규정한 헌법 제41조 1항, 제67조 1항 그리고 법 앞의 평등을 규정한 헌법 제11조를 근거로, 각 선거구간에 있어서 투표가치의 평등을 보장하도록 요구할 수 있는가?

각 유권자의 선거권의 가치가 평등한 것이 되게 하는 선거제도가 평등선거이다. 이것은 헌법 제11조 1항, 제41조 1항 및 제67조 1항이 요청하고 있는 것으로, 공직선거법은 1인 1표제를 규정하여 이것을 구체화하고 있다(제146조 제2항).

그러나 1인 1표제를 채용하는 경우에도 그 1표의 가치가 본 사안에서 볼 수 있는 것처럼 차이가 난다면 선거권의 가치가 진정한 의미에서 평등하다고 할 수 없다. 평등선거의 원칙(헌법 제41조 1항, 제67조 1항)은 결코 단순한 형식적, 수량적 평등을 요구하는 것에 그치는 것이 아니라 모든 투표가 실질적으로 선거의 결과에 평등하게 반영될 수 있도록 보장하는 것이 아니면 안된다. 그리고 그와 같이 해석하는 것이 법 앞의 평등(헌법 제11조 1항)의 원칙에도 합치한다. 그렇다면 평등선거를 규정한 헌법 제41조 1항, 제67조 1항, 나아가서는 법 앞의 평등을 규정한 헌법 제11조 1항을 근거로 각 선거구 사이에 투표가치의 평등을 주장하는 것은 충분한 근거가 있는 것이다.

각 선거구간의 투표가치의 평등이 헌법상 요구되는 것이라고 한다면, 무엇보다도 각 선거구의 유권자 수가 균형을 유지할 수 있도록 배려하지 않으면 안 된다. 하지만 그것은 절대적·기계적인 균형관계를 요구하는 것이 아니라 그 밖의 여러 가지 요소를 참작할 수 있는 것이다. 그러나 각 선거구의 유권자 수의 편차는 그것을 정당화시키기에 충분한 근거가 있어야 할 뿐 아니라 또한 그 편차는 특수·예외적인 경우를 제외하고는 민주정치에 있어서 선거의 기능과 평등선거의 이념에 비추어 최대한 1.5 대 1 이상의 것이 되어서는 안 된다고 생각한다.

6. 국·공립사대 출신의 교육공무원 우선임용

A는 교육공무원으로의 채용을 희망하고 있으나, 교원적체가 심한 요즈음 교사의

신규채용에 국립 또는 공립의 교육대학이나 사범대학 기타 교원양성기관의 졸업자 또는 수료자에게 우선권을 부여한 교육공무원법 제11조 1항의 규정 때문에 사실상 채용이 불가능한 상태에 있다.

사범대학은 설립주체에 따라 국립·공립 또는 사립으로 나누어질 뿐 교육내용이나 목적, 시설기준, 졸업자의 자격 등에 있어서는 아무런 차이가 없는데도 위 법률의 조항은 교육공무원으로의 신규채용에 국립 또는 공립 사범대학, 기타 교원양성기관의 졸업자 또는 수료자를 우선하여 채용하도록 규정하고 있는데 이는 교육공무원의 채용에 사립 사범대학 졸업자를 합리적 이유 없이 차별하는 것으로서 평등의 원칙을 규정한 헌법 제11조 1항에 위반되는 것이 아닌가?

국·공립학교의 교사를 신규채용함에 있어서 국·공립의 교육대학, 사범대학 등 졸업자 또는 수료자를 우선하여 채용하도록 규정한 것은 출신학교의 설립주체나 과에 따른 차별로서 그 차별의 정도가 지나치고 비례의 원칙에 어긋나며, 직업선택의 자유를 제한하는 것을 정당화할 만한 근거가 없으므로 평등의 원칙을 규정한 헌법 제11조 1항 및 직업선택의 자유를 규정한 헌법 제15조에 위반된다. 헌법재판소는 1990년 10월 8일 교육공무원법 제11조 1항은 헌법에 위반된다(헌법재판소 1990. 10. 8, 89 헌마 89 결정 참조)고 판결하였다.

7. 불리한 진술거부권과 평등권

차량의 교통사고로 인하여 사람을 사상하거나 물건을 손괴한 운전자 등에게 사고가 난 곳, 사상자 수 및 부상정도, 손괴한 물건 및 손괴정도, 그 밖의 조치상황 등을 경찰관에게 신고하도록 규정한 도로교통법 제50조 2항, 제11조 3호는 형사피의자 및 피고인의 지위에 서게 될 자에게 형사상 자기에게 불이익한 진술을 강요하는 규정으로서 헌법 제12조 2항 규정의 진술거부권을 침해하는 것이고, 다른 범법자에게는 신고의무를 규정하지 아니하면서도 유독 교통사고의 범법자에게만 신고의무를 규정한 것은 합리적 근거 없이 차별을 두는 것으로서 헌법 제11조의 평등권을 침해한 것이 아닌가?

도로교통법 제50조 2항 및 동법 제111조 3호는 피해자의 구호 및 교통질서의 회복을 위한 조치가 필요한 상황에만 적용되는 것이고 형사책임과 관련되는 사항에는 적용되지 아니하는 것으로 해석하는 한 헌법에 위반되지 아니한다(헌법재판소 1990. 8. 27, 89 헌가 118 결정 참조). 즉 교통사고를 일으킨 운전자에게 신고의무를 부담시키고 있는 도로교통법의 규정은 피해자의 구호 및 교통질서의 회복을 위한 조치가 필요한 상황에서만 적용되는 것이고, 형사책임과 관련되는 사항의 신고에는 적용되지 않는 것으로 해석하는 한 헌법상의 진술거부권을 침해하는 것이 아니며, 운전자에게만 신고의무를 부과하는 것은 질서유지 및 공공복리를 위하여 필요하고도 합리적인 것으로 과잉제한금지의 원칙에 어긋나지 않으므로 평등원칙에 위배되지도 않는다(반대의견 있음).

8. 국선변호인의 선임

A의 남편인 B는 현재 절도혐의로 구속기소되어 있는데 이들 부부는 가난하여 변호인을 선임할 경제적 능력이 없다. A의 남편 B는 한사코 절도를 하지 않았다고 하므로 A는 B가 억울하게 구속되었다고 생각한다. 이 경우 변호인을 선임할 방법은 없는가?

우리 헌법은 제12조 제4항에서 "누구든지 체포 또는 구속을 당할 때에는 즉시 변호인의 조력을 받을 권리를 가진다. 다만 형사피고인이 스스로 변호인을 구할 수 없을 때에는 법률이 정하는 바에 의하여 국가가 변호인을 붙인다"라고 하고 있고, 형사소송법 제33조에서는 피고인이

① 구속된 때
② 미성년자인 때
③ 70세 이상인 때
④ 농아자인 때
⑤ 심신장애의 의심이 있는 때
⑥ 사형, 무기 또는 단기 3년 이상의 징역이나 금고에 해당하는 사건으로 기소된 때

에 변호인이 없는 때에는 법원이 직권으로 변호인을 선정해야 한다고 규정하고 있다.

따라서 설문의 경우 A 또는 B는 경제적 빈곤을 이유로 국선변호인의 선임을 청구할 수 있다. 이 경우 '피고인의 청구'는 구두로 하건 서면으로 하건 관계없지만 명시적인 의사표시가 있어야 한다. 실제로는 국선변호인의 보수

가 적어 국선변호인제도가 실효를 거두고 있지 못하므로 개선이 시급히 요청된다. 국선변호인제도의 개선방안으로는 국선변호인 보수의 현실화, 국선변호를 위한 공익변호사(public defender)제도의 채용 등이 거론되고 있다.

9. 무죄추정의 원칙과 직업의 자유

A는 서울에서 개업하고 있던 변호사인데 특정경제범죄가중처벌 등에 관한 법률위반죄로 부산지방검찰청에 기소되었고, 법무부장관은 이를 이유로 변호사법 제15조에 의하여 변호사의 업무정지를 명하는 처분을 하였다. 변호사에 대하여 공소가 제기되었음을 이유로 그 업무정지를 명할 수 있도록 규정한 변호사법 제15조는 무죄추정의 원칙을 규정한 헌법 제27조 4항, 평등권을 규정한 헌법 제11조 1항, 직업선택의 자유를 규정한 헌법 제15조, 인간으로서의 존엄과 가치 및 행복추구권을 규정한 헌법 제10조 전단에 위배되는 것은 아닌가?

변호사법 제15조는 헌법에 위반된다(헌법재판소 1990. 11. 19, 90 헌가 48 결정 참조). 법무부장관이 형사사건으로 공소가 제기된 변호사에게 업무정지를 명할 수 있도록 한 것은, 직업선택의 자유를 제한함에 있어 제한의 요건이 제도의 당위성이나 목적에 적합하지 않을 뿐만 아니라 그 처분주체와 절차가 기본권 제한 최소화의 수단을 따르지 아니하였으며, 그 제한의 정도도 과잉하고, 무죄추정의 원칙에 의하여 공소의 제기가 있는 피고인이라도 유죄의 확정판결이 있기까지는 불이익을 입혀서는 아니되고, 불이익을 입히더라도 비례의 원칙에 따라 필요한 최소한도에 그쳐야 하는데, 현행 변호사업무정지제도는 비례의 원칙이 준수되었다고 보기 어려우므로 변호사법 제15조는 직업선택의 자유를 침해하고 무죄추정의 원칙에 위배되어 위헌이다.

10. 사생활의 비밀과 자유

인기 영화배우인 A녀는 일찍이 영화배우 B남을 둘러싼 치정관계와 관련하여 납치사건을 일으켜 형사처벌을 받은 경험이 있다. 영화감독 C는 이 사건을 소재로 하여 「남과 여」라는 영화를 제작하였다. 그런데 그 중에 치정장면이 많이 다루어졌으므로, A녀는 자신의 사생활의 비밀(또는 privacy)이 침해되었음을 이유로 동 영화의 상영

금지가처분을 신청하였다. 이에 대하여 C는 영화제작의 예술적 의도를 강조하면서, 그 사건이 A 자신에 의해서도 공표된 바 있고, 또 세간에 널리 알려진 것일 뿐 아니라 사실이 전혀 왜곡되어 있지 아니한 점 등을 들어 A녀의 사생활의 비밀을 침해한 것이 아니라고 주장한다. 이 경우 A녀의 사생활의 비밀이 침해되었다고 볼 수 있는가?

우리 헌법은 제17조에서 "모든 국민은 사생활의 비밀과 자유를 침해받지 아니한다"라고 하여 사생활의 비밀과 사생활의 자유를 보장하고 있다. 사생활의 비밀과 자유의 불가침은 "사생활의 내용을 공개당하지 아니할 권리", "사생활의 자유로운 형성과 전개를 방해받지 아니할 권리"뿐만 아니라, 본인 또는 그 책임하에 있는 자에 관한 정보에의 접근과 그 그릇된 정보의 정정이나 그 누설방지까지도 청구할 수 있는 복합적 성질의 권리이다.

따라서 사생활의 비밀과 자유는 이른바 프라이버시의 권리보다 넓은 개념의 것이다. 이 사생활의 비밀과 자유는 인격권의 일종으로 자유권의 성격을 가지는 것이며 원칙적으로 일신전속적인 권리이다. 사적 사항의 공개나 인격적 징표를 훼손 또는 이용당하거나 자유로운 사생활영위(사생활의 자율)를 방해당함으로써 입게 되는 정신적 고통을 구제하려는 것이 사생활의 비밀과 자유의 보호법익이므로 이 권리는 인격권의 일종이다.

사생활비밀의 불가침으로는 개인에 관한 난처한 사적 사항의 불가침, 명예나 신용의 불가침, 인격적 징표의 불가침 등을 들 수 있다. 이 권리침해의 성립요건으로는 공개된 내용이, 첫째 사생활상의 사실 또는 사실처럼 받아들여질 것, 둘째 일반인의 감수성을 기준으로 할 때 당해 사인의 입장이라면 공개를 바라지 않으리라고 인정될 것, 셋째 일반인에게 아직 알려지고 있지 아니한 사항일 것 등을 들 수 있다. 본 사안의 경우에 이러한 요건이 충족되었다고 볼 수 있는가는 의문이다.

11. 명예훼손과 표현의 자유

A는 1990년도 미스코리아 진에 선발되었으며 현재 미혼이다. 월간여성지인 B잡지는 그 해 ○월호에서 「×××와 A의 소문의 진상확인」이라는 표제의 기사에서 두 사람 사이의 실재하지 않는 관계에 대한 허위사실을 보도하여 A의 명예를 훼손하였다. A는 B잡지를 상대로 손해배상청구를 할 수 있는가?

표현의 자유가 헌법상 갖는 중요성 못지않게 개인의 명예나 사생활의 자유와 비밀과 같은 사적인 법익도 보호되어야 할 중요한 가치를 가지는 것이다. 인격권으로서의 개인의 명예의 보호와 표현의 자유의 보장이라는 두 법익이 충돌하는 경우 어떻게 이를 조정할 것인가는 구체적인 경우 대립하는 공공과 개인의 상반되는 이익을 비교·형량하여야 할 것이다. 특히 현대의 대기업이나 국가의 관리하에 있는 매스미디어가 보도의 자유를 매개로 하여 상대적으로 약한 지위에 있는 개인의 명예를 침해하는 경우에 있어서는 그 사회적 영향력과 회복의 어려움, 더욱이 오늘날의 보도기관이 영리추구의 입장에서 공·사인의 프라이버시에 속하는 사항을 즐겨 보도하는 경향이 있는 점 등을 고려하여 개인의 인격권보호라는 이익을 배려하여야 할 것이다.

따라서 언론기관이 개인의 인격권을 침해한 경우 그 개인은 인격권의 침해를 이유로 손해배상을 청구할 수 있다고 할 것이고, 다만 그것이 공공의 이해에 관한 사항으로서 그 목적이 오로지 공공의 이익을 위한 것일 때에는 진실한 사실이라는 증명이 있거나 건전한 상식에 비추어 진실이라고 믿을 만한 상당한 이유가 있는 경우에 한하여 위법성이 조각된다고 할 것이다(형법 제310조 참조).

정치인·연예인과 같은 이른바 공적 존재의 행위가 자유로운 비판과 평가의 대상이 되어 언론기관의 책임이 면제되는 경우가 많기는 하지만, 공인이라 하더라도 신문과 비교하여 신속성 및 공익성의 요청이 덜한 잡지에 개인에 대한 인신공격으로 받아들여질 가능성이 있는 기사를 게재함에 있어서는 기사내용의 진실 여부에 관하여 미리 충분한 조사활동을 거쳐야 할 것이고, 나아가 기사의 내용 중에 "…한 소문이 있다"와 같은 전문적인 표현을 사용함에 있어서도 그러한 내용의 기사가 독자로 하여금 사실의 존재를 인식시키는 결과에 있어서는 통상의 기사와 다름이 없다 할 것이다. 이러한 경우 소문이나 전문내용의 진실여부에 관한 조사의무는 통상적 표현을 사용한 기사와 동등하게 부과되어야 할 것이다.

따라서 본 사안의 경우 기사의 게재 및 반포로 인하여 미혼여성인 A의 사회적 평가가 크게 저하되었다고 할 수 있다. 그러므로 B잡지에 기사가 게재·반포되어 A의 명예가 훼손되었으며, 그로 인하여 상당한 정신적 고통을 받았을 것임은 경험칙상 명백하므로 B잡지사측은 금전으로 위자료를 배상할 책임이 있다고 할 것이다.

12. 재산권의 보장

① 목적물의 담보가치를 배타적으로 지배하는 저당권보다 후에 성립하였는데도 1년간 조세채권이 우선하도록 한 것은 합리적인 이유 없이 공시의 원칙을 깨뜨리면서 선의의 국민의 재산권을 침해하는 것이고, ② 장차 1년간 채무자가 조세를 체납할 것인지의 여부는 예측이 불가능함에도 불구하고 저당권자에게 불의의 손해를 감수하게 하는 것은 불합리하고 자의적이며, ③ 저당권이나 소유권이나 같은 물권임에도 불구하고 소유권 취득자는 보호되고 저당권 취득자는 1년간 소급하여 보호받지 못한다는 것도 헌법이 보장한 평등권을 침해한 것이 아닌가?

국세기본법 제35조 1항 3호 중 "~으로부터 1년"이라는 부분은 헌법에 위반된다(헌법재판소 1990. 9. 3, 89 헌가 95 결정 참조). 즉 위 법조문이 국세를 납부기한 전 1 년 이내에 설정된 저당권 등에 의하여 담보되는 채권보다 우선하여 징수할 수 있게 한 것은 재산권인 담보물권 내지 사유재산제도의 본질적인 내용을 침해하고 과잉금지의 원칙에도 위배되어 위헌이다(반대의견 있음).

13. 양심의 자유와 병역거부권

육군○○부대소속의 사병인 A는 종교적인 양심적 반전론자이다. 그는 평소에 군복무와 자신의 신앙과의 모순 때문에 번민중에 있었다. 그러던 차에 외부로부터 적의 무력공격이 발생하여, A의 소속부대에 출동명령이 하달되자, A는 드디어 뜻을 정하고 상관의 출동명령에 불복하였다. 그 때문에 A는 군사법원의 심판에 회부되어 군형법 제44조 1호 ① (항명죄)에 따라 10년의 징역형을 선고받게 되었다. 이에 대하여 A는 자신의 행동은 양심의 명하는 바에 따른 것으로, 양심의 자유를 보장한 헌법 제19조를 근거로 위의 처벌은 헌법위반이라고 주장한다. A의 주장은 정당한가?

제2차대전 이후에 적지 않는 국가들이 헌법과 법률로서 "누구든지 그 종교적 또는 양심적 신조에 반할 때에는 군복무의 전부 또는 일부를 거부할 수 있다"라고 하는 입법을 하고 있다. 이것이 이른바 양심적 반전권(反戰權) 내지 병역거부권·집총거부권이며, 이러한 신조를 가진 자를 양심적 반전론자라 한다.

오늘날에는 30여 개 국에서 양심적 반전권이 인정되고 있으며, 이에 관한 입법은 점차 증가하는 추세에 있다. 그런데 우리 헌법에는 양심적 반전권에 관한 명문의 규정이 없으므로, A의 주장이 정당한 것이 되기 위해서는 A가 원용하는 양심적 반전권을 헌법 제19조의 "양심의 자유"로부터 도출할 수 있어야 한다.

A는 설문에 나타나고 있다시피 그 신조가 종교에 바탕을 둔 양심적 반전론이라는 점에서 고전적인 유형의 반전론자이다. 따라서 반전권을 헌법 제19조의 양심의 자유로부터 도출할 수 있다면, 방위출동명령의 거부는 헌법상의 양심적 반전권의 행사가 되어 A를 처벌한 당국의 조치는 위헌이며 무효가 된다. 그런데 A의 주장처럼 헌법해석론상 양심의 자유가 헌법상 보장되고 있다고 하여, 당연히 양심적 반전권까지도 보장된다고 볼 수 있는 것은 아니다. 양심의 자유에 있어서도 양심상의 결정을 외부에 표현하거나 양심상의 결정을 실현하려고 할 경우에는 법률에 의한 제한이 따른다. 반전권을 인정할 것인가 아닌가는 헌법규정이나 국회의 권한에 맡겨진 입법사항이다.

따라서 실정법상 양심적 반전권을 주장할 수 있기 위해서는 헌법상 또는 법률상 명시된 권리설정규정을 필요로 한다. 그런 의미에서 실정법상 양심적 반전권을 인정하는 근거규정이 없음에도, 적전(敵戰)에서 출동명령을 거부한 행위에 대한 군형법(제44조)의 적용은 정당하므로, A의 주장은 성립되지 아니한다.

대법원(대법원 2007. 12. 27. 선고 2007 도 7941 판결; 대법원 2004. 7. 15. 선고 2004 도 2695 판결) 및 헌법재판소(헌법재판소 2004. 8. 26. 선고 2002 헌가 1 결정) 또한 이와 같은 입장을 견지하였는데, 헌법재판소의 결정요지는 다음과 같다.

〈결정요지〉

가. 일반적으로 민주적 다수는 법질서와 사회질서를 그의 정치적 의사와 도덕적 기준에 따라 형성하기 때문에, 그들이 국가의 법질서나 사회의 도덕률과 양심상의 갈등을 일으키는 것은 예외에 속한다. 양심의 자유에서 현실적으로 문제가 되는 것은 국가의 법질서나 사회의 도덕률에서 벗어나려는 소수의 양심이다. 따라서 양심상의 결정이 어떠한 종교관·세계관 또는 그 외의

가치체계에 기초하고 있는가와 관계없이, 모든 내용의 양심상의 결정이 양심의 자유에 의하여 보장된다.

나. 양심의 자유는 단지 국가에 대하여 가능하면 개인의 양심을 고려하고 보호할 것을 요구하는 권리일 뿐, 양심상의 이유로 법적 의무의 이행을 거부하거나 법적 의무를 대신하는 대체의무의 제공을 요구할 수 있는 권리가 아니다. 따라서 양심의 자유로부터 대체복무를 요구할 권리도 도출되지 않는다. 우리 헌법은 병역의무와 관련하여 양심의 자유의 일방적인 우위를 인정하는 어떠한 규범적 표현도 하고 있지 않다. 양심상의 이유로 병역의무의 이행을 거부할 권리는 단지 헌법 스스로 이에 관하여 명문으로 규정하는 경우에 한하여 인정될 수 있다.

다. 양심의 자유의 경우 비례의 원칙을 통하여 양심의 자유를 공익과 교량하고 공익을 실현하기 위하여 양심을 상대화하는 것은 양심의 자유의 본질과 부합될 수 없다. 양심상의 결정이 법익교량과정에서 공익에 부합하는 상태로 축소되거나 그 내용에 있어서 왜곡·굴절된다면, 이는 이미 '양심'이 아니다. 따라서 양심의 자유의 경우에는 법익교량을 통하여 양심의 자유와 공익을 조화와 균형의 상태로 이루어 양 법익을 함께 실현하는 것이 아니라, 단지 '양심의 자유'와 '공익' 중 양자택일 즉, 양심에 반하는 작위나 부작위를 법질서에 의하여 '강요받는가 아니면 강요받지 않는가'의 문제가 있을 뿐이다.

라. 이 사건 법률조항을 통하여 달성하고자 하는 공익은 국가의 존립과 모든 자유의 전제조건인 '국가안보'라는 대단히 중요한 공익으로서, 이러한 중대한 법익이 문제되는 경우에는 개인의 자유를 최대한으로 보장하기 위하여 국가안보를 저해할 수 있는 무리한 입법적 실험을 할 것을 요구할 수 없다. 한국의 안보상황, 징병의 형평성에 대한 사회적 요구, 대체복무제를 채택하는 데 수반될 수 있는 여러 가지 제약적 요소 등을 감안할 때, 대체복무제를 도입하더라도 국가안보라는 중대한 헌법적 법익에 손상이 없으리라고 단정할 수 없는 것이 현재의 상황이라 할 것인바, 대체복무제를 도입하기 위해서는 남북한 사이에 평화공존관계가 정착되어야 하고, 군복무여건의 개선 등을 통하여 병역기피의 요인이 제거되어야 하며, 나아가 우리 사회에 양심적 병역거부자에 대한 이해와 관용이 자리잡음으로써 그들에게 대체복무를 허용하더라도 병역의무의 이행에 있어서 부담의 평등이 실현되며 사

회통합이 저해되지 않는다는 사회공동체 구성원의 공감대가 형성되어야 하는데, 이러한 선행조건들이 충족되지 않은 현 단계에서 대체복무제를 도입하기는 어렵다고 본 입법자의 판단이 현저히 불합리하다거나 명백히 잘못되었다고 볼 수 없다.

마. 입법자는 헌법 제19조의 양심의 자유에 의하여 공익이나 법질서를 저해하지 않는 범위 내에서 법적 의무를 대체하는 다른 가능성이나 법적 의무의 개별적인 면제와 같은 대안을 제시함으로써 양심상의 갈등을 완화해야 할 의무가 있으며, 이러한 가능성을 제공할 수 없다면, 적어도 의무위반시 가해지는 처벌이나 징계에 있어서 그의 경감이나 면제를 허용함으로써 양심의 자유를 보호할 수 있는 여지가 있는가를 살펴보아야 한다. 그러므로 입법자는 양심의 자유와 국가안보라는 법익의 갈등관계를 해소하고 양 법익을 공존시킬 수 있는 방안이 있는지, 국가안보란 공익의 실현을 확보하면서도 병역거부자의 양심을 보호할 수 있는 대안이 있는지, 우리 사회가 이제는 양심적 병역거부자에 대하여 이해와 관용을 보일 정도로 성숙한 사회가 되었는지에 관하여 진지하게 검토하여야 할 것이며, 설사 대체복무제를 도입하지 않기로 하더라도, 법적용기관이 양심우호적 법적용을 통하여 양심을 보호하는 조치를 취할 수 있도록 하는 방향으로 입법을 보완할 것인지에 관하여 숙고하여야 한다.

재판관 김경일, 재판관 전효숙의 반대의견

가. 일반적으로 적용되는 법률에 있어 그 법률이 명령하는 것과 일치될 수 없는 양심의 문제는 법질서에 대해 예외를 인정할지 여부의 형태로 나타난다. 그러나 다수가 공유하는 생각과 다르다는 이유만으로 소수가 선택한 가치가 이상하거나 열등한 것이라고 전제할 수는 없으므로 이 경우 '혜택부여'의 관점에서 심사기준을 완화할 것이 아니며, 그 합헌성 여부 심사는 일반적인 기본권제한 원리에 따라 이루어져야 한다. 한편, 헌법 제39조에 의하여 입법자에게 국방에 관한 넓은 입법형성권이 인정된다 하더라도, 병역에 대한 예외인정으로 인한 형평과 부정적 파급효과 등 문제를 해결하면서 양심적 병역거부자들의 양심보호를 실현할 수 있는 대안을 모색하는 것은 징집대상자 범위나 구성의 합리성과 같이 본질적으로 매우 광범위한 입법형성권이 인정되는 국방의 전형적 영역에 속하지 않으므로 그에 대한 입법자의

재량이 광범위하다고는 볼 수 없다.

나. 양심적 병역거부가 인류의 평화적 공존에 대한 간절한 희망과 결단을 기반으로 하고 있음을 부인할 수는 없으며, 평화에 대한 이상은 인류가 오랫동안 추구하고 존중해온 것이다. 그런 의미에서 양심적 병역거부자들의 병역거부를 군복무의 고역을 피하기 위한 것이거나 국가공동체에 대한 기본의무는 이행하지 않으면서 무임승차 식으로 보호만 바라는 것으로 볼 수는 없다. 그들은 공동체의 일원으로서 납세 등 각종의무를 성실히 수행해야함을 부정하지 않고, 집총병역의무는 도저히 이행할 수 없으나 그 대신 다른 봉사방법을 마련해달라고 간청하고 있다. 그럼에도 불구하고 병역기피의 형사처벌로 인하여 이들이 감수하여야 하는 불이익은 심대하다. 특히 병역거부에 대한 종교와 신념을 가족들이 공유하고 있는 많은 경우 부자가 대를 이어 또는 형제들이 차례로 처벌받게 되고 이에 따라 다른 가족 구성원에게 더 큰 불행을 안겨준다.

다. 우리 군의 전체 병력수에 비추어 양심적 병역거부자들이 현역집총병역에 종사하는지 여부가 국방력에 미치는 영향은 전투력의 감소를 논할 정도라고 볼 수 없고, 이들이 반세기 동안 형사처벌 및 유·무형의 막대한 불이익을 겪으면서도 꾸준히 입영이나 집총을 거부하여 온 점에 의하면 형사처벌이 이들 또는 잠재적인 양심적 병역거부자들의 의무이행을 확보하기 위해 필요한 수단이라고 보기는 어렵다.

라. 국방의 의무는 단지 병역법에 의하여 군복무에 임하는 등의 직접적인 집총병력형성의무에 한정되는 것이 아니므로 양심적 병역거부자들에게 현역복무의 기간과 부담 등을 고려하여 이와 유사하거나 보다 높은 정도의 의무를 부과한다면 국방의무이행의 형평성회복이 가능하다. 또한 많은 다른 나라들의 경험에서 보듯이 엄격한 사전심사절차와 사후관리를 통하여 진정한 양심적 병역거부자와 그렇지 않은 자를 가려내는 것이 가능하며, 현역복무와 이를 대체하는 복무의 등가성을 확보하여 현역복무를 회피할 요인을 제거한다면 병역기피 문제도 효과적으로 해결할 수 있다. 그럼에도 불구하고 우리 병역제도와 이 사건 법률조항을 살펴보면, 입법자가 이러한 사정을 감안하여 양심적 병역거부자들에 대하여 어떠한 최소한의 고려라도 한 흔적을 찾아볼 수 없다.

재판관 권 성의 별개의견

이 사건 청구인의 신념은 종교상의 신념이므로 종교의 자유가 문제되는데, 집총거부를 허용하더라도 국가안보라는 중대한 헌법적 법익에 손상이 없으리라고 단정할 수 없으므로 입법자의 판단이 명백히 잘못되었다고 볼 수 없으므로 이 사건 법률조항이 종교의 자유를 침해한다고 할 수 없다. 종교에 바탕하지 않은 양심이 내심에 머무르지 않는 경우 비판의 대상이 되며, 비판의 기준은 보편타당성이다. 보편타당성의 내용은 윤리의 핵심 명제인 인(인)과 의(의), 두 가지로 집약되며 적어도 보편타당성의 획득가능성과 형성의 진지함을 가진 양심이라야 헌법상 보호를 받으며, 보편타당성이 없을 때에는 헌법 제37조 제2항에 따라 제한될 수 있다. 불의한 침략전쟁을 방어하기 위하여 집총하는 것을 거부하는 것은 인(인), 의(의), 예(예), 지(지)가 의심스러운 행위로서 보편타당성을 가진 양심의 소리라고 인정하기 어렵다. 국가안전보장상의 필요성은 헌법유보사항이며 이 사건 법률규정은 청구인에게 외형적인 복종을 요구할 뿐이고 입영기피의 정당한 사유에 대한 의회의 재량범위를 넘었다고 볼 수도 없어 양심의 자유의 본질을 침해한다고 할 수 없으므로 이 사건 법률조항이 양심의 자유를 침해한다고 할 수 없다.

민간대체복무의 검토 등 의회의 입법개선의 필요여부에 대한 의회의 연구가 필요하다는 다수의견의 권고는 권력분립의 원칙상 적절치 않고 오히려 오해의 소지가 있으므로 이는 바람직하지 않다.

재판관 이상경의 별개의견

헌법 제39조 제1항은 기본권 제한을 명시함으로써 기본권보다 국방력의 유지라는 헌법적 가치를 우위에 놓았다고 볼 수 있고 입법자는 국방력의 유지를 위하여 매우 광범위한 입법재량을 가지고 있으므로, 헌법 제37조 제2항 및 과잉금지원칙이라는 심사기준은 적용될 수 없다. 따라서 이 사건 법률조항이 위헌이라고 판단되기 위해서는 입법자의 입법권한 행사가 정의의 수인한계를 넘어서거나 자의적으로 이루어져 입법재량의 한계를 넘어섰다는 점이 밝혀져야 한다. 양심을 이유로 한 병역거부자의 양심이라는 것 자체가 일관성 및 보편성을 결한 이율배반적인 희망사항에 불과한 것이어서 헌법의 보호대상인 양심에 포함될 수 있는지 자체가 문제될 수 있고 적어도 이를 우리 공동체를 규율하는 정의의 한 규준으로 수용하기 어렵다 할 것이므로 양심을 이유로 한 병역거부자에 대한 형벌의 부과가 정의의 외형적 한계를 넘어섰다고 볼 수 없다. 또한 병역의무의 불이행에 대한 제재가 완화되어도 필요한 국방력이 유지될 수 있는지 여부 등 미래의 상황에 대한 전망이 불투명한 상태이므로 양심적 병역거부자에 대한 형벌이 자의적 입법이라고 할 수 없다.

정당한 입법의 방향에 관하여 확신을 가질 수 없는 상황에서 이 사건 심판대상과 관련이 없는 대체복무제에 대하여 입법자에게 입법에 관한 사항에 대하여 권고하는 것은 사법적 판단의 한계를 넘어서는 것으로서 바람직하지 않다.

그 후 헌법재판소는 2011년 8월 30일 새로운 결정을 내렸다.

헌법재판소는, 본문에 등장하는 "양심적 병역거부 1차 판결"에서는 양심의 자유 제한을 인정하고 비례심사를 하지 않은 반면, 최근 "양심적 병역거부 2차 판결"에서는 이를 양심의 자유 제한 문제로 해결하지 않고 국방의 의무에 관한 입법상 제한의 관점에서 비례심사를 통해 합헌 결정을 내렸다. 분단국가인 한국의 젊은이들에 관한 중요한 사항이므로 최근 헌재판결문을 그대로 인용한다.

〈판시사항〉

1. 구 병역법(2004. 12. 31. 법률 제7272호로 개정되고, 2009. 6. 9. 법률 제9754호로 개정되기 전의 것) 제88조 제1항 제1호 및 병역법(2009. 6. 9. 법률 제9754호로 개정된 것) 제88조 제1항 제1호(이하 양 조항을 합쳐 '이 사건 법률조항'이라 한다)가 양심적 병역거부자의 양심의 자유를 침해하는지 여부(소극)

2. 이 사건 법률조항이 평등원칙에 위반되는지 여부(소극)

3. 이 사건 법률조항이 국제법 존중의 원칙을 선언하고 있는 헌법 제6조 제1항에 위반되는지 여부(소극)

〈결정요지〉

1. 이 사건 법률조항은, '국민의 의무인 국방의 의무의 이행을 관철하고 강제함으로써 징병제를 근간으로 하는 병역제도 하에서 병역자원의 확보와 병역부담의 형평을 기하고 궁극적으로 국가의 안전보장이라는 헌법적 법익을 실현하고자 하는 것'으로 그 입법목적이 정당하고, 입영을 기피하는 현역 입영대상자에 대하여 형벌을 부과함으로써 현역복무의무의 이행을 강제하고 있으므로, 이 같은 입법목적을 달성하기 위한 적절한 수단이다.

또한 병역의무와 관련하여 대체복무제를 도입할 것인지의 문제는 결국 '대체복무제를 허용하더라도 국가안보라는 중대한 공익의 달성에 아무런 지장이 없는지 여부'에 대한 판단의 문제로 귀결되는바, 남북이 대치하고 있는 우리나라의 특유한 안보상황, 대체복무제 도입시 발생할 병력자원의 손실 문제, 병역거부가 진정한 양심에 의한 것인지 여부에 대한 심사의 곤란성, 사회적 여론이 비판적인 상태에서 대체복무제를 도입하는 경우 사회 통합을 저해하여 국가 전체의 역량에 심각한 손상을 가할 우려가 있는 점 및 종전 헌법재판소의 결정에서 제시한 선행조건들이 아직도 충족되지 않고 있는 점 등을 고려할 때 대체복무제를 허용하더라도 국가안보와 병역의무의 형평성이라는 중대한 공익의 달성에 아무런 지장이 없다는 판단을 쉽사리 내릴 수 없으므로, 양심적 병역거부자에 대하여 대체복무제를 도입하지 않은 채 형사처벌 규정만을 두고 있다고 하더라도 이 사건 법률조항이 최소침해의 원칙에 반한다고 할 수 없다.

양심적 병역거부자는 이 사건 법률조항에 따라 3년 이하의 징역이라는 형사처벌을 받는 불이익을 입게 되나 이 사건 법률조항이 추구하는 공익은 국가의 존립과 모든 자유의 전제조건인 '국가안보' 및 '병역의무의 공평한 부담'이라는 대단히 중요한 공익이고, 병역의무의 이행을 거부함으로써 양심을 실현하고자 하는 경우는 누구에게나 부과되는 병역의무에 대한 예외를 요구하는 것이므로 병역의무의 공평한 부담의 관점에서 볼 때 타인과 사회공동체 전반에 미치는 파급효과가 대단히 큰 점 등을 고려해 볼 때 이 사건 법률조항이 법익균형성을 상실하였다고 볼 수는 없다. 따라서 이 사건 법률조항은 양심의 자유를 침해하지 아니한다.

2. 이 사건 법률 조항은 병역거부가 양심에 근거한 것이든 아니든, 그 양심이 종교적 양심이든, 비종교적 양심이든 가리지 않고 일률적으로 규제하는 것일 뿐, 양심이나 종교를 사유로 차별을 가하는 것도 아니므로 평등원칙에 위반되지 아니한다.

3. 우리나라가 1990. 4. 10. 가입한 시민적·정치적권리에관한국제규약(International Covenant on Civil and Political Rights)에 따라 바로 양심적 병역거부권이 인정되거나 양심적 병역거부에 관한 법적인 구속력이 발생한다고 보기 곤란하고, 양심적 병역거부권을 명문으로 인정한 국제인권조약은 아직까지 존재하지 않으며, 유럽 등의 일부국가에서 양심적 병역거부권이 보장된다고 하

더라도 전 세계적으로 양심적 병역거부권의 보장에 관한 국제관습법이 형성
되었다고 할 수 없어 양심적 병역거부가 일반적으로 승인된 국제법규로서
우리나라에 수용될 수는 없으므로, 이 사건 법률조항에 의하여 양심적 병역
거부자를 형사처벌한다고 하더라도 국제법 존중의 원칙을 선언하고 있는 헌
법 제6조 제1항에 위반된다고 할 수 없다.

재판관 목영준의 보충의견

모든 국민은 법률이 정하는 바에 따라 국방의 의무를 부담하게 되는데, 이 경우
성별(性別), 신체조건, 학력 등 개개인의 객관적 상황에 의하여 차별이 발생할 수 있
으나, 그러한 차별이 헌법상 보장된 평등권을 침해하지 않기 위하여는 병역의무의
이행에 따른 기본권 제한을 완화시키거나 그 제한으로 인한 손실을 전보하여주는
제도적 장치를 마련하여, 국방의무의 부담이 전체적으로 국민 간에 균형을 이룰 수
있도록 하여야 한다. 그러나 현재 국방의 의무를 구체화하고 있는 여러 법률들에 의
하면 국방의무의 배분이 전체적으로 균형을 이루고 있다고 인정하기 어렵고, 나아가
병역의무의 이행에 따르는 기본권 제한을 완화시키거나 그 제한으로 인한 손실 및
공헌을 전보하여 주는 제도적 장치가 마련되어 있지도 않다.

이처럼 병역의무의 이행에 따른 손실의 보상 등이 전혀 이루어지지 않는 현재의
상황에서 양심의 자유에 의한 대체복무를 허용하는 것은 국민개병 제도에 바탕을
둔 병역제도의 근간을 흔들 수 있을 뿐 아니라, 사회 통합을 저해하여 국가 전체의
역량에 심각한 손상을 가할 수 있다. 결국 병역의무 이행에 대한 합당한 손실전보
등 군복무로 인한 차별을 완화하는 제도가 마련되지 않는 한, 양심적 병역거부자를
처벌하는 이 사건 법률조항은 헌법에 위반되지 않는다.

재판관 김종대의 별개의견

이 사건 법률조항은 국방의 의무를 부과하는 것으로서 기본의무 부과의 위헌심사
기준에 따라 그 위헌성을 심사하여야 할 것인데, 의무부과 목적의 정당성이 인정되
고, 부과 내용이 기본의무를 부과함에 있어 입법자가 유의해야 하는 여타의 헌법적
가치를 충분히 존중한 것으로서 합리적이고 타당하며, 부과의 공평성 또한 인정할
수 있다. 따라서 이 사건 법률조항은 그로 인해 불가피하게 생겨나는 기본권 제한의
점은 따로 심사할 필요 없이 헌법에 위반되지 않는다.

재판관 이강국, 재판관 송두환의 한정위헌의견

　헌법상의 기본권과 헌법상의 국민의 의무 등 헌법적 가치가 상호 충돌하고 대립하는 경우에는 어느 하나의 가치만을 선택하여 나머지 가치를 희생시켜서는 안 되고, 충돌하는 가치를 모두 최대한 실현시킬 수 있는 규범조화적 해석원칙을 사용해야 한다. 양심의 자유와 국방의 의무라는 헌법적 가치가 상호 충돌하고 있는 이 사건 법률조항의 문제도 이와 같은 규범조화적 해석의 원칙에 의하여 해결해야 한다. 따라서 이 사건 법률조항의 '정당한 사유'는 진지하고 절박한 양심을 결정한 사람들의 양심의 자유와 국방의 의무라는 헌법적 가치가 비례적으로 가장 잘 조화되고 실현될 수 있는 조화점을 찾도록 해석하여야 한다. 하지만 헌법재판소와 대법원 판례는 이 사건 법률조항의 '정당한 사유'에는 종교적 양심상의 결정에 의하여 병역을 거부한 행위는 포함되지 아니한다고 해석하고 있는데, 그 결과 절대적이고 진지한 양심의 결정에 따라 병역의무를 거부한 청구인들에게 국가의 가장 강력한 제재수단인 형벌이, 그것도 최소한 1년 6개월 이상의 징역형이라고 하는 무거운 형벌이 부과되고 있다. 이는 인간으로서의 존엄과 가치를 심각하게 침해하는 것이고, 나아가 형벌부과의 주요근거인 행위와 책임과의 균형적인 비례관계를 과도하게 일탈한 과잉조치이다.

　양심적 병역거부자들에 대한 대체복무제를 운영하고 있는 많은 나라들의 경험을 살펴보면, 대체복무제가 도입될 경우 사이비 양심적 병역거부자가 급증할 것이라고 하는 우려가 정확한 것이 아니라는 점을 알 수 있다. 엄격한 사전심사와 사후관리를 통하여 진정한 양심적 병역거부자와 그렇지 못한 자를 가려낼 수 있도록 대체복무제도를 설계하고 운영한다면 이들의 양심의 자유뿐 아니라 국가안보, 자유민주주의의 확립과 발전에도 도움이 될 것이다.

　결국, 이 사건 법률조항 본문 중 '정당한 사유'에, 양심에 따른 병역거부를 포함하지 않는 것으로 해석하는 한 헌법에 위반된다.

14. 학문의 자유와 경찰권의 한계

　모 대학교 법정대학에서 개헌안에 관한 공개모의국회를 동 대학강당에서 개최하였다. 그런데 입장권을 사서 들어온 사복경찰관 A·B는 모의국회진행중 이의 내용이 불온하다고 하여 해산을 명하였다. 이에 격분한 학생회 간부 갑·을·병은 A·B를 강당 밖으로 밀어내고 학내에서 퇴거하기를 요구하였다. 그러자 A · B 양인은 갑 · 을 · 병 세 학생을 공무집행방해죄로 체포 · 송치하였다. A·B의 행위는 적법이며 갑 · 을 · 병은 책임이 있는가?

설문에서의 모의국회는 비록 공개이고 사복경찰관 A · B 이외에도 다수인이 입장권을 사서 입장한 일이 있더라도 학교당국이 공인한 장소와 방법에 의하는 한 학내활동의 일부임은 부인할 수 없을 것이다. 따라서 동모의국회에도 일반적인 학내의 대학자치원칙이 적용되어야 할 것이다.

헌법 제22조 1항의 학문의 자유와 제31조 4항의 대학의 자율성 규정에 의하여 대학은 학장(또는 총장)의 교무관장 권한을 중심으로 하여 학내에서의 연구와 교직원 및 학생의 진리탐구, 도의, 일반교양체득을 위하여 일정한 규칙에 따라 자치활동을 하는 것이 인정되고 있다. 외부와의 관계에 관해서 말한다면 정치적 또는 경찰적 권력이 치안유지라는 명목하에 무제한적으로 대학구내 특히 연구실을 출입하는 것은 부당하다고 하겠다. 왜냐하면 경찰당국에 의하여 경찰활동의 대상사실이 존재하는 때에는 대학에 아무 때나 경찰권을 발동할 수 있다고 한다면 도저히 대학의 자치와 학문의 자유공정은 유지될 수 없기 때문이다.

특히 대학교수의 대학 내에서의 강의내용이나 학생의 대학 내에서의 연구내용을 조사하기 위하여 학내에 침입하는 것 같은 일은 결코 허용되지 않는다고 할 것이다. 대학구내에서 불상사가 발생한 경우에도 사정이 허락하는 한 대학당국의 감호와 지도에 맡겨 해결을 꾀할 것이며, 대학당국이 처리할 수 없고 또 극히 부적당한 것으로서 학교당국의 요청이 있는 경우에 한하여 비로소 경찰이 대학이 지정한 학내장소에 출동하는 것은 무방하며 또한 필요할 것이다. 특히 범죄의 예방, 진압 또는 범죄의 수사 및 피의자의 체포를 위하여 경찰권을 행사하는 것이라면 그것이 대학의 사전승인을 얻는 한, 관례적으로 인정될 수 있을 것이다.

설문의 경우는 일반적으로 공개된 모의국회였던 만큼 범죄행위가 목전에 행하여지려고 하는 것을 인정하였을 때면 입장은 적법하다고 하겠다. 그러나 사전허가도 없이 학내집회의 해산을 명하는 것은 대학당국을 무시하고 대학의 자치를 침해하는 행위이기 때문에 위헌이며 불법이다. 이러한 위법행위인 경찰권의 발동에 대하여서는 공공의 질서를 교란케 하지 않는 범위 내에서 행하여지는 방위행위는 위법성을 조각한다고 하겠다. 따라서 갑·을·병의 행위는 정당하며, 이에 반하여 사복경찰관 A·B의 행동은 경찰비례의 원칙에 반하는 월권행위이기 때문에 불법이다.

15. 교과서 검·인정제도의 위헌성 여부

모 중학교 국어과목 담당교사인 A는 학교장이 지정한 검·인정교과서에 의하여 수업을 하지 않고 다른 교재를 사용하였다는 이유로 징계에 회부되었다. 그러나 A는 교과서의 검·인정제도는 헌법 제22조(학문의 자유), 제31조(교육을 받을 권리)와 제21조(언론·출판의 자유)에 위반되며, 교장의 지시도 헌법 제22조에 위배되는 위법한 조치이므로 그 지시에 따라야 할 의무가 없다고 주장하고 있다. A의 주장의 당부(當否)에 관하여 설명하라.

설문에서 A는 교과서의 검·인정제도가 헌법 제22조·제31조와 제21조에 위반되며, 또한 교사의 교재선택에 대한 교장의 지시도 헌법 제22조와 제31조에 위반된다고 주장하고 있다. 이와 관련한 문제점을 아래와 같이 구분하여 생각해 볼 수 있다.

먼저 교과서 검·인정제도가 헌법상의 학문의 자유, 그 중에서도 교수의 자유에 위배되느냐 하는 것이 문제가 된다. 우리나라에서와 같이 보통교육기관의 교수의 자유를 소극적으로 평가하는 풍토에서는 그 제도를 당연시하게 된다. 확실히 보통교육기관에서는 아동학생들이 비판능력을 갖고 있지 못하며, 교사가 아동학생에게 강한 영향력을 가지고 있다는 점, 또한 교육의 기회균등을 도모할 필요에서도 전국적으로 일정한 수준을 확보할 필요가 있다는 점 등의 견지에서 볼 때, 교사에게 완전한 교수의 자유를 인정할 수는 없다고 본다. 그러나 다른 한편 보통교육기관은 교수의 자유를 전혀 가질 수 없다고 한다면 그것도 또한 타당하다고 볼 수 없다. 따라서 교과서의 채택에 있어 교사의 관여를 전적으로 배제하거나 학습지도요령을 구속력 있는 것으로서 세목에 걸쳐 교사에게 강제하거나 하는 것은 위헌성의 우려가 있다. 따라서 설문에서 적어도 교장의 지시는 위헌·위법성의 우려가 명백하다.

다음으로 교과서의 검·인정제도가 헌법상의 출판의 자유를 침해하는 것이 아닌가가 문제되고 있다. 교과서의 국정이 아니라, 일반저자의 교과서류에 대한 검·인정은 확실히 출판에 대한 사전허가의 성질을 가진다는 점에서 문제가 전혀 없는 것도 아니다. 그러나 사상의 자유를 바탕으로 하는 일반적인 출판의 자유와 교과서의 출판을 동일시할 수는 없을 것이다. 따라서 국가가 교육적 견지에서 검정기준 등을 설정하는 것을 그 자체 위헌이라고 주장할 수는 없다.

우리 헌법재판소도 1992년 11월 12일(89 헌마 88) 결정에서 "…보통교육의 과정에서 채택하고 있는 현행 국정교과서제도는 교육정책입안 등 교육행정을 책임지고 있는 국가의 재량권을 보장하는 측면에서 불가피한 제도이다.

또 국민의 수학권의 보장을 위해서 교사의 수업권은 일정범위 내에서 제약이 불가피하다. 교과서의 검·인정제도는 도서의 출판 자체를 원천적으로 금지하는 것은 아니기 때문에 출판의 자유를 침해하지 않는다.

결론적으로 국어교과서 국정제는 학문의 자유나 언론·출판의 자유를 침해하는 제도가 아님은 물론이고 교육의 자주성·전문성·정치적 중립성과도 무조건 양립되지 않는 것이라 하기 어려우므로 위헌에까지 이르지 않는다"고 판시한 바 있다.

16. 보도의 자유와 정치인의 명예

A신문은 정치인 B가 국회에서 시국에 관한 협상안을 제출한 것을 계기로 하여 B가 자본가들과 결탁하여 수뢰한 자라는 것을 지적하여 그의 정국수습안을 거부하는 것이 타당하다고 논평하였다.

이에 분노한 B는 곧 다른 신문에 반박하는 논설을 게재하고 A신문을 상대로 명예훼손죄로 고소하는 동시에 민사법원에 정신적 손해에 대한 위자료 지불청구소송을 제기하였다. 법원은 B의 청구에 따라 A신문이 그러한 주장을 번복할 것을 금지하는 가처분을 하였다. 그럼에도 불구하고 A신문은 C은행가가 B에게 낸 "정치활동을 위한 자금으로서 500만 원을 지불한다"는 내용의 서신사진을 신문에 게재하여 자기들의 주장이 옳았다는 것을 보도하였다. 이에 대하여 C는 이 서신이 자기의 승낙 없이 게재된 것이며 이 서신의 공표에 따라 자기의 개인생활이 폭로된 것으로, 이는 헌법 제17조의 프라이버시의 권리를 침해한 것이라 하여 정신상 손해에 대한 위자료를 청구하였다. B의 청구는 이유가 있는가? A는 어떤 책임을 질 것인가?

신문이 정치적인 사항에 대한 국민일반의 관심사에 대하여 논평을 하는

것은 분명히 언론의 자유의 한 내용이다. 그러나 신문기사에서 개인의 전력·
사생활에 관계되는 사항을 보도하여 논평하는 것도 언론의 자유의 범위 내에
속하는가가 문제된다.

즉 국민의 알 권리에 봉사하고, 국정의 건전한 발전을 위한 비판 및 국민
의 정치적 의사형성·계몽이라는 사명을 지닌 신문보도의 자유는 어느 한도
까지 허용될 수 있는가 하는 점이다.

본 설문에서 나타난 바와 같이 신문이 정치적 사건의 논평 또는 보도에
있어서 정치인의 인격과 행동에 대해서 비판적으로 표현하는 것은 명예훼손
이 되는가에 관해서는 일반사인에 대한 명예훼손과는 달리 취급해야 될 필요
가 있다고 본다. 왜냐하면 민주국가에서의 정치가의 지위와 행동은 다른 사람
들의 의견과의 항상적인 토론에 의해 수행되어지고 또한 정치가는 자기자신
의 정치적 소신이나 정책에 반대하고 비판을 하여 자기의 정치적인 영향력을
제한하려는 공격에 언제나 노출되어 있다. 민주정치는 오히려 이와 같은 공개
된 사상의 시장에 의해 더욱 발전하는 것이다. 따라서 정치가는 이러한 공격
에 대해 자신의 견해를 명백히 공공연하게 진술하고 또 반격할 가능성이 있
으며, 실상 다른 일반사인들보다 자기의 입장을 옹호할 더 많은 기회를 가지
는 것이다. 따라서 정치적인 행동이나 전력에 대한 악평은 명예를 훼손하는
것이 아니라고 할 것이다. 미국판례도 공적 인사에 대한 약간의 사실착오가
있는 보도라고 하더라도 그것이 '악의 또는 무모한 부주의'에 의한 것이 아닌
경우에는 명예훼손이 성립하지 않는다고 하였고, 일본판례도 "공공의 질서,
이해에 직접 관계있는 사실의 경우라든가 사회적으로 저명한 존재인 경우에
는 사건의 공적 성격에서 일정한 합리적인 한계 안에서 사생활이 측면에서도
보도·논평이 허용된다"고 하였다.

이와 같이 '공적 이익의 이론'이라든가 '공적 존재의 이론'은 피해자의 존
재성격 그 자체에 의해서라기보다는 객관적으로 공표가치가 있는 사항인가의
여부에 따라 판단함이 더욱 중요할 것이다. 공적 존재라고 하더라도 대통령,
국무총리, 국회의원, 일반공무원, 재계지도자, 노조지도자, 문화·예술계의 저
명인사 등 많은 사람들을 포함하므로, 구체적인 결론은 피해자가 통치에 직접
적인 책임을 지는가, 혹은 그 이외의 공공적 이익에 관여되는가 등을 종합적
으로 고찰하여야 할 것이다.

다음으로 문제되는 것은 신문보도를 위해 타인의 신서(信書)를 승낙 없이 신문에 싣는 것은 취재의 자유의 범위를 넘어 프라이버시권을 침해한 것인가 하는 점이다. 일반적으로 승낙 없이 타인의 편지를 개봉하거나 신문에 보도하는 것은 형법상으로는 신서개피죄 혹은 절도죄에 해당될 것이고 프라이버시권을 침해한다고 볼 수 있다. 그러나 그 행위가 보도기관으로서의 공적 사명을 다하기 위한 목적만에 의하여 행하여지고, 행위의 구체적 수단·방법이 다른 방법으로는 불가능하였고, 그 취재행위로 말미암아 가져올 공공의 이익이 프라이버시권보다 훨씬 우월하거나 균형을 이룰 때는 형법 제20조의 정당행위로서 그 위법성이 조각(阻却)될 수 있을 것이다. 그러나 취재가 단순한 사적 호기심이나 폭로만을 위한 행위일 때는 물론 취재의 자유의 범위를 일탈한 것이다.

본 설문과 비슷한 사례에서 독일연방재판소는 "은행의 상행위에 관한 사실의 보도는 보도된 사실에 관한 계몽에 공중이 정당한 이익을 가지는 경우에는 은행소유자의 인격권에 대한 불법적인 침해가 되지 않는다"고 판시하였다.

이러한 이론들에 근거하여 설문을 풀어보면 다음과 같다.

첫째, 정치인 B의 주장은 이유 없으며 A신문은 민·형사상의 책임이 없다. B는 자기의 입장을 변호하기 위한 반박을 다른 신문에 게재하여 명예를 회복할 기회를 가졌으며, A신문의 논평은 국민의 정치에 관한 정당한 관심사에 관하여 보도하였을 따름이다. 공적 이익을 위하여 보도한 경우 그것이 사실인 경우는 물론이고 약간의 착오가 있었다고 하더라도 악의나 과실이 없는 한 A신문은 책임이 없다.

둘째, 은행가 C의 프라이버시권 침해에 대한 주장은 이유 없으며, A신문은 책임이 없다고 본다. A신문은 B의 부당한 반박에 대해 그것이 허위이고 자기들의 주장이 옳다는 것을 입증하기 위해서는 C의 신서를 신문에 게재하는 외에는 다른 방법이 없었다고 인정되고, 그것이 오로지 공익만을 위한 목적으로 행해졌다면 형법상의 신서개피죄, 절도죄 등의 구성요건에 해당되더라도 형법 제20조의 정당행위가 되어 위법성이 조각될 것이다.

17. 근로자의 단체행동권과 정치적 파업

국회에서 노동쟁의조정법의 개정안이 제안되었다. A회사의 노동조합은 이것이 근로자의 권리를 현저히 제한하는 개악(改惡)이라고 반대하고 이 법안의 통과를 저지하기 위하여 파업할 것을 결의하였다. 입법에 대한 반대파업은 정치적 파업에 속하는 것이라고 일반적으로 이해되고 있는데, A노조의 이러한 파업은 허용되는가?

A회사의 노동조합이 노동쟁의조정법의 개악을 반대하기 위하여 파업을 결의한 것은 합법적이라고 할 것이다. 노동쟁의조정법을 개악하는 것은 근로자의 단결권·단체교섭권·단체행동권 등의 근로삼권의 보장과 직접적으로 관계가 있고 근로자들은 이에 의하여 근로삼권을 제한당하게 된다면 사용자와 대등한 관계에서 대결할 수 없는 약한 지위에 머물게 될 것이며 따라서 근로조건의 실효적인 향상을 통한 경제적·사회적 지위의 향상이 어려워질 것이고 나아가 생존권의 위협을 받게 될 것이다.

A노조의 노동쟁의조정법 개악반대파업은 국가의 입법을 반대하기 위한 파업이므로 구체적으로 노·사간의 노동쟁의를 전제로 한 노동법상의 쟁의행위는 아니지만 근로조건의 향상과 근로자의 경제적·사회적 지위의 향상을 위한 단체행동으로서 헌법 제33조에 의하여 직접 도출되는 권리라고 할 수 있다.

따라서 A노조는 파업의 수단·방법에 있어서의 한계를 일탈하지 않는 한, 하등의 민·형사책임을 지지 않으며 헌법 제33조에 의하여 직접 위법성이 조각될 것이다. 비록 정치적 파업이 위법한 것이라 할지라도 그것은 조합의 행위이므로 그 조합원 개개인들에게는 책임을 물을 수 없다는 것이 일반적인 견해이다.

18. 쟁의행위와 제3자개입금지

근로자들이 헌법에 의하여 보장된 근로 3권을 적절히 행사할 수 있기 위하여는 노동문제전문가, 학자, 법률가 등 제3자의 조언이나 조력을 받아야 할 필요가 있고 이러한 것이 바로 근로 3권의 내용을 이루는 것으로 생각되는데, 노동쟁의조정법 제13조의2는 쟁의행위에 관한 조언, 조력 등을 포괄적으로 금지하고 있어 근로 3권을 보장한 헌법 제33조 1항과 기본권의 포괄적인 보장 및 그 제한의 한계를 규정한 헌법 제37조에 위반되는 것이 아닌가?

노동쟁의조정법 제13조의2, 제45조의2는 헌법에 위반되지 아니한다(헌법재판소 1990. 1. 15, 89 헌가 103 결정 참조).

(1) 노동쟁의조정법 제13조의2가 규정한 제3자개입금지는 헌법이 인정하는 노동 3권의 범위를 넘어 분쟁해결의 자주성을 침해하는 행위를 규제하기 위한 입법일 뿐, 근로자가 단순한 상담이나 조력을 받는 것을 금지하고자 하는 것은 아니므로 근로자 등의 기본권을 제한하는 것이라고는 볼 수 없다.

(2) 위 제3자개입금지조항은 근로자측으로서의 개입뿐만 아니라 사용자측으로의 개입에 대하여서도 마찬가지로 규정하고 있고, 근로자들이 변호사나 공인노무사 등의 조력을 받는 것과 같이 근로 3권을 행사함에 있어 자주적 의사결정을 침해받지 아니하는 범위 안에서 필요한 제3자의 조력을 받는 것을 금지하는 것이 아니므로, 근로자와 사용자를 실질적으로 차별하는 불합리한 규정이라고는 볼 수 없다.

(3) 위 규정 중 "…기타 이에 영향을 미칠 목적으로 개입하는 행위"란, 쟁의행위에 개입한 제3자의 행위를 전체적으로 평가하여 근로관계당사자의 자유롭고 자주적인 의사결정에 대하여 영향을 미칠 목적 아래 이루어진 간섭행위를 포괄하는 행위라고 보아야 할 것으로서 위 행위에의 해당여부는 누구나 예견할 수 있다 할 것이므로, 그 구성요건이 헌법 제12조 1항이 요구하는 명확성을 결하여 죄형법정주의에 위반되는 것이 아니다(보충의견 및 반대의견 있음).

19. 환경권과 권리구제

X는 Y자동차 정류장 인근에 거주하고 있는 주민이다. X는 그동안 그 정류장에서 발생하는 소음과 먼지 때문에 생활하는데 있어 막대한 지장을 받아 왔다. 따라서 X는 헌법 제35조의 환경권을 근거로 하여 '깨끗한 환경에서 생활할 권리'를 보호해 줄 것을 국가에 대하여 청구하려고 한다.

X의 그러한 권리구제가 가능한가?

우리 헌법 제35조에서 "모든 국민은 건강하고 쾌적한 환경에서 생활할 권리를 가지며, 국가와 국민은 환경보전을 위하여 노력하여야 한다"라고 규정하고 있다.

환경권을 침해당했을 때

환경권은 권리가 침해되었을 때 그 보호를 국가에 대해 요구할 권리와, 국가 또는 국민이 환경을 파괴하거나 환경권을 침해할 때 처벌이나 손해 배상을 요구할 수 있는 권리를 포함한다.

환경권을 침해당했을 때는 가해자 및 피해 결과에 따라 몇 가지 방법으로 구제받을 수 있다. 크게는 형사상 고소·고발, 민사소송을 통한 사법적 구제 수단, 행정 소송을 통한 행정법적 구제 수단으로 나뉘며, 그 밖에 환경부 산하의 환경분쟁조정위원회에서 담당하는 환경분쟁 조정 제도를 이용할 수도 있다.

형사상 고소·고발

환경 오염을 유발한 당사자가 법적 기준을 지키지 않았을 경우에는 고소나 고발을 할 수 있다. 환경정책기본법을 기본으로 한 개별법들이 환경오염에 관한 사항들을 규제한다.

그러나 처벌을 한다고 해서 환경오염을 당한 피해자가 피해에 대한 손해를 배상받을 수 있는 것은 아니다. 여기에서 민사소송의 필요성이 생긴다.

민사소송

환경 분야와 관련된 민사소송에는 환경권 침해의 제거 또는 예방을 구하는 소송으로서 유지 청구, 환경 침해로 인한 손해의 배상을 구하는 손해 배상 청구, 그리고 확정 판결이 있을 때까지 손해가 발생하는 것을 방지하기 위한 가처분 신청 등이 있다.

민사소송에 의한 구제는 궁극적으로 손해 배상을 받기 위한 것인데, 전문가가 없으면 피해자가 재산상 피해에 대해 증명하기가 어렵고, 비용과 시간도 많이 드는 단점이 있다. 이 때, 입증 부담을 덜고 적은 비용으로 보다 신속한 해결을 원한다면 환경 분쟁 조정 제도를 이용하는 것이 좋다.

여기서 우리 헌법상의 환경권은 어떠한 성질을 가지는 권리인가가 문제가 된다. 우리 헌법은 다만 "모든 국민은 건강하고 쾌적한 환경에서 생활할 권리를 가지며…"라고 규정하고 있기 때문에, 그 조문만 보면 그 국민의 환경권은 자유권(침해배제청구권)으로 볼 수도 있으며, 적극적인 청구권으로 볼 수도 있다. 그러나 환경권은 헌법에 기본권으로 규정되어 있기 때문에 최소한 배제청구권(Abwehrrecht)의 효력은 갖는 것으로 봄이 타당하다.

다른 한편 환경권은 적극적인 청구권의 성격도 갖는 것으로 볼 수 있는가가 문제된다. 헌법에는 "법률이 정하는 바에 의하여"라는 형식의 법률유보조항을 두고 있지 않음으로써 마치 헌법에 근거하여 직접 그 권리를 행사할 수 있는 것같이 보인다.

그러나 법률유보조항이 없다고 언제나 헌법에 규정되어 있는 청구권적 권리를 모두 직접적인 권리로 볼 수는 없다. 왜냐하면 그 권리는 오히려 법률의 제정에 의하여 비로소 구체화된다.

따라서 설문에서의 X는 헌법 제35조에 규정되어 있는 환경권에 근거하여 권리구제의 방법을 강구해야 하지만, 그 권리구제의 가능성과 구체적인 방법은 필수적으로 관계법규를 종합적으로 분석하여 모색하여야 한다.

20. 경찰관의 직무상의 불법행위와 국가배상청구권

서울특별시 지방경찰청 소속의 경찰관 A는 크리스마스 이브가 비번인데도 제복을 착용하고 남산을 산책하던 중 숲속에서 우연히 만난 청년 B를 무단검색하던 차, B가 소지하고 있던 금품이 탐이나 B를 구타실신시킨 후 금품을 탈취하여 도주하였다. 이에 분개한 B는 3일 후 서울특별시에 대하여 탈취당한 금품은 물론 육체적·정신적 피해에 대하여 A를 대신하여 이를 배상하여 주도록 청구하였다.

그러나 서울특별시는 ① 국가배상법 제 9 조가 결정전치주의를 규정하고 있음에도 불구하고, B의 배상청구는 배상심의회의 배상금지급결정을 거치지 아니하였고, ② A는 당시 비번이었으므로 A의 행위는 직무집행과는 아무런 관련이 없는 까닭에, A의 행위에 대해서는 A 자신이 책임을 져야 할 것이며, ③ 설령 A 외에 배상책임자가 따로 있다 할지라도 그 배상책임자는 A의 임용권자인 경찰청장이어야 하고, ④ A의 행위로 말미암은 손해의 배상청구는 물질적 및 생명·신체적 손해에 대해서만 할 수 있을 뿐 정신적 피해에 대해서는 할 수 없다는 점을 들어, 서울특별시로서는 A의 행위에 대하여 손해배상의 책임이 없다면서 그 청구에 불응한다. 서울특별시의 주장은 정당한가?

헌법 제29조 1항은 "공무원의 직무상 불법행위로 손해를 받은 국민은 법률이 정하는 바에 의하여 국가 또는 공공단체에 정당한 배상을 청구할 수 있다.

이 경우 공무원 자신의 책임은 면제되지 아니한다"라고 하여, 국민에게 국가배상청구권을 보장함과 동시에 국가 또는 공공단체에게는 배상책임을 지우고 있다.

이 규정에 따라 제정된 법률이 국가배상법이다.

국가배상법 제2조 1항은 "국가 또는 지방자치단체는 공무원이 그 직무를 집행함에 당하여 고의 또는 과실로 법령에 위반하여 타인에게 손해를 가하였을 … 때에는 그 손해를 배상하여야 한다"라고 하여, 국가배상청구권의 성립요건으로서 ① 공무원이, ② 그 직무를 집행함에 당하여, ③ 고의 또는 과실로, ④ 법령에 위반하여, ⑤ 타인에게 손해를 가한 때라고 규정하고 있다.

이것을 설문의 내용과 관련시켜 볼 때, ① A는 서울특별시 지방경찰청 소속 경찰관이라 하고 있으므로 공무원인 요건을 충족하고 있고, ② B의 금품을 탐내어 B를 구타·실신시켰다 하므로 고의의 요건도 충족하고 있으며, ③ 무단검색하던 차 탈취하였다 하므로 법령위반의 요건까지 충족하고 있을 뿐 아니라, ④ B가 금품을 탈취당하고 실신할 정도로 구타당하였다 하므로, 타인에게 손해를 가한 때의 요건도 충족되었다고 볼 수 있다.

성립요건 중의 나머지 하나인 "그 직무를 집행함에 당하여"에 해당되는지 여부를 검토해 보면 사건이 비록 A의 비번일에 발생한 것이기는 하지만, 당시 A가 제복을 착용하고 있은 까닭에 공무원의 직무집행의 외형을 갖춘 경우이므로, 그것은 공무원의 직무상의 불법행위의 요건을 충족하고 있다.

또 A의 임용권자는 경찰청장이지만 국가배상법 제6조 1항에서 그 비용을 부담하는 자도 배상책임이 있다고 하고 있으므로, B가 서울특별시를 상대로 배상청구를 한 점에는 잘못이 없으며, 그 배상내용에 정신적 피해까지 포함시킨 것도 정당한 것이다. 다만 배상심의회의 배상금지급결정을 거치지 아니하고 직접 서울특별시에 대하여 배상을 청구한 점은 그 배상청구절차에 하자가 있다고 하지 않을 수 없다. 따라서 B가 배상심의회의 배상금지급결정을 거쳐 다시 손해배상청구를 할 때에는 서울특별시는 이를 거부하지 못한다.

21. 군인들의 국가배상청구권의 제한

저는 6·25사변중 적의 포탄에 맞아 다리를 부상당한 상이군인입니다. 그런데 다음과 같은 의문점이 있어 질문드립니다.

헌법 제29조 이하에는 국가배상청구권을 규정하고 있으며 이는 모든 국민에게 차별 없이 인정되어야 할 기본권이라 생각됩니다만, 유독 군인·군무원·경찰공무원·향토예비군 대원에게 한하여 그것을 인정하지 아니하는 예외규정을 국가배상법 제2조 1항에 두고 있습니다. 이는 군인·군무원·경찰공무원·향토예비군 대원의 평등권과 국가배상청구권을 침해한 것으로서 결국 본인의 국가배상청구권을 침해하는 것이 아닌지요?

적과 교전중 포탄에 맞아 부상한 자는 헌법 제29조 2항이나 국가배상법 제2조 1항에 의하여 기본권(평등권, 국가배상청구권)을 침해받고 있는 자라고 볼 수 없으므로 헌법소원심판을 청구할 이익이 없다(헌법재판소 1989. 7. 28, 89 헌마 61 결정).

22. 통치행위와 사법권의 한계

국회에서 여당측이 제안한 A법률의 통과를 둘러싸고 여당과 야당 양측은 연일 격렬한 토론을 하고 있던 중, 수적 열세인 야당측은 어떻게 해서라도 이 법률통과를 저지하기로 결의하고 국회본회의장 안에서 농성을 하였다. 이에 여당측은 그 다음 날 새벽인 1969년 9월 14일 일요일 오전 2시경 등화를 관제한 국회 별관에서 여당측 의원들만으로 표결에 붙여 통과시켰다. 이에 헌법에 정한 절차에 따라 대통령은 동 법률을 공포하였다.

그 후 B는 A법률위반으로 구속기소되었는데 B는 동 법률이 국회의 법률제정의 요식행위를 갖추지 아니한 것이라는 것을 이유로 법원에 위헌법률심사제청을 청구하였다. 법원은 어떤 결정을 내릴 것인가?

본 설문은 법률에 대한 형식적 심사권이 위헌법률심사제청의 대상이 되는가와 관련하여 입법절차가 과연 통치행위로서 사법권의 한계로 될 것인가가 문제된다.

통치행위 또는 정치문제라 함은 국가행위의 적법성을 법원이 심사하는 국가에서 고도로 정치적인 의미를 가진 국가행위 내지 국가적 이해에 직접 관계되는 사항을 대상으로 하는 국가행위라 하여 법원의 합법성의 심사에서 제외되는 행위를 말한다. 따라서 통치행위는 사법권의 한계문제가 된다.

범위는 구구하나 우리나라에서는 대체로 다음과 같은 것이 통치행위의 범위 내에 속한다고 한다. 즉 ① 국회의 의결, 선거의 효력, 정족수, 투표의 계산, 의원의 의사, 의원의 자격심사에 관한 쟁송, 의원의 징계 등 국회의 자율에 관한 사항, ② 국무위원의 임면, ③ 대통령의 국가승인 내지 정부승인 등 외교에 관한 문제, ④ 선전포고, 계엄령의 선포와 해제시간 등이 있다. 그러나 통치행위는 극히 한정적으로 인정해야 하며 기본권보장에 관한 한은 부정되어야 한다.

대법원은 계엄선포의 통치행위성을 인정하였고(대판 1964. 7. 21, 64 초 4), 국민투표법의 국회의결절차의 합헌성 판단을 회피하여 통치행위로 인정하였다(대판 1972. 1. 18, 71 도 1845).

설문의 경우에 국회의 법률성립절차상의 하자는 통치행위성이 부인되어 위헌여부의 심사의 대상이 된다고 보겠다. 그러나 판례에 따르게 되면 그 무효를 선언함으로써 야기될 정치적 결과를 고려하여 이를 통치행위로 보아 법원이 그 심사제청을 회피해야 한다는 결과가 된다.

그러나 동 법률의 하자 있는 의결을 통치행위로 본다 하더라도 국민의 기본권에 관한 한 통치행위 이론이 부정되어야 하며, 법률의 위헌여부 결정권이 헌법재판소에 있는 이상, 법원이 동 법률의 위헌의 의심이 있는 것으로서 헌법재판소에 위헌법률심사제청을 해야 할 것이다. 헌법재판소는 심판에 있어서 정치적 문제를 합헌으로 판단하는 경우는 있을 것이나 회피할 수는 없다고 하겠다.

23. 국회의원의 지위와 국민대표성

A당은 자당 소속의 X의원이 국회의 본회의에서 당의에 반하는 발언을 하였다는 것을 이유로 제명처분하였다. 이에 대하여 X의원은 A당의 그 제명처분은 국회의원의 전체국민의 대표성에 위배되는 것이므로 무효라고 주장하고 있다. X의원의 주장은 정당한 것인가?

우리 헌법은 제1조 2항에서 국민주권의 원리를 선언하고 있으면서, 한편으로는 제40조에서 의회주의를 규정하고 있다. 그러한 헌법규정은 우리 헌법이 대의제(대표민주제·간접민주제)를 통치의 기본원리로 하고 있음을 의미한다.

국민주권의 원리에 있어서 주권의 주체로서의 국민은 개인으로서의 국민이나 또한 개인의 총화로서의 국민을 의미하지 않고 불가분적이며 초개인적인 '전체국민'을 의미하고 있다. 따라서 근대국가는 국민주권의 원리를 적용 또는 구현하기 위하여 대의제를 확립하게 되었고, 그 대의제에 의하여 국회와 국회의원의 국민대표로서의 지위를 인정하게 되었다. 바로 주권자로서의 국민은 불가분적이며 초개인적인 전체국민을 의미하기 때문에 특정 선거구에서 선출되는 국회의원은 그 선거구의 대표를 의미하는 것이 아니라 전체국민의 대표를 의미한다. 따라서 국회의원은 그 임무수행에 있어서 오로지 자기의 양심에 따라 행위할 뿐, 선거인을 비롯한 어떤 자의 지시나 청탁에도 구속되지 않음을 원칙으로 한다.

한편으로 정당정치의 발전에 따라 특히 정당기율이 강한 경우에는, 의원은 사실상 당권에 구속되고 당의 지시와 지령에 따라 활동할 수밖에 없다는 것도 또한 부정할 수 없다. 오늘날 의원을 '정당의 수령자' 또는 '잘 훈련된 무정견투표자'라고 말하고 있는 이유도 바로 그 때문이다. 만약 의원이 정당의 수명자(受命者)라고 하면, 그 근대적 대표제의 이론과 정당제와는 모순되지 않는가 하는 문제가 제기될 수 있다. 그 문제를 설문에 관련시킨다면, A당의 당의에 반한 X의원의 제명처분은 그 자유위임의 사상에 반하지 않는가가 문제된다. X의원의 주장은 바로 그 문제를 지적한 것이다.

그러나 현대의 정당국가(정당제를 기초로 하는 민주적 국가로서, 정당이 국가의사 형성에 실질상 주도적인 역할을 담당하는 국가)에 있어서는 정당의 결정에 따라 행동하는 것이 오히려 의원이 국민의 대표자로서의 실질을 발휘할 수 있는 것이므로, 정당의 위임이나 지령은 그 정당의 '공공성'을 조건으로 하여 무구속위임(자유위임)의 테두리 밖의 것으로 볼 수 있다는 견해가 성립할 수 있으며 그 견해가 타당하다고 생각한다. 따라서 정당의 공공성을 전제하는 경우에는 X의원의 주장은 정당하지 못하다는 결론을 내리게 된다.

24. 헌법소원심판의 청구절차

A는 B라는 자에게 부동산매매와 관련하여 사기를 당하여 B를 사기죄로 고소하였는데, 담당검사로부터 B의 사기죄 성립을 인정할 만한 증거가 불충분 하다는 이유로 불기소처분 통지를 받았고, 이에 불복하여 항고 및 재항고 하였으나 다시 기각처분 통지를 받았다.
B의 사기를 증명할 증거자료가 충분하다고 생각하는 A는 검사의 불기소처분에 대하여 헌법소원을 청구하려고 하는데 검사의 불기소처분은 헌법소원의 대상이 되는가? 된다면 그 청구절차는 어떻게 되는가?

국가 또는 지방자치단체의 공권력의 행사 또는 불행사로 인하여 국민이 헌법상 보장된 기본권의 침해를 받았을 때에는 법원의 재판을 제외하고는 모든 피해국민은 헌법재판소법에 의하여 헌법재판소에 헌법소원심판을 청구할 수 있다(동법 제68조 1항 본문).

따라서 설문과 같은 불기소처분은 국가소추주의, 기소독점주의를 원칙으로 하는 현행 형사소송체계 아래 당해 피의자에 대한 적극적 처분임과 동시에 고소인인 피해자에 대한 국가보호를 포기한 소극적 부작위 처분의 성질을 함께 가지고 있으므로, 검사가 고소사실에 대하여 현저히 정의와 형평에 반하는 수사를 하였거나 헌법의 해석, 법률의 적용 또는 증거판단에 있어서 결정에 영향을 미친 중대한 잘못으로 불기소처분하였다면 평등권, 피해자의 진술권 등 헌법에 보장된 기본적 인권을 침해한 것에 해당하므로 헌법소원심판의 대상이 될 수 있다(헌법재판소 1989. 4. 17, 88 헌마 3 결정; 1989. 9. 29, 89 헌마 16 결정). 헌법소원심판의 청구는 공권력의 행사 또는 불행사로 피해를 입은 국민이 그 사유가 있음을 안 날로부터 90일 이내, 그 사유가 있은 날로부터 1년 이내에 청구하여야 하며 다른 구제절차를 거친 경우에는 그 최종결정 통지를 받은 날로부터 30일 이내에 청구하여야 한다(헌법재판소법 제69조).

다른 법률에 구제절차가 있는 경우에 그 절차를 모두 거치지 아니하면 각하사유가 된다.

청구서에는 ① 청구인 및 대리인의 표시, ② 침해된 권리, ③ 침해의 원인이 되는 공권력의 행사 또는 불행사, ④ 청구이유, ⑤ 기타 필요한 사항을 기재하고 대리인의 선임을 증명하는 서류 또는 국선대리인 선임통지를 첨부하여 제출하여야 한다.

　헌법소원심판을 청구할 때에는 변호사를 대리인으로 선임하여야 하며, 개인이 변호사를 선임할 자력이 없을 경우에는 자력이 없음을 소명할 수 있는 자료를 첨부하여 헌법재판소에 국선대리인을 선임하여 줄 것을 신청할 수 있다.

　헌법소원심판 청구에 대한 심판비용은 국가가 부담하나 청구인에게 공탁금 납부를 명할 수도 있다.

　헌법소원이 인용된 경우에는 모든 국가기관과 지방자치단체를 기속하고 피청구인은 결정취지에 따라 새로운 처분을 하여야 한다.

헌법소원심판 청구절차는

　헌법소원을 제기하려면 일정한 요건을 갖춘 헌법소원심판청구서를 헌법재판소에 제출해야 하며, 청구서에 필요한 증거 서류 또는 참고 자료를 첨부할 수 있다. 그리고 헌법 재판 절차에서는 변호사 강제주의(헌법재판소법 제25조 3항) 원칙이 적용되므로 헌법소원을 제기하는 사람은 스스로가 변호사의 자격을 가지고 있는 경우가 아니라면 대리인 선임 서류를 첨부하여야 한다. 만약 구제를 받아야 할 사람이 변호사를 선임할 돈이 없다면 자력이 없다는 것을 증명할 만한 자료를 첨부하여 헌법재판소에 국선 대리인을 선임해 줄 것을 신청하여야 한다.

헌법소원심판 사건 접수 및 처리 현황 (단위: 건)

연도			1997	1999	2001	2003	2005
접수			523	904	1,028	1,136	1,434
처리	결정	위원	22	73	10	11	4
		헌법불합치	2	2	13	6	1
		한정 위헌	6	–	1	3	–
		한정 합헌	6	10	–	–	–
		인용	16	20	30	18	18
		합헌	40	55	87	48	69
		기각	179	268	493	373	512
		각하	205	441	442	551	664
		기타	–	1	–	–	–
	취하		8	15	24	31	27
	합계		484	885	1,100	1,041	1,295
미제(누계)			501	445	430	538	687

출처: 헌법재판소

헌법소원심판청구서

청 구 인   홍 길 동(洪 吉 童)
            서울 구로구 구로10동 1000의 10, 10통 10반
            (전화 6000-9999)
            대리인 변호사 이 순 신
            서울 서초구 서초동, 조선빌딩 501호

청 구 취 지

"○ ○ ○ ○법(1992. 12. 30. 개정법률×××호) 제○ ○조는 헌법에 위반된다"라는 결정을 구합니다.

침해된 권리

헌법 제11조 평등권, 제15조 직업선택의 자유

침해의 원인

○ ○ ○ ○법 (1992. 12. 30. 개정법률 ×××호) 제○ ○조

청 구 이 유

가. 사건의 개요
나. 위 규정의 위헌성
다. 심판청구에 이르게 된 경우
라. 청구기간의 준수여부 등

첨 부 서 류

가. 각종 입증서류
나. 소송위임장(소속변호사회 경우)

                200 . . .

                    청 구 인 대 리 인 이 순 신 (인)

헌법재판소 귀중

　　설문의 경우 A는 검사의 불기소처분에 대하여 헌법소원심판 청구를 할 수 있으며 재항고 기각결정통지를 받은 날로부터 30일 이내에 헌법재판소법에 정한 소정의 서류를 구비하여 청구하면 될 것이다.

25. 헌법소원의 변호사 강제주의

　　헌법재판소법 제25조 3항은 "각종 심판절차에 있어서 당사자인 사인은 변호사를 대리인으로 선임하지 아니하면 심판청구를 하거나 심판수행을 하지 못한다. 다만, 그가 변호사의 자격이 있는 때에는 그러하지 아니하다"라고 규정하고 있는데, 이는 합리적인 이유 없이 변호사의 자격유무라는 사회적 신분에 의하여 헌법소원 심판청구권 행사나 심판수행권 행사에 있어서 자의적인 차별대우를 함으로써 헌법이 보장한 평등권을 침해한 것이 아닌가?

　　위 법이 규정한 이른바 변호사 강제주의는 위헌이 아니다(헌법재판소 1990. 9. 3, 89 헌마 120, 212 결정 참조). 즉 헌법재판에서의 변호사 강제주의는 당사자를 보호하고 사법적 정의의 실현에 기여하며, 효율적으로 헌법재판제도를 운영할 수 있게 하고 심리의 부담경감 및 경직화를 해소시키며 사법운영의 민주화에도 공헌하므로, 사회적 신분에 의한 합리적 차별이 아니고 공공복리를 위하여 필요한 제한이며, 국선변호인 제도라는 대상조치가 마련되어 있는 이상 재판을 받을 권리의 본질적 내용을 침해하는 것도 아니다.

26. 고발인의 헌법소원 청구

　　A는 개인적 피해자의 지위에서가 아니고 수사의 미종결지연이 있음을 알고 이에 대한 국가의 수사권 발동을 촉구하는 의미에서 고소의 형식으로 검찰청에 사건을 접수하였는데, 이 경우에도 헌법소원이 허용되는가?

　　형식상 고소사건으로 수사기관에 접수되었더라도 실제상으로 고발사건이라면 이는 헌법소원의 대상이 되지 아니한다(헌법재판소 1990. 6. 25, 89 헌마 234 결정 참조). 즉 헌법소원은 기본권의 피해자에게만 허용되므로 범죄의 피해자 아닌 국민이 국가의 수사권 발동을 촉구하는 의미에서 고소라는 이름으로 이를 문제삼는 경우에 검사의 작위·부작위에 대하여 기본권 침해가 있었음을 이유로 헌법소원을 청구할 수 없다(반대의견 있음).

27. 검사의 불기소처분에 대한 헌법소원

제 처는 A병원에서 암으로 진단을 받고 산부인과 의사인 B로부터 치료를 받던중 사망하였는데 저는 B를 상대로 업무상 과실치사 등의 죄로 고소를 하였으나 검사는 증거가 없다는 이유로 불기소처분을 하였습니다. 그러나 이 사건 관계증거들을 종합하면 피의자들의 범죄사실이 명백해 인정됨에도 검사는 의사가 행한 일련의 행위 중 1차검사시 초래된 상해부분에 대하여서는 아직까지 아무런 판단을 하지 아니하였고 그 나머지 범죄사실에 대하여는 증거가 없다는 이유로 자의적인 불기소처분을 하였는데 이는 헌법이 보장한 기본권을 침해한 것이 아닌지요? 또한 헌법재판소법 제68조 1항 단서의 '다른 권리구제 절차'의 의미를 알려주십시오. 그리고 B는 공소시효가 완성되었으니 마음대로 하라고 합니다. 공소시효가 완성된 경우에도 헌법소원에 의하여 구제받을 수 있는지요?

(1) 검사의 공소권행사가 자의적이었다면 이는 헌법이 보장한 재판절차에의 진술권 등을 침해한 것이 된다. 검사의 불기소처분은 공권력의 행사에 포함되고, 검사의 자의적인 수사 또는 판단에 의하여 불기소처분이 이루어진 경우에는 헌법 제11조, 제27조 5항, 제30조에 정한 기본권을 침해하게 된다.

(2) 헌법재판소법 제68조 1항 단서에서 정한 다른 권리구제절차란 공권력의 행사 또는 불행사를 직접대상으로 하여 그 효력을 다툴 수 있는 권리구제절차를 의미하고 사후적 보충적 구제수단을 뜻하는 것은 아니다.

(3) 불기소처분의 대상이 된 피의사실의 공소시효가 이미 완성되었으면 그에 대한 헌법소원심판청구는 권리보호의 이익이 없다. 따라서 헌법소원에 의하여 구제받을 수 없다(헌법재판소 1989. 4. 17, 88 헌마 3 결정).

제16장
행정법과 생활

현대국가는 삼권분립의 원칙에도 불구하고 행정부의 비대화가 불가피한 현상으로 나타나며, 행정조직·행정행위·행정구제에 따른 법적 문제, 즉 행정법의 문제가 더욱 중요성을 띠게 된다. 행정심판과 행정소송, 행정절차법 등 법치행정과 법을 통한 행정규제가 복잡하면서도 큰 의미를 지니고 있다.

행 정 법

立法, 行法, 司法,
의좋은 法의 삼형제에서

法보다 정치쪽으로 건너간
行政에게
그래도 끈질기게 法을 붙이며,

"행정행위"
"행정소송"
"행정지도"
……
안간힘으로 법학의
울타리를 쌓는다.

헌법은 바뀌어도
행정법은 안 바뀐다고?

天高馬肥 비대해지는
행정의 야생마에
'법치행정'의 낙인을 찍을 자는
누구?

1. 행정법의 법원(法源)

행정법은 다른 법률과 달리 단행법률이 없이 여러 관계법령으로 구성되어 있다고 얘기들었습니다. 그래도 구체적으로 행정법에는 어떤 법률들이 있는지 알고 싶습니다.

행정법에 속한 법률로는 정부조직법, 국가공무원법, 행정심판법, 행정소송법, 국가배상법, 행정대집행법, 여권법, 경찰관직무집행법, 집회 및 시위에 관한 법률, 경찰공무원법, 도로교통법, 지방자치법, 지방공무원법, 지방재정법, 예산회계법, 국유재산법, 국세기본법, 국세징수법, 토지초과이득세법, 교육법, 교육공무원법, 독학에 의한 학위취득에 관한 법률, 저작권법, 병역법, 식품위생법, 환경정책기본법, 장애인복지법, 소비자보호법, 공중위생법, 국토이용관리법, 도시계획법, 개발이익환수에 관한 법률, 건축법, 도로법, 하천법, 토지수용법, 공공용지의 취득 및 손실보상에 관한 특별법, 부동산중개업법 등이 있다.

1. 정부조직법

이 법은 1973년 1월 15일 법률 제2437호로 제정되었으며, 국가행정사무의 통일적이고 능률적인 수행을 위하여 국가행정기관의 설치·조직과 직무범위의 대강을 정함을 목적으로 한다.

2. 국가공무원법

이 법은 1963년 4월 17일 법률 제1325호로 제정되었으며, 각급 기관에서 근무하는 모든 국가공무원에게 적용할 인사행정의 근본기준을 확립하여 그 공정을 기함과 아울러 공무원으로 하여금 국민전체의 봉사자로서 행정의 민주적이며 능률적인 운영을 기하게 함을 목적으로 한다.

3. 행정심판법

이 법은 1984년 12월 15일 법률 제3755호로 제정되었으며, 행정심판 절차를 통하여 행정청의 위법 또는 부당한 처분 그 밖에 공권력의 행사·불행사 등으로 인한 국민의 권리 또는 이익의 침해를 구제하고, 아울러 행정의 적정한 운영을 기함을 목적으로 한다.

4. 국가배상법

이 법은 1967년 3월 3일 법률 제1899호로 제정되었으며, 국가 또는 지방자치단체의 손해배상의 책임과 배상절차를 규정함을 목적으로 한다.

5. 행정대집행법

이 법은 1954년 3월 18일 법률 제314호로 제정되었으며, 행정의무의 이행확보에 관하여서는 따로 법률로써 정하는 것을 제외하고는 본법의 정하는 바에 의한다.

6. 여 권 법

이 법은 1961년 12월 31일 법률 제940호로 제정되었으며, 여권의 발급, 효력 기타 여권에 관하여 필요한 사항을 규정함을 목적으로 한다.

7. 경찰관직무집행법

이 법은 1981년 4월 13일 법률 제3427호로 제정되었으며, 국민의 자유와 권리의 보호 및 사회공공의 질서유지를 위한 경찰관의 직무수행에 필요한 사항을 규정함을 목적으로 한다.

8. 집회 및 시위에 관한 법률

이 법은 1989년 3월 29일 법률 제4095호로 제정되었으며, 적법한 집회 및 시위를 최대한 보장하고 위법한 시위로부터 국민을 보호함으로써 집회 및 시위의 권리의 보장과 공공의 안녕질서가 적절히 조화되게 함을 목적한다.

9. 경찰공무원법

이 법은 1982년 12월 31일 법률 제3606호로 제정되었으며, 경찰공무원의 책임 및 직무의 중요성과 신분 및 근무조건의 특수성에 비추어 그 임용·교육훈련·복무·신분보장 등에 관하여 국가공무원법에 대한 특례를 규정함을 목적으로 한다.

10. 도로교통법

이 법은 1984년 8월 4일 법률 제3744호로 제정되었으며, 도로에서 일어나는 교통상의 모든 위험과 장해를 방지·제거하여 안전하고 원활한 교통을 확보함을 목적으로 한다.

11. 지방자치법

이 법은 1988년 4월 6일 법률 제4004호로 제정되었으며, 지방자치단체의 종류와 그 조직 및 운영에 관한 사항을 정하고, 국가와 지방자치단체와 기본적 관계를 정함으로써 지방자치행정의 민주성과 능률성을 도모하며 지방의 균형적 발전과 대한민국의 민주적 발전을 기함을 목적으로 한다.

12. 지방공무원법

이 법은 1963년 11월 1일 법률 제1427호로 제정되었으며, 지방자치단체의 공무원에게 적용할 인사행정의 근본기준을 확립하여 지방자치행정의 민주적이며 능률적인 운영을 도모함을 목적으로 한다.

13. 지방재정법

이 법은 1988년 4월 6일 법률 제4006호로 제정되었으며, 지방자치단체의 재정 및 회계에 관한 기본원칙을 정하여 지방재정의 건전한 운영과 엄정한 관리를 도모한다.

14. 국가재정법

이 법은 2006년 10월 4일 법률 제8050호로 제정되었으며, 국가의 예산·기금·결산·성과관리 및 국가채무 등 재정에 관한 사항을 정함으로써 효율적이고 성과지향적이며 투명한 재정운용과 건전재정의 기틀을 확립하는 것을 목적으로 한다.

15. 국유재산법

이 법은 1976년 12월 31일 법률 제2950호로 제정되었으며, 국유재산을 보호하고, 그 취득·유지·보존 및 운용과 처분의 적정을 기함을 목적으로 한다.

16. 국세기본법

이 법은 1974년 12월 21일 법률 제2679호로 제정되었으며, 국세에 관한 기본적인 사항 및 공통적인 사항과 위법 또는 부당한 국세처분에 대한 불복절차를 규정함으로써 국세에 관한 법률관계를 확실하게 하고, 과세의 공정을 도모하며, 국민의 납세의무의 원활한 이행에 기여함을 목적으로 한다.

17. 국세징수법

이 법은 1974년 12월 21일 법률 제2680호로 제정되었으며, 국세의 징수에 관하여 필요한 사항을 규정하여 국세수입을 확보함을 목적으로 한다.

18. 교육공무원법

이 법은 1981년 11월 23일 법률 제3458호로 제정되었으며, 교육을 통하여 국민전체에 봉사하는 교육공무원의 직무와 책임의 특수성에 비추어 그 자격·임용·보수·연수 및 신분보장 등에 관하여 교육공무원에 적용할 국가공무원법에 대한 특례를 규정함을 목적으로 한다.

19. 독학에 의한 학위취득에 관한 법률

이 법은 1990년 4월 7일 법률 제4227호로 제정되었으며, 독학자에게 학사학위 취득의 기회를 부여함으로써 평생교육의 이념을 구현하고 개인의 자아실현과 국가사회의 발전에 기여함을 목적으로 한다.

20. 특 허 법

이 법은 1990년 1월 13일 법률 제4207호로 제정되었으며, 발명을 보호·장려하고 그 이용을 도모함으로써 기술의 발전을 촉진하여 산업발전에 이바지함을 목적으로 한다.

21. 저작권법

이 법은 1986년 12월 31일 법률 제3916호로 제정되었으며, 저작자의 권리와 이에 인접하는 권리를 보호하고 저작물의 공정한 이용을 도모함으로써 문화의 향상발전에 이바지함을 목적으로 한다.

22. 병 역 법

이 법은 1983년 12월 31일 법률 제3696호로 제정되었으며, 대한민국 국민의 병역의무에 관하여 규정함을 목적으로 한다.

23. 식품위생법

이 법은 1986년 5월 10일 법률 제3823호로 제정되었으며, 식품으로 인한 위생상의 위해를 방지하고 식품영업의 질적 향상을 도모함으로써 국민보건의 증진에 이바지함을 목적으로 한다.

24. 환경정책기본법

이 법은 1990년 8월 1일 법률 제4257호로 제정되었으며, 환경보전에 관한 국민의 권리·의무와 국가의 책무를 명확히 하고 환경보전시책의 기본이 되는 사항을 정함으로써 환경오염으로 인한 위해를 예방하고 자연환경 및 생활환경을 적정하게 관리·보전함을 목적으로 한다.

25. 장애인복지법

이 법은 1989년 12월 30일 법률 제4179호로 제정되었으며, 장애인 대책에 관한 국가·지방자치단체 등의 책무를 명백히 하고 장애발생의 예방과 장애인의 의료·훈련·보호·교육·고용의 증진·수당의 지급 등 장애인복지대책의 기본이 되는 사업을 정함으로써 장애인복지대책의 종합적 추진을 도모하며, 장애인의 자립 및 보호에 관하여 필요한 사항을 정함으로써 장애인의 생활안정에 기여하는 등 장애인의 복지증진에 기여함을 목적으로 한다(1989년 12월 30일 법률 제4179호로 제정).

26. 소비자기본법

이 법은 1986년 12월 31일 법률 제3921호로 제정되었던 소비자보호법이 2006. 9. 27. 개정으로 명칭이 변경된 것으로, 소비자의 권익을 증진하기 위하여 소비자의 권리와 책무, 국가·지방자치단체 및 사업자의 책무, 소비자단체의 역할 및 자유시장경제에서 소비자와 사업자 사이의 관계를 규정함과 아울러 소비자정책의 종합적 추진을 위한 기본적인 사항을 규정함으로써 소비생활의 향상과 국민경제의 발전에 이바지함을 목적으로 한다.

27. 국토의 계획 및 이용에 관한 법률

이 법은 2002년 2월 4일 법률 제6655호로 제정되었으며, 국토의 이용·개발과 보전을 위한 계획의 수립 및 집행 등에 필요한 사항을 정하여 공공복리를 증진시키고 국민의 삶의 질을 향상시키는 것을 목적으로 한다.

28. 건 축 법

이 법은 1962년 1월 20일 법률 제984호로 제정되었으며, 건축물의 대지·구조·설비의 기준 및 용도에 관하여 규정함으로써 공공복리의 증진을 도모함을 목적으로 한다.

29. 도 로 법

이 법은 1961년 12월 27일 법률 제871호로 제정되었으며, 도로관리의 적정을 기하기 위하여 도로에 관하여 그 노선의 지정 또는 인정, 관리, 시설기준, 보전 및 비용에 관한 사항을 규정함으로써 교통의 발달과 공공복리의 향상에 기여함을 목적으로 한다.

30. 하 천 법

이 법은 1971년 1월 29일 법률 제2292호로 제정되었으며, 하수로 인한 피해를 예방하고 하천사용의 이익을 증진시키기 위하여 하천의 지정·관리·사용 및 보전과 비용에 관한 사항을 규정함으로써 하천관리의 적정을 기하며, 공공복리의 증진에 기여하게 함을 목적으로 한다.

31. 공인중개사법

이 법은 공인중개사의 업무 등에 관한 사항을 정하여 그 전문성을 제고하고 부동산중개업을 건전하게 육성하여 국민경제에 이바지함을 목적으로 하고 있다. 종래 '부동산중개업법'에서 '공인중개사의 업무 및 부동산거래신고에 관한 법률'로 명칭을 바꾸었다가 다시 공인중개사법으로 변경되었다.

32. 고등교육법

이 법은 1997년 12월 13일 법률 제5439호로 제정되었으며 고등교육에 관한 사항을 정함을 목적으로 한다.

33. 초·중등교육법

이 법은 1997년 12월 13일 법률 제5438호로 제정되었으며 유아교육 및 초·중등교육에 관한 사항을 정함을 목적으로 한다.

34. 행정절차법

이 법은 1996년 12월 31일 법률 제5241호로 제정되었으며 행정절차에 관한 공통적인 사항을 규정하여 국민의 행정참여를 도모함으로써 행정의 공정성·투명성 및 신뢰성을 확보하고 국민의 권익을 보호함을 목적으로 한다.

35. 행정규제기본법

이 법은 1997년 8월 22일 법률 제5368호로 제정되었으며 행정규제에 관한 기본적인 사항을 규정하여 불필요한 행정규제를 폐지하고 비효율적인 행정규제의 신설을 억제함으로써 사회·경제활동의 자율과 창의를 촉진하여 국민의 삶의 질을 높이고 국가경쟁력의 지속적인 향상을 도모함을 목적으로 한다.

36. 공익사업을위한토지등의취득및보상에관한법률

이 법은 2002년 2월 4일 법률 제6656호로 제정되었으며 공익사업에 필요한 토지 등을 협의 또는 수용에 의하여 취득하거나 사용함에 따른 손실의 보상에 관한 사항을 규정함으로써 공익사업의 효율적인 수행을 통하여 공공복리의 증진과 재산권의 적정한 보호를 도모함을 목적으로 한다.

2. 특별권력관계와 기본권의 제한

> S국립대학의 신입생인 갑은 학칙에 정한 1년간의 기숙사 재사의무에 대하여 법률
> 의 수권 없는 거주의 자유를 침해한 것으로 거부하였다. 결국 갑은 S대학 학장으로부
> 터 6개월의 정학처분을 받게 되자 법원에 동 처분취소를 청구하였다. 갑의 청구의 타
> 당성 여부는?

　　　국립대학의 신입생 갑의 재학관계는 특별권력(행정법)관계인가? 또 특별
권력(행정법)관계에 의해서 기본권 제한이 어느 정도까지 가능한가라는 문제
가 제기된다.

　　　먼저 개인의 자유나 권익, 특히 헌법상의 기본권을 제한하기 위해서는
법률의 수권이 있어야 한다. 그러나 국가와 공무원, 학교와 학생과의 관계와
같은 그 목적이나 기능을 달리하는 부분사회가 존재하며, 일반권력관계와 다
른 특별한 법적 규율을 받는 관계가 존재할 수 있다. 물론 일반권력관계와 구
별되는 특별권력관계를 인정할 것이냐에 대해서 긍정, 부정 및 제한적 긍정의
견해가 있다.

　　　결국 특별권력관계는 그 주체가 그 부분사회의 목적과 기능을 달성하는
범위 안에서 포괄적 재량권 및 판단의 여지를 가지므로 일반권력관계 및 사
법관계와 구별된다. 그러므로 갑의 재학관계는 공법상의 영조물이용관계에
속하는 특별권력관계에 해당된다.

　　　다음, 특별권력관계에 의한 기본권이 어느 정도 제한되는가의 문제를 검
토해야 한다. 우리의 실정법에는 이른바 특별권력관계에서의 기본권의 제한
에 관하여 명문의 규정을 두고 있는 사례가 있다. 예를 들면 헌법은 공무원에
대해 근로 3권을 제한하고 있으며(제33조 2항) 그에 근거하여 국가공무원법(제
66조) 및 지방공무원법(제58조)이 공무원에 대하여 "노동운동 기타 공무 이외
의 일을 위한 집단행위를 하여서는 안 될" 의무를 과하고 있다. 또한 헌법은
국민에 대하여 국방의 의무를 과하고 있는 동시에 병역법은 현역병에 대해
"…입영한 날로부터 재영하여 복무한다"(제13조)고 규정함으로써 헌법상의 거

주 이전의 자유(제14조)에 대한 제한의 근거를 마련해 놓고 있다.

위에 예시한 실정법의 규정과는 달리 교육법에는 교원이나 학생의 기본권 제한에 관한 명문의 규정을 두고 있지 않다. 다만 헌법이 교육제도와 그 운영에 관한 기본적인 사항은 법률로 정하도록(제31조 6항) 규정하고 있는 것이 눈에 띈다.

실정법에 학생의 학교생활에서의 여러 기본권의 제한(집회의 자유 등)에 관한 명문의 근거규정이 없다고 할 때 현실적으로 행하여지고 있는 그러한 제한을 어떻게 정당화할 것인가, 또한 설문에 있어서의 갑의 주장에 대해 S대학은 어떻게 반론할 수 있을 것인가?

특별권력관계는 이미 살펴본 바와 같이 특별한 목적을 위해 인정되는 것이므로 특별권력은 그 목적을 달성하기 위해 필요한 범위 안에서만 행사되어야 한다. 또 특별권력관계는 법규와 상대방의 동의에 의하여 성립된다.

먼저 특별권력관계에서는 그 목적달성에 필요한 한도 안에서 법률에 근거 없이도 구성원의 기본권을 제한할 수 있다는 종래의 견해에 의하면 학생에 대하여 기숙사 생활을 강제하는 것도 가능하다고 하며, 그 근거를 특별권력관계의 성립원인인 상대방의 동의에서 찾고 있다. 전통적 이론에 따르면 특별권력관계에 대하여는 법치주의원리가 적용되지 않는 까닭에, 특별권력주체는 개개의 법적 근거가 없이 상대방의 동의에 의하여 포괄적 지배권을 행사할 수 있다.

그러나 특별권력관계도 본질적으로는 일반권력관계와 같은 법관계이며, 원칙적으로 법률의 근거가 있어야 할 것이다. 따라서 특별권력관계에서 기본권제한은 원칙적으로 법률에 의해서만 가능하다고 할 것이다.

즉 특별권력관계에서도 기본권의 제한은 반드시 헌법 또는 법률의 근거가 있어야 가능하다는 것이 현재의 통설이라 할 것이다. 그 근거로는 첫째, 특별권력관계의 설정에 대한 동의를 기본권제한에 대한 동의로 의제함은 사실에 반하며, 둘째, 기본권은 개인적 공권의 내용을 이루기 때문에 성질상 포기될 수 없다는 점을 들고 있다.

사례의 S대학과 학생 갑의 당해 관계의 교육목적과의 관련에서, 기본권의 내재적 제약의 범위문제로서 고찰할 경우에 법률의 근거가 없는 경우에도 그 제한가능성이 배제되는 것은 아니라는 견해도 있다. 그러나 최근의 다수견해와 판례는 특별권력관계에서의 행위를 재량행위로 보아 재량권의 일탈·남용이 있는 경우에만 사법심사가 인정된다고 보고 있다(대판 1982. 7. 27 : 구청장의 부당한 동장 직권면직처분취소).

　　결국 S대학의 1년간 재사의무를 규정한 학칙의 강제는 교육목적을 위해서 인정한다 해도 그 정도가 과도한 위법, 부당한 특별권력의 발동으로 갑의 주거의 자유에 대한 침해가 인정될 수 있으므로 행정소송법 제1조의 규정에 따라 그 처분의 취소를 구할 수 있다..

3. 한약업(韓藥業) 영업허가와 제3자의 법률상 이익

　X는 A도 B군 C면에서 한약업을 경영하고 있는바, A도지사가 Y에게 C면에서의 한약업 허가를 부여하므로 인하여 영업상의 타격을 받게 되었다.
　X는 A지사의 Y에 대한 영업허가의 취소를 청구할 수 있는가?

　　우리의 법원은 법률상 허가영업으로 되어 있으며 학문적으로도 '특허기업'의 일종으로 열거됨이 없는 약종상의 영업상의 이익을 법률상의 이익으로 아래와 같이 판시하였다.

　　"행정소송법 제12조에서 규정하고 있는 처분 등의 취소를 구할 법률상 이익이 있는 자라 함은 처분에 의하여 직접 권리를 침해당한 처분의 상대방에 한하지 않고 제3자라 하더라도 법에 의하여 보호되는 이익을 침해당한 자는 이에 포함된다고 할 것인바(당원 1983. 7. 12. 선고 83 누 59 판결 참조), 원심이 적법히 확정된 바와 같이 원고가 구약사법시행규칙(1969. 8. 13. 보건사회부령 제344조)의 규정한 바에 따른 적법한 약종상허가를 받아 그 판시허가지역 내에서 약종상영업을 경영하고 있음에도 불구하고 피고가 위 규제를 위배하여 같은 약종상인 소외(訴外) 김종복에게 동 소외인의 영업허가지역이 아닌 원고의 영업허가지역 내로 영업소를 이전하도록 허가하였다면 원고로서는 이로 인하여 기존업자로서의 법률상 이익을 침해받았음이 분명하므로 원심이 같은 취지에서 기존업자인 원고에게 피고의 이 사건 영업소이전 허가처분의 취소를 구할 법률상 이익이 있다고 판단한 것은 정당하고 거기에 항고소송에 있어서의 당사자적격에 관한 법리를 오해한 위법이 있다고 할 수 없다"(대판

1988. 6. 14, 87 누 837).

위 사례는 약사법 제35조와 제37조에 의한 한약업사의 허가 및 동법 시행규칙 제23조와 제24조에 의하여 허가지역의 제한의 해석과 관련된다. 즉 통설에 따르면, 허가는 자연적 자유의 회복에 그치고, 권리나 능력의 설정행위는 아닌 까닭에 허가의 결과 일정한 독점적 이익을 받더라도 그것은 반사적 이익에 불과한 것으로 보게 된다. 이것은 구체적으로 예컨대 영업허가를 함에 있어서 관계법이 거주제한규정을 두고 있는 결과 그 구역 안에서는 독점적 이익을 받는 자가 있을 경우, 그의 이익의 법적 성질이 문제되는 것이다.

위 사건에서도 X의 영업이익의 성질을 통설처럼 획일적으로 판단할 수 없고, 관계규정의 목적 및 취지가 개인의 이익도 보호하는 것이라면 당해 이익은 법적으로 보호되는 이익이 되는 것이다. 이 경우 당해 허가는 내용적으로는 협의의 허가와 특허의 성질을 공유하는 합체행위로서의 성질을 가지는 것이다.

설문에 따르면 한약업사인 X는 경업관계에 있는 Y에 대한 신규한약업허가로 인하여 영업상의 타격을 입고 있으며, 이를 이유로 Y에 대한 영업허가의 취소소송을 제기하려는 것으로 되어 있다.

그런데 약사법상의 "한약업사는 보건사회부령이 정하는 지역에 한하여 대통령령이 정하는 한약업사 시험에 합격한 자에게 허가한다"(제37조 2항)라고 하는 규정 및 한약업자의 영업구역을 한정한 보건사회부령상의 관계규정(약사법시행규칙 제23조, 제24조)이 이에 해당한다. 법령이 업자의 영업구역을 한정하고 있음은 기존업자의 영업상의 이익을 보호하려는 취지로 새겨진다. 앞에 소개한 최근의 유사사건에서의 판례(대판 1988. 6. 14, 87 누 873)가 이것을 잘 나타내 주고 있다. 그 사건에서 원고(약종상)가 허가지역 내에서 영업을 하고 있음에도 불구하고 행정청이 경업자에게 원고의 허가지역 내에서의 영업허가를 부여하였으며 이로 인해 원고는 기존 업자로서의 법률상의 이익을 침해받았음이 분명하다고 하는 것이 판지(判旨)임은 앞에서 본 바와 같다.

위와 같은 판례에 비추어 보더라도 설문에서의 X 는 원고적격을 지니고 있다고 볼 수 있다.

4. 위법한 사실행위와 행정구제

> S시는 시내의 H천 변에 쓰레기 적치장을 설치했다. 이렇게 되자 그 쓰레기 적치장 이웃에 살고 있는 X는 쓰레기 적치장에서 풍기는 악취와 소음으로 인해 생활에 큰 지장을 받고 있다. X에게는 어떤 구제방법이 있는가?

S시의 쓰레기 적치장의 설치는 행정법상 처분에 해당하는가라는 그 법적 성질이 문제이다. 그리고 그로 인한 악취와 소음으로 생활상 지장을 받고 있는 X의 권리에 대한 침해가 인정되는가라는 문제가 따른다.

현행 폐기물관리법 제29조와 동법 시행규칙 제35조의 쓰레기처리시설 설치기준에는 악취방지 등을 규정하고 있다. 먼저 S시의 쓰레기 적치장의 설치는 공권력 행사로서의 실체성은 없지만, 국민의 권익에 계속적으로 사실상의 지배력을 미치는 일정한 행정작용으로서 쟁송법상의 그 처분성을 인정하는 형식적 행정행위라고 할 것이다.

이 형식적 행정행위는 "행정기관 내지는 그에 준하는 자의 행위가 공권력행사로서의 실체성은 없지만, 그것이 행정목적을 실현하기 위해 국민의 법익에 계속적으로 사실상의 지배력을 미치는 경우에, 실효적인 권익구제라는 관점에서 쟁송법상 '처분'으로 파악되는 행위"라고 정의할 수 있다.

일본에서는 형식적 행정행위의 예로서 주로 공공시설(쓰레기 소각장 등)의 설치행위가 문제가 되었다. 현행 행정소송법은 '처분'을 "공권력의 행사와 그 밖에 이에 준하는 작용"으로 정의하고 있으므로, 형식적 행정행위의 관념이 포함된다고 할 수 있다. 다음으로 X의 원고적격이 인정되느냐가 문제이다. 즉 행정소송법 제12조의 "처분의 취소를 구할 법률상 이익이 있는 자"인가이다.

그런데 통설과 판례가 '법률상 이익'을 전통적 의미의 권리와 법적으로 보호되고 있는 이익까지도 포함하는 것으로 보고 있다. 그러므로 X는 취소소송과 함께 소음·진동으로 인한 손실보상청구를 청구할 수 있다.

그러나 판례는 행정소송법상의 처분을 "항고소송의 대상이 되는 행정처분은 행정청의 공법상의 행위로서 특정사항에 대하여 법규에 의한 권리의 설정 또는 의무의 부담을 명하며 기타 법률상의 효과를 발생케 하는 등의 국민의 권리의무에 직접적 변동을 초래하는 행위를 말한다"(대판 1980. 10. 14, 78누

379)고 하여, 공권력의 발동으로서 국민의 권리·의무에 직접적 법적 효과를 미치는 행위를 이른다. 따라서 현재의 우리나라의 판례의 경향에 비추어 볼 때에는 X의 청구가 소송요건을 충족하기는 어려울 것으로 판단된다.

설문과 관련하여 X의 행정처분 취소소송이 쟁송요건을 갖추지 못한 것이라 하여 각하받게 되는 경우 생각할 수 있는 것이 공법상의 결과배제청구권에 입각한 행정소송의 제기이다. 결과배제청구권은 위법한 침해행위에 의하여 변경된 상태의 원상회복을 목적으로 하는 것으로서 그 적용범위가 확대되어 권력적 사실행위에도 적용되게 되었다. 특히 이는 행정작용으로 인하여 야기된 위법한 결과를 배제하여 원래 상태로 회복함을 목적으로 함으로, 설치된 시설의 철거와 같은 행정청의 적극적인 행위의 이행을 구하는 실체법상 권리이다.

현행의 행정소송법이 '공법상의 권리관계에 관한 소송'을 인정하고 동법에 특별한 규정이 없는 사항에 대해서는 민사소송법을 준용하도록 규정하고 있으므로(동법 제8조), 행정소송의 한 종류로서 행정주체(설문에 있어서는 S시)를 상대로 한 이행소송을 제기할 수 있는 것에 대해서는 이론이 없을 것이다.

그러나 소송을 제기할 수 있기 위해서는 먼저 실체법상으로 그 권리가 인정되지 않으면 안 된다.

우리나라에서는 헌법이 '모든 국민이 깨끗한 환경에서 생활할 권리'(제35조)를 가지고 있음을 명언하고 있으므로 그 권리의 실정법적 기초를 찾는 데에는 어려움이 없을 것으로 보인다. 다만 S시가 설치한 쓰레기 적치장이 공동체의 구성원으로서 감수할 수밖에 없는 사회적 제약을 넘어서는 것인가 아닌가 하는 점이 문제해결의 관건을 이룰 것으로 판단된다.

5. 수익처분의 철회의 제한

X는 S시장으로부터 도시계획구역 안에서의 건축허가를 받아(국토의 계획 및 이용에 관한 법률 제4조 및 건축법 제5조에 의거) 건축에 착수하고 있던중 S시장으로부터 건축허가의 철회를 통고받았다. 이유는 S시의 도시계획의 변경예정으로 인해 X의 건축물이 도시계획에 저촉되게 될 우려가 생기게 되었다는 것이다.

S시장의 X에 대한 건축허가철회는 정당한가?

설문에 따르면 S시장은 X에게 부여한 적법한 건축허가를 변경예정인 도시계획에 저촉될 우려가 있다는 이유로 철회한 것이다. 먼저 문제가 되는 것은 S시장의 처분에 법률유보원칙이 적용되는가이다. 그런데 행정행위의 철회란 일반적으로 흠 없이 성립한 행정행위에 대해 그 효력을 존속시킬 수 없는 새로운 사정이 발생하였을 때 그 효력을 소멸시키는 독립한 행정행위이다. 물론 행정행위를 발급한 이후 사실상태나 권리관계에 어떠한 변화가 일어날 경우, 그 행정행위가 철회되는 사례가 많다. 특히 허가·특허 등 수익적 행정행위를 철회하면 권리·이익의 침해가 예상되므로, 그로 인한 상대방의 권익침해에 법률유보원칙이 적용되는가라는 문제가 제기된다. 요컨대 행정행위의 철회사유가 존재하면 법률의 근거 없이 철회권을 행사할 수 있는가 여부가 다투어졌다. 이는 행정목적의 정확·신속한 달성을 위한 행정청의 자유로운 공익판단을 중시하느냐 아니면 민주적 통제를 위한 법치주의원칙을 중시하느냐에 따라서 적극설(철회제한설)과 소극설(철회자유설)로 나뉜다.

그러나 행정행위의 철회는 그를 존속시키기 어려운 (처분 후의) 새로운 사정과의 관련에서 고려되는 것이고 보면, 행정의 법률적합성이나 공익적합성, 새로운 사정에의 적응요청을 고려할 때, 철회는 반드시 명시적인 법적 근거가 없는 경우에도 허용된다고 볼 것이다(다수설).

따라서 철회에 따라 실현되는 공익과 상대방에 대한 신뢰보호의 요청과의 구체적인 비교형량에 의하여 결정되어야 할 문제이다.

S시장의 X에 대한 건축허가처분은 수익적 행정행위이다. 그런데 건축허가의 철회는 도시계획법이나 건축법에 명시적 규정이 없이 행해진 것이다. 그러므로 수익적 행정행위의 철회는 (ⅰ) 철회권 유보, (ⅱ) 부담의 불이행, (ⅲ) 근거법령의 변경, (ⅳ) 사정변경, (ⅴ) 중대한 공익상 필요 등의 경우에 행해진다.

그런데 S시는 도시계획변경의 예정의 사정변경을 이유로 그를 존속시키는 것이 공익을 해하는 결과로 되는 까닭에 건축허가의 철회를 한 것이다. 물론 상대방의 귀책사유 없는 철회이므로 그로 인한 손실은 당연히 보상되어야 한다.

결국 행정행위의 철회는 상대방의 귀책사유 없는 사정변경 내지 중대한 공익상의 필요에 의하여 행해질지라도 상대방의 신뢰보호라는 견지에서 비례원칙의 한도 안에서만 허용될 것이다. S시장의 건축허가처분의 철회는 비례원칙에 반하는 경우에는 위법할 것이고, 다만 상대방 X의 신뢰보호견지에서 건축착수로 인한 손실에 대한 보상을 청구할 수 있다.

6. 행정청의 위법한 불허가의 쟁송수단

A는 법정시설을 갖추고 B 시장에게 음식점의 영업허가를 신청하였는데 20일이 지났는데도 아무런 응답을 받지 못하고 있다.
B시장을 상대로 어떠한 구제조치를 행사할 수 있는가?

A는 식품위생법 제37조에 의한 영업허가신청을 한바, 동법 시행령이 정하는 바에 따라 영업의 종류별 · 영업소별로 식품의약품안전처장 또는 특별자치시장 · 특별자치도지사 · 시장 · 군수 구청장의 허가를 받아야 한다. 물론 위 사례의 음식점 영업허가는 사업경영권을 설정하는 형성적 행위가 아니라 경찰금지를 해제하는 명령적 행위로 인한 영업자유의 회복에 불과한 것이다. 따라서 B 시장은 A 가 법정시설을 구비하여 영업허가를 신청한 것에 대해서 허가를 부여해야 한다.

그러나 A 의 영업허가신청이 20일이 지나도록 행정청으로부터 어떠한 응답을 받지 못한 것은 행정청의 부작위가 문제된다.

현행 행정심판법(제2조)과 행정소송법(제2조)은 부작위란 행정청이 당사자의 신청에 대하여 상당한 기간 내에 일정한 처분을 하여야 할 법률상 의무가 있음에도 불구하고 이를 하지 아니하는 것을 말한다. 여기서 부작위와 비교되는 것으로서 의제거부, 즉 법령에서 일정기간 내에 처분하도록 규정하고 있는 경우에, 그 기간 안에 처분이 없으면 거부처분이 있는 것으로 간주되는 경우가 있다. 이때에는 거부처분취소소송이 제기되어야 하므로 부작위위법확인소송을 제기해서는 안 된다. 그런데 식품위생법은 영업허가신청에 대하여 상당한 기간 안에 영업허가를 처분할 의무가 있는 것으로 해석된다. 즉 A 의 영업허가신청은 법령의 해석상 당연히 전제되고, 행정청이 상당한 기간 내에 신청에 대한 응답행위를 하지 않은 부작위가 위법하다. 다만 20일 기간이 '상당한 기간'인가를 통상적으로 소요되는 기간을 말하지만, 당해 처분의 성질 · 내용 ·

종래의 처리관행 등을 고려하여 구체적으로 판단해야 할 것이다. 또한 적법한 신청이 있으면 행정청은 '일정한 처분을 하여야 할 법률상 의무'가 있고, 이 의무를 이행하지 않으면 위법이 된다. 앞서 기술한 바와 같이 식품위생법의 영업허가는 헌법상 직업의 자유를 적법하게 행사할 수 있게 하는 상대적 자유의 회복으로서 법령의 구비요건을 가진 자의 영업허가 신청에 대하여 허가할 법령상의 의무가 인정된다. 결국 B시장은 통상적으로 상당한 기간 내에 A의 음식점 영업허가신청에 관하여 허가해야 함에도 부작위의 위법한 처분을 한 것이므로, 당사자 A는 먼저 행정심판인 의무이행심판을 청구하고, 그 재결에 불복하는 경우, 일정한 제소기간 내에 부작위위법확인소송을 제기할 수 있다. 그런데 행정청의 부작위를 다투는 소송형태로서, 의무이행소송으로 하느냐(독일·미국), 부작위위법확인소송(일본)으로 하느냐에 관하여 견해가 갈리고 있다. 전자를 찬성하는 견해는 행정재량이 영(Null)으로 축소되어, 행정청이 그 법적 기속을 어기면 위법이 되므로, 법원이 행정청에게 일정한 행위를 할 것을 명하더라도 사법권의 고유기능에 속하여 진정한 권리구제의 방법이라 한다. 반면에 후자를 찬성하는 견해는 행정청에 의한 행정권의 발동권에 그것을 명하는 판결을 함은 사법권의 행정권에 대한 침해인 동시에 법원의 부담만 가중시킨다고 한다. 행정심판법은 의무이행심판을 규정하고 있지만, 행정소송법은 부작위위법확인소송의 형태를 제도화하고 아울러 판결의 기속력으로서의 처분의무와 그 위반에 대한 간접강제로 그 실효성을 담보하여 실질적으로 의무이행소송에 근사한 기능을 맡고 있다. 판례도 마찬가지로 의무이행소송을 인정하고 있지 않다.

대법원은 하천부지점용허가를 해 줄 것을 소구한 사건에 대해 그러한 원고의 청구는 "행정청에게 어떤 행정 처분을 하도록 요구하는 이행청구로서 부적법함으로 같은 취지에서 원고의 소를 각하한 원심의 조치는 정당하다"고 판시함으로써(대판 1986. 7. 22, 86 누 97) 이행소송을 인정하지 않고 있다.

7. 경찰관의 무과실침해행위와 국가보상

경찰관 A는 현행범 Y를 체포하려는 순간 Y가 흉기로 대항하므로 부득이 발포하였다. 그 결과 Y가 관통상을 입었으며 동시에 10여 미터 밖을 통행하던 X가 또한 총상을 입게 되었다.

X는 국가로부터 배상 또는 보상을 받을 수 있는가?

설문에서 X가 경찰관의 직무행위, 즉 국가작용에 의하여 손해를 입은 것은 사실이다. X가 그러한 손해를 감수할 이유가 없는 이상은 그가 입은 손해는 어떻게든 보상되어야 하는 것이 정의의 요청이다. 이와 같은 경우에 대응하여 마련된 것이 국가배상제도 및 공법상의 손실보상제도이다. 따라서 설문의 경우 X가 국가로부터 배상이나 보상을 받기 위해서는 경찰관 A의 X에 대한 가해행위가 현행법이 규정하고 있는 국가배상 또는 공법상의 손실보상의 원인행위에 해당하여야 한다. 그런데 A의 X에 대한 침해행위는 현행법상의 어느 경우에 해당하는가가 명백하지 않은 점에 문제가 있다.

첫째로 국가배상법에 의한 배상을 받기 위해서는 동법 제2조 1항이 규정하고 있는 "공무원이 그 직무를 집행함에 당하여 고의 또는 과실로 법령에 위반하여 타인에게 손해를 가한" 행위가 존재해야 하는데, A의 행위 자체는 경찰관직무집행법 제11조에 근거한 합법적인 행위이며, 사건 당시 X는 범인 Y로부터 10여 미터 떨어져 있었다고 되어 있으므로 A의 Y에 대한 발포행위에 과실이 있다고 단정하기도 어렵다고 본다.

둘째로 설문의 경우, 공법상의 손실보상의 법리를 적용하기도 어렵다. X가 입은 손해는 공공필요에 의한 재산권의 침해로 인한 특별한 희생으로 보기 어렵기 때문이다.

결국 종래의 국가배상 내지 손실보상의 법리를 통해서는 해결하기 어렵다는 점이 설문이 안고 있는 문제점이라 할 수 있다.

현재 설문과 같은 공무원의 무과실침해행위로 인한 개인의 손해를 전보하기 위하여 학설·판례가 국가배상책임요건에 있어서의 과실주의를 완화하여 그것을 거의 무과실주의의 방향으로 나아가고 있음은 주지의 사실이다. 그러나 오늘날에는 '침해행위'가 존재하지 않으며 그 형성 자체는 적법으로 판단할 수밖에 없는 위험상태로부터 손해가 발생하는 일(도시가스폭발화재, 환경침해사건 등)이 나날이 증대하고 있다. 설문의 경우도 그러한 경우에 해당된다고 생각된다. 이와 같은 것은 종래의 국가배상과 손실보상이라는 이원적 구성으로서는 해결하기 어렵다. 이러한 것을 무리하게 종래의 카테고리에 끼워 넣

는 경우, 국가배상과 손실보상의 성격을 애매하게 만들고 장래의 전망을 어렵
게 할 위험성이 있다.

결국 설문의 경우는 엄격히 말하면 입법적 해결만이 최선의 방책이다.
이를 위하여 독일의 「경찰법」 및 「국가책임법」의 개정작업을 참조할 필요가
있으리라고 생각된다.

8. 공공시설 관리의 하자로 인한 손해배상의 청구

> 서울에 거주하는 A는 일주일 전에 밤늦게 귀가하던 중 하수도 맨홀뚜껑이 없어진
> 곳에서 실족하여 왼쪽 다리가 부러져 병원에 입원하여 치료를 받고 있다. 그 당시 주
> 위에는 아무런 경고의 표지 같은 것은 없었다. 이런 경우 어떤 보상을 받을 수 있는
> 가?

A는 지방자치단체 서울특별시의 '맨홀'에 대한 관리의 흠으로 인하여 부
상한 것이며, 이에 관한 국가배상의 청구에 관하여 검토한다.

국가배상법 제5조 1항은 "도로·하천 기타 공공의 영조물의 설치 또는
관리에 하자가 있기 때문에 타인에게 손해를 발생하게 하였을 때에는 국가
또는 지방자치단체는 그 손해를 배상하여야 한다"고 규정하고 있다.

따라서 국가배상법상 영조물의 설치·관리의 하자로 인한 손해의 배상요
건은 (ⅰ) 영조물, (ⅱ) 설치·관리의 하자, (ⅲ) 타인에 대한 손해발생이 있어
야 성립된다. 즉 행정주체가 직접 공적 목적을 달성하기 위해 제공한 유체물
및 관리할 수 있는 자연력을 영조물이라 한다. 판례는 맨홀, 건널목경보기, 공
중전화, 공중화장실, 가로수, 도로, 전신주 등이 배상의 원인이 되었던 영조물
임을 인정하였다. 둘째, 영조물의 관리 및 설치의 하자는 객관적으로 판단하
고, 관리자의 과실유무는 문제되지 않는다(통설·판례). 셋째, 영조물의 설치·관
리상의 객관적인 하자로 인하여 손해가 발생해야 한다. 이때 그 하자와 손해
간에 상당 인과관계가 인정되어야 할 것이다.

설문과 관련하여,

첫째, 요건을 보면 공공시설이란 국가 또는 공공단체에 의하여 공공의
목적에 공용되는 유체물, 즉 공물을 말하는데 도로상의 맨홀은 영조물에 해

당된다.

둘째, 요건을 보면 영조물의 설치 또는 관리의 하자의 유무는 객관적인 상태에 의해 판단되는 것이며, 이 경우에 관리자의 설치 또는 관리상의 하자가 있다 할 것이다.

셋째, 요건을 보면, A가 부상을 입은 것은 망실된 맨홀로 인한 것이 명백하므로 이 요건도 충족이 된다. 따라서 A는 국가배상법 제5조 1항에 따라 손해배상청구를 할 수 있다.

9. 행정작용과 손실보상

A는 도로변에서 식당을 운영하고 있는데 1991년 3월부터 B시에서 하수관 매립공사를 하기 위해 도로를 파헤쳐 약 1개월 동안 차량 및 행인의 통행이 줄어들어 평균 매상이 1/3로 줄어드는 피해를 입었다.
이러한 경우 A가 입은 피해를 보상받을 방법은 없는가?

개인은 그의 재산권을 그 내용에 좇아 사용·수익 또는 처분할 수 있으며, 이러한 권리행사를 타인(국가나 지방공공단체도 포함됨)이 침해하는 것은 법에 의해서 금지되어 있다.

설문과 관련하여 A는 B시의 하수관 매립공사로 인하여 식당의 매상이 감소되었다. 이는 법이 보호하는 재산적 가치 있는 권리인 A의 영업상 이익이 공권적 침해로서 재산가치를 멸실·감소시키는 일체의 공권력의 발동(하수관 매립공사도 해당)에 의해서 감소되었다. 이때 공권적 침해로서 공권력의 발동은 적법한 것이며, 이로 인한 재산권의 침해는 상대방에 대하여 수인할 의무가 부과된다. 그러나 시간이 흐름에 따라 수인할 수 없을 정도로 침해가 되면 손실보상의 원인이 되며, 이는 수용적 침해로 인한 보상이 된다.

본래의 공용침해와 수용적 침해의 차이는 그 태양(態樣)에서 찾을 수 있다. 즉 전자는 예측할 수 있는 특별희생(사회적 구속을 넘어서는 손실)을 수반하는데 대하여, 후자는 예측할 수 없고 따라서 당초에 법률에 의하여 규율되지 않은 희생을 수반하는 셈이다.

결국 위 B시의 하수관 매립공사는 특별한 사정이 없는 한 적법하게 시행되고 있는 것으로 보여지고 그 공사기간도 1개월 정도밖에 걸리지 않은 상태라면 비록 다소의 영업상의 손실이 있더라도 그 손실을 보상받지 못하는 경우라 여겨진다. 그러나 그 공사기간의 부당한 장기화 등으로 통상의 손해를 벗어나게 되면 관할구청과 협의하거나, 직근 상급관청에 재결을 신청하여 손실보상을 받거나, 국가배상법에 따라 지방자치단체를 상대로 손해배상청구를 할 수 있을 것이다.

10. 행정처분의 제3자도 행정쟁송을 할 수 있는가?

갑의 집은 북쪽으로 경사진 곳의 중턱에 위치하고 있어 일조상태가 별로 좋지 않은 편인데, X가 바로 위쪽에 3층짜리 주택의 건축허가를 받았다.
만약에 이 주택이 완공되면 갑은 일조권을 완전히 상실하게 될 것이다. 이 경우 갑은 구청장을 상대로 건축허가 취소소송 등 행정쟁송을 할 수 있을까요?

행정행위의 상대방에 대하여는 수익적 효과가 발생하고 일정한 제3자에 대한 관계에서는 부담적 효과를 수반하는 경우, X에 대한 건축허가는 그에게는 수익적 효과가 발생하지만 갑에게는 부담적 효과(일조권의 침해 등)가 발생하는 행정행위는 이를 복효적 행정행위라 한다.

부연하면 그 복효적 효과가 동일인에게 발생하는 경우를 혼합효라 하고, 어느 일방에게는 이익을 타방에게는 불이익의 상반된 효과를 발생하는 경우를 제3자효(Drittwirkung)라고 한다. 행정법상 많은 문제가 제기되는 것은 제3자효행정행위이다. 1인에게 건축허가, 영업면허를 부여한 결과 이웃사람 또는 경업자 등의 제3자가 그들의 법률상 이익을 침해받았음을 이유로 그 건축허가, 영업면허 등의 취소를 청구하는 사례가 빈발하고 있다. 따라서 대개 복효적 행정행위를 함에 앞서 제3자 및 그 이해관계인에게 그 취지를 통지하여 그에 대한 의견을 제출케 하거나, 청문이나 공청회에의 참가절차를 마련한다. 그리하여 복효적 행정행위의 취소·철회에 있어서 공익 및 상대방의 신뢰보호뿐만 아니라, 제3자의 이익도 구체적으로 비교·형량하여야 할 것이다.

그리고 위법한 행정처분이나 부작위의 직접 상대방뿐만 아니라 제3자도 당해 행정심판이나 행정소송을 제기할 법률상 이익이 있는 자는 그 취소를 구할 법률상 자격이 있다(행정심판법 제9조, 행정소송법 제12조). 즉 위법한 복효적 행정행위에 대하여 제3자가 취소소송을 제기하기 위하여는 그 '취소를 구할 법률상 이익'이 있어야 한다.

여기서 법률상 이익이란 '법적으로 보호된 이익'인데(통설·판례), 고로 갑의 일조권은 건축법 제18조와 동법 시행규칙 제15조에 의하여 공익뿐만 아니라 제3자의 이익으로서 보호된다.

위 건축허가가 건축법을 위반하여 처분이 내려진 것이라면 갑은 일조권침해를 원인으로 하여 그 취소를 구할 법률상 이익이 있으므로 행정소송을 할 수 있는 것이다.

판례도 위법한 연탄공장허가로 고통을 받는 이웃사람들이 제기한 동 허가처분 취소청구소송에서 "연탄공장 허가처분으로 그 이익이 침해된 자는 당해 처분의 상대자가 아니더라도 그 취소를 구할 법률상 이익이 있다"고 판시한 바 있다(대법원 1975. 5. 13. 선고 73 누 96, 97 판결).

갑은 먼저 당해 구청장을 상대로 건축허가취소의 행정심판을 제기하고, 그 재결에 대하여 취소소송을 제기해야 한다. 이때 갑의 행정쟁송제기가 X에 대한 건축허가처분의 집행 등에 영향을 주지 않으므로(집행불정지의 원칙), 긴급한 필요가 있다고 인정되면 건축허가처분의 집행정지를 쟁송절차와 병행하여 청구해야 한다. 이렇게 하여야만 공사진행을 방지할 수 있기 때문이다.

11. 경찰관의 불심검문과 그 거부

대학생 갑은 등교도중에 지하철역 입구에서 경비중이던 경찰관에게 불심검문을 당했다. 그러나 불심검문을 받을 이유가 없어 이를 거부하자 경찰관 X는 갑을 인근 파출소로 끌고 가려고 했다. 이를 거부하는 가운데 실랑이가 벌어져 인근 시민들의 도움으로 연행되는 사태는 일어나지 않았다.
갑의 행위는 정당한가?

불심검문 또는 직무질문이란 경찰관이 거동이 수상한 자를 발견한 때에 이를 정지시켜 질문하는 것을 말한다. 경찰관직무집행법에는 불심검문에 관한 규정이 있으며 전투경찰대 설치법도 검문에 관한 규정을 두고 있다.

이 불심검문에 있어 특히 문제되는 사항을 살펴보면 다음과 같다.

경찰관직무집행법의 불심검문은 이원적으로 이해할 필요가 있다. 먼저 경찰관이 수상한 거동 기타 주위의 사정을 합리적으로 판단하여 (ⅰ) 어떠한 죄를 범하려 하고 있다고 의심할 만한 상당한 이유가 있는 자와 (ⅱ) 행하여지려고 하는 범죄에 관하여 그 사실을 안다고 인정되는 자에 대하여 행하는 불심검문은 일반 보안경찰작용으로서의 불심검문이다. 다음으로 경찰관이 일단 범죄가 범하여졌음을 인정한 후에 행하는 불심검문은 전형적인 수사작용의 하나로 파악하지 않으면 안 된다. 이렇게 볼 때 범죄혐의가 있음을 전제로 하는 경찰관직무집행법상의 불심검문은 형사소송법이 예정하는 수사의 한 형태로 파악될 수 있다.

그리고 불심검문의 방법은 거동수상자를 정지시켜 질문하는 직무질문(경찰관직무집행법 제3조 1항), 현장에서 직무질문을 하는 것이 당해인에게 불리하거나 교통의 방해가 된다고 인정되는 때에 질문하기 위하여 부근의 경찰관서에 동행할 것을 요구하는 임의동행(동조 2항), 그리고 직무질문시 흉기소지검사 등이 있다.

설문과 관련하여, 경찰관 X 의 대학생 갑에 대한 불심검문은 일반보안경찰작용으로 이해된다. 따라서 경찰관의 직무질문은 어디까지나 임의수사의 일종으로 갑은 그의 의사에 반하여 답변을 강요당하지 않는다(동법 제3조 7항 후단). 물론 직무질문을 하는 경우 경찰관은 갑에게 자신의 신분을 표시하는 증표를 제시하면서 소속과 성명을 밝히고 그 목적과 이유를 설명해야 한다(동법 제3조 4항). 다만 상대방인 갑이 답변을 거부하고 질문장소를 떠나려고 하는 경우, 설득하여 협조를 구하지 못하면 어느 정도의 물리력의 행사가 인정되느냐에 대하여 견해의 대립이 있다.

그러나 보안경찰작용의 직무질문시에는 원칙적으로 물리력의 행사는 인정되지 않으며, 상대방의 의사를 제압하는 정도의 강제에 이르지 않는 물리력의 행사는 허용된다. 이 경우 갑이 경찰관의 동행요구를 거절할 수 있다(동법 제3조 2항). 대법원도 "임의동행을 요구하다가 거절당하자 무리하게 피고인을 강제로 잡아끄는 등 강제로 인치하려고 한 경우는 적법한 공무집행행위가 있었다고 볼 수 없다고 판시하였다"(대판 1972. 10. 31, 72 도 2005).

한편 임의동행을 한 경우에도 경찰관은 일정한 법정의 고지의무를 이행하여야 하고, 당해인을 6시간을 초과하여 경찰관서에 머물게 할 수 없다(동법

제3조 6항). 이를 초과하는 임의동행은 불법체포, 불법감금죄(형법 제124조)에 해당되는 범죄가 성립된다.

흉기소지의 검사는 거동수상자의 의복이나 휴대품을 가볍게 손으로 만지면서 혐의물품의 존부를 확인하고 흉기소지의 혐의가 있는 경우 상대방으로 하여금 이를 제출케 하거나 또는 경찰관이 직접 이를 꺼내는 조사방법이다.

다만, 불심검문에서 경찰관의 질문에 대하여 거부하는 경우 또는 처음에는 응했으나 질문도중 자리를 떠나는 경우 이에 대해 원칙적으로 경찰관의 강제나 실력행사는 허용되지 않으나, 다만 사태의 긴급성, 혐의의 정도, 질문의 필요성과 수단의 상당성을 고려하여 어느 정도의 유형력 행사(정지를 위하여 길을 막거나 몸에 손을 대는 정도)는 허용된다고 보고 있다.

따라서 갑은 소지품검사 등의 요구를 일응 거부할 수는 있겠으나, 경찰관의 불심검문은 특정인에게 피해를 주기 위함이 아니라 범죄를 미리 예방하고 도주중인 범인의 검거에 그 목적이 있는 만큼 가능한 한 이에 협조하여 민주시민의 자세를 보이는 것도 필요하다 하겠다.

12. 부당한 조세부과에 대한 구제절차

A는 서울시 천호동에서 작은 점포를 임차하여 레스토랑을 경영하고 있는데 며칠 전에 세무서로부터 지난해 분의 소득세 및 교육세로 금 600만 원을 납부하라는 납세고지서를 받았다.
작년의 경우 전반적인 경기침체로 영업이 부진하였는데, 600만 원의 납세부과처분은 부당하다고 생각하여 구제받고자 한다. A는 어떤 방법을 이용할 수 있는가?

조세는 그 부과방법에 따라 법령에 의하여 직접 납세의무가 확정되는 인지세 등 법정세(국세기본법 제22조 2항)와 과세처분(부과)에 의하여 비로소 납세의무가 확정되는 부과세로 나누어진다. 이 중 조세부과처분의 문제는 부과세와 관련하여서만 발생하며, 위 사례도 이에 해당된다. 물론 위법·부당한 조세의 부과·징수로 인하여 개인이 권리·이익을 침해당하는 경우 그 위법·부당한 과세징수의 시정을 구하여, 그 손해배상을 청구할 수 있음은 당연하다. 이 점 기타의 행정상의 법률관계에 관한 쟁송에 있어서와 동일하다.

다만 조세법률관계에 관한 분쟁은 그것이 전문·기술적인 지식을 요하며 대량·반복적으로 행해지므로 여러 가지 특칙을 두고 있다. 조세의 부과·징수에 관한 처분이 위법·부당한 경우 1차적으로 그 위법·부당한 처분의 취소·변경을 구할 수 있는데, 특히 조세의 부과·징수에 관한 행정심판에 관해서는 행정심판법의 적용이 배제되고(동법 제56조 1항), 국세기본법·관세법·지방세법이 적용된다.

위 사례에서 A는 소득세와 교육세의 국세부과처분을 받았기 때문에 먼저 일반국세에 관한 행정심판절차와 행정소송을 통해서 권리구제가 가능하다.

(1) 행정심판에는 이의신청, 심사청구 그리고 심판청구가 있다. (ⅰ) 국세의 부과와 징수에 관한 처분에 대하여 이의가 있는 자는 국세청장이 조사·결정 또는 처리한 처분을 제외하고, 불복의 사유를 갖추어 처분을 하였거나 하였어야 할 세무서장이나 지방국세청장에게 이의신청을 할 수 있다(동법 제55조 1항 단서, 제66조). 즉 이의신청은 필요적 절차가 아니라 임의적 절차이다. 이의신청기간은 그 처분의 통지를 받은 날로부터 또는 처분이 있었던 것을 안 날로부터 90일이다(동법 제61조 1항). 이의신청결정에 대한 불복수단은 다음의 심사청구이다. (ⅱ) 심사청구는 국세청장의 위법·부당한 처분이나 이의신청에 대한 결정에 이의가 있을 때, 또는 이의신청의 결정기간 내에 결정의 통지가 없을 때에는 처분세무서장을 거쳐 국세청장에게 심사의 청구를 할 수 있다(동법 제62조 1항). 심사청구기간은 당해 처분이 있는 것을 안 날로부터 또는 처분의 통지를 받은 날로부터 90일 이내임이 원칙이며(동법 제61조), 국세청장은 국세심사위원회의 의결을 거쳐 결정하여야 한다(동법 제64조, 제65조), 심사청구의 결정에 대한 불복수단은 다음의 심판청구이다. (ⅲ) 심판청구는 심사청구의 결정에 이의가 있거나 또는 심사청구에 대한 결정기간 내에 결정통지가 없을 때에는, 불복의 사유를 구비하여 그 처분을 하였거나 하였어야 할 세무서장과 국세청장을 거쳐 국세심판소장에게 할 수 있다(동법 제69조). 심판청구기간은 심사결정서를 받은 날 또는 심사청구에 대한 결정기간이 경과한 날로부터 90일이다(동법 제68조).

(2) 조세에 관한 행정심판에 불복하는 자는 행정소송을 제기할 수 있다. 제소기간과 관련하여 행정소송법 제18조·제20조의 특칙을 두어, 심판청구에 대한 결정의 통지를 받은 날로부터 90일 이내에 제소하도록 규정한다(국세기본법 제56조 3항·4항). 결국 A는 행정심판과 행정소송의 제기에 있어서 청구기

간의 제한이 있으므로 기간산정에 유의하여 절차를 이용하여야 할 것이다.

법원을 통해 이의 제기하기

지금까지 조세부과에 대하여 행정절차를 통한 이의제기에 대하여 살펴보았는데, 아래에서는 법원에 의한 절차를 살펴보기로 한다.

조세소송

조세소송이란 세무서 등과 세금 문제에 관한 분쟁이 생겼을 때 이를 구제하기 위한 절차로서 행정소송, 민사소송 및 헌법소송 등 조세와 관련된 모든 소송을 말한다. 따라서, 조세소송은 크게 조세 행정소송과 조세민사소송, 조세헌법소송으로 분류할 수 있다.

① 조세행정소송

부과처분취소소송, 무효등확인청구소송, 부작위위법확인소송

② 조세민사소송

조세환급청구소송(부당이득반환청구소송), 국가배상청구소송

③ 조세헌법소송

위헌법률심판, 헌법소원

이 중에서 가장 많이 사용되는 방법이 세금 부과가 잘못되었는지를 가리는 부과처분취소소송이다.

---

13. 분양목적으로 건축된 공동주택의 건축주에 대한 하자보수청구

갑은 2019년 2월 5일 A 로부터 28평형 연립주택을 금 5,000만 원에 1층 1칸을 매수하여 소유하고 있는데, 같은 동 위층 B 소유의 화장실에서 누수가 되어 많은 손해를 보고 있다.

이 주택은 2019년 1월 5일 준공검사를 필했는데 누구에게 집수리를 요구해야 되는지요?

갑이 매수한 연립주택은 분양을 목적으로 건축된 공동주택으로서 준공검

사를 받은 지 1년도 안되어 누수가 된다면 주택건설촉진법에 따라 건축주를 상대로 하자보수 청구를 할 수 있다.

즉 공동주택관리법에 의하면 동법 소정의 사업계획의 승인을 얻어 공동주택을 건설한 사업주체 및 기타 분양을 목적으로 공동주택을 건축한 건축주는 공동주택의 하자를 보수할 책임이 있고 이를 담보하기 위해 담보책임 기간 동안 하자보수 보증금을 예치하도록 되어 있다(동법 제36조).

따라서 위 연립주택의 입주자 대표회의가 구성되어 있는 경우에는 입주자 대표회의를 통해서, 그렇지 않은 경우에는 갑이 직접 건축주에게 하자의 보수를 요구할 수 있고, 만약 건축주가 이에 응하지 않는 경우에는 준공검사권자에게 통보하여 준공검사권자로 하여금 건축주에게 하자보수를 명하게 할 수도 있으며 그래도 건축주가 이에 응하지 않는 경우에는 예치된 하자보수 보증금으로 직접 보수할 수 있겠다.

그리고 A에 대하여는 민법의 규정에 따라 그간의 손해 및 수리비에 상당하는 손해배상을 청구할 수도 있는데 다만 이는 누수사실을 안 지 1년 이내에 하여야 할 것이다.

14. 1세대 1주택의 범위

A는 주택 겸 간이점포로 된 건물 1동을 소유한 지 3년이 경과하였고(거주하지 않음), 이를 대지와 함께 양도하려고 한다. A가 소유하는 부동산은 총 건평 25평으로 그 중 주거용이 15평이 조금 넘고 점포는 10평에서 조금 미달되고 대지는 40평일 때, 양도소득세를 납부하는가?

소득세법 및 동법 시행령에 의하면 당해주택의 보유기간이 2년 이상이고, 그 보유기간 중 거주기간이 2년 이상으로서 거주자가 1세대 1주택임을 입증하는 경우 그 주택과 이에 부속되는 토지를 양도함으로써 양도소득이 있어도 소득세를 부과하지 않는다. 한편 주택의 일부에 점포 등 다른 목적의 건물이 설치되어 있으면 그 전부를 주택으로 보고 다만 주택의 면적이 주택 이외의 면적보다 작거나 같을 때에는 주택부분 이외의 건물은 주택으로 보지 아니 한다고 되어 있다.

따라서 A는 주택용이 점포로 사용하는 면적보다 커서 그 전부를 주택으로 인정받을 수는 있으나 당해 주택에서 거주하지 않았으므로 원칙적으로는 양도소득 비과세대상에는 해당되지 않는다고 할 것이다.

제17장
민법과 생활

인간의 사적(私的) 법률행위에 관하여 적용되는 민법학의 분야는 엄청나게 넓다.
판덱텐(Pandekten)체제에 따라 총칙, 물권, 채권, 친족, 상속편의 순서로 되어,
각 분야마다 많은 문제들을 포함하고 있다.

詩 있는 地下鐵

세계 어디 이런 지하철이?

2호선 순환선으로
시내 한 바퀴 돌아보면,

素月, 永郎, 靑馬가
아크릴에 박혀
왼종일 빛난다.

서울시민의 정서를 위해?
이렇다고 정서가 높혀질까?

차라리 형법, 민법, 경범죄처벌법
중요한 법조문을 적어야지.

아침마다 지하철 안에서 듣는
"흡연은 법으로 금지되어 있습니다."
서울의 대도시에
법과 詩는 공존한다.

그렇다고 이 사회에
과연 법과 詩는 있는지?

I. 총칙편과 재산법편

1. 신의성실의 원칙

A는 B에게 자기소유의 토지를 2천만 원에 팔기로 하여 매매계약을 체결하였다. 그 후 매수인 B는 형편이 갑자기 어려워져 대금지급약정일을 넘기게 되어 A의 이행최고를 받았다. B는 A에게 그 지정기일 내에 매매대금을 지급하였으나 결과적으로 매매대금 중 12만 원이 미지급되었다. A는 이러한 미지급을 이유로 계약해제를 주장하고 있다. A의 주장은 과연 정당한가?

채무자에게 책임 있는 사유로 이행지체가 있을 때 채권자는 상당한 기간을 정하여 이행을 최고(催告)하게 된다. 이 최고기간 안에도 채무자의 책임 있는 사유로 이행하지 않는 경우 채권자는 계약해제권을 갖는다.

위 사례를 보면, B는 이행약정일을 도과하여 A로부터 최고를 받고 그 지정기일에도 완전한 이행을 하지 못하여 지급부족액이 발생하였다. 지급부족액에 대하여 B가 불가항력, 동시이행항변 기타 면책사유를 입증하지 않는 한 그의 책임 있는 사유에 기인한 채무불이행이므로 A는 당연히 해제권을 행사할 수 있다. 하지만 부동산 매매대금 2천만 원 중 미지급액이 불과 12만 원인 근소한 이행지체를 이유로 매매계약을 해제한다는 것은 정의형평에 맞지 않는 결과를 가져 온다. 즉 채권자가 특별히 손해를 받지 않는 데도 불구하고 채무자 측의 경미한 하자 또는 근소한 지체만을 이유로 해제권 기타 권리행사를 한다는 것은 신의칙(信義則)에 비추어 부당한 것이다. 그러므로 채권자 A의 계약해제권은 신의칙에 비추어 부인된다. 따라서 A는 매매의 목적인 토지 소유권을 B에게 이전하여야 할 의무를 가지며 이것은 B의 잔대금 지급과 동시에 행하여져야 할 것이다.

신의성실의 원칙

민법은, 권리의 행사와 의무의 이행은 신의에 따라 성실하게 할 것을 규정하고 있다. 예를 들면, 채무자가 채권자를 골탕먹일 의도로 일부러 수십 개의 동전자루로 빚을 갚는 경우처럼 일반적인 상식이나 거래관념에 비추어 납득하기 어려운 행동은 허용할 수 없다는 것이다. 따라서, 신의성실의 원칙은 법을 공유하는 법 공동체 구성원들이 가져야 할 공동체 의식을 강조하는 원리라고 할 수 있다.

2. 권리남용의 금지

A는 25,000평 대지를 P 중학교의 학교부지로 사용하면서 그 위에 48학급을 수용하는 교사와 부대시설을 갖추고 나머지 부분은 운동장으로 이용해 오고 있다. 한편 B는 위 중학교와 인접하여 수십만 평의 토지를 소유하여 유실수를 심어 관리해 왔는데 우연히 이를 측량해 보니 A가 자기의 토지를 약 150평 가량 침입하여 그 지상에 교사 1동을 세워 두고 있음을 발견하였다. B는 A에 대하여 침입부분의 교사를 철거할 것과 토지의 인도를 청구하였다. 이때 A와 B의 법률관계는?

A는 적법한 법률관계에 의하지 아니하고 B의 토지를 불법으로 점거하고 있으므로 B는 A에 대하여 방해의 제거, 즉 교사의 철거와 토지의 인도를 청구할 수 있음은 의문이 없다. 그러나 B의 교사의 철거 및 토지인도청구권을 인정하게 되면 그로 인하여 P중학은 교육장을 잃게 되어 교육에 지장을 초래하므로 B의 주장을 어디까지 인정할 것인가가 문제된다. 이것은 권리남용의 법리로 해결해야 할 것이다.

따라서 A소유의 토지와 B소유의 토지가 갖는 사회적·공공적 이해의 정도 및 양자의 이익에 대한 양적 비교, B소유의 토지에 대한 침해배제 가능성여부, 또는 그 장해의 정도와 보상가능성 등의 객관적 요건과 A·B 양자의 선·악의 및 권리행사의 의도 등의 주관적 요건을 판단의 기초로 한다.

또 A소유의 토지는 제2세 교육을 위한 학교부지로 이용되고 있는 데 반하여 B소유의 토지는 단순히 개인의 수익사업에 이용되고 있으며, 또 그 침해부분은 수십만 평 중의 불과 150평에 불과하므로 그 침해부분이 없더라도 B의 수익사업에는 큰 지장을 주는 것도 아니다.

그리고 A·B 사이에 침해된 토지에 대한 적법한 법률관계로의 전환도 가능하다. 즉 A가 사용하는 B소유의 토지를 A명의로 소유권이전 하든지 지상권·임차권 등의 사용권을 취득하는 방법이다. 이런 점에서 볼 때 B의 교사의 철거와 토지의 인도청구는 권리남용으로 되어 허용될 수 없는 것이다.

3. 권리능력 없는 사단(社團)

> K난민단체 150세대는 자활정착할 목적으로 간척지를 공동으로 개간하고 대표자 A
> 의 지휘·감독 아래 제방과 수문을 축조하였다. 그런데 인근주민 B는 A개인을 상대
> 방으로 제방과 수문을 철거할 것을 청구하였다. B의 청구는 받아들여질 수 있는가?

우리 민법상 인정되는 사람의 단체에는 사단과 조합이 있다. 그러나 실제적으로 존재하는 단체에는 전형적인 조합이나 사단의 형태보다 중간적인 형태가 더 많다. 따라서 단체의 성격규명이 용이하지 않다. 일반적으로 사단은 다수인이 모여서 단체를 조성하여 하나의 단체로서의 단일성이 표면에 뚜렷하며, 개개의 구성원은 단체의 단일성 뒤로 후퇴한 형태이다. 이에 비해 조합은 개개의 구성원의 존재가 뚜렷하고, 그들을 단체적으로 구속하는 유대가 전혀 없거나 있더라도 표면에 나타나지 않는 형태이다.

단체의 두 가지 유형에서 사단의 특성을 가졌으나 법인격을 취득하지 않은 경우가 권리능력 없는 사단이다. 권리능력 없는 사단이라고 할 수 있기 위해서는 단체로서의 조직을 갖추고, 대표의 방법, 총회의 운영, 재산의 관리 기타 사단으로서의 중요한 점이 정관에 규정되어 있어야 한다. 하지만 판례는 이러한 요건들을 완화하여 ① 종중(宗中)의 성립요건으로 목적·대표자·지속적 활동을 요구하면서도 정관이나 조직행위 등은 요구하지 않았고(대법원 1966. 7. 26. 선고 66 다 881 판결; 대법원 1970. 2. 10. 선고 69 다 2013 판결; 대법원 1983. 4. 12. 선고 83 도 195 판결), ② 일정지역 내에 거주하는 불특정 다수인으로 조직된 영속적 단체인 동민(洞民)(대법원 1958. 2. 6. 선고 4289 민상 617 판결)을 권리능력 없는 사단으로 인정하였다. 따라서 위의 단체도 권리능력 없는 사단으로 볼 수 있다.

권리능력 없는 사단은 법인격을 전제로 하는 것을 제외하고는 모두 사단법인에 관한 규정을 유추적용한다. 또 권리능력 없는 사단은 사원이 집합체로서 물건을 소유할 때는 총유(總有)로 한다(민법 제275조). 총유란 물건의 관리·처분은 단체에 의하고, 수익·사용은 각 구성원에 귀속하는 소유형태이다. 따라서 K난민단체를 권리능력 없는 사단으로 보면 B가 A개인을 상대로 제방과 수문을 철거하라고 한 것은 잘못이다. 제방과 수문은 K난민단체의 소유이기

때문이다.

권리능력 없는 사단(Nichtrechtsfühiges Verein)이란 사단(Association, Verein), 재단(Foundation, Stiftung)과는 달리 법적으로 등록되지 않으면서도 사단, 재단의 법리를 준용하는 단체를 말한다. 우리나라의 판례에 나타난 권리능력없는 사단은 아래와 같다.

1) 종 중   종중(宗中)이란 공동선조의 후손 중 성년 이상의 남자를 구성원으로 하여 공동선조의 분묘수호, 제사, 종중 상호간의 친목을 목적으로 하는 종족의 자연적 집단을 말한다. 종중은 자연발생적 관습상 종족집단체로서 특별한 설립행위를 필요로 하지 않는다. 종중에는 반드시 성문의 규약이 있어야 하는 것은 아니고 구성원의 수가 소수라고 하여 종중이 설립할 수 없는 것은 아니다(대판 1991. 11. 26, 91 다 31661). 종중은 종중으로서 등기하면 법인으로 되고, 등기되지 않은 종중은 법인 아닌 사단에 해당한다(대판 1983. 4. 12, 83 도 195). 대법원은 종래 공동선조의 후손 중 성년 이상의 남자는 당연히 그 구성원(종원)이 되는 것이라고 판시하였으나, 2005년 전원합의체 판결을 통해 "종중이란 공동선조의 분묘수호와 제사 및 종원 상호간의 친목 등을 목적으로 하여 구성되는 자연발생적인 종족집단이므로, 종중의 이러한 목적과 본질에 비추어 볼 때 공동선조와 성과 본을 같이 하는 후손은 성별의 구별 없이 성년이 되면 당연히 그 구성원이 된다고 보는 것이 조리에 합당하다"고 하여 기존의 태도를 변경하였다(대법원 2005. 7. 21. 선고 2002 다 13850 전원합의체 판결). 종중의 규약이나 관습에 따라 선출된 대표자 등에 의하여 대표되는 정도로 조직을 갖추고 지속적인 활동을 하고 있다면 비법인사단으로서의 단체성이 인정된다(대판 1991. 8. 27, 91 다 16525 동지, 대판 1983. 4. 12, 83 도 195).

법인 아닌 종중도 그 명의로 소유권을 취득할 수 있다(부동산등기법 제30조; 부동산등기법시행규칙 제56조 3호). 종중소유의 재산은 종중원의 총유에 속하는 것이므로 그 관리 및 처분은 종중규약에 정한 바가 있으면 이에 따라야 하고, 그 점에 관한 종종규약이 없으면 종중총회의 결의에 의하여야 한다. 종중의 규약이나 관행에 의하여 매년 일정한 날에 일정한 장소에서 정기적으로 종중원들이 집합하여 종중의 대소사를 처리하기로 되어 있는 경우에는 별도로 종중회의의 소집절차가 필요하지 않다(대판 1994. 9. 30, 93 다 27703). 종중이 소유하는 부동산은 단체명의로 등기할 수 있음에도 종가의 자손이나 기타 종원의 명의로 등기되는 경우가 많은데, 이 경우 종중의 재산이 종원에게 명의신탁된 것으로 본다. 판례는 종중의 시효취득(제245조)을 인정하고 있으며 실질과세주의에 따라 종중을 과세단위로 보고 있다.

2) 사 찰   대한불교조계종은 그 산하의 사찰과 승려 및 신도로서 구성되는 비법인사단으로서의 법적 성격을 가진다. 위 종단에 소속된 사찰은 그 구성분자로서 종단의 자치법규인 종헌, 종법 등의 적용을 받아 자율적인 주지 임명권 등을 상실하고 위 종단이 그 권한 등을 행사하게 되어 있다. 그러나 사찰도 독립된 단체로서의 실체를 가지는 경우에는 독자적인 권리능력과 당사자능력을 가질 수 있다(대결 1992. 1. 23, 91 마 581).

3) 교 회   교회는 기독교 교도들이 신교의 목적으로 구성한 단체로서 역시 법인 아닌 사단이다(대판 1962. 7. 12, 62 다 133). 교회가 분파한 경우 교회재산의 귀속에 관하여는 특히 문제가 있다. 이에 대해 대법원의 입장이 2006년 변경되었다. 종래에는 1. 일부교인들은 종전교단에 계속 남아 있는 반면 나머지 교인들이 소속교단 변경을 결의하여 새로운 교단에 가입한 경우 교회의 분열이 인정된다고 보았고, 이를 전제로 2. 교회의 장정 등에 교회 분열시의 재산귀속에 관한 정함이 없는 경우 종전교회의 재산의 귀속관계는 분열 당시 교인들의 총유이며, 따라서 잔류교인들로 이루어진 한쪽 교회가 다른 교회에 대하여 교회 건물의 명도를 구할 수 없다고 보았고, 교회가 분열된 경우 분열 당시의 교인들에 한하여 종전교회의 재산에 대한 사용수익권이 있다고 볼 수 없다고 하였다(대법원 1993. 1. 19. 선고 91 다 1226 전원합의체 판결). 하지만 대법원은 2006년 전원합의체 판결로 그 입장을 변경하여 1. 교인들이 집단적으로 교회를 탈퇴한 경우, 법인 아닌 사단인 교회가 2개로 분열되고 분열되기 전 교회의 재산이 분열된 각 교회의 구성원들에게 각각 총유적으로 귀속되는 형태의 '교회의 분열'을 인정할 수 없으며, 교인들이 교회를 탈퇴하여 그 교회 교인으로서의 지위를 상실한 경우, 종전 교회 재산의 귀속관계는 잔존 교인들의 총유라고 보았다. 아울러 교회의 소속 교단 탈퇴 내지 소속 교단 변경을 위한 결의요건은 의결권을 가진 교인 2/3 이상의 찬성이며, 위 결의요건을 갖추어 교회가 소속 교단을 탈퇴하거나 다른 교단으로 변경한 경우, 종전 교회 재산의 귀속관계는 탈퇴한 교회 소속 교인들의 총유라고 보았다(대법원 2006. 4. 20. 선고 2004 다 37775 전원합의체 판결).

4) 아파트 주민단체   공동주택입주자가 「주택건설촉진법」 제38조, 공동주택관리령 제10조에 따라서 구성한 입주자대표회의는 단체로서의 조직을 갖추고 의사결정기관과 대표자가 있을 뿐만 아니라, 또 현실적으로도 자치관리기구를 지휘·감독하는 등 공동주택의 관리업무를 수행하고 있으므로 특별한 다른 사정이 없는 한, 법인 아닌 사단으로서 당사자능력을 가진다(대판 1991. 4. 23, 91 다 4478).

5) 지역단체   자연부락이 부락주민을 구성원으로 하여 고유목적을 가지고 의사결정기관과 집행기관인 대표자를 두어 독자적인 활동을 하는 사회조직체라면 비법인사단으로서 권리능력이 있다. 자연부락이 비법인사단으로서 존재하고 나아가 고유재산을 소유하고 있다는 사실을 인정하려면 자연부락의 구성원의 범위와 자연부락의 고유업무, 자연부락의 의사결정기관인 부락총회와 대표자의 존부 및 조직과 운영에 관한 규약이나 관습이 있었는지 여부, 고유재산을 소유하게 된 경위와 관리형태 등을 확정하여야 할 것이다. 집행기관인 대표자의 선정은 규약에 정함이 있거나 관습이 있다면 그에 따를 것이지만 그렇지 아니한 경우에는 부락을 구성하는 가구의 대표자 과반수의 출석과 출석 가구수의 과반수 찬성에 의하여 선임된다(대판 1993. 3. 9, 92 다 39532). 부락민들의 총유재산인 임야에 관한 소송은 비법인사단인 부락 자체의 명의로 하거나 또는 부락민 전원이 당사자가 되어 할 수 있을 뿐이며, 후자의 경우에는 필요적 공동소송이 된다.

이처럼 우리나라에 사실상 권리능력 없는 사단이 굉장히 많이 있어 법적 구속에서 해방되고 싶어하는 심리가 작용하고 있음을 볼 수 있다.

4. 부동산이중매매와 반사회적 법률행위

A는 C로부터 그 소유의 토지 100평을 5천만 원에 매수하였는데 세금관계로 이전등기를 지체하고 있던 중 주위의 재개발사업으로 인하여 지가가 폭등하자 이 사실을 알고 있는 B가 C를 설득하여 8천만 원에 매수하여 이전등기하였다. A가 구제되려면?

현행 민법에서 부동산의 매매는 당사자 사이의 합의뿐만 아니라 등기까지 경료되어야 소유권이 완전히 이전하게 된다. 등기가 없는 한 제3자의 관계에서는 물론 당사자 사이에서도 소유권이전의 효력이 생기지 않으므로 이전 등기를 먼저 경료하는 자가 유효하게 소유권을 취득하게 된다. 따라서 제2의 매수인이 먼저 등기를 경료하면 그의 소유권취득은 유효하다. 그런데 판례는 부동산의 이중매매가 매도인의 배임행위에 제2의 매수인이 적극적으로 가담함으로써 이루어진 경우에는 민법 제103조의 반사회적 법률행위로서 무효라고 한다.

배임행위에 적극적으로 가담한다는 것이 어떤 것인지 판단기준을 정확히 정하고 있지는 않지만, 대체로 제2의 매수인이 이미 행하여진 매매계약을 알면서 또는 용인하고 부당한 이득을 취하려고 하는 경우에 해당된다고 본다.

위의 사례를 보면, 제2의 매수인인 B가 지가가 폭등하자 제1매매 사실을 알면서 C를 설득하여 이중매매를 체결한 것이므로, 매도인의 배임행위에 적극적으로 가담했다고 보여지며 따라서 반사회성이 인정된다. 그러므로 제1매수인인 A는 B·C 사이의 매매계약이 선량한 풍속 기타 사회질서에 위반한 법률행위로 무효임을 주장할 수 있다. B·C 사이의 매매계약이 무효이므로 토지소유권은 여전히 매도인인 C에게 보유되어 있으며 A는 C에 대하여 소유권이전등기청구권을 행사하면 된다.

5. 부동산매매와 불공정한 법률행위

저는 전남 무안에 임야를 약 60,000평 가까이 소유하고 있던 중 근래에 A에게 평당 1,500원에 매도한 후 등기이전까지 하여 주었습니다. 그런데 그 후 A는 불현듯 저를 찾아와 "상기 임야를 너무 비싸게 구입하였다. 근처의 같은 종류의 임야와 비교하니 상기 임야는 평당 800원 정도면 구입할 수 있었다. 더구나 상기 임야는 곧 공원용지로 묶인다고 하더라"고 하면서 당시 저와 체결한 매매계약을 해제하겠다고 합니다. 저는 상기 임야를 평당 1,500원에 매도한 것은 적정하다고 생각하며 공원용지 운운하는 것은 금시초문입니다. 저와 같은 경우에 이 계약을 A가 일방적으로 해제할 수 있는 것인지요?

[별지 제21호 서식] (앞쪽)

부동산거래계약신고서		처리기간	
		즉시	

접수일			일련번호	

매수인	성명(법인명)		주민(법인)등록번호	−
	주소		(거래지분: 분의)	국적
	전화번호			(이동전화:)

매도인	성명(법인명)		주민(법인)등록번호	−
	주소		(거래지분: 분의)	국적
	전화번호			(이동전화:)

신고사항	계약일	년 월 일	잔금 지급일	년 월 일
	거래물건	부동산의 종류	□ 토지 □ 건축물( ) □ 토지 및 건축물( )	
		소재지·지번/지목/면적	(지목:)(토지면적: ㎡)(대지권비율: 분의)	(동 호)
		계약대상 면적	토지 ㎡, 건축물 ㎡	
		물건 거래금액	원	
	실제 거래가격 (전체)		계 원	중도금 지급일: 년 월 일
			계약금 원	
			중도금 원	
			잔금 원	
	계약의 조건 또는 기한			
	중개업자	성명	상호	주민(법인)등록번호 −
		사무소재지		(전화:)
	참고사항	용도지역		
		기타		

「공인중개사의 업무 및 부동산 거래신고에 관한 법률」 제27조 및 동법시행규칙 제17조의 규정에 따라 위와 같이 부동산거래계약내용을 신고합니다.

년 월 일

신고인 매수인 (서명 또는 인)

매도인 (서명 또는 인)

중개업자(중개업자가 중개한 경우) (서명 또는 인)

시장·군수·구청장 귀하

210㎜×297㎜ 〔(일반용지60g/㎡(재활용품)〕

(뒤쪽)

유의사항	1. 거래당사자간 직접거래의 경우: 매수인 및 매도인이 공동으로 신고서에 서명 또는 날인을 하여 거래당사자중 1인이 신고서를 제출 2. 중개업자가 거래계약을 중개한 경우: 중개업자가 신고(이 경우 거래당사자는 신고 의무가 없습니다) * 신고시에는 주민등록증 등 신고인의 신분을 확인할 수 있는 공적 신분증을 제시 하여야 하며, 전자문서로 신고시에는 전자인증의 방법에 의하여 신고인의 신분 을 확인하게 됩니다. 3. 부동산거래계약 내용을 거짓으로 신고하는 경우 공인중개사의 업무 및 부동산 거래신고에 관한 법률 제51조 제3항 제2호의 규정에 의거 당해 부동산에 대한 취득 세의 3배 이하에 상당하는 금액의 과태료가 부과됩니다.
작성방법	1. 지분으로 거래한 매도인란에 매도인의 지분을 표시하고, 매수인란에 매수인 각각의 지분을 전체지분의 기준으로 표시합니다. 　　　　　　　　　　　　　　　　　　　　　　　 수수료 　　　　　　　　　　　　　　　　　　　　　　　 없음 2. "소재지 · 지번/지목/면적"에는 부동산 소재지 · 지번과 토지대장상의 지목 · 면적, 등기부등본상의 대지권 비율을 기재하고, 아파트 등 집합건물의 경우에는 동 · 호 수까지 정확하게 기재합니다. 3. "부동산의 종류"에는 토지 · 건축물 또는 토지 및 건축물(복합부동산의 경우)에 ∨ 표시를 하고, 당해 부동산이 "건축물" 또는 "토지 및 건축물"인 경우에는 ( )에 건 축물의 종류를 단독주택, 아파트, 연립주택, 공장, 제2종 근린생활시설 등 건축법 시행령 별표 1에 의한 용도별 건축물의 종류를 기재합니다. 4. "계약대상 면적"에는 실제 거래면적을 계산하여 입력합니다. 5. 계약의 조건 또는 기한은 부동산 거래계약내용에 계약조건이나 기한을 붙인 경우 에 한하여 기재합니다. 6. "참고사항"의 "기타"에는 실제지목이 공부상 지목과 다른 경우 그 내용 및 거래상 참고사항을 기재합니다. 7. 다수 거래부동산, 관련필지, 매도 · 매수인, 중개업자 등 기재사항이 복잡한 경우에 는 별지로 작성하여 첨부하고, 매도 · 매수인 또는 중개업자 모두가 서명(또는 날 인)하여야 합니다.

* 이 신고서는 아래와 같이 처리됩니다.

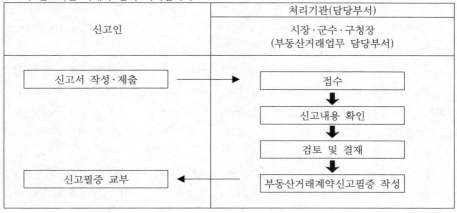

부동산매매계약서

매도인 ○○○(이하 "갑"이라 한다)과 매수인 ○○○(이하 "을"이라 한다)은 아래 표시의 부동산에 관하여 다음과 같이 합의하여 계약을 체결한다.

〈부동산의 표시〉

소 재 지				
토 지	지목		면적	m²(평)
건물	구조 및 용도		면적	m²(평)

제1조(목적) 갑은 그 소유의 위 부동산을 을에게 매도하고 을은 이를 매수한다.

제2조(매매대금) ① 매매대금은 금○○○원으로 하고 다음과 같이 지급하기로 한다.

계약금	금	원은 계약체결시에 지급하고
중도금	금	원은 년 월 일에 지급하며
잔금	금	원은 년 월 일에 지급하기로 함.

② 제 1 항의 계약금은 잔금수령시에 매매대금의 일부로 충당한다.

제3조(소유권이전 및 매매물건의 인도) 갑은 을의 잔금지급과 동시에 소유권이전등기에 필요한 서류를 을에게 교부하고 이전등기절차에 협력하여야 하며 갑의 비용과 책임으로 매매부동산을 을에게 인도하여야 한다.

제4조(저당권등의 말소) 갑은 위 제3조의 인도전에 매매부동산상의 저당권, 질권, 전세권, 지상권, 임차권 기타 소유권의 행사를 제한하는 일체의 권리를 말소시켜야 한다.

제5조(부속물의 이전) 위 제3조의 인도시 매매부동산에 부속된 물건은 매매목적물에 포함된 것으로 한다.

제6조(매도인의 담보책임) 매매부동산은 계약시의 상태를 대상으로 하며 공부상의 표시와 실제가 부합하지 아니하여도 쌍방이 이의를 제기하지 않기로 한다.

제7조(위험부담) ① 매매부동산의 인도 이전에 불가항력으로 인하여 매매부동산이 멸실 또는 훼손되었을 경우에는 그 손해는 갑의 부담으로 한다.

② 제 1 항의 경우에 을이 계약을 체결한 목적을 달성할 수 없을 때에는 을은 계약을 해제할 수 있으며 이때 갑은 이미 수령한 대금을 을에게 반환하여야 한다.

제8조(계약의 해제) ① 위 제2조의 중도금 지급(중도금약정이 없을 때에는 잔금)전까지 을은 계약금을 포기하고, 갑은 계약금의 배액을 상환하고 계약을 해제할 수 있다.

② 당사자 어느 일방이 본 계약을 위반하여 이행을 태만히 한 경우 상대방은 1주간의 유예기간을 정하여 이행을 최고하고, 일방이 이 최고의 기간내에 이행을 하

지 않을 경우에 상대방은 계약을 해제할 수 있다.

제9조(위약금) 위 제8조 제2항에 의하여 갑이 본 계약을 어겼을 때에는 계약금으로 받은 금액의 2배를 을에게 주기로 하고, 을이 본 계약을 어겼을 때에는 계약금은 갑에게 귀속되고 돌려달라는 청구를 할 수 없다.

제10조(비용) 매도증서작성비용 및 이에 부대하는 비용은 갑이 부담하고 소유권이전 등기에 필요한 등록세 등의 비용은 을이 부담한다.

제11조(공과금 등) 매매물건에 부과되는 조세공과·제비용 및 매매물건에서 발생하는 수익은 모두 인도일을 기준으로 하여 그 전일까지 생긴 부분은 갑에게 귀속하고 그 이후부터는 을에게 귀속한다.

제12조(관할 법원) 이 계약에 관한 분쟁이 발생할 시에는 소송의 관할법원은 매매부동산의 소재지를 관할하는 법원으로 한다.

이 계약을 증명하기 위하여 계약서 2통을 작성하여 갑과 을이 서명·날인한 후 각각 1통씩 보관한다.

20○○년 ○월 ○일

매도인	주소					
	성명 또는 상호	인	주민등록번호 또는 사업자등록번호	–	전화 번호	
매수인	주소					
	성명 또는 상호	인	주민등록번호 또는 사업자등록번호	–	전화 번호	
입회인	주소					
	성명 또는 상호	인	주민등록번호 또는 사업자등록번호	–	전화 번호	

우리 민법에서는 당사자의 궁박, 경솔 또는 무경험으로 인하여 현저하게 공정을 잃은 법률행위는 무효로 하고 있다(민법 제104조). 그러나 위의 경우를 살펴보면 문제는 첫째, 매매가 불공정한 거래행위인가 하는 점이다. 또한 시가가 평당 800원이냐 1,500원이냐 하는 것도 객관적으로 감정 등을 통하여야 비로소 알 수 있을 것이다.

둘째, 매매가 상대방의 궁박, 경솔 또는 무경험으로 인한 것이냐 하는 점이다. 상대방 A는 귀하가 A의 궁박, 경솔 또는 무경험을 이용하려는 악의가 있었다는 것을 증명해야 한다. 그리고 위 사안에서 공원용지로 묶였다는 이유로 A는 귀하에게 동기의 착오를 주장할지도 모르나, 동기가 표시되고 상대방이 알고 있을 경우에 한하여 취소할 수 있다는 것이 다수설과 판례의 입장이다(대법원 2000. 5. 12. 선고 2000 다 12259 판결). 귀하의 경우에는 귀하도 그와 같은 사실을 몰랐다는 것이므로 이에 해당되지 않을 것이다. 그러므로 귀하의 사안에서 귀하와 A의 매매계약은 무효이거나 취소할 수 있는 계약이 아닌 정당한 계약으로 일단 생각된다.

6. 동기의 착오

A는 한우인 비육우를 사육할 목적으로 B소유의 토지를 대금 7,200만 원에 매수하고 당일 계약금으로 1천만 원을 B에게 지급하였다. A는 계약체결 전에 현장을 답사하고 당해 토지가 한우의 사육사용에 제한이 없는 정상적으로 사용할 수 있는 토지라고 생각하고 계약을 체결한 것이다. 그러나 계약체결 1주일 후 이 토지 중 중요부분이 시설녹지·자연녹지·도로부지로 편입되어 있어서 계약의 목적을 달성할 수 없음을 알았다. A는 이를 이유로 매매계약 취소를 주장하고 있는데 정당한가?

동기의 착오는 그 동기가 계약의 내용으로 외부에 표시된 경우에 한하여 이를 이유로 계약을 취소할 수 있다는 법리이다. 사례에서 A는 그 토지가 비육우의 사육에 이용될 수 없는 것이었다면 정상적인 가격으로 매매계약을 체결하지 않았을 것이며 일반인도 그와 같이 생각했을 것이다. 또 B는 A가 그러한 동기 즉 비육우를 사육하기 위하여 토지를 매수한다는 사실을 알고 있었는지 사례에서 밝혀져 있지는 않으나 적어도 인식가능성 내지 예견가능성의 요건은 구비되었다고 할 수 있다. 따라서 A의 착오는 계약의 중요부분의 착오에 해당한다고 보겠다. 그러므로 A는 중요부분에 착오가 있었음을 이유로 매매계약의 취소를 주장할 수 있다(민법 제109조). 하지만 그 착오가 A 스스로의 중대한 과실에서 기인하는 것이라면 이것을 이유로 취소할 수는 없다(민법 제109조 단서). 중대한 과실이 있다는 입증책임은 표의자로 하여금 그 의사표시를 취소케 하지 않으려는 상대방, 즉 B가 부담한다.

7. 사기로 인한 부동산매매

A는 B에게 사기를 당하여 시가 700만원 상당의 토지를 B에게 500만원에 매도하고 이전등기를 해 주었다. 그 후 A는 B에게 속은 것을 알고 매매계약을 취소하였다. 그런데 이미 B는 자기 명의로 되어 있는 등기를 이용하여 그 토지를 C에게 이전등기하였다.
A가 자신의 토지를 찾을 수 있는 방법은?

표의자가 타인의 기망(欺罔)에 의하여 착오로 한 의사표시가 사기에 의한 의사표시이다. 이것은 사기를 하는 자가 상대방을 기망하여 착오로 의사표시를 하게 하려는 고의를 지닌 채 기망행위를 하고, 또한 그것이 위법할 뿐만 아니라 그것으로 인하여 표의자가 착오에 빠져 의사표시를 해야 한다. 이런 요건을 갖춘 사기에 의한 의사표시는 이를 취소할 수 있다(민법 제110조 1 항). 취소된 의사표시는 처음부터 무효인 것으로 되어 사례에서 A는 B로부터 등기명의를 회복할 수 있다. 그렇지만 당사자 사이의 취소는 선의의 제3자에게는 대항할 수 없다(민법 제110조 3 항). 거래의 안전을 위한 조처이다. 선의의 제3자의 범위를 취소권 행사 전·후로 하여 학설이 나누어지기도 하지만 규정의 취지 즉 거래안전을 위해서 취소권 행사 후의 선의의 제3자도 포함시키는 것이 옳다.

사례에서 보면 C가 선의이냐 악의이냐에 따라서 A의 구제방법이 달라지게 된다. 먼저 C가 선의이면 A는 C에게 취소의 효력을 주장할 수 없고 C의 소유등기는 유효하다. 따라서 A는 B에게 부당이득반환을 청구하고, B는 악의이므로 매매대금에 이자를 붙여서 반환하여야 하며 손해가 있으면 이를 배상하여야 한다. 만약 C가 악의라면 A는 C에게 취소의 효력을 주장할 수 있으므로 토지의 반환청구를 할 수 있다. A의 취소에 따른 효과 이외에 B의 행위가 불법행위요건을 갖추면 A는 B에게 불법행위로 인한 손해배상도 청구할 수 있다.

8. 권한을 넘은 표현대리(表見代理)

A는 은행융자를 위한 저당권설정계약을 B에게 위임하면서 그의 소유 부동산의 등기권리증, 인감도장 및 인감증명서를 교부하였다. 이에 B는 자기 형 C의 D에 대한 차용금채무의 담보를 위하여 위 서류 등을 D에게 제시하면서 A의 대리인임을 표명하였다. 이를 믿은 D와 위 부동산에 관한 근저당권설정계약을 체결하고 그의 앞으로 근저당권설정등기를 해 주었다. A·B·C·D의 법률관계는?

B가 A를 대리하여 D와의 사이에 위와 같은 근저당권설정계약을 체결한 행위는 A로부터 수여받은 본래의 대리권의 범위를 넘은 무권대리행위임이 분명하지만(민법 제126조) B가 위 부동산에 관한 A명의의 등기권리증과 인감증명서 및 인감도장을 소지하고 A의 대리인임을 표명하고 나선 이상 D로서는 B가 A를 대리하여 위의 근저당권설정계약을 체결할 권한이 있다고 믿을 만한 정당한 이유가 있다고 할 것이다. 따라서 특별한 사정이 없는 한 D가 A 본인에 대하여 직접 대리권수여사실 유무를 확인해 보지 않았다 하여도 D에게 과실이 있다고 할 수 없다. 따라서 A는 권한을 넘은 표현대리의 법리에 따라 본인으로서의 책임을 면할 수 없다 할 것이다.

9. 후유증으로 인한 손해배상 청구권

저는 현재 만 27세로 23세가 되던 1989년 4월 17일경 교통사고를 당하여 좌측 무릎골절 등 6주의 진단으로 동년 7월 10일 치료가 종료되어 가해운전자와 원만히 합의도 한 상태였습니다. 당시 다리의 통증으로 조금은 고생을 하였으나 대수롭게 생각하지 않았는데 얼마 전부터 통증이 심하고 거의 걸음을 걸을 수 없어 병원에서 진찰을 받아 본 결과 골수염으로 다리를 잘라내어야 살 수 있다는 청천벽력 같은 의사의 진단이 나왔습니다.
그런데 가해자는 합의를 본 사실과 소멸시효가 지났음을 내세워 책임을 회피하고 있는데 이런 경우에는 치료비 등 손해배상 청구를 할 수 없는지요?

불법행위(교통사고, 산업재해사고 등)에 의한 손해배상 청구권은 피해자나
그 법정대리인이 그 손해 및 가해자를 안 날로부터 3년간 이를 행사하지 아
니하면 시효로 인하여 소멸된다. 또한 불법행위가 있은 날로부터 10년을 경
과해도 역시 권리가 소멸된다(민법 제766조).

이 경우 문제가 되는 것은 사고당시 또는 배상액 합의당시에 피해자가
예상하지 못하였던 후유증이 발생한 것인데 이러한 경우에는 그 후유증 발생
사실을 알게 된 때부터 소멸시효가 진행하는 것으로 해석된다.

한편, 손해배상에 관한 합의가 유효하게 성립되었더라도 그 합의의 효력
은 합의당시 예측할 수 없었던 후유증으로 인한 손해에는 미치지 아니한다고
해석되므로 귀하의 추가청구는 가능하다고 보겠다.

10. 소멸시효기간과 그 중단

> 저는 2002년 7월 22일 아파트 건설현장 3층에서 공작물을 설치하다 떨어져 허리
> 부상을 입고 병원에 입원치료 후 며칠 전 퇴원하였습니다. 퇴원하면서 산재보상금을
> 일부 받았으나, 보상금이 부족한 것 같아 회사로부터 손해배상을 받으려고 하는데 늦
> 지는 않았는지요? 그리고 늦지 않았다면 지금 어떤 조치를 취해야 하는지요?

소멸시효제도는 정당한 권리를 가진 자가 오랫동안 그 권리를 행사하지
않는 경우 권리 위에 잠자고 있는 자를 법으로 보호할 가치가 없고 그 기간
동안 증거보전이 곤란하여 민사소송제도의 적정과 소송경제의 이념에 비추어
그의 권리를 소멸케 하는 것이다. 따라서 정당한 권리자라도 일정한 소멸시효
기간이 경과하면 그 권리를 행사할 수 없게 된다.

민법은 채권의 종류별로 그 소멸시효기간을 각기 달리 규정하고 있는데
(민법 제162조 내지 제165조 등) 위의 경우는 불법행위로 인한 손해배상 청구권
으로 사고발생일로부터 3년이 시효기간이다(민법 제766조).

따라서 2005년 7월 22일이 경과하면 소멸시효기간이 만료되어 손해배상
을 청구할 수 없게 된다. 시효만료일이 임박한 경우에는 소멸시효를 일단 중
지시킬 수 있는데, 중단사유로는 재판상 청구나 압류, 가압류, 가처분 등의 절
차가 있다.

위의 경우 당장 그러한 법적 절차를 밟기 어렵다면 먼저 내용증명 우편으로 손해배상을 청구하는 내용의 통지를 한 후 그 발송일로부터 6개월 안에 소송을 제기하는 등 중단절차를 실행하면 된다.

11. 소유권방해 배제청구권

저의 집 뒤쪽에는 밭이 있었는데 밭주인이 1년 전에 밭을 논으로 고친 이후로 그 논에 물이 있을 때는 저의 집 부엌 아궁이에 물이 고여 연탄불도 피울 수 없고 또 습기가 차서 피해가 이만저만이 아닙니다.
저는 밭주인에 대하여 어떤 청구를 할 수 있나요?

밭주인은 밭의 소유자이므로 지목(地目) 변경 등의 절차를 거쳐 밭을 논으로 사용할 수 있다. 그러나 그로 인하여 타인에게 손해를 끼쳐서는 안된다. 그러므로 집 아궁이에 물이 고인 것이 밭주인이 밭을 논으로 고친 것 때문이라면 밭주인을 상대로 소유권방해 배제청구권을 행사하여 그 방해를 중지시킬 적당한 조치(예컨대 물이 집으로 새지 않도록 하는 방수시설의 설치 등)를 취해 줄 것을 청구할 수 있다(민법 제214조). 또한 이로 인하여 손해가 생긴 때에는 이와 아울러 불법행위로 인한 손해배상청구를 할 수도 있다(민법 제750조).

12. 등기 없이 20년 이상 경작한 토지의 취득시효

저는 부친이 경작하던 밭을 포함한 임야를 상속받아 30년 가까이 경작관리하여 왔는데 최근에 A라는 사람이 위 임야의 임야대장상의 사정명의와 등기부상의 소유자명의가 그의 조부명의로 되어 있다는 이유로 임야의 인도를 요구하고 있습니다. 그런데 위 임야는 저의 부친이 A의 조부로부터 매수하였다고 들었습니다. 어떻게 하면 좋을지요?

다른 사람으로부터 토지 등 부동산을 매수하였다 하더라도 소유권 이전등기를 하지 않았다면 소유권을 취득할 수가 없고(민법 제186조), 등기명의자나 그의 상속인이 법적인 소유자가 된다. 그러나 위의 경우 부친이 위 임야를 매수하여 이전등기를 하지 않은 채 귀하가 상속한 것이라면 귀하는 여전히 소유권 이전등기 청구권이 있으므로 위 임야에 대하여 매도인의 상속인들을 상대로 매매를 원인으로 한 소유권 이전등기 청구를 할 수 있다.

한편 "20년간 소유의 의사로 평온, 공연하게 부동산을 점유한 자는 등기함으로써 그 소유권을 취득"하므로(민법 제245조 1항), 만약 귀하가 매매계약서라든가 증인이 없어 매매사실을 증명하지 못하는 경우에는 취득시효 완성으로 인한 소유권 이전등기를 요구할 수 있다. 즉 귀하가 위 임야를 상속받아 20년간 소유명의자로부터 별 이의 없이 평온공연하게 경작 관리하여 온 사실을 주장 입증하여 A를 상대로 취득시효 완성으로 인한 소유권 이전등기 청구를 할 수 있다.

그러므로 귀하는 A의 요구에 응할 의무가 없고 오히려 등기명의자의 상속인(A)을 상대로 소유권 이전등기절차 이행소송을 제기하면 된다.

13. 신원보증책임의 성질과 책임범위

저의 아버지는 2008년 11월에 저의 사촌형인 A가 B회사의 조사과에 취직하는 데 신원보증을 서준 일이 있습니다. 신원보증 계약기간은 정하지 않았습니다. 그 후 2009년 5월에 저의 아버지는 사망하였습니다. 그런데 최근에 B회사에서는 A가 2009년 3월에 1,000만 원을 횡령하고 행방불명이 됐으니 이를 배상하라는 통지를 보내왔습니다.

그런데 뒤에 알아보니 A가 사고를 낸 것은 경리과로 자리를 옮긴 뒤인데 B회사에서는 A가 부서를 옮긴 데 대해 아무런 통지도 하지 않았습니다. 신원보증은 상속이 되지 않는다는 말을 들었는데 저는 B회사에 대하여 배상을 해야 되는지요? 또 배상을 해야 된다면 얼마를 해야 되는지요?

신원보증계약의 내용은 보통 사용자에 의하여 일방적으로 정해지기 때문에 신원보증인이 가혹한 책임을 지게 될 위험이 있으므로 이를 합리적으로 제한하기 위하여 「신원보증법」이 제정되어 있다.

신원보증법 제3조에 따르면 신원보증계약의 기간은 2년을 초과하지 못하고, 이보다 장기간으로 정한 경우에는 그 기간을 2년으로 단축하며, 기간을 정하지 아니한 신원보증계약은 그 성립일로부터 2년간 효력을 가진다. 따라서 귀하의 아버지가 신원보증책임을 지는 기간은 2년으로 보아 2010년 10월까지이다.

한편 신원보증법은 제7조에서 신원보증계약은 신원보증인의 사망으로 종료한다고 규정하고 있으므로 귀하의 아버지가 B회사에 대해 부담하는 신원보증계약상의 배상책임은 2008년 10월이 아니라, 귀하의 아버지가 사망한 2009년 5월에 소멸된다 할 것이다.

그러나 A가 B회사에 손해를 입힌 시점이 귀하의 아버지가 사망하기 전인 2009년 3월이므로 그 때에 이미 발생된 손해배상의 책임은 없어지는 것이 아니다. 따라서 귀하는 아버지의 재산을 상속받은 지분 비율만큼 B회사에 대해 배상할 책임이 있다.

다음으로 귀하가 B회사에 대해 책임을 져야 할 금액의 범위에 관해 살펴보면, 신원보증법은 제4조에서 피용자가 업무상 부적격자이거나 불성실한 행적이 있어 이로 말미암아 신원보증인의 책임을 야기할 염려가 있음을 안 때 또는 피용자의 업무 또는 업무수행의 장소를 변경함으로써 신원보증인의 책임을 가중하거나 그 감독이 곤란하게 될 때 사용자는 지체없이 신원보증인에게 통지하여야 하며, 사용자가 고의 또는 중과실로 이러한 통지의무를 게을리하여 신원보증인이 해지권을 행사하지 못한 경우 신원보증인은 그로 인하여 발생한 손해의 한도에서 의무를 면한다고 규정하고 있다. A가 조사과에서 경리과로 부서를 옮긴 것은 위에서 본 통지사유에 해당되는 것으로 보겠다.

따라서 설령 귀하가 아버지의 재산을 단독 상속하여 B회사에 대하여 A가 끼친 손해를 전부 책임져야 하는 경우에도 1,000만원 전액을 책임져야 하는 것은 아닐 것으로 생각된다.

14. 변제공탁제도의 이용

지난 5월에 저의 아버지께서 갑자기 심장에 이상을 일으켜 병원에 입원하게 되었습니다. 입원비와 치료비를 마련하기 위해 백방으로 알아보았으나 여의치 못하여 사채업자 A에게 제가 살고 있는 집을 담보로 하여 500만원을 3개월 기간으로 빌렸습니다.

사채업자에게 돈을 빌리는 것이 왠지 불안했지만 사정이 다급해서 할 수 없이 이용을 했는데, 주위의 말로는 사채업자 가운데는 변제기일에 일부러 만나주지 않는 경우도 있다고 하는데 그런 경우에는 어떻게 해야 하는지요?

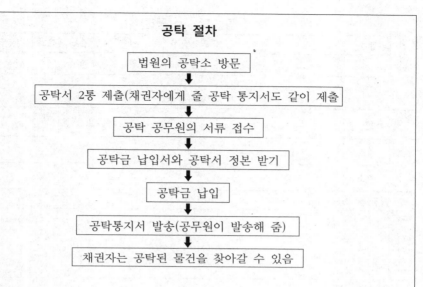

공탁 절차

법원의 공탁소 방문

↓

공탁서 2통 제출(채권자에게 줄 공탁 통지서도 같이 제출)

↓

공탁 공무원의 서류 접수

↓

공탁금 납입서와 공탁서 정본 받기

↓

공탁금 납입

↓

공탁통지서 발송(공무원이 발송해 줌)

↓

채권자는 공탁된 물건을 찾아갈 수 있음

공탁의 역할

① 채권자와의 분쟁을 방지하기 위한 공탁

분쟁 당사자 사이에서 흔히 발생하는 수령 기피 행위에 대응하는 방법으로 공탁을 사용하고 또, 변제자의 과실 없이 계약상 권리자를 알 수 없는 경우에도 돈을 갖는 방법으로 공탁을 이용한다.

② 손해를 담보하기 위한 공탁

채권자가 강제 집행, 즉 가압류, 가처분 등의 명령을 신청하면, 법원은 상대방, 즉 채무자가 예상치 못한 손해를 볼 경우를 대비하여 신청인에게 일정액을 공탁하게 한다. 보통은 청구액의 3분의 1에서 10분의 1까지를 공탁한다.

일부 악덕 사채업자 중에는 비싼 담보물을 헐값에 취득할 목적으로 변제기일에 일부러 만나주지 않거나 변제기일을 연기해 주겠다고 속여 채무자를 안심시킨 뒤 변제기일이 지나면 변제를 하지 못했다는 이유를 들어 담보물을 처분하는 경우가 있는데, 만일 이와 같은 경우가 생기면 '공탁'이라는 제도를 이용하면 된다. 공탁이란 변제공탁을 말하는 것으로, 채권자가 변제를 받지 아니하거나 받을 수 없는 때 또는 변제자의 과실 없이 채권자를 알 수 없는 경우에 변제의 목적물을 공탁소에 임치함으로써 채무를 면하는 제도를 말한다(민법 제487조).

공 탁 서(금전)

처리인	접수	조사	수리	원표작성	납입	출납부정리	통지서발송
			년 월 일㉑		년 월 일㉑		년 월 일㉑

법원　　　　지원
공탁공무원　　　　　귀하

공탁번호		연금 제　　호			년 월 일 신청	법령 조항	
공탁자	성명			피공탁자	성명		
	주소				주소		
공탁금액							

공탁원인사실	
비고(첨부서류 등)	
1. 공탁으로 인하여 소멸하는 질권, 2. 전세권 또는 저당권 3. 반대급부 내용	

위와 같이 공탁합니다. 주소
　　　공탁자 성명　　　　㉑　대리인 성명　　　　　㉑

위 공탁을 수리합니다.
　공탁금을 년 월 일까지 ○○은행 공탁공무원의 구좌에 납입하시기 바랍니다.
　동일까지 납입하지 않을 때는 이 공탁의 수리는 효력을 상실합니다.
　　　　　　　　　　　　년　　월　　일
　　　　　　　　　　　　법원 공탁공무원　　　　㉑

(영수증) 위 공탁금이 납입되었음을 증명합니다.
　　　　　　　　　　　　년　　월　　일
　　　　　　　　　　　　공탁물보관자　　　　㉑

※ 대리인에 의한 공탁일 때에는 공탁자의 인을 날인하는 대신 대리인의 주소, 성명을 기재하고
　대리인의 인을 날인합니다.
※ 공탁금은 그 회수청구권의 소멸시효 완성으로 인하여 국고에 귀속될 수 있음을 알려 드립니다.
　(규격 16절지)

만일 귀하가 변제기일이 되어 원금 500만원과 약정한 이자를 가지고 A에게 변제를 하러 갔는데, A가 자리를 비우고 없다든지 하면 채무이행지(변제하기로 한 장소)를 관할하는 지방법원에 설치되어 있는 공탁소에 가서 원금과 이자를 공탁하면, 귀하의 A에 대한 채무가 소멸하는 것이 되므로 불의의 손해를 막을 수 있다.

15. 가옥구입시 주의점

저는 직장생활 10여 년 만에 가옥 한 채를 구입할 자금을 마련하였습니다. 그런데 막상 집을 매입하려고 하나 어떻게 하여야 할지 모르겠으니 절차 및 주의할 점을 설명하여 주십시오.

부동산을 매입하려면 해당지번 및 지적을 확인하고 등기부등본, 토지대장(임야인 경우 임야대장), 가옥대장, 도시계획확인원, 용도지역확인원 등을 열람하여 보고 현장과 대장을 비교하여야 하고, 특히 매도인이 실제소유자인지도 파악하여야 하며, 상대방이 보여주는 등기부등본만을 믿어서는 안 된다.

또한 단시일 안에 권리자가 수명씩 바뀌는 등 권리변동 관계가 빈번하고 복잡한 것은 일단 의심을 갖고 확인할 필요가 있으며, 여러 가지 담보물권이나 예고등기, 가등기가 설정되어 있는 것은 가급적 매입하지 않는 것이 현명하다.

그리고 재산세 납세자와 소유자가 다른 경우 이유를 확인하는 것이 좋으며, 대금 지급시 영수증을 반드시 받아야 한다. 등기부는 중도금, 잔금 지급시마다 그 직전에 확인하는 것이 좋다.

마지막으로 잔금 지급과 동시에 매도인으로부터 등기권리증, 인감증명서류 등을 받아 이전등기 절차를 밟아야 한다.

위 임 장

성   명: ○ ○ ○

주민등록번호: ○○○○○○-○○○○○○○

주   소: ○○시 ○○구 ○○동 ○○번지

위 사람을 대리인으로 정하고 다음의 사항 일체를 위임합니다.

- 다 음 -

1. 위임하는 사항: 금전대차계약 및 차용금 수령
              아래 기재 부동산에 대한 근저당권 설정

2. 부동산의 표시: ○○시 ○○구 ○○동 ○○번지 대 ○○㎡
              위 지상 철근콘크리트 슬라브지붕 2층 주택 ○○㎡

3. 금전대차계약의 내용: 금 ○○만원
              단, 계약조건은 일체를 위임함.

○○년 ○월 ○일
○ ○ ○ (인)
○○시 ○○구 ○○동 ○○번지

1. 부동산 매매 계약을 하기 전에 해야 할 일

등기부 등본 보기

부동산을 계약할 때 가장 중요한 것은 등기부 등본의 확인이다. 등기부등본을 보면서 건물이나 땅의 주인이 정말 본인이 맞는지, 주소가 정확한지 확인해야 하고, 그 다음으로는 사려고 하는 부동산이 다른 사람에게 저당잡힌 물건은 아닌지, 가압류되어 있는 것은 아닌지 살펴보아야 한다. 그리고 구청에서 건축물 관리 대장과 토지 대장, 토지 이용 계획 확인서를 발급받아, 특히 사려고 하는 땅에서 내가 하고 싶은 일을 정말로 할 수 있는지 알아보도록 한다.

현장 조사

서류를 모두 확인한 다음에 사려고 하는 건물이나 땅이 있는 현장에 가서 부동산의 상황을 직접 살펴보는 것이다. 물건을 직접 보아 두지 않으면 서류로서는 알 수 없었던 일로 손해를 보는 경우가 생기므로 반드시 눈으로 확인하도록 한다.

2. 부동산 매매 계약을 체결할 때 유의할 점

정말 집 또는 땅의 주인인지 살펴보자.

계약은 등기부상의 소유자와 직접 맺어야 한다. 만약 대리인과 매매 계약을 할 경우에는 대리인의 위임장을 확인해야 하고, 본인과 연락할 수 있을 때에는 직접 연락하여 확인하는 것이 안전하다. 또, 소유자와 직접 계약할 때에도 소유자가 미성년자나 금치산자, 한정 치산자가 아닌지를 확인해야 한다.

① 본인이 나온 경우: 주민등록증으로 대조 확인
② 대리인이 나온 경우: 주민등록증, 위임장, 인감 증명서 확인
③ 미성년자는 법정 대리인의 동의서 확인

꼭 확인해야 할 내용

① 대금의 액수와 지불 시기

② 파는 사람과 사는 사람의 이름, 주소, 주민등록번호

③ 부동산을 넘겨줄 시기

④ 물건을 제대로 넘겨주지 못할 경우에 파는 사람의 책임

⑤ 그 외에 여러 가지 해 두고 싶은 약속(특약)

⑥ 계약을 할 때 증인으로 있었던 사람(입회인)의 이름과 주소, 주민등록번호

16. 계약해제와 중개수수료

저의 누나는 집을 매수하고자 중개업자를 통하여 매매계약을 체결하고 매도인에게 계약금 및 중도금까지 건넸으나, 매도인은 집을 너무 헐값에 팔았다고 주장하면서 계약해제를 요구하여 결국 손해배상금을 포함하여 돈을 돌려받기로 하고 계약을 해제하게 되었습니다.

그런데 중개업자는 매도인으로부터 손해배상금을 포함한 돈을 돌려받아 보관하고 있으면서도 소개료를 주어야 돌려주겠다고 하고 있습니다. 집의 매매가 중도에 계약해제로 성사되지 않았는데도 소개료를 주어야 하는 것인지요?

공인중개사법 제32조 제1항에 따르면 "개업공인중개사는 중개업무에 관하여 중개 의뢰인으로부터 소정의 보수를 받는다. 다만, 중개업자의 고의 또는 과실로 인하여 중개 의뢰인간의 거래행위가 무효·취소 또는 해제된 경우에는 그러하지 아니하다"고 규정하고 있다.

따라서 이 사안의 경우 귀하와 집주인(매도인)간의 당초 매매계약은 유효하게 성립되었고 귀하가 매도인으로부터 배상금까지 받게 되었으므로 중개업자의 고의 또는 과실로 인하여 계약이 해제된 것이 아니라면 귀하는 중개업자에게 소정의 수수료를 지급하여야 한다.

부동산 중개 수수료

부동산 중개 수수료의 기준은 다음과 같다(공인중개사법 제20조).

종별		중개 수수료 요율	비고
주택	매매·교환	9/1000 이내	특별시·광역시·도의 조례로 정함.
	임대차 등	8/1000 이내	
주택 외	매매·교환	5/1000 이내	공인중개사법 시행규칙 제20조 제4호에서 정함
	임대차 등	4/1000 이내	

계약을 해제할 경우에도 중개 수수료를 주어야 할까

부동산을 사기 위하여 계약을 맺고 중도금도 주었으나 판 사람이 계약을 해제하여 돈을 돌려받기로 한 경우에도 중개 수수료를 주어야 하는 것일까?

부동산중개사법 제32조 1항은 "중개업자는 중개 업무에 관하여 중개 의뢰인으로부터 소정의 수수료를 받는다. 다만, 중개업자의 고의 또는 과실로 인하여 중개 의뢰인 간의 거래 행위가 무효·취소 또는 해제된 경우에는 그러하지 아니한다"라고 규정하고 있다.

따라서, 계약이 일단 유효하게 성립했고 중개업자가 고의 또는 과실로 거래 행위를 해제시킨 것이 아니므로 매매가 이루어지지 않았더라도 중개 수수료는 지급해야 한다.

17. 방문판매에 대한 계약철회권

저는 6살 아이를 둔 가정주부로서 집으로 A회사의 영업사원이라는 B가 찾아와서 아이들의 지능발달에 도움이 되는 도서를 보여주며 24만 원만 내면 매주 2시간씩 가정방문을 하여 아이의 영재교육을 시켜 주겠다며 장시간 영재교육의 필요성을 설명하였습니다. 이에 영재교육을 시키지 않으면 저의 아이만 뒤떨어질 것 같은 불안감을 느껴 6개월 할부 구매키로 하고 신용카드로 결제했습니다.

5일 뒤 도착한 구입도서가 조잡하고 충동구매로 판단되어 전화로 구입계약의 해제를 통고하고 책을 가져가라고 하였는데, A회사에서는 절대로 응할 수 없다고 합니다. 저의 경우에는 도서를 구입할 수밖에 없는지요?

방문판매등에관한법률 제 8 조에 따르면 방문판매 또는 전화권유판매의 방법으로 재화 등의 구매에 관한 계약을 체결한 소비자는 1. 일정한 사항이

청약 해지(청약철회) 통보서

■ 수신자 인적사항

  – 수신: 회사 대표 귀하

  – 주소:

  – 전화:

■ 발신자 인적사항

  – 성명:

  – 주소:

  – 전화:

1. 본인은 귀사로부터 다음과 같이 물품을 구입한 바 있습니다.

  – 구입일자:

  – 구입품목:

  – 구입금액:

  – 기지불액:

2. 본인은 (방문판매법, 전자상거래등에서의 소비자보호에 관한 법률, 할부거래법)법에 의거하여　년　월　일자로 계약을 철회하고자 하오니 조치하여 주시기 바랍니다.

년　월　일

(인)

기재된 계약서를 교부 받은 날부터 14일, 그 계약서를 교부 받은 때보다 재화 등의 공급이 늦게 이루어진 경우에는 재화 등을 공급받거나 공급이 개시된 날부터 14일 이내에 당해 계약에 관한 청약철회 등을 할 수 있고, 그러한 계약서를 교부받지 아니한 경우나 방문판매자등의 주소 등이 기재되지 아니한 계약서를 교부받은 경우 또는 방문판매자등의 주소변경 등의 사유로 그 기간 내에 청약철회를 할 수 없는 경우에는 그 주소를 안 날 또는 알 수 있었던 날부터 14일내에 철회 등을 할 수 있다. 따라서 귀하는 방문판매로 도서를 직접 인도받은 날로부터 14일 이내에는 위약금 없이 철회할 수 있다.

다만 소비자에게 책임 있는 사유로 재화 등이 멸실 또는 훼손된 경우, 소비자의 재화 등의 사용 또는 일부 소비에 의하여 그 가치가 현저히 감소한 경우, 시간의 경과에 의하여 재판매가 곤란할 정도로 재화 등의 가치가 현저히 감소한 경우 또는 복제가 가능한 재화 등의 포장을 훼손한 경우 등에는 구매자가 철회권을 행사할 수 없다.

18. 계약내용의 착오와 계약해제

저는 2001년 5월 3일 A 소유 컴퓨터 학원을 보증금 3,000만원에 학원생 100명과 함께 인수하는 조건으로 계약금 300만원을 지급하였는데, 이틀 후에 알고 보니 컴퓨터 학원생은 50명뿐이고 나머지는 속셈 수강생이었습니다.
계약을 해제하려고 하는데 이 경우 제가 지급한 계약금을 돌려받을 수 있을까요?

민법은 법률행위의 내용의 중요부분에 착오가 있는 의사표시는 원칙적으로 취소할 수 있고 다만 그 착오가 표의자의 중대한 과실로 인한 때에는 취소하지 못한다고 규정하고 있다(민법 제109조 1항).

위 사안의 경우 계약내용상 학원생 수에 관한 조건이 있었음에도 실제 학원생 수가 다른 경우로서 그 차이가 심한 것으로 보아 의사표시를 하게된 동기의 착오가 있는 것으로 보여지며 나아가 계약의 중요부분의 착오라 볼 수가 있겠다. 이와 관련한 판례를 살펴보면 "계약동기에 착오를 일으켜 계약을 체결한 경우에 그 동기를 계약의 내용으로 삼은 때에는 이를 이유로 당해 계약을 취소할 수 있다"(대법원 1984. 10. 23. 선고 83 다카 1187 판결)고 판시하고 있다.

그리고 귀하가 이러한 의사표시를 하는 데 실제 속셈 수강생이 50명이 실재하고 있는 등의 상황을 볼 때 본 계약과 관련하여 귀하에게 중대한 과실이 있다고 보기는 어려울 것이다. 따라서 A에 대해 계약을 취소할 수 있음은 물론 계약금 반환청구의 절차를 취할 수 있다.

19. 계약해제와 계약금의 반환청구

> 저는 2001년 4월 20일 구로동에 있는 A 소유의 단독주택을 8,000만원에 매수하기로 계약을 체결하고 계약금 500만원을 교부하였는데, 남편의 반대로 다음날 오전에 A에게 계약해제를 통고하고 계약금 반환을 요구하였으나 거절당했습니다. 24시간 이내에 계약을 해제하면 계약금을 돌려받을 수 있는 것이 아닌지요?

계약은 성립시로부터 계약 당사자에게 구속력을 미친다.

다만 계약시 당사자 사이에 계약금의 수수가 있는 경우 당사자간에 다른 약정이 없는 한 당사자의 일방이 이행에 착수하기 전까지는 계약금을 교부한 측에서는 교부액을 포기함으로써, 계약금을 수령한 측에서는 그 배액을 상환하여 계약을 해제함으로써 계약상의 구속력에서 벗어날 수 있다.

위 사례에서 계약상의 구속력에서 벗어나기 위해서는 귀하가 교부한 계약금을 전부 포기할 수밖에 없다. 다만, 계약성립시로부터 24시간 이내에는 해약할 수 있다거나 남편의 동의를 얻는 것을 계약의 성립조건으로 한다는 등의 특약을 한 사실이 있다면 이를 입증하여 계약금을 반환받을 여지는 있다.

임대차 계약

임대차 계약을 하기 전에 알아 둘 점

등기소나 대법원 인터넷 등기소(www.iros.go.kr)에서 토지·건물 등기부 등본을 발급받거나 열람하여 다음의 사항을 확인해야 한다.

① 등기부 등본상의 소유자가 실제 소유자인지 주민등록증을 통해 확인하고, 저당권이 설정되어 있거나 가압류된 부동산은 아닌지 살펴본다.

② 전/월세 계약 체결 상대방이 등기부 등본상의 소유자가 아닌 경우, 대리권

이 있는지 여부를 위임장과 인감 증명서를 통해서 확인한다.

임대차 계약서에 들어가야 하는 내용

내용에는 다음과 같은 것들이 있다.

① 임대인·임차인·중개인의 이름, 주소, 연락처, 날인

② 대금의 액수, 지불 시기

③ 목적물의 표시

④ 목적물의 명도 시기

⑤ 특약 사항

20. 도급인의 손해배상책임

저는 2001년 2월 10일 오전 11시경 대구시 대명동에 소재한 A라는 사람의 2층집을 짓던 중에 위층으로 오를 수 있도록 만들어진 사다리가 부러지면서 떨어져 다리에 골절상을 입게 되었습니다. 주인에게 치료비 및 일실손해를 청구했더니 집주인은 건축업자에게 청구하라고 합니다. 저는 누구를 상대로 손해배상을 청구해야 하며 이런 경우 손해배상은 어느 정도 받을 수 있는지요?

도급인은 도급 또는 지시에 관하여 중과실이 없는 한 수급인이 그 일에 관하여 제3자에게 가한 손해를 배상할 책임이 없다(민법 제757조). 그러나 노무도급의 경우와 같이 도급인이 수급인의 공사에 관하여 구체적으로 지시감독하였다면 도급인이라 하더라도 사용자로서의 배상책임이 있다.

따라서 위의 경우에는 집주인이 건축업자에게 공사 일체를 맡기고 전혀 관여하지 않았다면 귀하는 집주인에 대해서는 손해배상청구를 할 수 없다.

손해배상액을 산정할만한 자료가 귀하의 질문에 전혀 나타나 있지 않아 정확히 산정할 수 없지만, 사고가 귀하 본인의 과실이 경합되어 발생했다면 귀하가 받을 손해배상액도 그 과실 비율만큼 줄어들게 된다.

부 동 산 임 대 차 계 약 서

임대인(이하 "갑(甲)"이라고 함)과 임차인(이하 "을(乙)"이라고 함)은 서로간 합의하에 다음과 같이 부동산 임대차계약을 체결한다.

1. 부동산의 표시

소 재 지	
건 물	용도: 구조: 면적: ㎡/(평)
임 대 할 부 분	

2. 계약내용(약정사항)

제1조(보증금) 을(乙)은 상기 표시 부동산의 임대차보증금 및 차임(월세)을 다음과 같이 지불하기로 한다.

- 보증금: 금○○○원(₩○○○)
- 계약금: 금○○○원은 계약시에 지불한다.
- 중도금: 금○○○원은 20○○년 ○월 ○일에 지불한다.
- 잔 금: 금○○○원은 건물명도와 동시에 지불한다.
- 차임(월세금): 금○○○원은 매월 말일에 지불한다.

제2조(임대차기간) 임대차기간은 20○○년 ○월 ○일부터 20○○년 ○월 ○일 까지 ○○개월로 한다.

제3조(건물의 인도) 갑(甲)은 상기 표시 부동산을 임대차 목적대로 사용·수익 할 수 있는 상태로 하여 20○○년 ○월 ○일까지 을(乙)에게 인도한다.

제4조(구조변경, 전대등의 제한) 을(乙)은 갑(甲)의 동의 없이 상기 표시 부동산 의 용도나 구조 등의 변경, 양도, 담보제공 등 임대차 목적 외에 사용할 수 없다.

제5조(계약의 해지) 을(乙)이 갑(甲)에게 중도금(중도금 약정이 없는 경우에는 잔금)을 지불하기 전까지는 본 계약을 해제할 수 있는바, 갑(甲)이 해약할 경우에는 계약금의 2배액을 상환하여 을(乙)이 해약할 경우는 계약금을 포 기하는 것으로 한다.

제6조(계약의 종료) ① 을(乙)은 존속기간의 만료, 합의해지 및 기타 해지사유가 발생하면 위 부동산을 원상회복하여 갑(甲)에게 반환한다.

② 제1항의 경우, 갑(甲)은 보증금을 을(乙)에게 반환하고 연체 임대료 또는 손해배상금액이 있을 때에는 이들을 제외하고 그 잔액을 반환한다.

제7조(민법의 적용) 본 계약에서 정하지 아니한 사항에 대해서는 민법의 규정을 적용토록 한다.

위 계약을 증명하기 위하여 계약서 2통을 작성하고, 각 서명·날인하여 각자 1통씩 보관한다.

20○○년 ○월 ○일

임대인	주소						
	성명		인	주민등록번호	–	전화번호	
임차인	주소						
	성명		인	주민등록번호	–	전화번호	
입회인	주소						
	성명		인	주민등록번호	–	전화번호	

21. 동물의 점유자의 책임

저는 2001년 3월 27일 부산시 대성동에 있는 폭 4~5미터 골목길을 따라 자전거에 짐을 싣고 오르막길을 올라가고 있는데 A가 맹견을 몰고 맞은편 도로를 따라 내려오는가 싶더니 갑자기 맹견이 달려들어 저의 왼쪽 허벅지를 물어 전치 3주의 상해를 입었습니다. 손해배상을 받을 수 없는지요?

민법 제759조 1항에는 "동물의 점유자는 그 동물이 타인에게 가한 손해를 배상할 책임이 있다"고 규정하고 있고, 그 단서에 "그러나 동물의 종류와 성질에 따라 그 보관에 상당한 주의를 태만하지 아니한 때에는 그러하지 아니하다"고 규정하고 있다. 동물 점유자인 A는 그 보관상에 상당한 주의를 태만히 하지 않았다는 입증을 하지 못하는 한 동물 점유자로서의 책임을 면할 수 없을 것이다. 단, 피해자로서도 상당한 주의를 하였더라면 피해를 면할 수 있었거나 줄일 수 있었을 때에는 그 범위에서 피해자 과실도 참작될 것이다.

22. 의료과실과 손해배상

> 저는 얼마 전에 눈에 통증이 생겨 A안과의원을 찾았습니다. 그 곳의 의사 B는 진찰을 하더니 별것 아니라며 주사를 놓고 약을 조제해 주었고, 저는 10여 일을 계속해서 통원치료를 받았습니다. 그런데 별것 아니라던 B의 말과는 달리 통증은 더욱 심해져 이를 B에게 말했으나 B는 괜찮다고 하였습니다.
> 그 후에도 통증이 계속되어 저는 C종합병원에 가서 진찰을 받은 결과 A안과의원에서 치료를 잘못하여 이미 치료시기가 지났다는 말을 들었습니다. 이후 저는 결국 오른쪽 눈을 실명하고 말았습니다.
> 저는 B에게 제 눈의 실명에 대해 항의를 하였더니 "당신의 질병은 현대의학으로는 어쩔 수 없는 일이었다"고 하면서 책임을 회피하고 있습니다.
> 저의 이 억울함을 보상받을 방법은 없는지요?

귀하가 실명한 데 대해서 A병원 또는 B의사에게 손해배상을 청구하기 위해서는 A병원 또는 B의사가 귀하의 실명에 고의 또는 과실이 있었음을 입증하여야 한다.

귀하의 상담내용으로 볼 때 B에게 고의가 있었다고는 보여지지 않으므로 B에게 과실이 있었는지가 문제된다. 그런데 다른 사건과는 달리 의료과실은 그 전문성·복잡성 등으로 인하여 과실의 입증이 어려운 것이 사실이다. 그러나 C종합병원에서의 진찰결과를 볼 때 B의 과실을 다룰 수 있는 여지는 있는 것으로 보인다.

따라서 귀하는 B의 과실여부를 법원에 청구하여 판단을 받아보는 것이 좋을 것이다. 그러면 법원에서는 귀하가 치료를 받은 내용에 대하여 기록된 카드 등을 근거로 하여 의학적 지식이 높은 전문가에게 감정을 의뢰하여 B의 과실여부를 판정할 것이다. 그 결과 B의 과실이 밝혀지면 귀하는 B와 B를 고용한 A의원으로부터 손해배상을 받을 수 있다.

의료 사고와 관련한 민사적 책임

의료 사고란 의료 행위가 개시되어 종료되기까지의 과정에서 예기치 않은 결과가 발생하는 것으로서 진단, 검사, 치료 등 의료의 전 과정에서 발생하는 인신 사고 일체를 의미한다. 의료 분쟁이란 의료 사고가 생겼을 때 환자 측에서 의료진에게 책임을 묻는 행위이다. 그러나 모든 의료 사고의 경우에 의사에게 책임을 물을 수 있는 것은 아니고 의사에게 과실이 있는 경우 따져보아야 한다. 의료과실이란, 즉 의사라고 했을 때, 통상적으로 일반적인 기준으로 삼을 수 있는 의사가 가져야만 하는 의학적 지식과 의료 기술 시행에 있어서의 주의 의무를 다하지 못한 경우에 책임을 져야 한다.

의료 분쟁의 목적에는 의무를 다하지 못한 의료진에 대한 감정적인 책임 추궁도 있지만, 주요 목적은 의료 사고로 인해 환자 및 보호자가 입은 손해를 법적으로 배상받는 것이다.

환자 및 보호자는 다음과 같은 경우에 의료진으로부터 손해배상을 받을 수 있다.

① 의사가 설명 의무, 주의 의무 등을 성실히 이행하지 않아 의료 사고가 난 경우, 의사는 환자에 대해 계약 위반에 따른 손해배상 책임을 진다.
② 의사가 고의 또는 과실에 의한 불법 행위로 환자에게 손해를 준 경우, 의사는 손해배상 책임을 진다.
③ 의사의 불법 행위로 인한 손해배상 책임은 재산상의 손해는 물론, 신체적 고통, 정신상의 타격 등을 포함하는 비재산적인 손해에 대해서도 인정된다.

의료 분쟁이 발생한 경우, 환자 측과 병원 측 사이에 원만한 합의가 이루어지지 않으면 피해자들은 의료 소송을 제기하게 된다. 그러나 의료 소송의 경우 책임이나 인과 관계를 입증하는 것이 어려워 해결에 장시간이 소요된다. 그에 따라 의료법에서는 의료 분쟁을 좀 더 합리적이고 효율적으로 해결해 나갈 수 있도록 보건복지부 장관 소속의 중앙의료심사조정위원회와 시·도지사 소속의 지방의료심사조정위원회를 설치하여 운영하고 있다.

> 의료심사조정위원회를 통한 구제 이외에 한국소비자원을 통해서도 의료 피해 구제 신청을 할 수 있다. 소비자기본법에 근거한 한국소비자원의 소비자분쟁조정위원회에서는 짧은 시간에 무료로 의료 분쟁을 해결해 줌으로써 국내 소비자들로부터 신뢰를 받고 있다.

23. 자동차 관리의 소홀과 손해배상

제가 2002년 3월 2일 자동차에 열쇠를 그대로 놓고 잠시 집안에 들어가 있는 동안 집 앞 골목에 세워두었던 위 자동차로 이웃사람인 A가 저의 승낙 없이 운전연습을 하던 중 지나던 B를 치어 상처를 입혔는데 B는 저에게 변상하라고 합니다. 어찌해야 하는지요?

자동차의 운행으로 사람이 사망하거나 부상한 경우 가해자동차의 소유자는 자동차 손해배상보장법에 의해 무과실책임을 지게 된다.

다만 위치에 대해 소유자가 운행지배를 갖지 않는 경우, 예컨대 절도당한 경우나 무단운전 등의 경우에만 일정한 요건하에 소유자의 책임이 면제된다.

위 사안의 경우 일응 외형상 무단운전 내지 절도운전의 한 유형으로 보여지나 그 내용을 검토해 보면, 귀하가 위 사고에 대해 책임을 져야 할 것으로 보여진다. 왜냐하면 자동차를 주차시킬 때에는 자동차 문을 잠그고 열쇠를 놓아두지 않는 등으로 타인이 함부로 운전할 수 없도록 해야 할 주의의무가 있음에도 불구하고 자동차 열쇠를 그대로 둔 채 자동차를 행인 등이 왕래하는 길에 주차한 잘못이 있고, 또한 자동차는 여전히 귀하의 관리하에 있는 것으로 보여지기 때문이다.

24. 호의동승과 손해배상액의 감경

저는 2001년 10월 1일 가족들과 함께 등산을 하고 하산하여 버스를 기다리다가 마침 자가용 승용차를 운전하고 지나는 직장동료 A를 만나 그의 승낙하에 자동차에 동승하여 귀가하던 중 A의 운전부주의로 자동차가 가로수에 충돌하는 사고가 발생하여 흉추압박골절의 부상을 당했습니다.

보험회사에서는 제가 위 자동차에 무상으로 호의동승하였다는 이유를 내세워 치료비 등 손해배상액 중 30%를 감액지급하겠다고 합니다. 이러한 보험회사의 주장이 타당한 것인지요?

본 사안은 자동차 소유자의 승낙하에 무상으로 호의동승한 경우 손해배상액이 감경되느냐 하는 것으로, 종래의 판례는 "사고차량에 무상으로 동승하여 그 운행으로 인한 이익을 누리는 지위를 가졌다 하여 특별한 사정이 없는 한 이를 손해배상액의 감경사유로 삼은 것은 위법"(대법원 1987. 1. 20. 선고 84다카 2250 판결)이라고 하였다.

그러나 그 후 '대법원 1987. 12. 22. 선고 86 다카 2994 판결'에서는 "다만 운행의 목적, 호의동승자와 운행자와의 인적 관계, 피해자가 차량에 동승한 경위 특히 동승요구의 목적과 적극성 등의 제반사항에 비추어 가해자에게 일반의 교통사고와 같은 책임을 지우는 것이 신의칙이나 형평의 원칙에 비추어 매우 불합리한 것으로 인정되는 경우에는 그 배상액을 감경할 사유로 삼을 수도 있을 것이다"라고 판시하여 호의동승의 경우에도 신의성실의 원칙에 비추어 경우에 따라 배상액의 감경을 할 수 있다는 태도를 보이고 있다.

그런데 위 1987. 12. 22. 판결은 위 사안과 유사한 사례에 관하여 신의성실의 원칙에 비추어 보아도 호의동승자가 손해의 일부를 스스로 부담해야 할 사정이 없다고 판시하고 있다.

따라서 귀하의 경우에도 손해배상액을 감액당할 이유가 없다고 보여진다.

25. 화재발생에 대한 임차인의 책임

저는 A 소유 다가구 주택의 2층을 임차, 거주하여 오던 중 원인불명(경찰 조사에서는 전기누전으로 추정)으로 화재가 발생하여 주택이 전부 소실되었습니다. 이 경우 저의 임차보증금은 반환받을 수 있는지요? A는 오히려 저에게 손해배상을 요구합니다.

임대차 관계가 종료되면 임차인은 목적물을 반환하고 임대인은 그 보증금을 반환해 줄 채무를 부담하게 된다. 그러나 화재 등으로 인하여 임차인의 임차물반환채무가 이행불능이 된 경우에 임차인이 그 이행불능으로 인한 손해배상책임을 면하려면 그 이행불능의 원인이 임차인의 귀책사유에 의하지 않는 것임을 입증할 책임이 있다(대법원 1985. 4. 9. 선고 84 다카 2416 판결).

따라서 위의 경우 다가구 건물 중 귀하가 임차한 부분에서 발생한 화재로 임차건물이 소실된 경우에 그 화재의 발생원인이 불명이라 할지라도 귀하가 그 임차건물의 보존에 관하여 선량한 관리자의 주의의무를 다하였음을 입증하지 못한다면, A에 대해 손해배상의 책임을 지며, A는 귀하에 대한 임차보증금 반환채무와 상계를 주장할 것이다.

다만 위 화재로 인하여 귀하가 임차한 다가구 주택 2층 부분 외에 다른 곳의 소실로 인한 책임은 귀하의 중대한 과실에 의하여 발생한 경우에만 책임이 있다(실화 책임에 관한 법률).

이 경우 '중대한 과실'이란 통상인에게 요구되는 정도의 주의를 하지 않더라도 약간의 주의를 한다면 손쉽게 위법, 유해한 결과를 예견할 수 있는 경우임에도 이를 간과함과 같은 거의 고의에 가까운 현저하게 주의를 결여한 상태를 말한다(대법원 1983. 2. 8. 선고 81 다 428 판결). 귀하에게 화재발생에 중대한 과실이 있는 경우에는 다른 임차인들의 손해도 배상해 주어야 한다.

II. 가족법편

1. 새 가족법의 내용

2005년 3월 31일에 개정된 가족법이 2008년 1월 1일부터 시행되게 되었는데, 역사적으로 큰 뜻이 있는 것 같습니다. 개정 가족법의 내용과 특징을 알기 쉽게 설명해 주십시오.

헌법재판소 2005. 2. 3. 선고 2001 헌가 9 결정으로 민법 제778조, 제781조 제1항 본문 후단, 제826조 제3항 본문이 그 근거와 골격을 이루고 있는 호주제에 대해 헌법불합치결정이 내려지게 됨으로써 기존의 호주제 및 이를 기반으로 하는 제도들에 대한 대대적인 수술이 불가피하게 되었다. 2005년 가족법이 개정되었으나, 2년여의 경과기간을 두고 2008년 1월 1일자로 개정법이 시행되게 되었다. 그 주요 내용을 간추리면 다음과 같다.

1. 호주에 관한 규정과 호주제도를 전제로 한 입적·복적 등에 관한 규정을 삭제하였으며, 호주와 가(家)의 구성원과의 관계로 정의되어 있는 가족에 대한 규정을 새로이 정하였다. 한편 호주제가 폐지됨에 따라 현재 신분공시제도의 기준으로 삼고 있는 호적(戶籍)이 없어지게 되고, 가족관계등록부로 전환되었다.

2. 자녀의 성(姓)과 본(本)은 부(父)의 성과 본을 따르는 것을 원칙으로 하되, 혼인신고시 부모의 협의에 의하여 모(母)의 성과 본을 따를 수 있도록 하였다.

3. 자녀의 복리를 위하여 자녀의 성과 본을 변경할 필요가 있는 때에는 부(父) 또는 모(母) 등의 청구에 의하여 법원의 허가를 받아 이를 변경할 수 있도록 하였다.

4. 남녀평등과 혼인의 자유를 침해할 우려가 있는 동성동본금혼제도를 폐지하고 근친혼금지제도로 전환하되, 근친혼제한의 범위를 합리적으로 조정하였다.

5. 종전의 양자제도를 그대로 유지하면서 양자의 복리를 더욱 증진시키기 위하여 양친과 양자를 친생자관계로 보아 종전의 친족관계를 종료시키고 양친과의 친족관계만을 인정하며 양친의 성과 본을 따르도록 하는 친양자제도를 신설하였다.

[1] 부부중심의 평등한 가족관계로 전환

(1) 가족의 생활관계는 부부공동으로 한다

1) 부부의 동거장소는 부부가 협의하여 정한다

부부가 같이 사는 장소는 부부생활에서 매우 중요함에도 지금까지 법적으로는 남편의 주소(거소)가 당연히 부부의 동거장소가 됨으로써 여자들은 결혼을 하게 되면 반드시 남편의 집으로 들어가야 되었다. 그러나 앞으로는 이를 부부가 협의하여 정하도록 하였으므로 여자의 집에서도 살 수 있게 되었다. 다만 서로 협의가 되지 않을 경우에는 가족관계를 전담하는 가정법원의 결정에 따르도록 하였다.

2) 양자를 들일 때는 부부가 공동으로 해야 한다

부부의 가정생활에서 양자를 들이거나 혹은 배우자 중 한 사람이 남의 집에 양자가 되는 것은 매우 중요한 일임에도 불구하고 사실상 남편이 일방적으로 처리할 수 있었다. 그러나 앞으로는 양자를 들일 경우에는 부부가 공동으로 해야 하고 부부 중 한 사람이 남의 양자가 될 때는 다른 배우자의 동의를 얻도록 하였다.

3) 생활비는 부부가 공동부담하는 것을 원칙으로 한다

지금까지는 남편이 당연히 가족의 생활비를 부담하는 것이 관례로 되어 있었으나 이번에 이를 개정하여 부부 당사자간에 특별한 약정이 없으면 부부가 공동으로 부담하는 것을 원칙으로 하였다. 이는 모든 가정생활에 있어서 필수적 요소인 가사노동의 경제적 가치를 인정하며 여성의 경제적 지위 향상으로 인한 아내의 경제적 능력을 인정한 것이라고 할 수 있다.

4) 이혼시 재산분할 청구권을 신설하였다

부부관계가 원만할 때에는 부부의 재산이 누구의 명의로 되어 있든지 별로 문제가 되지 않으나, 이혼으로 인하여 결혼생활이 끝나게 될 때에는 부부의 재산관계를 청산·정리할 필요가 있는 것이다.

한 가정의 재산은 부부 중 어느 한 사람에 의한 것이 아니라, 부부의 공동노력 즉, 소득이나 가사노동 등으로 만들어진 것이기 때문에 이혼시 이 재산에 대한 기여도에 따라 각자의 몫에 해당하는 재산의 분할을 상대방에 대하여 청구할 수 있도록 이 제도를 신설한 것이다.

서로간의 협의가 이루어지지 않을 때에는 가정법원에서 재산의 액수와 재산형성에 기여한 정도 등을 고려하여 구체적인 금액과 방법을 정하도록 하였다.

(2) 자녀에 대하여 부부는 동등한 권리를 갖는다

1) 친권은 부모가 똑같이 행사한다

친권이란 부모와 자녀 사이에 생기는 법률상 용어로서 부모가 자녀를 보호양육하는 데 필요한 모든 권리의무를 말하며 이는 당연히 부모가 공동으로 행사할 수 있어야 한다. 지금까지는 부모의 의견이 서로 맞지 않을 경우에는 아버지가 단독으로 행사할 수 있도록 되어 있었다. 그러나 이번에는 이를 개정하여 친권은 부모가 공동으로 행사하여야만 하고 의견이 맞지 않을 때는 가정법원이 이를 정하도록 하였다.

2) 생모와 이혼모도 친권자가 될 수 있다

혼인 외의 자녀(서자)가 그 낳은 아버지의 호적에 올려질 경우, 지금까지는 서자에 대한 친권은 서자의 아버지와 호적상의 어머니(적모)가 공동으로 행사하는 것을 원칙으로 하고 있었다. 다만 이들이 모두 친권을 행사할 수 없는 경우에만 서자를 직접 낳은 어머니(생모)가 친권자가 될 수 있었다. 따라서 생모가 직접 그 자식을 키우고 있더라도 적모가 있는 경우에 그 생모는 자식에 대한 아무런 권리가 없었다.

그리고 미성년의 자녀를 두고 있는 부부가 이혼한 경우, 지금까지는 아버지만이 친권자가 되었다. 다만 이혼할 때 서로간의 협정에 의하여 양육권을 이혼한 여자가 가질 수 있으나, 이때에도 자녀를 데리고 사는 것 이외에 미성년자녀에 대한 교육문제, 생활장소, 재산관리, 수술이나 결혼에 대한 동의 등은 모두 아버지의 결정에 따르도록 되어 있었다.

또한 이혼한 어머니가 직접 자녀를 양육하고 있는 경우에도 아버지가 재혼하면 계모가 그 자식에 대한 친권자가 되는 등 여자들이 매우 불리한 대우를 받아왔다.

따라서 이번에 이를 개정하여 생모와 이혼한 어머니도 당사자간 협의에 의해 친권자가 될 수 있도록 하였고, 협의가 되지 않을 때에는 가정법원이 결정하도록 하였다.

3) 이혼한 후에도 자녀를 만날 수 있는 면접교섭권이 생겼다

지금까지는 부부가 이혼하게 되면 양육권이 없는 아버지나 특히 어머니는 자녀들을 만날 수 있는 권리가 없었다. 이번에 이를 개정하여 자녀를 직접 기르고 있지 않는 아버지나 어머니에게 자녀를 만나고 자녀와 편지를 교환하며 전화통화를 할 수 있는 면접교섭권을 새로이 인정하였다.

그러나 방탕한 생활이나 심한 알코올중독 등으로 자녀에게 악영향을 끼칠 우려가 있을 때에는 가정법원에 청구하여 자녀를 만나는 것을 제한하거나 만날 수 없도록 하였다.

(3) 친족범위를 남녀 구분 없이 똑같이 하였다

1) 8촌 이내의 혈족은 친족이 된다

지금까지는 같은 혈족이라도 남녀를 차별하여 아버지 계통은 8촌까지, 어머니 계통은 4촌까지를 친족으로 하였고, 또한 아버지 계통 중에서도 여자의 경우는 차별적으로 취급하여 왔다. 이는 남자 계통만 중시하는 낡은 인습이므로 이번에 이를 개정하여 친가와 외가를 구분하지 않고 8촌까지의 혈족은 모두 친족으로 규정하였다.

2) 4촌 이내의 인척은 모두 친족이다

남녀가 혼인함으로써 새로 생기는 친족관계가 인척인데 지금까지는 여자가 혼인을 하면 남편의 아버지 계통으로는 8촌, 남편의 어머니 계통으로는 4촌까지 모두 그 여자와 새로 인척이 되었다. 그러나 남자가 혼인한 경우에는 처의 아버지(장인)와 어머니(장모)만 인척이 되고 처남, 처제 등은 친족이 될 수 없는 매우 심한 남자 위주의 친족규정을 두고 있었다.

이번에 이를 개정하여 완전히 남녀의 구별을 없앴다. 그러므로 종전까지 친족이었던 5촌 시당숙과 시당질은 앞으로는 친족으로 되지 않고 오히려 친족이 아니었던 4촌 동서는 새로이 친족이 된다. 또한 처가쪽으로는 지금까지 친족이 아니었던 처제, 처남, 동서, 처삼촌, 처사촌동서까지도 친족이 됨으로써 현실적인 가족관계와 맞게 하였을 뿐 아니라 남자중심의 가족제도를 근본적으로 뒤바꾸어 놓았다.

(4) 남편도 재혼하면 처가와의 친족관계가 없어진다

지금까지 남편이 사망한 후 아내가 다시 친정 호적으로 가거나 재혼을 하게 되면 시가 쪽과의 인척관계가 없어지게 되나, 아내가 사망한 후 남편이 재혼할 경우에는 전처 쪽의 장인·장모 사이에 생긴 인척관계는 없어지지 않았다. 이번에 이를 고쳐 부부 중 한쪽이 사망한 경우에 아내는 말할 것도 없고, 남편도 재혼을 하게 되면 배우자 쪽과의 인척관계는 없어지는 것으로 바뀌었다.

(5) 계모자 관계와 적모서자 관계를 폐지하였다

계모와 전처소생의 자식과의 관계가 계모자 관계이고 남편이 처 아닌 다른 여자로부터 낳은 자식과 처와의 관계가 적모서자 관계인데 지금까지는 둘 다 법적으로 모자관계로 규정하고 있었다.

그러나 이는 여자(처)의 의사는 전혀 무시되고 있다는 점에서 이번에 이를 고쳐 단순한 인척관계로만 규정하였고, 특별히 모자관계를 맺기를 원한다면 새로이 입양신고를 하여 양모자 관계를 맺을 수 있도록 하였다.

[2] 상속제도를 전면적으로 개편

(1) 아들·딸 구별 없이 상속분을 똑같게 하였다

지금까지 상속분은 유언 없이 호주인 아버지가 사망한 경우, 호주상속을 받는 장남은 1.5, 차남 이하의 아들과 미혼인 딸은 1, 결혼한 딸은 0.25, 어머니는 1.5(어머니가 사망한 경우 아버지는 1)이었다.

그러나 이는 남녀불평등과 아울러 '출가외인'이라는 관념을 반영한 것이므로 개정법에서는 호주승계를 하든 안 하든 또는 결혼을 했건 안 했건간에 자녀들은 균등하게 1로 하였고 배우자인 경우는 남편·아내 구별 없이 1.5로 하였다.

(2) 상속인의 범위가 4촌으로 축소된다

상속재산은 그것을 만드는 데 공동협력한 가까운 친척에게 물려주거나 유족들의 생활보장을 위해서 상속되어야 하는 것이므로 사망한 사람과 아무런 협력관계가 없을 뿐만 아니라 경우에 따라서는 얼굴도 모르는 먼 친척에게까지 상속권을 인정하는 것은 바람직하지 않을 뿐만 아니라 우리의 전통적인 법과 관습에도 어긋나는 것이다. 따라서 지금까지 8촌의 방계혈족까지로 되어 있던 상속인의 범위를 4촌의 방계혈족까지로 대폭 축소시켰다.

(3) 시집간 딸이 자녀가 없을 때 그 친정부모도 상속을 받게 된다

지금까지 남편이 자녀 없이 사망한 경우 아내는 시부모와 공동으로 상속을 받도록 되어 있었다. 그러나 남편의 경우에는 단독으로 상속을 받도록 되어 있어 장인·장모는 아무런 권리가 없었다.

이번에 이를 개정하여 배우자가 자녀 없이 죽은 경우에는 남편과 아내의 구별 없이 살아 있는 배우자는 사망한 배우자의 아버지·어머니와 공동으로 상속받도록 하였다.

(4) 상속재산에 특별히 기여하였거나 부모를 특별히 부양한 상속인은 기여분도 받게 된다

1) 기여분제도의 신설

자녀 중에는 특별히 부모를 부양한 자녀가 있고 또한 상속재산의 형성과 정과 유지관리에서 특별히 공로가 인정되는 상속인이 있을 수 있으며 상속에서 이를 고려하지 않는다면 형평에 어긋나므로 기여분(寄與分) 제도를 새로 마련했다. 예컨대, 다른 자녀들은 모두 도시로 나가 생활하고 시집간 딸이 고향에서 남편과 함께 친정부모를 부양하면서 재산을 증식 또는 유지해 온 경우처럼 특별한 기여가 있는 상속인은 법이 정한 일정한 상속분을 받는 외에도 상속인들의 협의로 정한 기여분을 별도로 더 받을 수 있도록 하였다. 만약, 기여분에 대한 협의가 되지 않거나 협의할 수 없는 경우에는 가정법원에 청구하여 기여분을 정하도록 하였다.

2) 특별연고자 분여제도의 신설

법이 정한 일정한 기간 내에 재산상속권을 주장하는 사람이 없을 경우에 지금까지 그 재산은 국가에 귀속되도록 했었다.

개정법은 상속인이 아니면서도 죽은 사람과 함께 살면서 봉양 또는 요양·간호하며 돌보아 주었거나 이와 비슷한 특별한 연고가 있었던 사람(예컨대 사실상의 배우자나 사실상의 양자)의 청구가 있으면 가정법원이 상속재산의 전부 또는 일부를 나누어 줄 수 있도록 하였다.

[3] 약혼 등 불합리한 점 보완

(1) 불치의 정신병은 약혼해제 사유가 된다

지금까지 폐병이 약혼을 하였다가 파혼할 수 있는 사유가 되었으나, 이는 의료기술의 발달로 완치가 가능하고 결혼관계를 유지하는 데 크게 문제될 것이 없으므로 이번에 삭제하였다.

그 대신 불치의 정신병으로 매우 악성인 경우에는 결혼생활에 중대한 영향을 미칠 수 있으므로 약혼을 해제할 수 있도록 하였다. 또한 2년 이상 생사를 알 수 없을 때에 약혼해제 사유가 되었으나 교통통신 등의 발달로 이를 1년 이상으로 단축하였다.

(2) 입양절차를 강화하였다

미성년자의 입양시 부모 또는 다른 직계존속이 없을 때 현행법에는 후견인의 동의만으로 가능하지만, 개정법에서는 후견인의 동의에 반드시 가정법원의 허가를 받도록 하였다. 이는 후견인의 동의만으로는 미성년자의 입양이 인신매매 기타 개인적인 이득을 위하여 행해질 위험이 있기 때문에 이를 방지하기 위한 것이다.

또한 후견인이 자기가 돌보고 있는 미성년자를 양자로 하는 경우에 지금까지는 친족회의 동의를 받도록 하였으나 후견인의 부정행위와 타산적 목적으로 이루어지는 입양을 방지하고 그 미성년자를 보호하기 위하여 가정법원의 허가를 받도록 하는 등 절차를 강화하였다.

2. 파혼의 사유

파혼을 하고 싶은데, 그 사유에는 무엇이 있으며 그 손해배상 등 효과는 어떠한지요?

민법 제804조에서 열거하고 있는 약혼해제의 정당한 사유는 다음과 같다.
1) 약혼 후 자격정지 이상의 형을 선고받은 때(형의 종류에는 사형, 징역, 금고, 자격상실, 자격정지, 벌금, 구류, 과료, 몰수가 있는데, 자격정지 이상의 형이란 사형, 징역, 금고, 자격상실, 자격정지를 말함).
2) 약혼 후 금치산 또는 한정치산의 선고를 받은 때.
3) 성병, 기타 불치의 악질(惡疾)이 있는 때.
4) 약혼 후 타인과 약혼 또는 혼인을 한 때.

5) 약혼 후 타인과 간음한 때.

6) 약혼 후 1년 이상 그 생사가 불명한 때.

7) 정당한 이유 없이 혼인을 거절하거나 그 시기를 지연하는 때.

8) 기타 중대한 사유가 있는 때.

이 중 위 제3)항의 사유로서, 만일 약혼자로부터 성병을 감염받았다면 파혼과 동시에 상해죄로서 형사 고발할 수도 있다(형법 제257조 1항).

그리고 제7)항의 사유로서, 파혼당하지 않고 혼인을 지연시킬 수 있는 정당한 이유란 건강이 악화되어 당분간 요양이 필요한 경우, 급격한 경제상태의 악화 때문에 즉시 결혼하는 것이 곤란한 경우, 학업을 다 마친 후에 결혼하겠다는 경우 따위이다.

한편 제8)항의 사유로서, 파혼할 수 있는 기타 중대한 사유란 예컨대, 사기에 의한 약혼, 강박에 의한 약혼, 약혼 상대방의 불성실, 약혼자 또는 그 부모에 의한 모욕·냉대, 결혼에 대한 부모의 동의 거부, 약혼자가 불구자가 된 경우, 가족을 부양할 능력이 없을 정도로 재산상태가 악화된 경우, 재산상태의 착오, 행복한 결혼의 가능성이 아주 없어졌을 경우, 기타 혼인조건이 못 이루어질 것이 확정된 경우 등을 거론할 수 있을 것이다.

그러나 어떤 사유가 구체적인 경우에 실제로 파혼을 시킬 만큼 중대한 사유인가 아닌가의 결정은 약혼 당사자의 사회적 위치를 고려하여 그들의 약혼을 계속시키는 것과 결혼을 성립시키는 것이 조리에 맞을 것인가 아닌가에 따라 결정될 것이다.

파혼은 상대방에게 약혼을 해제한다는 의사를 표시함으로써 한다(민법 제805조 전단). 이러저러한 이유 때문에 당신과의 약혼을 해제한다고 상대방에게 알리면 되고 다른 아무 절차도 필요 없다. 다만, 약혼자가 생사불명인 때와 같이 파혼의 의사를 상대방에게 알릴 수 없는 경우에는 이쪽 약혼자가 파혼 사유 있음을 안 때로부터 약혼은 이미 해제된 것으로 본다(민법 제805조 후단).

약혼은 혼인의 예약이다. 물건을 사고 팔 때에도 예약에 위반하여 약속된 거래대로 이행하지 않게 되면 계약위반으로 인한 손해배상을 물리듯이, 신분상의 계약인 약혼에서도 최초의 약속에 위반하여 약혼을 깨뜨린 때에는 과실 있는 당사자가 상대방에게 파혼으로 인한 손해배상을 지급하여야 한다(민법 제806조 1항).

이때 양측이 원만하게 합의하여 손해배상금을 주고받으면 조용히 끝나겠지만 그렇지 않고 소송으로 손해배상을 청구할 경우에는 먼저 가정법원에 조정을 신청하여야 하고, 조정에 실패하면 비로소 재판으로 넘어가게 된다.

법원에서 상대방 약혼자에게 과실이 있느냐 없느냐를 판단하는 데 약혼으로 인하여 쌍방간에 생긴 생활관계, 파혼하게 된 양측의 행위모습, 기타 약혼 성립 당시의 사정까지 고려하게 될 것이며, 약혼 당사자 쌍방에게 모두 파혼의 과실이 있는 때에는 법원이 과실상계(過失相計)의 제반사정을 참작하여 손해배상금액을 깎거나 또는 아예 면제하게도 될 것이다.

파혼으로 인하여 받을 수 있는 손해배상의 범위는 '재산상 손해' 및 '정신상 손해'에 관한 것이다(민법 제806조 2항).

첫째, 재산상 손해란 ① 약혼 및 결혼준비에 쓴 혼사비용 일체(예컨대, 약혼비용·중매인 사례금·교통비·전화비·식사대 등 교제비·혼수감 장만에 소비한 금전 따위), ② 약혼 및 결혼준비 때문에 포기한 이익(예컨대, 결혼하기 위하여 다니던 직장을 사직한 경우의 봉급 및 보너스 따위), ③ 파혼으로 충격을 받아 입원을 하였다면 그 병원비 등이 되겠다.

둘째, 정신상 손해란 파혼을 당함으로 말미암아 받게 된 정신적 고통에 대한 위자료를 말하는 것이다.

셋째, 육체상 손해도 배상받을 수 있을까? 약혼을 하였다고 해서 동침의 의무가 생기는 것은 아니므로, 약혼중의 성행위는 특별한 사유가 없는 한 각자의 위험부담으로 돌아가고 만다. 뿐만 아니라 실제 정조상실에 관한 손해배상이 청구되었다 하더라도 그것을 금액으로 환산하기란 쉬운 일이 아닐 것이다.

부 부 재 산 계 약 서

부(夫) ○ ○ ○
  본 적
  주 소
처(妻) ○ ○ ○
  본 적
  주 소

　상기 당사자는 혼인을 함에 있어 혼인신고를 하기 전에 아래와 같은 계약을
체결한다.

1. 아래의 재산에 대하여는 혼인한 후에도 각자의 재산으로 하고 각자가 사용·
　수익·관리하기로 한다.
　⑴ 부의 재산
　　○○시 ○○구 ○○동 341의 17 대지 100㎡
　　동 지상 목조기와지붕 1층 주택 1동 건평 60㎡
　⑵ 처의 재산
　　○○시 ○○구 ○○동 252의 3 대지 500㎡

2. 이외의 재산에 대하여는 모두 부부의 공유재산으로 한다.

　위 계약을 체결한 것을 증명하기 위해 본 부부재산계약서 2통을 작성하고 각
각 서명날인한 후 각자가 1통씩 소지하기로 한다.

○○년 ○월 ○일
부 ○ ○ ○ (인)
처 ○ ○ ○ (인)

3. 약혼의 파기

모 재벌의 아들 A남과 용모출중한 모 대학 영문과 출신의 B녀는 중매인을 통하여 선을 보고 약혼을 하였다. 약혼 후 약 3개월간에 걸친 교제를 하면서 수차의 육체관계를 맺었다. 4개월째로 접어들면서부터 남자의 애정에 변화가 일더니 마침내 일방적인 파혼을 통고해 오기에 이르렀다. 파혼의 이유인즉, 첫째 중매할 때 듣던 바와는 달리 가정환경이 빈약하다는 것과, 둘째 잠자리를 같이하여 보니 처녀가 아니더라는 것이었다.

이에 여자는 크게 반발하여 남자를 상대로 서울가정법원에 혼인예약불이행으로 인한 위자료 청구소송을 제기하였고, 남자는 이를 맞받아서 약혼예물을 반환하라는 청구를 제기하였다. A, B는 어떤 책임을 져야 하나?

먼저 파혼사유의 정당성 여부를 살펴보자.

첫째, 여자의 가정이 빈약하다는 파혼사유를 살펴보면, 여자네가 가난하다든가 그녀가 서출이라든가 하는 따위의 사실은 설사 그것이 약혼 전에 듣던 말과는 다르다 하더라도, 헌법이 보장하는 혼인의 순결성에 비추어, 혼인의 성립요건과는 아무 관계가 없는 것이다.

둘째, 여자가 처녀가 아니라는 점을 들고 있으나, 그녀가 당시에 비처녀였다는 확증이 없을 뿐더러 지금까지 수차에 걸쳐 계속적인 육체관계를 맺어왔던 점으로 보아 이제와서 새삼스레 비처녀성을 주장하고 나선다는 것은 우리의 경험상 도저히 그 정당성을 긍정할 수 없다. 그러므로 A남은 약혼의 부당파기자로서 그 때문에 B녀가 받은 정신적 고통을 위자(慰藉)할 책임이 있다 할 것이다.

다음으로 B녀는 주장하기를 A남과 자기는 약혼한 사이였기 때문에 육체관계를 가졌던 것이며, 그로 인하여 처녀성을 상실하게 된 것이므로 A남은 B녀에게 처녀성 상실의 대가까지 포함하여 위자료를 지급하여야 한다고 주장한다. 살피건대, 원래 순수한 약혼관계에서는 부부의 성생활이 동반될 수 없는 것이므로 순수한 약혼 당사자 사이의 성행위도 각자의 의사에 의하여 각자의 위험부담 아래 스스로 일정한 한계선을 넘어서 함부로 저지른 결과에 불과한 것이다. 따라서 B녀는 자신의 행동에 의한 자신의 위험결과를 상대방에게 귀책시킬 수는 없는 것이므로 파혼 위자료 가운데에 위와 같은 정조상실의 대가를 포함시킬 수는 없다는 것이 판례의 태도이다.

약혼예물의 반환청구문제는 약혼예물로서 A남이 B녀에게 거액의 귀금속 세트를 선물하였고 교제기간중에는 액세서리·가방·구두·의류 등을 증여한 사실이 인정되지만, 위 사례는 약혼해제가 적법하게 이루어진 것이 아니고 A남측의 유책사유로 인한 부당파기이므로 A남은 약혼예물의 반환을 청구할 권리가 없는 것이며, 반대로 B녀는 A남에게 자기가 준 약혼예물의 반환을 청구할 수 있다.

파혼 후 이렇게 처리하자

서로 합의하여 파혼한 경우에는 각자 자기가 받은 예물 등을 상대방에게 반환하면 된다.

그러나 한쪽의 잘못으로 인해 파혼했다면, 다른 한쪽은 잘못이 있는 사람에게 예물 반환, 약혼 비용, 손해 배상을 청구할 수 있다. 이때, 파혼에 책임이 없는 사람은 상대방에게 약혼예물을 반환하지 않아도 된다.

잘못한 사람이 손해 배상 청구에 응하지 않는 경우에는 상대방의 주소지 관할 가정 법원에 조정을 신청하고 이를 거쳐 소송을 제기할 수 있다.

---

4. 결혼 전의 육체관계

22세의 모 여대생이 영어회화를 배우다가 만난 미군장교와 친하게 되었다. 그는 유부남이었는데, 장차 본처와 이혼을 하고 그 여대생과 결혼을 할 것이며, 귀국할 때에는 미국으로 데리고 들어가겠다는 언약을 하였다. 값비싼 패물과 약혼반지를 선사하는 바람에 그녀는 그가 유부남임을 알면서도 자기의 정조를 허락하여 호텔까지도 같이 다니게 되었다.

그러나 그것은 속임수에 불과하여 얼마 후 여자가 임신을 하게 되자 그 미군은 서서히 딴전을 피우기 시작하였고 결국에는 파국에 직면하고 말았다. 알고 보니 그는 이제까지 세 명의 다른 여자들과도 비슷한 수법으로 관계를 가져왔던 것이다. 분개한 여자가 법적으로 보호받을 수 있는 방법을 찾아 나서기에 이르렀다.

그러나 이 사건에서는 여자가 상대방 남자에게 본처가 있다는 사실을 미리 알면서 장차 본처와 이혼하겠다는 말만을 믿고 육체관계를 맺었다는 것이 므로 법률적으로 유효한 약혼이 성립되었다고 보기는 어려울 뿐만 아니라 정 조침해로 인한 위자료청구권도 인정하기 어려울 것이다.

혼인을 전제로 한 성관계

성관계를 맺었더라도 상대방이 원하지 않으면 결혼을 강요할 수 없다. 만약 남자가 혼인할 마음이 없으면서 결혼할 것처럼 속여서 성관계를 가졌다면 상대 방은 그에게 민사상 손해배상을 청구할 수 있다.

---

5. 부모의 혼인동의

B녀는 여고를 졸업한 만 19세의 여행원으로서 같은 은행에 근무하는 A남과 사랑에 빠져 결혼을 하기로 약속하였다. 그러나 그녀의 아버지는 A남이 비록 성실하고 똑똑하기는 하지만 남자의 종교가 여자 집안의 종교와는 다르다는 이유를 들어서 결혼을 허락해 주지 않고 있다. 부모가 이처럼 자식의 결혼에 동의를 해 주지 않을 경우에는 어떻게 할 것인가?

남녀의 구분 없이 만 18세가 된 사람은 혼인할 수 있으나(민법 제807조), 미성년자가 혼인을 할 때에는 부모의 동의를 받아야 하며(제808조), 만 19세로 성년이 된다(제4조). 따라서 B녀가 결혼을 하기 위해서는 부모의 동의를 받아야 할 것이다. 그러나 오늘날 혼인동의권(婚姻同意權)의 행사가 부모의 절대적 자유라고는 생각할 수 없으며 오히려 결혼에 자녀가 미숙하고 경솔한 판단을 내리지 않도록 감독하여 미성년자의 복리를 보호한다는 의무적 성질을 띠고 있다. 때문에 동의권 행사를 부모의 이해관계나 주관적 결정에만 의거할 것은 아니고 당해 결혼이 결혼 당사자에게 크게 불리하다거나 불행을 자초할 정도의 것이 아니라면 결혼에 동의해 주는 방향으로 행사되어야 하는 것이다.

따라서 부모의 결혼동의 거부가 현저히 부당하다고 인정되는 경우에는 가정법원에 심판을 청구하여, 부모가 결혼을 동의해 주지 않는 것이 동의권의 남용이라는 것을 입증하면 법원에서는 권리남용금지(權利濫用禁止)의 법리(민법 제2조 2항)를 적용하여 부모의 결혼동의에 갈음할 재판을 해 줄 것이다.

그러나 이러한 방법은 극단적인 예에 불과한 것이며, 가장 좋은 방법은 역시 두 남녀가 예의와 진정을 다하여 부모에게 간청하고 설득하여 동의를 얻어내도록 하는 것이다.

과거에는 남자 27세, 여자 23세 미만의 자도 부모의 동의를 얻도록 되어 있었으나 1977년 12월 31일의 개정으로 이제는 미성년자 이외의 자는 결혼자유의 원칙에 따라 누구의 동의도 받을 필요 없이 결혼할 수 있고, 심지어 부모가 반대를 하더라도 자유로이 결혼할 수 있게 되었다.

6. 혼인신고의 절차

저희는 약혼, 결혼식을 무사히 마치고 부부생활을 하고 있습니다. 그러나 혼인신고를 하지 않으면 부부가 아니라고 하는데, 혼인신고는 어떻게 하는 것인가요?

혼인신고는 구청이나 주민센터·읍사무소·면사무소 등에 비치되어 있는 혼인신고 용지에 신랑 신부의 본적·주소·성명·생년월일, 양가부모의 본적·성명 등을 기재하고, 성년 증인 두 사람의 서명날인을 받은 다음, 신랑 신부가 각각 서명날인하여 신랑의 본적지나 주소지 또는 현주지(現住地) 중 어느 한 곳에 신고하면 된다(민법 제812조 2항).

혼인은 가족관계의등록등에관한법률에 정한 바에 의하여 신고함으로써 그 효력이 생기는데(제812조 제1항), 혼인신고서에는 "1. 당사자의 성명·본·출생연월일·주민등록번호 및 등록기준지(당사자가 외국인인 때에는 그 성명·출생연월일 및 국적), 2. 당사자의 부모와 양부모의 성명·등록기준지 및 주민등록번호, 3. 자녀가 모의 성과 본을 따르기로 하는 협의가 있는 경우 그 사실, 4. 근친혼에 해당되지 아니한다는 사실"을 기재하며, 3의 경우에는 혼인당사자의 협의서를 첨부하여야 한다(가족관계의등록등에관한법률 제71조).

혼인신고서를 호적공무원에게 제출하는 일은 당사자 자신이 직접 하지 않아도 된다. 신랑 신부가 혼인신고서에 직접 서명날인을 하였다면 그것을 우편으로 우송하여도 좋고 다른 사람에게 위임하여 대신 제출하게 하여도 좋다.

혼인신고서를 접수한 호적공무원은 혼인신고서 소정의 형식요건이 제대로 구비되어 있는가를 조사하는 '형식적 심사권'만이 있고, 권리의 실체관계가 혼인신고서 기재사항과 진실로 일치하는지 어떤지를 심사할 수 있는 '실질적 심사권'은 가지고 있지 않기 때문에, 서류상으로 하자가 없는 데도 호적공무원이 부당하게 수리를 거부하면 법원에 불복의 신청을 할 수 있다. 일단 혼인신고서가 수리되고 나면 혹시 호적부에 기재되지 않아도 혼인은 성립한다.

　　해외에 나가 있는 한국인끼리 외국에서 결혼을 하는 경우에는 그 외국에 주재하는 대사나 공사 또는 영사에게 혼인신고를 하면 된다(민법 제814조 1항). 그러한 혼인신고는 지체 없이 본국의 재외국민 가족관계 등록사무소에 혼인신고서류를 송부하여 처리하도록 하고 있다(민법 제814조 2항).

7. 허위혼인신고와 혼인무효확인소송

　　미스코리아 진(眞)이면서 가수로 데뷔하여 인기를 모으고 있는 김○○ 양은 TV 브라운관을 통하여 그녀의 쭉 뻗은 모습에 완전히 반해 버린 전남 보성의 한 시골총각으로부터 불타는 팬레터를 여러 통 받았다. 한 번은 이 시골총각이 농한기를 이용하여 그녀를 직접 만나보고자 야간열차를 타고 상경하여 KBS·MBC 등 각 방송사와 그녀의 집 앞에까지 찾아다녔으나 끝내 만날 수가 없었다. 점점 여비도 떨어지고 다급해진 이 시골총각은 기왕 올라온 김에 호적상으로나마 김 양을 자기의 색시로 삼아보아야겠다는 큰 뜻을 먹고는 김 양네 구청에 가서 호적등본 2통을 떼고 도장을 새긴 다음 그 길로 자기 고향의 면사무소에다 자기와 김 양과의 혼인신고를 해 버렸다.
　　이러한 사실을 까마득하게 모르고 있던 김 양네에서 우연히 그녀의 아버지가 다른 곳에 필요하여 호적등본을 떼어 보았더니 부모의 허락도 없이 딸자식이 시집을가 버린 것이 아니겠는가! 부모도 당황하였고 당사자인 김 양으로서는 여간 큰 충격이 아닐 수 없었다. 이와 같은 경우, 김 양과 시골총각은 어떻게 되는 것인가?

<table>
<tr><td colspan="2" rowspan="2">혼 인 신 고 서(   )
(년   월   일)</td><td colspan="4">※ 뒷면의 작성방법을 읽고 기재하시되, 선택항목은 해당번호에 "○"으로 표시하여 주시기 바랍니다.</td></tr>
</table>

구 분			남 편(부)	아 내(처)
① 혼인당사자 (신고인)	성명	한글	㉑ 또는 서명	㉑ 또는 서명
		한자		
	본(한자)		전화	본(한자) 전화
	출생연월일			
	주민등록번호		–	–
	등록기준지			
	주소			
② 부모 (양부모)	부 성명			
	주민등록번호		–	–
	등록기준지			
	모 성명			
	주민등록번호		–	–
	등록기준지			
③ 직전혼인해소일자			년 월 일	년 월 일
④ 외국방식에 의한 혼인성립일자			년 월 일	
⑤ 성·본의 협의			자녀의 성·본을 모의 성·본으로 하는 협의를 하였습니까?	예□ 아니오□
⑥ 근친혼 여부			혼인당사자들이 8촌 이내의 혈족사이에 해당됩니까?	예□ 아니오□
⑦ 기타사항				

⑧ 증인	성 명	㉑ 또는 서명	주민등록번호	–
	주 소			
	성 명	㉑ 또는 서명	주민등록번호	–
	주 소			

⑨ 동의자	남편	부	성명	㉑ 또는 서명	후견인	성명	㉑ 또는 서명
		모	성명	㉑ 또는 서명		주민등록번호	
	아내	부	성명	㉑ 또는 서명		성명	㉑ 또는 서명
		모	성명	㉑ 또는 서명		주민등록번호	

⑩ 제출인	성 명		주민등록번호	–

※ 다음은 국가의 인구정책 수립에 필요한 자료로 「통계법」 제32조 및 제33조에 따라 성실응답의 무가 있으며 개인의 비밀사항이 철저히 보호되므로 사실대로 기입하여 주시기 바랍니다.

⑪ 실제결혼생활시작일			년 월 일부터 동거	
⑫ 국적	남편	① 한국인 ② 귀화한 한국인(이전국적:) ③ 외국인(국적:)	처	① 한국인 ② 귀화한 한국인(이전국적:) ③ 외국인(국적:)
⑬ 혼인종류	남편	① 초혼 ② 사별 후 재혼 ③ 이혼 후 재혼	처	① 초혼 ② 사별 후 재혼 ③ 이혼 후 재혼
⑭ 최종 졸업학교	남편	① 무학 ② 초등학교 ③ 중학교 ④ 고등학교 ⑤ 대학(교) ⑥ 대학원 이상	처	① 무학 ② 초등학교 ③ 중학교 ④ 고등학교 ⑤ 대학(교) ⑥ 대학원 이상
⑮ 직 업	남편	*주된 일의 종류와 내용을 기입합니다	처	*주된 일의 종류와 내용을 기입합니다

※ 타인의 서명 또는 인장을 도용하여 허위의 신고서를 제출하거나, 허위신고를 하여 가족관계등록 부에 부실의 사실을 기록하게 하는 경우에는 형법에 의하여 5년 이하의 징역 또는 1천만원 이하 의 벌금에 처해집니다.

작 성 방 법

※ 등록기준지 : 각 란의 해당자가 외국인인 경우에는 그 국적을 기재합니다.

※ 주민등록번호 : 각 란의 해당자가 외국인인 경우에는 외국인등록번호(국내거소신고번호 또는 출
　　생연월일)를 기재합니다.

※ ①,②란 및 ⑥,⑦,⑧,⑨,⑩,⑪,⑫,⑬,⑭란은 신고인 모두가 기재하며, 나머지 란(③,④,⑤)은 해
　　당되는 사람만 기재합니다.

※ 주민등록전입신고는 본 가족관계등록신고와는 따로 하여야 합니다.

②란 : 혼인당사자가 양자인 경우 양부모의 인적사항을 기재합니다.

③란 : 이혼 또는 혼인취소가 있었던 사람의 경우 그 일자를 기재합니다.

④란 : 외국방식에 의한 혼인증서등본제출의 경우 혼인성립일을 기재합니다.

⑤란 : 「민법」제781조제1항의 단서에 따라 자녀의 성·본을 모의 성·본으로 하는 협의가 있는 경우
　　에는 그러한 사실을 표시합니다.

⑥란 : 혼인당사자들이 「민법」제809조제1항에 따른 근친혼에 해당되지 아니한다는 사실[8촌 이내
　　의 혈족(친양자의 입양전의 혈족을 포함한다)]을 표시합니다.

⑦란 : 아래의 사항 및 가족관계등록부에 기록을 분명하게 하는데 특히 필요한 사항을 기재합니다
　　(기재란이 부족한 경우에는 별지를 붙여서 추가 기재할 수 있습니다).

　　－ 사실상혼인관계확인판결에 의한 혼인신고의 경우에는 판결법원 및 확정일자

⑧란 : 증인은 성년자이어야 합니다.

⑨란 : 미성년자 또는 금치산자가 혼인하는 경우에 동의내용을 기재합니다.

⑩란 : 제출자(신고인 여부 불문)의 성명 및 주민등록번호 기재[접수담당공무원은 신분증과 대조]

⑪란 : 결혼일자와 관계없이 실제 부부가 결혼(동거)생활을 시작한 날을 기입합니다.

⑭란 : 교육과학기술부장관이 인정하는 모든 정규교육기관을 기준으로 기재하되 각급 학교의 재학
　　또는 중퇴자는 최종 졸업한 학교의 해당번호에 "○"으로 표시합니다.

　　<예시> 대학교 3학년 중퇴 → 고등학교에 ○표시

⑮란 : 결혼할 당시의 직업에 대한 일의 종류와 내용을 사업체 이름과 함께 구체적으로 기재합니다.

　　<잘못된 예시> 회사원, 공무원, 사업, 운수업

　　<올바른 예시> ○○회사 영업부 판촉사원, 건축목공, ○○구청 건축허가 업무담당, ○○
　　　　　　　　　상가에서 의류 판매, 우리 논에서 논농사

첨 부 서 류

※ **아래 1항은 가족관계등록관서에서 전산으로 그 내용을 확인할 수 있는 경우 첨부를 생략합니다.**

1. 혼인 당사자의 가족관계등록부의 기본증명서, 혼인관계증명서, 가족관계증명서 각1통.

2. 혼인동의서[미성년자 또는 금치산자의 혼인의 경우 신고서 동의란에 기재하고 서명(또는 날인)
　　한 경우는 예외] 1부.

3. 사실혼관계존재확인의 재판에 의한 혼인신고의 경우 그 재판서의 등본과 확정증명서 각 1부[조
　　정, 화해성립의 경우 조정(화해)조서 및 송달증명서 각 1부].

4. 혼인신고특례법에 의한 혼인의 경우 심판서의 등본 및 확정증명서 1부.

5. 사건본인이 외국인 경우

　　－ 한국방식에 의한 혼인의 경우 : 외국인의 혼인성립요건구비증명서(중국인 경우 미혼증명
　　서) 및 국적을 증명하는 서면(여권 또는 외국인등록증) 원본 각 1부.

　　－ 외국 방식에 의해 혼인한 경우 : 혼인증서등본 및 국적을 증명하는 서면(여권 또는 외국인등
　　록증) 사본 각 1부.

6. 「민법」제781조제1항의 단서에 따라 자녀의 성·본을 모의 성·본으로 하는 협의를 한 경우에는 협의사실을 증명하는 혼인당사자의 협의서 1부.
7. 신분확인[가족관계등록예규 제23호에 의함]
  ① 일반적인 혼인신고
    - 신고인이 출석한 경우 : 신고인 모두의 신분증명서
    - 신고인 불출석, 제출인 출석의 경우 : 제출인의 신분증명서 및 신고인 모두의 신분증명서 또는 서명공증 또는 인감증명서(신고인의 신분증명서 없이 신고서에 신고인이 서명한 경우 서명공증, 신고서에 인감 날인한 경우 인감증명)
    - 우편제출의 경우 : 신고인 모두의 서명공증 또는 인감증명서(신고서에 서명한 경우 서명공증, 인감을 날인한 경우는 인감증명서)
  ② 보고적인 혼인신고(증서등본에 의한 혼인신고)
    - 신고인이 출석한 경우 : 신분증명서
    - 제출인이 출석한 경우 : 제출인의 신분증명서
    - 우편제출의 경우 : 신고인의 신분증명서 사본
※ 사실혼관계존재확인의 확정판결에 의한 혼인신고의 경우에는 출석한 신고인(사건본인들 중 일방)의 신분확인으로 불출석한 신고인의 신분확인에 갈음할 수 있습니다.

이 경우에는 여자에게 혼인신고의사는 물론 혼인의사도 없었고 결혼의 실체조차 전혀 없었으므로 당연히 무효인 결혼이라 하겠다.

또 제멋대로 혼인신고서류를 위조하고 그것을 제출하여 위법한 혼인신고를 한 시골총각은 형법상 공정증서원본 부실기재죄(公正證書原本不實記載罪)(형법 제228조 1항), 동 행사죄(형법 제228조 2항), 사문서 위조죄(私文書僞造罪)(형법 제231조), 동 행사죄(형법 제234조) 등으로 처벌받게 될 것이고, 별도로 김 양에게는 재산상 손해와 정신상 고통에 대한 손해를 배상해 주어야 할 것이다.

무단히 혼인신고가 되어 있는 호적을 김 양이 정정하는 절차는 다음과 같다. 혼인무효확인소송은 가사소송법에 따라 조정 없이 판결하며(가사소송법 제2조 1항 가류 1호), 무효임이 명백한 때에는 이해관계인의 이의가 없는 한, 등록부의 기록이 법률상 허가될 수 없는 것 또는 그 기재에 착오나 누락이 있다고 인정한 때에는 이해관계인은 사건 본인의 등록기준지를 관할하는 가정법원의 허가를 받아 등록부의 정정을 신청할 수 있다(가족관계의등록등에관한법률 제104조).

혼인무효가 확정되면, 그 판결 확정일로부터 1개월 이내에 그 판결의 등본 및 확정증명서를 첨부하여 당해 구청과 면사무소에 호적정정의 신청을 함으로써 김 양은 비로소 친가로 복적될 것이다.

8. 혼인신고 불수리원

B녀는 여대생 시절에 가벼운 레크리에이션 정도로만 여기고 인접 대학의 A라는 남학생과 어울려 다니며 데이트를 즐겼었다. 대학을 졸업하게 되면서 B녀에게는 안정된 직업을 가진 다섯 살 연상의 용모 준수한 청년 C로부터 중매가 들어왔고 몇 번 만나 교제를 하는 사이에 '바로 이 사람이다'라는 결론에 도달하게 되어 C남과 결혼을 하기로 마음먹게 되었다. 그러나 이러한 사실을 알게 된 A남은 자기와 결혼할 것을 강청하면서 아름다웠던 대학시절을 아름다운 결혼생활로 이어가자고 간절히 매달리는 것이었다. 어물어물 했다가는 큰일나겠다 싶은 B녀는 A남을 단호히 뿌리치면서 정신차리라고 따귀를 한 대 올려붙이며 꾸짖었다. 이에 격분하여 이성을 잃어버린 A남은 "사나이의 순정을 이렇게 농락하여도 좋은 것이냐? 앞으로 평생 동안 결혼을 못하도록 해 주겠다"며 일방적인 혼인신고를 할 기세를 보였다. B녀로서는 이것을 미연에 방지하고 싶은데 어떤 조치를 취했으면 좋겠는가?

위조된 혼인신고 서류를 가지고 일방적으로 혼인신고를 하는 경우에는 당사자 사이에 진정한 혼인의사의 합치가 없는 것이므로 당연히 무효가 되는 것이지만, 일단 이 서류가 수리되고 난 뒤에는 그 무효를 이유로 가족관계 등록을 정정한다는 것이 앞의 사례에서 본 바와 같이 여러 단계의 복잡한 절차와 경비·시간을 요하게 되기 때문에 그러한 무효의 혼인신고는 사전에 그 수리를 저지하는 것이 최상책이다.

따라서 B녀는 A남의 본적지·주소지·현주소지의 각 공무원에게 A남자와는 혼인할 의사가 전혀 없으므로 그의 혼인신고서를 수리하지 말 것을 희망한다는 「혼인신고 불수리원(不受理願)」을 미리 제출해 두면 된다.

9. 형부와 처제간의 혼인

의사인 A남은 B녀와 결혼을 하여 두 남매를 낳고 금슬도 좋게 단란한 가정생활을 누리고 있었다. 그러던 어느 날 불행하게도 아내가 교통사고를 당하여 세상을 뜨고 말았다. 가정에 주부가 없게 되자 집안 꼴은 엉망이었고 어린 자녀들은 자녀들대로 고아처럼 뒹굴게 되었으며 남편은 남편대로 방황하는 나날이었다.

이때 죽은 아내와 쌍둥이 여동생으로서 아직 미혼으로 있던 C녀가 조카들이 불쌍하고 집안일도 돌봐줄 겸 형부네 아파트에 다니러 오게 되었다. 그날따라 밤늦도록 술에 만취되어 귀가한 A남이 아파트 문을 열고 들어서니 죽은 줄로만 알았던 아내가 살아 돌아와 있는 것이 아닌가?

반가움에 벅찬 A남은 C녀를 와락 껴안고 밀리고 밀렸던 그리움을 풀게끔 되고 말았다. 새벽녘에서야 정신을 차리고 사태를 파악하게 된 A남은 처가와 본가의 어른들께 그러한 모든 사실을 밝히고 자기의 실수를 책임지기 위하여 처제와 결혼을 하겠노라고 말하였다. 이에 처가에서는 "기왕지사 일이 여기에 이르렀으니 다른 여자가 계모로 들어와서 아이들이 낯설어 하는 것보다야 나은 일이 아니겠느냐"며 결혼을 허락하였으나 본가에서는 "이 무슨 집안 망신이냐. 겹사돈은 절대 안 된다"라고 펄쩍 뛰는 것이었다. 끝내 양가는 감정적 대립으로까지 격화되어 그렇다면 법대로 해 보자며 소송이 붙게 되었다. 형부 A남과 처제 C녀는 결혼할 수 있겠는가?

민법 제809조 2항에는 "남계혈족의 배우자, 부(夫)의 혈족 및 기타 8촌 이내의 인척이거나 이러한 인척이었던 사이에서는 혼인하지 못한다"라고 규정하고 있다. 여기에서 말하는 8촌 이내의 인척이란 혈족의 배우자(며느리, 형수, 외숙모, 고모부, 사위, 형부 등), 배우자의 혈족(시부모, 시숙, 시동생, 장인, 장모, 처남, 처제 등), 배우자의 혈족의 배우자(동서, 처남의 처, 남편의 자매의 배우자 등)를 말한다.

민법이 개정되기 전에는 학자들간에 형부와 처제의 결혼에 대하여 학설이 대립되어 있었으나, 1991년 1월 1일부터 시행된 개정 민법 제769조와 제777조 2호에서 형부와 처제를 인척 2촌으로 명확히 하였으므로 이제는 논란의 여지없이 형부와 처제 사이에서는 혼인할 수 없다.

따라서 현실적으로 형부와 처제가 혼인하였다 할지라도 민법 제815조 제2호 혼인에 해당되어 무효인 혼인이라 하겠다.

대법원에서도 하급법원의 질의에 관한 1963년 2월 26일자 회답에서 "형부와 처제와는 민법 제809조 2항 및 제815조 2호의 규정에 의하여 혼인할 수 없다"라는 입장을 확실히 하였으며, 그에 따라 호적관계 실무계에서도 같은 입장을 취하고 있다(호적예규 393항)(그러나 실제로 성씨가 다른 두 남녀가 혼인신고를 할 때 그들이 형부·처제간이라는 것이 밝혀지지 않고 혼인신고서가 수리되는 경우도 많다고 한다).

10. 사돈간의 혼인

A남과 B녀는 대학시절 교회에서 만나 하기수련회·봉사활동 등 신앙생활을 함께 하면서 서로를 깊이 존경하고 사랑하는 사이가 되었다. 대학을 졸업하던 날 두 사람은 14K 실반지를 나눠 끼면서 결혼을 굳게 언약하였다. 며칠 뒤 남자는 군에 입대하고 여자는 그 동안에 해외유학을 다녀오기로 하면서 헤어지게 되었다.

그러나 이 무슨 운명의 장난이던가! 이들이 없는 사이에 이들의 관계를 전혀 모르는 A남의 누나와 B녀의 오빠가 중매를 통하여 결혼을 하게 되었고 귀여운 조카까지 생겨났던 것이다. 돌아온 A남과 B녀는 이제 연인으로서가 아니라 사돈으로서 마주서야 하는 비련의 주인공들이 되었다. 망연자실한 이 두 청춘 남녀가 가야 할 길은 어디이겠는가?

올케의 남동생·오빠의 처남·매형의 여동생·누나의 시누이 또는 형수의 여동생·형의 처제·형부의 남동생·언니의 시동생 등이 문제가 야기될 수 있는 사돈간이다. 이들의 결혼에 관하여도 형부와 처제간의 결혼에서와 마찬가지의 논란이 예상될 수 있다. 그러나 대법원이 인척 2촌간인 형부·처제의 결혼을 금하고 있는 상황에서 인척 4촌간인 이들의 결혼 역시 허용될 수 없다고 보아야 할 것이다. 법조문상 인척 8촌 이내 사이에서는 결혼할 수 없기 때문이다.

그러나 실제로 이들이 혼인신고서를 구청에 제출할 때 사돈간이라는 것이 쉽사리 드러나지 않는 한 무난히 혼인신고가 수리될 것이며, 그렇게 되면 사실상 부부로서 가정을 이루고 살 수 있게 될 것이다(그 밖에 어머니가 개가를 한 경우 계부의 전실자식과 자기 사이에는 결혼할 수 없으며, 입양되어 간 경우 양부와 양녀 사이도 결혼할 수 없다).

11. 동성동본간의 혼인

저는 28세 된 남자인데 작년부터 한 마을에 사는 처녀를 사귀게 되었습니다. 서로 만나는 횟수가 거듭되면서 그녀와 결혼할 것을 결정하기에 이르렀습니다. 그런데 결혼을 준비하는 과정에서 그녀의 성과 저의 성이 똑같은 김해 김씨인 것을 알게 되었습니다. 같은 김씨인 것은 알고 있었지만 본까지 같은 줄은 미처 몰랐던 것이 서로의 불찰이었습니다.

저와 그녀는 헤어질 수 없는 사이가 되었으며 그녀는 이미 임신 3개월째입니다. 동성동본간에는 혼인할 수 없다는 걸 알고 있습니다. 그녀는 식음을 전폐하고 울고만 있는데 저는 어떻게 해야 하는지요?

'동성동본불혼의 원칙'이 생긴 이유를 보면, 옛날에는 인구가 적어서 한 마을에 사는 동성자는 거의 근친이었기 때문에 윤리적인 이유와 우생학적인 입장에서 동성동본간의 혼인을 금지하였던 것이다. 그러나 인구가 늘어나고 교통이 발달하여 사람의 이동이 국제적으로 이루어지는 현대사회에서는 합리적인 근거가 있다고 보기도 어렵게 되었고, 지나치게 넓은 범위까지 금혼을 하여 인간의 기본적 자유인 혼인의 자유를 제한한다는 것은 부당하다고 비판을 받고 있기도 하다. 그러나 법이라는 것은 아무리 많은 사람이 잘못된 점을 인정한다고 하더라도 그 법률이 개정되거나 폐지되기 전까지는 효력을 가지는 것이기 때문에, 현재로서는 동성동본간의 혼인은 허용될 수 없다.

다만, 귀하의 경우를 볼 때 결혼을 할 수 있는 가능성은 있다. 민법 제809조 1항에서 규정하고 있는 동성동본의 금지조항은 단순히 동성동본간에 혼인을 하지 못한다는 것이 아니라, '동성동본인 혈족'간의 혼인만이 금지된다는 것이다. 다시 말씀드리면, 동성동본이라도 혈족을 달리하는 경우에는 결혼을 할 수 있다. 그러한 경우로서 귀하의 성인 김해 김씨에는 신라 경순왕의 후손인 김해 김씨, 가야수로왕의 후손인 김해 김씨, 김충선의 후손인 김해 김씨가 있는데, 이들간에는 동성동본이라도 혈족을 달리하므로 혼인을 할 수 있는 것이다. 그러므로 귀하는 우선 이 점을 확인해 봐야 하며 양가의 족보와 친족회 등을 통해 쉽게 알아볼 수 있을 것이다.

또 귀하와 같은 처지에 있는 사람들을 구제해 주기 위해 '혼인에 관한 특례법'이 여러 차례 한시적으로 적용된 일이 있었다. 앞으로도 법률의 개정이나 임시적인 특례법의 제정 등에 관심을 가지기 바란다.

귀하가 혼인할 수 없는 경우라도 아이는 귀하의 호적에 혼인 외의 자로 입적시킬 수 있으며, 여자 측에서 기르기를 원하고 또 귀하가 양해하면 여자의 혼인 외의 자로서 여자호적에 입적시킬 수도 있다.

1997년 7월 16일 헌법재판소에서 동성동본금혼제도의 헌법불합치의 결정을 내렸다. 그 결정문의 전문을 그대로 싣는다. 재판관들의 의견을 면밀하게 검토해 보자.

〈주 문〉

1. 민법 제809조 제1항(1958. 2. 22. 법률 제471호로 제정된 것)은 헌법에 합치되지
   아니한다.

2. 위 법률조항은 입법자가 1998. 12. 31까지 개정하지 아니하면 1999. 1. 1. 그 효
   력을 상실한다. 법원 기타 국가기관 및 지방자치단체는 입법자가 개정할 때까지
   위 법률조항의 적용을 중지시켜야 한다.

〈이 유〉

1. 사건의 개요와 심판의 대상

가. 사건의 개요

   서울가정법원은, 동성동본(同姓同本)인 자와 혼인하려 하는 제청신청인들의 혼인
   신고를 수리하지 아니한 처분에 대하여 그들이 불복을 신청한 위 각 당해사건에
   서, 민법 제809조 제1항의 위헌여부가 그 사건들의 재판의 전제가 된다 하여
   1995. 5. 17. 각 위헌법률심판제청결정을 하였고(95호 파 3029 내지3036), 각 결
   정서는 모두 같은 달 29. 우리 재판소에 접수되었다.

나. 심판의 대상

   이 사건 심판의 대상은 민법 제809조 제1항(1958. 2. 22. 법률 제471호로 제정된
   것, 이하 '이 사건 법률조항'이라 한다)의 위헌여부이고, 그 내용은 다음과 같다.
   제809조[동성혼등의 금지]
   ① 동성동본인 혈족 사이에서는 혼인하지 못한다.

2. 제청법원의 위헌심판제청이유와 제청신청인등의 의견

가. 제청법원의 위헌심판제청이유

   이 사건 법률조항은 모든 국민으로 하여금 행복을 추구할 권리를 갖게끔 보장하
   는 헌법 제10조의 정신을 침해하고 또 모든 국민의 법 앞에서의 평등과 불합리한
   차별대우의 금지를 규정한 헌법 제11조 제1항에 위반된다는 제청신청인들의 주
   장에는 상당한 이유가 있다.

나. 제정신청인들의 의견

(1) 우리나라의 전통도 아니고 중국의 제도를 그대로 답습한 것에 불과하면서도 현
    재 우리나라에서만 시행되고 있는 동성동본 혈족 사이에서의 혼인금지를 규정

한 이 사건 법률조항은 다음과 같이 제청신청인들의 기본권을 침해하였다.

첫째, 모든 사람에게 있어 자유로운 의사의 합치와 애정을 바탕으로 한 혼인생활과 자녀의 출산, 양육은 향유할 수 있는 행복의 가장 중요한 요소인데. 제청인들은 불합리한 이 사건 법률조항으로 말미암아 법적인 부부가 되지 못함으로써, 행복추구권의 향유에 중대한 장애를 받고 있다.

둘째, 이 사건 법률조항은 남계(男系)혈족만을 문제삼고 있어 여성들의 평등권을 침해하고 있다.

셋째, 제청신청인들은 이 사건 법률조항으로 말미암아 법률로 보호되는 혼인관계를 갖지 못함으로써, 실제의 가족생활에 있어서 의료보험, 각종 사회생활상의 급여, 가족수당 등 근로관계에서 오는 불이익, 상속 등 재산문제, 행정상의 신고 등 관계절차와 관련하여 심각한 장애와 고통을 받고 있으므로, 이 사건 법률조항은 헌법 제36조 제1항의 규정에 따라 제청신청인들의 향유하는 혼인과 가족생활의 권리를 침해하고 있다.

(2) 동성동본인 혈족 사이의 혼인을 금지하는 이유로 보통 유전학적 이유와 이를 허용하는 경우 재래의 미풍양속과 전통문화에 어긋나서 사회질서의 혼란과 가족제도의 파괴를 가져온다는 주장이 있다. 그러나 동성동본인 혈족 사이의 혼인이 어떠한 유전학적 문제를 발생시킨다는 것은 아무런 과학적 근거를 갖고 있지 못하고, 나아가 이는 혼인의 성질에 비추어 남계혈족뿐만 아니라 여계(女系)혈족의 문제도 같은 비중으로 다루어져야 합리적이며, 동성동본인 혈족 사이의 혼인금지 자체가 우리의 전통문화가 아닌 중국의 제도를 모방한 것이고, 우리나라의 성씨(姓氏)의 발달사나 그 분포상황 및 사회상의 변천에 비추어 볼 때 이미 사회규범으로서의 효력을 상실하였다고 보아야 할 것이다. 또 그동안 3차례에 걸쳐 시행되면서 많은 동성동본인 혈족 사이의 사실혼을 구제하였던 「혼인에 관한 특례법」이 이 제도의 사실상의 허구성을 드러내고 있다.

다. 유림(儒林)의 의견

(1) 동성동본인 혈족 사이의 혼인을 금지하는 제도는, 중국의 제도를 모방한 것이 아니고 고대로부터 선대를 통한 관습으로서 현재까지 내려온 제도로서, 지금도 우리 국민의 정서에 완전 부합하여 대다수의 국민의 그 제도의 존치를 바라고 있다. 이 제도는 그 생성·발전되어온 역사적 배경, 사회적 수용성, 입법목적, 사회질서에 대한 규율능력, 특히 핵가족화하여 갈수록 황폐하여지는 우리의 도덕관념 등에 비

추어, 사회적 유용성을 가지며 우리 헌법의 이념에 어긋나는 것이 아니다.

(2) 원래 헌법이 규정하는 평등권과 행복추구권 및 혼인의 자유 등은 무제한, 무조건 적인 자유를 의미하는 것이 아니며 그에 대한 합리적인 범위 내에서의 제한은 부 득이한 것인바, 이 사건 법률조항은 호주(戸主)제도와 더불어 아직도 우리 가족 법의 양대 지주로서의 사회적 역할을 훌륭히 수행하고 있으므로 이로 인하여 개 인의 권리가 어느 정도 침해받는다 하여 곧바로 위헌으로 볼 수는 없다.

(3) 또 동성동본인 혈족 사이의 혼인은 유전학적으로도 좋지 않다.

3. 판 단

가. 재판관 김용준, 재판관 김문희, 재판관 황도연, 재판관 신창언, 재판관 이영모의
   단순위헌의견

(1) 금혼(禁婚) 범위에 관한 민법규정

우리 헌법은, 금혼범위에 관하여 이 사건 법률조항에 의한 제한 이외에도 제809 조 제2항에서 "남계(男系)혈족의 배우자, 부(夫)의 혈족 및 기타 8촌 이내의 인척 (姻戚)이거나 이러한 인척이었던 자 사이에는 혼인하지 못한다"고 규정함으로써 일정한 범위 내의 근친혼을 금지하는 이른바 금지혼의 대상을 정한 규정을 두고 있고, 제816조 제1호는 이에 위반한 혼인을 취소할 수 있도록 하여 이를 취소혼 (取消婚)의 대상으로도 하고 있으며, 또 제815조 제2호와 제3호는 "당사자간의 직계혈족, 8촌 이내의 방계혈족 및 그 배우자인 친족관계가 있거나 또는 있었던 때"와 "당사자간에 직계인척, 부(夫)의 8촌 이내의 혈족인 인척관계가 있거나 또 는 있었던 때"에는 그 혼인을 무효로 하여 무효혼(無效婚)의 대상이 되는 근친혼 을 규정하고 있다.

결국 우리 민법은 ① 당사자간에 직계혈족, 8촌 이내의 방계혈족 및 그 배우자인 친족관계가 있거나 또는 있었던 때(제815조 제2호), ② 당사자간에 직계인척, 부 (夫)의 8촌 이내의 혈족인 인척관계가 있거나 또는 있었던 때(같은 조 제3호), ③ 남계혈족의 배우자, 부(夫)의 혈족 및 기타 8촌 이내의 인척이거나 이러한 인척 이었던 자(제809조 제2항) 사이의 혼인은 이를 무효로 하거나 금지함으로써, 부 계(父系)와 모계(母系)의 최소한 8촌 이내의 혈족이거날 혈족이었던 자 및 8촌 이내의 인척이거나 인척이었던 자 사이의 혼인은 무효이거나 금지되고 있는바, 이와 같이 법률에 의하여 금지되는 근친혼의 범위는 그 자체만으로도 세계의 다 른 주요국가의 입법례와 대비해 보면 매우 넓은 편에 속한다고 할 수 있다.

그런데 이 사건 법률조항은 이에 더하여 동성동본인 혈족 사이의 혼인은 그 촌수의 원근(遠近)에 관계없이 일률적으로 이를 모두 금지하고 있고, 민법은 이러한 혼인을 취소혼의 사유(제816조 제1호)로 규정하고 있을 뿐만 아니라 아예 그 혼인신고 자체를 수리하지 못하도록 하고 있다(제8134조 호적법 제76조 제1항 제1호, 제6호 참조). 따라서 동성동본인 혈족은 서로가 아무리 진지하게 사랑하고 있다고 하더라도 또 촌수를 계산할 수 없을 만큼 먼 혈족이라 하여도 혼인을 할 수 없게 된다. 그러므로 이 제도의 위헌여부를 판단함에 있어서는 우선 이 제도가 생기게 된 연유를 비롯한 그 역사적 정착과정과 그 사회적 기반을 살펴볼 필요가 있다.

(2) 동성동본금혼제(同姓同本禁婚制)의 정착과정과 그 사회적 기반

자료에 의하면 동성동본금혼제가 우리나라에서 정착하게 된 역사적 과정은 대체로 다음과 같이 볼 수 있다.

원래 동성금혼(同姓禁婚)은 중국의 주대(周代)부터 시작되어 한대(漢代)에 이르러 완성된 종법제(宗法制)와 함께 확립된 제도로서 남계혈족 즉 본종(本宗)은 백대(百代)에 이르더라도 일가(一家)로 대한다는 혈연관계를 중요시하는 사상에서 유래한 것이라 볼 수 있고, 이와 같은 사상은 고려 중기부터 우리나라에 본격적으로 전래되기 시작하였다고 한다. 다만 중국의 경우는 동성(同姓)은 모두 동종(同宗)으로 보아 혼인을 금지하는 반면 우리나라는 동성동본(同姓同本)인 경우에만 동종으로 보아 혼인을 금지하였다.

이 제도의 정착과정을 좀 더 구체적으로 살펴보면, 유학(儒學)의 영향이 커지기 이전의 우리나라의 전통적인 혼인방식에 관하여 중국 삼국지(三國志) 위지(魏志)·동이전(東夷傳) 예조(濊條)에 "동성금혼(同姓禁婚)"이라는 기록이 있기는 하나, 그 의미에 관하여는 후대의 동성금혼과 같다고 볼만한 뚜렷한 다른 자료를 찾아보기 어렵다.

그리고 「삼국사기」(三國史記)나 「삼국유사」(三國遺事)에 의하면 신라(新羅)의 왕실과 귀족사회에서는 골품제(骨品制)라는 혈연집단의 특권적 지위를 유지하기 위하여 근친간의 내혼제(內婚制)가 성행하였음을 알 수 있다.

고려(高麗)에서도 최소한 중기에 이르기까지는 신라와 같이 왕실에서 내족혼이 행하여지다가 고려 정종(靖宗) 12년(1046년) 5월 동성혼의 자(子)에게 벼슬길이 금지되고, 그 후 문종(文宗) 35년(1081년)부터 근친혼금지령이 나타나면서부터

왕실이나 민간에서 근친혼 내지 동성혼이 금지되기 시작하였던 것 같다. 그러나 그것도 처벌에 관한 규정이 없는 권고적인 것에 불과하였으며, 그 후에도 몇 번에 걸친 근친혼금지의 조치가 있었으니 그 금지범위는 4촌 내지 8촌에 한하였다고 자료에 적혀 있다.

조선(朝鮮)은 유학을 건국이념으로 하면서 명률(明律)을 의용하였고 그 결과 동성동본금혼의 원칙이 서서히 세워지게 되었으나, 이 원칙이 보편성과 실효성을 가진 규범으로 발전된 것은 조선후기 영조조(英祖朝)에 이르러 속대전(續大典) 예전(禮典) 혼가조(婚嫁條)에 동성이본혼(同姓異本婚)까지를 금지함에서 비롯되었고, 조선말 형법대전(刑法大全), 광무(光武) 9년(1905년)에서는 다시 동성동본혼만을 금지하면서 위반자에 대하여 형벌까지 부과하였다.

한편, 이와 같이 동성동본혼을 금지하고 있었음에도 불구하고 당시 상민(常民)의 경우는 물론 반가(班家)에서조차 동성동본간에 혼인을 한 사례를 문헌에서 쉽게 발견할 수 있다.

결국, 우리나라에서 내혼제가 아닌 외혼제로서 동성동본금혼제가 실제로 법제화된 것은 조선시대부터이고, 더욱이 그 확립시기는 17세기 후반 이후로 보아야 할 것이다.

관계자료에 의하여 살펴보면 이러한 동성동본금혼제는 결국 그 제도 생성(生成) 당시의 국가정책, 국민의식이나 윤리관 및 경제구조와 가족제도 등이 혼인제도에 반영된 것으로서, 그 윤리적, 국민의식적 기반은 충효정신을 숭상한 유학이었으며, 국가정책으로서는 왕조를 중심으로 한 신분적 계급제도의 정착이었고, 가족제도는 남계(男系)를 중심으로 한 족벌적(族閥的), 가부장적(家父長的) 대가족 중심의 가족제도이었으며, 사회경제적으로는 자급자족을 원칙으로 한 농경중심의 사회이었는바, 그러한 사회에서 그 사회질서를 유지하기 위한 수단의 하나로서의 기능을 하였던 것이라 볼 수 있다.

(3) 사회환경의 변화와 동성동본금혼제 존립기반의 동요

(가) 그러나 이러한 동성동본금혼제가 생성하여 정착할 수 있었던 시대와 비교하면 현대사회는 너무나 많은 사회환경의 변화가 있었음을 부인할 수 없다.

첫째, 사회를 지배하는 기본이념의 변화를 들 수 있다. 왕조를 중심으로 하여 유학이 발달하고 충효정신을 숭상하며 신분적 계급제도 및 남존여비사상에 기초한 족벌적, 가부장적 사회이었던 그 당시에 비하여, 현재의 우리사회는 헌법에 명시

되어 있듯이 '자유와 평등'을 근본이념으로 하며 신분적 계급제도와 남존여비사상을 배척한 자유민주주의사회로 탈바꿈하였고, 이에 따라 헌법도 제36조 제1항에서 "개인의 존엄과 양성의 평등"의 바탕 위에서 혼인과 가족생활이 성립되고 유지되어야 함을 천명하고 있을 뿐만 아니라 이에 대한 국가의 보장의무까지 규정하고 있으며, 이에 맞추어 국민의 의식구조도 그렇게 변화하고 있다.

둘째, 혼인 및 가족관념의 변화와 남녀평등관념의 정착을 들 수 있다. 혼인이 1남 1녀의 정신적·육체적 결합이라는 점에 있어서는 변화가 없다고 할지라도 국민대다수의 혼인관(婚姻觀)이 주로 '집안(家)과 집안(家)간의 결합'이라는 관념에서 혼인당사자의 자유의사를 존중한 '인격 대 인격의 결합'이라는 관념으로 바뀌었고, 가족의 관념이나 형태로 대체로 가부장적인 대가족에서 분화된 핵가족으로 바뀌었다. 친족 사이의 유대가 약화되고 있다는 것이 결코 바람직한 현상은 아니라고 할지라도 동성동본인 혈족이 '같은 집안'이라는 의식이 희박해지고 있다는 점은 엄연한 현실이고, 특히 가족 내의 가족원의 지위 내지 역할분담이나 그에 대한 의식이 현저히 달라졌으며, 또 건국 이래 꾸준한 여성교육의 확대로 인한 남녀평등관념의 정착은 매우 중요한 변화라 할 수 있다. 이는 여성의 사회진출 내지 사회활동의 확대에 따른 그 지위의 향상과도 관련되는 것이지만, 이에 따라 남아선호(男兒選好) 내지 가계계승(家系繼承) 관념의 쇠퇴, 아들, 딸을 구별치 않는 다자녀출산의 기피, 독신여성 및 이혼녀의 증가 등 여러 가지 의식의 변화가 오고 있다.

셋째, 경제구조의 변화와 인구의 급격한 증가 및 그 도시집중화를 들 수 있다. 봉건적, 폐쇄적인 농경중심 내지 자급자족원칙의 농경사회가 고도로 발달된 산업사회로 바뀌었다는 것은 중대한 사회환경의 변화이며, 이는 국민의 의식구조 및 그 가치관, 인생관, 행복관 등에 지대한 영향을 미친 것이다.

특히 인구의 기하급수적인 증가는 사회환경의 변화에 대한 절대적인 가늠자라 할 것인데, 김해(金海) 김씨(金氏)나 전주(全州) 이씨(李氏), 밀양(密陽) 박씨(朴氏)와 같은 대성(大姓)의 경우 1985년도의 통계에 의하더라도 그 인구가 각각 3,892,342명과 2,379,537명 및 2,704,819명이 되어, 이제는 동성동본이라는 것이 금혼의 기준으로서 그 합리성을 인정받기가 어렵게 되었고, 특히 인구의 도시집중화와 관련하여 가(家)내지 본관에 관한 관념이 차츰 희박해지고 있는 것 같다.

(나) 민법제정 이후 사실혼관계에 있는 동성동본혼을 구제하고자 3회에 걸쳐 「혼인에

관한 특례법」(1977. 12. 31. 법률 제3052호, 1987. 11. 28. 법률 제3971호, 1995. 12. 6. 법률 제5013호)이 시행되었고, 이로써 사실혼관계에 있던 44,827쌍(1978 년 4,577쌍, 1988년 12,443쌍, 1996년 27,807쌍)의 부부가 법적인 구제를 받았다 는 사실은 위와 같은 변화를 극명하게 말해 주고 있다. 즉 위의 통계는 위 특례 법이 단지 동성동본으로서 혼인한 일부의 부부와 그 자녀들이 사회의 여러 방면 에서 겪는 고통을 덜어주고자 하는 목적으로 시행되었다는 뜻을 넘어 이미 동성 동본금혼제가 금혼규정으로서의 기능을 제대로 하고 있지 못하다는 것을 말해 주는 것이다. 실제로 이 금혼규정의 주된 적용대상으로 볼 수 있는 신세대 미혼 남녀간의 연애에 있어서 상대방의 본관을 미리 물어본다든가 그들의 사랑이 무 르익어 결혼까지 약속할 무렵 서로의 본관이 같다는 이유로 결혼을 포기하는 사 례는 그리 많지 않다고 하는바, 이는 이미 이 제도가 행위규제규범으로서도 그 기능을 잃어가고 있음을 의미한다. 그리고 이 제도의 발원지인 중국에서조차 이 사건 법률조항과 같은 금혼조항은 1930년에 이미 폐지되었다.

㈐ 또 민법 제781조 제3항은 "부모를 알 수 없는 자(子)는 법원의 허가를 얻어 성 (姓)과 본(本)을 창설하고 일가(一家)를 창립한다"고 규정하고 가사소송법 제2조 제1항 "나"목 ⑴의 4는 이를 '가사비송사건'의 하나로 규정하고 있는바, 이 규정 에 의하면 혈연과는 전혀 무관하게 동성동본이 생길 수 있으므로 이러한 제도로 말미암아서도 동성동본이라는 것이 이제는 혈연관계를 나타내는 지표로서의 기 능까지도 상실하기 시작하였다고 말할 수 있다. 그리고 이러한 동성동본자간의 금혼은 아무런 의미가 없다.

㈑ 위에서 본 바와 같이, 여러 가지 사회환경의 변화로 말미암아, 동성동본금혼제의 존립기반이 이제 완전히 붕괴되었다고까지 단언하기는 어렵다고 할지라도, 적어 도 그 존립기반이 더 이상 지탱할 수 없을 정도로 근본적이 동요를 하고 있음은 이을 부인하기 어렵다. 따라서 동성동본금혼제를 법제도로서 더 이상 존치할 이 유가 있는지의 여부는 헌법이념 및 규정에 의한 새로운 전망과 가치판단이 있어 야 한다.

⑷ 헌법이념 및 규정에서 본 동성동본금혼제-이 사건 법률조항의 위헌성

㈎ 헌법 제10조는 "모든 국민은 인간으로서의 존엄과 가치를 가지며, 행복을 추구할 권리를 가진다. 국가는 개인이 가지는 불가침의 기본적 인권을 확인하고 이를 보 장할 의무를 진다"고 규정함으로써 모든 기본권의 종국적 목적(기본이념)이라 할

수 있고 인간의 본질이며 고유한 가치인 개인의 인격권과 행복추구권을 보장하고 있다. 그리고 이러한 개인의 인격권·행복추구권은 개인의 자기운명결정권을 그 전제로 하고 있으며, 이 자기운명결정권에는 성적(性的) 자기결정권, 특히 혼인의 자유와 혼인에 있어서 상대방을 결정할 수 있는 자유가 포함되어 있다(헌법재판소 1990. 9. 10. 선고 89 헌마 82 결정 참조).

또 헌법 제36조 제1항은 "혼인과 가족생활은 개인의 존엄과 양성의 평등을 기초로 성립되고 유지되어야 하며, 국가는 이를 보장한다"고 규정하고 있는바, 이는 혼인제도와 가족제도에 관한 헌법원리를 규정한 것으로서 혼인제도와 가족제도는 인간의 존엄성존중과 민주주의 원리에 따라 규정되어야 함을 천명한 것이라 볼 수 있다. 따라서 혼인에 있어서도 개인의 존엄과 양성의 본질적 평등의 바탕 위에서 모든 국민은 스스로 혼인을 할 것인가 하지 않을 것인가를 결정할 수 있고 혼인을 함에 있어서도 그 시기는 물론 상대방을 자유로이 선택할 수 있는 것이며, 이러한 결정에 따라 혼인과 가족생활을 유지할 수 있고, 국가는 이를 보장해야 한다는 것이다.

(나) 그런데 위에서 본 바와 같이, 이 사건 법률조항은 동성동본인 혈족 사이의 혼인을 그 촌수의 원근에 관계없이 일률적으로 모두 금지하고 민법은 이를 위반한 혼인을 취소할 수 있도록 하였을 뿐만 아니라 아예 그 혼인신고 자체를 수리하지 못하도록 하고 있어, 동성동본인 혈족은 서로가 아무리 진지하게 사랑하고 있다고 하더라도 또 촌수를 계산할 수 없을 만큼 먼 혈족이라 하더라도 혼인을 할 수 없고 따라서 혼인에 있어 상대방을 결정할 수 있는 자유를 제한하고 있는 동시에, 그 제한의 범위를 동성동본인 혈족, 즉 남계혈족에만 한정함으로써 성별에 의한 차별을 하고 있다.

그렇다면 이 사건 법률조항은 이미 위에서 본 바와 같이 금혼규정으로서의 사회적 타당성 내지 합리성을 상실하고 있음과 아울러 '인간으로서의 존엄과 가치 및 행복추구권'을 규정한 헌법이념 및 규정과 '개인의 존엄과 양성의 평등'에 기초한 혼인과 가족생활의 성립·유지라는 헌법규정에 정면으로 배치된다 할 것이고, 또 그 금혼의 범위를 동성동본인 혈족, 즉 남계혈족에만 한정하여 성별에 의한 차별을 하고 있는데 이를 시인할 만한 합리적인 이유를 찾아볼 수 없으므로 헌법상의 평등에 원칙에도 위반되는 것이다.

결국 이 사건 법률조항은 헌법 제10조, 제11조 제1항, 제36조 제1항에 위반될 뿐만 아니라, 그 입법목적이 이제는 혼인에 관한 국민의 자유와 권리를 제한할 '사회질서'나 '공공복리'에 해당될 수 없다는 점에서 헌법 제37조 제2항에도 위반된다 할 것이다.

⑸ 동성동본금혼제의 존치론에 대하여

㈎ 동성동본인 혈족 사이의 혼인을 허용하면 우생학 내지 유전학적으로 유해(有害)하다는 주장에 대하여 보건대, 우선 동성동본금혼제는 결코 유전학적인 이유 내지 우생학적 이유로 정착된 제도가 아니며, 만약 유전학적인 이유로 근친혼을 금지하여야 한다면 이는 남계혈족뿐만 아니라 여계(女系)혈족에게도 똑같이 문제가 되는 것인데 동성동본금혼제는 남계혈족만을 문제삼고 있을 뿐이며, 유전학적 관점에서 보더라도 민법에 의하여 금지되거나 무효로 되는 범위를 넘어서는 동성동본인 혈족 사이의 혼인의 경우 유전학적인 질병의 발생빈도가 이성(異姓)간 또는 동성이본(同姓異本)간의 혼인의 경우보다 특히 높다는 아무런 과학적인 증명도 없음이 밝혀져 있으므로, 이러한 주장은 동성동본금혼제를 정당화할 만한 합리적인 이유가 될 수 없다.

㈏ 다음으로, 사회의 미풍양속과 전통문화에 어긋나는 것이어서 사회질서의 혼란과 가족제도의 파괴를 초래한다는 주장에 대하여 보건대, 특정의 인간행위에 대하여 이를 국가가 법규범을 통하여 규제할 것인가, 아니면 단순히 관습이나 도덕에 맡길 것인가의 문제는 인간과 인간, 인간과 사회의 상호관계를 함수로 하여 시대와 장소에 따라 그 결과를 달리할 수밖에 없는 것이고 결국은 그 사회의 시대적 상황과 사회구성원들의 의식 등에 의하여 결정될 수밖에 없다고 본다. 혼인관계의 강한 사회성으로 인하여 혼인에 관한 각종 규범 중 중요한 원칙들은 법이 이를 뒷받침하여야만 혼인에 의한 가족관계가 안정될 수 있으므로 전통적인 관습으로 이어온 금혼의 범위를 법으로 명벽히 함으로써 사회질서를 유지하기 위하여서도 동성동본금혼제가 필요하다는 것은, 이미 위에서 본 바와 같은 이 제도의 사회적 기반 내지 현실적 타당성에 관한 고찰을 결여하고 윤리나 도덕관념도 시대에 따라 변천되고 역사의 발전법칙에 따라 발전한다는 것을 도외시한 주장이다. 동성동본금혼제 역시 만고불변의 진리로서 우리의 혼인제도에 정착된 것이 아니라 시대의 윤리나 도덕관념의 변화에 따라 나타나서 그 시대의 제반 사회·경제적 환경을 반영한 것에 지나지 않는다는 점을 감안할 때, 이미 위에서 본 바와 같은 이유로 이 제도는 이제 더 이상 법적으로 규제되어야 할 이 시대의 보편타당한

윤리 내지 도덕관념으로서의 기준성을 상실하였다고 볼 수밖에 없고, 헌법 제9조의 정신에 따라 우리가 진정으로 계승·발전시켜야 할 전통문화는 이 시대의 제반 사회·경제적 환경에 맞고 또 오늘날에 있어서도 보편타당한 전통윤리 내지 도덕관념이라 할 것이다.

끝으로, 이 사건 동성동본금혼의 법률조항을 위헌이라고 하는 것은 그것이 우리 헌법의 이념이나 규정에 명백히 반하기 때문이며, 이를 위헌으로 본다 하여 헌법 재판소가 동성동본인 혈족 사이의 혼인을 권장한다거나 기존의 보편타당한 윤리 내지 도덕관념을 모두 부정하는 것은 결코 아니라는 점을 분명히 밝혀 둔다.

나. 재판 정경식, 재판관 고중석의 헌법불합치의견

우리는 이 사건 법률조항이 헌법에 위반된다는 결론에는 다수의견과 견해를 같이 하지만 이 사건 법률조항에 대하여 다수의견과 같이 곧바로 위헌결정을 할 것이 아니라 헌법불합치결정을 하여야 한다고 생각한다.

동성동본제도는 수백년간 이어져 내려오면서 우리 민족의 혼인풍속이 되었을 뿐만 아니라 윤리규범으로 터잡게 되었고 이와 같은 혼인풍속, 윤리의식을 반영하여 이 사건 법률조항을 입법하게 된 것이다. 그리고 가족법 특히 혼인제도는 입법부인 국회가 우리 민족의 전통, 관습, 윤리의식, 친족관념, 우생학적 문제 등 여러 가지 사정을 고려하여 입법정책적으로 결정하여야 할 입법재량사항이다.

따라서 비록 이 사건 벌률조항에 위헌성이 있다고 하여도 헌법재판소가 곧바로 위헌결정을 할 것이 아니라 입법형성권을 가지고 있는 국회가 우리 민족의 혼인 풍속, 윤리의식, 친족관념 특히 국민의 혼인윤리의식이나 친족관념이 어떻게 얼마나 변화하였는지, 동성동본금혼제도가 과연 사회적 타당성이나 합리성을 완전히 상실하였는지, 동성동본금혼제도의 친족범위를 제한하여 합헌적으로 개선할 방법은 없는지, 그리고 동성동본금혼제도를 폐지함에 있어 우리 민족의 혼인풍속이나 친족관념에 비추어 현행 근친혼금지규정이나 혼인무효 및 취소에 관한 규정을 새로 정비할 필요는 없는지 등을 충분히 고려하여 새로이 혼인제도를 결정할 수 있도록 헌법불합치결정을 하여야 한다.

4. 결 론

위와 같은 이유로 이 사건 법률조항이 헌법에 위반된다는 점에 있어서는 재판관 이재화, 재판관 조승형을 제외한 그 나머지 재판관 전원의 의견이 일치되었으나,

재판관 김용준, 재판관 김문희, 재판관 황도연, 재판관 신창언, 재판관 이영모는 단순위헌결정을 선고함이 상당하다는 의견이고 재판관 정경식, 재판관 고중석은 헌법불합치 결정을 선고함이 상당하다는 의견으로서, 위 재판관 김용준 등 5명의 의견이 다수의견이기는 하나 한법재판소법 제23조 제2항 제1호에 규정된 "법률의 위헌결정"을 함에 필요한 심판정족수에 이르지 못하였으므로 이에 헌법불합치의 결정을 선고하기로 하는바, 위 법률조항은 입법자가 1998. 12. 31까지 개정하지 아니하면 1999. 1. 1. 그 효력을 상실하고, 법원 기타 국가기관 및 지방자치단체는 입법자가 개정할 때까지 위 법률조항의 적용을 중지하도록 하는 것이 상당하다고 인정되므로 이에 주문과 같이 결정한다.

이 결정에는 재판관 이재화, 재판관 조승형의 아래 5와 같은 반대의견이 있었다.

5. 재판관 이재화, 재판관 조승형의 반대의견

우리는 다음과 같은 이유로 다수의견에 반대한다.

가. 동성동본금혼제도와 가족법의 특징

(1) 이 사건 법률조항의 위헌 여부가 다투어지는 이유는 이 사건 법률조항에 의하여 혼인이 금지되는 동성동본인 혈족의 범위에 제한이 없다는 점에 있다. 근친간의 혼인이 우생학적 또는 사회도덕적으로 유해하다는 점에는 이론이 없고 따라서 근친혼을 금하는 것은 비교법적으로도 일반적인 현상이며 우리 민법도 제809조 제2항, 제815조 제2호·제3호, 제816조 제1호에서 근친혼 금지에 관하여 규정하고 있다. 그런데 이 사건 법률조항은 동성동본인 혈족이기만 하면 그 원근을 따지지 않고 일률적으로 혼인을 금지하고 있는바, 이것이 우생학적 이유 또는 사회도덕적 이유에 근거한 것이라면 앞서 본 규정들에 의한 제한이 있음에도 이에 더하여 동성동본의 혈족이라는 이유만으로 혼인을 금지하는 것을 합리화할 근거가 있느냐 하는 것이다.

(2) 살피건대, 혼인은 남녀의 자유의사에 기한 결합이지만, 남녀의 자유의사에 기한 결합이기만 하면 모두 혼인으로 인정되는 것은 아니다. 즉, 관습·도덕·종교 등 사회규범에 의하여 정당한 것으로 사회적으로 공인될 수 있는 남녀간의 결합만이 법적인 보호를 받을 수 있는 혼인인 것이다. 근대적 혼인이 배우자 선택의 자유를 포함하는 혼인계약의 자유를 그 특징의 하나로 하면서도 혼인관계의 보호에 위와 같은 제도적·사회적 제약을 가하는 것은, 혼인관계가 단순히 남녀의 육

체적·정신적 결합에 그치지 않고 혼인 및 자녀의 출산을 통하여 국가·사회의
기본 구성요소인 가족을 형성하는 지극히 사회적인 성격을 갖는 것이어서 그 사
회 고유의 전통·풍속에 강하게 영향을 받기 때문이다. 따라서 재산관계 특히 거
래관계를 규율하는 법이 사회경제사정의 변화에 민감하게 반응하여 기술적·타산
적이며 진보성을 가짐에 비하여 혼인관계를 포함한 가족관계를 규율하는 법은
합리적으로만 형성되어 가는 것이 아니라 전통·풍속에 강하게 지배되는 보수적
·역사적 성격을 띨 수밖에 없는 것이다. 그러므로 이 사건 법률조항의 위헌성도
혼인관계를 규율하는 법의 이러한 특수성을 전제로 그 유래나 관습화의 정도, 입
법화의 타당성, 현재의 여건 변화 등을 검토함으로써 그 위헌성을 가려야지 합리
성이나 논리만을 잣대로 위헌성을 논할 수는 없다고 할 것이다.

나. 동성동본금혼제도의 유래와 관습화

다수의견은 동성동본금혼제도는 중국의 주대(周代 : 기원전 1122년), 한대(漢
代 : 기원전 202년)의 종법제(宗法制)에서 유래환 것이므로 우리의 풍속이 아니
라고 주장한다. 그러나 이 사건 기록 중 고증자료에 의하면, 우리의 동성동본금
혼제는 기원전 2332년 단군건국 초부터 불취동족(不娶同族)이라는 도덕률이 창
설되고 예속(濊俗 : 예는 기원전 128년 당시 우리 민족을 지칭하였다)으로 전래
되면서 관습화되어 동방예의지국이라는 찬사를 받을 만큼 정착되어 왔던 점과,
신라와 고려시대에 이르러 일부소수계급인 왕족간에 근친혼이 성행되어 위 도덕
률이 일시 훼손된 사례가 있었으나 조선시대에 이르러 동성동본금혼이 재도화되
면서 회복되었고 이후 지금에 이르기까지 600여 년 동안에 우리 민족의 미풍양
속으로 관습화되었으며 우리의 전통문화로 이어져 왔던 점을 인정할 수 있다. 그
렇다면 우리의 이 전통·관습·문화는 중국의 주대(周代)에 시작되어 한대(漢代)
에 이르러 완성되었다는 종법제(宗法制)보다는 무려 1000여 년 전에 이미 정립되
었다 할 것이며, 우리 민족 고래(古來)의 전통·관습·문화일 뿐, 위 종법제에서
유래된 것이라고는 보여지지 아니한다.

가사 위 종법제에서 유래된 것이라고 가정하더라도 그로 인하여 이 사건 법률조항
의 위헌여부를 판단함에 있어 어떤 차이를 가져 오는 것은 아니다. 즉 다수의견에
따르더라도 고려 중기 또는 후기부터는 그것이 우리 민족의 혼인관습으로 자리 잡
았고 조선에 이르러 유교의 영향을 받아 강화되었다는 것이므로 이는 적어도 600
년 이상 지켜온 우리 민족의 미풍양속으로서 전통·관습·문화이기 때문이다.

다. 현실여건의 변화와 이 사건 법률조항의 위헌여부

(1) 다수의견은 그동안의 사회·경제적인 여건에 변화에 따라 이 사건 법률조항을 더
이상 존치시킬 근거가 없어졌다고 주장한다. 살피면, 1970년대 이래의 급속한 경
제성장에 따른 산업화·도시화와 교통·통신의 발달, 높은 수준의 서구적 교육 수
혜자 및 여성의 사회적 진출의 확대, 인구의 증가와 전국적인 인구이동 및 도시
집중현상 등과 이에 따른 전통부락과 가족관계의 파괴, 전통적인 윤리의식이나
가족관의 변화, 배우자 선택방법의 변화(연애결혼의 증대) 등이 있었음은 부인할
수 없다. 그러나, 이러한 사회환경이나 의식의 변화가 있었다고 하여 불과 몇 십
년만에 우리의 혼인관습이 본질적으로 변화하였다고 볼만한 자료는 없다. 특히
혼인관계를 포함한 가족관계는 급격한 사회환경의 변화에도 불구하고 쉽사리 바
뀌지 않는 보수성을 갖고 있을 뿐 아니라 동성동본금혼제는 오랜 전통·관습·문
화이기 때문에 이러한 자료들은 단순한 여론조사보다는 국민의 의사를 공식적으
로 확인할 수 있는 국민투표나 이 제도의 존폐를 서로 다르게 내세운 국회의원
총선거나 대통령 선거의 결과들과 같이 보다 공신력이 있는 자료들이라야 할 것
이나, 이러한 자료들이 없다. 따라서 동성동본금혼제도가 폐습이라고 주장하는
자들이 있다고 하더라도 어느 시대, 어느 사회에나 기존의 제도에 대한 반대자는
있는 것이므로 반대의 주장이 있다는 이유만으로 바로 그 제도에 문제가 있는 것
이라고 단언할 수는 없으며, 우리 국민의 의식이 그렇게까지 변화하였다고 보기
는 매우 어렵다. 이는 그동안에 이 사건 법률조항에 대한 개폐문제가 건국 이후
1989. 12. 19까지 몇 차례 논의된 바는 있지만 그 폐지의견이 국회를 통과하지
못한 점에 비추어 보더라도 분명하다.

{1948년 건국 이후 1960년부터 실시된 민법제정시에도 국회에서 오늘날과 같은
시비가 1954. 10. 26부터 논란되었다. 즉 1956. 9. 5. 국회법제사법위원회 민법안
심의 소위원회는 "동성불혼의 관습법은 폐하고 친족 또는 친족이었던 자간의 혼
인만을 금지할 것. 단 배우자이었던자는 그러하지 아니하다"는 안을 성안하여
1957. 9. 11. 법제사법위원회에서 통과시켜 국회 본회의에 회부하였으나, 유림의
격렬한 반대와 이승만 대통령의 반대내용의 유시(諭示)가 있은 이후, 1957. 12.
5.에 국회 본회의에서 이 사건 법률조항이 성안통과되었다. 이후 1975. 4. 9. 범
여성가족법개정촉진회의가 민법개정안을 국회에 제출하면서 동성혼 등의 금혼범
위를 축소하자는 등의 내용으로 주장하고 나섰으나 이 개정안은 "우리나라의 전

래의 윤리관과 가족관념에 비추어 볼 때 현시점에서는 채택할 수 없다"는 이유로 폐기되었으며, 그 대신 동성동본혼인자들을 구제하기 위하여 1977. 12. 31. 한시법으로서 「혼인에 관한 특례법」이 법률 제3052호 등으로 3차에 걸쳐 제정되어 왔다. 그 이후에도 가족법개정운동이 계속되어 왔고 1988. 11. 7에는 위 개정안을 토대로 이를 보완하여 다시 개정안이 제출되었으나 국회 법제사법위원회는 우리 사회의 인습(因習)과 사회발전에 미치는 영향을 고려하여 앞으로 더욱 연구검토하기로 하고 동성동본혼제를 존치하기로 하는 대안(代案)을 성안하였고, 이를 1989. 12. 19. 국회 본회의에 회부하면서 "명분을 유지했다고 하는 점에서 유림측이, 또 실리를 얻었다는 점에서 여성단체측이, 모두가 이 대안에 대해서 아무런 이의를 달지 않고 만족해…"라는 제안설명을 하였으며, 이 대안이 만장일치로 통과되었다. 특히 1989. 12. 19. 국회 본의회에서 이 사건 법률조항을 존치하기로 결의함에 있어서 유림측과 여성단체측이 명분과 실리를 서로 취하여 모두 만족하였다는 사실은, 오히려 이 제도가 아직도 존치되어야 한다는 것이 국민총의임을 증명하여 주는 자료가 된다고 할 것이다.}

(2) 또한 다수의견은 동성동본간의 혼인신고를 한시적으로 받아 주는 「혼인에 관한 특례법」이 3회에 걸쳐 제정·시행된 사실을 보더라도 이 사건 법률조항은 이미 그 합리적 근거를 상실한 것으로 보아야 한다고 하나, 위 특례법이 3회에 걸쳐 제정·시행된 것은 이 사건 법률조항의 합리성에 대한 반성 때문이라고는 볼 수 없다. 즉 위 특례법들의 제정이유는 이 사건 법률조항에 반하는 혼인관계가 법률적으로 보호받지 못하는 것이기는 하나 그들이 자녀가 겪는 취학과 사회생활 등 면에서의 심각한 번뇌와 수모를 구제하고 아울러 사실상 혼인한 당사자들에게 온정의 손길을 건네겠다는 데에 있지, 동성동본인 혈족간의 금혼의 벽을 무너뜨리자는 데에 있는 것은 아니기 때문이다.

라. 동성동본금혼제도와 법적 규제의 정당성

(1) 앞서 본 바와 같이 동성동본금혼제도는 우리 민족이 오랜 관습으로 지켜내려와 혼인에 대한 전통문화의 하나로 뿌리를 내리고 있고 그에 상응한 행동결정의 정당성이 의식되고 있는 것은 부인할 수 없는 사실이며, 가족법의 특성상 가족법은 이러한 관습을 반영할 수밖에 없는 것인바, 가족관계에 관한 관습 중 어느 범위에서 이를 입법화하여 강제할 것인가는 입법정책의 영역에 속하는 것으로 입법자의 판단이 명백히 비합리적이라고 판단되지 않는 이상 이를 위헌이라고 할 수

는 없는 것이다.

(2) 특정의 인간행위에 대하여 이를 국가가 법규정을 통하여 규제할 것인지, 아니면 단순히 관습이나 도덕에 맡길 것인지의 문제는 인간과 인간, 인간과 사회의 상호 관계를 함수로 하여 시대와 장소에 따라 그 결과를 달리할 수밖에 없는 것이고, 결국은 그 사회의 시대적 상황·사회구성원들의 의식 등에 의하여 결정될 수밖에 없는바(헌법재판소 1990. 9. 10. 선고 89 헌마 82결정 참조), 관습이나 도덕에 맡겨야 할 사항에 대하여 국가가 법을 통하여 강제하는 것은 헌법에 위반된다고 할 것이나 동성동본금혼제도를 법으로 강제하는 것은 이에 해당한다고 말할 수는 없다.

왜냐하면, 혼인관계의 강한 사회성으로 인하여 혼인에 관한 각종 규범들 가운데 중요한 원칙들이 공적 제도 및 법에 의하여 뒷받침됨으로써 혼인에 의한 가족관계가 안정될 수 있는 것이므로 관습으로 이어온 금지혼의 범위를 법으로 명확히 하여 혼인관계의 유무효를 명백히 함이 사회질서의 유지를 위하여도 필요하기 때문에 그 정당성이 인정된다고 할 것이다.

마. 이 사건 법률조항과 과잉금지의 원칙·행복추구권 및 평등권

(1) 이 사건 법률조항으로 인하여 국민의 행복추구권, 즉 혼인의 자유와 상대방을 자유롭게 선택할 수 있는 자유 등이 제한되는 것이라 하더라도 위와 같은 기본권도 국가적·사회적·공공복리 등이 존중에 의한 내재적 한계가 있는 것이므로 절대적으로 보장되는 것은 아닐 뿐만 아니라 헌법 제37조 제2항이 명시하고 있듯이 질서유지, 공공복리 등 공동체 목적을 위하여 그 제한이 불가피한 경우에는 그 본질적 내용을 침해하지 않는 한도에서 법률로써 제한할 수 있다고 할 것이다.

(2) 그러므로 살피면, 혼인관계의 사회성으로 인하여 혼인관계의 질서는 사회질서와 매우 중요한 관련을 가지고 있고 혼인관계의 혼란은 곧 사회 내지 국가적인 혼란으로 이어지기 때문에 전통적인 혼인관습을 법제화·강제화함으로써 사회질서를 유지하고자 하는 것이 이 사건 법률조항의 입법목적이므로 이 사건 법률조항의 입법목적은 정당하다고 할 것이고 그 법제화의 취지 및 그 효력이 이 사건 법률조항에 위반할 때에 혼인취소를 청구할 수 있음에 그치고(민법 제816조 제1호, 나아가 민법 제820조는 혼인중 자를 출생한 때에는 취소도 청구할 수 없도록 규정하고 있다) 형법권의 발동이나 그 혼인이 당연무효에까지 이르지 않는 점 등에 비추어 보면 입법의 수단이나 방법의 적절성 그리고 법익침해의 균형성에도 문

제가 되지 아니한다고 보여진다.

(3) 이 사건 법률조항이 위헌이라고 주장하는 주된 논거는 이 사건 법률조항에 의한 금혼의 범위가 지나치게 넓어 행복추구권, 즉 혼인의 상대방을 결정할 자기결정권을 지나치게 침해하는 것이라는 데에 있다. 그러나 동성동본인 혈족간의 혼인을 금지한다고 하더라도 우리나라의 인구와 성씨의 분포 및 그 구성원의 수에 비추어 볼 때 혼인 상대방을 자유롭게 선택할 기본권을 본질적으로 침해하는 정도에까지 이른다고 할 수는 없다. 동성동본인 혈족을 사랑하여 혼인을 원하는 자의 입장에서 볼 때에는 그의 배우자 선택권의 본질이 침해된다고 할지 모르나 그와 같은 논리라면 근친간에도 같은 문제가 생길 수 있다. 따라서, 이 사건 법률조항의 입법목적의 정당성을 긍정하는 한 이 사건 법률조항에 배우자 선택권을 지나치게 제한하여 그 본질을 침해한다고 할 수는 없다.

(4) 또한 행복추구권은 전통문화의 계승이라는 한계 내에서만 보장되고 있음이 헌법 규정상 분명하다.

헌법은 국민의 기본권을 규정하기에 앞서 헌법 제9조를 두어 전통문화의 계승에 관한 국가의무를 규정하고 있다. 즉 헌법 제9조는 "국가는 전통문화의 계승…에 노력하여야 한다"라고 규정하여 국민의 모든 기본권은 위 제9조 소정의 국가의무와의 상관관계하에서 보장됨을 분명히 하였다. 따라서 비록 이 사건 법률조항이 행복추구권을 재한하였다고 하더라도 행복추구권 규정의 바로 앞에 규정하고 있는 위 제9조의 이상을 이루기 위한 국가의 노력을 배제할만한 정도로 행복추구권을 제한한 것인지에 대하여는 좀 더 살펴볼 필요가 있다고 할 것이다.

살피면, 행복추구권이란 소극적으로는 고통과 불쾌감이 없는 상태를 추구할 권리, 적극적으로는 만족감을 느끼는 상태를 추구할 수 있는 권리라고 일반적으로 해석되고 있으나, 행복이라는 개념 자체가 역사적 조건이나 때와 장소에 따라 그 개념이 달라질 수 있으며, 행복을 느끼는 정신적 상태는 생활환경이나 생활조건, 인생관, 가치관에 따라 각기 다른 것이므로 일률적으로 정의하기가 어려운 개념일 수밖에 없고, 이와 같이 불확실한 개념을 헌법상의 기본권으로 규정한 데 대한 비판적 논의도 없지 아니하며 우리 헌법은 인간의 기본권리로서 인간의 존엄과 가치의 존중, 사생활의 비밀의 자유, 환경권 등 구체적 기본권을 따로 규정해 놓고 있으면서 또 다시 그 개념이나 법적 성격, 내용 등에 있어서 불명확한 행복추구권을 규정한 것은 추상적 권리를 중복하여 규정한 것이고 법해석의 혼란만 초래할 우려가 있다는 비난도 나오고 있다. 어떻든 이 행복추구권의 법적 성격에 관하여 자연권적 권리이고 인간으로서의 존엄과 가치의 존중 규정과 밀접 불가분의 관계가 있고, 헌법에 규정하고 있는 모든 개별적, 구체적 기본권은 물론 그 이외에 헌법에 열거되지 아니하는 모든 자유와 권리까지도 그 내용으로 하는 포괄적 기본권으로 해석되고 있다. 그러나 이와 같은 성격을 지닌 행복추구권이라 할지라도 반사회적 내지 반자연적 행위를 금지하는 규범이나 전통문화로 인식되어 온 국민의 법감정에 반하여 이를 남용할 수 없음은 물론 타인의 행복추구권을 침해하거나 방해할 수 없음은 너무나 당연하다고 할 것이며 적어도 국민의 의사에 정면으로 반하지 아니하는 한 전통·관습에 관한 행복추구권을 추구할 수는 없다고 할 것이다.

따라서 이 사건 법률조항은 앞서 본 바와 같은 전통문화라는 역사적 사실과 전통문화의 계승이라는 헌법적 이상에 부응하며 아직도 우리 사회의 유지수단의 정신적 지주역할을 하고 있을 뿐, 다수의견이 주장하고 있는 바와 같이 사회유지수단으로서의 기능을 상실하였다고는 보기 어렵다.

(5) 다수의견은 이 사건 법률조항이 남계혈족만을 기준으로 동성동본인 혈족간의 혼인을 금하고 있으므로 여성의 평등권을 침해한다고 주장한다. 그러나 우리 민법은 가족법상 전통관습의 법제화라는 입장에서 이 사건 법률조항을 둔 것이므로 이를 합리성이 없는 자의적 남녀차별이라고 할 수는 없다. 또한 우리의 친족체계는 남계혈족을 중심으로 이루어져 온 것이고(친족체계가 모계중심으로부터 부계중심으로 전환되어 형성되어 온 것은 인류공통의 역사이다) 그러한 친족체계가 사회적, 경제적 그 밖의 요인의 변화에 의하여 남녀평등적 또는 여계혈족 중심으로 점차 변하여 갈 수 있겠지만 오랜 역사에 걸쳐 형성되어 온 현재의 가족관계를 단순한 논리만으로서 평가하여 하루 아침에 변혁시킬 수는 없다고 할 것이다.

(6) 그렇다면, 이 사건 법률조항은 과잉금지의 원칙이나 자의적 차별금지의 원칙에 반하여 국민의 기본권을 제한한다거나 혼인과 가족생활에 관한 헌법 제36조 그 밖의 헌법원리에 반한다고 할 수 없다.

12. 혼인을 계속하기 어려운 중대한 사유

민법 제840조에서 열거한 이혼사유 가운데 마지막 6호인 '기타 혼인을 계속하기 어려운 중대한 사유'라는 표현은 해석과 적용에 많은 여지를 둔 표현 같습니다. 구체적으로 어떤 때에 기타 혼인을 계속하기 어려운 중대한 사유가 되는지 설명해 주십시오.

(1) '혼인을 계속하기 어려운 중대한 사유'란 부부에 따라서 다를 것이다. 즉 같은 사유의 것이더라도 어떤 부부에게는 혼인을 계속하기 어려운 중대한 사유가 될 수 있는가 하면 다른 부부에게는 그렇게 중대한 사유가 되지 않을 수도 있기 때문이다. 요컨대 '중대한 사유'인지 아닌지의 여부는 각개 부부의 입장에서 살펴보아 그들의 혼인관계가 심각하게 파탄되어 다시는 부부생활을 회복할 수 없을 정도에 이르렀는지 어떤지를 따진 다음에 그들로 하여금 부부생활을 계속하도록 하는 것이 참을 수 없는 고통일 경우에는 '혼인을 계속하기 어려운 중대한 사유'에 해당한다고 하여야 할 것이다.

(2) 부부관계의 파탄에 대하여 주로 책임이 있는 배우자가 도리어 이혼을 청구하는 경우에는 그 이혼은 허락되지 않는다. 만약 그러한 이혼 청구를 받아준다면 사실상 '축출이혼'까지도 합법화시켜 주는 결과가 되고 말기 때문이다.

(3) 법원의 판례가 '혼인을 계속하기 어려운 중대한 사유'라고 하여 이혼을 허락한 사례들을 살펴보면 다음과 같다.

① 경제적 파탄의 원인 : 남편의 방탕, 가계를 돌보지 않고 계를 하는 등 아내의 문란한 행위, 허영에 의한 지나친 낭비, 불성실 또는 지나친 사치, 가정주부의 거액의 도박.

② 정신적 파탄의 원인 : 불치의 정신병, 부부간의 애정상실, 성격불일치, 극심한 의처증, 수년간 계속된 별거, 심한 주벽 또는 알코올중독, 마약중독, 범죄행위 및 실형선고, 신앙의 차이로 인한 극심한 반목, 광신, 어린 아이에 대한 정신적·육체적 모욕 또는 가해.

③ 육체적 파탄의 원인 : 이유 없는 성교거부, 성적 불능, 변태성욕, 동성연애, 성병감염, 부당한 피임, 가사를 돌보지 않는 춤바람.

(4) 다음에 열거하는 사례들은 '혼인을 계속하기 어려운 중대한 사유'라고 보기 어렵기 때문에 이혼이 허용되지 않았던 사례들이다.

① 부부간 또는 시부모와의 사이에 단순한 감정의 갈등·균열 내지는 대립이 생겼다는 사실만으로는 이혼을 허락할 수 없다(대법원 1965. 9. 25, 65 므 16 판결).

② 부부간에 평소 사소한 일로 자주 부부싸움을 하고, 이전에도 이혼조정신청을 한 번 제기하였다가 서로 화해한 뒤 취하했다는 사실 등 사소한 불화만으로 이혼할 만큼 중대한 사유라고 볼 수 없다(대법원 1966. 10. 21, 66 므 24 판결).

③ 혼인은 부부공동생활을 목적으로 하는 1남 1녀의 도덕상·풍속상의 정당한 결합을 말하는 것이고, 자손번식은 그 결과에 불과한 것이므로 여자가 임신불능이라고 하여 이혼할 수는 없다(대법원 1960. 8. 18, 4292 면상 995 판결).

④ 부부가 이혼하기로 합의하고 일방 배우자가 위자료조의 금전을 수령하였는 데도 순순히 협의이혼에 응하지 않으므로 상대방이 이혼소송을 제기한 경우에, 그와 같은 사실만으로는 재판상 이혼의 사유가 될 수 없다(1980. 6. 24, 80 므 4 판결; 1975. 4. 8, 74 므 28 판결; 1967. 2. 7, 66 므 34 판결; 1962. 12. 27, 62 다 531 판결).

⑤ 신앙생활과 가정생활이 양립할 수 없는 상황이 아님에도 불구하고 남편이 부당하게 아내에게 양자택일을 강요하였기 때문에 부득이 신앙생활을 택하였다면 이들 부부의 혼인이 파탄나게 된 주된 책임은 양자택일을 강요한 그 남편에게 있다고 할 것이므로 남편의 이혼청구는 허용할 수 없다(대법원 1981. 7. 14, 81 므 26 판결).

⑥ 종교가 다르다는 것 자체만으로는 이혼할 수 없다. 헌법상 종교의 자유가 있기 때문에 부부간에도 자기의 종교를 상대방에게 권유는 할 수 있으되 강요할 수는 없는 것이다. 다만 상대방이 특정 종교로 인하여 가사를 돌보지 않고 가산을 탕진하고 돌아다닌다면 그것은 이혼사유에 해당될 수 있다.

⑦ 부부간의 불화의 근원이 시부모·시동생 등 대가족과 함께 생활함으로써 그에 수반하여 생긴 것이고, 그들 사이에 자녀가 셋이나 되는 부부

의 경우라면 서로 상대방의 입장을 끈기 있게 이해하고자 노력하고 좀 더 인내와 애정으로써 서로를 대하려고만 한다면 불화도 해소되고 건전한 부부생활을 회복할 가망성이 역력하므로 그 남편이 제기한 이혼심판청구는 허용할 수 없다(대법원 1978. 12. 26, 78 므 27 판결).

⑧ 혼수가 빈약하거나 지참금이 없다는 이유로는 이혼할 수 없다. 혼담이 오고갈 때 장차 결혼하면 아파트를 사 주겠다느니 개업을 시켜 주겠다느니 하는 언질이 있었으나 그 후 약속을 이행하지 않는다고 하여 이혼을 요구할 수 없다.

⑨ 과거의 연인을 못 잊어 하며, 첫사랑의 사진과 연애편지들을 보관하고 있다고 해서 이혼할 수는 없다.

⑩ 남편이 실직을 하였다거나 무능하여 돈벌이가 시원치 않다는 이유만으로는 이혼할 수 없다.

⑪ 상대방이 위생관념이 희박하고 불결하며 입에서 악취가 난다는 이유만으로는 이혼할 수 없다.

⑫ 질투심이나 시기심이 강하다고 하여, 그것 때문에 가정이 파탄될 수밖에 없는 사건이 발생하지 않는 한 이혼할 수는 없다.

⑬ 아내가 불가피한 상황하에서 강간을 당한 경우에 그 강간을 이유로 이혼을 요구할 수 없다. 강간을 당할 때에 여자가 흥분하여도 마찬가지이다.

⑭ 고부간의 단순한 불화 또는 시누이의 올케에 대한 부당한 대우 등은 이혼사유가 되지 않는다.

⑮ 아내의 불임원인(난관폐색증)으로 별거에 합의하고 남편이 다른 여자와 동거함으로써 부부간의 불화가 생긴 경우에 축첩(蓄妾)을 한 남편은 애정의 냉각을 이유로 재판상 이혼을 청구할 수 없다(대판 1965. 9. 21, 65 므 37).

⑯ 남편이 아내를 떠남으로써 부부 사이에 이미 20년간의 별거상태가 계속되고 그동안 아내가 다른 남자와 사실상 혼인했다가 사별하고 남편은 다른 여자와 사실혼관계를 계속하고 있더라도 남편이 혼인생활 파탄의 원인을 전적으로 제공하였으므로 유책자의 이혼청구는 허용될 수 없다(대판 1974. 6. 11, 73 므 29).

⑰ 민법 제840조는 1호 내지 5호의 유책주의적 이혼원인 이외의 파탄주
의에 따른 이혼원인으로 기타 혼인을 계속하기 어려운 중대한 사유
를 규정하고 있는 터이고, 이 남녀가 다시 부부로 돌아가는 것이 불
가능하고 부부관계의 파탄에 남편과 아내 모두에게 책임이 있으므로
유책배우자의 이혼청구라도 인용해야 한다(남편이 결혼식 직후 일본에
강제징용되자 그 후 각각 다른 자와 사실혼관계를 맺어 자녀를 출생한 경우)
(대판 1986. 3. 25, 85 므 85).

⑱ 판례의 입장은 상대방 배우자에게도 혼인을 계속할 의사가 없음이 분
명한 경우에까지 파탄된 혼인의 계속을 강제하려는 취지는 아니다.
유책자의 이혼청구에 대하여 상대방이 이혼의 반소를 제기하거나, 오
기나 보복적 감정에 기인한 표면적 이혼불응과 달리 혼인계속과 양
립할 수 없는 행위를 하는 등 이혼의 의사가 객관적으로 명백한 경우
에는 유책배우자의 이혼청구라도 인정해야 한다(아내가 남편을 간통죄
로 고소하여 복역하고 의사자격을 박탈당하게 한 후 냉대한 경우)(대판 1987.
4. 14, 86 므 28)

⑲ 상대배우자의 허영, 냉대, 혼인생활거부 등의 귀책사유로 인하여 파
경에 이른 뒤 유책배우자가 다른 여자와 부정한 관계를 맺는 등 쌍방
의 책임으로 파경이 심화되어 부부관계를 정상으로 되돌릴 수 없을
만큼 중대한 상태가 야기되었을 뿐만 아니라 상대배우자가 내심으로
유책배우자와의 혼인을 계속할 의사가 없으면서도 표면상으로만 이
혼에 불응하고 있다면 비록 유책배우자에게 다른 여자와 부정한 관
계를 맺은 잘못이 있다 하더라도 이미 파탄된 혼인의 해소를 바라는
유책배우자의 이혼청구를 인용함이 상당하다고 한다(대판 1987. 9. 22,
86 므 87).

⑳ 민법 제840조 제6호 소정의 이혼사유인 "혼인을 계속하기 어려운 중
대한 사유가 있을 때"라 함은 혼인의 본질에 상응하는 부부공동 생활
관계가 회복할 수 없을 정도로 파탄되고, 그 혼인생활의 계속을 강제
하는 것이 일방 배우자에게 참을 수 없는 고통이 되는 경우를 말하
며, 이를 판단함에 있어서는 혼인계속의사의 유무, 파탄의 원인에 관
한 당사자의 책임유무, 혼인생활의 기간, 자녀의 유무, 당사자의 연

령, 이혼 후의 생활보장 기타 혼인관계의 제반 사정을 두루 고려하여
야 한다. 부부의 혼인관계가 돌이킬 수 없을 정도로 파탄된 경우, 그
파탄의 원인이 이혼청구인에게 전적으로 또는 주된 책임을 물어야
할 사유로 조성되었거나 청구인의 책임이 피청구인의 책임보다 더
무겁다고 인정되지 않는 한 청구인의 이혼청구는 인용(認容)되어야
한다(대판 1991. 7. 9, 90 므 1067).

㉑ ① 혼인생활의 파탄에 대하여 주된 책임이 있는 배우자는 그 파탄을
사유로 하여 이혼을 청구할 수 없는 것이 원칙이고, 다만 상대방도
그 파탄 이후 혼인을 계속할 의사가 없음이 객관적으로 명백하고 다
만 오기나 보복적 감정에서 이혼에 응하지 않고 있을 뿐이라는 등 특
별한 사정이 있는 경우에만 예외적으로 유책배우자가 이혼청구권이
인정된다. ⅱ 간통죄의 고소를 제기하기 위하여는 먼저 혼인이 해소
되거나 이혼소송을 제기하여야 한다는 규정이 있다 하여 그 고소사
건의 제 1 심판결 선고 전까지 간통죄의 고소가 취소되지 않아 그 유
죄판결이 선고된 경우 고소한 배우자의 의사에 관계없이 간통하여
혼인생활을 파탄에 빠지게 한 유책배우자의 이혼청구가 곧 인용되어
야 한다는 해석을 할 수는 없다(대판 1993. 11. 26, 91 므 177).

㉒ 혼인관계가 파탄에 이르렀음이 인정되는 경우에는 원고의 책임이 피
고의 책임보다 더 무겁다고 인정되지 아니하는 한 원고의 이혼청구
는 인용되어야 하는 것이므로 원심이 원고와 피고의 각 책임의 유무
및 경중을 가려보지도 아니한 채 피고에게 책임 있는 사유로 인하여
혼인관계가 돌이킬 수 없는 파탄에 이르렀다고 보기 어렵다고 한 것
은 민법 제840조 제6호의 적용에 관한 법리를 오해하였거나 이유를
제대로 명시하지 아니한 위법이 있다(대판 1994. 5. 27, 94 므 130).

13. 이혼조정신청 절차

저는 2006년 2 월 22일 지금의 남편과 혼인하여 10개월 된 딸아이를 가진 기혼여
성입니다. 그런데 약 1년 전부터 제가 결혼하기 전에 다방에 다녔었다는 사실이 알려
지자 시집식구들의 학대가 심해졌고 최근에는 남편마저 이혼을 요구해 와 도저히 정

상적인 결혼생활을 유지할 수가 없다고 판단되어 이혼을 결심하게 되었습니다.

그런데 남편은 위자료로 200만원밖에는 줄 수 없다고 하면서 아이도 자기가 키우겠다고 합니다. 그러나 200만원으로는 나와서 당장 기거할 방 한 칸도 얻기가 힘들어 위자료를 좀더 받고 아이도 제가 키우고 싶습니다. 그러나 저로서는 소송은 원하지 않는데 소송 이외의 다른 구제방법은 없는지요?

협의 이혼에 필요한 것은

배우자가 서로 합의하여 이혼하는 것을 협의 이혼이라고 한다. 별것 아닌 이유로 이혼 합의에 이르렀다 하더라도 이러한 합의는 개인의 자유 영역에 해당하기 때문에 유효하다.

이혼 의사는 부부로서의 정신적·육체적 결합을 영구적으로 해소할 의사를 말한다. 따라서, 실제로는 이혼 의사가 없으면서 어떤 필요에 의해 부부가 형식적으로만 협의 이혼을 하는 것(예를 들면, 사업이 잘 되지 않아 늘어난 남편의 빚 때문에 하는 이혼)은 무효이다.

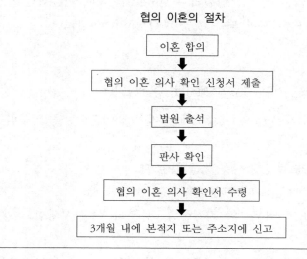

협의 이혼의 절차

이혼 합의

↓

협의 이혼 의사 확인 신청서 제출

↓

법원 출석

↓

판사 확인

↓

협의 이혼 의사 확인서 수령

↓

3개월 내에 본적지 또는 주소지에 신고

귀하와 귀하의 남편은 이혼을 하는 것에는 합의를 보았으나 아직 위자료 문제와 자녀의 양육문제에 대해서는 합의를 보지 못한 것으로 보인다. 이런 경우라면 가정법원에 가서 조정위원회에 이혼 및 위자료 등에 관한 조정신청을 하는 것이다.

이혼의 조정에는 원칙적으로 부부가 직접 출석하여야 한다. 조정위원회는 당사자나 관계자로부터 결혼의 경위, 부부생활의 내용 그리고 이혼을 결심하게 된 원인, 동기, 앞으로의 전망, 더욱이 자녀의 문제와 손해배상을 어떻게할 것인가 등을 조사하고, 당사자의 주장이나 의견을 충분히 들은 후 합의에 도달할 수 있도록 노력을 하게 된다. 조정위원회의 이러한 노력에 의하여 부부가 이혼 등에 관하여 합의하고, 그 합의가 상당하다고 판단되면 이 합의를 조서에 기재하게 되며, 조서에 기재하게 되면 조정이 성립하는데 이것은 재판상 화해와 동일한 효력을 갖는다(가사소송법 제59조).

14. 재판상 이혼의 절차

재판상 이혼은 어떻게 하는가요?

법에 정해 놓은 이혼원인이 생겼음에도 불구하고 부부 중 일방이 이혼에 순순히 합의하지 않는 경우에 법원의 조정(調停)을 거쳐 이혼심판을 청구하여 그 재판의 선고로써 이혼이 되는 것을 재판상 이혼이라고 한다.

(1) 이혼소송은 어떤 경우에 제기할 수 있는가?

다음 각 호의 사유가 있는 경우에는 법원에 이혼심판을 청구할 수 있다(민법 제840조).
① 배우자에게 부정한 행위가 있었을 때.
② 배우자가 악의로 다른 일방을 유기(遺棄)한 때.
③ 배우자 또는 배우자의 직계존속으로부터 심히 부당한 대우를 받았을 때.
④ 배우자로부터 자기의 직계존속이 심히 부당한 대우를 받았을 때.
⑤ 배우자의 생사가 3년 이상 분명하지 아니한 때.
⑥ 기타 혼인을 계속하기 어려운 중대한 사유가 있을 때.

이혼 사건 원인별 건수 및 비율(2005년)

구 분	건 수	비 율(%)
부정 행위	11,469	47.9
악의의 유기	2,051	8.6
본인에 대한 부당한 대우	6,360	26.5
직계 존속에 대한 부당한 대우	1,597	6.7
3년 이상 생사 불명	1,222	5.1
기 타	1,244	5.2
전 체	23,943	100

* 재판상 이혼 원인은 피고를 기준(원고가 주장하는 피고 행위)으로 하였으며, 경합된 경우는 주된 원인으로 파악하였음. (출처: 사법연감)

(2) 재판상 이혼은 어떤 절차를 거쳐야 하는가?

1) 조정(調停)에 의한 이혼의 절차

① 재판상 이혼을 하려는 사람은 먼저 가정법원에 조정을 신청하여야 한다. 조정은 가정법원 판사를 조정장으로 하여 조정위원 2인 이상으로 조직된 조정위원회에서 이혼당사자 및 이해관계인을 출석시킨 가운데 비공개로 진행된다(가사소송법 제50조 1항, 가사소송법 제2조).

② 조정에 의하여 당사자간에 이혼이 합의되면 그것으로서 이혼은 성립되고 부부관계는 해소된다. 물론 조정 성립의 날로부터 1개월 이내에 이혼신고를 하여야 한다(가족관계의 등록 등에 관한 법률 제78조).

2) 심판에 의한 이혼의 절차

① 위 이혼조정이 성립되지 않은 경우에는 이혼하고자 하는 당사자가 조서등본이 송달된 날로부터 2주일 이내 또는 조서송달 전에 서면으로 가정법원에 이혼소송을 청구하여야 한다(민사조정법 제36조).

② 이혼소송은 재판기일에 양 당사자를 법정에 출석시켜 당사자를 심문하거나 사실심리를 행하되 모두 비공개로 진행되며, 조정위원회의 의견을 듣고, 사실의 인정과 법의 해석·적용에서 당사자 쌍방을 위하여 사회정의와 형평의 이념을 고려하고 그 밖의 모든 사정을 참작하여야 한다.

또한 가정법원은 사안의 합리적 해결을 위하여 필요하다고 인정할 때에는 언제든지 당사자에게 화해를 권고할 수도 있다.

소   장

원고 ○ ○ ○   ○○년 ○월 ○일생

　본적

　주소

피고 ○ ○ ○   ○○년 ○월 ○일생

　본적

　주소

이혼 및 위자료 청구의 소

청 구 취 지

1. 원고와 피고는 이혼한다.
2. 원고를 원고와 피고 사이에 출생한 자 ○○○(20○○년 ○월 ○일생, 남)의 양육자로 지정한다.
3. 피고는 원고에게 소장송달 익일부터 위 ○○○이 성년에 달할 때까지 월 금○○○원씩 매월 1일에 지급하라.
4. 피고는 원고에게 금○○○원을 지급하라.
5. 소송비용은 피고의 부담으로 한다.

라는 판결을 구함.

청 구 원 인

1. 원고와 피고는 20○○년 ○월 ○일에 혼인신고를 한 부부로서 슬하에 ○○○(○○○, 20○○년 ○월 ○일생, 남)을 두고 있습니다.

2. 원고와 피고는 결혼 후 아들을 낳고 단란하고도 원만한 결혼생활을 하여 왔습니다. 그런데 피고는 20○○년 ○월경부터 모 술집 호스테스인 소외 ○○○와 가까워져 외박을 하기 시작하더니 그해 ○월경에 위 ○○○와 ○○동 소재 ○○아파트에서 동거하면서 집에 들어오지 않고 있습니다. 원고는 피고에게 수차례 ○○○와의 관계를 청산하고 귀가할 것을 권유하였지만 듣지 않고 있어 피고와의 이혼을 결심하기에 이르렀습니다.

3. 피고의 소위는 민법 제840조 제1호 소정의 배우자에게 부정한 행위가 있었을 때에 해당하므로 이를 이유로 이혼을 청구합니다.

4. 피고의 위와 같은 행동에 비추어 피고의 자 ○○○을 양육하기에 부정당하고 ○○○○는 아직 어려서 어머니인 원고의 따뜻한 보살핌이 필요하다고 하겠습니다. 따라서 원고를 ○○○의 양육자로 지정받고자 하며, 원고는 아무런 직업, 재산이 없고 피고는 경제적 능력이 있으므로 피고는 원고에게 ○○○의 양육비로 매월 금○○○만원씩을 지급해야 할 것입니다.

5. 피고는 현재 ○○주식회사 사원으로 월 ○○○만원의 월급을 받으며 시가 ○○○○만원 상당의 집을 소유하고 있으므로 원고에게 위자료로 금 ○○○원을 지급하여야 할 것입니다.

6. 이에 청구취지와 같은 판결을 받고자 이 사건 소 청구에 이르렀습니다. 증거서류 갑 제1호증 호적등본, 갑 제2호증 주민등록표등본, 각 제3호증 등기부등본 기타 심리에 따라 수시로 제출하겠습니다.

첨부서류

1. 위 갑 호증 각 1통
2. 납부서 1통

○○년 ○월 ○일
청구인 ○○○(인)

○○가정법원 귀중

이혼(친권자 지정)신고서 (년 월 일)	※ 신고서 작성 시 뒷면의 작성 방법을 참고하고, 선택항목 에는 '영표(○)'로 표시하기 바랍니다.

구 분			남 편(부)		아 내(처)		
① 이^혼신당고사인자~	성 명	한글	* (성) / (명)	㉑ 또는 서명	* (성) / (명)	㉑ 또는 서명	
		한자	(성) / (명)		(성) / (명)		
	본(한자)			전화	본(한자)		전화
	*주민등록번호		－		－		
	출생연월일						
	*등록기준지						
	*주 소						
② ^부양부모모~	부(양부)성명						
	주민등록번호		－		－		
	모(양모)성명						
	주민등록번호		－		－		
③ 기 타 사 항							
④ 재판확정일자 ( )			년 월 일 법원명				법원

아래 친권자란은 협의이혼 시에는 법원의 협의이혼의사확인 후에 기재합니다.

⑤ 친권자지정	미성년인 자의 성명						
	주민등록번호		－		－		
	친권자	①부②모 ③부모	효력발생일	년 월 일	①부②모 ③부모	효력발생일	년 월 일
			원인	① 협의 ② 재판		원인	① 협의 ② 재판
	미성년인 자의 성명						
	주민등록번호		－		－		
	친권자	①부②모 ③부모	효력발생일	년 월 일	①부②모 ③부모	효력발생일	년 월 일
			원인	① 협의 ② 재판		원인	① 협의 ② 재판
⑥ 신고인 출석여부			① 남편(부) ② 아내(처)				
⑦ 제출인	성 명			주민등록번호	－		

※ 타인의 서명 또는 인장을 도용하여 허위의 신고서를 제출하거나, 허위신고를 하여 가족관계등
   록부에 실제와 다른 사실을 기록하게 하는 경우에는 **형법에 의하여 처벌**받을 수 있습니다.
   눈표(*)로 표시한 자료는 국가통계작성을 위해 통계청에서도 수집하고 있는 자료입니다.

※ 아래 사항은 「통계법」 제24조의2에 의하여 통계청에서 실시하는 인구동향조사입니다. 「통계법」 제32조 및 제33조에 의하여 성실응답의무가 있으며 개인의 비밀사항이 철저히 보호되므로 사실대로 기입하여 주시기 바랍니다.
※ 첨부서류 및 이혼당사자의 국적은 국가통계작성을 위해 통계청에서도 수집하고 있는 자료입니다.

인구동향조사

㉮ 실제 결혼 생활 시작일	년 월 일부터	㉰ 19세 미만 자녀 수	명
㉯ 실제 이혼 연월일	년 월 일부터		

㉱ 최종 졸업학교	남편 (부)	① 학력 없음 ② 초등학교 ③ 중학교 ④ 고등학교 ⑤ 대학(교) ⑥ 대학원 이상	아내 (처)	① 학력 없음 ② 초등학교 ③ 중학교 ④ 고등학교 ⑤ 대학(교) ⑥ 대학원 이상
㉲ 직업	남편 (부)	① 관리직 ② 전문직 ③ 사무직 ④ 서비스직 ⑤ 판매직 ⑥ 농림어업 ⑦ 기능직 ⑧ 장치·기계 조작 및 조립 ⑨ 단순노무직 ⑩ 군인 ⑪ 학생·가사·무직	아내 (처)	① 관리직 ② 전문직 ③ 사무직 ④ 서비스직 ⑤ 판매직 ⑥ 농림어업 ⑦ 기능직 ⑧ 장치·기계 조작 및 조립 ⑨ 단순노무직 ⑩ 군인 ⑪ 학생·가사·무직

작 성 방 법

※ 등록기준지 : 각 란의 해당자가 외국인인 경우에는 그 국적을 기재합니다.
※ 주민등록번호 : 각 란의 해당자가 외국인인 경우에는 외국인등록번호(국내거소신고번호 또는 출생연월일)를 기재합니다.
①란 : 협의이혼신고의 경우 반드시 당사자 쌍방이 서명(또는 기명날인) 하여야 하나, 재판상 이혼신고의 경우에는 일방이 서명(또는 기명날인)하여 신고할 수 있습니다.
②란 : 이혼당사자의 부모가 주민등록번호가 없는 경우에는 등록기준지(본적)를 기재합니다. 이혼당사자가 양자인 경우 양부모의 인적사항을 기재하며, 이혼당사자의 부모가 외국인인 경우에는 주민등록번호란에 외국인등록번호(또는 출생연월일) 및 국적을 기재합니다.
③란 : 아래의 사항 및 가족관계등록부에 기록을 분명하게 하는 데 특히 필요한 사항을 기재합니다.
－ 신고사건으로 인하여 신분의 변경이 있게 되는 사람이 있을 경우에 그 사람의 성명, 출생연월일, 등록기준지 및 신분변경의 사유
－ 피성년후견인(2018. 6. 30.까지는 금치산자 포함)이 협의상 이혼을 하는 경우에는 동의자의 성명, 서명(또는 날인) 및 출생연월일
④란 : 이혼판결(화해, 조정)의 경우에만 기재하고, 협의이혼의 경우에는 기재하지 않습니다.
 : 조정성립, 조정에 갈음하는 결정, 화해성립이나 화해권고결정에 따른 이혼신고의 경우에는 "재판확정일자"아래 의 ( )안에 "조정성립", "조정에 갈음하는 결정확정" 또는 "화해성립", "화해권고결정"이라고 기재하고, "연월 일"란에 그 성립(확정)일을 기재합니다.
⑤란 : 협의이혼의사확인 신청시에는 기재하지 아니하며, 법원의 이혼의사확인 후에 정하여진 친권자를 기재합니다.
 지정효력발생일은 협의이혼의 경우 이혼신고일, 재판상이혼의 경우에는 재판 확정일을 기재합니다.
 원인은 당사자의 협의에 의해 지정한 때에는 "①협의"에, 직권 또는 신청에 의해 법원이 결정한 때에는 "②재판"에 '영표(○)'로 표시하고, 그 내용을 증명하는 서면을 첨부하여야 합니다. 자녀가 5명 이상인 경우 별지 기재 후 간인하여 첨부합니다. 임신 중인 자의 경우에는 출생

신고 시 친권자 지정 신고를 합니다.

⑥란 : 출석한 신고인의 해당번호에 '영표(○)'로 표시합니다.

⑦란 : 제출인(신고인이 작성한 신고서를 신고인이 아닌 사람이 제출할 경우만 기재)의 성명 및 주민등록번호를 기재합니다.[접수담당공무원은 신분증과 대조]

※ 아래 사항은 「통계법」 제24조의2에 의하여 **통계청에서 실시하는 인구동향조사입니다.**

㉮란, ㉯란 : 가족관계등록부상 신고일이나 재판확정일과는 관계없이 실제로 결혼(동거)생활을 시작한 날과 사실상 이혼(별거)생활을 시작한 날을 기재합니다.

㉰란 : 교육부장관이 인정하는 모든 정규교육기관을 기준으로 기재하되 각급 학교의 재학 또는 중퇴자는 최종 졸업한 학교의 해당번호에 '영표(○)'로 표시 합니다. <예시> 대학교 3학년 재학(중퇴) → ④ 고등학교에 '영표(○)'로 표시

㉱란 : 이혼할 당시의 주된 직업을 기준으로 기재합니다.

① 관리자 : 정부, 기업, 단체 또는 그 내부 부서의 정책과 활동을 기획, 지휘 및 조정(공공 및 기업고위직 등)
② 전문가 및 관련종사자 : 전문지식을 활용한 기술적 업무(과학, 의료, 복지, 교육, 종교, 법률, 금융, 예술, 스포츠 등)
③ 사무종사자 : 관리자, 전문가 및 관련 종사자를 보조하여 업무 추진(행정, 경영, 보험, 감사, 상담·안내·통계 등)
④ 서비스종사자 : 공공안전, 신변보호, 돌봄, 의료보조, 미용, 혼례 및 장례, 운송, 여가, 조리와 관련된 업무
⑤ 판매종사자 : 영업활동을 통해 상품이나 서비스판매(인터넷, 상점, 공공장소 등), 상품의 광고·홍보, 계산·정산 등
⑥ 농림·어업 숙련 종사자 : 작물의 재배·수확, 동물의 번식·사육, 산림의 경작·개발, 수생 동·식물 번식 및 양식 등
⑦ 기능원 및 관련 기능 종사자 : 광업, 제조업, 건설업에서 손과 수공구를 사용하여 기계 설치 및 정비, 제품 가공
⑧ 장치·기계 조작 및 조립 종사자 : 기계를 조작하여 제품 생산조립, 산업용 기계·장비조작, 운송장비의 운전 등
⑨ 단순노무 종사자 : 주로 간단한 수공구의 사용과 단순하고 일상적이며 육체적 노력이 요구되는 업무
⑩ 군인 : 의무복무를 포함하여, 현재 군인신분을 유지하고 있는 경우(국방분야에 고용된 민간인과 예비군은 제외)
⑪ 학생·가사무직 : 교육기관에 재학하며 학습에만 전념하거나, 전업주부이거나, 특정한 직업이 없는 경우

첨 부 서 류

1. 협의이혼 : 협의이혼의사확인서 등본 1부
2. 재판이혼 : 판결등본 및 확정증명서 각 1부(조정·화해 성립의 경우는 조서등본 및 송달증명서).
3. 외국법원의 이혼판결에 의한 재판상 이혼
   − 이혼판결의 정본 또는 등본과 판결확정증명서 각 1부.
   − 패소한 피고가 우리나라 국민인 경우에 그 피고가 공시송달에 의하지 아니하고 소송의 개시에 필요한 소환 또는 명령의 송달을 받았거나 또는 이를 받지 아니하고도 응소한 사실을 증명하는 서면 1부(판결에 의하여 이점이 명백하지 아니한 경우에 한한다).
   − 위 각 서류의 번역문 1부.
※ 아래 4항은 가족관계등록관서에서 전산으로 그 내용을 확인할 수 있는 경우 첨부를 생략합니다.
4. 이혼 당사자 각각의 가족관계등록부의 가족관계증명서, 혼인관계증명서 각 1통.
5. 사건본인이 외국인인 경우
   − 한국 방식에 의한 이혼 : 사건본인 쌍방이 외국인인 경우에는 국적을 증명하는 서면(여권 또는 외국인등록증)사본 첨부
   − 외국 방식에 의한 이혼 : 이혼증서 등본 및 국적을 증명하는 서면(여권 또는 외국인등록증) 사본 각 1부
6. 친권자지정과 관련한 소명자료
   − 협의에 의한 경우 친권자지정 협의서등본 1부.
   − 법원이 결정한 경우 심판서 정본 및 확정 증명서 1부.
7. 신분확인[가족관계등록예규 제443호에 의함]

① 재판상 이혼신고(증서등본에 의한 이혼신고 포함)
- 신고인이 출석한 경우: 신분증명서
- 제출인이 출석한 경우: 제출인의 신분증명서
- 우편제출의 경우: 신고인의 신분증명서 사본
※ 신고인이 성년후견인인 경우에는 7항의 ① 서류 외에 성년후견인의 자격을 증명하는 서면도 함께 첨부해야 합니다.
② 협의이혼신고
- 신고인이 출석한 경우: 신고인 일방의 신분증명서
- 신고인 불출석, 제출인 출석의 경우 : 제출인의 신분증명서 및 신고인 일방의 신분증명서 또는 서명공증 또는 인감증명서(신고인의 신분증명서 없이 신고서에 신고인이 서명한 경우 서명공증, 신고서에 인감 날인한 경우 인감증명)
- 우편제출의 경우: 신고인 일방의 서명공증 또는 인감증명서(신고서에 서명한 경우 서명공증, 인감을 날인한 경우는 인감증명서).

③ 이혼소송은 선고(宣告)로서 이혼의 효력이 생긴다. 이혼소송 제기자는 판결확정일로부터 1개월 내에 판결등본과 확정증명서를 첨부하여 등록기준지 또는 주소지관할 구청·읍사무소 또는 면사무소에 이혼신고서를 제출해야 한다(가족관계의 등록에 관한 법률 78조).

그러나 가정법원의 심판에 불복하면 심판서 송달 14일 안에 고등법원에 항소할 수 있고, 그것에도 불복이 있으면 다시 14일 안에 대법원에 상고할 수 있다(가사소송법 제19조, 제20조).

15. 축첩행위와 이혼사유

A남과 B녀는 부부로서 생활을 해 오다가 어느 날 B녀가 자기는 임신불능이라는 사실을 알고 나서부터 신병치료를 이유로 친정으로 건너가 약 3년간이나 A남의 동거 요청을 거절하면서 자기는 아이를 가질 수 없으므로 첩이라도 얻어서 후손을 얻으라고 말하며 돌아오지 않았다.

그래서 A남은 B녀의 말대로 C녀를 얻어 동거생활을 시작하게 되었는데 막상 일이 이렇게 되자 B녀는 돌연 A남에게 축첩관계의 단절을 요구하고 나왔고 거꾸로 A남은 그렇게는 못하겠다고 거절하게 되었다. 그리하여 B녀는 A남을 상대로 부정행위로 인한 이혼 및 위자료 청구의 심판을 청구하게 되었다.

1심에서는 이혼만 허용되고 위자료청구는 기각이 되었으나, 2심인 광주고등법원에서는 이혼 및 위자료가 모두 허용되어 B녀가 승소하였다. 그러자 A남은 자기의 축첩행위는 B녀가 사전에 종용했던 것이므로 자기가 B녀에게 위자료를 줄 책임은 없다는 이유를 들어 대법원에 상고를 하기에 이르렀다.

A남의 아내 B녀가 사전에 종용하였다는 축첩행위는 종족보존에 관한 본
능적 욕구를 충족하기 위하여 다른 여자를 보아서라도 자녀를 생산하도록 해
보라는 정도의 것이었을 뿐으로, 아내인 B녀의 축첩관계 단절요구를 무시하
면서 계속된 축첩행위까지를 사전에 종용하였다고 볼 수는 없는 것이므로 A
남은 후자의 축첩행위로 B녀에게 입힌 정신상의 고통을 위자(慰藉)할 책임이
있다(대법원 1966. 3. 22, 65 르 29 판결).

16. 부정행위와 자유의사

어느 무더운 여름날 밤 자정이 넘도록 남편 A남을 기다리다가 피곤에 지친 B녀는
아파트 문을 잠그지도 않은 채 살며시 쓰러져 잠이 들었다. 그런데 마침 이웃집 남자
C남이 그 날 저녁 회식자리에서 술이 만취되어 귀가하다가 그만 옆집을 자기네 집인
줄로 잘못 알고 아파트 문을 밀고 들어와 어둠 속에서 겉옷만 대충 벗고 B녀의 옆에
몸을 누이고 잠이 들었다.
친구네 집들이에 갔다가 고스톱으로 밤을 새고 새벽녘에야 집으로 돌아온 남편 A
남은 안방의 전등을 켜자 거기 펼쳐져 있는 놀라운 광경에 그저 어안이 벙벙할 따름
이었다. 잠에서 깨어난 C남과 B녀도 깜짝 놀라서 어쩔 줄을 몰라 하였고, 백배사죄하
며 C남이 전후사정을 설명하였음에도 불구하고 A남의 얼굴에는 차갑고 침착한 미소
만이 감돌 뿐 이미 오해가 굳을 대로 굳어져 있는 상태였다. 그리하여 날이 밝기가
무섭게 법원에 달려간 A남은 자기 아내가 부정행위를 저질렀다는 것을 이유로 이혼
심판청구를 제기하였다.

재판상 이혼의 원인 중 '부정한 행위'라고 하는 것은 객관적으로 그것이
부정한 행위에 해당한다고 볼 만한 사실이 있어야 하고, 또 그것이 내심(內心)
의 자유로운 의사에 의하여 행하여졌다는 두 가지의 요소를 필요로 하는 것
이다.
위 사안과 같이 술기운에 아파트 호수를 착각하여 집을 잘못 찾아든 옆
집 남자와 잠결에 B녀가 함께 누워 있었다는 정도로는 내심의 자유로운 의사
에 기하여 행하여진 부정한 행위라고는 말할 수 없다 할 것이므로 본건은 이
혼이 불가하다고 아니할 수 없다.

17. 부정행위와 동기

신촌의 어떤 고급여관에서 어느 날 대낮에 복상사(腹上死) 사건이 발생하였는데 조사를 받기 위하여 소환된 문제의 중년여인이 자신의 신분을 밝히려 들지 않아서 수사관들이 애를 먹고 있었다. 하는 수 없이 주민등록번호에 의하여 컴퓨터 추적을 한 결과 이 여인은 당대의 모 고위공직자의 부인이었고 함께 여관에 투숙하였다가 사망한 남자는 그 집의 자가용 운전기사였음이 밝혀졌다. 통보를 받은 남편은 집안 단속도 못하는 위인이 어찌 공직을 책임질 명분이 서겠느냐며 그길로 사표를 제출하고 집안에 틀어박혀 두문불출하게 되었는데, 그래도 사람이 워낙 군자인지라 아내를 조용히 불러 앉혀 놓고 "나이와 지체를 생각해서라도 체면을 지켜야 할 것이 아니었더냐"고 타이르게 되었다. 그러자 이 부인은 뉘우치기는커녕 오히려 "당신이 언제 나를 불 보듯 한 적이 한 번이나 있었느냐? 나는 여성으로서의 마지막 타오르는 행복을 꺼뜨릴 수는 없었다. 꺼진 불도 다시 봐야 하는 것이 중년부부의 에티켓이므로 나 같은 경우는 이혼사유에 해당되지도 않는다"라고 대드는 것이었다.

부부간의 성생활에 대한 불만 때문에 여자가 탈선을 하였다 하는 경우에 과연 이혼사유가 되지 않는 것일까?

부정한 행위란 간통보다 넓은 개념으로, 간통에 이르지 않았더라도 부부간의 정조의무에 반하는 일체의 행위를 말하는데(대법원 1993. 4. 9. 선고 92 므 938 판결; 한편 일본에서는 성행위의 존재를 확인 내지 추인케하는 경우에만 이혼사유로서의 부정한 행위가 성립한다고 하여 이를 엄격하게 해석한다), 그 사유와 동기 여하를 불문한다. 위 사안의 경우에는 부정행위를 이유로 재판상 이혼을 할 수 있을 것이다.

18. 키스와 부정행위

B녀는 남편을 만나러 회사 근처에 나왔다가 그녀의 남편 A남이 술에 취하여 술집 호스테스와 키스하는 장면을 목격하고 말았다. 크게 불결감을 느낀 B녀는 즉각 남편에게 이혼할 것을 제의하였으나 남편은 "뭘 그런 것 가지고 그러느냐"며 이혼을 거절하는 것이었다. B녀는 재판을 걸어서라도 이혼을 하고 싶은데, 이성과의 키스행위만으로도 이혼이 가능한 것일까?

남편이 다른 여자와 입을 맞춘다는 것은 우리의 전통적 윤리관념으로 보나 아내의 입장으로 보아서 무심할 수는 없는 사건이다. 그러나 아직까지 키스행위만으로 부정한 행위에 해당된다고 판결한 대법원 판례는 없다. 따라서 단순히 키스한 사실만으로는 재판상 이혼사유인 '배우자의 부정한 행위'가 있었다고 볼 수 없고 더욱이 술주정으로 그러했다면 이혼하기 어려울 것이다.

다만, 그러한 행위로 인하여 부부간에 이미 회복할 수 없을 정도의 파탄상태에 도달하였다면 '혼인을 계속할 수 없는 중대한 사유'에 해당하여 이혼이 인정될 수도 있으므로 유의하여야 할 것이다.

19. 부정행위의 사전동의

A남과 B녀의 결혼한 지 7년이 넘도록 아이가 없었으므로 병원에 찾아가서 정밀검사를 받아본 결과 B녀에게 불임의 원인이 있다는 소견이 나왔다. 가문과 남편에게 죄스러움을 느낀 B녀는 남편에게 다른 여자를 통해서라도 대를 잇도록 하라고 권유하여 그 후 남편은 집안 어른들과 상의한 끝에 어느 과수댁으로부터 아들을 하나 낳아 오게 되었다. 그러나 막상 아이의 얼굴을 들여다 볼 때마다 형언할 수 없는 불쾌감과 열등감에 시달리게 된 B녀는 마침내 A남에게 이혼할 것을 선언하기에 이르렀다. 그러나 아내를 깊이 사랑하고 있는 A남으로서는 이혼할 의사가 전혀 없었다.
B녀는 재판상 이혼을 하기 위하여 소송을 제기할 수 있을까?

부부는 신의성실로 정조를 지키며 살아갈 의무가 있다. 이 정조의무에 위반하게 되면 이혼은 물론 간통죄로 교도소에 가야 할 경우도 생긴다. 뿐만 아니라 부정한 행위로 말미암아 배우자에게 정신적 고통을 가하였으므로 그에 대한 위자료도 지급해야 할 것이다.

그러나 위 사안에서와 같이 아내가 먼저 다른 여자와의 관계를 종용하여 남편으로 하여금 부정한 행위를 하도록 이끌었을 경우에는 배우자의 사전동의(事前同意)가 있는 것으로 보아 이혼을 청구할 수 없도록 하고 있다(민법 제841조).

20. 악의의 유기를 원인으로 하는 이혼

B녀의 대학강사인 남편 A남은 시간강사의 처량한 보따리장사는 이제 신물이 났다

고 말하면서 장래를 위해서라도 박사학위를 취득하러 해외유학을 다녀오겠으니 아내인 B녀는 시부모가 계신 시골에 내려가서 3년 동안 기다리라고 하였다. 신혼의 단꿈에 젖어 있던 B녀는 울며불며 만류하였지만 A남은 결연히 이를 떨쳐버리고 한국땅을 떠나고 말았다. 자존심이 상한 B녀는 남편이 자기를 버렸다는 생각에 '악의의 유기'를 이유로 이혼소송을 제기하게 되었다.

'악의의 유기'란 가정을 깰 의도에서 고의적으로 아내를 버리고 떠난 경우를 말하는 것이지 위 사안에서와 같이 남편이 일정한 기간을 정해 놓고 유학을 다녀오겠다고 하는 경우에는 설령 아내의 반대를 무릅쓰고 떠나간 것이라 하더라도 이에 해당되지는 않는 것이다. 그러므로 B녀는 잘 참고 견뎌서 좋은 날이 올 때까지 기다려야 할 것이다.

대법원도 "악의의 유기라 함은 정당한 이유 없이 배우자를 버리고 부부 공동생활을 폐지하는 것을 말하는바, 가정불화가 심화되어 처 및 자녀들의 냉대가 극심하여지자 가장으로서 이를 피하여 자제케 하고 그 뜻을 꺾기 위하여 일시 집을 나와 별거하고 가정불화가 심히 악화된 기간 이래 생활비를 지급하지 아니한 것뿐이고 달리 부부생활을 폐지하기 위하여 가출한 것이 아니라면 이는 민법 제840조 제2호 소정의 악의의 유기에 해당할 수 없다"고 판시한 바 있다(대법원 1986. 6. 24. 선고 85 므 6 판결).

21. 이혼과 재산분할청구권

저는 20년 동안 가정살림을 충실히 꾸리면서 내조를 한 결과 남편은 무일푼으로 출발하여 이제 번듯한 집도 장만하고 상당한 재산을 소유하게 되었습니다. 그러자 남편은 얼마 전부터 젊은 여자와 놀아나더니 더 이상 저와는 살 수 없다면서 이혼을 요구해 와 부득이 이에 응해 주었습니다.
위자료도 전혀 받지 못한 상태인데 전남편의 재산의 일부를 받을 수 있는 방법은 없는지요?

위자료 청구와 함께 재산분할청구를 할 수 있는데, 재산분할청구는 부동산 등 재산을 돈으로 환산하여 일정 금액의 현금으로 지급청구를 할 수도 있고 부동산의 지분이전등기를 구하는 방법으로도 할 수 있다. 본건과 같이 협의이혼을 한 후 아직 위자료를 지급받지 못한 상태라면 가정법원에 위자료청구소송을 제기할 수 있음은 의문의 여지가 없다. 이외에도 개정 민법은 제839조의 2에서 이혼에 즈음한 재산분할청구제도를 신설하였다.

재산분할제도의 도입은 1958년 신민법의 제정 당초부터 주장되어 온 사항이었으나 그간 입법에 반영되지 못하다가 1990년 1월 13일의 가족법 개정시에 이 제도가 신설되어 1991년 1월 1일부터 시행되게 되었다. 이혼을 하게 될 때 일방 당사자는 타방 당사자를 상대로 재산분할을 청구할 수 있고 다만 그 분할의 방법, 정도 등의 사항에 관하여는 당사자의 자유로운 협의에 의해 이를 결정하되, 그 협의가 이루어지지 않을 때에는 가정법원에 그 사항을 정해 줄 것을 청구할 수 있다.

가정법원은 이 재판에서 혼인생활 중 재산의 형성에 대한 각자의 기여도, 현 재산상태, 이혼에 대한 책임의 경중, 이혼 후의 생활여건 등을 두루 참작하여 적절한 분할의 방법과 정도를 결정할 수 있다. 아직 이 제도는 이제 막 시행된 것이어서 아직 우리에게는 생소한 감이 있으나 점차 이 제도의 활용빈도가 높아지고 있음이 주목된다.

재산형성에 기여한 정도를 판단하는 일반적 기준은 마련되어 있지 않으나 재산형성의 초기에 마련한 자금의 출처, 혼인중의 각자의 수입, 혼인기간, 혼인중 마련한 재산의 운용에 들인 노력의 정도 등이 참작사유로 될 수 있을 것이고, 전혀 직업을 갖지 않고 오직 가사노동에 종사하여 온 주부라 하더라도 그 가사노동을 통하여 재산형성에 기여한 점이 있다는 것은 중시되어야 할 고려요소라고 판단된다.

재산분할의 방법은 그 재산 자체를 지분비율로 넘겨 달라고 하거나, 현물로 분할할 수도 있을 것이고 이것이 번거로우면 재산총액을 금전으로 환산하여 그 중 일정한 액수의 현금을 달라는 방법도 가능하다.

재판절차에서 재산액을 평가하기 위하여는 감정기관에 감정을 의뢰하는 것이 원칙일 것이나, 경우에 따라서는 공시지가표 또는 각종 부동산시세를 수록한 부동산정보지 등도 참고자료로 활용될 수 있을 것이다. 그런데 이 재산분할청구는 이혼한 후 2년이 지나면 할 수 없게 되는 점에 유의할 것이다(민법 제839조의2 제2항).

한편, 재산분할제도는 위자료제도와는 별개의 것이므로 일단 위자료를 받은 일이 있다고 하더라도 그와 별도로 재산분할청구를 또한 할 수도 있다.

그런데 이혼 상대방에게 돈을 달라는 원인이 재산분할청구인지, 위자료청구인지 아니면 이를 동시에 청구하는 것인지를 사전에 확정해 두어야만 한다. 가사소송법상 위자료청구는 마류 가사소송사건이고 재산분할청구는 바류 가사비송사건으로 분류되어 있으므로, 그 절차의 진행방법이나 사용하는 용어 및 그 수수료의 액수 등이 판이하게 다른 점을 유의하여야 한다. 다만 재산분할청구를 위자료청구나 이혼청구에 병합하여 하는 경우에는 모두 소송절차에 의해 진행된다(가사소송법 제14조 4항).

아직 이러한 재산분할청구의 재판을 수행하는 방법이 일반에 널리 보급되어 있지 않으므로 재판을 직접 하기에 앞서 가사재판 법률전문가에게 문의를 할 것을 권하고 싶다.

22. 이혼과 자녀양육권

저는 남편과 이혼하려고 하는데 아기를 제가 키울 수는 없는지요?

1991년 1월 1일부터 시행된 개정 민법에서는 이혼시 자녀의 양육 및 친권행사에 관하여 어머니에게도 동등한 권리를 부여하고 있다. 즉 이혼시 자녀의 양육 및 친권에 관한 사항은 이혼 당사자가 협의하여 정하고, 협의가 되지 않거나 협의할 수 없는 때에는 당사자의 청구에 의해 가정법원이 정하도록 규정한 것이다.

당사자의 청구가 있으면 가정법원은 자녀의 연령, 부모의 재산상황, 자녀에 대한 부모의 애정정도, 자녀의 의사 등 여러 가지 사정을 참작하여 친권자 및 양육에 관한 사항을 정하게 된다.

따라서 귀하는 남편과의 협의에 의해 이혼 후 자녀의 양육권자는 물론 친권자도 될 수 있는데 남편과 의견이 일치하지 않을 때에는 가정법원에 청구하여 가정법원의 결정에 따를 수밖에 없을 것이다.

그리고 부모는 쌍방 모두 자녀에 대한 부양의무가 있으므로 귀하가 아기를 키울 경우에도 아버지에게 양육비를 청구할 수 있는데 당사자간에 양육비에 관하여 약정한 경우 훗날의 분쟁에 대비하여 서면으로 작성해 두는 것이 좋다.

부모가 이혼해도 부모와 자녀 사이의 관계는 변하지 않는다. 미성년인 자녀의 친권을 누가 가질 것인가는 협의 이혼인 경우에는 부모가 협의하여 정하고, 재판상 이혼인 경우에는 가정법원이 직권으로 정한다.

양육에 관한 사항

(1) 양육 사항에 대한 결정자

이혼을 하게 되면, 부모는 미성년인 자녀의 양육에 관한 사항(양육자의 지정, 양육비의 지급 문제 등)을 협의한다. 양육자는 부모만이 아니라 시부모, 친정 부모, 일정 기관 등 제3자가 될 수도 있다.

만일 협의를 할 수 없거나 협의가 이루어지지 않는 경우에는 당사자의 청구나 법원의 직권에 의하여 가정법원이 결정하게 된다. 이때, 법원은 자녀의 나이, 부모의 재산 상황, 기타 여러 사정을 참작하여 양육에 필요한 사항을 정하며, 언제든지 그 사항을 변경하거나 다른 적당한 처분을 할 수 있다.

(2) 양육의 내용

자녀를 실제로 곁에 두고 보호하는 일과 분리될 수 없는 성질의 일은 모두 양육권의 범위에 속한다고 보아야 할 것이다. 뿐만 아니라 자녀를 보호·교양하는 내용과 신앙·교육 등의 문제에 대해 양육자가 결정할 수 있다. 따라서, 자녀의 거소 지정이나 징계 등의 권한은 친권자보다는 양육자에게 주어져야 하며, 자녀가 갑자기 위독 상태에 빠져 생명에 위협을 받을 수술을 하게 되었을 때의 수술 동의, 자녀가 제3자로부터 부당한 억류를 받게 되었을 때의 인도 청구 등은 양육자의 권한에 속한다고 보아야 한다.

그렇지만 자녀의 재산에 관한 법률 행위에 대하여 그 자녀를 대리하는 권리나 재산상의 행위에 대한 동의권 등 대외적인 법률 행위에 관한 권한은 법이 명문으로 친권자에게 속함을 밝히고 있기 때문에 이는 양육자에게 속하지 않는다.

(3) 양육비의 청구

이혼한 뒤 자녀를 맡아서 양육하고 있는 쪽이 그렇지 않은 쪽에게 자녀의 양육비를 사전 또는 사후에 지급하라고 청구할 수 있는가? 또, 미성년자인 자녀 자신이 자기의 양육비를 지급하라고 청구할 수 있는가?

① 자녀가 부모에 대하여 하는 부양료 청구

• 장래의 부양료 청구 : 부양 의무자인 친권자가 미성년 자녀를 부양하고 있지 않은 경우 그 미성년자는 자기가 직접, 또는 자기의 법적 대리인을 통하여 장차 자기가 성년이 될 때까지의 부양료(즉, 양육비)를 청구할 수 있다.

• 과거의 부양료 청구 : 지나간 과거의 부양료에 관하여 대법원은 상대방이 분담함이 상당하다고 인정되는 경우에는 그 비용의 상환을 청구할 수 있다고 하고 있다.

② 모(母)가 부(父)에 대하여 하는 부양료 청구

대법원은, 어떤 사정으로 인하여 부모 중 어느 한쪽만이 자녀를 양육하게 된 경우에 그와 같은 일방에 의한 양육이 그 양육자의 일방적이고 이기적인 목적이나 동기에서 비롯한 것이라거나, 자녀의 이익을 위하여 도움이 되지 아니하거나, 그 양육비를 상대방에게 부담시키는 것이 오히려 형평에 어긋나게 되는 등 특별한 사정이 있는 경우를 제외하고는, 양육하는 일방은 상대방에 대하여 현재 및 장래에 있어서의 양육비 중 적정 금액의 분담을 청구할 수 있다고 하고 있다.

23. 재산상속의 법정상속분

> 저의 남편은 2001년 3월 15일 갑자기 고혈압으로 쓰러져 의식불명 상태에 빠져 있다가 유언도 남기지 못한 채 사망하였습니다. 남편이 모아 둔 재산이 약간 있으나 생전에 재산분배에 대하여 전혀 언급이 없었기 때문에 상속재산을 어떻게 분배해야 할지 모르겠습니다.
>
> 상속인은 저와 출가한 딸, 그리고 두 아들이 있는데 사후에 자녀들간에 분쟁이 발생하지 않도록 상속문제를 잘 처리하고자 하오니 법정상속분을 알려주시기 바랍니다.

재산상속에서 피상속인이 상속분을 유언으로 지정하지 않은 경우에는 공동상속인의 상속분은 민법 제1009조의 법정상속분에 따르게 된다. 동 순위의 상속인이 수인인 때에는 그 상속분은 균분으로 하며 피상속인의 배우자의 상속분은 직계비속(또는 직계존속)의 상속분에 5할을 가산하게 된다.

공동상속인 중에 피상속인으로부터 재산의 증여 또는 유증을 받은 자가 있는 경우에 그 수증재산이 자기의 상속분에 달하지 못한 때에는 그 부족한 한도에서 상속분이 있다(민법 제1008조).

그리고 공동상속인 중에 피상속인의 재산의 유지 또는 증가에 특별히 기여한 자(피상속인을 특별히 부양한 자 포함)가 있을 때에는 상속개시 당시의 피상속인의 상속재산에서 공동상속인의 협의로 정한 기여분을 공제한 것을 상속재산으로 보며 기여자의 상속분은 위 상속재산을 기초로 산정한 법정상속분에 기여분을 가산한 액이 된다. 만약 협의가 이루어지지 않을 경우에는 기여자의 청구에 의하여 가정법원에서 기여분을 정한다(민법 제1008조의2).

질문한 내용을 보건대 귀하의 자녀는 아들·딸 차별 없이 균등하게 상속을 받게 되며 자녀의 상속분이 1일 때 귀하의 상속분은 1.5의 비율이 된다. 공동상속인 중에 수증자나 기여자가 없을 경우 귀하는 상속재산의 1/3(1.5/1.5＋1＋1＋1), 귀하의 자녀는 각각 상속재산의 1/4.5(1/1.5＋1＋1＋1) 권리가 있다. 상속재산은 공유이므로 상속재산의 분할은 상속인이 협의하여 정하는 것이 좋다.

가족 중 한 사람이 재산을 남기고 사망했을 경우 상속 순위는 다음과 같다.

① 제1순위: 사망한 사람의 직계 비속(자녀, 손자녀, 증손 자녀 등)
② 제2순위: 사망한 사람의 직계 존속(부모, 조부모, 증조부모 등)
③ 제3순위: 사망한 사람의 형제 자매
④ 제4순위: 사망한 사람의 4촌 이내의 방계 혈족(삼촌, 고모 등)

24. 가사사건과 가정법원의 이용

지난 해 돌아가신 아버지의 유산을 분배하는 방법을 둘러싸고, 우리들 형제자매 사이에 합의가 안 되어 곤란을 겪고 있습니다. 가정법원에 조정을 신청할까 하는데 어떤 절차를 취하면 좋습니까?

가정법원은 친자·부부·형제자매 등 사이에 일어난 사건(가사사건)에 대한 판결, 심판과 조정, 소년사건에 대한 심판을 한다. 가사사건의 조정은, 가정 내의 분쟁에 관하여 당사자의 합의에 의한 해결을 권유하는 것이고, 가사 사건의 판결은 법원이 판단을 내리는 것이다.

그러나 판결(심판 포함)을 하여야 하는 사건이라도 당사자가 합의로 해결할 수 있으면, 그것을 우선시키는 수가 있다. 이러한 심판사건을 법률상 '마류사건'이라 한다. 질문의 상속재산분할의 다툼은 여기에 해당된다. 그 밖의 이혼시의 재산분할·친권, 대리권, 재산관리권 등에 관한 처분·친족간의 부양 등이 여기에 해당된다.

이와는 달리 당사자의 합의로 해결할 수 없는 '라류사건'이 있다. 개명, 실종선고, 후견인선임, 상속포기 등이 여기에 해당한다.

가정법원에 가서 조정신청을 하는 절차는 간단하다. 본인이 스스로 작성하거나 법무사 등에게 의뢰하여 작성한 신청서를 제출한다. 신청인이 구두로 법원사무관 등에게 신청하면 그 직원이 신청서에 갈음하는 조정신청조서를 작성하여 준다. 이렇게 만든 조정신청서에다가 일정액(1심 인지의 1/10)의 인지와 상대방의 소환에 필요한 우편요금(이를 송달료라 한다) 37,000원을 납부하면 된다. 납부한 송달료 중 남은 것은 절차종료 후에 반환된다.

신청서를 어느 법원에 제출하는가? 원칙적으로 상대방의 주소지를 관할하는 가정법원에 제출하여야 한다.

가정법원에 조정이나 심판을 신청하기 전에 여러 가지 상담을 하고 싶은 사람을 위하여 가정법원에는 어디든지 '상담실'이나 '상담계'를 설치하고 있다. 상담은 무료임은 물론이고, 조사관이나 서기관이 친절하게 상담에 응하여 주고, 신청서의 기재방법도 가르쳐 준다. 민간단체인 「한국가정법률상담소」에 가서 상담할 수도 있다. 이 민간단체를 찾는 사람이 많은 것 같다.

조정신청을 하면, 가정법원에서 소환장이 오고 소환장에 정하여진 날짜에 당사자 쌍방이 출석한다. 이때는 변호사에게 의뢰하지 않더라도 잘 모르는 것을 조정위원에게 묻고 상담하면 된다. 그래서 법원에 처음 가는 사람이라도 걱정할 것은 없다. 조정은 비공개(非公開)로 진행된다. 1인의 판사(조정장)와 남녀 1조의 조정위원 2인, 합계 3인 이상의 조정위원들에 의하여 진행된다. 당사자가 변호사를 선임한 경우는 그 변호사도 대리인 자격으로 조정에 참석한다.

조정위원들은 쌍방의 불평과 호소를 잘 듣고, 해결책을 제시하고 주선,

권고하여 합의를 유도한다. 권고하는 조정안이 마음에 안 들면 응하지 않더라도 상관없다. 당사자의 일방이 출석하지 않으면 조정은 불가능하다. 쌍방이 출석해도 조정이 성립하지 않을 때는, 보통의 가사재판으로 옮겨가서 처리한다. 조정이 성립하지 아니한 경우 조정장은 조정위원들의 의견을 들은 후 조정에 갈음하는 결정을 할 수 있다. 이 결정에 당사자가 이의신청을 하면 역시 재판으로 진행된다. 또 질문의 경우처럼 '마류사건'이면 비송사건으로서 법원이 결정으로 처리한다.

일단 조정이 성립되면 그 내용은 '조정조서'에 기재된다. 이것은 보통재판의 확정판결과 같은 효력이 있다. 그러므로 상대방이 만일 조정조항에 위반한 때는 강제집행을 할 수 있다. 이러한 강제집행절차에 대하여는 집행정지를 할 수 없다(민사조정규칙 제5조).

또, 예컨대 위자료를 지급한다는 내용의 조정이면 가정법원이 그 돈을 받아 보관하는 제도(임치)가 있다. 감정이 극도로 악화되어 다시는 만나기 싫어하는 당사자의 편의를 도모하기 위한 것이다. 조정조항을 지키지 아니하는 당사자에게 법원에서 권고를 하는 제도도 있다. ○○를 이행하라는 이행명령을 발하고 그 명령을 어기면 법원에서 1천만 원 이하의 과태료에 처하거나 심한 경우는 당사자를 최장 30일까지 감치(監置)시키는 제도도 생겼다.

한편, 당사자가 그들의 합의나 조정으로 해결할 수 없는 사건도 있다. 혼인무효, 입양무효, 인지의 무효나 취소, 친생부인 등 소위 '가류사건'이 여기에 해당한다.

25. 상속재산의 분할방법

저의 아버지가 얼마 전에 사망하셨는데 상속재산으로는 약간의 부동산, 주식 그리고 은행예금이 있습니다. 상속인으로는 어머니를 비롯하여 남동생, 여동생 등 6명입니다. 이 경우 상속재산의 분할은 어떻게 하는지요?

재산상속은 피상속인의 사망으로 개시되며 재산상속인이 수인인 때에는 상속재산은 그 공동상속인의 공유로 된다(민법 제997조 및 제1006조).

상속재산의 분할이란 상속개시로 인하여 생긴 공동상속인간에 상속재산

의 공유관계를 종료시키고 각 상속인에게 그의 상속분을 확정 배분시키는 일
종의 청산행위이다.

상속재산을 분할하는 방법에는 세 가지가 있다.

첫째, 유언에 의한 분할이다.

피상속인은 유언으로 상속재산의 분할방법을 정하거나 이를 정할 것을
제3자에게 위탁할 수 있고 상속개시의 날로부터 5년을 초과하지 아니하는 기
간 내의 그 분할을 금지할 수 있다(민법 제1012조).

둘째, 협의에 의한 분할이다.

공동상속인은 유언에 의한 분할방법의 지정이나 분할금지가 없으면 언제
든지 그 협의에 의하여 상속재산을 분할할 수 있다(민법 제1013조 1항). 협의는
공동상속인 전원의 동의가 있어야 하며, 그 분할되는 몫은 반드시 각자의 법
정상속분에 따르지 않아도 된다. 그러나 상속인 중에 미성년자와 그 친권자가
있는 경우에는 친권자가 그 미성년자의 주소지를 관할하는 가정법원에 특별
대리인 선임신청을 하여 그 선임된 특별대리인과 분할의 협의를 하여야 한다
(민법 제921조).

셋째, 법원에 의한 분할이다.

공동상속인 사이에서 상속재산분할의 협의가 성립되지 아니한 때에는 각
공동상속인은 가정법원에 분할을 청구할 수 있다(민법 제1013조 2항). 여기에서
'협의가 성립되지 아니한 때'에는 분할방법에 관해서뿐만 아니라 분할여부에
관하여 의견이 일치하지 않는 경우도 포함된다.

이런 경우에는 각 공동상속인은 먼저 가정법원에 조정을 신청하여야 하
며, 조정이 성립되지 않으면 심판을 청구할 수 있다. 심판에 의한 분할방법은
현물분할을 원칙으로 하며, 가정법원은 현물로 분할할 수 없거나 분할로 인
하여 현저히 그 가액이 감소될 염려가 있는 때에는 물건의 경매를 명하기도
한다.

이상 살펴본 바와 같이, 귀하의 경우에 상속재산의 분할에 관하여 부친
이 특별히 유언을 남기지 않고 돌아가셨다면 이는 우선 가족(공동상속인)간의
원만한 협의에 의하여 해결될 수 있다 할 것이다.

26. 사망한 부모의 빚을 물려받지 않기 위한 방법

저의 부친은 사업을 하다가 실패하여 많은 채무를 지고 이를 갚지 못하여 번민하다가 얼마 전에 돌아가셨습니다. 부친은 많은 채무만 남겨 놓았으며 저의 능력으로는 부친이 남긴 채무를 갚을 길이 없는데 어떻게 하면 좋을지요?

부모가 돌아가시면 그 순간에 상속인인 자식들은 부모의 재산뿐만 아니라 채무도 모두 상속받게 된다. 토지나 집 등 부동산이나 은행예금과 같은 적극적인 재산뿐만 아니라 부모가 다른 사람한테 부담하고 있는 차용금채무, 보증채무 등 소극적 재산도 모두 포괄적으로 상속받게 된다. 즉 부모가 가지고 있던 모든 권리·의무를 그대로 물려받게 된다(민법 제1005조).

그런데 부모의 상속재산 중에서 적극적인 재산보다 소극적인 재산이 더 많은 경우, 즉 빚이 더 많은 경우에는 상속을 받고 싶지 않을 경우가 있을 것이다. 만약 그러할 경우에 상속을 받지 않으려면 부모가 사망한 날로부터 3개월 내에 법원에 상속포기신고를 하면 된다(제1041조, 제1019조).

상속포기를 하면 피상속인의 사망으로 일단 발생한 상속의 효력, 즉 권리의무의 승계를 부인하고 처음부터 상속인이 되지 않은 것과 같이 된다(제1042조). 상속인이 수인인 경우에 어느 상속인이 상속을 포기한 때에는 그 상속분은 다른 상속인의 상속분의 비율로 그 상속인에게 귀속된다(제1043조).

그 외의 방법으로는 남겨 놓은 적극적 재산의 한도 내에서 부모의 채무를 변제하는 것을 조건으로 상속을 승인하는 한정승인을 할 수도 있다. 이 한정승인 역시 3개월 내에 법원에 신고를 하여야 효력이 발생한다(제1028조, 제1030조).

만약 상속인이 3개월의 기간 내에 한정승인 또는 포기 등 아무런 조치를 하지 아니한 때에는 상속인이 단순승인을 한 것으로 간주되어 부모의 권리·의무를 그대로 상속받게 되어 부모가 부담하고 있던 빚도 상속인인 자식이 모두 갚아야 할 것이다(제1026조 제2호). 다만 상속인이 상속채무가 상속재산을 초과하는 사실을 중대한 과실 없이 당해 기간 내에 알지 못하고 단순승인 또는 기간을 경과한 경우에는 그 사실을 안 날부터 3월 내에 한정승인을 할 수 있다(제1019조 제3항). 귀하의 경우 부친이 아무런 재산이 없이 빚만 남겨 두고 돌아가셨다면 빨리 위 기간 안에 법원에 상속포기신고를 하는 것이 좋다.

27. 개명 절차

저는 호적상의 이름과 실제 사용되는 이름이 달라 호적상의 이름을 바꾸고자 합니다. 이러한 경우에는 법원에 가서 개명허가를 받아야 한다고 하는데 그 절차는 어떠하며, 개명이 가능할는지요?

이름을 고치면 그 사람에 대한 동질성이 흔들리고, 사회생활에도 커다란 혼란을 가져오게 되므로 개명은 엄격히 규제되어 왔으며, 법원은 상당한 이유가 있을 때에만 개명을 허가하고 있었다.

종래 법원의 입장은 일본식 이름, 진기한 이름, 쓰기 어렵고 읽기 어려운 이름, 친척이나 한동네에 성명이 같은 사람이 있는 경우, 성별에 오해가 있는 이름, 오랫동안 호적과 다른 이름이 사용된 경우 등에만 이를 허가해 주고 있었다.

하지만 법원은 그 기준을 완화하는 듯한 입장을 보여주고 있는데, 대법원도 "개명허가 여부를 결정함에 있어서는 이름이 가지는 사회적 의미와 기능, 개명을 허가할 경우 초래될 수 있는 사회적 혼란과 부작용 등 공공적 측면뿐만 아니라, 개명신청인 본인의 주관적 의사와 개명의 필요성, 개명을 통하여 얻을 수 있는 효과와 편의 등 개인적인 측면까지도 함께 충분히 고려되어야 할 것이므로, 개명을 허가할 만한 상당한 이유가 있다고 인정되고, 범죄를 기도 또는 은폐하거나 법령에 따른 각종 제한을 회피하려는 불순한 의도나 목적이 개입되어 있는 등 개명신청권의 남용으로 볼 수 있는 경우가 아니라면, 원칙적으로 개명을 허가함이 상당하다 할 것이다"고 판시한 바 있다(대법원 2006. 4. 7. 선고 2005 스 87 결정 등).

귀하는 주소지를 관할하는 가정법원에 개명허가 신청을 할 수 있으며, 그러면 법원이 그 신청사유의 타당성 여부를 조사하여 결정을 내려 준다. 법원의 허가를 받게 되면 받은 날로부터 1개월 이내에 주소지의 시·읍·면의 장에게 개명신고를 하면 된다.

상 속 한 정 승 인 심판청구

인지액 5,000원
× 청구인 수
송달료 12,240원
× 청구인 수

청구인(상속인)

1. 성   명 :   주민등록등본 :
    주   소 :
    송달장소 : (전화)
2. 성   명 :   주민등록등본 :
    주   소 :
    송달장소 :
3. 성   명 :   주민등록등본 :
    주   소 :
    송달장소 :

                청구인   은(는) 미성년자이므로 법정대리인 부

                                              모

사건본인(사망자)

성   명 :   주민등록등본 :
사 망 일 자 :
등록기준지 :
최 후 주 소 :

청 구 취 지

청구인들이 피상속인 망   의 재산상속을 함에 있어 별지 재산목록을 첨부
하여 한 한정승인신고는 이를 수리한다. 라는 심판을 구함.

청 구 원 인

◎

첨 부 서 류

1. **청구인들의 가족관계증명서, 주민등록등본** ....각 1통
1. **청구인들의 인감증명서** ....각 1통
   (청구인이 미성년자인 경우 법정대리인(부모)의 인감증명서)
1. **피상속인(망인)의 폐쇄가족관계등록부에 따른 기본증명서** 1통
   (2008. 1. 1. 전에 피상속인이 사망한 경우에는 가족관계등록부가 작성되어 있지
   않으므로 제적등본을 제출하여 주시기 바랍니다)
1. 상속관계를 확인할 수 있는 **피상속인(망인)의 가족관계증명서**(기타 가족관계
   등록사항별 증명서) 또는 제적등본..1통
1. **피상속인(망인)의** 말소된 **주민등록등본**..1통
1. 가계도(직계비속이 아닌 경우)
1. 상속재산목록

20○○ .   .   .

위 청구인 1.   ㊞

2.   ㊞

3.   ㊞

청구인   은(는) 미성년자이므로

법정대리인 부   ㊞

모   ㊞

(청구인의 날인은 반드시 **인감도장을 찍을 것**)

○○가정법원   귀중

○○지방법원(지원) 귀중

☞ 유의사항

1. **관할법원은 사건본인의 최후주소지** 가정(지법, 지원)법원입니다.
2. 청구서에는 청구인별 각 5,000원의 수입인지를 붙여야 합니다.
3. 송달료는 청구인별 각 12,240원을 송달료취급은행에 납부하고 납부서를 첨부하여야 합니다.
4. 전화(☎) 란에는 언제든지 연락 가능한 **전화번호**나 **휴대전화번호**를 기재하시면 재판 진행
   이 원활하오니 꼭 기재하시기 바랍니다.

상속재산목록(청구인수 + 2)

1. 적극재산(망인의 재산)
   가. 부동산

   나. 유체동산

   다. 금전채권

2. 소극재산(망인의 채무)
   가. 채권자
      채무액
      채무의 종류
      발생일
   나. 채권자
      채무액
      채무의 종류
      발생일
   다. 채권자
      채무액
      채무의 종류
      발생일

※ 위 기재한 사항에 대한 **입증자료**를 첨부하시기 바랍니다.
  적극재산 – 예) 부동산등기사항증명서, 자동차등록원부, 통장잔액증명서 등
  소극재산 – 예) 부채증명서, 소장사본 등

---

28. 생년월일의 가족관계등록부 정정

저의 아들은 2003년 6월 23일 출생하였으나 사정상 신고기간을 놓쳐 2004년 7월 31일에 출생한 것으로 신고함으로써 가족관계등록부에 출생일자가 잘못 기재되어 있습니다.

취학관계로 실제 출생일자대로 가족관계등록부를 정정하려고 합니다. 가족관계등록부정정신청 절차는 어떻게 되어 있는지요?

등록부의 기록이 법률상 허가될 수 없는 것 또는 그 기재에 착오나 누락이 있다고 인정한 때에는 이해관계인은 사건 본인의 등록기준지를 관할하는 가정법원의 허가를 받아 등록부의 정정을 신청할 수 있는데(가족관계의등록등에관한법률 제104조), 부모의 허위신고로 인하여 가족관계등록부에 출생일자가 잘못 기재된 사안의 경우 출생일자를 정정하려면 먼저 관할 가정법원의 허가를 받아야 하며, 법원의 허가 재판이 있었을 때에는 재판서의 등본을 받은 날부터 1개월 이내에 그 등본을 첨부하여 관할 공무원에게 등록부의 정정을 신청하여야 한다(동법 제106조).

그런데 법원으로부터 출생일자의 정정허가를 얻으려면 당사자의 주장만으로는 불가능하고 여러 가지 자료에 의해 실제 출생일자가 가족관계등록부상의 출생일자와 다르다는 것을 입증하여야 하는데 사실상 그 입증이 쉽지 않다.

위의 사례에서 아들이 의료기관에서 출생하고 그 의료기관이 출생당시의 조산기록을 작성·보존 중이라면 비교적 입증이 쉬울 것이다. 그렇지 못할 경우에는 전문의의 연령감정을 받아야 할 것이나, 1년 정도의 연령상 오차를 밝히는 것은 현재의 의학수준으로서도 어려움이 있을 것으로 보인다.

제18장
상법과 생활

민법에 비해 특별사법으로 이해되는 상법은 현대인의 법생활에 더욱 중요성을 띠고 있다. 상행위법, 회사법, 보험법, 해상법으로 상법의 영역도 매우 넓다.

법과 시

法과 스포츠

출근길 전찻간에
앞뒤로 스포츠신문 읽는 사람들.

컬러판에 대문짝만한 표제들
「역전승」, 「10차 방어」……
스포츠맨은 스타들이다.

스포츠신문이 어디 한두 가지?
이렇게들 열심히 읽어주니
사업이 번창할 수밖에-

법률신문, 법률잡지쪽은
보기에도 케케묵은
50년대 판형으로
누구 하나 개선 못하는건
大衆과 멀어서인가?
법을 스포츠처럼
재미있게 읽을 수는 없을까?

법도 공격과 방어
승부와 역전승
「페어플레이」의 스포츠인데,

한국의 법문화는
스포츠문화의 半도 못 따라가,

법치주의니 법의 지배니
법률가들만의 공염불-.

세상은 다들 스포츠문화로
달려가는데,
법학교수만 아침부터 심기가
불편하구나.

88올림픽 때 한 件 하려고(?)
「스포츠와 법」 심포지움 했을 때
몇 명이 참석했던가‥ 우습기만하다

1. 상인의 자격

공직에서 퇴직한 A씨는 별로 할 일도 없어 부인 B의 이름으로 영업허가를 받아 제과점을 경영하고 있다. 제과점에서의 근무는 주로 부인이 하고 A씨는 때때로 뒷일을 거들어 준다. 이때 A씨를 법률적으로 상인이라 부를 수 있는가?

상법 제4조는 "자기명의로 상행위를 하는 자를 상인이라 한다"고 규정하고 있다. 그리고 제5조는 "점포 기타 유사한 설비에 의하여 상인적 방법으로 영업을 하는 자는 상행위를 하지 아니하더라도 상인으로 본다"고 규정하고 있다. 전자를 당연상인(當然商人)이라 부르고, 후자를 의제상인(擬制商人)이라 부른다. 회사는 상행위를 하지 아니하더라도 의제상인이다.

그런데 '자기명의로 상행위를 하는 자'란 그 영업에서 생기는 권리·의무의 주체가 되는 사람이라는 뜻이다. 제과점의 영업허가를 부인의 이름으로 받았다 하더라도 실제로 영업을 하고 있는 자가 A씨라면 아무리 부인이 상행위를 하더라도 A씨는 당연상인이라고 할 것이다. 만일 A씨가 결혼상담소를 차려놓고 상담을 한다면, 영리를 목적으로 하지 아니할 때는 상인이 아니지만 상담료 또는 소개료를 받으면 의제상인이다. 부동산 소개업자는 상인이기 때문에 타인을 위하여 그 영업범위 안에서 행위를 한 이상 특별한 약정이 없는 경우에도 상당한 보수를 청구할 수 있다는 것이 법원의 판례이다(대판 1968. 7. 24, 68 다 955). 어떤 사람이 상인의 자격을 갖느냐 못 갖느냐는 상법의 적용여부를 결정하므로 중요한 사안이다. 소상인(小商人)의 개념도 있는데, 완전상인에 비해 소상인은 자본금 1,000만원 미만의 상인으로 회사가 아닌 자를 말한다. 이런 소규모의 영세상인에게 상법을 적용하면 가혹하고 불합리하므로 상법의 일부규정, 즉 지배인, 상호, 상업장부, 상업등기 등에 관한 규정은 적용하지 않는다(상법 제9조).

2. 상호(商號)의 보호

A는 서울에서 '제일양복점'이란 상호를 걸고 많은 고객들로부터 명성을 떨치고 있다. 그런데 같은 양복점업자인 B가 A의 상호가 아직 등기되지 아니한 사실을 알아내

어 재빨리 등기하고 인근에 같은 이름의 양복점을 내었다. A는 B에게 항의하고 법적
으로 구제받으려는데 가능한가?

A의 미등기상호의 사용권과 B의 등기상호의 전용권이 저촉되는 경우의
문제이다. A는 지금부터라도 등기하려고 하지만 '제일양복점'이란 상호는 B에
의해 이미 등기되어 있다. 상법 제22조는 "타인이 등기한 상호는 동일한 특별
시, 광역시, 시, 군에서 동종영업의 상호로 등기하지 못한다"고 규정하고 있
다. 그리고 제23조는 "누구든지 부정한 목적으로 타인의 영업을 오인할 수 있
는 상호를 사용하지 못한다"고 규정하고 있다. 따라서 A는 동일한 지역 내에
서 같은 이름의 상호를 등기할 수는 없다. 그렇지만 A는 B가 상호를 등기하
기 전부터 이미 이 상호를 사용하여 영업을 잘 해 온 것이 사실이므로 제23
조에 근거하여 상대방이 부정한 목적을 가졌음과 그로 인해 손해를 입고 있
음을 증명하여 B의 상호사용폐지와 등기말소 및 손해배상을 아울러 청구할
수 있다. 이렇게 승소하여 B의 상호등기가 말소되면 '제일양복점'의 상호를
등기할 수 있다.

상업등기는 기업공시제도(企業公示制度)의 일환으로 상인의 기업내부사정
이 거래의 효력에 영향을 미치고 상인의 사회적 신용을 유지하기 위해서 필
요한 것이다.

3. 상표도용의 손해

A의 집안은 아버지대(代)부터 과자를 만들어 팔고 있는데, 상표도 아버지가 직접
고안한 것이다. 그런데 이 제과가 유명해지자 인근에 사는 B가 같은 상표로 제과점
을 내었다. A는 B에 대해 어떤 조처를 할 수 있는가?

상표는 그것을 사용하는 상품을 지정하여 특허청에 신청하고 등록이 되
면 법률상 독점권이 부여된다. 등록되지 아니한 상표라도 여러 해 동안 사용
하여 유명하게 된 상표도 이와 같이 보호를 받는다. 그래서 다른 사람이 동일
한 상표를 등록신청할 수 없고, 설령 등록되더라도 선(先)사용자는 이를 계속
사용할 수 있다. 유명한 상표와 동일하거나 유사한 상표를 마음대로 사용하면
상표침해가 된다. 침해된 선사용자는 그 침해행위를 그치게 할 수 있고, 고의

나 과실로 그런 행위를 했으면 영업상 입은 손해의 배상도 청구할 수 있다. 그리고 신용회복을 위해 상대방에게 신문에 사죄광고를 내도록 하는 등 조치를 요구할 수 있다(상표법 제35~39조). 상대방이 악질적인 업자라면, 불법으로 동일한 상표를 붙여 팔기 시작한 상품을 가압류하고 나서 소송을 제기할 수도 있다.

이러한 상표보호와 관련하여 의장권(意匠權)이란 것을 생각할 수 있는데, 물품의 형상, 모양, 색채가 시각적으로 아름다운 느낌을 주는 것이라면 독점적 사용권을 확보할 수 있다. 특허청에 신청하여 등록하면 8년간 독점권이 존속한다.

4. 영업양도인의 경업금지 의무

갑은 1990년 9월 8일 A가 운영하던 분식센터를 권리금 500만 원을 지급하고 인수하였는데 약 1주일 후 A가 인근에서 상호를 바꾸고 대형 분식센터를 개업하였다. 상권이 한정되어 있는 관계로 기대한 만큼의 매상이 오르지 않고 있다. 갑은 A에 대하여 어떠한 법적 조치를 취할 수 있는가?

일반적으로 권리금은 상호의 성가, 고객관계 등의 영업상의 요소에 대한 대가로 볼 수 있다. A의 분식센터 경영은 상법 제46조 9호에 따른 기본적 상행위에 의한 영업으로 볼 수 있고 권리금 수수를 영업양도로 볼 것인지는 양도재산과 양도인에게 잔류한 재산 가치를 비교함으로써 가능할 것이다.

영업양도는 영업재산의 총체를 양수인에게 이전함으로써 고객관계 등의 사실관계를 이용하게 되는 데 목적이 있으므로 양도인이 영업을 양도한 후 동종 영업을 재개하는 것은 영업양도의 취지에 어긋난다고 볼 수 있다.

상법은 영업양도의 실효를 거둘 수 있도록 양도인에 대하여 경업금지 의무를 부과하고 있다. 경업금지에 관하여 특약이 없으면 양도인은 동일한 서울특별시, 광역시, 시, 읍, 면과 인접 서울특별시, 광역시, 시, 읍, 면에서 10년간 동종 영업을 하지 못하도록 되어 있고(상법 제41조 1항), 특약이 있는 경우에는 약정에 따르는 것이 원칙이지만 그 약정은 동일한 서울특별시, 광역시, 시, 군과 인접 서울특별시, 광역시, 시, 군에 한하여 20년을 초과하지 않는 범위 내에서 효력이 있다(상법 제41조 2항).

위 사안의 경우 영업양도의 문제로 볼 것인지 의문이 있으나 영업양도로 볼 경우에 갑은 A를 상대로 경업금지의무위반으로 인하여 생긴 손해배상을 청구할 수 있을 것이다.

5. 공중접객업자의 보관물 책임

갑은 목욕탕을 경영하고 있는데, 얼마 전 평소 알고 지내던 손님 A가 가방의 보관을 부탁하여 보관하고 있던 중에 그 가방이 분실되었다. 그러자 A는 가방 안에 현금 400만원과 70만원짜리 시계, 옷 등이 들어 있었다고 하면서 전액 배상을 요구하고 있다.

그러나 A가 가방을 맡길 때 현금 등의 이야기를 한 적도 없으며, 설령 위와 같은 현금 등이 들어 있었다 해도 그 액수도 알 수 없었는데 갑은 A가 요구하는 전액을 배상해 주어야 하는가?

목욕탕, 미용실과 같은 공중접객업소에는 많은 객이 출입하고 고객의 소지품의 안전과 공중접객업자의 신용을 위하여 이 경영자인 공중접객업자에게는 특별한 책임을 지게 하고 있는데, 그 책임은 고객이 맡긴 물건의 멸실, 훼손에 대해서는 불가항력으로 인한 것임을 증명하지 못하면 그 배상책임을 면할 수 없는 무거운 책임을 지고 있고(상법 제152조 1항), 맡기지 않은 물건에 대해서도 자기(공중접객업자) 또는 그 사용인의 과실로 인해 멸실, 훼손된 때는 그 배상책임을 인정하고 있다(상법 제152조 2항). 그리고 고객의 휴대물에 대하여 책임이 없음을 게시한 때에도 공중접객업자는 이러한 책임을 면하지 못한다.

그러나 화폐, 유가증권, 기타 고가물(귀금속, 골동품, 고서화 등)에 대해서는 고객이 그 종류와 가액을 명시하여 임치하여야 하며 이를 알리지 않은 경우 공중접객업자는 그 물건의 멸실, 훼손으로 인한 손해를 배상할 책임이 없다(상법 제153조). 따라서 사례의 경우 A가 화폐나 고가물을 명시하여 맡긴 것이 아니어서 갑에게는 그 배상의 책임이 없다고 하겠다.

6. 주식회사 총회의 결의

일인회사(一人會社)인 A주식회사는 주주총회의 소집절차, 결의절차를 모두 밟지 아니하고 총회를 개최하여 결의하였다. 이 결의는 유효하다고 볼 수 있는가?

종래에는 발기인 수 제한 규정이 있어 1인 회사는 회사의 본질 중 사단성에 반하여 허용될 수 없다고 보는 것이 일반적이었으나, 2001년 개정된 상법 제288조 등에서 발기인 수 제한 규정을 삭제하고 사원이 1인이 남게 된 경우를 해산사유에서 제외하는 등 1인 회사를 입법적으로 허용하게 되었다.

다만 이러한 1인 회사의 기관운영과 관련하여 주주총회 소집·결의의 하자와 관련하여 견해가 대립하고 있는데, 크게 회사이해관계인의 이익보호 및 기관운영의 독립을 중시하여 하자있는 결의라고 보는 견해와 1인회사의 경우 회사의 이익과 1인 주주의 이익을 동일시하여 하자가 존재하지 않는다고 보는 견해가 대립한다.

이에 대해 대법원은 "주식회사에 있어서 회사 발행의 총 주식을 한사람이 소유하고 있는 1인회사의 경우에는 그 주주가 유일한 주주로서 주주총회에 출석하면 전원총회로서 성립하고, 그 주주의 의사대로 결의될 것임이 명백하므로 따로 총회소집절차가 필요 없다 할 것이고, 실제로 총회를 개최한 사실이 없다 하더라도 그 1인주주에 의하여 의결이 있었던 것으로 주주총회 의사록이 작성되었다면 특별한 사정이 없는 한 그 내용의 결의가 있었던 것으로 볼 수 있어 형식적인 사유에 의하여 결의가 없었던 것으로 다툴 수는 없다 할 것이다(대법원 1976. 4. 13. 선고 74 다 1755 판결; 대법원 1992. 6. 23. 선고 91 다 19500 판결 등)"고 판시하는 등 소규모 폐쇄회사가 대부분인 회사운영의 실제에 치중하는 듯한 태도를 취하고 있다.

7. 주식의 양도

한 주식회사의 주주(株主)인 A씨는 B와 주주양도계약을 체결하였다. 대금까지 받았으나 주권(株券)의 교부를 미루어보다가 C와 다시 주식양도계약을 체결하여 주권도 교부하였다. B는 A와 C에 대하여 어떻게 주장할 수 있는가?

주식의 처분에는 양도와 담보화의 두 가지가 있다. 주식의 양도는 법률행위에 의해 주주의 지위인 주식을 이전하는 것을 말한다. 양도의 방법은 주권발행 전에는 당사자의 의사표시에 의하여 주권발행 후에는 당사자의 의사표시와 주권의 교부로 이루어진다. 다시 말하면 주식을 양도하려면 주권을 넘겨주는 점유(占有)의 이전이 필요하다. 그러므로 A가 B와 주식양도계약을 체결하였다 하더라도 주권을 교부하지 않으면 B는 주주가 될 수 없다. 따라서 주권을 교부받은 C가 주주가 된다.

다만 B는 손해를 보기 때문에 A에 대하여 채무불이행에 따른 손해배상을 청구할 수 있다.

8. 상업사용인의 경우

가전제품 대리상 A씨는 최근 그가 고용하는 지배인 B가 비밀리에 라디오와 TV만을 취급하는 매장을 설치하여 영업하고 있는 사실을 발견하였다. A는 B에 대하여 어떠한 법적 조처를 할 수 있는가?

상업사용인은 영업주의 허락 없이 자기 또는 제3자의 계산으로 영업주의 영업부류에 속하는 거래를 할 수 없다. 또 상업사용인은 영업주의 허락 없이 다른 회사의 무한책임사원, 이사 또는 다른 상인의 사용인이 되지 못한다(상법 제17조). 만일 그런 행위를 하였다면 그 행위 자체는 유효하지만 영업주는 상업사용인에게 손해배상의 청구는 물론 계약해지를 할 수 있다. 또 영업주는 상업사용인에 대하여 개입권 또는 탈취권을 행사할 수도 있다. 즉 상업사용인이 의무위반의 거래를 자기의 계산으로 한 때에는 그것을 영업주의 계산으로 쓸 수 있고, 제3자의 계산으로 한 때에는 그로 인한 이득의 양도를 청구할 수 있다. 개입권은 영업주가 그 거래를 안 날로부터 2주간을 경과하거나 거래가 있은 날부터 1년을 경과하면 소멸한다.

상법은 상업사용인이 영업주의 영업에 관하여 대리권이 있고 영업의 내용에 관하여 정통하므로 두 사람 사이에는 고도의 인간적 신뢰관계가 유지되어야 하기 때문에 상업사용인에게 이처럼 부작위(不作爲) 의무를 지우는 것이다.

　　따라서 지배인 B의 매장설치는 A의 영업과 같은 영업부류에 속하고, 명시적·묵시적 허락이 없는 이상 A의 이익에 손해를 주고 있다. B는 A에게 경업(競業) 금지의무를 위반하였으므로, A는 B에게 손해배상청구와 계약해지권 또는 개입권을 행사할 수 있다.

9. 상행위의 범위

　　A회사는 광고대행회사 B에게 의뢰하여 자기 회사제품을 광고하도록 M방송국과 광고방송계약을 체결하였다. 이때 광고방송계약은 상행위에 해당하는가? 만일 광고 내용이 원래의 계약과 다르다면 A는 직접 M방송국에 시정을 요구할 수 있는가 ? 반대로 M방속국은 A에게 직접 광고료를 청구할 수 있는가?

　　상법에서 말하는 상행위에는 기본적 상행위, 보조적 상행위, 준상행위등 3 종류가 있다. 광고방송을 하는 행위는 상법 제46조 7호에 따라 상행위에 속한다. B는 A와 M방송국 사이에 방송계약을 중개하여 성립시킬 수도 있으나 일반적으로 B가 A로부터 광고방송의 주선을 위탁받고 B명의로 방송계약을 체결한다. 만일 B가 중개를 하였다면 중개의 인수가 되고, 주선을 하였다면 주선의 인수가 되므로 어떠한 경우이든 B의 행위는 상행위가 된다. 한편 B가 A회사로부터 위탁을 받고 자기명의로 방송계약을 체결하였다면 A와 M방송국 사이에는 직접적 법률관계는 존재하지 않고, A회사는 B에 대하여 M방송국에 이의(異義)를 제기할 것을 요구할 수 있을 뿐이다. 그리고 M방송국은 B로부터 A회사에 대한 채권을 양수한 경우가 아니면 직접 광고료를 청구할 수 없다.

10. 위탁판매의 성질

　　사업자 A씨는 빚을 갚기 위해 자기가 가진 골동품을 B골동품상에게 판매해 주도록 위탁하였다. B는 C에게 이를 1천만원에 매도하였다. A는 C에게 직접 대금을 달라고 청구할 수 있는가?

　　여기서 위탁매매가 문제되는데, 위탁매매란 자기명의로써 타인의 계산으로 물건 또는 유가증권의 매매를 하는 것을 말하며, 이런 행위를 영업으로 하는 자를 위탁매매인이라 한다(상법 제101조). 위탁매매인은 자기명의로 영업을 하기 때문에 제3자에 대하여서는 자기가 권리의무의 주체가 되고 위탁자와 제3자 사이에는 직접적 법률관계가 성립하지 않는다. 다만 타인의 계산으로 하는 것이므로 위탁매매인이 인수한 거래로부터 발생하는 이익은 모두 위탁자에게로 돌아간다.

위탁판매는 일종의 간접대리이므로 위탁자와 위탁매매인 사이의 내부관계와 위탁매매인과 제3자 사이의 외부관계가 존재한다. 위탁자와 위탁매매인 사이에는 위탁관계가 성립하지만 위탁자와 제3자 사이에는 아무런 법률관계가 존재하지 않는다. A는 C에게 자기의 골동품대금 1천만원에 대하여 계약이나 법률에 의한 청구권을 갖지 못한다. 왜냐하면 C의 계약상대방은 어디까지나 위탁매매인으로서 자기의 명의로 A의 계산으로 그 골동품을 매도한 B이기 때문이다. 따라서 위탁자인 A는 B에 대하여 C로부터 받은 매매대금의 인도를 청구하여야 한다. 만일 A가 C에게 매매대금의 지급을 직접 청구하려면 위탁매매인 B로부터 B의 C에 대한 청구권을 양도받는 절차를 가져야만 한다.

11. 회사의 설립

어느 정도 기술이 있는 A씨는 자기기술을 상품화하기 위해 회사를 설립하고자 한다. 친구들과 함께 정관(定款)을 만들고 약정에 따라 주식(株式)을 인수하고 모집하기도 하였다. A씨는 어떤 절차를 밟아야 정식으로 자기회사의 명의로 제품을 판매할 수 있는가?

어떤 목적으로 회사를 설립한다는 것은 법인격을 창설하는 것, 즉 회사라는 한 단체를 형성하는 절차를 가진다.

회사의 설립에는 자유설립주의, 특허주의, 인가주의, 준칙주의 등이 있는데, 우리나라는 준칙주의를 택하고 있다. 준칙주의란 회사설립에 필요한 일정요건을 법률로 정해놓고 이 요건이 구비되면 법률상의 인격을 획득하여 회사가 설립되는 것을 말한다.

상법상 회사는 합명회사, 합자회사, 주식회사, 유한회사의 4종류만 인정된다. 이 중에서도 가장 중요한 형태는 주식회사이다. A씨는 자기의 기술을 바탕으로 주식회사를 설립하려고 진행하고 있는데, 이것을 법률상으로는 설립중의 회사라 부른다. 설립 중의 회사란 설립등기에 의한 회사성립 이전에 정관의 작성과 발기인에 의한 1주(株) 이상의 주식인수에 의하여 창립되는 설립과정중에 있는 회사의 전신으로서 어느 정도 회사로서의 실체를 구비한 미완성의 단체를 말한다.

　법률적으로는 권리능력없는 사단(nichtrechtsfㅇhiges Verein)에 속한다. A가 정식으로 자기회사의 명의로 영업을 하기 위해서는 상법 제290조에 의하여 현물출자 또는 재산인수의 절차를 밟아야 하며, 이러한 절차는 정관에 인정한 사항을 기재하고 검사인의 검사를 받는 등 상법상의 절차를 거치는 것을 말한다.

12. 주식의 성질

　어떤 주식회사는 정기주주총회를 열고 대주주(大株主)에게는 소주주보다 저율(低率)로 배당한다는 결의를 하였다. 이러한 결의는 주주평등(株主平等)의 원칙에 위배되어 집행할 수 없다는 반론도 제기되었다. 어떤 주장이 맞는가?

　주주의 지위는 주권(株券)이라는 유가증권에 의하여 자유로이 타인에게 이전할 수도 있고 행사할 수도 있다. 주주는 그 소유주식에 비례하여 회사에 대한 권리와 의무를 갖는데, 이를 주주평등의 원칙이라 한다. 상법상 주식의 종류로는 우선주식, 보통주식, 후배주식, 무의결권주식, 상환주식, 전환주식 등이 있고, 1주의 금액은 100원 이상이어야 하고 주식은 금액으로 표시되어야 하며, 주식의 금액은 균일하여야 한다. 회사가 한 가지 종류의 주식만 발행하든 여러 종류의 주식을 발행하든 같은 종류의 주식 사이에는 주주평등의 원칙에 의해 이익배당률은 동일하여야 한다. 즉 차등배당은 인정되지 않는다. 다만 차등배당은 그로 인하여 불리한 취급을 받게 되는 주주 전원(全員)의 동의가 있는 경우는 가능하다.

　종래 대법원은 주주총회의 결의에 의하여 대주주와 소주주에게 차등배당을 하기로 한 결의는 대주주가 스스로 배당받은 권리를 포기하거나 양도하는 것과 마찬가지여서 이를 유효로 본다는 판결을 한 바 있고 이를 지지하는 학설도 있다. 그러나 불리한 배당을 받게 될 모든 주주가 동의하지 않는 한 주주총회의 차등배당결의는 주주평등의 원칙에 위배된다고 할 것이다. 주주총회에서 전원동의가 아니고 다수결에 의한 차등배당의 결의를 하였다면 무효라고 할 것이다.

13. 기업의 사회적 책임

우리나라에 현대, 삼성, 대우 등 이른바 '그룹'이라고 불리는 재벌회사들이 생겨 상대적으로 중소기업의 발전이 어렵다는 지적이 있다. 그럼에도 불구하고 이런 재벌들은 문어발식으로 더욱 많은 종류의 기업을 확산운영하고 있다. 상법이나 경제법으로 이러한 현상에 대하여 어떤 대책이 가능한가?

상법에서는 이에 대해 주식회사 기업의 사회적 책임으로 논의된다. 일반적으로 기업의 책임은 대내적 책임과 대외적 책임을 말하는데, 사회적 책임은 한 사회 내에서 기업이 갖는 특수성을 고려한 논의이다. 기업의 사회적 책임은 서양에서는 1920년대부터 논의되었는데, 우리나라에서는 1960년대부터 기업에 의한 환경오염, 자연파괴, 매점매석, 독과점 등의 반사회적 행위가 나타남에 따라 주목되고 있다. 그러나 아직 법적으로나 학문적으로 정립단계에 있다.

기업의 사회적 책임의 객체는 기업내부적으로 경영에 참가하지 않는 주주나 종업원이고, 외부적으로는 기업의 채권자, 소비자 및 지역주민 등이다.

책임의 내용은 기업의 작위·부작위를 포함한다. 본래 기업은 극대이윤을 추구하기 때문에 그런 노력이 합법적인 한 사회 전체의 이익 내지 복지 향상을 위해 적극적 작위의무를 부담할 필요는 없다. 기업의 불법행위에는 사법상의 손해배상책임이 있음은 물론이다.

그러나 오늘날 기업이 사회적으로 큰 영향을 미치므로 그 이익도 구성원에게만 그칠 것이 아니라 사회환원의 측면도 고려되어야 한다고 지적된다. 구체적 법규위반이 없어도 사회에 대해 추상적 책임을 진다고 설명된다. 그러나 윤리적 측면을 넘어 법적 구속력을 갖느냐는 점에는 논란이 있다.

기업의 사회적 책임으로 가장 강조되는 점은 소비자보호(Consumer protection, Verbraucherschutz)이다. 기업의 상품소비에 따른 여러 위해방지와 부당표시에 의한 불이익으로부터 소비대중은 보호되어야 한다. 각종 거래조건, 소비자신용, 상품정보 등이 피해로부터도 보호되어야 한다. 소비자와 기업 사이의 자유계약이나 기존의 사법질서만으로는 해결할 수 없는 한계가 있어 「소비자보호법」 등이 제정되고 법률의 해석적용에서도 기업의 사회적 책임을 고려하고 있다. IMF체제 이후 기업의 구조조정과 함께 심각한 문제로 논의중에 있다.

14. 보험계약의 효력

> 보험회사의 모집인 A는 B에게 보험에 들 것을 권유하는 도중 잘못 설명하여 B가 그 말을 믿고 가입하였다. 실제로 사고가 일어나 B는 보험회사에 보험금지급을 청구하였으나 보험회사는 약관의 규정과 다르다며 거부하였다. B는 구제될 수 없는가?

보험계약은 당사자 중 일방이 약정한 보험료를 지급하고 상대방이 재산, 생명, 신체의 사고에 보험금을 지급하기로 약정하는 계약이다. 대개 보험계약은 보험계약자나 피보험자에게 중요사실을 고지하고, 보험자가 계약의 성립과 내용을 증명하는 보험증권을 작성교부함으로써 체결되는 것이 보통이다. 보험회사가 만든 일반약관(一般約款)에 보험자는 일방적으로 서명하게 된다.

이런 보험약관이 어떤 법적 성격을 갖느냐에 대하여는 두 가지 설이 있다. 하나는 보험계약의 당사자가 그 법률행위의 내용으로써 일반보험계약에 의할 것을 합의하였기 때문에 당사자를 구속한다는 의사설(계약설)이고, 다른 하나는 일반보험약관은 보험계약 관계자로 이루어지는 사회에 타당한 규범으로서 약관 그 자체가 갖는 규범성에 그 구속력을 인정하는 규범설(법규설)이다.

우리나라의 대법원 판례는 의사설(계약설)의 입장에 서있다(대판 1985. 12. 26, 84 다카 2543; 1989. 3. 28, 88 다 4645). 따라서 당사자 본인이나 보험모집인이 약관의 내용과 다른 설명을 하였다면 설명한 내용이 당연히 보험계약의 내용이 되고, 이와 충돌되는 보험약관의 적용은 없게 된다고 볼 것이다(약관의 규제에관한법률 제4조). 그러므로 B는 A로부터 들은 내용의 범위에서 보험금의 지급을 청구할 수 있다. 물론 그 내용을 증명할 수 있어야 한다.

15. 자동차 종합보험

A는 친구의 부탁으로 자가용 승용차를 빌려주었다. 친구가 자기 집 앞에 주차시켜 놓은 사이에 그의 동생 B가 운전하다가 사람을 치어 중상을 입혔다. A가 가입한 종합보험회사에서는 B가 무면허운전자이므로 보험금을 지급할 수 없다 한다. A는 보험 혜택을 받을 수 없는가?

자동차보험에는 피보험자 자신이 직접 입은 손해를 보상하는 차량보험과 자손(自損)사고보험, 자동차의 사고로 제3자에게 발생한 손해를 보상하는 책임보험 등이 있다. 자동차종합보험 일반약관에 의하면 "피보험 자동차의 운전자가 무면허운전을 하였을 때 생긴 사고로 인한 손해는 보상을 받지 아니한다"(동 약관 제10조 1항)고 규정되어 있다. 그러나 무면허운전시 사고에 대한 면책사유의 효력에 대하여 대법원판례는 "면책사유의 효력은 무면허운전의 주체, 즉 무면허로 운전한 사람이 누구인가에 관계없이 적용되는 조항이지만 모든 무면허운전자의 경우에 보험회사가 면책되는 것이 아니고 그 무면허운전이 보험계약자나 피보험자의 명시적 승인이나 묵시적 승인에 의해서 이루어진 때에만 보험회사는 그 사고에 대하여 책임을 면할 수 있는 것이다"고 판시하였다(대판 1991. 12. 24, 90 다카 23899).

따라서 위의 경우 보험회사가 무면허운전의 면책조항을 내세워 보험처리를 거부하고 있으나 B의 운전행위는 보험계약자인 A의 명시적 또는 묵시적 승인이 있었다고 보기 어려우므로 보험회사는 배상책임을 면할 수 없다고 할 것이다.

16. 어음수표의 기명날인

어음을 발행할 때에 도장을 찍지 아니하고 서명을 하거나 무인을 찍어도 되는가?

우리 어음법상 어음행위는 기명날인에 의할 것을 요구하고 있다. 이것은 어음법이 요구하는 엄격한 형식적 요건이므로 발행을 비롯하여 배서, 보증 등 모든 어음행위는 반드시 기명날인에 의하여야 한다. 따라서 도장을 날인하지 아니하고 서명이나 무인만 한 것은 어음행위로서의 효력이 생기지 아니하며 그러한 어음의 발행은 어음의 요건이 갖추어지지 아니한 것으로 된다. 다만, 서명제도를 가지고 있는 외국인의 경우엔 서명만으로 어음행위를 할 수 있다.

대법원 판례에 의하면 "무인 기타 지장(손도장)은 그 진부(진짜인지 가짜인지 여부)를 눈으로는 식별할 수 없고 특수한 기구와 특별한 기능에 의하지 아니하면 식별할 수 없으므로 거래상의 유통을 목적으로 하는 어음에 있어서는 기명날인에는 지장을 포함하지 아니한다고 해석함이 타당하며 따라서 기명과 지장으로 한 어음행위는 형식을 갖추지 못한 무효의 것이다"(대법원 1962. 11. 1. 선고 62 다 604 판결)라고 한다.

종전에는 기명날인만을 유효한 것으로 하였으나 서명제도를 가지고 있는 외국의 입법례에 맞추어 지난 1995년 12월 6 일의 법개정에서 '기명날인 또는 서명'으로 개정하였다.

17. 수표를 도난당한 경우의 구제절차

A는 모 은행발행의 50만원권 자기앞수표 10장을 집에 보관하던중 도난당하였다. 어떤 절차를 거쳐야 피해를 방지할 수 있는가?

A는 우선 관할경찰서에 수표도난신고를 한 후 위 수표의 발행은행에 사고신고를 하여 지급정지를 의뢰하여야 한다. 단, 은행에 대한 사고신고시에는 어음교환소규약에 따라 수표금 상당액을 예치하여야 한다. 그 후 법원으로부터 제권판결을 받아야 하는데, 제권판결절차는 우선 분실한 수표(어음)의 번호, 금액, 분실일시, 분실장소, 최후소지인의 성명 등을 신문에 공고한 후 이를 첨부하여 관할법원에 공시최고신청을 하면 법원은 공고일로부터 3개월 안에 그 수표에 대한 권리신고가 없으면 신청인에게 제권판결을 해 준다.

일단 제권판결의 선고가 있으면 그 이후는 수표가 무효로 되어 수표로서의 효력이 상실되어 수표용지 자체는 종잇조각에 불과하게 된다. 나아가 제권

판결의 신청인이 그 수표의 소지인을 알고 있었던 경우와 그 수표금 청구의 소송절차가 진행중인 경우에도 제권판결이 선고된 이상 그 판결이 불복의 소에 의하여 취소되지 않는 한 제권판결은 유효하다.

수표가 고액인 경우는 도난, 분실 후에 신속하게 대처하기 위하여 수표의 사본을 작성해 두거나 수표번호와 발행은행 등을 따로 기록해 놓는 것이 좋을 것이다.

18. 발행한도액을 초과한 가계수표의 효력

> 갑은 A로부터 물품대금 중 잔금 120만원을 받을 것이 있어 이의 지급을 요구했더니, A는 120만원권 가계수표를 발행하여 주면서 1개월 후 청구해 달라고 하였다. 갑은 약속대로 1개월이 지난 후 지급지 은행에 지급제시를 하였으나 은행에서는 지급을 거절하였다. 은행이 지급거절한 사유는 무엇이며 이런 경우 갑은 어떤 방법으로 돈을 받을 수 있는가?

가계수표는 가계종합예금에 가입한 사람이 원칙적으로 예금잔액의 범위 내에서 발행할 수 있고, 거래점포와 대월약정을 맺은 경우에는 예금잔액을 초과하여 대월약정한도액까지 발생할 수 있다. 거래은행에서는 동 예금가입자가 수표를 발행할 수 있도록 백지 수표용지를 1회 20장까지 교부하였다. 수표용지 문언 중에서 "30만원 이하"라는 문언이 기재되어 있는데 이는 대한금융단 공동협정에 의한 것이다.

가계수표는 보증카드제도에 의하여 동 카드의 요건에 맞게 발행한 경우에는 발행자의 예금잔액에 관계없이 거래은행이 무조건 지급을 하게 되어 있다. 이렇게 예금잔액에 관계없이 지급책임을 지는 은행의 피해를 줄이기 위하여 한 장당 발행한도를 30만원으로 정한 것이다(다만 예금주 본인이 거래점포에 직접 가서 발행하는 경우에는 그 발행한도가 대월한도액까지 즉 예금잔액에 대월약정한도를 합산한 금액 범위까지도 가능할 수 있다).

따라서 갑이 A로부터 받은 120만원짜리 가계수표는 그 수표 자체가 무효로 되는 것은 아니지만 발행인 이외의 자가 자기은행에 지급 제시하면 은행은 지급을 하지 않으며, 거래은행에 입금시키고자 해도 받아주지 않게 된다. 설령 은행에서 착오로 받은 경우에도 어음 교환소를 통하여 지급은행에 제시되면 부도처리된다.

결국 갑은 A로부터 한 장당 30만원 이내의 가계수표로서 다시 돌려받든지, 아니면 A와 함께 지급지 은행에 가서 120만원짜리 가계수표를 지급제시하고 한도초과발행에 대한 A의 확인을 통하여 은행으로부터 지급을 받는 방법을 택하여야 할 것이다.

이러한 방법이 여의치 않으면 120만원짜리 가계수표를 증거로 하여 원인채권(물품대금)에 기한 채권행사를 할 수도 있을 것이다.

형법은 총칙과 각칙으로 구분되어, 인간이 사회생활에서 해서는 아니될 모든 행동을 치밀하게 규율하고 있다. 형법학은 크게 범죄론과 형벌론으로 나누어 법철학적 기초와 사회문화적 배경 속에서 합리적 이론을 구성하고 있다.

姦 通 罪

간통이 죄냐 죄 아니냐
또 열올려 입씨름 해볼거나?

결혼이란 인위적 제도가
애정의 자연적 행위를 어떻게
구속해?
형법이 이불 속까지 파고들 수
있나?
이런저런 논리로 간통죄를 없애자는
대한민국 법무부 형법개정위원회.

여성단체들이 가만 있을 리 없지
공청회, 세미나에 반대의견도
만만찮다.

형사정책연구원 세미나에서는
국민의 84%가 간통죄의 처벌을
지지한다고.
현행 2년보다 형량을 더 높여야
한다고.

법학자는 세계 추세를 들먹이고
사회학자는 한국 현실을 가리키고
간통죄 처벌조항은 어디로 가나?

입으로는 엄벌을 주장하면서
아래로는 은근히 간통을 즐기려는
대한민국 남성문화-
법이론으론 풀 수 없는
아방궁의 요지경?

1. 형법의 적용

A는 부산항에서 정박중인 영국선박에 불에 타기 쉬운 화물을 선적하였다. 선박이 이집트부근의 해상을 항해하는 도중 화재가 발생하여 화물이 모두 타버렸다.
이 사건은 어느 나라의 법에 의해 해결되어야 하나?

대한민국 형법은 대한민국의 영역 내에서 죄를 범한 내국인과 외국인에게 적용된다. 대한민국 안에서 범죄사실의 전부가 발생한 경우뿐만 아니라, 범죄행위는 국내에서 이루어졌으나 그 결과는 국외에서 발생하였다든가, 이와 반대로 범죄행위는 국외에서 행해졌으나 그 결과가 대한민국 내에서 발생한 결과도 마찬가지이다.

위 설문에서 A가 불에 타기 쉬운 화물을 과실로 국내에서 실은 결과 이집트 근해에서 화재의 결과가 나타났더라도 A가 행한 실화죄(失火罪)에는 대한민국 형법이 적용된다. 선박내, 항공기 내는 영토 내와 동일하게 다루어서 한국선박, 한국항공기 안에서 일어난 범죄에 대하여는 그 선박·항공기가 어디에 있든지 불문하고, 범인의 국적을 따지지 아니하고 대한민국 형법이 적용된다(형법 제4조). 따라서 예컨대 독일의 영공을 비행중이던 KAL기 내에서 일본인이 미국인과 다투던 중 미국인을 살해한 경우 속지주의 및 기국주의(旗國主義)에 따라 범죄자의 국적에 관계없이 한국형법이 적용되는 것이다.

2. 범죄행위의 개념

A씨는 평소 사업이 부진하자 점점 비관하여 세상에 살기보다는 차라리 교도소 안에 사는 것이 편하리라고 생각하였다. 마침 신문에 강도사건의 용의자를 찾는다는 뉴스를 읽고 자기가 범인이라고 경찰서에 신고하였다. 그러나 불행히도(?) 경찰조사 과정에서 허위임이 드러났다.
A씨는 형법상 처벌을 받아야 하는가?

형법 제156조에서 정한 무고죄(誣告罪)는 타인으로 하여금 형사처벌 또는 징계처분을 받게 할 목적으로 공무원에게 허위사실을 신고하는 것을 뜻한다. 위의 사례에서는 자기 자신을 무고한 경우인데, 문제는 자기무고도 범죄가 되느냐 하는 데에 있다. 형법은 타인에 대해서만 무고죄를 인정하고 자기무고에 대하여는 무고죄를 인정하지 않는다. 다시 말하면 자기무고는 형법 제156조의 구성요건에 해당되지 않는 것이다. 그렇지만 「경범죄처벌법」 제1조 제5호에 허구의 범죄를 공무원에게 신고한 경우가 규정되어 있어 A씨는 경범죄처벌법에 의해 가벼운 처벌을 받게 된다. 여기에서 우리는 법이 타인을 위하여만 존재하는 것이 아니고 자기 자신의 행위에 대하여도 적용되며, 인간의 부자연스런 행위에 대하여는 보편적으로 법적 제재가 따른다는 사실을 다시 한번 보게 된다.

3. 인과관계

A는 B에게 폭행을 당해 이빨이 부러져 치과병원으로 가고 있었다. 그런데 급한 나머지 교통사고를 일으켜 중상을 입고 외과병원에 입원하여 치료중이었다. 그런데 간호사 C양이 과실로 화재를 일으켜 병원이 불타는 바람에 A는 불에 타 사망하였다. A의 사망에 B와 C는 어떤 책임을 져야 하는가?

인과관계에 관한 문제로서 사법시험 제21회(1984)에 출제된 케이스이기도 하다. 형법이론에는 조건설, 상당인과관계설 등 여러 설명방식이 있지만, 본 사안에서 어떻게 합리적 결론을 내느냐가 중요하다. A의 사망에는 중간에 운전사, 간호사의 개입이 있었고, 직접적으로는 간호사의 과실이 사망의 원인이 되기는 하였지만, 근원적으로 B의 폭행행위에서부터 결과발생으로 인과적 연쇄효과를 미쳤다고 해석한다면 C뿐만 아니라 B도 A의 사망에 대해 책임을 면하기 어렵다고 볼 것이다. 하지만 이러한 결론은 인과관계를 무한하게 확장시켜 사안과 같은 비유형적 인과관계에서 가벌성을 지나치게 확장하는 결과를 야기한다. 따라서 C의 행위는 별론으로 B의 행위는 A의 사망과 인과관계가 없거나 결과발생에 대한 예견가능성이 없었다고 볼 것이다.

4. 실행의 착수

A는 B의 호주머니 속에 있는 지갑을 훔치려고 손을 내밀어 더듬다가 그 순간 옆에

있던 C가 쳐다보는 것을 발견하고 얼른 멈추었다. 그럼에도 불구하고 C는 경찰에 소매치기를 잡았다고 현행범으로 고발하였다. A의 죄책은?

위 사례에서 문제되는 것은 A가 절도행위를 하다가 미수에 그쳤으나 이미 실행에 착수하지 않았느냐이다. 미수범에서 우선 범행의 준비행동인 예비와 미수와의 한계를 짓는 실행의 착수의 시기를 분명히 하여야 한다. 실행의 착수시기는 행위자의 의사를 중시하는 이론과 객관적 행위를 중시하는 이론이 대립되고 있으나, 구성요건적 결과를 발생하지 않고 법익침해 또는 위험이 개시되었다고 판단될 때 실행의 착수가 있다고 보아야 할 것이다. A는 B의 지갑을 훔칠 의사로 호주머니 바깥쪽에 손을 댄 단계에서 이미 호주머니 안에 있는 지갑에 대한 침해가능성은 충분히 현실화된 것이라 할 수 있으므로 A는 절도의 실행에 착수했다고 보아야 할 것이다. 그러나 A는 절도를 하려다 중지하였으므로 절도미수죄에 해당되어 형이 감면될 것이다.

이와 관련하여 법원이 어떤 때에 실행에 착수했다고 판정하며 어떤 때에 부인하느냐가 궁금하다. 이에 관한 판례를 찾아보면 다음과 같다.

먼저 실행의 착수를 인정한 사례를 보면:

1) 갑은 자신의 방에서 을과 함께 시비가 붙자 격분하여 을을 살해할 마음을 먹고 밖으로 나가 윗방, 마루 밑 못그릇에 놓여 있던 낫을 들고 들어오려고 하였다. 이 순간 병이 행동을 저지하였고, 을은 그 틈을 타서 뒷문으로 도망하였다(대판 1986. 2. 25, 85 도 2773).

2) 살해할 의사로 방아쇠에 손을 대지는 않았지만 총을 겨누었을 때(살인죄의 실행의 착수)(RGSt 59, 386).

3) 문 뒤에 몸을 숨기고 있는 피해자를 쏘려고 그 문을 발로 차서 넘어뜨린 때(살인죄의 실행의 착수)(BGH NStZ 1987, 20).

4) 소매치기 갑은 을의 양복 상의 주머니에서 금품을 절취하려고 그 호주머니에 손을 뻗쳐 그 겉을 더듬었다(절도죄의 실행의 착수)(대판 1984. 12. 11, 84 도 2524).

5) 갑은 고속버스 안에서 금품을 절취하기 위하여 버스선반 위에 올려놓은 을의 007가방을 왼손에 신문용지를 들고 위 가방을 가리며 오른손으로 한쪽 겉쇠를 열었다. 그러나 갑은 고속버스터미널의 보안원에게 발각되었다(절

도죄의 실행의 착수)(대판 1983. 10. 25, 83 도 2432).

6) 갑은 간음할 목적으로 새벽 4시에 을 혼자 있는 방문 앞으로 가서 방문을 열어주지 않으면 부수고 들어갈 기세로 방문을 두드렸다. 이에 을은 위험을 느끼고 창문에 걸터앉아 가까이 오면 뛰어 내리겠다고 하였지만, 갑은 오히려 베란다를 통하여 창문으로 침입하려고 하였다(대판 1991. 4. 9, 91 도 288).

그리고 실행의 착수를 부인한 사례를 보면;

1) 갑은 노상에 세워 놓은 자동차 안에 있는 물건을 훔칠 생각으로 자동차의 유리창을 통하여 그 내부를 손전등으로 비추어 보다가 발각되었다. 발각 당시 갑은 유리창을 따기 위해 면장갑을 끼고 있었고, 칼도 소지하고 있었다(대판 1985. 4. 23, 85 도 464).

2) 갑은 소전에서 소를 흥정하고 있는 을의 하의 주머니에 있는 현금을 절취하려고 마음먹었다. 갑은 먼저 을의 주의력을 흐트려 놓기 위해 자신이 들고 있는 가방으로 돈이 들어 있는 을의 하의 왼쪽 주머니를 스치면서 지나가다가 발각되었다(대판 1986. 11. 11, 86 도 1109).

3) 갑은 자기의 사촌여동생인 을을 강간할 목적으로 을의 집 담을 넘어 침입한 후 안방에 들어가 누워 자고 있던 을의 가슴과 엉덩이를 만지면서 을을 강간하려 하였다. 이 때 을이 잠에서 깨면서 '야 !' 하고 크게 고함을 치자 도망갔다(대판 1990. 5. 25, 90 도 607).

4) 은행강도가 목표로 설정한 은행 앞으로 차를 타고·지나갈 때(강도예비)(BGH MDR 1978, 985).

5) 변호인이 증인에게 위증하도록 설득했으나 그 증인이 아직 진술을 시작하지 않았을 때(위증죄의 단순예비)(BGH NStZ 1982, 329).

5. 고의와 과실

A는 어느 날 쓰레기통 옆에 두부상자가 있기에 버린 물건으로 생각하여 들고 왔다. 뒤이어 주인이 나타나 왜 훔쳐갔느냐고 절도죄로 고소하였다. A의 죄책은?

절도란 타인의 점유 아래 있는 물건을 그 의사에 반하여 자기 또는 제3자의 점유 아래로 이전하는 것을 말한다. A는 쓰레기통 옆에 있는 두부상자를 버린 것으로 생각했기 때문에 절도하려는 고의가 있었던 것으로 판단되지 아니한다. 절도의 범의(고의)가 없었기 때문에 아무런 죄가 되지 아니한다.

이 사례에서 고의가 인정되느냐 여부가 범죄구성을 좌우하는 것처럼, 법원은 어떤 경우에 고의가 인정되는가의 범위를 판례로서 보여준다. 우선 고의를 부정한 사례를 보면,

1) 갑은 동거하던 을이 이성관계가 복잡하고, 평소 친가 가족들을 불러다가 시비를 거는 등 자기를 괴롭히므로 갑은 을의 동생 병과 말다툼을 하게 되자 평소 누적된 감정을 억제하지 못하게 되었다. 갑은 을의 집을 나가 헤어지기로 작정하고 죽은 동생의 유품으로 보관하고 있던 서적 등을 뒷마당에 내어놓고 불태워버리려고 평소 타고 다니던 오토바이에서 고무함지에 휘발유를 빼내어 이를 위 서적 위에 붓고 불을 붙이기 위하여 노트를 찢은 종이에 라이터로 점화하였다. 그러나 그 열기가 심하여 이를 던졌으나 위 고무함지에 떨어져 발화되어 위 서적에 인화되어 삽시간에 방안에도 불이 번졌고, 을의 가옥이 불탔다(대판 1984. 7. 24, 84 도 1245).

2) 갑은 평소 동네 을의 빵 대리점에서 부패되어 도로상에 쌓아 두거나 쓰레기통에 버린 빵을 가져와 개 먹이로 사용하고 있었다. 1983. 4. 29. 밤 23:55경 갑은 을의 빵 대리점 앞에 쌓아 둔 빵 4박스 중 패스추리빵 38개 및 단팥빵 3개 도합 4,150원 상당량을 버린 것인 줄 알고 가져 왔다. 그러나 그날 을의 대리점 앞에 쌓아 둔 빵은 종업원들이 제조년월일 1983. 4. 20인 빵을 제조회사로부터 제조년월일 1983. 4. 29분으로 바꿔 오기 위하여 가게문 앞에 쌓아 두고 취침한 것이었다(대판 1984. 12. 11, 84 도 2002).

반대로 고의를 인정한 사례를 보면;

1) 갑은 만 6세된 여아 을을 강간한 후 목을 손목으로 3분 내지 4분간 눌러 을을 사망에 이르게 하였다(대판 1985. 3. 12, 84 도 198).

2) 갑은 길이 99센티미터, 두께 8센티미터 되는 각목으로 을의 머리를 세 번 가량 강타하고 을이 비틀거리며 쓰러졌음에도 계속하여 그 각목으로 더 세게 머리를 두 번 때렸다. 을은 다발성 두개골 골절로 인한 뇌출혈 및 뇌좌상으로 사망하였다(대판 1985. 5. 14, 84 도 256).

3) 갑은 시위대원 3명과 함께 버스를 탈취한 후, 술이 취한 채 이 버스를 운전하여 시위대를 진압하기 위하여 차도를 차단하여 포진하고 있는 ××경

찰국 기동대원을 향하여 시속 50킬로미터의 속도로 돌진하였다. 갑은 이 때 기동대원들이 차도에서 인도 쪽으로 피하자 버스를 계속 같은 속도로 운행하면서 피하는 대원들을 따라 일부러 핸들을 우측으로 틀면서 돌진하여 대원들을 들이받아 쓰러뜨렸다. 이에 기동대원 중 을은 두개골 골절 등으로 사망하였고, 병, 정은 전치 10주의 부상을 입었다(대판 1988. 6. 14, 88도 692).

6. 미필적 고의

> B는 A를 살해하려고 음료수에 독약을 부어넣었다. B는 만일 A가 아니고 A의 가족이 마신다 하더라도 할 수 없다고 생각하고 그 음료수를 냉장고에 넣어두었다. 아니나 다를까 A의 아들 C군이 그 음료수를 꺼내 마시고 사망하였다. C의 사망에 B는 어떤 책임을 지는가?

사법시험에도 자주 출제된 이 케이스문제는 미필적 고의에 관한 문제이다.

미필적 고의란 고의의 지적 · 의지적 요소가 위축된 가장 약화된 형태의 고의로서 과실과의 구별이 문제된다. 형법은 과실범은 원칙적으로 처벌하지 않되 처벌규정을 두는 경우에만 별도로 처벌을 하고 있기 때문에 고의범인지 과실범인지에 따라 처벌의 상이가 발생하기 때문이다.

이와 관련하여 행위자가 결과발생의 가능성을 인식하면서도 이를 용인한 경우는 미필적 고의이고, 그러하지 않은 경우는 인식 있는 과실이 된다는 용인설, 행위자가 결과발생의 구체적 가능성을 인식하고도 행위하였을 경우에는 미필적 고의이고, 그렇지 않은 경우에는 인식 있는 과실이 된다는 가능성설, 행위자가 결과발생의 가능성을 인식하고 그 점을 진지하게 고려하였음에도 불구하고 자신의 행위목적을 달성하기 위하여 구성요건실현의 위험을 감수한 때에는 미필적 고의가 되고, 결과가 발생하지 않는다고 신뢰한 때에는 인식 있는 과실이 된다는 감수설, 영미법상의 recklessness에 해당하는 형태를 입법적으로 도입하여 미필적 고의와 인식 있는 과실을 구별하지 않고 동일하게 취급하여 고의와 과실의 중간형태인 제3의 책임형태로 인정하자는 무모설 등이 주장되고 있다. 다수설은 용인설의 입장을 취하고 있으며, 대법원은 결과발생가능성에 대한 인식과 결과발생을 용인하는 내심의 의사가 있을 때 미필적 고의를 인정하고 있는 바, 그에 대한 평가가 나뉜다.

사안의 경우 B는 A가 아니고 A의 가족이 마신다 하더라도 할 수 없다고 생각하였다. 이는 용인설 또는 감수설에 따를 때 미필적 고의가 인정된다 볼 것이므로 살인죄의 기수범으로서의 죄책을 부담하게 된다.

7. 행위의 중지

A는 평소 B를 증오하여 어느 날 B씨 집 뒷간에 불을 붙였다. 타오르는 불길을 보는 순간 겁이 나서 "불이야!"하고 소리치며 도망쳤다. 지나가던 사람들이 불을 꺼주어 B씨 집의 일부만 타고 그쳤다. A는 경찰서에 자수하였는데, 방화죄로 처벌될 것인가?

A는 B의 집에 고의적으로 방화하였으므로 방화죄에 해당된다. 그가 불길을 보는 순간 겁이 나서 "불이야!"하고 소리치며 도망간 것을 두고 중지미수로 규율할 수 있는지가 문제된다.

중지미수란 범죄의 실행에 착수한 자가 그 범죄가 기수에 이르기 전에 자의로 범행을 중지하거나 범행으로 인한 결과의 발생을 방지한 경우로서, 형법은 이에 대해 형의 필요적 감면을 허여하고 있다(형법 제26조). 이때의 자의성의 의미에 관해 학설이 대립하고 있는데, 외부적 사정으로 인하여 범죄를 완성하지 못한 경우에는 장애미수이고, 내부적 동기로 인하여 범죄를 완성하지 못한 경우는 중지미수라는 객관설, 양심의 가책 등 윤리적 동기로 인하여 범죄를 완성하지 못한 경우는 중지미수이고 그 외의 사정으로 인하여 범죄를 완성하지 못한 경우는 장애미수라는 주관설, '할 수 있었지만 하기 원하지 않아서' 중지한 때가 자의에 의한 경우이고, '하려고 하였지만 할 수가 없어서' 중지한 경우를 장애미수로 파악하는 프랑크(R. Frank, 1860~1934)의 공식 등도 주장되고 있으나 다수설*과 판례**는 사회일반의 경험상 강제적 장애사유로 인하여 타율적으로 중지한 경우에는 장애미수이고 이러한 사유가 없음에도 불구하고 자율적 동기에 의하여 중지한 때에는 중지미수라는 절충설의 태도

* 이재상, 형법총론, 박영사, 1999, 364면 등.
** 대법원 1999. 4. 13. 선고 99 도 640 판결 등.

를 취하고 있다.

이에 따르면 외적인 강제상태 또는 정신적인 압박에 의하여 중지한 경우에는 자의성을 인정할 수 없다. 대법원도 피고인이 장롱 안에 있는 옷가지에 불을 놓아 건물을 소훼하려 하였으나 불길이 치솟는 것을 보고 겁이 나서 물을 부어 불을 끈 경우(대법원 1997. 6. 13. 선고 97 도 957 판결) 또는 피해자를 살해하려고 그의 목 부위와 왼쪽 가슴 부위를 칼로 수 회 찔렀으나 피해자의 가슴 부위에서 많은 피가 흘러나오는 것을 발견하고 겁을 먹고 그만두는 바람에 미수에 그친 경우(대법원 1999. 4. 13. 선고 99 도 640 판결)는 일반 사회통념상 범죄를 완수함에 장애가 되는 사정에 해당한다고 보아야 할 것이므로, 이를 자의에 의한 중지미수라고 볼 수 없다고 판시한 바 있다.

따라서 A는 방화죄의 중지범이 될 수 없고 방화죄로 처벌된다. 그가 경찰서에 자수했다는 사실은 다른 측면에서 정상참작이 될 수 있을 뿐이다.

방화죄와 별도로 실화죄(失火罪)도 처벌하는데, 예컨대 자기 집 마당에서 태운 불티가 이웃집으로 날려 이웃집을 전부 태워버렸다면 실화죄에 해당된다. 이때에는 불티가 날아가지 않도록 물을 뿌리는 등 주의의무를 기울여야 한다.

실화죄는 형법 제170조에 의해 1천 500만원 이하의 벌금에 처하며, 민사상의 배상책임은 별도이다.

8. 자구행위

A씨는 1천만원의 돈이 든 가방을 날치기 당했다. 그 다음날 거리에서 그 날치기범인 B를 발견하고 "내 돈가방 내놔"라고 하면서 주먹으로 갈겼다. 격투 끝에 B는 부상을 입었고, 살해죄로 A를 고소하였다. A와 B는 어떻게 죄책을 지는가?

옛부터 "법은 멀고 주먹은 가깝다"는 말이 있다. 자기의 소유물이나 점유물을 침탈당한 때에는 스스로 현장에서 또는 추적하여 탈환할 수·있다. 민법 제209조는 "점유자는 그 점유를 부정히 침탈 또는 방해하는 행위에 대하여 자력으로 이를 방어할 수 있다. 점유물이 침탈되었을 경우에 부동산일 때에는 점유하고 침탈 후 즉시 가해자를 배제하여 이를 탈환할 수 있고 동산일 때에

는 점유자는 현장에서 또는 추적하여 가해자로부터 이를 탈환할 수 있다"고
규정하고 있다.

위 사안에서 현장 또는 추격중인 상태는 아니지만 그렇다고 우연히 만난
범인을 경찰에 신고할 겨를이 없는 것도 사실이다. 이럴 때 A의 실력행사는
자력구제로서 정당성을 인정받게 될 것이다(민법에서는 자력구제(自力救濟)라 하
고, 형법에서는 자구행위(自救行爲)라 하는데 모두 Selbsthilfe의 번역어이다). B에게
중상을 입힌다면 치료비 등 손해배상을 해야 할 것이지만, 가벼운 부상이라면
민사상 배상책임도 없을 것이다.

B가 날치기범임에도 불구하고 법을 이용하여 상해죄로 A를 고소하여 상
해죄로 처벌받게 하려면, 할 수 없는 것은 아니지만 이것은 그야말로 적반하
장격으로 법을 악용하려는 것으로 받아들여지기 힘들 것이다. 크게 부상이 심
각하지 않는 한 형법적으로 A의 공격행위는 정당방위로 정당화될 수 있기 때
문이다. 형법적으로는 A는 B를 절도죄로 대응할 수 있을 것이다.

만일 소송을 제기한다면 이런 경우 민사소송과 형사소송을 모두 생각할
수 있겠지만, 구체적으로 불필요한 소송보다는 원상회복으로 끝나는 것이 급
선무일 것이다.

9. 정당방위

A는 애인과 함께 남산에 올라가 산책을 즐기고 있었다. 불량배로 보이는 청년이
"그림 좋구나"하면서 다가와 애인을 옆 숲 속으로 끌고갔다. 애인이 저항하는 소리가
들리는 찰나 A는 달려가 불량배에게 일격을 가하였다. 두 사람이 엎치락뒤치락 싸우
는 사이에 애인이 "사람 살려 !"라고 고함을 지르고, 경찰이 와서 싸움을 그쳤는데, 결
과적으로 불량배는 전치 2주의 상처를 입게 되었다. A는 이에 대해 처벌받아야 하나?

이 사안은 강제추행이란 부당한 침해에 대항하여 싸움으로 연결된 경우
에 정당방위가 인정될 것인가에 관한 문제이다.

정당방위는 ① 현재의 부당한 침해가 있을 것, ② 자기 또는 타인의 법
익을 방위하기 위한 행위일 것, ③ 상당한 이유가 있을 것이라는 세 요건이
구비되어야 성립한다(형법 제21조).

위 사안에서 본인과 애인에게 시비를 걸고 애인을 끌고 가 강제추행하는

행위는 현재의 부당한 침해이며, A가 불량배를 격퇴한 행위는 자기 또는 타인의 법익을 방위하기 위한 행위이다. 또 불량배에게 전치 2주의 상처를 입힌 것은 사회상규에 비추어 상당한 이유의 범위를 넘어서지 아니하였다고 볼 수 있다. 따라서 A의 행위는 정당방위로서 죄가 되지 않는다. 오히려 애인이 당하고 있는 것을 방관하면 비겁한 자가 될 것이다.

다만 여기에 관련하여 '상당한 이유'가 어떤 범위인지에 관하여 판례의 경향을 알 필요가 있다.

1) 피고인은 피고인으로부터 뺨을 한 차례 얻어맞은 갑으로부터 손톱깎이 칼에 찔려 파열상을 입게 되자 이에 격분하여 길이 약 20센티미터의 과도를 가지고 갑의 복부를 찌른 것이므로 피고인의 위 소위는 갑을 공격하기 위한 것이지 피고인의 주장과 같이 상대방의 부당한 침해로부터 자기의 법익을 보호하기 위한 방위행위라고는 인정할 수 없으므로 정당방위는 물론 과잉방위도 성립되지 아니한다(대판 1968. 12. 24, 68 도 1229).

2) 피고인이 피해자를 찌르게 된 것은 가해자의 일방적인 부정한 공격을 방어하기 위한 것이라기보다는 서로 공격할 의사로 싸우다가 피해자로부터 먼저 공격을 받고 대항하여 가해하게 된 것이라고밖에 볼 수 없고 이와 같은 싸움의 경우에는 가해행위는 방어행위인 동시에 공격행위의 성격을 가진다 할 것이므로 정당방위 또는 과잉방위 행위라고 할 수 없다(대판 1971. 4. 30, 71 도 527).

3) 피해자가 먼저 병을 들고 피고인을 공격하여 오므로 피고인이 발로 그 병을 든 손을 차서 그 병이 땅에 떨어지게 되어 피해자가 그 병을 잡으려고 엎드리는 순간 피고인이 피해자의 복부를 차서 그로 하여금 취장파열 등으로 사망케 한 경우에 피고인의 이러한 소위는 피해자를 공격하기 위한 것이라고 보는 것이 상당하고 방위행위가 된다고 볼 수는 없다(대판 1977. 4. 12, 77 도 611).

4) 피해자가 칼을 들고 피고인을 찌르자 그 칼을 빼앗아 그 칼로 반격을 가한 결과 피해자에게 상해를 입게 하였다 하더라도 그와 같은 사실만으로는 피고인에 대한 현재의 부당한 침해를 방위하기 위한 행위로서 상당한 이유가 있는 경우에 해당한다고 할 수 없다(대판 1984. 1. 24, 83 도 1873).

그러나 대법원은 싸움의 경우라도 일정한 때에는 정당방위 성립을 인정하고 있다.

1) 싸움이 중지된 후에 다시 피해자들이 도발한 별개의 가해행위를 방위하기 위하여 단도로 상대방의 복부에 자상을 입힌 행위에 대하여 정당방위에 해당한다고 한 것은 정당하다(대판 1957. 3. 8, 57 형상 18).

2) 싸움을 함에 있어서 격투자의 행위는 서로 상대방에 대하여 공격을 함과 동시에 방어를 하는 것이므로 그 중 일방당사자의 행위만을 부당한 침해라고 하고, 다른 당사자의 행위만을 정당방위에 해당하는 행위라고 할 수는 없을 것이나, 격투를 하는 자 중의 한 사람의 공격이 그 격투에서 당연히 예상할 수 있는 정도를 초과하여 살인의 흉기 등을 사용하여 온 경우에는 이는 역시 부당한 침해라고 아니할 수 없으므로 이에 대하여도 정당방위를 허용해야 한다고 해석하여야 할 것이다(대판 1968. 5. 7, 68 도 370).

그리고 타인의 법익을 위한 방위의 경우에는 타인의 의사는 문제가 되지 않는다는 것이 우리나라의 통설적 견해이다. 이 경우에도 방위자의 방위의사가 필요하다.

방위는 '상당한 이유'가 있는 행위라야 한다. '상당한 이유'란 침해에 대한 방위행위가 사회상규에 비추어 상당한 정도를 넘지 아니하고 당연시되는 것을 뜻한다.

1) 피해자가 피고인에게 다가와 폭언을 하면서 피고인의 오른손 둘째 손가락을 물어뜯으므로 피고인이 이를 피하려고 손을 뿌리치면서 두 손으로 피해자의 양 어깨를 누르게 되었다면, 피고인의 소위는 피해자의 부당한 공격에서 벗어나려고 한 행위로서 그 행위에 이르게 된 경위·목적·수단·의사 등 제반사정에 비추어 사회통념상 허용될 만한 정도의 상당성이 있는 것으로 위법성이 결여되어 폭행죄를 구성하지 아니한다(대판 1984. 4. 24, 84 도 242).

2) 수인으로부터 까닭 없이 폭행·협박을 당하게 된 자가 폭행을 방어하기 위하여 식도를 휘두르면서 접근하지 못하게 하다가 자상(刺傷)을 입힌 경우 정당방위로 인정된다(대판 1957. 5. 24, 4290 형상 105).

3) 절도범으로 오인되어 군중으로부터 무차별 구타를 당하고 이를 방위하기 위하여 손톱깎이에 달린 줄칼을 내어 들고 휘두르다가 상해를 입힌 경우 … 정당방위로 인정된다(대판 1970. 9. 17, 70 도 1473).

4) 타인이 보는 자리에서 자식으로부터 인륜상 용납할 수 없는 폭언과

함께 폭행을 가하려는 피해자를 1회 구타한 것이 지면에 넘어져서 머리 부분에 상처를 입은 결과로 사망에 이르렀다 하여도 이는 아버지의 신체와 신분에 대한 현재의 부당한 침해를 방위하기 위한 행위로서 아버지로서는 아들에게 일격을 가하지 아니할 수 없는 상당한 이유가 있는 경우에 해당한다(대판 1974. 5. 14, 73 도 2401).

5) 피해자가 피고인의 집 마루에 신을 신은 채 올라와 욕설을 하고 손가락으로 눈을 찌르고 얼굴을 박치기하여 치아파절상을 입히고도 계속하여 피고인의 멱살을 잡고 구타하려고 하므로 이를 피하고자 피해자의 멱살을 잡고 흔들어 피해자에게 경부찰과상을 입힌 경우 … 정당방위로 인정된다(대판 1983. 2. 8, 82 도 2098).

6) 노상에서 "종놈," "개새끼 같은 놈"이라는 욕설을 하는 것만으로는 현재의 급박부당한 침해라 할 수 없으니 그 욕설을 한 자에 대하여 가래로 흉부를 1회 구타하여 상해를 입힌 본건에 있어서 이를 정당방위로 논할 수는 없는 것이다(대판 1957. 5. 10, 57 형상 73).

7) 강제키스로부터 처녀의 순결을 방위하기 위한 것이라 하더라도 상대방의 혀를 깨물어 끊어버림으로써 일생 말 못하는 불구가 되게 한 경우 정당방위로 인정되지 않는다(부산지법 1965. 1. 12, 64 고 6813). 그러나 "정조와 신체를 지키려는 일념에서 엉겁결에 억지로 키스하려는 남자의 혀를 깨물어 설단절상(舌斷切傷)을 입혔다면 위법성이 결여된다"(대판 1989. 8. 8, 89 도 358).

방위행위가 상당성의 정도를 벗어난 경우를 과잉방위(Notwehrexzeß)라고 한다.

이유 없이 집단구타를 당하게 된 피고인이 더 이상 도피하기 어려운 상황에서 이를 방어하기 위하여 곡괭이자루를 마구 휘두른 결과 그 중 1명을 사망케 하고 다른 사람에게 상해를 입힌 것은 반격적인 행위를 하려던 것이 그 정도가 지나친 행위를 한 것이 명백하므로 과잉방위에 해당한다(대판 1985. 9. 10, 85 도 1370).

이러한 과잉방위는 위법한 행위로서 범죄로 되지만 정황에 따라 그 형이 감경 또는 면제될 수 있다.

과잉방위의 경우에도 그 행위가 야간, 기타 불안스러운 상황에서 공포·경악·흥분 또는 당황으로 인한 때에는 벌하지 아니한다. 이러한 상황에서는 적법행위의 기대가능성이 없어 책임이 조각되기 때문이다.

형법 제21조 제3항의 과잉방위가 인정되어 책임이 조각된 예로는 피해자가 야간에 음경을 꺼내놓고 소변을 보면서 소녀들에게 키스를 하자고 달려드는 것을 제지하자 도리어 피고인의 처에게 덤벼들어 구타하므로 농구화 신은 발로써 피해자의 복부를 차서 외상성 12지장 천공상을 입혀 사망케 한 경우(대법원 1974. 2. 26)가 있다.

근년의 법원의 정당방위에 관한 판례를 보면, 우선 방위행위라고 볼 수 없다는 판례로서,

1) 을이 먼저 병을 들고 갑에게 공격해 왔다. 이에 갑은 병을 든 을의 손을 발로 차서 그 병이 땅에 떨어지게 하였다. 갑은 을이 그 병을 다시 잡으려고 엎드리는 순간 을의 복부를 찼다. 그로 인해 을은 췌장파열 등으로 사망하였다(대판 1977. 4. 12, 77 도 611).

2) 피고인과 피해자 사이에 상호시비가 벌어져 싸움을 하는 경우에는 그 투쟁행위가 상대방에 대하여 방어행위인 동시에 공격행위를 구성하며, 상대방의 행위를 부당한 침해라 하고 피고인의 행위만을 방어행위라고는 할 수 없다(대판 1984. 5. 22, 83 도 3020).

또한 '사회상규에 위반되는 행위'로 판결한 판례로는 다음과 같은 것들이 있다.

1) 방송 프로듀서 갑은 직무상 알고 지내던 가수 매니저들로부터 많게는 100만원 적게는 20만원 정도의 금품을 28회에 걸쳐 받았다(대판 1991. 6. 11, 91 도 688).

2) 갑은 농수산물 저온저장 공장건물을 경락받았으나 농수산물 저온저장 공장건물 소유자 을은 경락된 자신의 한 공장(제1호 창고)에 시설한 자재는 철거해 갔으나 다른 한 공장(제2호 창고)에 있는 것은 철거하지 않고 있었다. 이를 경락받은 갑은 공냉식 저온창고를 수냉식으로 개조해야 한다는 취지에서 제2호 창고에 있는 을의 자재를 일방적으로 철거하게 하여 손괴하였다(대판 1990. 5. 22, 90 도 700).

3) 갑은 을을 상대로 한 목재대금 청구소송이 계속되던 중 을이 양도소득세를 포탈한 사실이 있다는 약점을 발견하고 이를 이용하여 위 목재대금을 받아내기로 마음먹고 을에게 위와 같은 비위사실을 말하는 외에 관계기관에

진정을 하여 입을 빌리려 한다고 말하여 이에 겁을 먹은 을로부터 목재대금을 지급하겠다는 약속을 받아내었다(대판 1990. 11. 23, 90 도 1864).

그런가 하면 '사회상규에 반하지 않는 행위'라고 인정한 판례는 다음과 같다.

1) 갑은 자신을 따라다니며 귀찮게 싸움을 걸어오는 을을 막으려고 을의 멱살을 잡고 밀어 넘어뜨렸다. "사회통념상 용인되는 행위"(대판 1985. 5. 24, 83 도 942)

2) 갑은 자신의 집 안방에 있다가 금 140만원의 채무변제를 구실로 삼아 안방으로 뛰어 들어온 채권자 을로부터 런닝셔츠를 잡혀 런닝셔츠가 찢겼다. 이에 갑은 을을 방 밖으로 밀어내고 그 방문을 닫았다. "사회통념상 용인되는 행위"(대판 1985. 11. 12, 85 도 1978).

3) 갑은 회사동료들과 함께 술을 마시다가 먼저 귀가하려고 밖으로 나왔다. 이때 같이 술을 마시던 을이 갑을 뒤따라 나와 갑이 먼저 간다는 이유로 욕설을 하면서 앞가슴을 잡고 귀가하지 못하도록 제지하였다. 갑은 왼손으로 자신을 잡고 있던 을의 오른손을 확 물리치면서 을의 얼굴을 1회 구타하는 바람에 을은 중심을 잃고 넘어지면서 그 곳 도로 연석상에 머리가 부딪혀 중증뇌좌상, 뇌경막하출혈 등으로 사망하였다. "소극적인 방어행위"(대판 1987. 10. 26, 87 도 464).

10. 강제키스와 혀절단

A군은 짝사랑하는 B양이 혼자 골목길로 가는 것을 보고 뒤에서 급습하여 강제로 키스를 하였다. 양팔을 잡힌 채 반항할 수 없는 B양은 엉겁결에 A의 혀를 깨물어 절단시켜 버렸다. 혀를 잘린 A는 B를 상해죄로 고소하려는데, 그 주장은 받아들여질 것인가?

실제로 이런 일이 있었고, 대법원의 판례까지 내려졌다(대판 1989. 8. 8, 89 도 358). B양은 A군에게 혀절단상을 입혔으므로 형법 제257에서 규정하는 상해죄의 구성요건을 충족시켰다고 볼 수 있다. 그러나 B에게 추행을 한 A의 위법한 침해가 있었기 때문에 정당방위의 상황에 있었다고 볼 수 있다. 따라서 이러한 위법한 침해를 방어하기 위한 B의 혀절단행위가 상당한 이유 있는 행위인가가 문제된다. 상당성은 위법한 공격을 즉각적이고도 종국적으로 격퇴시키기에 적합한 행위인가, 가능한 방위행위 가운데 피해자에게 가장 경미한 손해를 주는 수단을 택했는가 등을 고려해야 한다. 위 사안에서 골목길에서 정조를 빼앗길 위험에 처한 부녀가 위험으로부터 즉각적이고도 종국적으로 벗어날 수 있는 수단은 많지 않음이 분명하다. 현재 자신에게 직접 미치고 있는 침해수단을 즉각적으로 배제하기 위해 위험이 또한 방위행위를 택할 외적, 내적 여유가 없었다고 할 것이다. 따라서 B의 방위행위는 상당한 이유가 있는 행위이고, 정당방위이기 때문에 상해죄의 위법성이 조각된다고 법원은 판시하였다. 정당방위에는 "법은 불법에 길을 비켜줄 필요가 없다"는 정당화(Rechtfertigung)의 원리가 근저에 깔려 있기 때문에 침해되는 법익과 보호되는 법익 사이의 비교형량을 해서는 아니된다. 법익의 비교형량은 긴급피난에서 중요시되는 사항이다. 다만 정당방위에도 상당한 이유의 개별요소를 충족했다 하더라도 구체적으로 방어자의 정당방위가 사회윤리적 한계를 받을 수 있다(김일수, 「형법총론」, 283면; 이재상, 「형법총론」, 234면).

11. 과 실 범

운전자 A는 20m 앞에 마주오던 B의 차가 중앙선을 침범하여 오는 것을 발견하고 자신은 교통규칙을 지켜 운전하고 있으므로 B가 피하리라고 생각하고 그대로 운행하였다. 그 결과 서로 충돌하여 B는 사망하였고, A는 크게 다쳤다.
A는 B의 사망에 책임을 지는가?

여기서 문제되는 것은 신뢰의 원칙이다. 신뢰의 원칙은 상대방 교통관여자가 도로교통의 제반법규를 지켜 도로교통에 임하리라고 신뢰할 수 없는 특별한 사정이 있는 경우에는 적용되지 않는다(대판 1984. 4. 10, 84 도 79)는 점에 주의하여야 한다. 따라서 A는 정상적으로 운전중이었다 하더라도 일단 B의 중앙선침범행위를 충분히 인식했으므로 충돌을 피하기 위한 조치를 취해야 한다. 그렇지 않는다면 객관적 주의의무를 위반하는 것이 된다. 따라서 위의 사례에서 A는 업무상 과실치사죄(형법 제268조)의 책임을 지게 된다.

주의의무를 어떤 때에 어떻게 위반했다고 보느냐 여부는 법원의 판례에 따라 그 범위를 알 수 있게 된다. 아래에서 판례를 보면, 우선 주의의무를 위반하였다고 볼 수 없다는 판례로서,

1) 갑은 1987. 10. 26. 01:10경 편도 4차선(왕복 8차선)의 2차선을 따라 시속 60킬로미터의 속력으로 진행중 ××파출소 앞 육교에 이르렀다. 갑은 같은 도로 1차선에서 주행하던 앞의 차량 뒷편으로 그 도로를 좌에서 우로 무단횡단하던 을을 근접거리에서 발견하였으나 미처 제동조치를 취하지 못하고 충격하였다. 을은 3개월간의 치료를 요하는 우횡경막파열상 등을 입었다(대판 1988. 10. 11, 88 도 1320).

2) 시내버스운전사 갑은 버스정류장에서 승객 4명이 앞문을 통해 하차하고 난 후 버스를 출발시켰다. 그 때문에 승객들은 균형을 잃고 넘어져 부상을 입었다. 당시 버스에는 40명 정도의 승객이 타고 있었고, 그 중 15명 가량은 버스 앞쪽에 서 있어서 출발에 앞서서 앉아 있는 승객들의 착석 여부를 일일이 확인하기가 어려웠고, 또 위 버스에는 안내원이 배치되어 있지 않았고 승객들은 뒷문으로 승차하여 앞문으로 하차하게 되어 있었다. 또 운전사 갑은 사고 당시 버스를 급발진시키지 않고 통상적으로 출발시켰던 점도 인정되었다(대판 1992. 4. 28, 92 도 56).

반대로 주의의무를 위반했다고 인정한 판례로서는,

1) 광고업자가 건물옥상에 고정수소 2,850기압을 주입한 애드벌룬을 공중에 띄움에 있어서 당시 강풍이 불고 있었고, 그 곳 부근에 22,900볼트의 고압전선이 설치되어 있었다면 그 안전 여부를 확인하면서 주민들에게 위험을 알려 주어 주의를 환기시키고, 애드벌룬이 고압선에 감겼을 때에도 안전하게 이를 제거할 방법을 강구할 업무상 주의의무가 있다(대판 1990. 11. 13, 90 도 1987).

2) 주사약인 에폰톨은 3~4분 정도의 단시간형 마취에 흔히 이용되는 마취제로서 점액성이 강한 유액성분이어서 반드시 정맥에 주사하여야 하며, 정맥에 투여하였다가 근육에 새면 유액성분으로 인하여 조직괴사, 일시적인 혈관수축 등의 부작용을 일으킬 수 있으므로 위와 같은 마취제를 정맥주사할 경우 의사로서는 스스로 주사를 놓든가, 부득이 간호사나 간호조무사에게 주사케 하는 경우에도 주사할 위치와 방법 등에 관한 적절하고 상세한 지시를

함과 동시에 스스로 그 장소에 입회하여 주사시행과정에서의 환자의 징후 등을 계속 주시하면서 주사가 잘못 없이 끝나도록 조치하여야 할 주의의무가 있고, 또한 위와 같이 마취제의 정맥주사방법으로서는 수액세트에 주사침을 연결하여 정맥 내에 위치하게 하고 수액을 공급하면서 주사제를 기존의 수액세트를 통하여 주사하는 이른바 사이드 인젝션(side injection)방법이 직접 주사방법보다 안전하고 일반적인 것이라 할 것인바, 산부인과 의사인 피고인이 피해자에 대한 임신중절수술을 시행하기 위하여 마취주사를 시술함에 있어 피고인이 직접 주사하지 아니하고 만연히 간호조무사로 하여금 직접방법에 의하여 에폰톨 500밀리그램이 함유된 마취주사를 피해자의 우측 팔에 놓게 하여 피해자에게 상해를 입혔다면, 이에는 의사로서의 주의의무를 다하지 아니한 과실이 있다고 할 것이다(대판 1990. 5. 22, 90 도 579).

12. 결과적 가중범

> A는 B녀와 함께 술을 마신 후 차를 타고 가다가 B녀를 추행하려고 하였다. 겁에 질린 B녀는 반항하다가 달리는 차의 문을 열고 뛰어내렸다. 그 결과 B는 목이 부러져 사망하였다.
> A는 어떤 책임을 지는가?

A는 원래 B녀를 강제추행하려고만 했는데 살인의 결과에까지 이르렀다. A의 강제추행행위와 B의 사망이라는 중한 결과 사이에 인과관계와 객관적 귀속관계가 있다. 결과적 가중범은 행위자가 행위시에 그 결과의 발생을 예견할 수 없었을 때에는 비록 그 행위와 결과 사이에 인과관계가 있다 하더라도 중한 죄로 벌할 수 없다(대판 1988. 4. 12. 88 도 1781). 다만 그 중한 결과가 기본범죄행위로부터 중간원인을 거치지 않고 직접 야기되지 않았기 때문에 A는 강제추행치사죄가 아니라 강제추행죄(형법 제298조)의 책임만 지게 된다.

13. 부작위범

수영강사인 A는 자신의 수강생인 B가 깊은 곳에서 허우적거리는 것을 보고도 구조하지 않고 지나가 버렸다. 마침 이를 본 친구 C가 B를 구조하여 목숨을 건졌는데, B는 A가 자기를 죽이려 했다면서 경찰에 고소하였다.
A는 처벌될 것인가?

A는 수영강사로서 수강생인 B의 법익을 보호해야 할 계약상의 의무를 지고 있다. 따라서 수영을 하지 못해 허우적거리고 있는 수강생을 보고도 자신이 구조해 주어도 위험에 빠지지 않음에도 불구하고 구조해 주지 않은 책임을 면할 수 없다.

만일 A가 B를 죽이려는 고의가 있었다면 A는 살인죄의 장애미수범으로 처벌될 것이다. 살인의 고의가 입증되지 않는다면 적어도 유기죄로 처벌될 것이다.

14. 위계살인죄

K는 P녀와의 관계를 청산하려고 헤어지자는 말을 했으나 P녀는 헤어지려면 차라리 정사하자고 하여 K는 정사할 의사가 전연 없었음에도 겉으로 정사를 가장하여 P녀만 죽게 한 행위는 살인죄가 되는가?

자살이란 자살이 어떠한 것인가를 알고 있는 자가 자유로운 의사결정에 의하여 자기생명을 끊는 것이다. 따라서 정신병자로서 정상적인 의사능력이 없고 자살이 어떠한 것인지도 이해하지 못하며 더구나 행위자가 시키는 대로 맹목적으로 복종하는 피해자에게 목을 조르는 방법 등을 가르쳐서 사망케 했을 경우에는 살인죄를 적용하게 된다. 또한 자살의 뜻을 이해하는 자에 대해서도 위계나 위력에 의하여 그 의사결정의 착오나 억압이 가해진 때에는 위계 또는 위력에 의한 촉탁살인죄(囑託殺人罪)로 살인죄의 예에 의하여 처벌한다(제253조).

앞의 설문에서는 P녀가 자살의 결의를 굳힌 데 대하여 보다 중요한 역할을 나타낸 것은 K가 뒤따라 동반사하리라고 믿고 있었다는 점인데, K가 이

점에 대하여 P녀를 속인 것은 P녀의 자살결의에 대한 자유를 박탈한 것으로 보여지기 때문에 살인죄의 성립을 인정함은 당연하다.

15. 업무상 과실상해죄

A는 휴일을 이용해서 드라이브하려고 차를 빌려 친구인 B·C와 함께 산길을 달리는 동안에 운전을 잘못하여 차를 언덕 아래로 굴러 떨어뜨리고 B와 C에게 중상을 입혔다.
A의 책임은 어떻게 되나?

업무상 필요로 하는 주의를 게을리하여 사람을 사망하게 하거나 상처를 입히면 일반과실로 사람을 사망하게 하거나 상처를 입힌 경우보다도 무거운 형벌을 가하게 된다. 열차의 충돌사고라든가 가스폭발사고를 생각해도 알 수 있는 바와 같이 업무상의 부주의로 인해 일어나게 되는 피해는 일반사람들의 부주의에 의해서 일어나는 피해보다도 훨씬 큰 일이 많다. 그래서 사람의 생명이나 신체에 대한 위험을 수반하는 일에 종사하고 있는 자에게 중한 주의의무를 과하며, 그것을 게을리해서 인적 사고(人的事故)를 일으킨 때에는 중한 형사책임을 부담시킴으로써 일반사람보다도 한층 더 주의를 기울이게 하기 위해 중한 형벌을 규정하고 있다.

이러한 입장에서 업무상 과실치사상죄(業務上過失致死傷罪)의 업무는 사람의 생명이나 신체에 위험을 줄 우려가 있는 일일 것이 필요하다. 그래서 그것은 그 행위의 성질상 사람의 생명이나 신체에 대한 위험을 자아내는 일 이외에, 사람의 생명이나 신체의 위험을 방지하는 것을 의무내용으로 하는 일도 포함된다. 예를 들면 기차·전동차·자동차의 운전이라든가 폭발물 등 위험물의 제조·운반·판매 등이 전자에 해당하며, 풀장의 수영교사의 임무 등이 후자에 해당한다. 또한 위험성의 정도가 낮은 것은 위험한 일에 해당하지 않는다. 그래서 상점의 배달원이 자전거로 상품을 배달하는 도중에 잘못하여 사람과 충돌해서 상처를 입힌 경우에는 업무상 과실상해죄가 아니라 단순한 과실상해죄가 된다.

나아가서 업무라고 할 수 있으려면 사회생활상의 지위에 따라 반복·계속해서 행함을 요한다. 음식점의 주인이 부주의해서 부패한 재료를 사용한 음식을 손님에게 주어 식중독을 일으키게 한 때에는 업무상 과실상해죄가 성립하나, 어머니가 부주의하여 부패한 재료를 사용한 식사를 아들에게 먹여 식중독에 걸리게 한 때에는 업무상 과실상해죄가 되지 않고 단순한 과실상해죄가 된다. 음식점의 주인인 경우에는 그것이 사회생활상의 지위에 의거한 것임에 반하여 어머니의 경우는 육아나 가사의 일부이므로 전연 개인적인 생활활동에 관한 것이기 때문이다.

일반상식으로 보아서는 업무라고 생각할 수 없는 것이라도 재판에서는 업무상과실치상죄의 업무에 해당한다고 해석하는 데 유의할 필요가 있다. 회사의 임원이 매년 1회씩 놀이를 겸한 수렵을 행할 때 엽총을 부주의하게 다루어 사람에게 상해를 입힌 경우에도, 회사원이 일요일에 드라이브하는 도중 자동차 운전을 잘못하여 사람에게 상해를 입힌 경우에도 업무상 과실상해죄에 해당한다고 한다. 오늘날에 와서는 자동차를 소유한 자가 직접 드라이브하는 일이 많으므로 이에 대한 착각을 없애기 위해서 택시회사나 운송회사 그 밖에 고용되어 있는 택시나 트럭의 운전사가 자동차를 운전하는 경우뿐만 아니라 일반인이 그 직업과는 관계없이 자동차를 운전해도 업무에 해당한다고 한다. 즉 자동차의 운전사로서의 지위에 의거해서 자동차의 운전을 반복해서 계속하고 있으면 그것이 생활의 수단이거나 아니거나를 불문하며, 보수를 받고 하거나 받지 않거나를 따지지 않으며, 적법한 것이든지 아니든지(면허 없이 자동차를 운전하는 것도 포함) 업무에 해당한다고 해석하고 있다. A는 드라이브를 하다가 친구에게 중상을 입혔으므로 업무상 과실상해죄에 해당된다.

16. 친 고 죄

B의 딸 A녀는 볼링장에서 우연히 어떤 남자를 알게 되었는데, 그 남자가 자기의 아파트에 A녀를 데리고 들어가 폭행을 하였다. B는 고소를 할까 생각하였지만 딸의 장래를 생각해서 망설이고 있다. B는 어떻게 하여야 하는가? 경찰이 먼저 출동할 수는 없는가?

형법상 친고죄에 해당하는 범죄에 대해서는, 피해자나 그 법정대리인의 고소가 없으면 아예 수사나 기소를 하지 아니한다.

질문의 경우가 '폭행 또는 협박으로 13세 이상의 부녀를 강간한 사람'이나 '미성년자에 대하여 위계나 위력으로써 간음이나 추행한 사람'(형법 제297조나 제302조의 죄)에 해당하는 경우라면, 피해자의 고소를 기다려 기소하도록 되어 있다.

다만, 질문의 경우, A녀가 어느 정도의 연령에 이르렀고, 남성이라는 것을 알고 있으면서, 그냥 우연히 알게 된 남자의 아파트에 같이 따라 갔다고 하면, 사전에 합의가 있었다고 보이고, 폭행이나 협박에 의한 것 소위 '강간'으로 인정될 수 없을지도 모른다.

또 피해자의 고소가 있더라도, 그 후 합의가 이루어져 고소를 취하하면 기소할 수 없게 된다. 실제로 이런 일이 많다. 이미 기소를 한 후라도, 제1심판결 선고 전이면 고소를 취하할 수 있다. 이때 법원에서는 공소기각 판결을 하여 피고인(가해자)을 석방한다. 제1심판결 선고 후에는 고소를 취하하더라도 효과가 없고, 상소심에서 형을 선고하는 데 참작할 사유가 될 뿐이다.

친고죄에는, 강간죄 이외에 강제추행죄, 과실상해죄, 간음이나 영리의 목적으로 한 약취나 유인죄, 사자(死者)에 대한 명예훼손죄, 모욕죄, 남의 편지 등을 마음대로 뜯어보는 비밀침해죄, 친족상호간의 절도, 사기, 공갈, 횡령, 배임죄 등이 있다.

17. 특수강간죄

B녀는 1991년 2월 3일 밤 길을 가던 중 A가 칼을 들이대는 바람에 저항도 못한 채 강간을 당했다. 그 후 A가 찾아와 잘못을 빌면서 합의서를 써 달라고 하여 기왕지사로 생각하여 이에 응하고 합의금으로 금 500만 원을 받았다. 그런데 A는 그 후 자꾸 B녀를 귀찮게 굴고 있어 B녀는 합의서를 써 준 것에 대해 후회를 하고 있다. 강간은 친고죄라서 합의하면 처벌할 수 없다고 알고 있는데 A를 처벌할 방법은 없는가?

우리 형사법규상 형법 제297조에 해당하는 단순강간죄는 친고죄라 하여 피해자의 고소가 없거나 고소를 제1심판결 선고 전까지 취소하면 가해자를 처벌할 수 없다(형법 제306조, 형사소송법 제232조 1항, 제327조 5호).

그러나 1980년대에 이르러 성범죄가 날로 증가하고 흉악하게 생명과 신체를 해하는 경우가 비일비재하여, 1990년 12월 31일자로 「특정범죄가중처벌 등에 관한 법률」을 개정하여 흉기 기타 위험한 물건을 휴대하거나 2인 이상이 합동하여 종래 친고죄였던 형법 제297조에 해당하는 단순강간죄를 범했을 때에도 처벌하는 규정을 두었다(동법 제5조의 7).

그리하여 이때에는 고소가 없거나, 고소를 취소해도 처벌한다.

따라서 강간행위시 흉기를 사용하면 「특정범죄가중처벌 등에 관한 법률」 제5조의 7에 의해서 피해자의 고소 또는 합의 유무에 불구하고 처벌할 수 있게 되었으므로 귀하의 고소취소 및 고소여하에 관계없이 A는 처벌받게 된다. 1994년에는 「성폭력범죄의 처벌 및 피해자보호 등에 관한 법률」(일명 성폭력특별법)을 제정하여 강간죄는 친고죄로 하지 않고 처벌하고 있다.

1994년 1월 5일 법 4702호로 「특정범죄가중처벌 등에 관한 법률」 제5조의 7은 삭제되었다.

18. 명예훼손죄

A는 모 병원에서 동생의 교통사고에 대한 합의관계로 가해자측과 다투는 과정에서 상대측이 먼저 욕설 등을 하여 상대방에게 사기꾼이라는 등의 말을 하였다.
명예훼손죄로 고소한다고 하는데 그 정도의 말로 A를 명예훼손죄로 처벌할 수 있는가?

명예훼손죄는 "공연히 사실(또는 허위사실)을 적시하여 사람의 명예를 훼손한 자"로 되어 있는데, 여기서 '공연히'라는 의미는 불특정 또는 다수인이 인식할 수 있는 상태에 있음을 의미하고, 반드시 인식할 것을 요하지는 않는다. 또한 불특정인인 경우에는 수의 다소를 묻지 않고, 다수인인 경우에는 그 다수인이 특정되어 있다고 하더라도 관계없다. 판례는 "개별적으로 한 사람에게 사실을 유포하였다고 하여도 불특정 또는 다수인에게 전파될 가능성이 있으면 공연성의 요건을 충족한다"(대법원 1985. 12. 10. 선고 84 도2380 판결)고 한다.

그리고 '사실의 적시'란 사람의 사회적 가치 내지 평가를 저하시키는 데 충분한 사실을 지적하는 것을 말하고, 반드시 악사(惡事), 추행을 지적할 것을 요하지 않고 널리 사회적 가치를 해할 만한 사실이면 족하다. 단, 경제적 가치를 저하시키는 것은 신용훼손죄가 성립되므로 제외되며, 특정인의 가치가 침해될 수 있을 정도로 구체적일 것을 요하고, 또한 피해자가 특정될 것을 요한다.

단순한 모욕적인 추상적 판단 표시는 모욕죄를 구성할 뿐이다. 그러므로 '사기꾼' 등의 말은 가치판단이지만 동시에 사실의 주장이 될 수도 있어 명예훼손죄에 해당할 수도 있다.

그러나 단순한 '도둑놈, 사기꾼' 등의 모욕적인 말은 명예훼손에 해당되지 않고 모욕죄에 해당한다. 따라서 이 경우 A는 거기에 있었던 사람의 수가 다수였다고 하면 명예훼손죄 혹은 모욕죄에 해당할 수 있다.

19. 공 갈 죄

A는 B가 자기의 정부(情婦) C와 정교관계를 맺었다는 것을 기화로 돈을 갈취할 생각을 가졌다. B의 멱살을 잡고 흔들며 B의 뺨을 때리면서 돈 100만원을 당장 내놓지 않으면 박살을 내겠다고 위협하여 겁먹은 B로부터 현금 80만원을 빼앗았다.
A에게는 어떤 죄가 성립되는가?

공갈(恐喝)이란 상대방으로 하여금 재물 또는 재산상의 이익을 제공하게 하는 수단으로 사람에게 폭행·협박을 가하여 외포(畏怖)케 하는 행위를 말한다. 이는 흔히 협박을 수단으로 하지만 폭행을 수단으로 하는 경우도 포함된다. 그러나 공갈죄는 상대에게 겁을 주어 겁이 난 상대방이 마지못해서 재산적 처분행위를 하게 하여 그 결과 재물이나 재산상의 이익을 취득하는 죄이기 때문에 협박이나 폭행이 상대방의 반항을 억압할 정도의 것인 때에는 이 죄가 아니라 강도죄가 성립한다. 즉 공갈과 강도에 있어서의 폭행·협박은 질적인 차이가 있음을 주의해야 한다.

공갈죄는 범인이 상대방에게 일정한 해악을 고지하거나 폭행을 가하여 겁이 난 상대방이 금품을 교부하거나 채무를 면제한다고 하는 재산적 처분행위를 하게 해서, 그 결과 범인이 재산상의 이익을 얻거나 같은 방법으로 제3

자로 하여금 재물의 교부를 받게 하거나 재산상의 이익을 취득케 함으로써 성립한다. 이 사안에서 간통을 기화로 돈을 갈취하였으면 공갈죄가 성립된다.

20. 횡 령 죄

> A는 몇 달 전에 가정용 컴퓨터 1대를 대리점에서 10개월 할부로 구입하였는데 그 후 사정이 생겨 이를 한 달 전에 중고품 시장에 팔았다. 그런데 지난달 분 할부대금 을 연체하자 대리점에서는 컴퓨터의 반환을 요구하다가 컴퓨터를 팔아버린 것을 알고는 횡령죄로 고소하겠다고 한다. A는 이 경우 할부대금 잔액을 변제하는 것 외에 형사책임까지도 져야 하는가?

횡령죄는 타인의 재물을 보관하는 자가 그 재물을 횡령하거나, 그 반환을 거부한 때에 성립된다(형법 제355조 1항).

여기에서 할부구매한 물품을 사용하고 있는 자를 '타인의 재물을 보관하는 자'로 볼 수 있느냐가 문제되는데, 일반적으로 할부판매의 경우 할부대금을 완납하기 전까지는 그 물품의 소유권이 판매자에게 유보되어 있다고 보고 있으므로 할부구매 물품을 점유·사용하고 있는 자는 그 대금완납 전까지는 물품보관자의 지위에 있다 할 것이다. 따라서 A가 할부대금을 완납하기 전에 물품을 처분하였다면 이는 횡령죄에 해당되는 것이다.

이 경우 사후에 할부대금 잔액을 완납하더라도 이미 성립한 횡령죄에는 영향을 주지 못한다 할 것이다.

21. 점유이탈물 횡령죄

> A는 1990년 10월 시내 모 의류상가에서 옷 한 벌을 사고 잔돈을 거슬러 받는 과정에서 점원의 착각으로 1만원을 더 거슬러 받았다. A는 재수가 좋은 날이라 생각하고 돌아와 다음날 친구에게 이야기하였더니 친구는 이 행위가 범법행위라고하면서 공박하였는데 과연 A는 범법행위를 하였는가?

A의 행위는 일응 형법 제360조의 점유이탈물 횡령죄에 해당한다.

점원의 착오로 과도하게 지급된 위 1만원은 점유이탈물(우연히 점유자의 의사에 기하지 않고서 그 점유를 떠난 물건)이다. 따라서 A가 처음부터 불법영득의 의사를 가지고 위 1만원을 가졌다면 그때 위 죄에 해당되며, 처음에는 영득의 의사(가지려는 의사) 없이 습득한 물건 또는 우연한 사정으로 자기의 사실적 지배 내에 들어온 물건(위 경우)에 대하여는 불법영득의 의사로서 그 의사를 실현하는 행위가 있었을 때 위 죄가 성립한다.

22. 배 임 죄

B은행의 지점장인 A는 자기가 보관하고 있는 은행의 자금 중의 일부를 빼내어 이 것으로 이자놀이를 할 목적으로 정규 대부절차를 취하지 아니하고 자기 개인명의 차 용증서를 작성해 놓고 은행이자보다도 비싼 이율로 C에게 대부하였다면 배임죄에 해 당되는가?

배임죄와 횡령죄는 신뢰관계를 깨뜨림을 본질로 한다는 점에서 공통된 성격을 가지므로 양자를 어떻게 구별하는가 특히 타인을 위하여 사무를 처리하는 자가 자기의 점유 아래 있는 타인의 재물을 불법으로 처분하는 경우에 배임죄가 되느냐 횡령죄가 되느냐가 문제된다. 이 점에 대하여 학설상 견해가 나누어져 있으며 판례의 태도도 반드시 일관되어 있지 아니하나 통설의 견해로서는 재물에 대한 처분행위가 자기의 재산이나 명의로 행해진 경우에는 횡령죄로 본인의 재산이나 명의로 행해진 경우에는 배임죄로서 해석하고 있다. 배임죄의 미수범은 처벌되며 친족상도 및 동력에 관한 규정이 준용된다. 이 사례에서 은행 지점장이 은행돈으로 사채놀이를 하였으면 배임죄에 해당된다.

23. 장물취득죄

A는 B가 팔려고 온 도품인 개 6마리를 2회에 걸쳐서 사들였다. 그 때 A는 B의태 도가 수상했고 당시 개의 도난이 각지에서 일어났다는 것을 듣고 있었으므로 혹시 개들을 훔쳐 온 것이 아닌가 하고 생각하면서 그대로 이것을 사들였다면 장물취득죄 로 처벌받는가?

장물죄는 고의범이기 때문에 행위자가 그 재물이 장물이라는 것을 알고 행위하였음을 요한다. 장물이라는 것을 부주의로 인하여 알 수 없었던 때에는 장물죄는 성립하지 않는다. 그런데 장물에 대한 고의는 그 물건이 장물이라는 것을 확실히 알고 있을 필요는 없고 장물일는지도 모른다고 추측한 경우, 즉 미필적인 인식으로도 족하다. 또한 재산죄에 의해서 영득된 재물이라는 것을 인식하고 있으면 족하며 그것이 어떠한 범죄에 의해서 취득된 것인가, 범인이나 피해자가 누구인가를 알고 있을 필요는 없다. 더욱이 범행의 연월일이나 장소 등도 마찬가지이다. 그리고 장물이라는 데 대한 인식은 취득이나 양여 등 죄를 범할 때에 존재함을 요한다. 따라서 장물인 사정을 알지 못하고 양여 받은 후 그것이 장물이라는 것을 알았다고 한다면 장물취득죄는 성립하지 아니한다. 그러나 장물이라는 것을 알지 못하고 취득한 후 그 사정을 알면서도 다시 양여한 경우에는 장물죄가 성립한다. 또한 장물이라는 사정을 알지 못하고 장물을 운반중 또는 보관중에 그것이 장물이라는 사정을 알았으나 그대로 운반이나 보관을 계속한 때에는 그 사정을 알고 난 이후의 운반이나 보관에 대하여 장물취득죄가 성립한다.

장물죄는 타인(본범)이 불법으로 취득한 재물에 대하여 성립하는 것이기 때문에, 절도범인이 훔친 물품을 운반해도 절도죄 이외에 장물취득죄가 성립하지 않음은 물론이다. 그러나 절도를 교사하여 피교사자가 절도해 온 재물을 팔아버린 경우에는 절도교사죄(窃盜敎唆罪)와 장물취득죄(贓物取得罪)가 성립한다.

24. 재물손괴죄

A는 B가 기르고 있는 잉어를 연못에서 유출시켜 B를 곤궁에 빠뜨릴 생각으로 연못의 배수구에 설치되어 있는 수문의 판자 및 잉어가 흘러 나가는 것을 방지하기 위하여 설치한 철망을 벗겨 3,000마리의 잉어를 강물로 흘려보냈다면 직접적인 이익이 없는데도 손괴죄가 되는가?

재물손괴죄(財物損壞罪)는 타인의 재물을 손괴 · 은닉 또는 기타의 방법으로 효용을 해함으로써 성립한다. 이 죄의 객체는 타인의 소유에 속하는 재물이며 제141조에 규정하고 있는 공용서류 및 공익건조물 등에 속하지 않는 재물이면 그 종류나 성질을 가리지 않고 본 죄의 대상이 된다. 따라서 동산이나 부동산 나아가서는 동물도 이 죄의 객체가 된다.

손괴죄는 타인의 소유권 또는 재물의 이용가치를 보호법익으로 한다. 형법에서는 같은 재물·문서 등의 손괴라도 그 대상물이 공무소에서 사용하는 것이냐의 여부에 따라서 구별하여 규정하고 있다. 즉 일반 재물·문서에 관해서는 제366조 이하의 재산죄로 규정을 하고 있으며, 공무소에서 사용하는 서류나 기타 물체 또는 건조물·선박·항공기·기차에 관해서는 공무방해에 관한 죄 가운데 규정하고 있다(제141조). 양자(兩者)는 같은 재물손괴행위이면서도 법적 평가를 달리한다.

재물손괴죄의 행위는 손괴·은닉 또는 기타의 방법으로 그 효용을 해하는 것으로 손괴란 물질적으로 깨뜨리는 것을 말하며 집을 짓기 위하여 땅을 닦아 놓은 타인의 부지(敷地)를 파고 밭의 이랑을 만들어 작물을 재배하는 경우가 해당한다. 또 동물을 대상으로 한 손괴는 사람이 기르는 개나 고양이 등을 살상하는 것을 말한다.

손괴란 파괴행위를 말하지만 파괴인 경우라도 반드시 그 물건을 물질적으로 소멸시키는 것을 의미하는 것만은 아니고 서류에 먹칠을 하여 문자를 훼손한다든가 첨부된 인지를 찢어내는 것도 포함된다.

은닉은 타인의 재물의 소재를 불분명하게 함으로써 발견이 곤란 또는 불가능하여 그 재물을 이용할 수 없도록 하는 행위를 말하며, 기타의 방법으로 효용을 해한다 함은 반드시 물질적인 손괴만을 의미하는 것이 아니라 서면에다 낙서하여 그 서면을 그대로 사용하지 못하게 한다든가 또는 식기에 방뇨하여 사용하지 못하게 하는 것도 이에 해당한다. 유형력을 사용하지 않은 경우라도 새장 안에 있는 새를 날려 보낸다든가, 보석을 바닷물에 던진다든가, 양어를 물 속에 풀어 놓는다든가 하는 행위 등은 모두가 손괴행위에 해당한다.

25. 공문서 위조죄

K는 부정하게 입수한 남의 운전면허증의 사진을 떼어내고 그 자리에 자기 사진을 붙인 다음 생년월일까지 자기 것으로 바꾸어 써버렸다면 어떤 죄가 성립되는가?

위조는 권한 없이 남의 명의를 써서 문서를 작성하는 것을 말한다. 따라서 공무원이 아닌 사람이 함부로 공무소 또는 공무원의 명의를 모용하여 문서를 만들면 공문서의 위조가 되는 것은 물론이며, 공무원이라도 직무상 어떤 공문서의 작성을 보조하고 있음에 불과한 자가 함부로 그 공문서를 작성했을 경우라든가, 공무원이 그 직무권한과 관계가 없는 사항에 대하여 자기명의로 허위내용의 문서를 작성했을 경우에는 공문서위조죄(公文書僞造罪)가 성립되는 것이다.

변조란 권한이 없는 자가 정당하게 성립한 다른 사람 명의의 문서내용에 변경을 가하는 것인데, 이 변경에 의하여 문서의 전후의 동일성을 해치지 않는 범위 내이어야 한다. 기존문서를 이용할 경우라도 그 중요한 부분을 변경하여 전혀 다른 효력의 문서로 된다면 변조가 아니고 위조인 것이다. 우편저금통장의 기호·번호·저금자의 주소·성명·예입 및 환불금액 등을 변경했을 경우나, 자동차운전면허증의 사진을 뜯어내고 자기 사진을 붙이고 생년월일을 변경했을 경우 등은 위조에 해당하게 된다. 이에 반하여 우편저금통장의 저금수납연월일 또는 환부연월일을 변경했을 경우에는 변조가 된다. 그러나 공문서의 위조나 변조는 동일조문에 법정형도 같아 구별의 실익이 없다.

공문서위조죄가 성립되기 위해서는 일반인이 공무소 또는 공무원이 그 권한 내에서 작성한 문서라고 믿을 수 있을 정도의 형식과 외관을 구비한 문서를 작성하면 족하며, 발행명의에 다소의 상위가 있거나 약간의 기재요건이 결여되어 있어도 상관없다.

26. 국가보안법상의 불고지죄

현재 사회적으로 논란이 되고 있는 1991년 5월 31일에 개정 공포된 국가보안법상의 불고지죄에서 개정 전의 불고지죄와 개정 후 불고지죄의 차이점은 무엇인가?

다른 사람의 범죄사실을 알고 있더라도 이를 수사기관에 신고할 의무는 없다. 그러나 이에도 예외가 있어 남의 범죄사실을 알고 있으면서도 수사기관이나 정보기관에 신고를 하지 아니하면 처벌되는 수가 있는데 그것이 국가보안법상의 불고지죄이다.

　　개정된 불고지죄에는 반국가단체구성죄, 목적수행죄, 자진지원죄 등에 대한 불고지만을 처벌하도록 하고, 개정 전 처벌되었던 금품수수, 잠입, 탈출, 찬양, 고무, 동조, 회합, 통신, 편의제공에 대한 불고지는 처벌대상에서 제외되었다.

　　반국가사범과 친족관계에 있는 자가 불고지죄를 범한 경우, 개정 전에는 임의적으로 형을 감면할 수 있도록 하였으나, 개정 후에는 형을 반드시 감경 또는 면제하도록 하였으며, 불고지죄를 범한 자는 5년 이하의 징역 또는 200만원 이하의 벌금에 처하도록 하였다.

27. 공무원의 직무상 범죄에 대한 형의 가중

　　A경찰관은 절도용의자로 체포된 B녀를 조사하는 과정에서 B녀의 용모가 매력적이어서 B녀의 음부를 조사할 필요가 있다 하여 손가락으로 만져보았다. 어떤 죄가 되는가?

　　폭행이란 사람에 대한 유형력의 행사를 말하는 것인데, 때린다거나 발로 찬다거나 직접으로 사람의 신체에 대한 폭행 외에도 예를 들어 피의자가 착용하고 있는 의복을 잡아당긴다거나 물건으로 하여금 간접적으로 사람에게 가해지는 행위도 폭행이 된다. '가혹한 행위'란 폭행 이외의 방법에 의해서 정신적 또는 육체적인 치욕이나 고통을 주게 하는 행위를 의미한다. 예를 들면, 상당한 음식이나 피복을 주지 않는다거나, 수면방해를 한다거나 전라(全裸)로 하게 하여 수치감을 갖게 한다든가 음란한 행위를 하는 것이 이에 해당한다. 폭행 또는 가혹한 행위에서, 음란한 행위가 행해졌을 때에 통례는 오직 이 죄만을 적용하게 되어 있으나 강제추행이나 강간까지 한 경우라면, 이 죄가 되지 않고 강간죄 등의 적용을 받되 형법 제135조에 의한 가중처벌을 받게 될 것이다.

　　구속된 여인과 경찰관이 간음을 하게 되면 서로 합의하에 하였더라도 여인은 고소할 수 있으며 이로써 경찰관은 피구금부녀간음죄(被拘禁婦女姦淫罪)로서 처벌받게 된다(제303조 2항). 이 사례에서 경찰관이 조사중인 여자에게 추행하면 가중처벌하게 된다.

28. 위 증 죄

> 횡령죄로 기소된 B는 그 사건의 증인으로서 법원에 출석하게 된 A에게, 자기에게 유리하도록 허위증언을 해 줄 것을 부탁했다. A는 사실대로 말하게 되면 자신에게도 불리한 점이 있을 것 같기에 공판정에서 선서를 한 다음에 허위증언을 하였다. 어떤 죄가 되는가?

위증죄(僞證罪)는 법률에 따라 선서한 증인이 허위의 진술을 함으로써 성립하는 죄이다. 그러므로 경찰이나 검찰 등의 수사기관에서 참고인으로 나아가 허위진술을 하는 것은 본 죄에 해당하지 않는다. 또 법원의 소환을 받고 출석한 증인이라도 선서하지 아니하고 진술을 하는 경우에 위증을 하는 것은 죄가 되지 아니한다. 그러나 증언 또는 선서를 거부할 수 있는 자가 거부하지 아니하고 선서한 뒤 위증을 한 때에는 본 죄가 성립한다.

선서를 하고 나면 판사로부터 선서를 한 이상 거짓을 말하면 위증죄로 처벌된다는 고지를 받게 되는데, 이 위증의 벌을 고하지 않은 경우라도 이미 선서를 한 이상은 허위증언을 하면 위증죄가 성립한다. 예를 들어, 저능자나 유아와 같이 선서의 뜻이 무엇인지 모르는 자에게 선서를 시킬 경우(형사소송법 제159조, 민사소송법 제293조) 그 자가 거짓을 말해도 위증죄에 해당하지 않으나 증언거부권(형사소송법 제148조, 민사소송법 제285·286조)이 있는 자가 선서를 하고 허위진술을 했다면 위증죄에 해당하는 것이다. 예컨대, 앞 설문에서의 A와 같이 사실대로 말하면 자기가 형사소추를 받게 될 우려가 있으므로 선서를 하고 나서 허위증언을 하면 위증죄의 죄책은 면할 수 없는 것이다. 또한 민사사건에서, 증인이 자기나 근친자에게 현저한 이해관계가 있는 사건에 대하여는 증인으로서의 선서를 거부할 수 있으나(민사소송법 제295조), 그 권리를 행사하지 않고 선서를 한 후 허위증언을 하게 되면 역시 위증죄로 처벌되는 것이다.

우리나라의 형사소송법에서는 피고인은 자기의 피고사건에 대해서는 증인으로 되지 않기 때문에 허위진술을 하여도 처벌되지 않음은 물론이다. 그러나 설문에서의 B의 경우와 같이 피고인이 자기의 피고사건에 대하여 다른 사람을 교사해서 허위진술을 하게 한 때에는 남에게 위증죄를 범하게까지 하여

자기 죄를 모면하려는 것은 용납할 수 없는 일이므로 위증교사죄(僞證敎唆罪)가 성립하게 된다.

29. 무 고 죄

A는 그의 친구인 B로부터 "세상이 싫어졌으니 차라리 교도소생활을 하고 싶다. 내가 도둑질을 한 것같이 경찰에 신고해 달라"는 부탁을 받고 이를 승낙하여, 경찰서에 가서 B가 자기 집에서 현금을 훔쳐갔다는 내용의 허위사실을 신고했다면 어떤 죄가 되는가?

무고죄(誣告罪)는 타인으로 하여금 형사처분 또는 징계처분을 받게 할 목적으로 공무소(公務所) 또는 공무원에 대하여 허위사실을 신고함으로써 성립된다(제156조). 예를 들면 A라는 사람이 그의 경쟁상대인 B를 처벌받게 할 목적으로 사실무근한 날조로, B가 시계를 밀수하여 팔고 있다고 경찰에 밀고했을 경우가 바로 이에 해당한다. 이렇게 되면 수사기관에 혼란이 일어나고 나아가서는 국가의 심판권의 작용에 차질이 생길 우려가 있게 되며, 한편으로 밀고를 당한 사람은 억울하게 경찰의 조사를 받게 되고 경우에 따라서는 여러 날 동안 고생을 하게 된다. 그러므로 무고죄는 그러한 행위를 처벌함으로써 국가의 형사사법작용이나 징계작용이 올바르게 행사됨을 보장함과 동시에 개인이 부당한 형사처분이나 징계처분을 받지 않도록 하여 사생활의 안전을 보장하려는 것이다.

이와 같이 무고죄의 본질은 국가의 심판작용을 해칠 우려가 있는 행위를 처벌하려는 것이기에, 앞의 설문에서와 같이 무고케 한 자의 승낙에 따라서 무고를 했을 경우에도 무고죄가 성립되는 것이다.

무고죄는 타인으로 하여금 형사 또는 징계처분을 받게 할 목적을 가지고서 행하여져야 하므로(목적범) 스스로 "나는 남의 물건을 훔쳤습니다"라고 경찰에 허위신고를 했을 경우와 같이 자기 자신을 무고했을 때는 무고죄가 성립하지 않는다. 또한 '타인'이란 자연인에 한하는 것이 아니고 법인(회사나 재단법인)도 포함되기 때문에 "A회사는 물품세를 탈세하고 있다"라고 허위사실을 경찰에 밀고했다면 역시 무고죄가 된다. 또한 이미 사망한 사람이나 실존하지 않는 사람에 대하여, "모모는 이러한 나쁜 일을 했다"고 허위신고를 한 경우에는 국가의 심판작용을 그릇되게 할 가능성이 당초 없기 때문에 무고죄는 성립되지 않는다. 그러나 이와 같은 행위를 하게 되면 허구의 범죄를 공무원에게 신고한 자라는 점에서 「경범죄처벌법」에 의해서 구류나 과료에 처하게 된다.

형사처분이란 범죄로서 처벌될 뿐만 아니라 「소년법」에 의한 보호처분, 윤락행위 등 방지법에 의한 선도처분 또는 기소유예처분 등도 포함된다. 징계처분이란 특별권력관계에 따르는 제재를 말하며, 법령이 징계라는 명칭을 사용하는 경우만이 아니고(국가공무원법 제78조) 징벌 등의 명칭이 사용되고 있는 경우도 포함된다. 또한 공무원 이외의 자에 대한 제재도 포함되는 경우가 있다.

무고죄의 사례

고소인은 있는 사실을 그대로 신고해야 한다. 허위의 사실을 신고하여 죄 없는 사람을 억울하게 처벌받게 하면 피해자에게 큰 고통을 줄 뿐만 아니라 국가 형벌권의 정당한 행사를 저해하게 된다. 이를 무고죄라고 하며, 엄하게 처벌한다.

예를 들면, 다음과 같은 경우에 무고죄가 성립한다.
① A사 도박 현장에서 B에게 도박 자금으로 돈을 빌려 주었는데 B가 이를 갚지 않았다. A는 B에게 단순히 빌려 준 것이라며 B가 돈을 빌려 간 후 갚지 않고 있으니 처벌하여 달라는 취지로 고소한 경우
② B가 대출받는데 A가 보증을 서 준 경우, B가 대출금을 갚지 않자 금융 기관은 A에게 보증 책임으로서 돈을 갚을 것을 요구하였다. 그러자 A는 B가 자신 몰래 서류를 위조하여 대출받은 것이라는 취지로 고소한 경우

실제로 금전적 피해를 입고도 상대방이 미운 나머지 허위 사실을 고소하여 오히려 자신이 형사처벌을 받은 사례가 많으므로 사실 그대로 고소하는 것이 좋다.

30. 교통사고처리특례법의 위반

A는 1991년 3월 1일 자가용 승용차를 운전하고 가던중 손수레를 끌고 횡단보도를 건너가던 피해자를 발견하고 급정거하였으나, 미처 피하지 못하고 충돌하여 전치 4주의 상해를 입혔다. A의 차는 종합보험에 가입되어 있다. A는 형사처벌을 받게 되는가?

사고당시 가해차량이 종합보험 또는 공제조합에 가입되어 있거나(교통사고처리특례법 제4조), 피해자와 합의가 성립된 경우(동법 3조 2항 본문)에는 원칙적으로 형사처벌을 받지 않는다. 그러나 피해자 사망, 뺑소니 운전, 신호위반, 중앙선 침범, 제한시속 20km 초과, 앞지르기 위반, 건널목통과위반, 횡단보도상의 보행자 보호위반, 무면허, 음주 또는 약물복용 운전 등의 경우에는 가해운전사의 잘못이 크다고 보여지므로 보험가입여부나, 합의에 관계없이 처벌을 받는다(동법 제3조 2항 단서 및 제4조 1항 단서). A의 경우는 손수레를 끌고 횡단보도를 건너가는 사람이 횡단보도상의 보행자에 해당하는지 여부가 문제해결의 열쇠라고 생각된다.

손수레는 사람의 힘에 의하여 도로에서 운전되는 것이므로 도로교통법상의 차에는 포함된다(동법 제2조 13호). 그러나 손수레는 자전거나 오토바이와는 달리 끌고 가는 것 외에 다른 이동방법이 없으므로 자전거나 오토바이를 끌고서 횡단보도를 건너는 사람을 보행자로 보는 것과 마찬가지로 손수레를 끌고 횡단보도를 건너는 사람도 횡단보도상의 보행자로서 보호를 받아야 한다(대법원 1990. 10. 16. 선고 90 도 761 판결).

따라서 A는 횡단보도에서의 보행자 보호의무를 위반하였다 할 것이므로 종합보험에 가입되었다 하더라도 교통사고처리특례법에 의한 처벌을 면할 수 없다.

31. 집행유예

A는 이전에 자포자기하여 절도죄로 징역 1년 집행유예 3년의 형을 선고받았다. 그런데 또 술을 마시고 싸움을 하다가 사람을 때려 상처나게 하였다. 형을 선고받은 지 아직 3년이 지나지 않았는데 어떻게 되는가?

합 의 서(형사)

고소인 (피해자)	성명			
	주민등록번호			
	주소		핸드폰	
	전화번호			
피고소인 (가해자)	성명			
	주민등록번호			
	주소			
	전화번호			

　상기 고소인(피해자)은 ○○년 ○월 ○일 ○시경 ○○시 ○○동 소재 앞도로 상에서 피고소인(가해자)으로부터 폭행을 당하여 약 2주간의 치료를 요하는 안면부 찰과상을 입은 사실로 피고소인(가해자)을 상대로 고소하여 귀청 ○○형제 호 피의사건으로 수사 중에 있는바, 피고소인(가해자)으로부터 합의금(또는 피해 배상금) 명목으로 금 ○○원을 받고 원만히 합의를 하였으므로 향후 이 건으로 민, 형사상 이의를 제기하지 않겠기에 본 합의서를 작성하여 각각 1통씩을 나누어 가짐

　(※ 일반 교통사고의 경우 교통사고 발생 일시, 장소, 상해 정도를 기재한 다음, 합의금 명목으로 얼마를 받기로 하는 방식으로 형사 합의를 할 수도 있음)

○○년 ○월 ○일

위 합의자 : 고 소 인(피해자)　　(인)

피고소인(가해자)　　(인)

○○지방검찰청 ○○검사 귀하

죄를 범한 사람에게 형의 선고를 하더라도, 그 집행(執行 : 복역)을 일정기간 유예(연기)하고, 그 기간을 무사하게 넘기면, 형의 선고가 없었던 것으로 하는 제도가 집행유예(執行猶豫)이다(형법 제62조).

집행유예에 붙이려면, ① 3년 이하의 징역이나 금고형을 선고할 경우일 것(1992년 형법개정시안에는 벌금형 선고시도 포함), ② 금고 이상의 형을 선고받아 집행을 종료하거나 면제된 후 5년이 지났을 것, ③ 정상(情狀)에 참작할 사유가 있을 것이라는 3가지 조건이 필요하다.

어떤 사람이 집행유예의 선고를 받긴 받았는데, 알고 보니 집행유예 선고가 불가능한 사람(금고 이상의 형의 선고를 받아, 그 집행종료·집행면제 후 5년이 지나지 아니한 사람)이라는 것이 발견된 때는, 집행유예의 선고는 반드시 취소되고 실형을 살게 된다.

사례의 경우는, 싸움을 하면서 사람에게 상처를 낸 것으로 상해죄에 해당한다. 상해죄를 지은 사람은 7년 이하의 징역, 10년 이하의 자격정지, 또는 1,000만원 이하의 벌금형으로 처벌받는다(형법 제257조). 그러므로 A는 성의를 다하여 피해자에게 사과하고(용서를 빌고) 합의를 하여 기소되지 않도록 하여야 한다. 그러나 만일 기소되더라도, 유예기간중에 이번의 상해죄에 관한 판결이 확정되지 않으면(상소 등으로) 유예가 취소되는 일은 없다. 혹시 유예기간중에 판결이 확정되더라도, 나중의 죄에 관한 형벌이 벌금형일 경우는 집행유예는 취소되지 아니한다.

32. 가 석 방

A는 순간의 잘못으로 현재 징역 7년형을 선고받고 교도소에 복역중이다. 가끔 매스컴을 통해서 경축일을 맞이하여 가석방되는 수형자들이 있는 경우를 보게 되는데 어떤 경우에 A는 가석방이 될 수 있는가?

형법 제72조에서 가석방 요건으로 징역 또는 금고의 집행중에 있는 자가 그 행상이 양호하여 개전의 정이 현저한 때에는 무기에는 10년, 유기에서는 형기의 3분의 1을 경과한 후 행정처분으로 가석방할 수 있다고 하고 있다.

가석방이 되면 가석방 기간 동안 보호 관찰을 받게 되는데, 행실이 나쁘거나 죄를 저지르면 가석방의 취소 또는 효력 상실로 인해 남은 형기를 마저 복역하게 된다.

또, 복역 중인 사람이 형의 집행으로 인해 생명을 보전할 수 없는 경우, 연령이 70세 이상인 경우, 기타 중대한 사유가 있는 경우에는 검사는 형 집행 정지 및 석방을 할 수 있다.

원래 행형(行刑)이라는 것은 수형자를 개선하여 사회에 복귀시키는 것을 목적으로 하는 것이므로 개선된 자를 가두어 두는 것은 무의미한 일이다. 무기수라도 장래에 대하여 희망을 주고 사회에 용이하게 돌아갈 수 있게 하는 것이 필요하며, 이를 위한 제도가 가석방인 것이다.

이처럼 가석방이란 자유형의 집행을 받고 있는 자가 개전의 정이 현저할 때는 형기가 만료되지 않았다 하더라도 특별예방의 목적에 비추어 자유형의 집행을 정지해서 사회에 보내어 일정한 집행을 면제하는 제도이지만, 가석방 중에 행실이 나쁘거나, 다시 범법하게 되면 가석방이 취소 또는 실효되어 남은 형기를 복역하여야 한다.

33. 전과 말소

A는 1985년 폭행죄로 10만원의 벌금형을 선고받은 사실이 있다. 그런데 취직시험에 응시하여 여러 차례 면접에서 탈락된 경험이 있는 데 벌금형 받은 전과가 문제되는 것으로 알고 있다. 철없던 시절의 순간적인 잘못으로 처벌을 받았다고 해서 성실하게 살려고 노력하는 현재에까지 이렇게 큰 영향이 있다면 부당하다고 생각되는데 그 전과를 말소할 방법은 없는가?

전과기록이라 함은 검찰청 및 군사법원 검찰부에서 관리하는 수형인명부, 수형인의 본적지 시·구·읍·면사무소에서 관리하는 수형인명표 및 경찰청에서 관리하는 수사자료표를 말한다(형의 실효 등에 관한 법률 제2조 5호).

그리고 벌금형 전과는 수형인명표에는 1980년 12월 18일부터, 수형인명부에는 1984년 9월 1일부터 각 기재하지 않게 되었고 자격정지 이상의 형을 받은 수형인만을 이들에 기재하고 있으므로 사례의 경우에는 신원조회시에 벌금형을 받은 사실이 나타나지 않게 되는 것이다.

다만 수사기관이 피의자의 지문을 채취하고 필요한 사항을 기재한 표로서 경찰청에서 관리하는 수사자료표에는 벌금형을 받은 사실이 기재되어 있을 수가 있다.

그러나 수사자료표에 의한 범죄경력조회 및 그 회보는 범죄수사와 재판 및 대통령령으로 정한 제한된 경우에만 할 수 있으므로 이 경우 A는 과거 벌금형을 받은 사실에 대해 크게 걱정할 필요가 없을 것이다.

34. 전과 기록

A는 예전에 사람을 때려 교도소에 들어갔다가 나온 적이 있으나 지금은 착실하게 일하고 있다. 이번에 어떤 큰 회사에 취직하기 위하여 호적등본을 제출하게 되었고, 그러면 전과가 드러나지 아니할까 염려하고 있다. 전과는 호적에 올라있는 것인가?

전과라는 말은, 일반인에게 여러 가지 의미로 쓰이고 있다. 예컨대 전에 죄를 범한 사람이 다시 범죄를 저질렀기 때문에 뒤의 범죄에 대한 형벌이 무겁게 될 때에도(법률상 누범이라고 부른다), 전의 범죄를 전과라고 말하기도 한다. 또 형의 집행을 받고, 그 후 죄를 짓지 아니하면 공직에 취임하기도 한다. 이처럼 죄를 지은 사람에게 일정한 불이익을 주지 아니하는 제도에 관하여 "전과가 소멸되었다"는 말을 하기도 한다.

그러나 어느 뜻으로 쓰이든, 호적에는 사람의 수형(受刑)사실이 기재되지 아니한다. 호적에는 본적, 호주와 가족의 성명, 호주와 가족의 관계, 가족이 된 원인과 날짜 등을 기재한다. 호주나 가족이 사망하든지 하여 제적(除籍)될 때는 빨간 줄로 ×표를 하여 말소〔소위 주말(朱抹)〕한다. 그 밖에 호적에 빨간 줄을 긋는 일은 있을 수 없다.

다만, 시·구·읍·면사무소에서는, 선거권자의 자격조사 등을 위하여, 수형인명표대장(受刑人名票臺帳)을 비치하고 있다. 일반인에게 보여주지 아니한다. 수형인명표는 자격정지 이상의 형이 확정된 사람의 명단인데, 그 내용은 경찰청의 컴퓨터에도 그대로 입력되어 있다(형의 실효 등에 관한 법률 제2조 3호). 본적지에 있는 이러한 수형인명표대장을, 일반인들은 "빨간 줄 그은 호적"으로 생각하고 그렇게 부르고들 있을 뿐이다.

제20장
소송법과 생활

실체법에서 보장된 권리들은 절차법을 통하여서만 실현될 수 있다. 민사소송법,
형사소송법, 행정소송법 등 소송법은 법학에서 실질적인 중요성을 띠고 있다.

法 律 家

내 法律家인지 뭔지 잘 모르지만
法律家란 이름은 생각수록
수상쩍다.

미술가, 음악가, 문학가처럼
법률가인가?
법률을 전문하는 '쟁이'라서
법률가인가?

그렇다고 法律人, 法人이라 할
수도 없고
法家라 하면 韓非子의 法家가
생각나고

서양의 jurist나 lawyer같이
법을 전문하는 사람의 통칭은
없나?
判事라 할 때는 일 事

檢事라 할 때도 일 事인데
辯護士는 왜 선비 士?
法學者는 왜 놈 者?
法曹는 뭐고 法曹人은 뭐며
律士라는 시대착오적 명칭이
신문지상에 버젓이 나오는 건 뭐냐?

"어려운 문제는 律士出身이
알아서 하라"고?
법대 졸업만 하면 律士인가?

이제 司法書士도 法務士가 된 판에
선비 士면 뭐고 일 事면 뭐고
놈 者면 뭐냐?

어차피 법을 팔아먹는
'쟁이'들만 있는 판에!

I. 민사소송법

1. 법원의 조직

우리나라의 법원은 어떻게 조직되어 있는가요? 그리고 소송의 심급제도도 함께 설명해 주십시오.

헌법 제101조 2항은 "법원은 최고법원인 대법원과 각급 법원으로 조직된다"고 규정하고, 대법원의 조직에 관하여 약간의 규정을 두고 있을 뿐 그 상세한 것은 법률에 위임하고 있다. 따라서 심급제도나 각급 법원의 종류 등은 법률로써 정하여야 하는데 이에 따라 제정된 법률이 「법원조직법」이다.

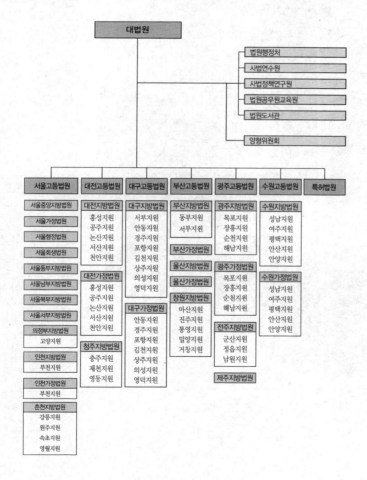

　　「법원조직법」은 대법원 외에 각급 법원을 고등법원, 지방법원, 가정법원, 행정법원, 특허법원, 회생법원의 7종으로 나누고, 지방법원과 가정법원 사무의 일부를 처리하기 위하여 그 관할구역 안에 지원과 가정지원, 시법원 또는 군법원 및 등기소를 둘 수 있도록 하였으며, 지방법원 및 가정법원의 지원은 2개를 합하여 1개의 지원으로 할 수 있다(동법 제3조 제1항 및 제2항).

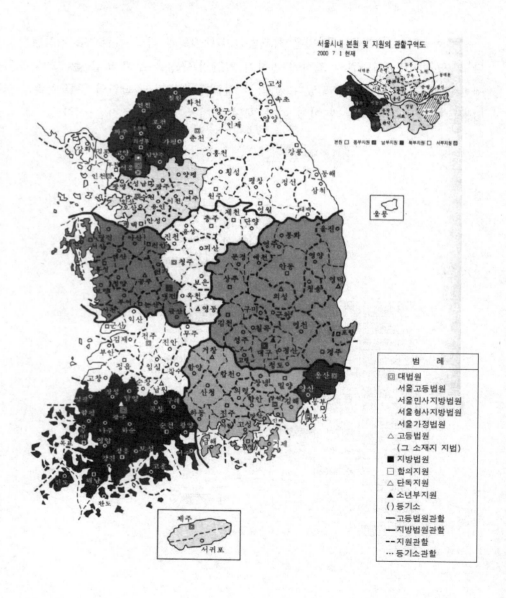

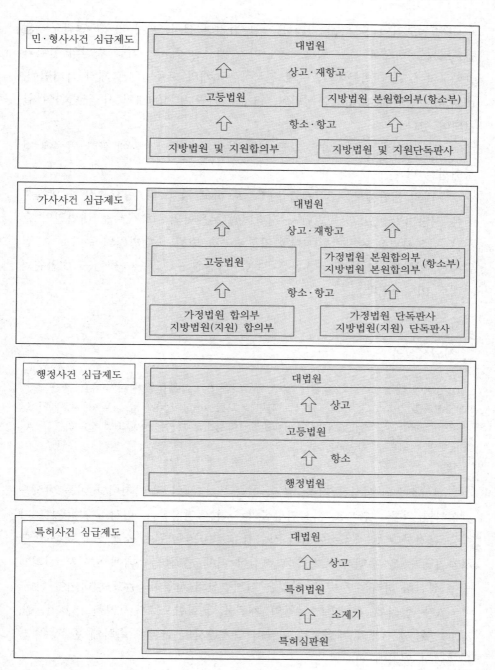

「법원조직법」은 다시 이러한 각급 법원의 설치, 폐지 및 그 관할구역은 법률로써 정하도록 하고 있다. 이에 따라 제정된 법률이 각급 법원의 설치와 관할구역에 관한 법률이다. 현재 전국에는 6개의 고등법원, 1개의 특허법원, 18개의 지방법원, 8개의 가정법원, 43개의 지원 및 100개의 시·군법원이 설치되어 있다.

각급 법원의 관할구역은 각급 법원의 설치와 관할구역에 관한 법률에 정하여져 있다.

우리의 재판제도는 3심제를 원칙으로 하고 있다. 민·형사사건 중 단독사건은 지방법원(지원) 단독판단 → 지방법원 본원합의부(항소부) → 대법원의 순서로, 합의사건은 지방법원(지원)합의부 → 고등법원 → 대법원의 순서로 각 심급제를 이루고 있다. 군사재판은 보통군사법원 → 고등군사법원 → 대법원의 차례로 이루어진다.

2. 신의성실의 원칙

A는 B에 대해 2억원의 채권을 갖고 있었는데 B가 채무이행을 하지 않아 소송으로 해결하려고 한다. A는 2억원을 청구하면 위자료산정에 불이익을 당할지도 모른다고 생각하여서 1억원, 5,000만원, 또 5,000만원의 3개로 채권을 분할하여 청구하였다. A의 행위는 타당한 것인가?

민사소송의 이상은 적정, 공평, 신속 및 경제의 네 가지이고 이들 이상을 달성하기 위한 수단으로서 신의성실의 원칙은 인정한다. 민사소송법 제1조가 이를 규정한다. 민사소송에서의 신의칙(信義則)은 법원이 소송을 진행하고 당사자가 소송을 수행하며 기타 관련인이 이에 협력하는 데에 있어서 신의에 좇아 성실히 하라는 것이다. 이것은 실체법상의 신의칙과는 구별하여야 한다.

A가 합의부 관할인 2억원의 채권을 분할함으로써 1억원, 5,000만원, 5,000만원 등 3개의 채권으로 만들어 단독판사의 관할에 속하게 한 것은 신의성실의 원칙에 위배된다.

또한 A와 B가 소송을 수행하는 동안 소송지연을 목적으로 불필요한 증거신청을 하거나 증인신문 및 기록열람신청을 반복하는 등의 소송행위를 한다면 이러한 행위들도 신의칙에 위배된다.

　　신의칙에 반하는 소송행위는 부적법하므로 그 행위의 내용이나 성질에 따라서 무효이거나, 법원이 이를 무시하거나 또는 각하하게 된다.

3. 처분권주의

　서울에 사는 대학생 A(미성년)는 여름방학을 이용하여 친구 B를 태우고 자동차로 부산해수욕장으로 떠났다. 그런데 대구 근처에서 A의 차는 C가 운전하는 차와 정면 충돌하였다. 기적적으로 A, B는 가벼운 상처를 입었지만 A의 차는 크게 파손되었다. A는 C에 대해 치료비와 차의 파손으로 인한 손해액 등 합하여 1,000만원을 지급하라고 손해배상청구소송을 냈다. 이때 A의 행위는 어떠한 효과가 있는가?

　　민사소송법은 민사소송의 대상인 사법상의 권리에 관하여 인정하고 있는 사적 자치의 원칙을 반영하고 있어 소송의 개시, 요구내용(청구취지), 소송의 종료를 소송당사자의 의사에 맡기고 있다. 이것은 처분권주의(處分權主義)라고 부르는 민사소송법의 본질적 원칙이다.

　　소송을 제기하든가, 제기하더라도 언제 개시하는가는 당사자의 자유이다. 분쟁해결을 위하여 소송을 이용하든가, 소송 이외의 분쟁해결제도를 이용하든가도 당사자의 의사에 달려 있다. 또 어떠한 청구를 하는가도 당사자의 자유이며, 법원은 당사자가 낸 청구를 넘어서 판결을 내릴 수는 없다(제203조). 위의 사례에서 A가 C에 대해 1,000만원의 지급을 요구하였는데, 판사가 C에게 1,500만원의 손해배상을 판결한다면 처분권주의에 위배되는 것이다. 소송을 시작한 후 소의 취하, 청구의 포기와 인낙(認諾), 소송상의 화해 등으로 소송을 종료시키는 것도 당사자의 자유이다.

4. 민사소송의 절차

　B는 친구 A가 사업자금이 모자라 부탁하므로 500만원을 빌려 주었으나 A는 좀처럼 갚지 않았다.
　B는 소송을 해서 돌려받고 싶은데 비용이 얼마나 드는가? 또 재판에 이기면 곧 돈을 되돌려 받을 수 있는가?

재판을 하려면, 전문적인 법률지식과 재판을 진행하여 나가는 높은 기술이 필요하다. 따라서 A를 상대로 소송을 하고 싶으면, 우선 변호사에게 상담한 다음, 절차를 변호사에게 의뢰하는 것이 좋다(변호사비용에 관하여는 뒤에서 설명한다). 간단한 사건은 본인이 소송할 수도 있다.

보통의 민사재판의 줄거리를 설명하면, 어떤 사건이든지 그 소송물의 가격(질문의 경우는 대여금액)이 3,000만원까지는 소액사건(少額事件), 수표금, 약속어음금청구사건과 소가(訴價) 2억원까지의 것은 민사단독사건, 2억원을 넘는 사건은 민사합의사건이라고 구분하고 있다(소액사건심판규칙 제1조의 2, 민사 및 가사소송의 사물관할에 관한 규칙 제2조).

민사합의사건은, 판사 세 사람이 합의부를 구성하여 재판하고, 소액사건이나 단독사건은, 판사 한 사람이 혼자서 재판하기 때문에 그런 이름이 붙여진 것이다. 민사소송을 제기할 법원은 지방법원(제1심 법원)이다. 이 지방법원은 전국에 골고루 설치되어 있으므로, 보통의 경우 피고의 주소지를 관할하는 법원에 소장을 내면 된다.

소장에는 인지를 반드시 붙여야 하는데, 그 인지대는 아래와 같다. 즉 소송목적의 가액〔소가, 訴價〕에 1,000분의 5를 곱하여 산출한 금액어치의 인지를 붙이고, 제2심(항소장)에는 그 1.5배, 제3심(상고장)에는 그 2배의 인지를 붙여야 한다(민사소송등 인지법 제3조).

소송비용에는, 재판진행중에 여러 가지 신청을 할 때 붙이는 인지라든가 증인의 일당·교통비 등이 있다. 이런 비용은, 재판에 전부승소(全部勝訴)하면, 상대방에게 부담시킬 수 있다(다만, 변호사선임비용은 원칙적으로 부담시킬 수 없으나, 0.5%에서 10%까지 소송비용에 산입시킬 수 있도록 규칙이 나와 있다).

재판은 소를 제기한 측(원고, 原告)과 소송을 당한 상대방측(피고, 被告)이 서로 자기의 주장을 내세우고, 그것을 뒷받침하는 증거를 제시하여 다투고, 법관이 쌍방의 주장을 듣고, 판단을 내리는 형태로 되어 있다. 오로지 나의 주장이 옳기 때문에 이겼다는 것이 아니고, 그것을 뒷받침할 증거(질문의 경우라면, 돈을 빌려 준 것이 증명될 계약서, 차용증서라든가, 제3자의 증언)가 있기 때문에 승소할 수 있다. 그러므로 재판에서는 증거가 반드시 필요하다.

그런데, 재판은 1회만으로 끝나는 것은 아니고, 3심제라고 하여 3번까지 재판을 받을 수 있다. 그 순서는, 앞에서 설명한 민사사건의 구별에 따라, 아래와 같이 되어 있다.

제1심의 재판에 불복하여 제2심 법원에 사건을 가지고 가는 것을 '항소(抗訴)한다'고 하고, 마찬가지로 또다시 불복하여 제3심 법원에 가지고 가는 것을 '상고(上告)한다'고 한다.

① 지방법원단독판사(소액사건, 민사단독사건) → 지방법원항소부 → 대법원
② 지방법원합의부(합의사건) → 고등법원 → 대법원

항소한다든지, 상고하려면 제1심이나 제2심의 판결을 손에 넣은 날(송달되는 날)부터 2주일 이내에 항소(상고)장을 제출하지 않으면 안 된다(불변기간). 이러한 상소장을 제출하지 아니하였거나, 제3심까지 다투었는데도 소송에서 졌을 때, 그 사건은 다시 다툴 수 없게 되고, 그 판결은 확정된다(이러한 판결을 확정판결이라고 한다).

확정판결을 얻으면, 다시 법원에 신청하여 그 판결의 내용대로 상대방에게 강제적으로 이행시키는, 소위 강제집행을 할 수 있다. 소를 제기하는 것은, 이 확정판결을 얻어 강제집행하는 것이 그 궁극적인 목적이다.

B는 A의 재산을 법원의 손으로 강제적으로 환가처분(換價處分)을 하여, 그 환가대금에서 대여금을 회수할 수 있다. 이 강제집행을 면하기 위하여 A가 재산의 명의를 바꾼다든지 할 염려가 있을 때는, 미리 법원에 가압류신청을 하여 가압류명령을 받아 둘 수 있다.

또 당신이 어느 정도 A의 변제를 기다려 준다든지, 분할변제라도 좋으니 돈을 갚게만 하고 싶다면, 소송으로 하지 않고, 민사조정을 신청하여도 좋을 것이다. 소송이 진행중이더라도 당사자들끼리 합의가 잘 되면, 화해로 쉽게 끝나기도 한다.

5. 소장(訴狀)의 작성

이갑돌은 김갑순에게 1990년 8월 4일 일금 200만원을 월 3부의 이자를 받기로 하고 원금은 1990년 10월 30일까지 갚으라고 하고 빌려 주었다. 그러나 김갑순은 이자는 물론 원금조차 변제하지 않아 이갑돌은 수차에 걸쳐 독촉하였으나 지금까지 변제

하지 않고 있다.
　채권자 이갑돌이 채무자 김갑순의 재산상태를 조사해 보았더니 약간의 가재도구
(TV, VTR, 냉장고, 오디오, 장농, 응접쇼파, 장식장 등)와 전세보증금이 있을 뿐이다.
이갑돌은 어떻게 제소할 수 있나?

　　소의 제기는 소장을 법원에 제출하여 하게 된다. 소액심판사건에 한하여
구술에 의한 소제기가 가능하나 사실상 구술에 의하여 소를 제기하는 예는
거의 없고, 당사자가 직접 소장을 작성하여 제출하거나 요즈음에는 법원에서
도 민원봉사의 일환으로 몇 가지 유형의 사건을 정형화하여 일정한 양식의
소장용지를 만들어 민원실에 비치하여 놓고 당사자에게 무료로 제공해 오고
있다.

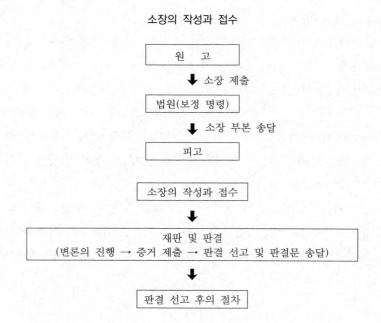

소장의 작성과 접수

소　장

원 고　ㅇㅇㅇ(주민등록번호)

　　　ㅇㅇ시 ㅇㅇ구 ㅇㅇ동 ㅇㅇ(우편번호 ㅇㅇㅇ-ㅇㅇㅇ)

　　　위 소송대리인 변호사 ◎◎◎

　　　ㅇㅇ시 ㅇㅇ구 ㅇㅇ동 ㅇㅇ(우편번호 ㅇㅇㅇ-ㅇㅇㅇ)

　　　전화번호·휴대폰번호:　　　　　　　팩시밀리번호:

　　　전자우편주소:

피 고　◇◇◇(주민등록번호 또는 한자)

　　　ㅇㅇ시 ㅇㅇ구 ㅇㅇ동 ㅇㅇ(우편번호 ㅇㅇㅇ-ㅇㅇㅇ)

　　　전화번호·휴대폰번호:　　　　　　　팩시밀리번호:

　　　전자우편주소:

대여금청구의 소

청 구 취 지

1. 피고는 원고에게 금ㅇㅇㅇ원 및 이에 대하여 이 사건 소장부본 송달 다음날 부터 다 갚을 때까지 연 20%의 비율에 의한 돈을 지급하라.

2. 소송비용은 피고의 부담으로 한다.

3. 위 제1항은 가집행 할 수 있다.

라는 판결을 구합니다.

청 구 원 인

1. 원고는 피고에게 20ㅇㅇ. ㅇ. ㅇ. 금ㅇㅇㅇ원을 대여하면서 20ㅇㅇ. ㅇ. ㅇㅇ.에 변제 받기로 하였습니다.

2. 그런데 피고는 위 대여금 중 20ㅇㅇ. ㅇ.경 금ㅇㅇㅇ원, 20ㅇㅇ. ㅇ.경 금ㅇㅇ만원, 합계금 ㅇㅇㅇ원을 변제하였으나, 나머지 금ㅇㅇㅇ원을 변 제기가 지난 현재에 이르기까지 지불하지 아니하고 있습니다.

3. 따라서 원고는 피고로부터 청구취지와 같은 돈을 지급받기 위하여 이 사건 청
   구에 이르게 되었습니다.

입 증 방 법

1. 갑 제 1 호증   무통장입금증
2. 갑 제 2 호증   차용증서

첨 부 서 류

1. 위 입증방법   각 1통
1. 소장부본   1통
1. 송달료납부서   1통

200○. ○. ○.

위 원 고 소송대리인

변호사 ◎◎◎ (서명 또는 날인)

○○지방법원 귀중

답 변 서

사건 ○○가소○○○호

원 고 ○○○
피 고 ○○○

위 당사자간 귀원 ○○가소○○○호 대여금 청구사건에 관하여 피고는 아래와 같이 답변합니다.

청구취지에 대한 답변

1. 원고의 청구를 기각한다.
2. 소송비용은 원고의 부담으로 한다.
라는 판결을 구함.

청구원인에 대한 답변

원고는 피고에게 대여금 ○○○원을 청구하고 있으나, 피고는 원고에게 돈을 빌린 사실이 전혀 없으므로 이를 변제할 채무가 없습니다. 원고의 청구금액은 피고의 처가 피고 몰래 원고에게 빌려 사용한 것으로서, 피고가 원고 이외에도 다른 채권자로부터 많은 청구를 받은 바 있습니다. 피고의 처는 가사는 돌보지 않고 가출한 상태로 빌린 돈도 모두 가사와는 관계없는 곳에 사용한 것이며, 피고는 이를 이유로 하여 피고의 처를 상대로 귀원 가사부에 이혼소송을 제기한 상태입니다. 따라서, 원고의 이 사건 청구는 이유없는 것이므로 마땅히 기각되어야 할 것입니다.

입 증 방 법

1. 진술서 1통
1. 이혼청구소장 1통
1. 기타 추후 변론시 수시 제출하겠음

○○년 ○월 ○일
위 피고 ○ ○ ○ (인)

○○지방법원 민사○단독 귀중

항 소 장

원고(항소인)   이 갑 돌
　　서울 강서구 화곡동 100번지
피고(피항소인) 김 갑 순
　　서울 성동구 성수동 99번지

위 당사자간 서울지방법원 동부지원 90 가소 1000호 대여금청구사건에 관하여
1990. 8. 2 선고된 다음 판결은 모두 불복이므로 이에 항소를 제기합니다.

원판결의 표시

1. 피고는 원고에게 금 2,000,000원 및 이에 대한 1980. 10. 31부터 1990. 6. 18
   까지는 연 5푼의, 그 다음날부터 완제일까지는 연 2할 5푼의 각 비율에 의한
   금원을 지급하라.
2. 소송비용은 피고의 부담으로 한다.
3. 제 1 항은 가집행할 수 있다.

항 소 취 지

1. 원판결을 취소한다.
2. 피항소인은 항소인에 대하여 금 2,000,000원 및 이에 대한 1980. 10. 30일부
   터 완제에 이르기까지 연 2할 5푼에 해당하는 돈을 지급하라.
3. 소송비용은 제1, 2심 모두 피항소인의 부담으로 한다.
4. 위 제2항에 한하여 가집행할 수 있다.
라는 재판을 구함.

항 소 이 유

1. 추후 제출하겠습니다.

　　　　　　　　　　1990. 8.
　　　　　　　　　　위 원고(항소인)   이 갑 돌 (인)

서울지방법원 동부지원 귀중

소장의 필요적 기재사항은 당사자, 법정대리인, 청구취지 및 청구원인이다. 그 외 다음과 같은 사항을 소장에 기재하여야 한다.

(a) 당사자의 성명, 명칭 또는 상호와 주소

(b) 대리인의 성명과 주소

(c) 공격방법

(d) 부속서류의 표시

(e) 연월일

(f) 법원의 표시

그러면 위 문제의 사건을 토대로 실제로 소장을 작성하여 보면 다음과 같다.

법원이 피고에게 소장부본을 송달하면 피고는 법원에 답변서를 제출한다.

제1심이 종료되어 원고 측은 피고가 불복하면 항소하게 되고 항소에 필요한 항소장은 다음과 같다.

6. 소액심판제도

금액이 적은 민사사건에 대해서는 법원에 소액심판청구를 하면 간편하게 해결된다고 들었습니다. 소액심판제도란 무엇인가요?

소액심판제도란 일반 민사소송은 절차가 번거롭고 복잡하여 변호사나 법무사의 도움 없이는 스스로 하기 어렵고, 비용이 많이 들고 시일도 오래 걸리기 때문에 재판을 꺼리는 수가 많다. 3,000만원을 초과하지 아니하는 금전 지급을 목적으로 하는 청구(대여금, 물품 대금, 손해 배상 청구)와 같이 비교적 단순한 사건에 대하여 보통 재판보다 훨씬 신속하고 간편하며 경제적으로 재판을 받을 수 있도록 만든 것이 소액사건심판제도이다.

본 제도에 의한 소를 제기하려면 법원에 비치되어 있는 인쇄된 소장 서식용지에 해당사항을 기입하여 제출하면 되고, 원고와 피고 쌍방이 임의로 법원에 출석하여 진술하는 방법으로도 소제기가 가능하다. 소장이 접수되면 즉시 변론기일을 지정하여 알려 주게 되어 있고, 재판도 1회의 변론기일로 심리가 종결되는 것을 원칙으로 하고 있다. 따라서 원고는 보통 최초의 변론기일

제2호 양식
(대여금청구)

청 구 취 지

1. 청구금액 : (원 금)금 _____원
   (가산금)기 간 _____부터 소장부본 송달까지
   비 율 연 _____푼
   기 간 소장부본 송달 다음날부터 완제일까지
   비 율 연 2할 5푼
2. 피고들 상호간의 관계 : 연대 ( )

청 구 원 인

1. 대여내역
   (1) 대 여 자 _____ (2) 차 용 자 _____
   (3) 연대보증인 _____, _____
   (4) 대 여 일 : _____, _____, _____
   (5) 금 액 : _____원, _____원, _____원
   (6) 변 제 기 : _____, _____, _____
   (7) 약정이율 : _____, _____, _____
2. 기타 보충할 내용

20 . . .

원고 (인)

에 모든 증거방법을 제출하게 되며, 최초의 기일 전이라도 증거 신청이 가능하게 된다. 원고가 제출한 소장은 바로 피고에게 송달이 되는데, 피고는 그 송달을 받은 날로부터 10일 이내에 원고의 주장에 대한 답변서를 제출하도록 되어 있다(소액사건심판법 제6조).

소액사건심판에서는 일반 민사사건의 재판과는 달리 당사자의 배우자, 직계혈족, 형제자매 또는 호주는 법원의 허가 없이 소송대리인이 될 수 있고, 소송대리인은 당사자와의 신분관계 및 수권관계를 서면으로 증명하여야 하므로(동법 제8조) 대리인이 소송을 수행할 경우에는 위임장과 호적등본 또는 주민등록등본을 제출하여야 할 것이다.

그리고 법원은 소장, 준비서면 등에 의하여 원고의 청구가 이유 없음이 명백한 때에는 변론 없이 청구를 기각할 수도 있다(동법 제9조 1항).

소송을 제기한 때의 소송물 가액이 3,000만원을 초과하지 아니하는 금전 등의 지급을 목적으로 하는 제1심의 민사사건에 대하여 일반 민사사건에서보다 훨씬 신속하고 간편한 절차에 따라 심판·처리하는 제도를 말한다(소액사건의 금액한도도 점차 늘어나 현재는 3,000만원까지임).

7. 변호사보수의 소송비용 산입

> B는 A가 경영하는 금속제품 제조공장에서 노후된 기계로 작업도중 기계작동불량으로 우측 손목을 절단당하는 재해를 입었다. 산재보상금을 받았으나 보상금이 너무 적어 A를 상대로 변호사를 선임하여 손해배상소송을 제기하려 한다. 승소한 경우 소송에 소요된 변호사 비용을 상대방인 A로부터 받을 수 있는가?

변호사비용은 소송 당사자의 재력이나 소송결과에 따라 실질적으로 소송 당사자에게 부담이 된다.

이러한 점을 고려하여 1990년 1월 13일 개정된 민사소송법 제99조의 2에서는 "소송대리를 한 변호사에게 당사자가 지급한 또는 지급할 보수는 대법원 규칙으로 정하는 금액의 범위 안에서 이를 소송비용으로 한다"라고 규정되어 있고 대법원 규칙인 『변호사 보수의 소송비용 산입에 관한 규칙』에서는 소송물 가액에 따라 산입할 보수의 기준을 정하고 있다.

예를 들면 소송물 가액이 2,000만원까지는 10%를 보수에 산입할 수 있고, 그 액수에 초과한 경우에는 범위에 따라 산입률이 줄어들게 된다(동규칙 제3조 및 별표 참조). 이처럼 일정한 범위 내에서는 동 규칙에서 정해지는 액수를 가해자측에 부담시킬 수 있지만, 위 기준에 따른 금액과 현실적으로 지급되는 변호사의 보수금과는 상당한 거리가 있는 것이 사실이다.

한편 소송비용은 패소자가 부담하도록 하고 있다. 그 부담비율은 승소의 태양에 따라 법원에서 정하고 있다. 이 경우도 판결주문에 B와 A의 소송비용 부담비율을 정해 주며 소송비용확정절차를 별도로 거친 다음 A의 부담비율에 대해 A에게 변제요구 또는 강제집행할 수 있는 것이다.

8. 증인의 출석의무

A와 B의 거래상의 다툼이 생겨 소송으로까지 확대되었다. 그 거래를 중개한 C에게 "증인으로 나와달라"는 법원의 소환장이 왔다. 그러나 A, B 모두 C가 잘 아는 사람이라, C는 어느 쪽에도 편들고 싶지 않다. 그래서 증인으로 나가고 싶지 않은데, 꼭 출석하지 않으면 안 되는가?

재판에서는 원·피고가 서로 대립하여 상반(相反)되는 주장을 하고 있으므로, 이들은 자기의 주장을 뒷받침하는 증거를 법원에 제출하여야 한다(증거재판주의). 증거로는 계약서·영수증 등 문서를 제출하기도 하고, 제3자를 증인으로 내세워 그의 증언을 듣는 것, 그리고 사건에 관계있는 것을 검증하게 하는 것 등이 있다.

그런데 재판에 증인으로 나가서 증언하는 것은, 법률에 정하여진 국민의 의무이다. 그래서 병이라든지 출장 등 정당한 이유가 없으면 거부할 수 없다. 만일, 증인이 정당한 사유 없이 출석하지 아니한 때는, 법원은 그에게 최고 500만원의 과태료에 처하고 소송비용의 부담을 명할 수 있다(민사소송법 제311조 제1항). 꼭 필요한 증인(유일한 목격자)이 출석하지 아니하면, 법원은 7일 이내의 감치에 처한다(동조 제2항). 게다가 증인이 어느 한 편을 유리하게 하려고, 거짓말로 증언한 때는 형사상 '위증죄'로 처벌받게 되어 있다. 그렇지만 증인으로 법정에 나가더라도 목사·의사·변호사 등이 직업상 알게 된 타인의 비밀, 직업상 비밀이나 기술상의 비밀은 증언을 거부할 수 있다. 증언한 것 때문에 증인 자신이나 증인의 친족·호주·가족 등이 기소되거나 유죄판결을 받을(형사처벌을 받을) 우려가 있다든지 그들의 치욕이 될 사항에 관한 것인 때에도 역시 증언을 거부할 수 있다.

위의 설명은 민사재판에 관한 것이지만, 형사재판의 증인도 대체로 동일하다. 형사재판에서 피고인에게 불리한 증언을 한 증인에 대하여, 피고인이나 그 가족이 원한을 품고, 증인에게 위해(危害)를 가하는 경우도 있다. 이런 경우 국가에서 구조금을 받을 수 있게 되어 있다(범죄피해자보호법 제16조).

9. 제소전 화해

> B는 A에게 돈을 빌려 주었는데, 돈을 갚지 아니할 때는 A 소유 가옥을 돈 대신 취득하기로 약속하였다. 그러나 만일의 경우 A가 집을 명도하지 아니하면 곤란하므로 확실히 약속을 지키도록 하는 방법이 있겠는가?

자주적 분쟁해결방식으로서 화해란 분쟁당사자의 직접적·자주적 교섭과 상호양보를 통해 분쟁을 해결하는 방식이다. 물론 상호양보를 권고하는 제3자의 존재가 있을 수도 있다. 이러한 화해에는 재판 외의 화해와 재판상의 화해가 있으며, 재판상의 화해는 다시 제소전의 화해와 소송상의 화해가 있다.

질문과 같은 경우, 보통의 계약서로 작성하여 두기만 하여서는 A가 꾼 돈을 갚지 아니할 때 B가 그 가옥의 등기이전이나 명도를 하여 달라고 해도 그것에 임의로 응하지 아니하면 어쩔 도리가 없다. 결국 B는 소송을 하여 판결을 받아, 강제집행하지 않으면 안 된다. 그 계약을 공증하여 두더라도 공정증서로는 토지나 가옥의 명도와 같은 강제집행을 할 힘이 없다.

그래서 이와 같은 경우, 그러한 약정을 법원의 '제소전 화해'(提訴前和解)라는 절차에 따라 '화해조서'(和解調書)를 만들어 달라고 하여 받아 두면 좋다.

(1) 제소전 화해란?

제소전 화해는 글자 그대로 화해의 일종이다. 다만 이미 설명한 재판 외의 화해, 즉 화해계약과 다른 점은 화해의 성립에 재판기관을 이용한다는 점이다.

　　이런 의미에서 소송상 화해와 더불어 제소전 화해는 재판상의 화해이다. 그러나 제소전 화해는 소제기 전에 소송을 예방하기 위한 화해인 점에서 소제기 후(정확히는 소송계속 후)에 소송을 종료시키기 위한 화해인 소송상 화해와 구별된다.

(2) 제소전 화해의 이용

　　㉠ 이용의 현실:　제소전의 화해를 법이 규정한 원래의 의도는 현존하는 민사상의 분쟁에 재판기관이 관여, 화해를 권고함으로써 분쟁을 해결하려는 취지이었을 것이다. 그러나 제소전의 화해는 현실적으로는 민사상의 다툼의 해결보다는 이미 당사자간에 성립된 다툼이 없는 계약내용을 조서에 기재하여 재판상의 화해를 성립시키기 위해 이용되고 있다. 다시 말하면, 제소전 화해신청을 하였을 때에는 이미 화해의 내용이 정하여져 있을 경우가 많다. 이 경우 법원의 역할은 화해의 알선권고가 아니라 당사자간에 성립된 계약에 대한 공증적 역할에 그친다. 결국 제소 전의 화해신청은 쌍방이 대화의 매듭은 지었는데 만일 상대가 이를 위반하면 강제적으로 이행시키고자 할 때에 이용된다.

　　㉡ 공정증서와의 차이:　화해의 내용을 공정증서로 작성하면 곧바로 집행을 할 수 있다. 그러나 집행할 수 있는 내용이 금전, 대체물, 유가증권의 지급과 같이 그 범위가 한정되어 있고, 더구나 강제집행을 받아도 좋다는 것이 명기되어 있을 경우에 한한다. 이에 비해 제소전 화해는 범위에 제한이 없으므로 공정서로서는 강제집행을 할 수 없는 사항, 예를 들면 가옥의 명도라든지 특정한 물건의 인도와 같은 경우에 많이 이용된다.

　　① 제소전 화해의 대상은 당사자가 임의로 처분할 수 있는 권리관계이어야 한다.

　　② 제소전 화해는 통상의 민사소송절차에 의해 심리되는 민사상의 분쟁을 대상으로 하고 있으므로, 가사사건(家事事件)에 대해서는 가사조정의 신청을 하여야 하며 제소전 화해의 신청은 할 수 없다.

　　③ 그 사이 제소전 화해신청은 금전소비대차의 채권자가 경제적 강자라는 지위를 이용, 폭리행위에 해당하는 채무명의를 얻기 위하여 악용되어 왔을

뿐 아니라, 탈법행위를 합법화시키며 뒤에 재판상 다투는 길을 봉쇄하는 방편으로도 이용되어 왔다. 그러나 근자에 오로지 토지거래허가제의 적용을 면탈하기 위하여 화해신청을 하는 것은 부적법하다는 하급심 판결을 비롯, 제도의 악용을 금지시키고자 하는 주장이 대두되고 있다. 제도의 악용은 삼가해야 할 일이다.

(3) 제소전 화해의 방식과 효력

① 제소전 화해를 신청하는 방법은 상대방(피신청인)의 주소지를 관할하는 지방법원에 하여야 한다.

② 신청은 서면 또는 구두로 할 수 있으나(민사소송법 제385조) 보통은 서면(신청서)을 제출한다. 이러한 신청서에는 (i) 당사자(신청인, 피신청인)의 성명·주소, (ii) 신청취지, 신청원인 및 분쟁의 실정을 기재하고, (iii) 소장에 붙이는 인지액의 반액에 해당하는 인지(소장의 반액인지)를 붙여야 한다. 신청의 취지는 미리 당사자간에 협의의 결과 정하여진 '화해조항'대로 권고를 구하는 것으로 된다.

③ 신청인은 신청서와 상대방 수에 상응하는 신청서 부본을 첨부하여야 하며 송달비용을 미리 납부하여야 한다.

④ 화해신청의 요건 및 방식에 잘못이 있을 때에는 결정으로 이를 각하한다. 이에 대해서 신청인은 항고할 수 있다(민사소송법 제439조).

⑤ 화해신청이 적법하면 법원은 신청서 부본을 상대방에게 송달하고 화해기일을 정해서 소환한다.

(i) 기일에 신청인 또는 상대방이 출석하지 아니한 때에는 법원은 다시 기일을 정하여 소환할 수도 있고, 화해가 성립하지 않은 것으로 처리할 수도 있다.

(ii) 기일에 쌍방이 출석하면 화해조항에 대해서 화해를 권고하고, 화해가 성립하면 그 내용을 조서에 기재한다. 이렇게 작성된 화해조서는 확정판결과 같은 효력을 가진다.

[서식] 제소전의 화해신청서 쓰는 법

화 해 신 청

신청인 정 재 수

대전시 중구 신정동 32번지

신 청 취 지

별지 화해조항기재 취지의 화해를 구한다.

신청원인 및 쟁의의 실정

1. 신청인은 1990년 11월 1일 상대방에 대해 금 1,000만 원을 기한 1990년 11월 30일한의 약정으로 대여하였으나 아직껏 변제받은 일이 없다.

2. 상대방은 이에 대하여 1990년 11월 25일 금 300만 원을 지급하였다고 주장함으로써 남겨진 채무 및 지급방법에 관하여 다툼이 있다.

3. 그러나 쌍방이 타협한 결과, 별지화해조항 기재와 같은 취지의 화해가 성립될 가능성이 있으므로 본 신청에 이른 것이다.

1993년 2월 1일

위 신청인 정 재 수

대전지방법원 귀중

화 해 조 항

1. 상대방은 신청인에 대하여 금 1,000만 원 및 이에 대한 1990년 12월 1일부터 완제에 이르기까지 연 5푼의 비율에 의한 금전의 지급의무가 있는 것을 확인하며, 아래 방법으로 지불한다.

〈이하 조건을 쓴다〉

1. ·················

2. ·················

10. 소송상 화해

A와 B는 가옥문제로 2년 정도 소송을 계속하고 있는데 재판장이 화해를 하면 어떻겠느냐고 말하고 있다. A는 어느 정도 자신의 희망을 이야기하여 상대방이 들어 준다면 화해를 해도 좋다고 생각한다. 재판중에 화해를 하면 어떻게 되는가?

소송중에 있는 사건이라도 재판진행중에 당사자(원·피고) 사이에 합의가 잘 될듯한 경우에는 화해를 하고 싶다고 재판장(판사)에게 말할 수 있다. 법원으로서도 판결을 내려 일방적으로 승부를 결정하는 것보다도, 당사자가 화해를 하여 사건을 끝내도록 하는 것을 좋아한다. 그래서 가능하다면 판결보다는 화해 쪽을 환영한다. 따라서 법원이 주도적으로 화해를 권유하는 수도 있다.

화해절차가 진행되면 그 사이에 재판은 중단되고, 합의가 성립되면 '화해조서'가 만들어지고, 거기서 재판은 완전히 끝난다. 이 화해조서에 기재된 것은 확정판결과 꼭 같은 효력이 있다. 그러므로 만약 당사자 중 일방이 그것을 지키지 아니하면, 다른 일방은 그 조서로 강제집행할 수 있다.

재판을 하고 있는 중간에 당사자들끼리만 법정 밖에서 화해(이를 재판외 화해라 한다)를 하더라도 재판 그 자체에는 아무 효력도 없다. 또 재판 외(裁判外)에서 당자사가 자기의 대리인(변호사)에게 상담하지 않고, 화해를 하고, 그 후 소송을 취하하는 일도 있다. 이 경우 담당 변호사는 보통 재판이 끝난 때와 동일한 보수를 청구하기도 한다. 재판중에 화해를 하고 싶을 때는, 자기가 선임한 변호사와 사전에 충분히 상의할 필요가 있다.

소송상의 화해는 조정과 같이 분쟁당사자가 서로 양보하여 분쟁을 해결하는 특색을 가지고 있다. 이에 대하여 재판이 시작되고 나서 피고가 원고의 주장을 전면적(全面的)으로 인정하여 사건이 끝나는 수도 있다. 이것은 '청구의 인낙(認諾)'이라고 하는데, 역시 조서에 기재되면(인낙조서), 그 조서는 확정판결과 같은 효력이 있다.

화해의 절차

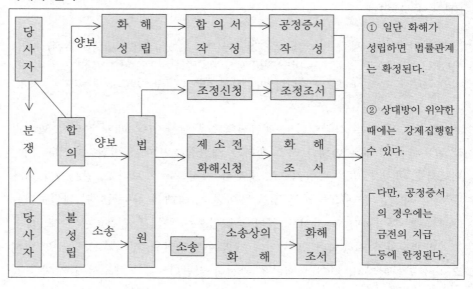

11. 조 정

주택임대인은 아들이 결혼하였으므로 주택임차인에게 집을 내놓으라고 부탁하였다. 그러나 임차인은 거액의 이사비를 내라고 하여 타협이 잘 안 되고 있다. 조정신청을 하려면 어떻게 해야 하는가?

조정(調停, Mediation)이란 조정기관인 제3자가 독자적으로 분쟁해결을 위한 타협방안(조정안)을 마련하여 당사자의 수락을 권고하는 방식이다. 당사자가 조정안을 받아들이면 조정은 성립되며, 거부하면 조정불성립으로 끝맺는다.

조정은 통상의 소송절차에 비하여 다음과 같은 장점을 지니고 있다.

① 절차를 진행함에 있어 법률상 엄격한 제한이 없으므로 융통성이 있고, 법률지식이 없는 사람도 쉽게 이용할 수 있으며(이해하기 쉬운 절차),

② 매우 단시일 안에 절차가 끝남이 원칙이고, 일단 이루어진 조정에 대해서는 원칙적으로 상소, 이의신청 기타 불복을 할 수 없으므로 분쟁이 즉시 종국적으로 해결될 수 있고(신속한 절차),

③ 무엇보다도 신청수수료가 소송사건에 비하여 월등하게 저렴하고, 증거조사 기타 절차상의 비용도 절약할 수 있고(저렴한 비용),

④ 절차가 비공개로 진행되므로 당사자 사이의 분쟁이 널리 알려지는 것을 방지할 수 있으며(비밀의 보장),

⑤ 사회 각계의 전문가가 분쟁해결에 참여함으로써 그들의 전문적 지식이 폭넓게 반영되며(전문지식의 활용),

⑥ 이해와 타협으로 당사자 사이의 날카로운 대립감정을 누그러뜨리므로 계속적인 법률관계에서의 분쟁해결에 적합하다.

이외에도 조정은 많은 장점들을 가지고 있다. 그러나 조정은 어디까지나 자주적인 해결방법으로 당사자 중 어느 일방이라도 조정안을 받아들이지 않으면, 국가기관 등의 노력에도 불구하고 다툼의 해결은 좌절되고, 시간낭비로 되기 쉬운 한계를 지니고 있다.

우리나라에는 일반 민사분쟁의 조정에 관한 민사조정제도, 가사사건에 대한 가사조정제도 및 특수한 분야에서는 주로 행정위원회가 조정기관으로 되어 있는 특수조정제도가 있다. 그 밖에도 명칭은 조정으로 되어 있지 않지만 그 실질은 조정인 것으로 국가배상심의회의 배상결정, 언론중재위원회의 중재 등이 있다.

그 중에서 민사조정제도를 개괄하면 다음과 같다.

가사분쟁을 제외한 모든 민사분쟁은 그 내용이나 액수에 관계없이 민사조정의 대상이 된다(민사조정법 제2조 참조).

민사조정은 당사자가 신청하거나(민조법 제2조), 일정한 소송사건을 심리하던 제1심법원이 당사자 쌍방의 동의를 얻어 사건을 조정에 회부함으로써 시작된다(민조법 제6조).

신청인은 관할 지방법원 등에 조정을 신청함이 원칙이나, 당사자의 합의로 신청법원을 정할 수도 있다(민조법 제3조 참조).

조정의 신청은 i) 조정신청서(서식참조)를 관할법원에 제출하거나, ii) 법원 등에 출두하여 담당직원에게 구술로 신청한다(민조법 제5조 참조).

조정은 조정담당판사 또는 조정위원회를 통해 이루어진다.

조정위원회는 지방법원의 법관 중에서 지정된 조정장과 사회저명인사 중

우리나라의 조정제도

종 류		근거법률	조정기관	조정대상
민사조정		민사조정법	조정담당판사 또는 조정위원회	민사에 관한 모든 사건
가사조정		가사조정법	조정위원회	「나」류 및 「다」류의 가사 소송사건과 「마」류의 가사비송사건 – 조정전치주의
특수조정	소비자분쟁조정	소비자보호법	소비자분쟁조정위원회	사업자와 소비자 사이의 분쟁사건
	의료분쟁조정	의료법	의료심사조정위원회	의료행위에 의해서 발생한 분쟁사건
	환경분쟁조정	환경오염피해 분쟁조정법	환경분쟁조정위원회	환경오염으로 인하여 발생한 분쟁사건
	보험분쟁조정	보험업법	보험분쟁조정위원회	보험모집 및 보험계약과 관련한 분쟁사건
	건설분쟁조정	건설업법	건설분쟁조정위원회	발주자와 수급인 간의 건설공사에 관한 분쟁사건 등
	저작권분쟁조정	저작권법	저작권심의조정위원회	저작권에 관한 분쟁사건
	해양오염분쟁조정	해양오염방지법	해양오염분쟁조정위원회	해양오염분쟁사건

에서 위촉된 2인 이상의 조정위원으로 구성된다. 조정사건의 당사자는 합의에 의해 이와 별도로 당해 사건을 위한 조정위원을 선정할 수도 있다.

조정이 신청되면 조정신청서나 조정신청조서는 지체없이 피신청인에게 송달된다. 또 소환장 등에 의해 조정기일이 당사자에게 통지된다(민조법 제15조 참조). 통지된 조정기일에 당사자 본인이 법원에 출석하여야 한다. 본인이 직접 출석할 수 없을 때에는 대리인을 출석시킬 수 있고 본인의 절차진행을 도와 줄 보조인을 동반할 수 있다.

조정절차는 비공개로 진행되는 것이 원칙이다. 조정절차는 가능한 한 단1회로 끝나는 것이 원칙이나 통상은 여러 번 열려, 타협, 설득, 양보의 결과 당사자간에 합의가 성립하면 조서에 기재되며 이로써 조정은 성립한다(민조법 제28조). 조정은 소송상 화해와 동일한 효력이 있다(민조법 제21조).

12. 중 재

오늘날 거래생활에서 생긴 분쟁에서 중재가 중요하다고 하는데, 중재에 대하여 설명해 주십시오.

중재(仲裁, arbitration)란 당사자의 합의에 의하여 선출된 중재인의 중재판정에 의하여 당사자간의 분쟁을 해결하는 절차를 말한다. 중재는 사적으로도 행해지지만, 특히 법원이 아닌 중재위원회 등 다른 공공 기관의 판정에 의해 해결하는 경우도 많다. 공적 기관에 의한 중재의 예로는 국가 간의 분쟁에 대해 제3의 판단 기관이 나서는 국제법상의 중재, 상거래 분쟁에 대한 중재법상의 중재, 노사 분규 등에 대한 노동법상의 중재 등이 있다. 중재의 본질은 그것이 사적 재판이라는 데에 있으며, 그 점에서 당사자의 호양(互讓)에 의한 자주적 해결인 재판상의 화해 및 조정과 다르다. 중재제도는 단심제이기 때문에 법원의 재판에 비하여 분쟁이 신속히 해결되고 비용이 저렴하다. 뿐더러 관계 분야의 전문가를 중재인으로 선정함으로써 실정에 맞는 분쟁해결을 할 수 있고, 특히 국제상사거래상의 분쟁에서는 분쟁해결에 가장 적합한 제도라고 할 수 있다.

그러나 중재제도는 반드시 이점만이 있는 것이 아니다. 중재인을 당사자가 선정하기 때문에 중재인이 흔히 중립성을 잃고 당사자의 이익대변인의 구실을 할 수 있기 때문이다.

우리나라에서도 당초 의용민사소송법에서 중재제도를 두었으나 새 민사소송법을 제정하면서 폐기하였던 것인데, 1966년에 중재법(법률 1767호)을 새로 제정하여 다시 부활시켰다. 이 법은 상행위로 인하여 발생하는 법률관계, 그 중에서도 특히 국제무역거래상의 분쟁(trade claim)에 대하여 중재에 의한 해결의 길을 터놓기 위한 것이다. 중재법 제12조와 제8조 및 대한상사중재원 국내중재규칙 제14조 제1항에 의하면 상사중재에 있어서 중재인의 선정과 중재절차는 당사자간에 다른 약정이 없는 한 산업통상부장관이 지정하는 사단법인 대한상사중재원의 상사중재 측에 의하게 함으로써, 상사중재에 관한 한 대한상사중재원의 주관하에 중재를 행하도록 했다(동법 4조).

이 밖에 근자에 정기간행물의 등록에 관한 법률에 의한 언론중재제도가 신설되었다. 이것은 정정보도청구에 대해 법원에 제소함에 앞서 언론중재위원회의 중재심의에 붙이도록 하는 것인데(언론 중재 및 피해구제 등에 관한 법률 제7조 이하), 중재가 성립하려면 당사자간에 합의를 필요로 하는 점에서 중재라기보다는 조정절차에 해당되는 것으로 해석된다.

중재계약(arbitration clause)이 있는 사건에 대하여 법원에 제소한 경우에는 그 소는 소의 이익이 없는 것으로 각하되게 된다. 중재절차를 진행한 끝에 행한 중재판정은 확정판결과 동일한 효력이 있다(중재 35조).

아래에 중재판정의 한 예를 제시한다.

[사 안]

신청인 A사는 피신청인 B사와 남자용 외투에 관한 물품계약을 체결하고 수행하였으나 동 물품의 색상의 하자 및 재료의 수량미달 등의 하자로 손해배상금 미화 131,402.69달러를 청구한 사례.

[판정주문]

1. 피신청인은 신청인에게 미화 3,404달러를 지급하라.
2. 중재비용은 신청인과 피신청인의 각자 평등부담으로 한다.

[판정이유의 요지]

신청인과 피신청인간의 거래에 있어서 남자용 외투 스타일번호 1358, 4201, 4502의 각 주문의 계약시기, 물량 등에 관하여는 당사자간에 다툼이 없다.

신청인은 위 주문물품의 상당부분에 색상의 하자 및 재료의 수량미달 등의 하자로 인하여 신청인으로부터 동 물품을 사간 신청인의 거래처로부터 반품이 되어 손해를 보았다고 주장하므로 살펴건대, 스타일번호 1358 중 296본에 대하여는 그 하자를 피신청인도 인정한 바 있어 그 대가는 피신청인이 신청인에게 반환할 의무가 있다고 인정된다.

그 여타의 주장에 관하여는, 그 하자의 증거가 불충분하고 또한 피신청인에 대한 하자의 통보가 본건 물품 수령 후 5, 6개월이 경과한 후에 있었던 것은 계절과 유행에 민감한 의류의 일반 거래 관행에 비추어 합당하다고 인정되지 아니하고, 가사 그 하자의 내용을 신청인 주장대로 인정한다 하더라도, 그 하자의 정도 및 그 손해액의 산정기초를 신청인은 명백히 한 바 없어 그 손해액을 산정할 수 없다.

따라서 스타일번호 1358 중 296본에 대한 대가인 미화 3,404달러(단가 $11.50× 296본＝$3,404)를 피신청인은 신청인에게 지급할 의무가 있음을 인정하고, 신청인의 나머지 청구는 이를 인정하기에 족한 증거가 없어 이를

모두 기각하고, 중재비용은 그 반액씩을 각자가 부담하기로 판단하는 것이다.

13. 강제집행의 절차

A는 사채업자에게서 돈을 빌렸을 때, 무엇인지 잘 알지도 못한 채 여러 가지 서류에 도장을 찍었다. 후에 A가 생각해 보니 그 때 공정증서가 만들어진 것 같았다. A는 이자의 지불을 지체하였더니, 갑자기 재산을 강제집행 당하게 되었다. 강제집행을 면할 길은 없는가?

원고가 재판을 하는 목적은 확정판결을 받아 강제집행을 하는 데 있다. 그런데 강제집행은 확정판결뿐만 아니고 조정조서, 화해조서, 인낙조서, 지급명령, 강제집행인낙조항이 든 공정증서를 가지고도 할 수 있다(이런 것들을 채무명의(債務名義)라고 부른다).

질문의 경우는, 강제집행인낙조항이 든 공정증서가 만들어진 경우라고 생각된다. 강제집행은 채무명의에 나와 있는 대로(돈을 지급하라든지, 건물의 명도나 철거를 하라든지) 국가가 강제적으로 그것을 실현시켜 주는 절차이다.

대여금의 회수라면, 돈을 꾼 사람(차주, 借主)의 재산을 강제적으로 처분하여 대여금을 회수하게 된다. 그 절차에서는 우선 차주의 재산을 압류한다. 압류가 되면 소유자라도 그 재산을 자유로 처분할 수 없게 된다. 이어서 부동산이면 강제경매나 강제관리(집을 임대한 경우 집세를 징수하는 등)를 하고, 보통의 유체동산이면 강제경매를 한다. 채무자의 재산이 예금, 대여금이나 외상대금 같은 형태의 것이면, '추심명령'(상대방에게서 직접 추심한다), '전부(轉付)명령'(그 권리를 양수한다) 등의 조치를 취하게 된다.

강제집행은 원칙적으로 정지시킬 수 없다. 다만, 청구에 관한 이의의 소

(원리금을 변제하였다는 이유로)나 집행문 부여에 대한 이의의 소(민사집행법 제45
조)를 제기할 수 있다.

이때 이의의 소에서 주장한 사유가 법률상 이유 있다고 인정되고, 사실
에 대한 소명이 있는 때는, 법원은 담보를 제공하게 하거나 담보제공을 하게
하지 아니하고 강제집행의 정지를 명할 수도 있다(민사집행법 제46조 2항).

14. 지급명령

A가 어떤 회사에서 구입한 기계 때문에 분쟁이 생겼다. A는 분쟁이 해결될 때까지
대금을 지불하지 않겠다고 그 회사에 통고하였다. 그런데 갑자기 법원에서 '지급명령'
이라는 것이 우송되어 왔다. 그대로 방치하면 어떻게 되는가?

대여금이나 외상대금을 받을 것이 있는 채권자가 법원에 신청하면, 법원
은 채무자의 주장이나 변명을 듣지 않고, 채권자가 일방적으로 제출한 증거만
으로 "채무자는 그 돈을 지급하라"고 명령을 내린다. 이 명령이 지급명령이다.

이 명령을 우편으로 배달(이를 송달이라 한다)받은 채무자가, 받은 날부터
2주간 안에 돈을 갚지 않고, 법원에 이의신청도 하지 않으면 지급명령은 확정
된다.

채무자에 대하여 돈의 지급을 청구하는 채권자의 권리가 정식으로 인정
된다(재판으로 확정판결이 내린 것과 마찬가지로 된다). 그래서 채권자는 채무자의
재산을 강제집행할 수 있게 된다. 따라서 A가 방치해 두면 재판 없이 강제집
행 당할 수 있다.

이처럼, 지급명령은 소송을 하지 않고 강제집행할 수 있는 편리한 제도
이다. 그러나 채무자가 그 명령에 대하여 불복하고, 이의(異義)가 있다고 법원
에 신청하면, 곧 보통의 재판으로 옮겨간다.

질문의 경우, A는 법원에 2 주일 안에 이의신청을 하고, 보통의 재판이
되면, 그 재판에서 기계구입 대금을 지급하지 아니하는 이유를 주장하면 된다.

지급명령이란

지급명령이란, 채권자가 법정에 나오지 않고도 적은 소송비용으로 신속하게 민사 분쟁을 해결할 수 있다는 데에 그 절차적 장점이 있다. 하지만 상대방이 지급명령에 대하여 이의신청을 하면 결국은 통상의 소송 절차로 옮겨지는 잠정적 분쟁 해결 절차의 구조를 가지고 있다.

따라서, 채권자로부터 돈을 빌린 사람이 빌린 사실은 인정하면서도 여러 가지 핑계를 대면서 돈을 갚지 않으려고 하는 경우에 지급명령을 이용하면 신속하고 경제적인 분쟁 해결을 기대할 수 있다. 그러나 상대방이 돈을 빌린 기억이 없다든지 이미 갚았다고 말하고 있어 지급명령 신청을 하더라도 채무자가 이의신청을 하여 소송 절차로 이행될 가능성이 높은 경우에는 지급명령 절차를 이용하기보다는 직접 조정 신청 또는 소송을 제기하는 편이 더 바람직할 수 있다.

지급명령의 송달 불능과 이에 대한 조치

지급명령이 내려지면 우선 채무자에게 지급명령 정본을 송달하게 된다. 그런데 채권자가 지급명령 신청서에 기재한 주소에 채무자가 실제로 거주하지 않는 등의 이유로 지급명령 정본이 송달되지 않으면, 법원에서는 채권자에게 일정한 보정 기한 내에 송달 가능한 채무자의 주소를 보정하거나, 주소 보정이 어려울 때에는 민사소송법 제466조 1항에 의거, 소 제기 신청을 할 수 있다.

그리고 채권자가 주소 보정을 하면 보정된 주소로 다시 송달되고, 소 제기 신청을 하면 통상의 소송 절차로 이행되어 처음부터 소를 제기한 경우와 같이 재판절차가 진행된다. 그러나 채권자가 위와 같은 조치를 취하지 않은 채 보정 기한을 도과시킨 경우에는 지급명령 신청서가 각하되므로 채권자는 이 점을 주의할 필요가 있다.

한편, 채무자가 지급명령 정본을 송달받고도 이의 신청을 하지 않은 채 2주일이 경과한 때에는 지급명령이 확정되고, 채권자는 채무를 이행하지 않는 채무자의 재산에 대하여 확정된 지급명령에 의한 강제 집행을 신청할 수 있다.

지급명령에 대한 이의신청

채무자는 지급명령 정본을 송달받은 후 2주일이 경과하기 전에는 언제든지 지급명령에 대한 이의신청을 할 수 있다. 이의신청을 하면 지급명령은 그 효력을 상실하고 통상의 소송 절차로 옮겨져서, 그 이후에는 청구 금액에 따라 3,000만원 이하인 경우에는 소액 사건, 1억원 이하인 경우에는 중액 사건, 1억원을 초과하는 경우에는 합의 사건으로서 소송 절차가 진행되어 채무자는 일반 소송 절차에서처럼 피고인의 지위에서 자신의 주장을 법원에 충분히 진술할 수 있는 기회를 보장받게 된다.

15. 재산보전처분

C의 남편 D는 횡단보도를 건너던중 A가 운전하는 봉고차에 치어 사망하였다. 그 즉시 A는 유일한 재산인 대지와 건물을 사촌형인 B명의로 도피시켰다고 한다. 그리고는 자신에게는 재산이 없으니 법대로 하라면서 배짱을 부리고 있다. 이러한 경우 C가 취할 수 있는 최선의 방법은 무엇인가?

교통사고로 인한 손해배상책임은 사고당시의 운전자와 그 차량에 대한 운행지배 및 운행이익을 갖는 운행자에게 있다.

이 사안의 경우는 분명하지 않지만 운전자와 운행자가 일치하고 차량이 보험에 가입되어 있지 않다면 사고를 일으킨 A에게 전적인 책임이 있다.

손해배상청구소송에서 승소하여도 가해자에게 재산이 없다면 승소판결문으로 실제 배상을 받기는 불가능하다. 그러므로 소송이 제기되기 전에 상대방 재산을 조사하고 재산보전처분을 미리 해 두어야 하는데, 재산보전처분에는 가압류와 가처분이 있다. 그러나 가해자의 입장에서는 어떻게든 자기 재산을 빼돌리려고 할 것이므로 거액의 손해배상 책임을 지는 교통사고의 경우에는 이와 같은 사례가 많다. 그러므로 우선 대지와 건물의 등기부등본을 열람하여 사고가 발생한 날과 근접한 시일에 친척인 B에게 권리이전이 됐다면 일단 재산을 도피한 것이라고 볼 수 있을 것이다. 이 경우 수사기관에 진정하거나, 강제집행 면탈죄로 고소하여 수사결과 혐의가 인정되면 합의과정에서 권리상태를 원상회복하는 경우가 많으므로 원상회복시킨 후 가압류를 하고 손

해배상청구소송을 하거나, 또는 A와 B는 친척지간으로 서로 짜서 재산을 도
피시켰다는 이유로 사행행위 취소소송을 제기하고 더불어 손해배상청구소송
을 하여 A 로부터 손해배상금을 받아낼 수가 있다.

II. 형사소송법

1. 구속적부심사청구의 절차

A의 아들 B(26세)는 친구들과 어울려 술을 마시고 어떤 사람을 구타하여 전치 8
주의 상해를 입혀 구속되었다. A는 아들을 석방시킬 목적으로 피해자의 피해를 보상
하고 합의서를 받았다. 이 경우 A는 구속적부심사를 청구할 수 있는가? 할 수 있다면
그 방법과 절차는 어떠한가?

형사소송법 제214조의 2 제1항은 구속된 피의자 또는 그 변호인, 법정대
리인, 배우자, 직계친족, 형제자매나 가족, 동거인 또는 고용주는 관할 법원에
구속의 적부심사를 청구할 수 있다고 규정하고 있으므로 A는 위 규정에 따라
구속적부심사를 청구할 수 있다.

구속적부심사를 청구하려면 그 심사청구서를 관할 법원에 제출하여야 하
며, 그 청구서에는 ① 구속된 피의자의 성명, 생년월일, 성별, 주거, ② 구속
영장의 발부 일자, ③ 청구취지 및 청구이유, ④ 청구인의 성명 및 구속된 피
의자와의 관계(형사소송규칙 제102조) 등을 기재하여야 한다. 또한 청구권자임
을 인정할 수 있는 서류(예를 들면 주민등록등본 등)와 피해자로부터 받은 합의
서 기타 피해보상을 입증할 수 있는 서류를 그 청구서에 첨부하여야 한다.

청구자는 법원으로부터 심문기일의 통지를 받으면 그 심문기일에 출석하
여 피의자의 석방을 위하여 유리한 자료를 법원에 제출할 수 있다(형사소송규
칙 제105조). 법원에서는 피의자를 심문한 때로부터 24시간 이내에 피의자를
석방할 것인가의 여부를 결정하게 되어 있다(형사소송규칙 제106조). 법원이 석
방결정을 하면, 구속된 피의자는 석방된다.

서울지방법원 동부지원
구 속 영 장

영장번호   100

사건번호

사 건 명   절도

피의사실의 요지   별지 기재와 같다

피 의 자   김 순 일

생년월일   1935. 5. 3생

직 업   상업

주 거   서울 성동구 자양동 400

인치구금할 장소   서울 성동경찰서

위 피의사건에 관하여 피의자를 구속한다.

이 영장은 서울지방검찰청 동부지청 검사 한주일의 신청에 의하여 발급한다.

이 영장은 1993년 7월 30일까지 유효하다.

이 기간을 경과하면 집행에 착수하지 못하며 영장을 반환하여야 한다.

1993. 7.   .

판사   김 진 수 (인)

집행일시   1993년 7월 25일 23시 50분

집행장소   서울 성동경찰서

인치일시   1993년 7월 25일 23시 55분

인치장소   서울 성동경찰서

  위와 같이 처리하였다.

1993. 7.   .

성동경찰서

사법경찰(리)순경   이 갑 동 (인)

구속적부심사청구

피 의 자 :

생년월일 : 20   년   월   일생

주   소 :

　　위 피의자에 대한 _____ 법률위반 사건에 관하여 귀원에서 ____월 ____일자로 발부한 구속영장에 의하여 ____구치소(유치장)에 수감중인바, 구속적부심사를 청구하오니 청구취지와 같이 결정하여 주시기 바랍니다.

청 구 취 지

피의자 _____의 석방을 명한다.

라는 결정을 구합니다.

청 구 이 유

1. 피의사실 인정 여부 : 인정(   ),   불인정(   )

2. 이 건 구속이 잘못되었다고 생각하는 이유 :

3. 구속후의 사정변경(합의, 건강악화, 가족의 생계곤란 등) :

4. 기타 :

　　　　　　　　　　　　　　　　　　.   .   .

　　　　　　　　　　　　　　위 피의자　　　　　　　　　㊞

　　　　　　　　　　　　　　　전 화 : (   )   —

○ ○ ○ ○ 법 원   ○ ○ 지 원 귀중

고 소 장

고 소 인   홍 길 동(600000 – 1000000)
　　　　　전화번호 : 2000 – 0112, 011 – 300 – 2000
　　　　　주소 : 서울시 종로구 내자동 201 – 11 (⌾ 110 – 798)
피고소인   임 꺽 정(500000 – 1000000)
　　　　　전화번호 : 3000 – 0113, 019 – 200 – 1000
　　　　　주소 : 미상

고소의 취지
　피고소인은 ○○(죄명)의 혐의로 고소합니다.

고소사실
고소인은 현재 직업이 무엇이고, 피고소인은 현재 직업이 무엇이며, 서로 어떻게 알게 된 사이이며, 어떤 관계인데,

피고소인은 언제(예 : 1996. 12. 16. 20 : 00경) 어디(예 : 서울 강북구 ○○○번지 ○○빌딩 사무실)에서 어떤 방법(고소인에게 무어라고 속여)으로 무엇(금 2,000만원)을 어떻게(교부받아 편취)한 것으로 생각하여 고소장을 제출하니 철저히 수사하여 엄벌에 처해 주시기 바랍니다.

※ 입증자료 : 1. 차용증 사본 1매
　　　　　　 2. 공정증서 사본 5매

2000. 1. 16.

위 고소인 홍 길 동 ㉙

○ ○ 경찰서장 귀하

※ 우편 또는 직접 제출로 가능하며 사건과 관련된 서류(차용증, 현금보관증, 각서, 기타 서류)는 고소장 제출 또는 진술시 첨부하시고 고소인(위임인)여부를 확인하기 위하여 신분증을 지참하시면 됩니다.
※ 고발, 진정, 탄원서는 고소장 형식과 동일합니다.

보 석 허 가 청 구

사 건:

피고인:

청 구 취 지

피고인 _____에 대한 보석을 허가한다.

라는 결정을 구합니다.

청 구 원 인

첨 부 서 류: 1. 주민등록등본(호적등본)

2. 재산관계진술서

3.

．　　　．　　　．

청구인의 성명   ㉑

피고인과의 관계

주   소

전   화 (   )   ─

○○지방법원 귀중

2. 고소사건 처분결과에 대한 불복방법

B는 몇 달 전에 A를 횡령혐의로 검찰에 고소하였다. 그런데 검찰청에서 며칠 전에 A에게는 혐의가 없어 불기소처분을 했다는 통지를 보내왔다. B는 A가 횡령을 한 것이 확실하다고 생각한다.

수사기관에는 고소사건을 어떻게 처리하며, 또한 그 처분결과에 불복하는 경우에 B는 어떻게 해야 하는가?

검사가 고소 또는 고발에 의하여 범죄를 수사할 때에는 고소 또는 고발을 수리한 날로부터 3월 이내에 수사를 완료하여 공소제기 여부를 결정하여야 하고(형사소송법 제257조), 이러한 사건에 대해 공소를 제기하거나, 제기하지 아니하는 처분 등을 한 때에는 그 처분을 한 날로부터 7일 이내에 서면으로 고소인 또는 고발인에게 그 취지를 통지하게 되어 있다(동법 제258조 1항).

또한 검사가 불기소처분을 한 경우에 고소인 또는 고발인의 청구가 있는 때에는 7일 이내에 고소인 또는 고발인에게 그 이유를 서면으로 설명하도록 되어 있다(동법 제259조).

그런데 검사의 불기소처분에 대해 고소인이 불복하는 방법에는 항고와 재정신청이 있다. 항고는 불기소처분의 통지를 받은 날로부터 30일 이내에 불기소처분을 한 검사가 속하는 지방검찰청 또는 지청을 거쳐 서면으로 관할 고등검찰청 검사장에게 할 수 있으며, 이 경우 당해 지방검찰청 또는 지청의 검사는 항고가 이유 있다고 인정하는 때에는 그 불기소처분을 경정하도록 되어 있다(검찰청법 제10조 1항~4항).

재정신청은 고소권자로서 고소를 한 자 및 공무원 등의 직권남용죄 등(형법 제123조에서부터 제126조까지)에 관하여는 고발을 한 자가 검사로부터 공소를 제기하지 않는다는 통지를 받은 때 그 검사 소속의 지방검찰청 소재지를 관할하는 고등법원에 그 당부를 다시 묻는 불복절차를 말한다(동법 제260조).

심판에 부치는 절차는 검사로부터 불기소처분을 받은 고소인 또는 고발인은 그 통지를 받은 날로부터 10일 이내에 서면으로 불기소처분을 한 검사 소속의 지방검찰청 검사장 또는 지청장을 경유하여 그 검사 소속의 고등검찰청에 대응하는 고등법원에 신청하여야 한다.

재정신청이 이유 있는 때에는 사건을 관할 지방법원의 심판에 부치는 결정을 하게 된다.

　이와 같이 부심판 결정이 있게 되면 그 사건에 대하여 공소의 제기가 있는 것으로 간주되며, 공소유지 변호사를 지정하여 재판을 하게 된다.

　재정신청이 법률상의 방식에 위배하거나 이유 없는 때에는 신청을 기각하며, 재정신청은 고등법원의 재결정이 있을 때까지 취소할 수 있고 재정신청을 취소하면 다시 재정신청을 할 수 없다.

　종전에는 공무원 등의 직권남용죄 등(형법 제123조에서부터 제125조까지)에만 재정신청이 가능하였으나, 2007년 개정으로 현재는 모든 범죄에 대하여 재정신청이 허용되었다. 따라서 B는 항고와 재정신청이 모두 가능하다.

3. 합의서 작성과 고소의 취소

　A는 미혼의 직장여성인데 1990년 8월 22일 회사에서 잔무처리중 직장상사의 친척인 남자직원이 강제로 욕을 보이려는 것을 겨우 방어하였다. A는 심한 모욕감을 느껴 고소를 하였는데, 직장상사가 반협박조로 화해를 종용하므로 직장에 대한 미련 때문에 감정을 억누르고 아무런 조건 없이 민·형사상 어떠한 이의도 제기하지 않겠다는 합의서를 작성하여 주었다.

　그런데 가해자는 합의서를 건네 받자마자 오히려 기세등등하여 저를 비웃고 다녀 A로서는 이러한 태도를 도저히 용납할 수 없는 심정인데 이런 경우 가해자를 엄중처벌할 수 있는 방법은 없는가?

　고소란 범죄의 피해자 등이 수사기관에 대하여 범죄사실을 신고하여 범인의 소추를 구하는 의사표시로서 본 사안과 같은 친고죄에서는 고소가 특히 중요한 의미를 가지므로 고소가 있어야 처벌할 수 있다(형법 제306조). 일단 고소하였더라도 제1심판결 선고 전까지 고소를 취소하면 공소기각의 판결이 내려져(형사소송법 제327조 5호) 가해자를 처벌할 수 없게 된다.

　그런데 고소의 제기와 취소를 피해자의 의사에 전적으로 맡겨두면 고소권이 남용될 우려가 있으므로, 고소를 취소한 자는 다시 고소하지 못하도록 법은 규제하고 있다(형사소송법 제232조 2항). 그런데 본 사안의 경우에 합의서를 작성하여 준 것이 과연 고소의 취소로 볼 수 있는가가 문제된다.

　먼저, 고소의 취소는 임의로 하여야 하므로 착오나 강박으로 인한 고소의 취소는 무효이다. 그런데 직장상사가 합의서를 작성하도록 종용한 것이 임의의사로 볼 수 없을 정도의 강박이 되느냐가 문제되는데, 이 사안의 경우 사회적 성질을 감안할 때 강박받을 가능성은 있다.

다음으로, 고소의 취소는 공소제기 전에는 수사기관에 하여야 한다(형사소송법 제329조, 제237조). 그런데 가해자에게 합의서를 작성하여 준 것을 고소의 취소로 볼 수 있느냐가 문제되는데, 판례에 따르면 이를 고소의 취소로 보는 것 같은 취지의 판례도 있으나(대법원 1981. 11. 10. 선고 81 도 1171 판결; 합의서와 함께 관대한 처분을 바란다는 탄원서가 제출된 경우임), 합의서를 가해자에게 작성하여 준 것만으로는 고소가 적법하게 취소된 것으로 볼 수 없다는 많은 판례가 있으므로(대법원 1983. 9. 27. 선고 83 도 516 판결; 1981. 10. 6. 선고 81 도 1968 판결; 1980. 10. 27. 선고 80 도 1448 판결; 1969. 2. 18. 선고 68 도 1601 판결), 이 사안의 경우에는 고소가 취소되었다고 할 수는 없다.

따라서 A가 지금에라도 수사기관에 합의서의 작성은 강요된 것으로 무효이고, 가해자에게 합의서를 작성하여 준 것을 고소의 취소로 볼 수 없다는 취지의 의사표시를 한다면 강간미수는 강력범에 속하므로 구속수사가 이루어질 가능성이 높다고 생각된다.

4. 약식명령에 대한 불복

C는 퇴근 후 귀가하던 중 같은 동네의 이웃인 A와 B가 싸움을 하고 있는 것을 발견하고 이를 말린 일이 있다. 그런데 뜻밖에도 A는 C에게 폭행을 당했다고 하면서 고소를 하여 경찰서에서 조사를 받았었는데 며칠 전 법원으로부터 벌금 10만 원에 처한다는 내용의 약식명령이라는 것이 송달되었다.
C로서는 A와 B 간의 싸움을 말린 일밖에 없는데 도대체 이 약식명령이라는 것이 무엇이며, C는 이제 어떤 조치를 취해야 하는가?

먼저 약식명령이란 약식절차에 의해 벌금, 과료 또는 몰수를 과하는 재판을 말하는데 약식절차는 공판절차 없이 서면심리만으로 진행되는 간이한 형사절차이다. 이러한 약식명령은 형사재판의 신속을 기하여 공개재판에 따른 피고인의 심리적·사회적 부담을 덜어 준다는 데 그 의의가 있다. 이 약식명령이 부당하다고 생각하여 불복하고자 하는 경우에 그 구제방법으로 정식재판청구권이 인정되어 있다.

위 사안의 경우 C는 잘못이 없음을 이유로 약식명령에 불복하려고 하는 것으로 보이는데, 이때에는 약식명령 등본을 송달받은 날로부터 7일 이내에 약식명령을 한 법원에 서면(정식재판청구서)으로 정식재판을 청구하여야 한다 (형사소송법 제453조).

정식재판청구 이후의 절차는 정식재판의 청구가 법령상의 방식에 위반하거나 청구권의 소멸 후인 것이 명백한 때에는 결정으로 기각하는데 이 결정에 대해서는 즉시항고를 할 수 있다(동법 제455조).

정식재판 청구가 적법한 때에는 일반적인 형사재판 절차인 공판절차에 의하여 심판하게 된다. 단, 약식명령에 대한 정식재판의 청구는 동급 법원에 하는 것으로 상소가 아니므로 불이익변경금지의 원칙은 적용되지 아니한다 (대법원 1968. 9. 3. 선고 68 도 895 판결).

5. 범죄피해자구조제도의 적용

A의 남편은 1991년 2월 7일 귀가길에 불량배들과 시비가 붙어 집단폭행을 당한 후 병원으로 옮겼으나 사고 다음날 사망하였다.
가해자들은 모두 도주하여 아직까지 검거되지 않고 있어 손해배상 한 푼 받지 못하였다. A가 취할 수 있는 조치는?

타인의 범죄행위와 같은 불법행위로 인하여 피해를 입은 경우에는 그 가해자를 상대로 손해배상을 청구하는 것이 원칙이다. 그러나 1988년 7월 1일부터 시행되고 있는 범죄피해자보호법에 의하여 사람의 생명 또는 신체를 해치는 범죄행위(단, 과실로 인한 행위는 제외함)로 인하여 사망한 자의 유족이나 중상해를 입는 자는 가해자의 불명, 또는 무자력으로 피해의 전부 또는 일부를 배상받지 못하고, 생계유지가 곤란한 경우에 국가로부터 일정한 금액의 구조금을 지급받을 수 있다.

다만 ① 피해자와 가해자간에 친족관계(사실상 혼인관계를 포함한다)가 있는 경우, ② 피해자가 범죄행위를 유발하였거나 당해 범죄 피해의 발생에 관하여 피해자에게 귀책사유가 있는 경우, ③ 기타 사회 통념상 구조금의 전부 또는 일부를 지급하지 아니함이 상당하다고 인정되는 경우 등에는 구조금을 지급하지 않을 수 있다(동법 제19조).

구조금은 유족구조금과 장해·중상해구조금으로 나뉜다. 유족구조금은 구조피해자의 월급액이나 월실수입액 또는 평균임금에 유족의 구분(동법 제18조 제1항)에 따른 일정 개월수에 별표에 따른 배수를 곱한 금액으로 산정한다(동법 제22조 제1항 및 동시행령 제22조 본문 및 별표4). 장해 및 중상해구조금도 그 장해의 정도에 따라 구조피해자의 월급액 등에 장해의 급수에 따른 일정 개월수 및 별표에 따른 배수를 곱한 금액으로 산정한다(동법 제22조 제2항 및 동시행령 제23조·제24조 및 별표 5). A의 남편은 사망하였으므로, A는 배우자인 유족에 해당하여 A가 받을 수 있는 유족보조금은 "A 남편의 월급액 등×40개월×6/6"이다. 구조금의 지급신청은 신청인의 주소지나 거주지 또는 범죄발생지 관할 지방검찰청 내에 설치되어 있는 지구심의회에 하면 된다.

단, 피해발생을 안 날로부터 3년, 발생일로부터 10년이 경과하면 구조금의 지급신청을 할 수 없음을 유의하여야 한다(동법 제25조 제2항).

6. 비행소년과 심판

미성년자가 범죄를 저지른 경우에 재판절차는 어떻게 진행되며, 어떠한 처분을 받게 되는가?

20세 미만의 사람, 즉 소년이 죄를 범한 때는 경찰에서 조사를 하고, 검찰청을 거쳐 법원에 송치된다. 특히, 중한 죄를 지은 소년은 보통의 형사재판을 받는다. 그 경우에도 죄를 범한 당시 만 18세가 되지 아니한 사람에 대하여는 사형이나 무기형을 선고할 수 없다(무기형 이상으로 처벌할 경우에는 15년형으로 하도록 되어 있다. 소년법 제59조). 게다가 2년 이상의 징역이나 금고에 해당하는 죄를 범한 때는, "단기 3년, 장기 5년" 처럼 부정기(不定期)의 형을 선고한다. 단기형을 3분의 1만 마치고도 갱생의 기미가 명백히 보일 때는, 장기에 이르기 전이라도 석방시킬 수 있다.

구 조 금 지 급 청 구 서

년   월   일

수 신: ○○지방검찰청 검사장

청구인(가명)   (서명 또는 날인)
주 소
주민등록번호

특정범죄신고자등보호법시행령 제19조 제1항의 규정에 의하여 다음과 같이 구조금의 지급을 청구합니다.

구조결정번호			
결정주문	구조금(원)을 피구조자 ○○○(가명)에게 지급한다.		
지급방법	구좌입금	은행명	
		계좌번호	
		예금주	
	직접지급	피구조자 수령( ), 대리인 수령( )	

210mm×297mm
(일반용지 70g/㎡(재활용품))

※ 대리인이 수령하고자 하는 때에는 피구조자의 위임장 및 인감증명서를 첨부하여야 합니다.

검찰청이나 형사법원에서 소년사건을 조사하고 심리하던중, 보호처분이 필요하다고 인정되는 소년사건은 가정법원으로 보낸다. 가정법원(또는 지방법원 소년부)에 송치된 비행소년은 조사관에게 가서 조사받는다. 소년조사관은 소년의 사정을 충분히 조사하고, 큰 잘못을 저지른 소년은 소년감별소에 수용하여 소년의 자질·성품을 분석·연구하고 가정법원판사의 심판에 필요한 자료를 만든다.

가정법원의 심판은 소년심판부(단독판사)에서 이루어진다. 심판은 재판과 달라 처벌을 하는 것은 아니고, 어디까지나 문제소년의 교육·반성·선도를 목적으로 하는 것이다. 따라서 온화한 분위기에서 잘 조사한 다음 일정한 처분을 한다.

처분의 종류는 10가지인데, 어느 것이나 소년의 보호·교육에 그 주된 목적이 있다. 보호자(부모 등)에게 돌려보내서 감호(監護)를 위탁하는 것에서부터 보호관찰관의 보호관찰을 받게 하는 것(보호관찰소에서 소년을 지도한다), 감화원이나 병원·요양소에 위탁하는 것, 혹은 소년원에 송치하는 등 '보호처분' 결정을 한다(소년법 제32조).

보통의 형사재판을 받은 소년이든, 보호처분을 받은 소년이든, 소년의 경우는 그것이 전과로 취급되지 않는다(소년법 제67조).

소년법원은 사건을 조사, 심리하여 소년에게 다음과 같은 보호 처분을 부과할 수 있다(소년법 제32조 제1항).

① 보호자 또는 보호자를 대신하여 소년을 보호할 수 있는 자에게 감호 위탁
② 수강명령
③ 사회봉사명령
④ 보호관찰관의 단기보호관찰
⑤ 보호관찰관의 장기보호관찰
⑥ 아동복지법에 따른 아동복지시설이나 그 밖의 소년보호시설에 감호 위탁
⑦ 병원, 요양소 또는 보호소년 등의 처우에 관한 법률에 따른 소년의료 보호시설에 위탁
⑧ 1개월 이내의 소년원 송치

⑨ 단기 소년원 송치

⑩ 장기 소년원 송치

7. 법률구조

> 우리나라에도 돈 없고 힘없는 자들의 권리를 보호해주기 위해서 법률구조활동이 이루어지고 있다는데, 구체적으로 어떻게 이루어지고 어떻게 접근할 수 있는지 알려 주십시오.

법률구조(Legal Aid)란 법을 통해서 기본적 인권을 옹호하고 사회정의를 실현하기 위하여 억울하게 자기의 권리를 침해받고 있거나, 법적 절차를 모르거나, 경제적 빈곤으로 자기의 권리를 실현하지 못하는 영세서민들의 권익을 보호하기 위하여 법률상담, 변호사에 의한 소송대리, 형사사건의 변론, 기타 법률사무에 관한 각종지원을 하는 것을 말한다. 법률구조를 받고자 하는 사람은 개업변호사 또는 지방변호사회지부(무료법률상담실)에 가서 상담한 후 의견서를 첨부하여 법률구조 신청서를 사업회에 제출하면 된다. 대한변호사협회 안에 법률구조사업회와 각 지방변호사회에 12개의 지부가 설치되어 있다(안내전화 (02)585-5768).

1972년 7월 1일 법무부 산하에 재단법인 대한법률구조협회가 설립되었다. 그러나 구조 검찰인력에 의존하여 추진되어 왔기 때문에 크게 활성적이지 못하였다. 80년대에 들어 국민의 권리의식의 향상과 법률구조에 대한 욕구증대로 1986년 12월 23일 「법률구조법」이 제정되고 이듬해 동법 시행령과 시행규칙이 제정되어 1987년 9월 1일 특수법인인 대한법률구조공단이 창설되었다. 서울의 공단본부와 인천지부, 수원지부, 춘천지부, 대전지부, 청주지부, 대구지부, 부산지부, 마산지부, 전주지부, 제주지부, 광주지부가 전국적으로 조직되어 있다. 「법률구조」라는 월간지도 발간하고 있다. 권리의 구제를 위하여 창설된 이런 기관을 최대한 이용하여 법치주의에 참여하는 것이 현명한 법생활이라 하겠다.

제21장
사회법과 생활

사회법은 노동법, 사회보장법, 경제법을 대표적 법역으로 하는 폭넓은 개념인데,
인간의 경제·사회생활과 직결되어 있는 분야이다. 한 나라가 복지국가, 후생국가
가 되기 위하여는 이 분야가 발전되어야 하는데, 경제·사회의 현실과 발맞추어
이론적으로만 발전될 수도 없는 양면을 가진 법역이다.

平和市場

없는 게 없구나.
요리조리 모양내고
편리하게 고안하고
즉석에서 쩍쩍 맞는 참 좋은
세상.

그러나 구경을 끝내고 3층에 오르면
全泰壹이 휘발유 뿌려 자살한
또 하나의 세상이 있다.

재봉틀 소리
툭툭 먼지터는 소리
베 째는 소리.

점포마다 욕스럽게 들어앉은
열대여섯 少女들이 벌려놓은

손바닥만 한 도시락들.
턱턱 숨막히는 먼지에
눈이 따가워 견디지 못하면

간간히 발코니에 올라
하늘 쳐다보며 공기 한번 들이키고

다시 물속으로 잠방이질해 들어가는
저 가엾은 금붕어들.

정말 있어야 할 게 없구나.
돈도 많고 유행도 많은데
인간이 없구나.

금붕어의 유희를 보고
한없이 울어줄 어머니가 없구나!

1. 근로계약의 의미

근로자 A는 높은 곳에 올라가서 작업을 하는 사람이다. 사장은 A에게 특별히 증액된 임금을 주겠다고 구두(口頭)로 약속하였다. A는 이 구두약속만을 믿고 있어도 좋은가?

근로계약은 근로자가 사용자에게 근로를 제공하고 사용자는 이에 대하여 임금을 지급하는 것을 목적으로 체결된 계약을 말한다(근로기준법 제2조 제1항 4호).

근로계약에서는 사용자와 근로자가 어떠한 사항이라도 자유로 정할 수 있다. 노사간(勞使間)에 약정을 하여 두고 싶다고 희망하는 사항이 있으면, 그것을 정하여 둘 수 있으며, 그 내용이나 형식도 자유이다. 그러나 근로계약의 일부가 근로기준법, 단체협약, 취업규칙 등에 위반하는 경우에 그 부분은 무효가 되며, 각각 소정의 규정에 의하여 보완된다.

이 사안과 관련하여 보면, A에게 특별히 증액된 임금을 주겠다고 한 약속은 근로계약의 성질을 가진다고 보아야 한다. 그 내용이 근로기준법, 단체협약, 취업규칙 등에 위배되지 않는 한 문서로 작성되지 않은 경우에도 유효한 근로계약으로 구속력을 가진다. 즉, 구두로 약속한 경우에도 A는 증액된 임금을 사장에게 청구할 권리가 있는 것이다.

그러나 사장이 약속한 임금을 지급하지 않아 법원에 제소하는 경우, 특별히 증액된 임금을 주기로 약속하였다는 증거가 필요하므로, 문서로 만들어 노사쌍방이 서명·날인하는 것이 바람직하다.

한편 구두의 계약이라고 해서 사용자가 ("근로계약"이라는 서류가 없음을 이유로) 약속을 지키지 아니하면 노동조합은 단결의 힘이나 파업으로 약속이행을 강제할 수 있다.

2. 수습기간

A는 어떤 회사의 채용시험에 합격하여 입사하였다. 3개월간 연수기간이라고 하여 정식 채용을 하여 주지 않았다. 3개월간의 연수기간 동안 A의 지위는 어떠한가?

수습기간은 연수기간, 견습기간, 시용(試用)기간이라고도 한다. 대개의 회사는 3개월의 수습기간을 두고, 신입사원이 그 기간에 무사히 근무하면 정식사원으로 채용하고 있는 것 같다. 수습기간중의 사람을 회사의 형편으로 간단히 해고할 수는 없다.

정식사원으로 채용된 사람보다는 느슨하게 해고권을 발동할 수 있다고 해석되고 있다. 그러나 수습기간에 본인의 신분, 건강상태, 기능, 근무성적 등을 종합하여 보고, 일반적인 사회통념상 부적격이라고 하기에 충분한 합리적인 이유가 있을 때에 한하여 해고할 수 있다고 할 것이다.

회사의 업무는 어느 정도 협동하는 마음이 필요하므로, 집단생활에 적당치 아니한 질병이 있는 사람이라든지, 현저하게 협조심이 없어서 동료와 공동으로 일을 할 수 없는 경우에는, 부적격이라고 해고당하더라도 어쩔 수 없다.

또 취업규칙에 정하여진 징계사유에 해당하는 행위를 한 사람이나 기능이 졸렬하여 도저히 사용할 수 없는 경우도 해고할 수 있다. 이러한 경우가 아닌 이상, 1개월 중 단 하루나 이틀 무단결근하였다든지, 상사에게 말대꾸를 하였다는 이유만으로 해고하는 것은 허용되지 않는다.

3. 임금청구

B는 1987년 11월경 약 15명 정도의 종업원을 둔 A가 경영하는 의류회사에서 근무했는데, 임금 60만원을 지급받지 못하고 있다. 노동부에 신청을 하니 노동부에서는 A를 불러 B에게 조속히 임금을 지급하라고 독촉하였지만 그 후에도 A는 지급하지 않았다.

후에 노동부에서는 A를 고발조치 하였으며, B에게는 임금을 따로이 민사적으로 받으라고 한다. B는 어떻게 해야 하는가?

근로기준법은 상시 5명 이상의 근로자를 사용하는 모든 사업 또는 사업장에 적용하고(근로기준법 제11조 제1항), 상시 4명 이하의 근로자를 사용하는 사업 또는 사업장에 대하여는 대통령령으로 정하는 바에 따라 그 일부의 규정을 적용할 수 있다(동조 제2항 및 동법 시행령 제7조 및 별표 1). 근로기준법상의 기준이 지켜지도록 하기 위하여 노동부에서는 근로감독관을 두어 이를 감독하게 하고 있다. 그러나 근로기준법이 이러한 민사적인 문제까지 해결하여

근 로 계 약 서

____에 재직 중 근로기준법과 회사의 취업규칙 및 제반규정을 성실히 준수할 것을 서약하고 다음과 같이 사업주(이하 "갑"이라 함.)와 근로자(이하 "을"이라 함.)간 근로계약을 체결함.

1. 근로계약기간: 년 월 일부터 년 월 일까지
2. 근 무 장 소:
3. 업무의 내용:
4. 근로시간
   ■ 평 일: 시 분부터 시 분까지(휴게시간:)
   ■ 토요일: 시 분부터 시 분까지
5. 근무일/휴일/휴가:
6. 임 금
   − 시간(일, 월)급: 원
   − 기타급여(제 수당, 상여금 등)
   ※ 상여금지급시는 반드시 지급율(액), 지급시기 등을 명확히 기재
   − 임금지급일: 매월(매주) 일
   − 지급방법: 직접 지급 또는 예금통장으로 입금
7. 기 타
   − 이 계약에 정함이 없는 사항은 관계법령 및 회사의 취업규칙에 정한 바에 따름.

상기사실을 확실히 하기 위하여 본 계약서를 2통 작성하여 사용자와 근로자가 각 1통씩 보관하기로 함.

                                              년   월   일

(갑) 사업체명: 주소: (전화)
    대 표 자: (서명)

(을) 주 소: 주민등록번호: (전화)
    대 표 자: (서명)

민원서류	<div align="center">진 정 서</div>			
처리기한 200 . . .				
■진정인 (근로자)	• 진정인이 수명인 경우 대표가 진정서를 작성하고 진정인 전원 서명 날인 • 주소는 우편물이 도달할 수 있도록 정확히 기재(동·호수 기재)			
성 명		주민번호		
주 소				
전 화	(집)	(직장)	(휴대전화)	

■피진정인 (사업자)	• 업체가 폐업·휴업한 경우에는 대표자 집주소를 정확히 기재 • 진정인이 하도급자(일명: 오야지, 소사장 등)와 고용종속관계에 있었 다면 하도급자가 피진정인임		
업 체 명		대표자	
소 재 지			
(업체폐업시) 대표자집주소			
전 화	(업체)	(집)	(휴대전화)

■진정내용	( )안에 ○표

• 본 진정인은 위 업체에   년 월 일 입사하여   년 월 일
퇴사하였습니다.( )
재직하고 있습니다.( )
• 피진정인이 다음사항에 대하여 노동관계법을 위반하고 있어 진정하오니 조사처리하
여 주시기 바랍니다.
 (조사요구내용:)

년 월 일 진정인: (인)

주는 것은 아니므로 당해 업체가 이를 위반할 때 노동부에서는 검찰에 고발하여 형사처벌을 하도록 할 수는 있으나 민사적인 임금의 강제집행까지 할 수는 없다. 통상의 경우 노동부의 근로감독관이 독촉을 하고 또한 검찰에 고발이 있을 경우 당해업체는 임금을 지불하는 것이 보통이다.

그러나 B의 경우에 있어서와 같이 노동부의 고발조치가 있었음에도 임금지급이 안 되고 있는 때에는 부득이 민사절차를 따로 밟아야 할 것이다.

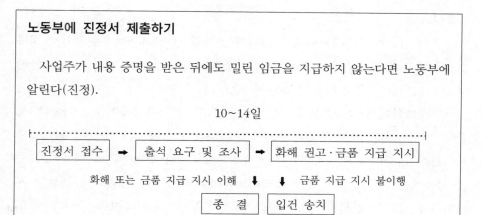

노동부에 진정서 제출하기

사업주가 내용 증명을 받은 뒤에도 밀린 임금을 지급하지 않는다면 노동부에 알린다(진정).

10~14일

진정서 접수 → 출석 요구 및 조사 → 화해 권고·금품 지급 지시

화해 또는 금품 지급 지시 이해 ↓ ↓ 금품 지급 지시 불이행

종 결 입건 송치

4. 휴일·휴가

근로자 A는 메이데이 집회에 참석하기 위하여 5월 1일(May Day)을 휴일로 해 줄 것을 요구하였다. 회사에서 이를 거부하는 경우 A는 어떻게 해야 하는가? 만약 5월 1일을 휴일로 해 주는 대신 5월 5일 어린이날에 출근하라고 요구하였다면, 회사의 이러한 요구는 정당하다고 볼 수 있는가?

근로기준법에 따르면 사용자는 근로자에게 1주일에 평균 1회 이상의 유급휴일을 주어야 하며(제55조), 사용자는 연장근로와 야간근로 또는 휴일근로에 대하여는 통상임금의 100분의 50 이상을 가산하여 지급하여야 한다(제56조). 휴일은 일제히 일요일로 하고 있으나, 다른 요일이라도 괜찮다.

백화점같이 월요일이나 목요일 같은 때에 종업원에게 휴일을 주더라도

상관없다. 국경일, 연말연시를 휴일로 하지 않더라도 근로기준법 위반은 아니다. 그러나 공무원은 연말연시, 기타 전통적인 민속명절(추석 등)에 쉬는 것이 인정되어 있다. 그래서 일반 회사에서도 실제로는 연말연시라든가 명절을 특별휴일로 하고 있다.

메이데이는 국제노동절이지만, 우리나라에서는 전국민의 축제일로 되어 있지 않으므로, 휴일로 하지 않더라도 관계없다. 메이데이에도 근로자를 쉬도록 할 것인가 여부는 단체협약 등에 명시되지 않은 경우에는 회사(사용자)의 자유이다.

우리나라에서는 1963년 4월 17일 근로자의 날을 해마다 5월 1일로 정하고, 이 날을 근로기준법에 의한 유급휴일로 시행하여 오고 있다. 근로계약에서 메이데이를 특별휴일로 정하는 것도 한 가지 방법이다.

근로계약에서 특별휴일로 정할 수 없으면, 연차유급휴가(年次有給休暇)를 얻어 쉴 수 있다. 연차 유급휴가는 근로기준법에 정하여진 것으로, 원칙적으로 1년간 행사하지 아니하면 소멸되지만, 사용자의 귀책사유로 사용하지 못한 경우에는 그러하지 아니하다(제60조 제7항). 사용자는 계속하여 근로한 기간이 1년 미만인 근로자에게 1개월 개근 시 1일의 유급휴가를 주어야 하고, 1년간 8할 이상 출근한 근로자에게 15일의 유급휴가를 주어야 한다(동조 제1항 및 제2항).

사용자는 3년 이상 계속하여 근로한 근로자에게는 제1항에 따른 휴가에 최초 1년을 초과하는 계속 근로 연수 매 2년에 대하여 1일을 가산한 유급휴가를 주어야 하고, 이 경우 가산휴가를 포함한 총 휴가 일수는 25일을 한도로 하며, 원칙적으로 근로자가 청구한 시기에 연차 유급휴가를 주어야 하지만 근로자가 청구한 시기에 휴가를 주는 것이 사업 운영에 막대한 지장이 있는 경우에는 그 시기를 변경할 수 있다(동조 제4항 및 제5항).

따라서 근로자가 이러한 유급휴가를 사용하여 메이데이 행사에 참가하겠다고 신청하면, 사용자로서는 그 때 휴가를 주는 것이 사업 운영에 막대한 지장이 있는 경우가 아닌 한 이를 거부할 수 없다. 다만 이러한 유급휴가를 이미 모두 사용한 경우라면 "메이데이에 쉬는 대신 어린이날(공휴일)에 출근하라"고 사용자가 말하더라도 위법은 아니다.

5. 여자 야간근로의 금지

A는 만 20세의 여자 종업원이다. 회사에서는 남자처럼 3교대 근무를 하여 줄 것을 요구하였고, 3교대로 하면 야간근로도 해야 한다. A는 야간근로를 거절할 수 있는가?

근로기준법(제70조)에 따르면 사용자는 임산부와 18세 미만자를 오후 10시부터 오전 6시까지의 시간 및 휴일에 근로시키지 못하는 것이 원칙이고, 다만 18세 미만자의 동의가 있는 경우·산후 1년이 지나지 아니한 여성의 동의가 있는 경우 또는 임신 중의 여성이 명시적으로 청구하는 경우로서 고용노동부장관의 인가를 받으면 그러하지 아니하며(제2항), 이러한 경우 고용노동부장관의 인가를 받기 전에 근로자의 건강 및 모성 보호를 위하여 그 시행 여부와 방법 등에 관하여 그 사업 또는 사업장의 근로자대표와 성실하게 협의하여야할 의무를 부담한다(제3항). 한편 종래 근로기준법은 여성을 일괄적으로 18세 미만자와 동일하게 규율하였으나, 개정법에서는 임산부가 아닌 성인 여성의 경우 그 자유의사를 존중하여 그 근로자의 동의를 받은 경우 야간근로를 시킬 수 있도록 하였다(제1항).

여자의 야간근로가 일반적으로 인정되고 있는 것은, 병원 종업원, 여관이나 음식점 종업원(만 18세 이상만 가능), 전화교환원, 비행기 승무원(스튜어디스, stewardess), 여자기숙사의 관리인, 여자영화배우, 영화촬영시의 기록원(스크립터, scripter), 동원된 엑스트라(extra), 방송국의 프로듀서(producer, 제작자)나 아나운서(announcer, 방송원) 등이다.

사용자는 연장근로와 야간근로 또는 휴일근로에 대하여는 통상임금의 100분의 50 이상을 가산하여 지급하여야 하는데(제56조) 이는 여성과 18세 미만자의 경우도 동일하다.

한편 15세 이상 18세 미만인 자의 근로시간은 1일에 7시간, 1주일에 35시간을 초과하지 못하지만 당사자 사이의 합의에 따라 1일에 1시간, 1주일에 5시간을 한도로 연장할 수 있고(제69조), 산후 1년이 지나지 아니한 여성에 대하여는 단체협약이 있는 경우라도 1일에 2시간, 1주일에 6시간, 1년에 150시간을 초과하는 시간외근로를 시키지 못한다(제71조).

이러한 제한들은 "여자의 근로 특별한 보호를 받으며, 고용·임금 및 근로조건에 있어서 부당한 차별을 받지 아니한다."는 헌법 제32조 제4항 및 "연소자의 근로는 특별한 보호를 받는다"는 동조 제4항의 헌법정신을 법률로 구체화한 것으로 볼 것이다.

6. 결혼에 의한 퇴직

A는 여자종업원이다. 그래서 입사 당시 "결혼하는 때는 퇴사한다"는 서약서를 제출하였다. A가 후에 결혼한 경우 반드시 퇴직하여야 하는가?

우리나라는 헌법과 근로기준법에서 남녀평등의 이념을 실현하려고 여자에 대한 차별대우금지규정을 두고 있다. 그러나 결혼퇴직제나 조기정년제와 같은 전근대적(前近代的)이고 불법적인 차별대우가 시정되지 않고 있는 실정이다. 그래서 1987년 12월 4일 남녀고용평등과 일·가정 양립지원에 관한 법률이 제정(1989년 일부 개정)되었다. 동법에 따르면 사업주는 근로자의 모집 및 채용에 있어서 남녀를 차별하여서는 안 되고, 여성근로자를 모집·채용함에 있어서 모집·채용하고자 하는 직무의 수행에 필요로 하지 아니하는 용모·키·체중 등의 신체적 조건, 미혼조건 그 밖에 노동부령이 정하는 조건을 제시하거나 요구하여서는 아니되며(제7조), 근로자의 정년·퇴직 및 해고에 있어서 남녀를 차별하여서는 아니되고, 근로여성의 혼인, 임신 또는 출산을 퇴직사유로 예정하는 근로계약을 체결하여서는 아니된다(제11조). 그러므로 노동조합이 결혼퇴직제를 승인하고, 그 사이 다수의 여자근로자가 찬성하여 퇴직한 실례(實例)가 있다 하더라도, 결혼퇴직제도는 현행법에 위반된다. 해고당한 여자직원 자신이, "결혼하면 퇴직한다"는 각서를 써서 입사 당시 제출하였더라도, 그러한 각서는 무효라 할 것이다.

여자가 결혼하면 근로능률이 저하된다는 생각은 "여자근로자는 일반적·평균적으로 능률이 떨어진다"는 사회적 편견에 기인한다. 여자근로자들도 그러한 편견을 없애기 위하여 스스로 비난받지 않도록 부지런히 일하는 길 밖에 없을 것이다. 근로기준법은 근면한 여자근로자를 보호하고, 출산전후를 통하여 90일의 출산휴가(근로기준법 제74조), 유아시간(생후 1년 미만의 유아를 키우기 위하여 1일 2회, 각 30분 이상)의 유급수유시간(제75조) 및 월 1회의 생리휴가

등을 인정하고 있다(제73조).

　사용자 쪽에서도, 기혼 여자근로자의 출산·육아로 인한 어느 정도의 비능률은 어쩔 수 없다는 것을 법률이 인정하고 있음을 이해하여야 할 것이다. 만일 여자근로자가 결혼하였기 때문에 노동능률이 저하되었다면, 사용자측에서 그 능률저하의 원인을 조사·연구하고, 그 결과 오로지 여자근로자측만의 이유(예컨대, 현저한 태만 등)로 생긴 것이라면, 취업규칙의 규정에 따라 개별적으로 그 조치를 생각하면 될 것이다.

　생리휴가는 생리일의 근무가 현저히 곤란한 여자에게 주어지는 월 1 일의 유급 생리휴가이다. 사용자는 근로자의 신청유무에 관계없이 반드시 휴가를 주어야 한다. 이는 여자 특유의 생리현상〔月經〕시와 그 후의 육체에 미치는 영향을 고려한 것으로 여자근로자를 보호하기 위한 제도이다.

7. 노동조합 결성의 자유

　근로자 A는 공장에서 일하고 있는 사람이다. 월급이 적어, 사장에게 "임금을 조금만 올려 주십시오"라고 말하면, 사장은 "경기가 나빠서 어려운데, 기다려 달라"고 하면서 올려주지 않는다. A는 다른 근로자들과 함께 노동조합을 만들어 요구하고자 한다. 노동조합을 만들기 위하여는 어떠한 일들이 필요한가?

　종업원이 2명 이상 일하고 있는 경우이면, 언제든지 노동조합을 만들 수 있다. 노동조합은, 첫째 노동자가 주체가 되어 만들지 않으면 안 된다. 둘째, 자주적으로 근로조건의 유지·개선 기타 경제적 지위의 향상을 도모하는 것을 그 목적으로 하면 된다.

　노동조합을 결성하였으면, 고용주(사장)에게 통고만 하면 된다. 노사협의회나 근로감독관에게 신고할 의무는 없다. 그러나 노동조합 및 노동관계조정법에 의한 구제(救濟), 예컨대 노동쟁의의 신고나 부당노동행위를 노동위원회에 제소하는 등 구제를 받으려면 조합규약(組合規約)을 만들어야 한다.

　노동조합을 만드는 이상, 노동조합 및 노동관계조정법의 보호를 받을 수 있는 완전한 조합을 만드는 것이 좋을 것이다. 그렇게 하려면 첫째, 사용자의 '이익대표자'를 조합에 참가시키지 말아야 한다. 이익대표자는 회사의 임원이

부당노동행위구제(재심)신청서

신 청 인 (재심신청인)	노동조합 또는 회사명			
	직위 및 성명		주민등록번호	
	주소 또는 소재지 (전화번호)		(전화:)	
피신청인 (재심피신청인)	노동조합 또는 회사명			
	직위 및 성명		주민등록번호	
	주소 또는 소재지 (전화번호)		(전화:)	
신 청 취 지				
신 청 이 유	1. 노동조합 및 노동관계조정법 제81조 제( )호 위반 제( )호 위반 제( )호 위반	※ 구체적 사실을 명기하기 바랍니다. (별지 작성 가능)		
노동조합 및 노동관계조정법 제82조 제1항의 규정에 의하여 위와 같이 부당노동행위 구제(재심)신청을 합니다. 년 월 일 신청인 (서명 또는 인) ○○노동위원회 위원장 귀하				
구 비 서 류	※ 구체적 사실을 증명하는 서류 지노위의 결정서 또는 명령서 사본 1부(재심신청시에 한함.)			

210㎜×297㎜(일반용지 60g/㎡)

라든지 인사(人事)에 관계하는 감독자의 지위에 있는 사람들이다. 둘째로, 사용자(사장)에게서 경비원조를 받지 말아야 한다.

위의 2가지 요건을 지킬 수 있는, 소위 법내조합(法內組合)은, 쟁의 등에서 노동위원회에 알선·조정·중재를 신청할 수 있다.

그러나 2가지 요건을 지키지 아니한, 소위 법외조합(法外組合)이라도, 노동위원회의 도움을 받을 수 없을 뿐, 단체교섭이나 파업(스트라이크, Strike)을 하는 것은 자유이다. 완전한 노동조합을 만들려면 노동조합 및 노동관계조정법(제14조)에 정하여진 조합규약을 만들어야 한다. 이 조합규약까지 만들어 가지고 있으면, 조합은 부당노동행위에 대한 구제도 받을 수 있음은 위에서 본 대로이다.

노동조합사무소는 회사 안에 있든, 회사 밖에 있든 상관이 없다. 그런데 조합이 독자적인 재산을 가지게 되면, 노동조합을 법인(法人)으로 만들어 등기하는 것이 편리하다.

법인설립등기를 하려면, 조합의 대표자가 조합규약과 행정관청(노동부장관, 서울특별시장, 직할시장, 도지사)에서 발행한 설립신고 증명서를 첨부하여 "노동조합법인등기신청서"를 등기소에 제출한다. 그렇게 하면 조합이 부동산을 소유하는 경우 조합명의로 등기할 수 있다. 법인등기가 없으면, 조합장 개인 명의로 등기하는 수밖에 없다.

8. 유니온숍(Union Shop)협정

신입사원 중에 "노동조합에 가입하기는 싫다"면서, 조합에 가입하지 아니하는 사람이 있다. 강제로 가입시킬 수는 없는가?

조합규약으로 조합원의 범위를 정하고 있더라도, 조합에 가입하든지 탈퇴하든지 하는 것은 조합원의 자유이다. 새로 채용된 사원이 조합에 가입하기 싫다고 거절할 수도 있고, 조합에 가입하였다가도 언제든지 탈퇴할 수 있다. 그렇게 되면 비조합원이 생기게 되고, 일반적으로는 조합의 힘이 약해진다. 이는 조합으로서도 곤란한 일이다. 그래서 조합으로서도, 가입하지 아니한 사람에게 가입을 강제한다든지, 마음대로 탈퇴한 사람이나 제명당한 사람에게 제재를 가하는 방법은 없는지가 문제된다. 그 방법으로, 단체협약에서 유니온숍(Union shop)협정을 맺어두는 것이 있다.

유니온숍 협정은 ① 회사와 조합에서, 조합원의 범위를 확실히 정하고, ② 조합원의 범위에 해당하는 사람인데도, 조합에 가입하지 아니한다든지, 임의로 조합에서 탈퇴한다든지, 또는 조합에서 제명당한 때는, 회사는 그런 사람을 바로 해고한다는 협정이다. 요컨대 조합원이 아니면, 회사는 그를 해고할 의무가 있다. 종업원도 해고당하면 곤란하므로 가입하는 게 싫어도 조합에 가입하게 되고, 마음대로 탈퇴할 수도 없게 된다. 말하자면, 간접적으로 조합가입을 강제하는 방법이다.

유니온숍 협정이 없으면 조합에 가입·탈퇴하는 것은 완전히 자유이다. 이것을 유니온숍제라 한다. 그래서 조합으로서는 근로협약에서 회사와 유니온숍 협정을 맺으려고 한다. 그러나 이러한 협정을 맺었더라도, 조합의 제명이 부당하다고 생각되는 경우는 제명 자체가 무효가 되어, 회사가 근로자(조합원)를 해고할 수 없을 때도 있다.

우리나라 노동조합 및 노동관계조정법은 사용자의 부당노동행위를 열거·규정하고 있다(동법 제81조). 그 중 근로자가 어느 노동조합에 가입하지 아니할 것 또는 탈퇴할 것을 고용조건으로 하거나 특정한 노동조합의 조합원이 될 것을 고용조건으로 하는 행위, 즉 유니온숍 협정을 부당노동행위로서 규정하고 있다(동조 제2호). 다만, 노동조합이 당해 사업장에 종사하는 근로자의 3분의 2 이상을 대표하고 있을 때에는 근로자가 그 노동조합의 조합원이 될 것을 고용조건으로 하는 단체협약의 체결은 예외로 하며, 이 경우 사용자는 근로자가 그 노동조합에서 제명된 것 또는 그 노동조합을 탈퇴하여 새로 노동조합을 조직하거나 다른 노동조합에 가입한 것을 이유로 근로자에게 신분상 불이익한 행위를 할 수 없도록 하였다.

9. 체크오프(Check Off)협정

지금까지 노동조합비를 회사가 급료에서 공제하여 주고 있다. 그런데 이번에 갑자기 공제하지 않겠다고 통지하여 왔다. 따라서 조합비를 모으는 일이 어려워지게 되었다. 이런 경우 어떻게 하면 되는가?

임금(賃金)은, 현금으로 직접 근로자에게 그 전액을 지급하여야 한다고 근로기준법에 정하여져 있다. 그래서 조합비를 임금에서 공제한다는 협정이 없는 이상, 회사는 조합비를 공제할 수 없다. 조합비공제는 조합에게는 편리하고, 회사도 조합을 위한 서비스(봉사)로, 근로계약의 조항에 넣어서 약정하는 수가 많다. 이러한 근로계약을 체크오프(Check Off)협정이라고 한다. 그러나 노동조합의 힘이 강하여지면, 회사는 조합을 위한 서비스를 거부한다. 예컨대, 공제협정을 파기한다든지, 그런 협정을 맺기를 꺼리기도 한다.

체크오프 협정은 어디까지나 근로계약이므로, 회사 측은 정당한 이유 없이 이를 파기할 수는 없다. 그러나 회사가 까닭 없이 파기하더라도, 조합이 파업으로 강제하거나 손해배상을 청구하는 것은 현실적으로 어려울 것이다. 따라서 조합은, 조합비 징수담당자를 정하든지 직접 조합비를 징수하는 수밖에 없다.

조합비는 노동조합의 운영을 지탱하는 유일한 재원(財源)이므로, 조합비의 징수가 잘 안되면, 조합의 운영에도 지장을 초래하게 된다. 그래서 조합은 조합원들에게, "조합비를 내는 것이 조합활동에 얼마나 중요한 것인가"를 철저히 알리는 계몽활동을 하여, 조합원의 자발적 협력을 기대하는 것이 바람직하다.

10. 부당한 인사발령

A의 직장 근로자는 제1노조의 조합원이 거의 모두이다. 제2노조로 분열되지 않도록 A는 직장분회장으로 열심히 일해 왔다. 그런데 갑자기 지방영업소로 영전되었다고 하면서 전근되었다. 회사의 의도는 남은 조합원을 제2조합에 들어오도록 권유하려고 하는 것이 명백하다. A는 어떻게 하면 좋은가?

전근발령도 조합을 와해시킬 의도로 한 것이면 부당노동행위가 된다. 전근의 경우, 특히 그것이 영전인 경우에 과연 불이익한 차별대우라고 말할 수 있는지가 문제이다. 그러나 영전이더라도 노동조합 및 노동관계조정법 제81조 제4호에 정한 노동조합 운영에 대한 직접개입이어서, 부당노동행위가 되기도 한다. 다만 회사에 "노동조합와해의 의도가 있었다"는 점을 실제로 입증하기 어려운 경우가 많은 것 같다. 또 회사업무의 필요에서 영전시키기 위하여 전근시켰다는 이유가 있는 수도 있다. 그런 경우도 오로지 조합을 와해시키려는 의도로 전근시켰다는 것을 입증하지 않으면 안 되므로 더욱 어려운 일이다.

그러나 질문의 경우, 제2조합에 들어오라는 권유가 직제상 상관인 부장·과장을 통하여 공공연히 이루어지고 있는 것 같고, A의 직장이 A(직장분회장)의 노력으로 제2조합으로 분열되는 것이 방지되고 있다면, 회사의 의도를 증명할 수도 있을 것이다.

A는 노동조합과 상담하여, 지방노동위원회에 부당노동행위라고 구제신청을 하든지, 지방법원에 전근발령효력정지 가처분신청을 하는 것이 좋다.

11. 노동위원회의 구성과 역할

① 노동위원회는 어떻게 조직되어 있습니까?
② 노동쟁의를 할 때, 노동위원회가 알선을 하는 것 같은데, 그 밖에 무엇을 하는 곳입니까?

노동행정의 민주화와 노사관계의 공정한 조절을 꾀하기 위하여 노동위원회를 설치하고 있다. 노동위원회는 중앙노동위원회(중노회)와 지방노동위원회(지노회)가 있고, 특정사항을 관장하는 특별노동위원회(특노회 : 선원노동위원회 등)가 있다. 중노회 및 지노회는 노동부 소속하여 설치되어 있고, 특노회는 해당되는 특정사항을 관장하는 중앙행정기관의 장 소속하에 두는 데 선원노동위원회의 경우 해양수산부장관 관장 하에 두게 된다(노동위원회법 제2조).

위와 같은 노동위원회는, 근로자위원·사용자위원·공익위원 각 10명씩으로 조직되어 있다. 근로자위원들은 노동조합에서, 사용자위원들은 사용자단체에서 추천한 사람 중에서 위촉되고, 공익위원은 추천 없이 위촉된다. 중앙노동위원회 위원 위촉은 대통령이, 지방노동위원회 위원 위촉은 노동부장관이, 특별(선원)노동위원회 위원 위촉은 해양수산부장관이 각각 하도록 되어 있다.

노동위원회의 중요한 직무의 첫째는, 노동쟁의의 알선·조정(긴급조정 포함)과 중재이다. 알선이란 노사雙方의 주장 요점을 확실히 하여 사건의 해결에 도움을 주는 것이다. 노동위원회의 위원장이 알선위원을 지명하고, 알선위원이 해결을 시도한다. 조정이란 공익위원·사용자위원·근로자위원들 가운데서 조정위원을 지명하고, 조정위원회를 열어 노사雙方의 의견을 듣고, 조정안을 만들어 수락을 권고하는 방법이다. 중재란 공익위원이나 특별조정위원들 중에서 중재위원 3명을 지명하여 이들이 중재위원회를 열어 중재재정서를 만들어서 하는 방법이다. 조정은 수락하든지 말든지 노사(勞使)의 자유이다. 그러나 중재재정은 근로계약(단체협약)과 같은 효력이 있어서 노사雙方을 구속하고, 수락하든가 않든가는 상관없다.

노동위원회의 중요한 직무 중 두 번째는, 부당노동행위(不當勞動行爲)에 관한 신청이 있으면, 그것을 심리하여 인정되면 구제명령(救濟命令)을 발하는 것이다. 이 구제명령을 내리는 권한은 공익위원에게만 있고, 사용자위원이나 근로자위원은 심문절차에만 참여할 수 있다. 부당노동행위는 노동조합 및 노동관계조정법 제81조에 정하여진 사용자의 부당한 행위들이다.

첫째, 정당한 노동조합활동을 한 것을 이유로 근로자를 해고하거나 불이익한 대우를 하는 것, 근로자가 "어느 노동조합에 가입하지 아니할 것 또는 그 조합에서 탈퇴할 것"을 고용조건으로 하는 것(소위 황견계약, Yellow-dog Contract),

둘째, 정당한 이유 없이 단체교섭을 거부하는 것,

셋째, 노동조합운영에 직접 개입하는 것,

넷째, "노동위원회에 부당노동행위의 구제신고를 한 것 또는 그에 관한 증언을 한 것 등"을 이유로 해고 기타 불이익한 대우(보복적 차별대우)를 하는 것이다.

사용자의 위와 같은 부당노동행위에 대하여는, 지방노동위원회(지노회)에 구제신청을 할 수 있다. 지노회가 구제명령을 내리거나 신청기각결정을 한 때, 사용자나 근로자는 명령(결정)서를 받은 날부터 10일 안에 중앙노동위원회(중노회)에 재심을 신청할 수 있다(제26조 제2항). 사용자가 중노회에 재심신청을 아니하거나, 신청을 하였더라도 중노회가 기각결정을 내린 때는, 명령서 등을 받은 날부터 15일 안에 고등법원에 행정소송을 제기하여, 명령(결정)의 취소를 청구할 수 있다(제27조). 노동위원회가 근로자의 구제신청을 기각하였을 때, 근로자는 지방법원에 다시 구제를 청구하는 가처분신청이나 소송을 제기할 수도 있다. 노동위원회의 직무는 위에서 설명한 것 외에, 노동조합의 규약이 관계법령에 적합한지 위반되는지 심사·의결하고, 조합의 결의나 처분의 위법여부도 심사·의결한다. 또 근로조건의 개선을 행정관청에 통보하여 개선조치를 취하게 할 수도 있다.

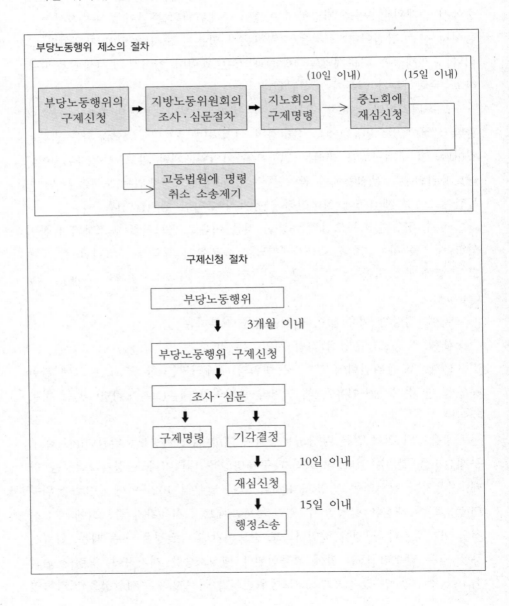

제22장
국제법과 생활

국제법도 국내법과 마찬가지로 사법적(司法的) 해결을 위한 기준이며, 국제사법재판소(International Court of Justice) 등 국제적 재판을 담당하는 기구도 있다. 그러나 국제재판이 행해지기 위하여는 분쟁의 당사국이 재판을 받을 것에 대해 합의하지 않으면 아니된다.

치외법권

治外法權?
治外法圈?
아무튼 재미있는 표현.

법치주의, 법의 지배 속에
오아시스처럼 신기루처럼
법 없는 지역이 있다니!

그 영역은 얼마나 넓은가?
대통령
외교관
국회의원
…

「법 앞의 평등」을 얘기하면서도
군데군데 치외법권
아니면 「聖域」

그 속에 못 들어간 자만
법의 그물에 걸리는
피라미?

법학사전에서
'치외법권'이란 말이 없어질 때는?

1. 국제사법재판소의 관할권

A, B 양국은 모두 모든 법적 분쟁에 관하여 국제사법재판소의 강제관할을 승인하는 수락선언을 행하였다. A국이 B국에 무력행사를 계속하고 있어 B국은 이 사건을 국제사법재판소에 제소하였다.

그에 대하여 A국은 "무력행사와 자위권(自衛權)에 관한 분쟁은 국제연합헌장에서 안전보장이사회와 지역적 해결의 전속적(專屬的) 관할에 속하며, 또 계속중인 무력분쟁은 증거의 인정 등에서 문제가 있으며 사법(司法)의 한계를 보여준다"는 이유에서, 본건은 수리(受理)할 수 없다고 주장하였다. 이 주장은 인정될 수 있는가?

국제재판에서는 국제분쟁 가운데 '법률적 분쟁'은 수리할 수 있지만 '비법률적 분쟁'은 수리할 수 없다. 무엇이 '법률적 분쟁'인가에 관하여 학설은 일치되지 않고 있다. 정치적으로 중요하지 않은 분쟁이라고 생각하는 견해와 구체적인 국제법의 규칙이 있는 분쟁이라고 보는 견해도 있지만, 통설은 당사국이 서로 권리를 다투는 분쟁이라고 해석하고 있다. 통설을 전제로 한다면 국제평화와 안전의 유지에 관한 정치적으로 중요한 분쟁도 분쟁당사국이 권리·의무의 카테고리에 의해 싸운다면 수리가능한 것이다.

A국은 본건이 국제법상의 권리에 관한 문제라는 것을 인정하고 있지만, 이런 종류의 분쟁은 국제사법재판소가 아니라 안전보장이사회(헌장 제24조 1항)와 지역적 기관(헌장 제52조 1항)에 관할권이 있다고 주장하고 있다. 그러나 국제사법재판소는 1984년의 니카라과사건 관할권 판결에서 이러한 문제에 관한 안전보장이사회의 관할권은 제1차적으로는 있지만 배타적이 아니며 안전보장이사회와 국제사법재판소의 기능이 별개이지만 보완적인 것이며, 자위권도 권리이기 때문에 법적 측면을 가지고 있다고 하였다. 또 '계속중인 무력분쟁'의 수리가능성에 관하여도 위 판결은 분쟁이 계속되고 있음으로써 예상되는 증거의 결여를 이유로 미리 신청을 막을 수 없고, 자국(自國)이 주장하는 사실을 입증하기 위하여 당사국이 제출하는 증거에 의해 재판소는 사실을 인정할 수 있다고 하였다. 따라서 A국의 주장은 인정될 수 없다.

판결에는 구속력이 있지만(규정 제59조) 만일 A국의 행위가 국제위법행위라고 판시된 데 대하여 A국이 이 판결을 무시하는 태도를 보일 경우 어떻게 할 것인가? 국제사회에는 이러한 경우에 판결을 강제적으로 집행할 제도적 수

단은 없다. B국이 대국(大國)이고 A국이 소국인 경우에는 B국은 합법적인 수
단으로 보다 A국의 태도를 수정시킬 수 있을 것이다. 그러나 A국이 초(超)대
국이고 B국이 소국인 경우에는 B국만의 힘으로 A국의 태도를 수정시키기 어
려울 것이다. 그러나 이런 경우에도 A국에 판결을 따르게 하는 방법이 전혀
없는 것은 아니다. 예컨대 A국의 국민은 판결을 지키지 않는 A국의 현 정권
을 지지하지 않고 정부의 정책변경을 요구할 수 있다. 또 타국정부들과 그 국
민이 형성하는 국제여론의 힘이 A국에게 판결을 지키도록 은근히 압력을 가
할 것이다. 국제법을 배우고 익히는 의의가 여기에 있다 할 것이다.

2. 인권과 국제법

미주인권조약(美州人權條約)의 당사국인 라틴아메리카의 A국에서 '실종'과 고문사
건이 빈번히 발생하고 있다고 비정부단체로부터 미주인권위원회에 통보되었다. 동
위원회는 피해조사를 위해 조사위원들을 A국에 파견하였다. A국의 당국자에게 위원
은 "미주인권조약은 국가테러를 절대 금지하고 있다"고 설명하였다. 당국자는 "법규
칙의 설명으로서는 그것이 정당할 것이다. 그러나 이것은 예외적이라 보아야 한다.
사실관계를 깊이 역사적으로 인식하지 않으면 안 된다. 요컨대 우리에게는 반정부 게
릴라의 잔인과 강력한 파괴활동으로부터 시민에게 치안을 유지할 책임이 있다"고 반
론하였다. 이 반론은 인정될 수 있는가?

　　일반적으로 정부는 국민의 인권을 보장하기 위하여 필요한 정도의 질서
를 유지할 책임을 지고 있다. 예외적인 상황 아래에서 이 책임을 수행하기 위
하여는 표현·집회의 자유 등 인권의 행사를 일시적으로 제한할 필요가 있다
고 생각할 경우이다. 극단적인 경우에는 예방구금의 권한은 행사된다. 이런
비상조치는 그 동기가 숭고한 경우에도 항상 인권보장보다는 인권침해라는
결과를 가져오게 된다. 국제법은 긴급사태에서 이러한 조치를 인정하고 있다.
예컨대 미주인권조약 제27조 1항은 "…긴급사태에는 당사국은 사태의 긴급성
이 요구하는 엄밀한 한도와 기간 내에서 본 조약상의 의무에서 면제되는 조
치를 취할 수 있다"고 규정하고 있다. 그와 동시에 제2항은 일정한 인권은 결
코 정지될 수 없다고 명확히 규정하고 있고, 이러한 일탈(逸脫) 불가능한 인권
에는 생명권, 인간으로 대우받을 권리, 공정한 재판을 받을 권리 등이 포함되

어 있다. 국제법은 치안유지를 위한 수단의 선택에서 매우 폭넓은 재량권을
정부에 인정하고 있지만, 다른 한편 국가테러는 절대적으로 금지하고 있는 것
이다. 따라서 A정부는 치안유지를 위하여서도 '실종'과 고문을 명령·허가·묵
인할 수 없다. A정부는 치안유지를 위한 재량권 외에도 최루탄의 사용을 포
함한 정당방위권도 인정받고, 이론적으로만이 아니라 경험적으로도 국민의
지지를 받는 한 잔인한 반(反)정부게릴라의 파괴활동을 진압할 수 있다고 주
장한다. A정부가 치안유지를 위하여 상대적 기준에서 일탈한 조치에 관하여
는 그 조치가 취해지기에 이른 역사적 경위도 고려하여 그 타당성이 평가되
어야 함은 분명하다. 그러나 절대적 기준의 위반에 관하여는 경위도 전혀 관
계없다. 어떠한 경위, 이유, 동기, 사정이 있을지라도, 또 전시(戰時)라든가 내
전 혹은 평시(平時)에도 불구하고 '실종'과 고문과 같은 국가테러를 정부가 명
령·허가·묵인하는 것은 금지된다. 그러한 작위·부작위가 A국의 어떤 기관
에 의해 이루어진다면 A국은 국제법상의 국가책임을 면할 수 없다. 예컨대
군대나 치안경찰의 구성원이 행한 행위는, 예컨대 명령에 반하는 살해와 고문
에도 A국의 국가책임이 있다.

　여기까지의 논의는 A국이 미주인권조약의 당사국임을 전제로 하였지만,
만일 A국이 당사국이 아니라면 어떻게 될 것인가? 조약은 그것을 비준한 당
사국밖에는 구속할 수 없으며, A국에는 조약를 지킬 의무가 없다. 그러나 국
제법의 연원에는 조약뿐만 아니라 관습법도 있으며, 절대적 기준이 이미 관습
법 속에 들어 있기 때문에 A국도 그것에 구속되고 있다. 관습국제법이 성립
되기 위하여는 첫째, 국가들의 실천에서 특정한 사항에 관하여 동일한 작위·
부작위가 반복됨으로써 일정한 관행이 성립되지 않으면 안 된다. 둘째로 그
관행을 법적으로 의무적인 것으로 인정하는 '법적 신념'이 존재하지 않으면
아니된다. 예컨대 정치적 살해와 고문 등이 모든 관련조약들 속에 공통적으로
규정되어 있다든지, 제3세계 국가들을 포함하여 국가테러에 대한 많은 국가
들이 공식·비공식의 유감표시가 있으면 국가테러를 금지하는 관습국제법이
생긴 것으로 볼 수 있다. 그런데 국가테러를 금지하는 규범은 일반국제법의
강행규범(jus cogens)이라 주장되고 있다. jus cogens에 관하여는 「조약법에
관한 비인(Wien)조약」의 제53조가 "어떠한 일탈도 허락되지 않는 규범으로서,
또 후에 성립하는 동일한 성질을 가진 일반국제법의 규범에 의하여만 변경할

수 있는 규범으로서 국가에 의해 구성되어 있는 국제사회전체가 받아들이고
인정하는 규범"이라고 정의하고 있다. 그것은 국가의 자유의사에 의하여 일탈
할 수 없는 강행규범이며, 장래에 그것에 저촉하는 조약이 체결되어도 무효로
된다.

3. UN헌장상의 자위권

A국의 국민인 상사원 12명이 B국에 파견되어 그 나라 수도에 있는 지점에 근무하
고 있었다. 어느 날 B민족해방전선(BNLF)이라 불리는 무장게릴라가 습격하여 두 명
의 상사원을 살해하고 남은 10명을 인질로 지사건물을 점거하였다. BNLF는 인질석
방의 조건으로 B정부에 대하여 정치범으로 복역중인 동지 5명의 석방과 인질값
5,000만 달러를 요구했다. B국에는 다른 국내세력에 의한 쿠데타의 위협이 있었기
때문에 B국정부는 이 인질사건에 적극적으로 대처할 수 없었다. 4일 후 A국은 돌연
특공대를 A국으로부터 공수(空輸)하였다. 특공대는 무장게릴라와 교전하고 무력으로
인질을 구출하여 귀국하였다. B국은 A국에 의하여 '침략이다'라고 항의하였지만, A국
은 "자위권의 행사"라고 주장하였다. 이 작전행동은 자위권의 행사로 인정될 것인가?

BNLF는 B국의 국가기관이 아니고 사인(私人)이라고 본다면 BNLF의 행
위에 의하여 B국에 국가책임은 발생하지 않는다. 그래서 B국은 영역 내의 외
국인에 대한 침해행위를 '상당한 주의'를 기울여 예방·구제해야 할 국제법상
의 의무에 위반하지 않는 한 B국에는 국제법상 문제로 될 작위·부작위는 없
다. 만일 B국이 이 국제의무에 위반하였다고 가정하여도 그것은 A국에 손해
배상청구권 등을 발생시킬 뿐이다. B국의 작위·부작위도 BNLF의 행위도 UN
가맹국에 대한 '무력공격'으로 보기는 무리하다. A국의 작전 행동은 자위권의
행사로는 볼 수 없으며 국제위법행위로 된다. 그것이 침략이라는 국제범죄인
가, 그것도 민사적인 책임밖에는 발생하지 않는 국제불법행위에 지나지 않는
가에 관하여는 학설이 대립되지만 국제위법행위라는 데에는 거의 이론(異論)
이 없다.

한편 만일 B국이 미리 A국에 의한 B국 내에서의 작전행동에 동의를 한
경우에는 A국의 행위는 위법성이 조각된다. 그리하여 국제법상 적법하게 인
질을 구출하기 위하여는 B국의 동의를 얻지 않으면 안 된다. 그러나 B국의

동의를 얻지 않은 경우에도 인질은 살해되어서는 아니된다. A국은 B국을 설득하여 BNLF의 요구에 응하여 인질석방을 하게 할 수도 있다. 근년 여러 국가는 "테러리스트와는 일체(一切) 교섭하지 않는다"는 입장을 분명히 하고 있다. 만일 A국이 그러한 입장을 취하고 있는 나라의 하나였다면 국제법상 적법하게 인질을 구출하는 수단이 A국에는 남아 있지 않다고 할 수 있을 것이다. 그러나 이러한 결과가 되는 것은 자위권의 개념의 경직성 때문이 아니라 A국이 고집하는 입장 때문이다.

4. 집단적 자위권과 지역적 기관

> B국에 혁명이 일어나 좌익정권이 탄생하였다. A국은 B국이 신정부가 이웃인 C국의 반정부게릴라에게 주고 있는 군사지원은 '무력공격'을 구성한다고 판단하고, C국으로부터의 원조요청이 없는데도 집단적 자위권의 행사로서 B국의 반(反)정부게릴라에 재정지원, 훈련, 무기, 정보, 병력지원을 제공하고, 군사적, 준(準)군사적 활동에 원조를 주었다. 또 A국은 B국의 항만 등에 기뢰(機雷)를 부설하였다. A국에 의한 이러한 행위는 집단적 자위권의 행사로서 인정될 수 있는가?

개별적 자위권의 경우에는 권리의 행사는 무력공격을 행한 나라에 의하여 이루어진다. 집단적 자위권의 경우에는 권리를 행사하는 나라와 무력공격을 행한 나라가 동일하지 않고, '무력공격이 발생한 경우'에 있었던가 아닌가를 판단하는 권리가 A국(행사국)에 있는 것인가, C국(희생국)에 있는 것인가가 문제로 된다. 이것에 관하여는 제1차적으로 집단적 자위권을 행사하는 나라에 판단권이 있다는 견해도 있지만, 1986년 국제사법재판소에 의한 나카라과 사건 본안판결은 무력공격이 이루어졌는가의 판단을 내리는 것은 무력공격의 희생자인 국가에 있다는 것을 분명히 하였다. 타국(他國)이 스스로의 정세판단에 따라 집단적 자위권을 행사할 것을 인정하는 국제관습법의 규칙은 존재하지 않는다는 것이다. 그리하여 A국이 아닌 C국에 판단권이 있게 된다.

A국이 C국을 위하여 집단적 자위권을 행사하는 경우 C국으로부터의 원조요청이 필요한가가 문제로 된다. 이 문제에 관하여는 집단적 자위권도 '권리'인 이상 타국(他國)으로부터의 요청은 필요 없다는 견해도 있다. 그러나 집단적 자위권이 '권리'로서 당연히 대항관계를 갖는 것은 공격국(B국)과의 관계

에 있어서이며, 공격을 받은 나라(C국)와의 관계에 있어서는 아니라고 생각된
다. 니카라과사건 본안판결은 이것에 관하여 자국(自國)을 무력공격의 희생자
로 보는 나라의 요청 없이 집단적 자위권의 행사를 인정하는 규칙은 없다고
판시하였다. 그리하여 A국이 C국을 위하여 집단적 자위권을 행사하기 위하여
는 A국은 C국으로부터 원조요청을 받지 않으면 아니된다.

이와 같이 A국은 집단적 자위권을 주장할 수 없지만 B국의 반(反)정부게
릴라에 대한 A국의 원조는 불간섭원칙의 위반으로 되며, 또 A국에 의한 B국
의 영토 내에로의 기뢰(機雷)설치는 '무력행사'(헌장 제2조 4항)에 해당된다. 만
일 A, C 양국이 지역적 기관의 당사국인 경우에는 A국은 지역적 기관의 결정
에 근거하여 C국을 위하여 B국에 대하여 '강제행동'을 취할 수도 있다. 그러
나 이 강제행동을 취하기 위하여는 미리 안전보장이사회의 허가를 얻지 않으
면 안 된다(헌장 제53조). 이 허가의 결정에도 상임이사국의 거부권제도가 적
용된다.

5. 외교적 보호권

A국의 사기업(私企業)인 ○○건설은 B국정부와의 사이에 B국의 항만공사를 청부
하는 계약을 맺었다. 이 계약의 제18조에 "○○건설은 당해계약에 관한 모든 사항에
외국인으로서의 모든 권리가 박탈되고, 어떠한 조건에서도 모국 외교기관의 개입은
인정되지 않는다"고 규정하였다. 그런데 어느 날 ○○건설은 B국정부에 의한 계약위
반을 이유로 B국에서 국내적 구제를 구하지 않고 공사기계를 강제적으로 철거하였
다. 또 A국은 B국의 계약위반에 의해 입은 손해와 이자의 배상을 B국에 청구하였다.
이 청구는 국제법상 인정하는가?

이 계약의 제18조는 칼보(Calvo)조항의 한 예이다. 칼보조항의 국제적 효
력에 관하여는 견해가 일치하지 않는다. 라틴아메리카에서는 칼보조항은 계
약당사자의 합의에 근거하여 유효하다고 인정된다(유효설). 그런데 유럽이나
미국에서는 외교적 보호권은 국가의 권리이지 개인의 권리는 아니라고 보고,
개인이 본국의 외교적 보호권을 구하지 않는 취지로 외국과 약속하여도 그것
은 본국을 구속하지 않는 것으로 국제법상 무효라고 보고 있다(무효설).

이러한 견해에 대하여 1926년의 북아메리카 선셋회사사건에 관한 중재

재판소 판결은, 칼보조항의 목적은 외교적 보호권의 남용을 막으려는 데에 있으며 이 권리를 소멸시키려는 데에 있는 것은 아니라고 파악하고 그것에 일정한 법적 효력을 인정하려고 하였다. 이 판결에서는 국제의무에 위반하는 국제불법행위에 관하여는 효력이 없지만 국제불법행위로는 되지 않는 계약상의 싸움에 관하여는 효력이 있다고 받아들여졌다(절충설). 그리고 B국에 의한 '재판거부' 등의 국제불법행위가 있는 경우에 관하여는 칼보조항은 A국의 외교적 보호권을 박탈할 수 없다. 다른 한편 계약상의 싸움에 관하여는 칼보조항은 B국의 국내법원에서 국내적 구제를 받아야 한다고 의무를 지우고 있으며, ○○건설이 계약상의 싸움에 관하여 A국에 의한 외교적 보호를 구하지 않는다고 합의한 점에 관하여는 유효하다고 보고 있다.

위의 사례에서 ○○건설은 B국의 국내에서 국내적 구제를 구하지 않고, B국에는 계약위반은 있지만 국제불법행위는 없는 것이므로 A국정부에 의한 국제청구는 인정되지 않는다. ○○건설은 B국정부를 상대로 하여 B국의 국내법원에 손해배상청구를 낼 수밖에 없다. 이와 같은 견해는 얼핏 보면 피해자구제라는 관점에서는 부당하게 보여질지도 모른다. 그러나 일단은 스스로의 의사로 칼보조항을 계약에 삽입하여 합의한 것이기 때문에 문제가 발생한다면 모국의 외교적 보호권에 의뢰한다는 사태를 막게 되는 것이며, B국의 영역주권과 A국의 자국민보호의 권리와의 사이에 타당한 밸런스를 취할 수밖에 없다고 하겠다.

개인의 행동반경이 점점 넓어지고, 국제적 유대가 더욱 긴밀해지면서 국제사법
(Internationales Privatrecht)의 중요성은 고조되고 있다.

파스칼에게

너무 솔직해서 거북하군요.

진리는 子午線이 결정하고
피레네 산맥 이쪽에서 正義가
산맥 하나만 넘으면 不正義라고요?

그럼 법은 무엇인가요?
한 나라의 法은
다른 나라에선 不法?
그렇게 萬事를 相對化하는 눈길로
세상을 바라보면 재미있으신가요?
진실을 외면하는 것보담은
차라리 진실을 뱉어버리는 것이 속 편하다구요?

내 알량한 법학교수라고
당신의 말에 거부감을 갖는다고
당신은 미소 띠며 이렇게 말할 건가요?

법학자에게 正義가
철학자에겐 不正義라고.

1. 국제사법과 관할권

일본 A회사가 한국 의암(衣岩)발전소 건설비를 한국의 B회사에게 장기차관 형식으로 대여하려는 계약을 체결하려 할 때, H(원고)가 중개인으로 일본에 가서 1962년 7월 13일 차관계약을 체결하였다. 차관계약이 양국정부의 승인을 얻으면 국제 상관례(商慣例)대로 차관액의 3% 상당액을 중개인인 H(원고)에게 주겠다고 약정했으나 피고 A회사는 그것을 이행하지 아니하여 원고 H는 중개보수금 청구소송을 제기하였다. H의 청구는 어느 나라 법원에, 어떻게 받아져야 하나?

이 사건의 쟁점은 두 가지로 요약된다. 하나는 이 사건의 재판관할권은 한국의 법원인가, 아니면 일본의 법원인가이다. 또 하나는 중개보수금 3%는 차관액을 기준으로 한다고 약정되었으나, 한일(韓日) 양국정부가 승인한 차관액이 각기 다르기 때문에 어느 쪽을 기준으로 계산하는가의 다툼이 생겼다.

재판관할권에 관하여, 피고는 차관협정 및 중개보수금 약정은 일본에서 체결되었으므로 그에 관한 재판은 일본재판소에서 해야 한다고 주장하였다. 그러나 판결에서 피고의 주장을 배척하였다.

우리 국제사법(구 섭외사법) 제9조에 의하여 본 사건의 차관협정, 보수금 약정의 행위지법(行爲地法)으로 이 사건에 적용될 일본상법 제516조의 규정에 의하면 상행위로 인한 채무이행자는, 그 행위의 성질, 또는 당사자의 별도의 의사로 정한 바가 없다면 특정물 인도채무를 제외하고는 채권자의 영업소에서 이행하도록 되어 있다. 그러므로 이 사건 차관협정, 이에 따르는 중개보수금 약정이 일본국에서 체결되었다 할지라도 이것으로 말미암아 발생한 보수금 지급채금의 이행지는 다른 사정이 없는 한, 채권자인 원고의 영업소가 있는 서울시라고 할 것이고, 따라서 이 이행지를 관할하는 법원이 이 사건에 대해 재판관할권이 있다고 판결하였다. 피고 일본회사가 일본 재판소에서 재판받기를 고집한 것은, 이른바 홈그라운드에서 재판한다면 한국에서 받는 것보다 유리할 것으로 생각했기 때문인지도 모른다.

다음 중개보수금의 계산에 관하여는, 계산의 기준이 되는 차관금액이 이상하게도 한일 양국정부가 승인할 때 차액이 생겼기 때문이다. 즉, 한국정부의 승인액은 672만 달러, 일본정부의 승인액은 658만 달러로 한국 쪽 승인액이 일본 쪽보다 33만 달러나 초과되고 있다. 피고 일본회사는 금액이 적은 일

본정부승인액을 기준으로 보수금을 계산하면 그 액수가 적음으로, 그것을 주
장하였고, 원고는 금액이 많은 한국정부승인액을 기준으로 계산하면 보수금
이 훨씬 다액이 되므로 그쪽을 주장하여 서로 맞서게 되었다. 그러면 원고가
조사한 바에 의하면 일본정부승인액 외에 또 318만 달러의 차관액이 있다고
주장하였으며, 이에 관해 한국 외환은행이 법원에 제출한 차관 도입자인 B회
사에 관한 '사실조회서'에서 318만 달러에 해당하는 물자도입(이 사건 차관과
관련있음)을 위하여 1965년 2월 13일에서 2월 18일까지의 신용장을 분할개설
한 바 있다고 증언하여 원고주장을 뒷받침하였다. 이리하여 피고 일본회사는
완전 패소하였다.

　　피고 일본회사는 본건 소송을 일본에서 재판받으려고 작전하다가 실패하
였다(국제사법 제28조, 제9조).

2. 공 서 법

　　한국의 선량한 풍속에 반하여 일부다처제를 인정하는 X국의 국적을 가진 A가 한국
에서 재산을 두고 사망하였다. A의 제2의 처 B에서 출산한 자 C가 상속을 주장하는
데 그의 주장은 옳은가?

　　공서법(公序法) 또는 배척조항인 국제사법 제10조에 "그 규정"이 사회질
서에 반한 때라고 규정되어 있으나, 추상적으로 외국법의 규정 자체가 아니
라, 그 규정을 적용한 '결과'가 구체적으로 내국의 사회질서에 위반하는 경우
로 해석된다.

　　예컨대 일부다처제도를 인정하는 나라의 국적을 가진 사람이 우리나라에
서 이것을 실행한다면 우리나라의 사회질서에 위반될 것이나, 그의 본국에서
이것을 실행해서 제2의 처에서 출생한 자녀가 우리나라에 있는 부의 재산을
상속해도 우리나라의 사회질서에 위반된다는 것을 이유로 이것을 부인할 수
는 없을 것이다. 즉 사회질서에 터 잡은 외국법의 적용제한은 본 문제에 관해
서만 일어나고, 선결문제에 관해서는 거의 문제가 되지 않는다. 그것은 선결
문제의 경우에 있어서의 외국법의 적용은 내국의 사회질서에 아무런 해악도
미치지 않기 때문이다. 미국의 징벌적 배상제도(punitive damages)를 우리나라

에 도입할 수 있는지가 문제되는 것도 바로 이 때문이다. 징벌적 배상은 민사상 가해자가 피해자에게 "악의를 가지고" 또는 "무분별하게" 재산 또는 신체상의 피해를 입힐 목적으로 불법행위를 한 경우에, 이에 대한 손해배상청구시, 가해자에게 손해 원금과 이자만이 아니라 형벌적인 요소로서의 금액을 추가적으로 포함시켜 배상받을 수 있게 한 제도이다. 즉 종래의 민사상 불법행위책임에 형벌로서의 벌금을 혼합한 제도이다.

3. 직접반정

한국에 주소를 가진 영국인이 영국에 동산(動産)을 남기고 사망한 경우 그 동산의 상속문제가 영국에서 제기되었다고 하자. 이 경우 영국의 국제사법에 의하면 동산상속은 사자(死者)의 주소지법(住所地法)에 따라야 한다. 만일 영국법원이 영국법을 적용하였다면?

설문의 경우에 영국의 국제사법에 의하면 사자의 주소지법에 의한다. 주소지법인 한국법에 의하면 상속은 피상속인의 본국법에 의한다. 따라서 영국법원이 영국법을 적용한다면 이는 '직접반정'(直接反定)을 인정한 것이다.

참고로 반정론(反定論)이 활발하게 논의될 계기를 이룬 사건은 Forgo사건이다. 이것은 프랑스에 사실상 주소를 가진 바바리아인인 사생자(私生子) 포르고가 프랑스에서 동산을 남기고 사망하였을 때의 동산상속문제에 관해서 프랑스국제사법에 의하면 바바리아법에 의하고 바바리아 국제사법에 의하면 프랑스법에 의하게 하였던 것이나, 프랑스법원은 프랑스법률을 적용함으로써 직접반정을 인정했던 사건이다.

4. 전 정

일본에 주소를 둔 영국인이 한국에 동산을 남기고 사망하여 동산에 관한 상속문제가 한국법원에서 문제가 되었다. 이 문제는 한국의 국제사법에 의하면 피상속인의 본국법인 영국법에 적용되나 영국의 국제사법에 의하면 동산의 상속에 관하여는 피상속인의 주소지법에 의하게 된다. 이 경우 우리 섭외사법이 전정(轉定)을 인정한다면 다음 어느 법을 준거법으로 적용하여야 하나?

전정(轉定)이란 A국의 국제사법에 의하면, B국법에 의하나 B국의 국제사법에 의하면 C국법에 의하므로 A국법원이 B국의 국제사법규정을 고려하여 C국법을 적용하는 경우이다. 설문의 경우 한국이 전정을 인정한다면 영국의 국제사법의 규정에 따라 피상속인의 주소지법, 즉 일본법을 적용하여야 한다.

5. 권리능력

A(한국인)는 산부인과 의사로서 B남(영국인)의 정자와 C녀(미국인)의 난자를 체외에서 수정시켜 D녀(일본인)의 체내에 착상시켰다. 일본에 주소를 둔 D녀의 이 인공수정아 E가 네덜란드에 있는 농장을 소유할 수 있는 권리능력의 준거법은 ?(단, E는 일본의 국적을 취득한 것으로 본다)

태아의 권리능력은 개별적 권리능력으로, 권리 자체의 준거법에 의한다(국제사법 제11조). 설문에서 권리 자체의 준거법은 목적물의 소재지법이며, 목적물의 소재지법은 네덜란드법이다. 따라서 인공수정아 E가 네덜란드에 있는 농장을 소유할 수 있는 권리능력의 준거법은 네덜란드법이다.

6. 물권의 준거법

A(일본인)와 B(미국인)는 노르웨이에서 개최되는 스키캠프에 참가했다. 행사가 끝난 후 주최측 버스를 타고 돌아오던 중 A는 그 버스에서 B의 스키를 자기의 스키로 오인하고 이를 갖고 벨기에서 하차했고, B도 A의 스키를 자기의 것으로 알고 이를 갖고 독일에서 하차했다. 항공편으로 A는 일본으로 B는 미국으로 각각 귀국한 후에 비로소 그들은 스키가 서로 바뀐 사실을 알았다. B의 A에 대한 자기 스키의 반환청구의 준거법은?(단, A의 스키는 미국에, B의 스키는 일본에 각각 있다)

동산 및 부동산에 관한 물권 또는 등기하여야 하는 권리는 그 목적물의 소재지법에 의하고(국제사법 제19조 제1항), 그러한 권리의 득실변경은 그 원인된 행위 또는 사실의 완성 당시 그 목적물의 소재지법에 의하여야 하며(동조 제2항), 부당이득은 그 이득이 발생한 곳의 법에 의하도록 규정되어 있는바(제31조), 물권적 청구권에 기한건 부당이득반환청구권에 기한건 A가 B의 스키를 바꿔 가져간 벨기에 법에 따라야 한다.

7. 혼 인

세계적인 소프라노 성악가인 마리아 칼라스(Maria Callas)는 뉴욕에서 출생하였는데, 그의 아버지는 그리스인이었다. 따라서 칼라스는 그리스국적과 미국국적을 동시에 가지고 있었다. 그런데 1949년 칼라스는 이탈리아 베로나(Verona)에서 로마 카톨릭의 의식으로 이탈리아의 실업가 메네기니(Mene-ghini)와 결혼하였다. 그 후 칼라스는 그리스 선박왕 오나시스(Onassis)와 사랑하게 되었으나, 남편 메네기니와는 이혼사유가 없었고 남편도 칼라스에게 이혼해 줄 생각이 없었다. 그래서 칼라스는 그리스법에 생각이 미치게 되었다. 그리스법에 의하면 그리스 정교(正敎)의 방식에 따르지 아니한 혼인은 비혼(非婚)으로 된다. 칼라스는 1966년 파리의 미국대사관에 가서 미국시민권을 포기하고 그리스국적만을 보유하게 되었다(그리고 미국에서의 소득을 제외한 모든 소득에 대해서 미국법상 소득세도 지급하지 아니하였다). 우리나라 국제사법의 입장에서 보면 칼라스 남편과의 혼인은 유효한가?

우리나라 국제사법의 입장에서 보면, 칼라스 남편과의 혼인은 유효하며 아직도 혼인상태에 있다. 혼인거행의 요건은 혼인방식에 관한 것으로서 국제사법 제36조 제2항에서 요구하는 혼인거행지(이탈리아)의 방식을 갖추고 있기 때문이다. 국적의 사후변경은 혼인의 유효성에 아무런 영향을 주지 못한다.

8. 이 혼

한국국적과 미국국적을 가진 A남과 독일인 B녀가 프랑스 파리에서 혼인하고 영국 런던에 주소를 두었는데, A남이 일본인 C녀와 일본 동경에서 부정행위를 가졌기 때문에 이를 이유로 B녀가 한국법원에 이혼소송을 제기한 경우에 그 준거법은?

이혼에 관하여는 "1. 부부의 동일한 본국법, 2. 부부의 동일한 상거소지법, 3. 부부와 가장 밀접한 관련이 있는 곳의 법"의 순위에 의하되, 다만 부부 중 일방이 대한민국에 상거소가 있는 대한민국 국민인 경우에는 이혼을 대한민국 법에 의한다(국제사법 제39조, 제37조). 설문의 경우 부부 일방의 상거소가 대한민국에 존재하지 아니하며, 부부의 본국법이 동일하지도 아니하나, A남과 B녀가 영국 런던에 주소를 둔 점에 비추어 상거소지가 런던으로 보이며 따라서 이혼소송의 준거범은 영국법이다. 그러므로 설문의 이혼소송의 준거법은 한국법이다.

9. 상 속

> 제네바에 주소를 둔 A(영국인)가 미국에 부동산을 남겨 두고 서울에서 교통사고로 사망했다. 그 부동산의 상속에 관한 소송이 한국법원에 제소되었다. 이 상속의 준거법은?

상속은 사망당시 피상속인의 본국법에 의하므로(국제사법 제49조 제1항) 설문에서 본국법인 영국법에 의한다. 영국법에 의하면 부동산의 상속은 목적물의 소재지법에 의하므로 설문에서 목적물의 소재지인 미국법에 의할 것이다 (전정). 그러나 우리 섭외사법은 직접반정만을 인정하므로(국제사법 제9조) 미국법에의 반정은 인정될 수 없다. 따라서 설문에서 상속의 준거법은 피상속인의 본국법인 영국법이다.

제24장
지적 소유권법과 생활

현대의 법률생활에서 지적 소유권법(Intellectual Property Law), 즉 특허법, 의
장법, 공업소유권법, 저작권법 등의 영역이 점점 중요성을 더해가고 있다. 저작권
의 문제를 둘러싸고 외국과의 마찰도 중요한 문제로 부각되고 있다.

合理의 등대

내 직업은
법학교수.

어쩌다 그리 되었는지
나도 잘 모르지만,

법을 합리적인 것이라고
감정의 안경을 코에 걸쳐서는 안 된다고,

자나 깨나 입버릇처럼
되뇌이며 사는
가련한 법학교수.

合理가 도대체 무엇?
출렁이는 감정의 바다에서
한 쪽박 論理만 외우며 사는
알량한 秀才법학도들을
사랑하며 살아가는

나는 웃기는 合理의 등대지기
법학교수!

1. 출판의 개념

A는 B의 저작물에 대하여 B와 출판계약을 체결하고자 한다. 저작권법상 '출판'의 개념은 무엇이며, 그 개념은 왜 중요한가?

구 저작권법은 출판의 개념을 정의하였으나 현행 저작권법은 출판의 개념을 직접적으로 정의하지 않고 출판권의 설정과 관련하여 간접적으로 규정하고 있다. 즉, 출판권의 설정과 관련하여 출판을 "저작물을 인쇄 그 밖에 이와 유사한 방법으로 문서 또는 도화로 발행하는 것"이라고 간접적으로 정의하고 있다(저작권법 제63조 제1항).

출판계약은 그 내용에 따라 출판허락계약과 출판권설정계약으로 구분할 수 있는데, '출판' 개념의 의의를 살펴보면 다음과 같다.

첫째, 출판권설정제도의 이용범위를 정하는 데 필요하며,

둘째, 출판허락계약의 범위를 정하여 출판권설정계약을 유추하는 범위를 정하는 데 필요하다.

이러한 출판의 개념은 저작권자와 출판업자의 이익을 조정하는 중요한 의미를 가진다.

저작권 관련 사이트

- 문화관광부 www.mct.go.kr
- 저작권보호센터 www.cleancopyright.or.kr
- 한국음악저작권협회 www.komca.or.kr
- 한국소프트웨어저작권협회 www.spc.or.kr
- 한국문예학술저작권협회 www.copyrightkorea.or.kr

---

2. 컴퓨터프로그램

A는 퍼스널 컴퓨터를 사용하여 회사의 회계업무를 처리할 수 있는 새로운 컴퓨터프로그램을 제작하였다. A의 컴퓨터프로그램은 저작물로서 보호를 받는가?

컴퓨터프로그램이란 특정한 결과를 얻기 위하여 컴퓨터 등 정보처리능력을 가진 장치 내에서 직접 또는 간접으로 사용되는 일련의 지시, 명령으로 표현된 것을 말하는데, 우리 저작권법은 컴퓨터프로그램을 외국의 예에 따라 저작물의 하나로 예시하고 있다(제4조 1항 9호). 다만 컴퓨터프로그램은 일반 저작물과는 다른 특수성이 있어서 컴퓨터프로그램 보호법(법률 8032호)을 따로 제정하였다. 따라서 컴퓨터프로그램은 컴퓨터프로그램 보호법의 보호를 받도록 되어 있다.

그러나 컴퓨터프로그램 보호법은 대체로 저작권법의 내용을 본받고 있으므로 입법론상으로는 과연 별개의 입법이 필요한지 의문이지만 보호관리를 정보통신부에서 하고(다른 저작물은 문화관광부), 등록은 정보산업연합회에서 한다.

3. 데이터 베이스

A는 논문작성에 이용할 목적으로 B의 데이터 베이스(data base)에 축적된 일부 자료를 검색·복사하고자 한다. B의 데이터 베이스는 어떠한 보호를 받는가?

데이터 베이스의 보호에 관하여는 우리나라에서 매우 논란이 되고 있다. 주요 논쟁점은 어떠한 법에 의하여 어떠한 방식으로 보호할 것인가, 행정부의 어느 부서의 직무영역으로 할 것인가 등에 관한 것이다.

일반적으로 데이터 베이스란 학술논문이나 신문기사 등의 전부나 초록 등을 자기 테이프 등에 축적하는 것을 말하며, 그 구성상 소재를 선택하고 배열한다는 점에서 편집저작물의 성격을 가지고 있다. B의 데이터 베이스가 자료의 선택·배열에 독자성이 있으면 편집저작물로 보호된다고 보는 것이 다수설이며 타당하다.

4. 누드사진첩

A는 누드사진을 찍어 직접 출판하여 팔았다. 누드화집은 형법상 음란문서에 해당되므로 결국 불법적으로 유통되고 있었는데 B가 그것을 기화로 A의 동의 없이 누드사진첩을 출판하였다. A와 B의 법률관계는?

A는 음란문서를 반포·판매하였으므로 형법상의 음란문서 반포죄에 해당하는 범죄를 저지른 것이 된다. 문제는 B가 A의 동의 없이 누드사진첩을 출판한 것이 저작권침해가 되느냐의 문제이다. A의 누드사진첩이 저작물이 아니거나 저작권이 발생하지 않는 것이면 B의 출판은 저작권침해가 되지 않지만 그렇지 않으면 저작권침해가 된다.

저작물이 되거나 저작권이 발생하려면 적법하여야 하고 부적법한 것까지 법(국가)이 보호할 필요가 없으므로 A의 누드사진첩은 어떠한 이유로든 저작권법상의 보호를 받을 수 없다는 주장도 있으나 이는 옳지 않다. 왜냐하면 저작권법의 목적과 다른 법의 목적이 다르며, 다른 법에 의한 적법성이라는 것도 시대나 장소에 따라 달라지는데 그 때마다 저작권법상의 보호가 달라지게 되는 문제가 발생하기 때문이다(예컨대 A의 사진첩이 음란문서에 해당되었으나 형법의 음란문서에 관한 죄가 폐지되어 적법하게 된 때에는 또 다른 저작권법상의 문제가 생긴다). 또한 A의 저작권법상의 보호를 부정하면 B가 지나치게 보호받게 되며, 우리 저작권법은 다른 외국의 저작권법과 같이 적법성을 저작물 또는 저작권 발생의 요건으로 보고 있지도 않다.

따라서 이 사건에서 A와 B는 형법상의 음란문서에 관한 죄를 저지른 것이며, 또한 B는 A의 저작재산권을 침해하였으므로 저작재산권(복제권, 배포권) 침해에 대한 민사상의 책임과 형사상의 책임을 동시에 지게 된다.

5. 소설의 영화화

B는 A의 동의를 얻지 않고 A의 소설 '탐정일기'를 시나리오로 만들었다. C가 시나리오를 이용하여 영화를 만들려고 한다. A의 소설이 우리나라에서 보호받는 저작물이라고 할 때 C는 누구의 동의를 얻어야 하는가?

A의 소설 '탐정일기'가 저작권법상의 보호를 받고 있으므로 A는 저작인격권과 저작재산권을 가진다. 따라서 B가 A의 동의를 얻지 않고 '탐정일기'를 시나리오로 작성한 것은 A의 2차적 저작물 등의 작성권을 침해한 것이므로 불법이라 할 것이다.

그러면 B의 시나리오는 저작물이며 그에 대한 저작권이 발생하는가? 앞

에서 살펴보았듯이 적법성은 저작물 또는 저작권 발생의 요건이 아니므로 B
의 시나리오는 저작물이며 그에 대한 저작권이 발생한다고 보는 것이 통설이
며 타당하다.

　　한편 A의 저작권은 B의 저작권에 영향을 받지 않으므로 C는 B뿐만 아니
라 A의 동의도 얻어야 한다.

6. 논문집의 저작권

　　A는 지역개발에 관하여 연구하던 중 우리나라에 그에 관한 논문집이 없는 것을 알
고 여러 사람이 쓴 논문들을 모아 일정한 편별에 의하여 논문집을 만들었다. 그 논문
집을 이용하려는 사람은 누구의 동의를 얻어야 하는가?

　　A의 논문집은 논문의 선택과 배열에 독창성이 있는 경우 편집저작물이
된다. 편집저작물에 있어서의 이용관계는 2차적 저작물의 이용관계와 같다.
따라서 이 경우에 있어서 A가 논문의 저작자의 동의를 얻었는가에 따라 A가
그에 대하여 저작재산권침해의 책임을 지는데, A가 원논문의 저작권을 침해
했느냐의 여부에 관계없이 A의 논문집은 독자적인 저작물로서 보호되므로 A
의 동의를 얻어야 한다. 또한 편집저작물의 보호는 그 편집저작물의 구성부분
이 되는 저작물의 저작권에 영향을 미치지 아니하므로 원논문의 저작자의 동
의도 필요하다.

7. 연구소의 보고서

　　A는 저작권연구소라는 단체의 연구원으로 근무하고 있다. A는 연구소의 기획에 따
라 위성과 저작권문제에 관하여 보고서를 작성하였고 그 보고서는 저작권연구소의
명의로 공표되었으며 A의 명의는 그 보고서에 나타나 있지 않다. 그 보고서에 관하여
A는 어떠한 권리를 가지며 그 보고서를 이용하여 저작권 교육을 하려는 B는 그 보고
서를 복제하려고 하는데 누구의 동의를 얻어야 하는가? 또한 그 보고서의 내용을 변
경하여 이용하려는 C는 누구의 동의를 얻어야 하는가?

　　먼저 A가 작성한 보고서가 저작권법 제9조의 업무상저작물에 해당되느

냐의 문제이다.

A가 보고서를 작성한 것은 업무상 행한 것으로 볼 수 있으며 저작권연구소의 명의로 공표되었고 A의 명의는 나타나 있지 않고 저작권연구소의 기획으로 보고서를 작성하였으므로 연구소가 저작자가 된다.

업무상저작물이라고 하여도 다수설은 저작권연구소가 저작자로서 저작재산권과 저작인격권 모두를 가진다고 하고, 소수설은 A가 저작자인데 저작권연구소가 저작재산권을 양도받은 것으로 의제하여 저작권연구소는 저작재산권을 그리고 A는 저작인격권을 가지는 것으로 해석한다.

따라서 B는 다수설에 의하든 소수설에 의하든 저작재산권을 가지는 저작권연구소의 동의를 얻어야 한다.

C는 그 이용이 저작재산권의 범위 안에서면 B와 같고 그렇지 않으면 동의가 필요없다. 내용의 변경은 동일성유지권의 제한에 해당하는 경우(제13조 2항)가 아니면 동일성유지권을 침해하는 것이 된다.

이 경우 다수설에 따르면 저작권연구소의 동의를 얻어야 하고 소수설에 의하면 A의 동의를 얻어야 한다.

8. 신문기사

A는 B신문사의 파리특파원으로 B신문에 '프랑스인의 한국에 대한 인식'이라는 기사를 여러 회에 걸쳐 B신문에 실었다. A는 그 기사에 자기의 이름을 표시하지 않고 B신문사 파리특파원으로 표시하였고 B신문사의 파리특파원은 당시 A 혼자였다. 이 경우 A의 기명저작물인가 B의 단체명의저작물인가?

업무상저작물이 되기 위해서는 실제로 작성한 자의 기명저작물이 아니어야 하는데, 문제는 기명저작물이 되기 위해서는 실제로 작성한 자의 명의가 얼마나 구체적으로 명기되어야 하느냐 하는 것이다. 여기서의 명의는 저작자 개인을 표시하는 것으로 보아야 한다. 즉 명의 자체가 바로 저작자를 의미하여야 한다.

이 경우에 B신문사 파리특파원은 A 혼자였다고 하더라도 파리특파원 자체가 A를 의미하는 것으로 보기는 어렵고 따라서 A의 기명저작물로 보기는 어려우므로 업무상저작물에 대한 다른 요건이 충족되면 B의 저작물로 된다.

9. 공동저작물의 개념

A와 B는 함께 우리나라의 전국을 돌아다니며 연구하여 「우리나라의 철새」라는 논문을 작성하였다. 「우리나라의 철새」는 공동저작물인가?

공동저작물이란 2인 이상이 공동으로 창작한 저작물로서 각자의 이바지한 부분을 분리하여 이용할 수 없는 것을 말한다. 그러나 A와 B가 함께 저작물을 작성하였다고 하여 모두 공동저작물이 되는 것은 아니다. A와 B가 스스로 저작자로서의 작업과 활동을 한 경우에 한하여 공동저작물이 되고, 어느한 쪽이 다른 한 쪽을 보조하는 입장에 불과할 때는 단독저작물이 된다.

따라서 이 경우에 공동저작물 여부는 A와 B의 연구활동과 논문작성활동, 작성된 논문의 범위 등을 고려하여 종합적으로 판단하여야 한다.

10. 작곡과 작사

작곡가 A와 작사가 B는 노래를 만들었다. 그 노래는 공동저작물인가?

공동저작물이기 위해서는 A와 B가 각각 이바지한 부분을 분리하여 이용할 수 없어야 하는데, 작곡과 작사는 보통 일체적으로 사용되는 형태를 취하지만 공동저작물이라 할 수 있을 정도로 그 결합관계가 강한 것은 아니다. 즉작곡부분만 따로 연주하거나 작사부분만 따로 복제출판하는 것은 가능하고이로 인하여 다른 한 쪽의 저작물의 이용에 장애가 되는 것은 아니다.

따라서 작곡과 작사가 본래 일체적으로 창작되었다 할지라도 개별적으로 이용될 수 있으므로 단독저작물이 2개 모여 있는 결합저작물로 볼 수 있으며따라서 공동저작물이 아니다.

11. 공동저작물의 보호기간

A와 B는 공동저작물 X를 작성하였다. 그 후 A는 교통사고로 곧 사망하였으나, B는 A의 사망 후 십수년을 더 살다가 1989년 5월 18일에 사망했다. X의 저작재산권 보호기간은 어떻게 되는가?

공동저작물은 원칙적으로 나중에 사망한 자의 사후 70년까지 보호된다. 그런데 저작물의 저작재산권 보호기간의 계산에서는 저작자가 사망한 해의 다음해 1월 1일부터 기산하도록 하고 있다. 이 경우 B가 사망한 다음해인 1990년 1월 1일을 기산점으로 하여 향후 70년이 되는 2059년 12월 31일까지 보호되는 것이 원칙이다.

다만, X가 A와 B의 실명이 아닌 이명(異名)(널리 알려진 이명 제외) 또는 단체명의로 표시된 저작물이라면 공표 후 70년간 보호된다.

12. 공동저작권의 행사

A, B의 공동저작물에 있어서 저작인격권과 저작재산권의 행사를 B가 대표하여 행사하도록 하면서 다만 출판의 경우에 인세를 10% 미만으로 출판사와 출판허락계약을 맺지 말도록 하였다. 그런데 B는 C출판사와 인세 5 %로 출판계약을 맺었다. C의 출판행위는 적법한가?

공동저작물의 저작인격권은 저작자 전원이 합의에 의하지 아니하고는 이를 행사할 수 없으나(저작권법 제15조 제1항), 공동저작물의 저작자는 그들 중에서 저작인격권을 대표하여 행사할 수 있는 자를 정할 수 있다(동조 제2항). 이때의 대표권에는 제한을 가할 수 있으나 그러한 대표권의 제한은 선의의 제3자에게 대항할 수 없다(동조 제3항). 따라서 제3자인 C가 선의이면 즉 B의 대표권에 관한 제한(인세 10% 미만으로는 출판계약을 맺지 말라는 제한)을 알지 못한 경우에는 A는 C에 대하여 자기의 권리를 주장할 수 없고 따라서 C의 출판행위는 적법행위가 된다. 그러나 C가 악의이면 A는 C에 대하여 자기의 권리(저작재산권과 경우에 따라서는 저작인격권)를 C에게 주장할 수 있고 C가 A의 동의를 얻지 못하는 한 C의 출판행위는 저작권침해를 구성한다.

13. 원고의 복수사용

A는 X잡지에 원고를 실었다. A는 똑같은 원고를 Y잡지에 실으려고 한다. 가능한가?

A는 자기의 원고에 대하여 저작권을 가지는데, 저작권을 행사하는 데 있어서의 법률관계는 원칙적으로 사법관계이며 따라서 사적 자치의 원칙이 적용된다.

여기에서 문제는 A가 X잡지와 어떠한 내용의 계약을 맺었느냐가 중요하다. 특약이 없는 경우에는 A와 X는 출판허락계약을 맺은 것으로 본다. 따라서 X는 채권적인 허락출판권을 갖는 데 지나지 않으므로 A는 Y잡지에 원고를 실을 수 있다.

다만 A가 X잡지에 독점적으로 원고를 싣기로 계약을 한 경우에는 매우 예외적인 경우를 제외하면 독점적 출판허락계약이라고 해석되므로 A는 Y잡지에 원고를 싣게 되면 X잡지에 채무불이행의 책임을 지게 된다. 그러나 X잡지가 Y잡지에 직접 그 원고를 실은 것에 대한 책임은 원칙적으로 물을 수 없다. 다만 Y잡지가 A에 대하여 부적법한 방법(예컨대 사기나 강박 등)을 사용한 경우에는 직접 주장할 수 있다.

14. 출판권의 양도

출판권자 B는 저작재산권자 A의 동의 없이 출판권을 C에게 양도하는 계약을 체결하였다. 이 계약에 따라 C가 출판을 하고 있는데 A, B, C의 법률관계는?

저작권법 제62조 3항, 제62조에 따르면, 출판권자는 저작재산권자의 동의 없이 출판권을 양도하거나 또는 질권의 목적으로 할 수 없다. 따라서 B가 C에게 출판권을 양도하려면 A의 동의가 있어야 함에도 불구하고 A의 동의 없이 B가 C에게 출판권을 양도하는 계약을 체결하고 C가 이 계약에 따라 출판하고 있는 경우에 그 법률관계가 어떤가에 관한 문제이다.

이에 관하여 출판권이 등록된 경우와 등록되지 않은 경우를 구분하여 해석하는 설, 구분하지 않고 해석하는 설이 있고, 구분하지 않는 설에도 여러 가지 견해가 나뉘고 있다.

결론적으로 B와 C의 법률관계에 대하여 먼저 살펴보면, B와 C의 계약은 유효하나 출판권의 양도라는 계약의 효과는 발생하지 않는다. 다만 B는 C에 대하여 A의 동의를 얻어 C에게 출판권이 양도되는 효과가 생기게 할 하자담보책임을 부담한다.

한편 A는 B에 대하여 계약위반으로 인한 출판권소멸청구와 손해배상책임을 물을 수 있으며(반대설 있음), C에 대하여는 출판을 정지할 것을 청구할 수 있고 그 손해배상책임을 물을 수 있다.

15. 발명의 보호방법

어느 TV제조회사가 하나의 화면에 두 개의 채널이 동시에 나올 수 있도록 화면을 분리하는 발명을 한 경우에 그러한 발명을 보호받을 수 있는 방법은 무엇인가?

발명을 보호받기 위해서 우선 특허출원을 하는 것을 고려해 볼 수 있다. 그러나 특허출원을 하는 경우에 특허권의 설정등록이 있는 날부터 특허출원일 후 20년이라고 하는 특허권의 존속기간이 만료되면(특허법 제88조 제1항) 자신의 발명에 대하여 더 이상의 배타적 권리를 가질 수 없기 때문에 자신의 발명을 비밀로 유지하는 방법도 고려해 볼 수 있다.

우리나라 부정경쟁방지및영업비밀보호에관한법률은 영업비밀을 보호해 주고 있기 때문에 제3회사가 영업비밀로 되어 있는 발명정보를 빼내어 이용하는 것은 영업비밀침해행위에 해당된다(동법 제2조 3호 가목).

다만 발명내용을 비밀로 유지하고 있는 가운데, 제3회사가 독자적으로 동일한 내용의 발명을 하고 특허출원을 한 경우에는 당해 기업이 특허권을 취득하게 될 것이다.

16. 특허발명의 선사용(先使用)

위의 사례에서 선발명 TV제조회사가 특허출원을 하였는데, 제3회사가 그러한 특허출원 사실을 모르고 곧이어 동일한 발명을 하여 그러한 발명내용을 이용한 제품을 생산하게 되었다.
양 회사의 관계는?

우리나라 특허법은 선출원주의(先出願主義)에 입각하고 있기 때문에(동법 제36조 제1항) 먼저 발명을 하고 특허출원을 한 회사가 특허권을 취득하고 따라서 특허권자는 제3자가 허락 없이 특허발명을 이용하지 못하도록 금지할 수 있는 것을 원칙으로 하고 있다. 그러나 특허법은 동시에 선출원주의의 엄격함을 완화하여, 선출원한 회사가 특허권을 취득한 경우에도, 우리나라 특허법은 특허출원사실을 모르고 동일한 발명을 하여 그 발명의 실시를 위한 사업준비를 하거나 사업을 개시한 후발업자 또는 후발 발명자를 보호하기 위하여 소위 선사용자(先使用者)에게 통상실시권을 부여하고 있다.

특허권 침해에 대처하기

특허권 침해란 누군가 특허를 받은 물품을 허락 없이 생산·판매하거나, 수입·수출하는 행위 또는 유사한 물품을 만드는 행위, 특허받은 물품을 이용하여 다른 물건을 만든 경우를 말한다. 최근 심각한 문제가 되고 있는 '짝퉁 명품'도 여기에 해당한다.

① 침해 금지 청구 또는 침해 예방 청구를 할 수 있고, 이와 관련하여 이미 생산된 물건 또는 설비의 제거 등도 청구할 수 있다.

② 손해 배상 청구 및 특허 침해 행위로 인해 업무상 신용이 실추된 경우에는 신용 회복을 위한 필요한 조치를 청구할 권리가 있다. 특히, 손해 배상 청구와 관련하여 손해액 입증의 어려움을 경감하기 위하여 손해 배상액을 추정하는 제도를 규정하고 있다.

③ 특허권 또는 전용 실시권을 침해한 자는 7년 이하의 징역 또는 1억원 이하의 벌금에 해당하는 형사 처벌을 받을 수 있다.

17. 돌하르방 상표의 효력

제주도에서 이미 각종 관광상품에 돌하르방 모양을 상표로 이용해 오고 있는데 다른 지역의 제3자가 돌하르방 모양과 단어를 상표로 등록하였다면 제주도의 돌하르방 상표를 부착한 상품은 상표권 침해에 해당되는가?

돌하르방이, 제주도 업자들이 관광상품에 관용적으로 부착하여 이용하여 온 표지라고 본다면, 우리 상표법에 규정된 이른바 관용표장에 해당되고 따라서 돌하르방은 라이터 등의 관광상품을 지정상품으로 한 상표로 등록할 수 없는 것이다. 돌하르방이 개개의 관광상품에 부착되는 상표로서 널리 알려진 소위 주지상표에 해당되는 경우에도 다른 지역의 제3자는 돌하르방에 관한 상표등록을 할 수 없다. 그러나 무효원인이 있는 상표등록이라고 무효심판에 의하여 소멸되기 전에는 제3의 등록상표권자가 유효한 상표권을 가지고 있는 것이기 때문에 제주도 업자들을 상대로 하여 돌하르방 상표의 사용을 금지하도록 요구할 수 있고 손해배상까지도 청구할 수 있을 것이다. 따라서 제주도 업자들로서는 돌하르방을 계속적으로 이용하기 위해서라도 제 3 자의 상표등록의 무효심판을 청구하여야 할 것이다.

18. 산지(産地)표시로서의 상표

대구능금이 유명한 점을 이용하기 위하여 마산 지역에서 사과를 재배하는 업자가 자신이 마산에서 생산한 사과에 대구능금이라고 표시하여 판매하고자 하는 경우에 대구의 사과재배업자는 어떠한 구제조치를 취할 수 있는가?

대구능금은 대구에서 생산되었음을 표시하는 산지표시에 해당되기 때문에 상표등록을 할 수 없는 것이고 대구 생산업자들이 상표등록을 한 바도 없기 때문에, 다른 지역에서 재배된 사과에 대구능금이라고 표시하여 판매하여도 상표권 침해로 되지는 아니할 것이다. 대구의 생산업자들이 대구능금을 상표로 등록했다고 하더라도 산지표시에 해당되어 상표권무효의 사유가 될 것이다. 다만, 다른 지역의 생산업자가 대구능금이라는 허위의 표시를 하여 소비자로 하여금 생산지에 관한 혼동을 초래하고 그러한 혼동에 힘입어 영업상

이익을 얻은 경우에 소위 부정경쟁행위에 해당될 것이다. 우리나라 부정경쟁
방지 및 영업비밀보호에 관한 법률은 상품이나 광고를 통하여 허위의 원산지
표지를 하거나 그러한 허위 원산지 표지를 한 상품을 판매하는 행위를 부정
경쟁행위로 규정하고 금지하고 있다(동법 제2조 1호 마목).

제25장
한국법학의 과제

지금까지 우리는 한국사회에서 법과 관련된 가지각색의 사례와 문제들을 검토해 보았다. 어느 사회에나 문제(분쟁)가 있기 마련이고, 그것을 해결해 나가는 것이 법이다. 그러나 우리 사회는 해결책인 법 자체가 적지 않은 문제를 갖고 있다. 법률 자체가 그렇고, 그것을 집행하는 법률가(법조)가 그렇고, 수범자(受範者)인 일반국민 자체가 그렇다. 우리는 한국에서의 법치주의(rule of law)를 냉철한 시각으로 바라보면서 그 개선책을 모색해 나가야 할 것이다.

法이 없으면 罪가 없다?

"法이 없으면 罪가 없다?"
아 참 편한 말.
제기랄 법이란 게 왜 있어
자유롭게 마음대로 살면 될 텐데,
없는 法을 만들어 없는 罪를 지어놓고
걸려들면 무슨 정말 罪나 있는 것처럼
떠들고 좋아하는 법률가들.
"法 없이도 살 사람"
神話같은 얘기일지 몰라도
法 없이 罪도 없다면
우리는 모두 天使일까?
한국인의 理想일까?

1. 한국법조와 법문화

평소 제가 존경하는 어떤 지식인 한 분이 한국에서 법문화가 제대로 발전하려면 법학교수와 법실무자들의 대화가 많아야 한다고 지적하시면서, 이것이 극복되지 않고는 모든 개혁논의가 헛일이라고까지 말씀하셨습니다. 저는 이 말의 뜻을 자세히 모르겠는데, 과연 무슨 뜻이며, 한국법조의 발전의 길은 무엇인가요?

정확히 한국법 문화의 실상을 꿰뚫어 지적한 질문이다. 법이란 이론과 실무가 합심하여 비판과 협조 속에서 발전해 나가는 것인데, 불행히도 우리나라에선 법조계와 법학계가 소원해 있다. 이것을 일반적으로 법조이원화(法曹二元化)의 현상이라고 말하는데, 법조이원화란 두 가지 뜻을 갖는다.

좁게는 영미법에서처럼 변호사 가운데서 능력과 인품을 보아 판사로 임명한다는 제도가 이루어지지 못했다는 의미이고, 넓게는 법실무계와 법학계의 유리현상을 가리킨다. 우리나라는 기본적으로 대륙법계에 속하고, 게다가 그것을 매개해 준 일본의 관료법학적 분위기를 전수받아 판·검사로 임명되는 것 자체를 권력행사의 기회처럼 생각하고 법률서비스의 정신이 박약하다. 요즘 사법개혁이 심각히 논의되고 있는데 영미식 법조일원화의 방향으로 가야 한다는 주장도 나오고 있지만 쉽게 이루어질 전망은 아니다. 학생들이 법대를 선호하는 이유의 하나도 판·검사의 지위와 변호사로서의 생활안정의 이유가 큰 것 같다. 어쨌든 한국의 법조도 어느덧 '계급사법'(Klassenjustiz)으로 된 감이 있다. 이러한 사법은 점점 보수화·경직화·정치화되기 마련인데 법학계가 미약하여 이에 대한 견제와 자극을 제공해 주지 못하여 더욱 그러하다고 아니할 수 없다. 유능한 법학도들이 실무계와 법학계에 골고루 진출하여 자연스런 법조교류와 법문화가 형성되기를 바랄 뿐이다.

2. 변호사 시험 안내*

1. 법학전문대학원 설치

현재 법조직역의 등용문에는 대표적으로 변호사시험이 있다. 변호사시험은 기존의 사법시험과는 달리 법학전문대학원의 졸업자 및 졸업예정자에게 응시자격을 주고 있다는 점에서 변호사가 되고 싶은 사람은 법학전문대학원에 진학하여야 한다(변호사시험법 제5조).

2007. 7. 27. 법학전문대학원 설치·운영에 관한 법률이 공포되고, 2007. 10. 30. 법학전문대학원 총 입학정원 확정(2,000명)이 확정되었으며, 2008. 09. 01. 25개 법학전문대학원 최종 설치인가를 받아 2009. 3. 법학전문대학원이 개원하게 되었다(서울 권역 15개 대학(1,140명), 지방 4대 권역 10개 대학(860명))이 개원하였다. 이러한 법학전문대학원 설치·운영에 관한 법률의 제정 및 시행에 따라 사법시험은 2017년 최종합격자 55명을 배출하고 폐지되었으며, 2018년부터 오직 법학전문대학원을 진학한 후 변호사시험을 통과하여야만 변호사 자격을 취득할 수 있다. 변호사시험법 제·개정 과정을 살펴보면 아래와 같다.

2007. 08.~2008. 01.	-실무위원회 구성, 입법례 연구 및 시안 마련
2008. 02.~2008. 06.	-특별분과위원회 구성, 제정 초안 마련
2008. 10. 20.	-변호사시험법 제정안 국회 제출
2009. 02. 12.	-법사위 전원 일치 의결 후 본회의 부결
2009. 02.~2009. 04.	-법사위 내 특별 소위원회 구성, 법사위 수정안 마련
2009. 04. 29.	-변호사시험법 법사위 수정안 본회의 통과
2011. 09. 29.	-변호사시험법 개정안 국회 통과 -향후 3개월 내 석사학위 취득 예정자도 응시자격 취득(법 제5조 제2항) -합격자에 대한 변호사시험 성적 비공개(법 제18조 제1항)
2017.12.12.	-변호사시험법 일부개정
	-「민법」개정에 따른 행위능력제도 변경 반영(법 제6조 제1호) -합격자 결정에 변호사시험 관리위원회 심의의견과 대법원 및 대한변호사협회 등의 의견을 듣도록 함(법 제10조제1항) -합격자 결정되면 합격자 명단 공고(법 제11조) -응시자 및 합격자에 대한 변호사시험 성적 공개(법 제18조 및 부칙 제2조)

---

* 법무부법조인력과(http://www.moj.go.kr/moj/440/subview.do)와
  법학적성시험 (http://www.leet.or.kr/)의 홈페이지 내용을 교육목적으로 재구성한 것임.

2. 법학적성시험(LEET)

(1) 법학적성시험의 성격 및 목적

법학전문대학원에 입학하기 위하여는 4년제 학사학위를 취득하고, 법학적성시험(LEET) 점수를 획득해야 한다. 법학전문대학원 설치·운영에 관한 법률은 법학전문대학원의 입학자격을 학사학위를 가지고 있는 자 또는 법령에 의하여 이와 동등 이상 학력이 있다고 인정된 자', '해당연도 졸업예정자(학위취득 예정자 포함)로 제한하고 있기 때문이다(동법 제22조). 법학적성시험은 법학전문대학원 교육을 이수하는 데 필요한 수학능력과 법조인으로서 지녀야 할 기본적 소양 및 잠재적인 적성을 가지고 있는지를 측정하는 시험으로 법학전문대학원 입학전형에서 적격자 선발 기능을 제고하고 법학교육 발전을 도모하는 데 목적이 있다. 법학적성시험 성적은 당해 학년도에 한하여 유효하며 개별 법학전문대학원에서 입학전형 필수요소 중 하나로 활용된다(동법 제23조). 다만 법학적성시험의 응시자격에는 제한이 없다.

(2) 시험영역 및 시험시간

시험은 언어이해 영역, 추리논증 영역, 논술 영역으로 구성된다.

* 영역별 문항 수 및 시험시간

교 시	시험영역	문항수	시험시간	문항형태
1	언어이해	30	09:00 ~ 10:10 (70분)	5지선다형
2	추리논증	40	10:45 ~ 12:50 (125분)	5지선다형
점심시간 12:50 ~ 13:50				
3	논술	2	14:00 ~ 15:50 (110분)	서답형
계: 3개 영역, 72문항, 305분				

※ 언어이해와 추리논증 영역의 문제지는 홀수형과 짝수형으로 제작되며 수험번호 끝자리가 홀수인 수험생에게는 홀수형, 짝수인 수험생에게는 짝수형 문제지가 배부됨. 논술 영역의 문제지는 단일유형임.

(3) 출제 기본방향

가. 공통사항

특정 전공 영역에 대한 세부 지식이 없더라도 대학 교육과정을 정상적으로 마쳤거나 마칠 예정인 수험생이면 주어진 자료에 제공된 정보와 종합적 사고력을 활용하여 문제를 해결할 수 있도록 문항을 구성한다.

나. 언어이해

법학전문대학원 교육에 필요한 독해 능력, 의사소통 능력 및 종합적인 사고력을 측정한다.

다. 추리논증

사실, 주장, 이론, 해석 또는 정책이나 실천적 의사결정 등을 다루는 다양한 분야의 소재를 활용하여 법학전문대학원 교육에 필요한 추리능력과 논증능력을 측정한다.

라. 논술

법학전문대학원 교육 및 법조 현장에서 필요한 논증적 글쓰기 능력을 측정한다.

3. 변호사시험방법

변호사시험은 변호사에게 필요한 직업윤리와 법률지식 등 법률사무를 수행할 수 있는 능력을 검정하기 위한 시험으로 선택형 및 논술형 필기시험과 별도의 법조윤리시험으로 실시되고, 매년 1회 이상 실시되며, 실시계획은 미리 공고된다.

공법, 민사법, 형사법의 경우 선택형 및 논술형(실무능력 평가 포함) 필기시험으로, 전문적 법률과목의 경우 논술형 필기시험으로 실시된다.

가. 시험과목

· 공법(헌법 및 행정법 분야의 과목)
· 민사법(「민법」, 「상법」 및 「민사소송법」 분야의 과목)
· 형사법(「형법」 및 「형사소송법」 분야의 과목)
· 전문적 법률분야에 관한 과목(국제법, 국제거래법, 노동법, 조세법, 지적재산
  권법, 경제법, 환경법) 중 응시자가 선택하는 1개 과목

나. 출제범위를 정하여 실시하는 시험과목과 그 출제범위

과목	출제범위
국제법	국제경제법을 포함
국제거래법	「국제사법」과 「국제물품매매계약에 관한 유엔협약」으로 함
노동법	사회보장법 중 「산업재해보상보험법」을 포함
조세법	「국세기본법」, 「소득세법」, 「법인세법」 및 「부가가치세법」으로 함
지적재산권법	「특허법」, 「실용신안법」, 「디자인보호법」, 「상표법」 및 「저작권법」으로 한다.
경제법	「소비자기본법」, 「전자상거래 등에서의 소비자 보호에 관한 법률」, 「독점규제 및 공정거래에 관한 법률」, 「약관의 규제에 관한 법률」, 「할부거래에 관한 법률」 및 「방문판매 등에 관한 법률」로 함
환경법	「환경정책기본법」, 「환경영향평가법」, 「대기환경보전법」, 「물환경보전법」, 「폐기물관리법」, 「토양환경보전법」, 「자연환경보전법」, 「소음·진동관리법」 및 「환경분쟁조정법」으로 함

다. 합격자결정방법

시험의 합격여부는 선택형 필기시험과 논술형 필기시험의 점수를 일정한 비율로 환산하여 합산한 총득점으로 결정된다. 다만, 각 과목 중 어느 하나라도 과목별 합격최저점수 이상을 취득하지 못한 경우에는 불합격으로 한다. 논술형 필기시험 만점을 선택형 필기시험 만점의 300퍼센트로 환산한다. 민사법 과목의 만점은 공법, 형사법 과목 만점의 175퍼센트이고, 선택과목의 만점은 공법, 형사법 과목 만점의 40퍼센트이다. 각 과목별 필기시험의 합격최저점수는 각 과목 만점의 40퍼센트이다.

4. 응시자격 및 제한

(1) 「법학전문대학원 설치·운영에 관한 법률」 제18조제1항에 따른 법학전문대학원의 석사학위를 취득한 사람 및 3개월 이내에 위 석사학위를 취득할 것으로 예정된 사람은 변호사시험에 응시할 수 있다.

(2) 공고된 시험기간 중 다음 각 호의 어느 하나에 해당하는 사람은 그 시험에 응시할 수 없다(변호사시험법 제6조).

· 피성년후견인 또는 피한정후견인
· 금고 이상의 실형(實刑)을 선고받고 그 집행이 끝나거나(집행이 끝난 것으로 보는 경우를 포함한다) 그 집행을 받지 아니 하기로 확정된 후 5년이 지나지 아니한 사람
· 금고 이상의 형의 집행유예를 선고받고 그 유예기간이 지난 후 2년이 지나지 아니한 사람
· 금고 이상의 형의 선고유예를 받고 그 유예기간 중에 있는 사람
· 탄핵이나 징계처분을 받아 파면된 후 5년이 지나지 아니한 사람
· 변호사법에 따라 제명된 후 5년이 지나지 아니한 사람
· 징계처분으로 해임된 후 3년이 지나지 아니한 사람
· 변호사법에 따라 영구 제명된 사람

(3) 변호사시험(제8조제1항의 법조윤리 시험은 제외)은 법학전문대학원 설치·운영에 관한 법률 제18조제1항에 따른 법학전문대학원의 석사학위를 취득한 달의 말일부터 5년 내에 5회만 응시할 수 있다. 다만, 제5조 제2항에 따라 시험에 응시한 석사학위 취득 예정자의 경우 그 예정기간 내 시행된 시험일로부터 5년 내에 5회만 응시할 수 있다(변호사시험 제7조 제1항). 이러한 응시기간과 응시횟수를 제한에 관한 규정이 응시자의 '변호사시험의 응시기간과 응시횟수를 제한한 것이 헌법상 직업의 자유, 평등권, 행복추구권' 등을 침해한다며 낸 헌법소원 청구에 대해 헌법재판소는 기각 결정을 한 바 있다(헌법재판소 2016. 9. 29. 2016헌마47 결정 등).

부 록
생활 속의 법률서식

법생활과 소송절차에는 많은 서식이 필요하다. 어쩌면 그런 서식을 바로 아는 것
이 법생활을 제대로 하는 것이라고 볼 수 있다. 여기에 중요한 법률서식들을 모
아 법생활에 참고가 되도록 한다.

1. 부동산 매매계약서

부동산매매계약서

매도인 ○○○(이하 "갑"이라 한다)과 매수인 ○○○(이하 "을"이라 한다)은 아래 표시의 부동산에 관하여 다음과 같이 합의하여 계약을 체결한다.

〈부동산의 표시〉

소 재 지				
토 지	지목		면적	㎡(평)
건물	구조 및 용도		면적	㎡(평)

제1조(목적) 갑은 그 소유의 위 부동산을 을에게 매도하고 을은 이를 매수한다.

제2조(매매대금) ① 매매대금은 금○○○원으로 하고 다음과 같이 지급하기로 한다.

계약금	금	원은 계약체결시에 지급하고
중도금	금	원은 년 월 일에 지급하며
잔금	금	원은 년 월 일에 지급하기로 함.

② 제 1 항의 계약금은 잔금수령시에 매매대금의 일부로 충당한다.

제3조(소유권이전 및 매매물건의 인도) 갑은 을의 잔금지급과 동시에 소유권이전등기에 필요한 서류를 을에게 교부하고 이전등기절차에 협력하여야 하며 갑의 비용과 책임으로 매매부동산을 을에게 인도하여야 한다.

제4조(저당권등의 말소) 갑은 위 제3조의 인도전에 매매부동산상의 저당권, 질권, 전세권, 지상권, 임차권 기타 소유권의 행사를 제한하는 일체의 권리를 말소시켜야 한다.

제5조(부속물의 이전) 위 제3조의 인도시 매매부동산에 부속된 물건은 매매목적물에 포함된 것으로 한다.

제6조(매도인의 담보책임) 매매부동산은 계약시의 상태를 대상으로 하며 공부상의 표시와 실제가 부합하지 아니하여도 쌍방이 이의를 제기하지 않기로 한다.

제7조(위험부담) ① 매매부동산의 인도 이전에 불가항력으로 인하여 매매부동산이 멸실 또는 훼손되었을 경우에는 그 손해는 갑의 부담으로 한다.

② 제 1 항의 경우에 을이 계약을 체결한 목적을 달성할 수 없을 때에는 을은 계약을 해제할 수 있으며 이때 갑은 이미 수령한 대금을 을에게 반환하여야 한다.

제8조(계약의 해제) ① 위 제2조의 중도금 지급(중도금약정이 없을 때에는 잔금)전까

지 을은 계약금을 포기하고, 갑은 계약금의 배액을 상환하고 계약을 해제할 수 있다.

② 당사자 어느 일방이 본 계약을 위반하여 이행을 태만히 한 경우 상대방은 1주간의 유예기간을 정하여 이행을 최고하고, 일방이 이 최고의 기간내에 이행을 하지 않을 경우에 상대방은 계약을 해제할 수 있다.

제9조(위약금) 위 제8조 제2항에 의하여 갑이 본 계약을 어겼을 때에는 계약금으로 받은 금액의 2배를 을에게 주기로 하고, 을이 본 계약을 어겼을 때에는 계약금은 갑에게 귀속되고 돌려달라는 청구를 할 수 없다.

제10조(비용) 매도증서작성비용 및 이에 부대하는 비용은 갑이 부담하고 소유권이전등기에 필요한 등록세 등의 비용은 을이 부담한다.

제11조(공과금 등) 매매물건에 부과되는 조세공과·제비용 및 매매물건에서 발생하는 수익은 모두 인도일을 기준으로 하여 그 전일까지 생긴 부분은 갑에게 귀속하고 그 이후부터는 을에게 귀속한다.

제12조(관할 법원) 이 계약에 관한 분쟁이 발생할 시에는 소송의 관할법원은 매매부동산의 소재지를 관할하는 법원으로 한다.

이 계약을 증명하기 위하여 계약서 2통을 작성하여 갑과 을이 서명·날인한 후 각각 1통씩 보관한다.

20○○년 ○월 ○일

매도인	주소					
	성명 또는 상호	인	주민등록번호 또는 사업자등록번호	–	전화번호	
매수인	주소					
	성명 또는 상호	인	주민등록번호 또는 사업자등록번호	–	전화번호	
입회인	주소					
	성명 또는 상호	인	주민등록번호 또는 사업자등록번호	–	전화번호	

2. 부동산 임대차계약서

부 동 산 임 대 차 계 약 서

임대인(이하 "갑(甲)"이라고 함)과 임차인(이하 "을(乙)"이라고 함)은 서로간 합의하에 다음과 같이 부동산 임대차계약을 체결한다.

1. 부동산의 표시

소 재 지				
건 물	용도:	구조:	면적:	㎡/(평)
임 대 할 부 분				

2. 계약내용(약정사항)

제1조(보증금) 을(乙)은 상기 표시 부동산의 임대차보증금 및 차임(월세)을 다음과 같이 지불하기로 한다.

- 보증금: 금○○○원(₩○○○)
- 계약금: 금○○○원은 계약시에 지불한다.
- 중도금: 금○○○원은 20○○년 ○월 ○일에 지불한다.
- 잔 금: 금○○○원은 건물명도와 동시에 지불한다.
- 차임(월세금): 금○○○원은 매월 말일에 지불한다.

제2조(임대차기간) 임대차기간은 20○○년 ○월 ○일부터 20○○년 ○월 ○일 까지 ○○개월로 한다.

제3조(건물의 인도) 갑(甲)은 상기 표시 부동산을 임대차 목적대로 사용·수익 할 수 있는 상태로 하여 20○○년 ○월 ○일까지 을(乙)에게 인도한다.

제4조(구조변경, 전대등의 제한) 을(乙)은 갑(甲)의 동의 없이 상기 표시 부동산

의 용도나 구조 등의 변경, 양도, 담보제공 등 임대차 목적 외에 사용할 수
없다.

제5조(계약의 해지) 을(乙)이 갑(甲)에게 중도금(중도금 약정이 없는 경우에는
잔금)을 지불하기 전까지는 본 계약을 해제할 수 있는바, 갑(甲)이 해약할
경우에는 계약금의 2배액을 상환하여 을(乙)이 해약할 경우는 계약금을 포
기하는 것으로 한다.

제6조(계약의 종료) ① 을(乙)은 존속기간의 만료, 합의해지 및 기타 해지사유
가 발생하면 위 부동산을 원상회복하여 갑(甲)에게 반환한다.

② 제1항의 경우, 갑(甲)은 보증금을 을(乙)에게 반환하고 연체 임대료 또
는 손해배상금액이 있을 때에는 이들을 제외하고 그 잔액을 반환한다.

제7조(민법의 적용) 본 계약에서 정하지 아니한 사항에 대해서는 민법의 규정을
적용토록 한다.

위 계약을 증명하기 위하여 계약서 2통을 작성하고, 각 서명·날인하여 각자
1통씩 보관한다.

20○○년 ○월 ○일

임대인	주소					
	성명	인	주민등록번호	–	전화번호	
임차인	주소					
	성명	인	주민등록번호	–	전화번호	
입회인	주소					
	성명	인	주민등록번호	–	전화번호	

3. 근저당권 설정계약서

근저당권 설정계약서

채권자겸
근 저당권자
채무자
근저당설정자
채권최고액 **금**

　위 당사자간에 다음과 같이 근저당권 설정계약을 체결한다.

제 1 조　근저당권설정자는 채무자가 위 금액 범위 안에서 채권자에게 대하여 기
　　　　왕 현재 부담하고 또는 장래 부담하게 될 단독 혹은 연대채무나 보증인
　　　　으로서 기명날인한 차용금증서 각서 지급증서 등의 채무와 발행백서 보
　　　　증이수한 모든 어음채무 및 수표금상의 채무 또는 상거래로 인하여 생긴
　　　　모든 채무를 담보코저 끝에 쓴 부동산에 순위 제○○번의 근저당권을
　　　　설정한다.

제 2 조　장래 거래함에 있어서 채권자 사정에 따라 대여를 중지 또는 한도액을
　　　　축소시킬지라도 채무자는 이의하지 않겠다.

제 3 조　채무자가 약정한 이행의무를 한번이라도 지체하였을 때 또는 다른 채무
　　　　자로부터 가압류 압류경매를 당하든가 파산선고를 당하였을 때는 기한
　　　　의 이익을 잃고 즉시 채무금 전액을 완제하여야 한다.

제 4 조　저당물건의 증축 개축 수리 개조 등의 원인으로 형태가 변경된 물건과
　　　　부가종속된 물건도 이 근저당권에 효력이 미친다.

제 5 조　보증인은 채무자 및 근저당권 설정자와 연대하여 이 계약의 책임을 짐
　　　　은 물론 저당물건의 하자 그외의 사유로 인하여 근저당권의 일부 또는

　　　전부가 무효로 될 때에도 연대보증책임을 진다.

제 6 조 이 근저당권에 관한 소송은 채권자 주소지를 관할하는 법원으로 한다.

위 계약을 확실히 하기 위하여 이 증서를 작성하고 다음에 기명 날인한다.

　　　　　　　　　　　　年　　月　　日

채권자겸

근 저당권자

채무자

근저당설정자

4. 부동산 매매예약서

부동산 매매예약서

매도예약자

매수예약자

위 당사자간에 부동산 매매예약을 다음과 같이 체결한다.

제1조 매도예약자는 자기소유인 끝에 쓴 부동산을 매수예약자에게 금으로 매
　　　 도할 것을 예약하고 매수예약자는 이를 승락한다.

제2조 매수예약자는 이 예약의 증거금으로 금 _____원정을 매도예약자에게 지
　　　 급하고 매도예약자는 이 금액을 오늘 확실히 받았다.

제3조 매도예약자가 전조의 증거금과 당사자간에 미리 합의된 손해금 상당액을
　　　 __년__월__일까지 매수예약자에게 지급하면 이 매매예약은 해제되며, 만
　　　 약 매도예약자가 그 기간까지 위 금액을 지급치 않을 때는 당사자간 따
　　　 로 의사표시가 없더라도, 위 기간 끝나는 다음 날짜로서 당사자간에 매매
　　　 완결의 의사표시를 한 것으로 보고 이 계약목적물에 대한 소유권이 완전
　　　 히 매수예약자에게 이전되며, 매도예약자는 목적물을 아무런 제한물건없
　　　 이 인도하고, 또한 소유권 이전등기 절차를 이행하여야 한다.

제4조 전조에 의한 매매완결의 의사표시가 이루어졌을 때는 매도예약자가 받
　　　 은 증거금과 당사자간에 미리 합의된 손해금액은 이 물건의 매매대금으
　　　 로 충당된다.

제5조 매도예약자는 매수예약자에게 이 계약으로 인한 소유권이전 청구권보전
　　　 을 위하여 가등기 절차를 이행한다.

제6조 이 매매예약이 소멸될 때는 매수예약자는 소유권 이전 가등기를 말소하
　　　 여야 한다.

위 계약을 확실히 하기 위하여 이 예약서를 작성하고 다음에 기명날인한다.

년　월　일

매도예약자

매수예약자

5. 토지소유

접수	년 월 일 제 호	처리인	접수	조사	기입	교합	등기필 통 지	각 종 통 지

소유권이전등기신청

부동산의 표시
1. ○○시 ○○구 ○○동 ○○ 대 3300m² 2. ○○시 ○○구 ○○동 ○○ 철근 콘크리트조 2층 사무실 1층 3100m² 2층 3100m² 이   상

등기원인과 그 연월일	20○○년 ○월 ○○일 매매
등 기 의 목 적	소 유 권 이 전
이전할 지분	

구분	성 명(상호·명칭)	주민등록번호 (등기용등록번호)	주 소(소재지)	지분 (개인별)
등기의무자	△△△	111111-1111111	○○시 ○○구 ○○동 ○○	
등기권리자	○○○	111111-1111111	○○시 ○○구 ○○동 ○○	

6. 소액심판청구서

청 구 취 지

청구금액 : (노임) 금 _____원

      (지연손해금)   ⌈ 비율 연 5푼 .... ( )

                ⌊ 기간 _____부터 ___까지

청 구 원 인

1. 노무제공의 내용

(1) (노무의 종류) _____

(2) (제공기간) _____ (3) (일을 완성한 날) _____

(4) (노임액) _____원 (5) (변제기일) _____

(6) (기타약정) _____

                              _____

2. 지연손해금 : (1) 비율 : 민법상 연5푼 ·················· ( )

              (2) 기간 : 청구취지와 같은 ·················· ( )

 위와 같이 주장하여 청구취지와 같은 판결을 구합니다.

(작성일자) _____년 _____월 _____일

원고(서명) _____(날인)

원고   대리인(서명) _____(날인)

(소3)

7. 채권양도서

채권양도서

서울특별시 은평구 갈현동 937의 2

　　양도인 ○ ○ ○

서울특별시 서대문구 연희동 120의 1

　　양수인 △ △ △

위 당사자 간에 아래와 같이 양도 양수계약을 체결함.

제 1 조　양도인은 ×××와 서기 1981년 11월 5일 서울특별시 은평구 갈현동 937번지의 이 벽돌조 스라브집 2층 건평 21평에 대하여 체결한 임대차계약서에 의하여 동인 ×××로부터 1270만원 중 200만원정을 양수인에게 양도하고 양수인은 위 금을 양수함.

후일을 증하기 위하여 양도 양수계약을 체결하고 이에 기명날인함.

서기 1981년 11월 1일

위 양도인 ○ ○ ○

위 양수인 △ △ △

8. 부동산 가압류신청서

[서식예 7] 부동산가압류신청서(대여금)

부동산가압류신청

채 권 자 ○○○ ○○시 ○○구 ○○동 ○○(우편번호 ○○○-○○○)
전화·휴대폰번호: 팩스번호, 전자우편(e-mail)주소:
채 무 자 ◇ ◇ ◇
전화·휴대폰번호: 팩스번호, 전자우편(e-mail)주소:

청구채권의 표시 금 ○○○원 채권자가 채무자에 대하여 가지는 대여금
                  청구채권
가압류하여야 할 부동산의 표시 별지 제 1 목록 기재와 같습니다.

신 청 취 지

채권자가 채무자에 대하여 가지는 위 채권의 집행을 보전하기 위하여 채무자
소유의 별지 제1목록 기재 부동산을 가압류한다.라는 재판을 구합니다.

신 청 이 유

1. 채권자는 채무자에게 20○○. ○. ○. 이자를 월 2%, 갚을 날짜는 12개월 뒤
   로 정하여 금 ○○○원을 빌려준 사실이 있습니다. 그러나 채무자는 갚을 날
   짜가 지난 지금까지 별다른 사유 없이 지급하지 아니하고 있습니다.
2. 채권자가 알아본 결과 채무자는 다른 채권자에게도 많은 채무가 있고,
   채무자의 재산이라고는 담보제공된 아파트 한 채가 있을 뿐입니다.
3. 채권자는 채무자로부터 대여금을 지급 받기 위한 본안소송을 준비하고 있으
   나, 위와 같은 채무자의 재산상태에서는 승소한 뒤에도 강제집행의 목적을

달성할 수 없기 때문에 이 사건 신청에 이르게 된 것입니다.

4. 그리고 담보제공은 공탁보증보험증권(◼◼보증보험주식회사 증권번호 제○
   ○호)을 제출하는 방법으로 할 수 있도록 허가하여 주시기 바랍니다.

첨 부 서 류

1. 현금보관증   1통
1. 부동산등기부등본   2통
1. 가압류신청진술서   1통
1. 송달료납부서   1통

20○○. ○. ○.

위 채권자 ○ ○ ○ (서명 또는 날인)

○○지방법원 귀중

[별 지 1]

가압류할 부동산의 표시

1. ○○시 ○○구 ○○동 ○○-○○ 대 157.4m²
1. 위 지상 벽돌조 평슬래브지붕 2층 주택
    1층 74.82m²
    2층 74.82m²
    지층 97.89m²

9. 부동산 처분금지 가처분신청서

부동산 처분금지 가처분신청

채권자 ○○○   ○○시 ○○동 ○○(우편번호 ○○○-○○○)

전화·휴대폰번호: 팩스번호, 전자우편(e-mail)번호:

채무자 ◇ ◇ ◇ ○○시 ○○구 ○○동 ○○(우편번호 ○○○-○○○)

등기부상 주소 ○○시 ○○구 ○○동 ○○○

전화·휴대폰번호: 팩스번호, 전자우편(e-mail)주소:

목적물의 표시 별지목록 기재와 같습니다.

목적물의 가격 금 ○○○원

피보전권리의 요지 20○○. ○. ○.

대금 124,500,000원의 매매를 원인으로 한 소유권이전등기청구권

신 청 취 지

채무자는 별지목록 기재 부동산에 대하여 매매, 증여, 저당권설정 그밖에 일체의 처분행위를 하여서는 아니 된다라는 재판을 구합니다.

신 청 이 유

1. 채권자는 별지목록 기재 부동산을 채무자로부터 20○○. ○. ○. 금 124,500,000원에 매수하기로 하는 매매계약을 체결하면서, 같은 해 10. 21. 금 10,000,000원을 계약금으로 지불하고, 같은 해 11. 13. 중도금으로 금 50,000,000원을 지불하였으며, 잔금은 같은 해 12. 15. 금 64,500,000원을 지불하기로 하였습니다.

2. 그 뒤 채권자는 위 매매계약에 정해진 날짜에 계약금과 중도금을 지급하고, 잔금지급기일에 잔금 64,500,000원을 지급제시하였으나, 채무자는 매매대금을 올려줄 것을 요구하면서 소유권이전등기에 필요한 서류의 교부를 거절하고 있습니다.

3. 따라서 채권자는 위 잔금 64,500,000원을 ○○지방법원 20○○년 금 제○○○호로 변제공탁하고 채무자를 상대로 소유권이전등기절차이행청구의 소송을 준비중에 있는데, 채무자는 별지목록 기재 부동산을 다른 사람에게 처분할 우려가 있으므로, 위 청구권의 집행보전을 위하여 이 사건 신청에 이른 것입니다.

4. 한편, 채권자는 경제적 여유가 없으므로 이 사건 부동산처분금지가처분명령의 손해담보에 대한 담보제공은 민사집행법 제19조 제3항, 민사소송법 제122조에 의하여 보증보험주식회사와 지급보증위탁계약을 맺은 문서를 제출하는 방법으로 담보제공을 할 수 있도록 허가하여 주시기 바랍니다.

소 명 방 법

1. 소갑 제 1 호증 부동산매매계약서
1. 소갑 제 2 호증의 1, 2 영수증(계약금 및 중도금)
1. 소갑 제 3 호증 공탁서

첨 부 서 류

1. 위 소명방법   1통
1. 토지대장등본   1통
1. 건축물대장등본   1통
1. 송달료납부서   1통

20○○. ○. ○.

위 채권자 ○○○ (서명 또는 날인)

○○지방법원 귀중

[별 지]

부동산의 표시

1. 1동의 건물의 표시 ○○ ○○구 ○○동 ○○○ ○○아파트 제101동 철근콘크리
트 평슬래브지붕 15층 아파트
1층 539.97m²
2 내지 15층 각 519.12m²
지층 454.98m²
전유부분의 건물의 표시 건물의 번호 101-4-405 구조 철근콘크리트조 면적 39.60m²
2. 대지권의 목적인 토지의 표시 ○○ ○○구 ○○동 ○○○ 대 39,883.1m²
대지권의 표시 소유권대지권 39,883. 1분의 29.734

10. 채권압류 및 전부명령신청

채권압류 및 전부명령 신청서

채 권 자(이름)   (주민등록번호   -   )

> 수입인지
> 4,000원

    (주소)

채 무 자(이름)   (주민등록번호   -   )

제 3 채무자(주소)

    (이름)   (주민등록번호   -   )

신 청 취 지

채무자의 제3채무자에 대한 별지 기재의 채권을 압류한다.

제3채무자는 채무자에게 위 채권에 관한 지급을 하여서는 아니 된다.

채무자는 위 채권의 처분과 영수를 하여서는 아니 된다.

위 압류된 채권은 지급에 갈음하여 채권자에게 전부한다.

라는 결정을 구함

청구채권 및 그 금액 : 별지 목록 기재와 같음

신 청 이 용

첨 부 서 류

1. 집행력 있는 정본 1통
2. 송달증명서 1통

20 . . .

채권자   ㉑ (서 명   )
             (연락처:)

지방법원 귀중

가. ◇ 유 의 사 항 ◇

1. 채권자는 연락처란에 언제든지 연락 가능한 전화번호나 휴대전화번호(팩스번호, 이메일 주소 등도 포함)를 기재하기 바랍니다.

2. 집행력 있는 집행권원은 "확정된 종국판결, 가집행선고 있는 종국판결, 화해·인낙 ·조정조서, 확정된 지급명령, 확정된 이행권고결정, 확정된 화해권고결정, 공정증 서, 확정된 배상명령" 등이 있습니다.

3. 공무원 또는 대기업직원의 임금 또는 퇴직금채권에 대한 채권압류 및 추심명령을 신청할 때에는 채무자의 이름과 주소 외에 소속부서, 직위, 주민등록번호, 군번/순 번(군인/군무원의 경우) 등 채무자를 특정할 수 있는 사항을 기재하시기 바랍니다.

4. 이 신청서를 접수할 때에는 당사자 1인당 2회분의 송달료를 송달료수납은행에 예 납하여야 합니다.

〈예시〉

청 구 채 권

금	원 (대여금)
금	원 (위 금원에 대한 20 . . .부터
	20 . . .까지
	의 이자 및 지연손해금)
금	원 (집행비용의 내역 : 금 원의 신청서
	첨부인지대, 금 원의 송달료)
합계 금 원	

압류할 채권의 종류 및 액수

채무자가 제3채무자로부터 매월 수령하는 급료(본봉 및 제수당) 및 매년 6월과 12월에 수령하는 기말수당(상여금) 중 제세공과금을 뺀 잔액의 1/2씩 위 청구금액 에 이를 때까지의 금액[다만, 국민기초생활보장법에 의한 최저생계비를 감안하여 민사집행법 시행령이 정한 금액에 해당하는 경우에는 이를 제외한 나머지 금액, 표 준적인 가구의 생계비를 감안하여 민사집행법 시행령이 정한 금액에 해당하는 경우 에는 이를 제외한 나머지 금액] 및 위 청구금액에 달하지 아니한 사이에 퇴직한 때 에는 퇴직금 중 제세공과금을 뺀 잔액의 1/2씩 위 청구금액에 이를 때까지의 금액

11. 화해신청서

화해신청서

사 건 20 고

신청인 피해자

　　　주소:

　　　피해자의 대리인 : ◎ ◎ ◎

　　　주소:

피고인의 (연대)보증인 : ▲ ▲ ▲

　　　주소:

신청인들은 다음과 같이 민사상 다툼에 관하여 화해를 신청합니다.

화 해 조 항

1. 피고인 ◎ ◎ ◎과 피고인의 보증인 ▲ ▲ ▲은 연대하여 피해자에게 20○○.
   ○. ○.까지 금 ○○원을 지급한다.

2. 만약 위 피고인 ◎ ◎ ◎과 보증인 ▲ ▲ ▲이 위 지급기일을 어길 때에는
   20○○. ○. ○.부터 다 갚는 날까지 위 금액에 대하여 연 20%의 비율에 의한
   지연손해금을 지급한다.

3. 피해자 △ △ △는 아래 원인사실로 인한 손해에 관하여 더 이상의 민사상 청
   구를 하지 아니한다.

민사상 다툼의 원인사실

　피고인은 20○○. ○. ○. 22 : 00 경 서울시 은평구 갈현동 00번지 소재 00커피숍에서 평소 안면이 있던 피해자에게 버릇이 없다는 이유로 피해자의 안면부, 복부 등에 주먹을 이용하여 수 차례의 폭행을 가하였고 이로 인하여 피해자는 전치 6주의 안면부 상해 등을 입었는 바, 이에 대하여 피고인과 피해자는 치료비, 일실수입, 위자료 명목으로 금○○원을 ▲ ▲ ▲를 연대보증인으로 하여 상기 화해조항과 같이 피해자에게 지급하기로 원만히 합의하였습니다.

　　　　　　　　　　　　　20 . . .

　신 청 인 피해자(대리인)　　　　(서명 또는 날인)
　　신 청 인 피고인　　　　　　　(서명 또는 날인)
　신 청 인 (연대)보증인　　　　　(서명 또는 날인)

　　　　　　　첨부서류 : 1. 화해계약서 1부.

　　　　　　　　　○○법원 귀중

12. 강제집행 정지명령신청

강제집행 정지명령신청

신 청 인 ○○○ ○○시 ○○동 ○○(우편번호 ○○○-○○○)

　　전화·휴대폰번호:　　팩스번호, 전자우편(e-mail)주소:

피신청인 ◇ ◇ ◇ ○○시 ○○구 ○○동 ○○(우편번호 ○○○-○○○)

　　전화·휴대폰번호:　　팩스번호, 전자우편(e-mail)주소:

신 청 취 지

　피신청인의 소외 ◆ ◆ ◆ 에 대한 ○○지방법원 20○○가단○○○○ 대여금청구사건에 관한 집행력 있는 판결정본에 의한 강제집행은 신청인(원고) ○○○, 피신청인(피고) ◇ ◇ ◇ 사이의 제3자이의의 소 판결선고시까지 이를 정지한다.라는 재판을 구합니다.

신 청 원 인

1. 신청인은 ○○시 ○○구 ○○동 ○○에 있는 정육점을 경영하는 자인데, 피신청인이 20○○. ○. ○. 소외 ◆ ◆ ◆ 에 대한 ○○지방법원 20○○가단 ○○○○ 대여금청구사건에 관한 집행력 있는 판결정본에 의하여 별지목록 표시의 물건을 강제집행한 사실이 있습니다.
2. 그런데 위의 강제집행 한 별지목록 표시의 물건은 신청인이 20○○. ○. ○. 전경영자 소외 ◆ ◆ ◆ 로부터 금 ○○○원에 매수한 신청인(원고)의 소유물이므로 피신청인(피고)이 소외 ◆◆◆의 소유물인 것으로 착각한 이 사건 강제집행은 부당합니다.

3. 따라서 신청인은 피신청인을 상대로 제3자이의의 소를 제기하였는바, 그 판결이 있을 때까지 이 사건 강제집행의 정지를 구하고자 이 신청에 이른 것입니다.

첨부서류

1. 시설물매매계약서 1통
1. 영 수 증 1통
1. 압류조서등본 1통
1. 소제기증명원 1통
1. 송달료납부서 1통

20○○. ○. ○.

위 신청인   ○○○ (서명 또는 날인)

○○지방법원 귀중

[별 지]

물 건 목 록

품 명	수량(대)
○○ 에어컨(23평형)	1
○○지펠 냉장고(676l)	1
○○ 16인치 스탠드 선풍기	1

물건소재지 : ○○시 ○○구 ○○동 ○○ 1층 점포 내.

13. 고소장

고 소 장

고 소 인
    주거
    직업   전화번호
    성명 ○ ○ ○
피고소인
    주거
    직업
    성명 ○ ○ ○
죄 명 상해죄

고소사실

첨부서류
 1. 상해진단서 1통
 2. 주민등록표 등본 1통

○○○○. ○○. ○○

고소인 ○ ○ ○ ㊞

서대문경찰서장 귀하

14. 고소취하서

고소취하서

사　　건:

피 고 인:

　위 사건에 관하여 고소인은 피고인과 원만히 합의하였으므로 고소를 모두 취하합니다.

．　　．　　．

　　　　　　　　　　　　　　고소인　　　　　　　　　　㊞

　　　　　　　　　　　　　　전　화 (　　　)　　―

제출자 :

관　계 :

생년월일 :

제출자의 신분확인　　　　　㊞

　　　○○○○법원　○○지원　형사 제___(단독,부)귀중

15. 항소장(피고인)

항 소 장

피 고 인 ○ ○ ○

　　위 피고인에 대한 ○○지방법원 ○○ 고단 ○○○절도 피고사건에 대하여
○○○○년 ○○월 ○○일 ○○지방법원에서 징역 1년에 처한다는 판결을 선
고받았는바, 피고인은 그 판결에 대하여 불복하여 항소를 제기합니다.

　　　　　　　○○○○년 ○○월 ○○일

　　　　　　　　　주 소
　　　　　　　　　피고인 ○ ○ ○ ㉙

　　　　○○지방법원 귀중

16. 보석허가청구서

보 석 허 가 청 구

사　건:

피고인:

청 구 취 지

피고인 ＿＿＿에 대한 보석을 허가한다.

라는 결정을 구합니다.

청 구 원 인

첨 부 서 류: 1. 주민등록등본(호적등본)
　　　　　　 2. 재산관계진술서
　　　　　　 3.

.　.　.

청구인의　성명　　　　　　　　　　㊞
피고인과의　관계
주　　　　　소
전　　　　　화 (　　) ―

○○지방법원 귀중

17. 국선변호인 선임청구서

국선변호인 선임청구서

○○ 고단 ○○ 사기 피고사건
피 고 인 ○ ○ ○

　위 사건에 관하여 본인은 법률지식이 부족하여 변호인을 선임하여 법적인 투쟁을 하고자 하나 빈곤한 가정형편으로 선임이 불가능하므로 형사소송법 제33조 제5호에 의한 국선변호인의 선정을 청구하는 바입니다.

첨부서류

○○○○년 ○○월 ○○일

피고인 ○　○　○　㊞

○○지방법원 귀중

18. 정식재판청구서(1)

	공판절차	
	사건번호	
	재판부	

사건	20 고약 (죄명) ※ 우측 음영부분은 기재하지 마십시오	20. . . . : 공판기일 통지서를 받았음 20. . . . 영수인 ㉑
피고인	성명 : 송달가능한 주소 : 전화번호 : 휴대전화 : 이메일 주소 :	
약식명령	벌금( )만원의 약식명령을 20 . . . 수령하였습니다.	
신청이유	위 약식명령에 대하여 아래와 같은 이유로 정식재판을 청구합니다. (해당란에 ∨ 표시) □ 벌금액수가 너무 많다. □ 공소사실을 인정할 수 없다. □ 기타	
	[구체적 내용과 이유 및 기타 특별한 사정이나 재판에서 참작해 주기를 바라는 사항(분량이 많으면 별지 사용 가능)]	
관련사건	□ 없음 □ 있음[계류중인 기관(경찰, 검찰, 법원명) : 사건번호 :] ※ 관련사건은 피고인에 대한 본건 이외의 관련 형사사건, 피해자와 사이에 손해배상 청구 등 민사사건, 공소사실과 관련된 인·허가처분의 취소 등을 구하는 행정사건을 말함	
접수인	20 . . . 청구인 (피고인과의 관계:)	

주 ① 피고인의 주소가 변경되면 법원에 신고하여야 하며, 신고하지 않을 경우에는 피고인의 출석 없이 재판이 진행될 수 있습니다.
　② 정식재판을 청구한 경우에도 나중에 이를 취하할 수 있습니다. 취하는 정식재판청구 취하서를 제출하거나 법정에서 구두로 밝히면 됩니다.
참조 : 형소 453, 454, 458, 365

19. 정식재판청구서(2)

89조 1234호

정식재판청구

피고인 ○ ○ ○

  위 사람에 대한 경범죄처벌법위반 등 피고사건에 관하여 ○○○○년 ○○월 ○○일 ○○지방법원으로부터 구류 10일에 처한다는 즉결심판의 선고를 받았는바, 피고인은 이 심판에 불복하여 정식재판을 청구합니다.

첨부서류

○○년 ○○월 ○○일

주 소
위 피고인 ○ ○ ○ ㊞

○○지방법원 귀중

20. 압수물가환부청구서

압수물가환부청구서

사　　건 :

피 고 인 :

위 사건에 관하여 압수된 아래 물건은 증거에만 사용할 목적으로 압수된 것
으로서 소유자인 청구인이 소지하여야 할 물건이오니 사진 촬영 기타 원형 보
존의 조치를 취하시고 조속히 가환부하여 주시기 바랍니다.

◇ 아　래 ◇

[반환할 물건 목록]

1.

2.

3.

· · ·

청구인(소유자)의 성명　　　　㉑

주　소 :

전　화 : (　　) 　-

○○○○법원 ○○지원 형사 제__(단독, 부)귀중

21. 불기소처분에 대한 항고장

89형 제○○호

항 고 장

피의자(피항고인)○ ○ ○

위 피의자에 대한 사기 피의사건에 관하여 서울지방검찰청 검사 ○○○는 ○○○○. ○○. ○○자로 범죄혐의가 없다는 이유로 불기소처분을 하였는바 고소인은 이에 불복하여 항고를 제기합니다.

항고의 취지

재수사명령 또는 공소제기명령을 주시기 바랍니다.

항고의 이유

첨부서류

1. 불기소처분 통지서 1통
2. 불기소이유 고지시 1통

○○○○년 ○○월 ○○일

주 소
위 항고인(고소인) ○ ○ ○ ㊞

서울고등검찰청 귀하

22. 구속적부심사청구서

구속적부심사청구서

피구속자
    성명
    생년월일
    직업
    주거
청 구 인
    성명
    피구속자와의 관계
    구속영장의 발부일자

피구속자는 상해죄로 현재 ○○○경찰서에 구속중인바 청구인은 아래와 같이 구속적부심사를 청구합니다.

청구의 취지

피구속자 ○ ○ ○의 석방을 명한다는 재판을 구함

청구이유

첨부서류

○○○○년 ○○월 ○○일

위 청구인 ○ ○ ○ ㉑

○○ 법원 귀중

23. 불출석사유신고서

불출석사유신고서

사 건   ○○고단 ○○ 사기피고사건
피고인   ○ ○ ○

위 사건에 관하여 피고인은 ○○○○년 ○○월 ○○일 ○○시에 출두하라는 소환장을 송달받았으나 별첨 진단서 기재내용과 같이 질병으로 출석할 수 없기에 이에 사유를 신고합니다.

별첨서류
 1. 진단서

○○○○년 ○○월 ○○일

주 소
위 피고인 ○ ○ ○ ㉑

○○지방법원 귀하

24. 불기소사건재기신청서

재 기 신 청

피의자(피고소인) ○ ○ ○

　위 사람에 대한 ○○○○년 형 ○○호 사기 피의사건에 관하여 귀청은 ○○
○○년 ○○월 ○○일자로 위 피의자의 소재불명을 이유로 불기소(기소중지)
처분을 하였는바, 위 피의자는 현재 다음 소재지에 거주하고 있음이 확인되었
으니 위 피의자에 대한 위 고소사건을 재기수사하여 주시기 바랍니다.

다 음

○○시 ○○구 ○○동 ○○번지

○○○○. ○○. ○○

위 신청인(고소인) ○ ○ ○ ㊞

○○지방검찰청 귀하

25. 재판기록 열람복사 신청서

재판기록 열람·복사/출력·복제 신청서			허	부
신 청 인	성 명		전화 번호	
			담당사무원	
	자 격		소명자료	
신청구분	□ 열람 □ 복사 □ 출력 □ 복제			
사용용도				
대상기록	사건번호	사 건 명		재 판 부
복사/출력· 복사할 부분			(복사/출력 매수 매) (복사용량 메가바이트)	
복사/출력방법	□ 법원 복사기 □ 변호사단체 복사기 □ 신청인 복사설비 □ 필사			

이와 같이 신청하고, 신청인은 열람·복사/출력·복제에 관련된 준수사항을 엄수하며, 열람·복사/출력·복제의 결과물을 통하여 알게 된 개인정보, 영업비밀 등을 개인정보 보호법 등 관계 법령상 정당한 용도 이외로 사용하는 경우 민사상, 형사상 모든 책임을 지겠습니다.

20 년 월 일
신청인 ○○○ (서명 또는 날인)

비 고 (재판장 지정사항 등)		
영수일시	20 . . :	
신청수수료	□ 500원 □ 면 제	(수 입 인 지 첩 부 란)
복사/ 출력·복제 비용	원	

※ 준수사항 및 작성요령

1. [개인정보 보호법 제19조] 개인정보처리자로부터 개인정보를 제공받은 자는 다음 각 호의 어느 하나에 해당하는 경우를 제외하고는 개인정보를 제공받은 목적 외의 용도로 이용하거나 이를 제3자에게 제공하여서는 아니 된다. 1. 정보주체로부터 별도의 동의를 받은 경우 2. 다른 법률에 특별한 규정이 있는 경우

2. [민사소송법 제162조 ④항] 소송기록을 열람·복사한 사람은 열람·복사에 의하여 알게 된 사항을 이용하여 공공의 질서 또는 선량한 풍속을 해하거나 관계인의 명예 또는 생활의 평온을 해하는 행위를 하여서는 아니 된다.

3. 신청인·영수인란은 서명 또는 날인하고, 소송대리인·변호인의 사무원이 열람·복사하는 경우에는 담당사무원란에 그 사무원의 성명을 기재

4. 신청수수료는 1건당 500원(수입인지로 납부). 다만, 사건의 당사자 및 그 법정대리인·소송대리인·변호인(사무원 포함)·보조인 등이 그 사건의 계속 중에 열람하는 때에는 신청수수료 면제

5. 법원복사기/프린터로 복사/출력하는 경우에는 1장당 50원의 비용을 수입인지로 납부 (다만, 100원 단위 미만 금액은 이를 계산하지 아니함)

6. 매체를 지참하여 복제하는 경우에는 700메가바이트 기준 1건마다 500원, 700메가바이트 초과 시 350메가바이트마다 300원의 비용을 수입인지로 납부(매체를 지참하지 아니한 경우 매체 비용은 별도)

7. 복사/출력·복제할 부분 란에 복사대상(기록의 일부를 복사/출력·복제하는 경우에는 대상을 열거하여 특정하여야 함) 및 복사/출력을 정확하게 기재하여야 함

8. 열람·복사 담당 법원공무원의 처분에 대하여 불복하는 경우에는 이의신청을 할 수 있음

A2200

26. 배상명령신청서

배상명령신청서

○○○○법원 귀하

사   건 : 200고단   사기
신 청 인 : 김 갑 동
　　　　　주 소 : 서울 중구 서소문동 100
　　　　대리인 김 을 동
　　　　　주 소 : 위 같은 곳

피 고 인 : 이 병 동
　　　　　주소 : 서울 중구 서소문동 200
　　　　　　(현재 ××구치소 재감중)
배상을 청구하는 금액 금 200만 원

　배상의 대상과 그 내용
　피고인은 200 . . . 위 신청인의 주소지에서 신청인을 속여 차용금 명목
으로 금 200만 원을 편취한 혐의로 현재 귀원에서 공판 계속중에 있습니다.
　따라서 신청인은 위 피해금 200만 원에 대한 배상을 구하여 이 배상명령
을 신청합니다.

200 . . .
대 리 인 김 을 동 (인)
첨부서류: 차용증서 1통

○○법원 귀하

27. 기소(참고인)중지사건재기신청서

기소(참고인)중지사건재기신청서			처리기간	
			1일	
신청인	① 성명		② 주민등록번호	
	③ 주소			
	④ 사건과의 관계			
재기신청사건	⑤ 사건번호		20 년 형제 호	
	⑥ 피의자			
	⑦ 죄명			
	⑧ 기소중지처분일			
⑨ 재기신청사유				

위와 같이 기소(참고인)중지사건의 재기수사를 신청합니다.

20 . .

신청인   서명 또는 날인

○ ○ 검 찰 청 검 사 장 귀하

구비서류	수 수 료
없 음	없 음

210mm×297mm
신문용지 54g/m²

著者略歷

서울大學校 法科大學 및 同大學院 卒業, 독일 프라이부르크大學 卒業(法學博士)
미국 버클리大學 및 하버드大學 客員教授
독일 프라이부르크大學, 미국 하와이大學, 텔아비브大學 交換教授
중국 南京大學·山東大學 명예교수
서울대학교 법과대학 교수(1981-2013)
現: 서울大學校 法科大學 명예교수

著　書

現代法에 있어서 人間(三英社, 1974)
使徒法官 金洪燮(育法社, 1975)
法史와 法思想(博英社, 1980)
法과 宗教와 人間(三英社, 1981, 1989 증보)
韓國의 西洋法受容史(博英社, 1982)
法思想史(博英社, 1983)
國家와 宗教(現代思想社, 1983)
現代法學의 理解(서울大出版部, 1989 증보)
위대한 法思想家들(Ⅰ·Ⅱ·Ⅲ)(學硏社, 1985)
法史學入門(共著)(法文社, 1985)
法學史(經世院, 1986)
西洋法制史(博英社, 1986)
法學人名辭典(編)(博英社, 1987)
韓國法과 世界法(教育科學社, 1988)
韓國法思想史(서울大出版部, 1989)
韓國의 法學者(서울大出版部, 1989)
하버드 스토리(고려원, 1989)
韓國法學史(博英社, 1990)
法과 유모어(編)(教育科學社, 1991)
法은 그러나 어두운 곳에서 빛난다(철학과
　현실사, 1991)
法 속에서 詩 속에서(교육과학사, 1991)
법과 윤리(經世院, 1992)
법과 생활(博英社, 1993)
북한법(博英社, 1993, 1996 증보신판)
한국법입문(博英社, 1994)
법과 미술(시공사, 1995)

新서유견문(웅진출판사, 1995)
G. 라드브루흐연구(博英社, 1995)
한국의 법률가像(길안사, 1995)
총정리 및 객관식 법철학(편저)(삼영사, 1996)
법상징학이란 무엇인가(아카넷, 2000)
법철학(박영사, 2002)
한강에서 라인강까지 : 한독관계사(유로서적, 2005)
Law and Justice in Korea : South and North(서울대출판부,
　2005)
자유와 정의의 지성 유기천(한들, 2006)
괴테와 다산, 통하다(추수밭, 2006)
East Asian Jurisprudence(서울대출판부, 2009)
Gespräche mit Alexander Hollerbach(관악문화사, 2010)
한 법학자의 학문세계, 민속원, 2013
서울법대시대, 서울대출판부, 2013

譯　書

라드브루흐, 法哲學(三英社, 1976)
라드브루흐, 법학의 정신(종로서적, 1981)
레빈더, 法社會學(共譯)(法文社, 1981)
헬무트 코잉, 獨逸法制史(共譯)(博英社, 1982)
라드브루흐, 마음의 길(종로서적, 1983)
홀러바흐, 法哲學과 法史學(三英社, 1984)
H. 하멜外, 西洋人이 본 韓國法俗(教育科學社, 1989)
G. 그레고리外, 착한 사마리아人法(教育科學社, 1990)
위대한 반대자 올리버 홈즈(교육과학사, 1991)
라드브루흐, 법의 지혜(교육과학사, 1993)
라드브루흐, 도미에의 사법풍자화(悅話堂, 1995)

제 7 판
법과 생활-케이스식 법학통론-

초판발행	1993년 11월 15일
제 7 판발행	2020년 2월 25일
중판발행	2022년 3월 25일

지은이	최종고
펴낸이	안종만 · 안상준

편 집	전채린
기획/마케팅	조성호
표지디자인	박현정
제 작	고철민 · 조영환

펴낸곳	(주)**박영사**
	서울특별시 금천구 가산디지털2로 53, 210호(가산동, 한라시그마밸리)
	등록 1959. 3. 11. 제300-1959-1호(倫)
전 화	02)733-6771
f a x	02)736-4818
e-mail	pys@pybook.co.kr
homepage	www.pybook.co.kr
ISBN	979-11-303-3521-6 93360

* 파본은 구입하신 곳에서 교환해 드립니다. 본서의 무단복제행위를 금합니다.
* 저자와 협의하여 인지첩부를 생략합니다.

정 가   29,000원